Zu diesem Buch

Der «Stern» nennt sie «die Richterin der Richter». Der «Spiegel» konstatiert: «Sie ist die Königin der in den Gerichtssälen arbeitenden Journalisten.» – «Politische Prozesse, Gewaltverbrechen, Sexualdelikte, aber auch eine Reihe ganz unspektakulärer Alltagsfälle, für die kein anderer Gerichtsreporter Interesse aufbrachte, sind die Themenschwerpunkte in den Arbeiten der Peggy Parnass ... Sie engagiert sich, wird von jeder Verwandlung erneut menschlich betroffen, bisweilen in einen Strudel der Emotionen hineingerissen. Dem entspricht ihr knapper, aber ungeheuer bildhafter, manchmal drastischer Stil ... offen bis zur Selbstentblößung», berichtet die «Stuttgarter Zeitung». Das Buch versammelt Gerichtsreportagen aus den Jahren 1970 bis 1984 und hat bei Zweitausendeins vierzehn Auflagen und 53000 verkaufte Exemplare erreicht – es ist zu einem Klassiker geworden!

Weitere Buchveröffentlichungen:
«Prozesse 1970–1978» (1978), «Unter die Haut» (1983), «Kleine radikale Minderheit» (1985), «Süchtig nach Leben» (1990).

PEGGY PARNASS

PROZESSE

Rowohlt

Dieses Buch erschien 1990 als erweiterte Neuausgabe eines Titels im Verlag Rasch und Röhring, Hamburg, der zuerst 1978 bei Zweitausendeins veröffentlicht wurde und dort bis 1986 vierzehn Auflagen erreicht hat.
Veröffentlicht im Rowohlt Taschenbuch Verlag GmbH, Reinbek bei Hamburg, Dezember 1992

Umschlaggestaltung Cordula Lebeck (Foto: Jürgen Christ)
Gesamtherstellung Clausen & Bosse, Leck
Printed in Germany
1690-ISBN 3 499 19190 3

Ach, Mutti!
Ich hab auch hierbei an Dich gedacht.
Grüß Pudl, wenn Du ihn noch liebst.

Danke, Freunde!
Ohne Euch und andere Mutmacher
hätt ich den Kram schon längst
hingeschmissen.

Peggy

1979
Joseph-Drexel-Preis
für »hervorragende Leistungen
im Journalismus«,
überreicht von Prof. Eugen Kogon.

1980
Fritz-Bauer-Preis der
Humanistischen Union
für »Prozesse 1970 bis 1978«,
überreicht von Prof. Ulrich Klug,
Justizsenator a. D.

Vorwort

Ich bin froh, daß ich nicht lange überlegen mußte, welche Geschichten ich drinlaß und welche nicht. Oder nach welchen Gesichtspunkten die Reihenfolge am kleidsamsten wäre. Hab ganz einfach alle drin. So, wie sie zeitlich nacheinander erschienen sind. Viele davon auch, zum ersten Mal so, wie ich sie verfaßt habe.

All das viele Kursiv-Gedruckte war nämlich, außer in meinen Originalen, vorher nirgends zu lesen. Auch da hab ich's mir nach etwas Überlegen leicht gemacht. Nicht nur die Stellen kenntlich gemacht, deren Verlust besonders schmerzlich für mich war, sondern einfach alles, was rausgeflogen ist, gezeigt.

Es gibt Kollegen, die sprechen von den Henkern in den Redaktionen, wenn sie an ihre verstümmelten Produkte denken. Die wird es sicher besonders freuen, zu sehen, was sogar alles da weggekürzt wird, wo man als Autor den relativ größten Freiraum hat.

Warum Text rausgeschmissen wird? Bestimmt nicht immer aus Gemeinheit. Aus Klugheit? Aus Dummheit? Aus Eitelkeit? Um zu veredeln? Aus Mangel an Humor? Manchmal aus juristischen und politischen Befürchtungen. Sehr oft muß aus Platzgründen gekürzt werden.

Es gibt Geschichten, die mir relativ egal sind, wo ich – froh, die Arbeit hinter mich gebracht zu haben – sag: »Schmeiß raus, was du willst.«

Das passiert allerdings sehr selten. Die meisten Dinge, über die ich schreibe, sind mir so wichtig, daß ich um jede Silbe kämpfe. Ich hab auch alles dringelassen, was jetzt nach Wiederholung aussieht. Denn immer, wenn mir etwas wirklich wesentlich war, hab ich den weggekürzten Text ein paar Geschichten weiter wieder reingeschrieben. So lange, bis er irgendwann erschien. Inzwischen kann ich bei der neuen KONKRET früher Unaussprechliches veröffentlichen. Nicht, weil die Zeiten sich zum Guten gewandelt hätten. Im Gegenteil. Sie sind so schlecht, daß, was immer ich jetzt schreibe, fast so sinnlos ist wie das Nachspielen beim Skat.

Hätten ich und andere, als noch allerlei drin war, unbehelligt schildern dürfen, was wir wußten, gäbe es hier vielleicht Fortschritt statt Rückschritt.

1970

Lothar L.

Da steht er nun, der Lothar Lindenblatt, wie so oft zuvor. Als Angeklagter vor Gericht. Und doch ist alles anders. Diesmal klingt das, was man ihm zur Last legt, im Gegensatz zu früher, gefährlich: bewaffneter schwerer Raub.

Am 7.4. 1970 betrat und verließ er genauso ruhig wie jeder andere Kunde, völlig unmaskiert, die Geschäftsräume der Neuen Sparkasse 1864 in Hamburg-Harburg. Am hellichten Tag. Dort hielt er der verblüfften Kassiererin nicht nur einen Schreckschußrevolver entgegen, sondern auch einen selbstverfaßten Zettel mit dem ungewöhnlichen Text:

»Dies ist ein Überfall der anarchistisch-revolutionären Kampftruppe. Zahlen Sie alles Geld aus. Bei Widerstand wird sofort von der Schußwaffe Gebrauch gemacht.«

Das brachte ihm erst mal 4300,– DM ein, die ihm allerdings schon nach einer halben Stunde bei der Festnahme wieder abgenommen wurden. Heldenhafte *Idioten, wie sie immer aus dem Boden zu wachsen scheinen, wenn es um Geld eines Arbeitgebers geht,* hechteten sportlich hinter Lindenblatt her und *schmissen sich ihm auch noch mit ausgebreiteten Armen entgegen.* Nicht wissend, daß seine Waffe nicht geladen war. Für 4300,– DM bereit zu sterben, *solche Angestellten lob ich mir!!!*

Wie dem auch sei; jetzt versucht Gerichtsdirektor Dr. Scheefe, väterlich und mit Engelsgeduld zu klären, was es mit dem Zettel und dem ganzen Lindenblatt auf sich hat. Ist er ein APO-Mann? Gehört er, der ungelernte Arbeiter, womöglich der »Roten Armee« an? Sehr revolutionär sieht er zwar nicht aus, wie er da steht, der Lothar. Nur krank, viel zu jung für seine 33 Jahre und tieftraurig.

Auf der Zuhörerbank sitzt ein Freund von ihm, der Berliner Referendar Karl Hugo Brendel, der ursprünglich als Zeuge hatte aussagen wollen. Dieser wird, als er sich Notizen macht, ermahnt: Zuhören ja, mitschreiben nein! Also hört er. Auch den Satz aus einem Brief von ihm an Lindenblatt ins UG: »Geb zu, was Du getan hast. Sage aber nichts über die Motive.«

Doch Lothar spricht, wenn auch nur stockend. »Ich wollte Schluß ma-

chen. Wie in Berlin. Nur da sind mir die Tabletten wieder hochgekommen. Darum nahm ich diesmal die Schlaftabletten nicht alle auf einmal. Als ich nach und nach drei genommen hatte, dachte ich, daß ich ja noch mal was Vernünftiges machen könnte, bevor ich Schluß mach. Schnell noch'ne Bank überfallen und dann das Geld für politische Zwecke nach Berlin schicken. Ich wußte nicht genau, an wen, aber das war auch egal. Ich hab da ein Dutzend Adressen, die richtig sind. Die das Geld nur für eine Sache ausgeben werden, von der ich überzeugt bin. Für sozialistische Kinderläden und Projektgruppen. Für Flugblätter und Zeitungen. Die brauchen ja immer Geld und sollten es teilen. Ich dachte natürlich, daß ein Banküberfall viel mehr bringt als 4000,–. Angst hatte ich überhaupt keine. Warum sollte ich? Für mich war ja sowieso alles aus. Es gibt ja sowieso keinen Ausweg für mich, keine Lösung meiner Probleme. Darum wollte ich ja auch Schluß machen.«
Es stellt sich heraus, daß Lindenblatt, als er das letzte Mal in Haft war, von einer idealistischen Linksgruppe betreut wurde. Er bekam Lesematerial und gute Gespräche. Als er entlassen wurde, nahm das Grüppchen sich weiter seiner an, um ihm bei der Resozialisierung zu helfen. Man beschaffte ihm ein Zimmer und renovierte es gemeinsam. Nur der Lothar blieb seltsam passiv und ließ die anderen machen. Dann nahm man ihn unentgeltlich mit auf eine Reise nach Spanien. Er sollte in die, *alles andere als militante, Gruppe* hineinwachsen. Kein leichtes Unterfangen, da er immer schon ungewöhnlich kontaktarm war. Und sehr aggressiv. Man nahm ihn mit zurück nach Berlin. Man ließ ihn in der gemeinsamen Kommune wohnen, damit er nicht alleine war. Man beschaffte ihm Arbeit in einer Fabrik, in der auch Studenten arbeiten und wies ihn in die Basisarbeit ein. Er verdiente 500,– DM im Monat und fand das in Ordnung. An der Miete beteiligte er sich mit 50,– bis 60,– DM. Man sprach viel mit ihm, *um seinem Leben einen Sinn zu geben.* Man nahm ihn mit auf Demonstrationen und war erschrocken über die Gewalttätigkeit und den Haß, den der stille Lothar entwickelte, sobald er einen Polizisten sah. Man versuchte, ihn zu beruhigen und seinen Haß *umzufunktionieren.* Es hätte gutgehen können. Aber es ging aus zwei Gründen schief. Erstens wurde er pausenlos überfordert. Zweitens verliebte er sich. Zu seinem Pech in die einzige Frau der Kommune, zu der nur ein einziger Mann intimen Zugang hatte. Über dieses ungeschriebene Gesetz der neuen Freunde wollte Lothar sich hinwegsetzen, da ihm ja sonst auch alles zur Verfügung stand. Die Abfuhr, die er er-

hielt, zog den ersten Selbstmordversuch nach sich, den die Freunde ihm gegenüber als Fahnenflucht bezeichneten. Da fuhr Lothar Hals über Kopf nach Hamburg, trieb sich etwas rum, forderte sein Restgehalt von 350,– DM an, zahlte ein Untermieterzimmer an, suchte Arbeit, kaufte sich einen Pullover, sumpfte noch'ne Nacht durch und kaufte früh morgens Schlaftabletten, »weil ja doch alles keinen Sinn hatte«.
Vielleicht hätte die Nervenklinik in Berlin, in die er auf Grund seiner Depressionen eingewiesen worden war, geholfen. Aber die kam für ihn nicht in Frage, »weil man da ja auch wieder eingesperrt wäre. Wie im Gefängnis.« Und die paar Stunden beim Psychiater waren zwar schön, aber ja nur das Vorgeplänkel einer echten Behandlung. Woraus die Behandlung einer kranken Seele und einer verbogenen Psyche in Gefängnissen besteht, war dem Lothar sattsam bekannt: Schlaftabletten. Immerhin hatte er schon insgesamt 8 Jahre Knast mit allen Begleiterscheinungen hinter sich.
Ein Schwerverbrecher? *Nein, ein Schwächling. Eine windgetriebene Null.* Ein kleiner Mann mit großem Fernweh und geringen Energien. Dessen Bankraub der Coup seines Lebens hätte sein können, wenn der nicht genauso planlos *und blödsinnig* (in der ersten besten Nachbarbank) stattgefunden hätte wie alle zum Scheitern verurteilten Aktionen seines Lebens bisher.
Lebenslauf? Ein braver Schneider wurde 1940 der Stiefvater des unehelich geborenen Lothars. Zwei Halbschwestern wurden geboren. Lothar fühlte sich, *zu Recht oder Unrecht,* immer benachteiligt. Besonders, als sein Wunsch, die mittlere Reife zu machen, sich nicht erfüllte, weil er unbedingt Schlosser werden sollte. Er rückte von der Lehre und Zuhause aus. Mehrfach. Dann Erziehungsanstalt. Raus und immer wieder rein nach mißlungenen Fluchtversuchen. Arbeitsauflage. Er redet viel von der DDR, seinem Traumland, in dem er Milch und Honig vermutet. Das hatte schwerwiegende Folgen. Als er mal belanglose Fotos auf dem Flugplatz machte, hielt man es deswegen für Landesverrat und stopfte ihn erstmal auf Verdacht 10 Monate ins UG. Das Verfahren wurde eingestellt, aber der damals 18jährige Lothar hat begreiflicherweise die Ungerechtigkeit und das Eingesperrtsein von damals bis heute nicht verkraftet. Als er rauskam, war er tatsächlich verkorkst. Sein »aufgestauter Haß gegen die Gesellschaft«, von dem der Gutachter im Prozeß mehrfach spricht, entwickelte sich sicher in der Zeit, und hatte auch in den Jahren danach keinen Grund sich zu verringern.

Er beging kleine Diebstähle. Ging tatsächlich in die DDR, arbeitete in Rostock und kam enttäuscht 1957 hierher zurück. Jetzt sehnte er sich nach der Fremdenlegion. Er schaffte es mal kurz, in Paris und in der Normandie zu leben. Ohne Geld und wohnungslos, schlief er auf Bänken. Kleine Diebstähle. Ausweisung. In Deutschland folgten Minimalunterschlagungen, Gelegenheitsarbeiten und Spielcasinos. 1962 mit gefälschten Papieren zurück nach Frankreich. Einsam, wohnungslos. Auf Grund der Vorstrafen wieder raus.
Es riß nicht ab. Er landete nun immer wieder im Knast. Nie hatte er einen Bewährungshelfer. Immer stand er wieder allein auf der Straße. Aufgeschmissen ohne legale Möglichkeiten. Er kam ja nicht gerade klüger wieder raus als er reinging. Niemand überlegte, ob ihm nicht durch eine Ausbildung zu helfen sei. So schlief er meistens tagsüber am Strand, klaute den Badenden ihre Klamotten, schmiß das meiste wieder weg und versilberte den Rest für ein paar Mark nachts in den Lokalen. Zwischendurch saß er immer wieder. Immer länger. Obwohl die Delikte unverändert lächerlich blieben. Er pumpte sich unter einem Vorwand bei Behörden 23,– DM oder so. Betrug. Er klaute, mies genug, Pennerkameraden ihre Schuhe und Hosen. *Nie ging er an Reiche ran, leider!* Er nahm nur das, worüber er gerade stolperte. Immer einsam, entwickelte er kein Kameradschaftsgefühl. Auch in den Gefängnissen war er isoliert. Sensibel, schlaflos, neurotisch, hilflos. Platzend vor Wut, aber immer geduckt. Bis die Tempelhofer Betriebsgruppen kamen, um ihm zu helfen.
Vor Gericht begehrt er zweimal auf. Es ist *wohltuend,* wird ihm *aber* übelgenommen. Einmal, weil der Gutachter ihm jegliche Interessen abspricht: »Ich lese gern. Ich hab im Gefängnis viel gelesen. Dostojewski.« – »So? Dann werden Sie uns wohl irgendein Buch Dostojewskis nennen können«, meint der Vorsitzende, seine Zweifel nicht verbergend. Worauf Lothar alle Bücher des Autors ohne zu zögern aufzählt.
Vorsitzender: »Na, kein Wunder, wenn Sie dann pessimistisch sind. Aber Sie fühlen sich wohl verwandt.«
Er rebelliert, als ihm zwar ein »fast fanatischer Idealismus« bescheinigt, *andererseits aber behauptet wird,* daß er als Gesinnungstäter ausscheidet. Das will Lindenblatt genau wissen; was nun, beides sei ja schlecht möglich. Der Gutachter meint, er glaube auch nicht an die Ernsthaftigkeit der Todessehnsucht, trotz heftiger Proteste des Angeklagten, den er immer wieder versehentlich, wenn auch gar nicht zu Unrecht, »den Kläger« nennt.

Man spricht sich noch gegen die Wirksamkeit eines Bewährungshelfers aus, obwohl der Versuch nie gemacht wurde. Eine psychiatrische Behandlung hielt man für Verschwendung. Sicherheitsverwahrung für gut. In Anbetracht der Tatsache, daß er nach seiner letzten Entlassung brav gearbeitet hat, läßt man Gnade vor Recht ergehen. »Nur« 5 Jahre Haftstrafe. Ist das nicht himmlisch? Lothar nimmt dankbar an, denn Massenmörder bekommen hierzulande ja auch nicht viel weniger.
Seinen Berliner Freunden tut er leid und sie schämten sich ein bißchen ihrer Erleichterung, die Belastung und Verantwortung los zu sein. Man denkt auch an ein vernünftiges Abschiedsgeschenk und sammelt. Ein Abonnement der »Frankfurter Rundschau« springt dabei heraus. Für die ganzen fünf Jahre.

September 1970

Manchmal seh ich ihn unverhofft. Bei politischen Veranstaltungen, bei Lesungen. Und einmal Heiligabend bei den Kurzfilmen im Abaton-Kino. Soweit ich weiß, wurde er nie rückfällig.

Mai 1990

Runge

Runge, der Mann, der drei Frauen beherrschte. Runge, der Mann, der von drei Frauen beherrscht wurde. Runge, dem diese drei Frauen zum Schicksal wurden. Runge, der diesen drei Frauen zum Schicksal wurde. Sie liebten ihn und fraßen ihn auf; Mutter, Ehefrau und Geliebte. Auch er liebte sie. Doch so viele Frauen auf einmal darf man nicht lieben, wenn alles gutgehen soll. Jedenfalls nicht, wenn man Hauptbrandmeister ist, Beamter, ständig zu einem untadeligen Leben verpflichtet. *Obwohl die seelischen Qualen einem Freiberuflichen und seinen illegitimen Lebensgefährten wohl kaum weniger zusetzen würden.*
Dieser Heinz-Paul Runge mit seiner Angst vor Öffentlichkeit und Skandalen, muß sich schon seit Juli 1969 damit abfinden, daß seine intimsten Erlebnisse, Dinge, die er seinen besten Freunden nicht mal anvertraut hätte, Allgemeingut sind. Statt Familienalbum Pressefotos, und das in vielen Ländern. Menschen, die Schlange stehen, um einen geilen Blick auf ihn zu werfen. Aus der 46jährigen Anonymität ins Scheinwerferlicht. Seitdem man ihn in Schweden, wo er mit seiner Frau Ingeborg, 41 Jahre, und seinen Söhnen *wie jedes Jahr* zeltete, festnahm und des Mordes an seiner langjährigen Geliebten Sigrid Hinkel, 32 Jahre, und dem gemeinsamen Sohn Olaf, 8 Jahre, beschuldigte. Die beiden Toten hatte man auf einem stillgelegten Campingplatz, den Runge und seine Familie ebenfalls gut kannten, in Vejers in Dänemark gefunden. Reichlich verwest, das Kind unter der Mutter vergraben. Runge leugnete, Runge gab zu, Runge nahm zurück, Runge legte mehrere voneinander weit abweichende, doch äußerst detaillierte Geständnisse ab. Bis er, die Aussage endgültig verweigernd, vorm Schwurgericht Hamburg stand.
Zwei lange Monate; ein blasser, schmächtiger, winziger Mann. Hohlwangig, mit schütterem Haar und müdem U-Bahn-Gesicht. Ein Mann, den man im Laufe des Prozesses immer wieder vergaß. So unscheinbar, so still, so in sich versunken. Mit gesenkten Lidern, die bei höchster Erregung als einziges Lebenszeichen wild flatterten, und den immer ineinandergelegten Händen sah er eher wie ein Mann in einer Kirchbank als wie einer auf der Anklagebank aus.
Am ersten Verhandlungstag hatte man im überfüllten Gerichtssaal und

auf den vollbesetzten Pressebänken noch Gelegenheit, ihn ganz, ganz leise erzählen zu hören. Von seinem Leben. Vom Vater, der als Alkoholiker mehrfach in psychiatrischen Kliniken war und durch Selbstmord durch Erhängen endete. Von seinem eigenen Werdegang kein Datum, keinen Schulwechsel, keine Beförderung auslassend. Und er war häufig befördert worden, exakt und geschätzt in der Arbeit. Eine Belobigung wurde ihm zuteil, weil er mutig und geistesgegenwärtig einen Krankenwagen löschte.

Unentwegt fragt man sich, wie dieser biedere kleine Mann in einen so verhängnisvollen Strudel der Leidenschaften geraten konnte. Man versucht sich vorzustellen, wie zwei nicht reizlose Frauen, verbissen, jahrelang um die Liebe dieses unscheinbaren Mannes kämpften. Um ihn herum und in ihm hat es gebrodelt und gebrannt. Er hat zehn Jahre lang ein Drama gelebt und bis zur Neige erfahren, daß zwei Frauen, die einen lieben, nicht nur den Genuß verdoppeln, sondern vor allem die Qual.

Was war diesem Prozeß, in dem die beiden Verteidiger, die attraktive, blonde Tosca Genzmer und der »Zauberer der Revision«, Erik von Bagge, wie wild um ihren Mandanten kämpften, vorangegangen?

Heinz-Paul Runge, dem der psychiatrische Sachverständige, Professor Krause, die Intelligenz eines Akademikers bescheinigt, ist nur Volksschüler. Er machte eine Werkzeugmacherlehre durch. Er war gesundheitlich zu schwach, um Soldat zu werden.

1946 Feuerwehrmann-Anwärter
1949 Feuerwehrmann
1956 Oberfeuerwehrmann
1958 Brandmeister
1967 Oberbrandmeister
1969 Hauptbrandmeister

1949 kam er zur Feuerwehr in Hamburg, bei der er die ihm mögliche *peu-à-peu*-Karriere machte. Da er keine Möglichkeit hatte, einen seiner hohen Intelligenz entsprechenden Beruf zu ergreifen, wurde er ein Perfektionist innerhalb der Feuerwehr. Nicht ein Streber, sonst wäre er nicht so beliebt gewesen.

1949 heiratete er seine jetzige Frau. 1948 und 1953 wurden seine beiden Söhne geboren. In Langenhorn hatte er eine Dreizimmer-Wohnung. Sein letzter Verdienst war 1350,– DM netto. Ein sehr bescheidenes Leben.

Das ist ja das Faszinierende an diesem Prozeß, daß alle, mit denen man Bekanntschaft macht, so ungewöhnlich brav sind. Nur überschaubare, leicht zu überprüfende Lebensläufe. Durch Zeugnisse und tausenderlei Behördenpapiere belegt.

Brav war auch Sigrid Hinkel. 22 Jahre jung, Krankenschwester. Runge sprach das im Regen stehende Mädchen an einer Bushaltestelle im Jahre 1959 an und nahm es im Auto mit. Beide empfanden die Begegnung als Liebe auf den ersten Blick.

Runges resolute Mutter, eine Frau antiker Größe, antiker Tragik und antiker Schwäche, bekam Wind von der Sache und beschwor ihren Sohn, um der Kinder willen, bei der Familie zu bleiben. Runge versprach es ihr in die Hand. Aber er sollte noch vieles in viele Hände versprechen.

Runge war nie ein mutiger Mann. Entscheidungen fielen ihm schwer. Er brauchte zwar Frauen, war ihnen aber nie gewachsen. So entdeckte die verliebte Sigrid auch nur zufällig an Hand von Familienfotos im Handschuhfach, daß Runge verheiratet war. Als sie von ihm schwanger wurde, stand für sie eine Abtreibung trotzdem nicht zur Debatte. Am 23. 5. 1961 wurde dann der Sohn Olaf geboren. Zur Geburt des Kindes schenkte Runge seiner Geliebten einen Verlobungsring, der ihr sehr viel bedeutete. Auch versprach er ihr, und das in Abständen immer wieder, sie zu heiraten. Sie möge doch nur bitte Rücksicht auf seine Kinder nehmen und noch drei Jahre warten. Sigrid, kinderlieb und gutherzig, willigte ohne zu zögern ein. Ihre Liebe zu Runge war so groß, daß sie auch eine lange Zeit, um ihn zu schützen, seine Vaterschaft verschwieg. Sie lebte immer isolierter, weil ihre kleinbürgerliche Familie sie aufgrund ihres Verhältnisses zu dem verheirateten Mann verurteilte. Irgendwann erfuhr Frau Ingeborg von Sigrid und Sohn. Runge beugte einem totalen Zusammenbruch seiner Ehe vor, indem er schwor, das Verhältnis umgehend zu beenden. Gleichzeitig verlängerte er Sigrids Wartezeit auf den Ehestand von drei auf fünf Jahre. Später noch einmal von fünf auf acht. Die ganze Zeit über war Runge nicht nur ein vorbildlicher zärtlicher Ehemann und ein vorbildlicher zärtlicher Geliebter, sondern auch ein vorbildlicher und zärtlicher Vater. Und zwar allen drei Söhnen, ehelichen und außerehelichen, gegenüber. Er zahlte nicht nur eine Pflichtsumme an Sigrid, sondern beschenkte Olaf zu allen Geburtstagen und Feiertagen wie seine anderen Söhne auch. Er brachte ihn häufig in den Kindergarten, wo man den Eindruck einer normalen Familie gewann. Er führte praktisch zwei Ehen, wenn auch die eine nur stundenweise. Die zarte, temperamentvolle Sigrid mit den großen, veilchenblauen Augen, hatte außer Olaf und ihrem Geliebten eigentlich nur ihre Lieblingsschwester Margot. Aber auch dieser wagte sie sich nicht mehr richtig anzuvertrauen, da diese vor Runge immer heftiger warnte und sich weigerte, mit ihm überhaupt zu sprechen. 1967, als Sigrid wieder schwanger war, erzählte sie der Schwester deswegen von einem anderen Mann. Wahrscheinlich, um auch diesmal Runge zu schonen, denn *als ihr das Kind aufgrund eines Fahrradunfalles abgenommen werden mußte, zahlte Runge die Arztrechnung.*

Sigrid wurde drängender. Einmal suchte sie sogar Frau Runge auf, die ihr, außer sich, drohte, es würde ein Unglück passieren, wenn sie nicht die Hände von ihrem Mann ließe. Trotzdem schickte Frau Runge dem Jungen Olaf ab und zu sogar Pakete, und Runge liebte beide Frauen weiter, ohne sich entscheiden zu können.

Bis er sich, zu Recht oder Unrecht, von Sigrid hereingelegt fühlte. Sie hielt ihn einmal, als er mit ihr schlafen wollte, davon ab, Präservative zu benutzen, indem sie den Zeitpunkt für absolut ungefährlich erklärte. Als sie ihm kurz darauf ihre erneute Schwangerschaft eingestand, *lehnte sie gleichzeitig wieder aufs heftigste eine Abtreibung ab. Statt dessen* schlug sie ihm vor, endgültig mit ihr ein neues Leben anzufangen. Wenn nötig, gemeinsam außer Landes zu gehen. Runge, dem man seinen Konflikt weder zu Hause noch auf der Arbeit anmerkte, fing an, mit ihr Pläne zu schmieden. Er schlug ihr vor, ihre gesamte Habe aufzulösen, die Wohnung aufzugeben, die Krankenversicherung zu kündigen, Spargelder abzuheben, Möbel zu verkaufen, den Arbeitsplatz zu kündigen etc. Außerdem sollte sie überall verbreiten, daß sie einen Brieffreund *namens Schmidt* heiraten und ihm nach Südafrika folgen würde. Runge seinerseits kündigte nur die Alimentenzahlungs-Verpflichtungen auf, mit der Begründung, daß er die Mutter seines Kinder, die auswandern würde, auszahlen wolle. Von allen Seiten gratulierte man Sigrid, wo immer sie strahlend von dem südafrikanischen Bräutigam erzählte. Nur ihre Wirtin, die Runge Tag und Nacht kommen sah, und ihre Schwester Margot glaubten nicht an den fremden Mann. An dem Tag, an dem Sigrid offiziell zur Eheschließung nach Frankfurt fuhr, reist sie in Wirklichkeit mit Runge und Sohn im vollbepackten Wagen nach Dänemark. Runge hatte ihr gesagt, er sei bereit, mit ihr in Nordschweden ein neues Leben anzufangen. Um seine Familie sicherzustellen, wolle er einen

Selbstmord durch Ertrinken vortäuschen. Dann würde seine Lebensversicherung an seine Frau ausgezahlt. Seiner Frau sagte er, daß er etwas Ruhe brauche und darum über Pfingsten alleine nach Dänemark zum Angeln fahren wolle.
Am 22. 5. 1969 abends kamen die drei in Vejers in Dänemark an. Über das, was weiter geschah, *gibt es nur Runges, in Dänemark gemachte,* verschiedene Versionen. Das Hauptgeständnis, *das er auch in einem Brief an seine Frau ablegte, bevor er bereit war, sich einem anderen anzuvertrauen,* besagte, daß er, als er Sigrids Trick durchschaute, erst merkte, wie sehr er seine Frau liebe und wie wichtig ihm seine Familie sei. Da wäre der Plan, Sigrid zu beseitigen, in ihm gereift. Er hätte nur nicht gewußt, wie. Was mit Olaf geschehen sollte, hätte er sich noch nicht ausgemalt. In Dänemark hätte er, ohne Erfolg, versucht, Sigrid zu vergiften, zu einem zweiten Anlauf habe ihm der Mut gefehlt, so daß er diesen Plan schon aufgegeben hatte. Statt dessen habe er, nachdem er dem kleinen Olaf am 23. 5 noch zu dessen achtem Geburtstag eine Uhr geschenkt hätte, Sigrid erklärt, daß er sich doch von ihr trennen wolle und nach Hamburg zurückfahre. Bei der darauf folgenden heftigen Auseinandersetzung habe er in höchster Wut erst Sigrid und dann mehr oder weniger aus Versehen auch Olaf umgebracht.
Eine weitere Version, an der Runge bis zum heutigen Tag festhält, ist, daß er eigentlich wirklich mit Sigrid habe auswandern wollen. Unterwegs seien ihm aber Bedenken gekommen. Nach langen nächtlichen Gesprächen mit der aufgeregten Sigrid, die bei dem Gedanken an eine Rückkehr ins Nichts und an die Blamage vor allen Bekannten völlig verzweifelte, sei er ausgerückt, um alleine nach Hamburg zu fahren. Unterwegs sei ihm bewußt geworden, daß er Sigrids Geld und Papiere im Wagen hatte. Um die Frau nicht hilflos auf dem Campingplatz zu lassen, fuhr er zum Zelt zurück. Dort habe er im Scheine des Petroleumofens seinen Sohn tot daliegen sehen. Er sei ohnmächtig geworden. Als er wieder zu sich kam, hätte Sigrid blutend und leblos neben ihm gelegen. Er müsse ja wohl die Schuld daran tragen, könne sich aber an nichts erinnern.
Wie dem auch sei, die Leichen zog er nackt aus, dem Jungen zog er noch eine Schnur fünffach um den Hals, um ihn nicht womöglich lebendig zu begraben. Seiner Geliebten streifte er den Schmuck ab (auch den sehr schönen, kostbar aussehenden Topasring, das Abschiedsgeschenk ihrer Schwester), begrub die beiden und ihre Wäsche, beseitigte mit

Geschick alle Spuren, wurde beim Abbau des Zeltes im hellen Sonnenschein von einem dänischen Ehepaar gesehen, das ihn vor Gericht allerdings nicht wiedererkannte und fuhr ab. Auf dem Heimweg besorgte er sich noch eine Fischereikarte als Alibi für seine Frau und erfüllte ihre Wünsche, was Butter und andere Lebensmitteleinkäufe in Dänemark anbelangte.
Wie Runge, von dem bekannt ist, daß er auch den Anblick fremder Kinderleichen nur sehr schwer ertragen kann, das nervlich schaffte, ist eins der vielen Rätsel. Am nächsten Tag in Hamburg versah er seinen Dienst wie immer. Erst eine Woche später ließ er sich krank schreiben, fuhr zurück nach Dänemark an den Tatort, um die Kleidungsstücke wieder auszugraben und sie andernorts, wie er meinte, sicherer zu verstecken. Im Juni ließ er bei einem Juwelier, bei dem er für seine Frau einen Ring zum Hochzeitstag kaufen wollte, erstmal Sigrids Ring schätzen. Als er erfuhr, daß dieser keine 100,– DM wert war, zahlte er 500,– DM für den Ring seiner Frau an.
Inzwischen hatte Sigrids Schwester, *die immer unruhiger geworden war,* die Polizei alarmiert. Am 7. 7. 1969 wurden die beiden Leichen durch Zufall gefunden. Drei Tage später nahm man Runge in Schweden fest und überführte ihn nach Dänemark. Ende Januar 1970 wurde Runge gegen seinen Willen nach Hamburg überführt. Aus Angst vor der deutschen Öffentlichkeit und im Hinblick auf den humaneren dänischen Strafvollzug wollte er lieber in Dänemark abgeurteilt werden.
Daß das Hamburger Schwurgericht unter dem Vorsitz des *besonnenen* Landgerichtsdirektors Erhardt, den beisitzenden Landgerichtsräten Nathow und Bursch nach dieser Vielzahl von ausführlichen Geständnissen und dem jetzigen totalen Schweigen *es nicht leicht hatte, ist klar.* Man hat sich auch nicht ohne Grund bei den überstrapazierten sechs Geschworenen bedankt (Hausfrau, Fachlehrerin, Assessor, Verwaltungsangestellter, Schlosser und Beamter). Einfach auch nicht für Staatsanwalt Tewes und den Nebenkläger, Rechtsanwalt Bergeest. Aber am wenigsten zu beneiden waren wohl die beiden Verteidiger Genzmer und von Bagge. Daß die Verteidigung in diesem schwierigen Prozeß mit allen Mitteln kämpfte, ist verständlich. Daß der schweigende Runge oft darüber so ins Vergessen geriet, daß seine Abwesenheit einmal keinem auffiel, ist schlimm. Man hatte eigentlich immer den Eindruck, daß Runge, wenn die kleine Tür zum Gerichtssaal aufging, aus einem Käfig in die Arena entlassen wurde. *In eine Arena, in der um*

ihn herum und über seinen Kopf hinweg, ohne daß er beachtet wurde, verbissen gekämpft wurde.
Nur dreimal in diesem langen Prozeß wurde dem Zuschauer der Angeklagte voll bewußt. Einmal, als der dänische Sachverständige, der Kreisarzt Dr. Kristian Hjöllung, einen Meter von Runge entfernt, *schlimme* Fotos der Leichen vor sich auf dem Tisch, verlas, daß ein 5 Monate alter Fötus zwischen den Schenkeln der jungen Frau lag, als man sie fand. Da brach Runge auf seine stille Art zusammen.
Das zweitemal war, als die Verteidigerin Tosca Genzmer in ihrem Plädoyer *ihn zwar des Mordes unschuldig wähnte,* ihn aber am Elend Sigrids und ihrem eventuell *erweiterten* Selbstmord schuldig sprach. *Auch da schien Runge an seiner Qual zu zerbrechen.*
Das letztemal *war,* als man beim Schlußwort zum erstenmal wieder Runges Stimme hörte; ein brüchiges, kaum vernehmbares: »Ich bin kein Mörder!«
Ich sehe seine Frau und denke: Wenn er sie mit ihren Söhnen umgebracht hätte, säße jetzt seine Geliebte hier an ihrer Stelle und würde auf Runge warten.
In seinem Urteilsspruch, 12 Jahre wegen Totschlags und versuchten Totschlags, meinte Landgerichtsdirektor Erhardt, daß Runge mit diesen Schlußworten bewußt oder unbewußt das Richtige zum Ausdruck gebracht habe.
Runges viele Wahrheiten (nicht mal Professor Krause konnte nach 3wöchiger intensiver psychiatrischer Untersuchung mit Sicherheit sagen, welches Geständnis nun stimme) erinnern an den japanischen Film »Rashomon«, in dem nacheinander drei überzeugende Versionen des gleichen Verbrechens gegeben werden. Allerdings von drei verschiedenen Personen und nicht wie hier von ein und demselben Mann.
Das Urteil kann nicht jeden befriedigen. Der Staatsanwalt hatte zweimal lebenslänglich gefordert, die Verteidigung Freispruch. Herr Erhardt ging davon aus, daß Runge vielleicht mit dem Gedanken an Mord gelegentlich gespielt, ihn aber nie fest geplant habe, da er zu schwankend sei, um überhaupt feste Pläne haben zu können.
Nach dem Urteil bleibt die Verwunderung. *An diesem Mann muß viel mehr dran sein, als man sieht.* Keiner hat sich von ihm abgewandt, keiner sagt in dieser schrecklichen Situation, »der kam mir immer schon so komisch vor« oder »das hab ich immer schon geahnt«, wie sonst in solchen Fällen. Seine ehemaligen Kollegen, Untergebene wie Vorgesetzte,

schwärmen nach wie vor von ihm. Seine Frau, die die Aussage verweigerte, sank ihm vor Gericht mit einem langen Kuß weinend in die Arme. Sein 21jähriger Sohn, der ebenfalls die Aussage verweigerte, drückte seinem Vater lange die Hand. Seine Mutter, die täglich mit wundgeweinten Augen im Gerichtssaal saß, streichelte fiebrig sein Gesicht und bedeckte es mit Küssen. Ihr dritter Mann, seit drei Jahren Runges Stiefvater, bezahlt die Anwälte so gut er kann.

Daß man dem Runge, der immerhin zwanzig Jahre gewissenhaft gearbeitet hat, seine Pensionsbezüge streicht, macht wieder deutlich, wie fragwürdig eine Extrabestrafung von seiten des Arbeitgebers ist. Der Staat kann demnach ja nur hoffen, daß ein Beamter kurz vor der Pensionierung stolpert.

Alle sind gestraft. Aber das Unglück hat die Familie nicht zusammengeschweißt. Runges Frau und Runges Mutter sprechen schon seit Weihnachten nicht mehr miteinander. Wer weiß, was sie sich gegenseitig an Schuld alles in die Schuhe schieben, anstatt einander zu trösten. Der Stiefvater hat sich seine Altersehe gewiß anders vorgestellt.

Alle sind seelisch zerbrochen. Auch Sigrids Eltern, die der Schock des Todes von Kind und Enkel bis heute ans Bett fesselt. Ja, alle sind gestraft und wären es auch, wenn Runge freigesprochen wäre. In seinem Fall ist eine Zelle eigentlich überflüssig. Als Rückfalltäter kommt er nicht in Frage, und wie auch immer die Wahrheit aussehen mag, sie hat ihn erschlagen.

November 1970

Saworra

Am 23. 11. 1970 wurde der vielfach vorbestrafte ambulante Händler Heinz Hugo Saworra, 36 Jahre, in Hamburg wegen versuchten Mordes und fahrlässiger Tötung zu 15 Jahren Freiheitsentzug verurteilt.
Warum bei einem Schuß ins Bein versuchter Mord und nicht Körperverletzung???
Von 13 kräftigen Polizeibeamten in Uniform schwer bewacht, mit auf dem Rücken gefesselten Händen, betritt Heinz Saworra, 36 Jahre, angeklagt des Mordes und des versuchten Mordes, das Schwurgericht. Zwei Beamte setzen sich sofort nach Abnahme der Fesseln links und rechts dicht neben ihn. Ein dritter Beamter nimmt ihm gegenüber Platz. Acht weitere Beamte verteilen sich in wenigen Metern Abstand rings um die Anklagebank. Dem Oberstaatsanwalt Günther von Below wird aus unerfindlichen Gründen eine Leibwache gestellt, *obwohl er weder durch Blicke noch durch Worte bedroht ist.* Im Saal befinden sich darüber hinaus ständig etliche Beamte in Zivil. Nicht nur die Zuhörer, sondern auch die Pressevertreter werden sorgfältig von Polizisten nach Waffen durchsucht und das x-mal am Tag, nach jeder noch so kurzen Pause, vor jeder Rückkehr in den Verhandlungssaal. Eine Sicherungsvorkehrung, die so ungewöhnlich ist, daß es sie nach Kriegsende noch nie in einem Hamburger Prozeß gab. Dies alles in einer Atmosphäre von Haß und Hysterie. Die Presse, die sich schon aus beruflichen Gründen in den meisten anderen Prozessen kühl gibt, ist nicht weniger aufgebracht als die Öffentlichkeit, die ja durch eben diese selbe Presse angeheizt wird.
Warum dieser ganze Aufwand? Warum eine Betroffenheit, so stark, als hätte jeder sein Liebstes verloren?? *Sie meinen* Taximord? Nein, viel schlimmer. *Auch seltener.* Ein Polizist ist zu Tode gekommen. Ein junger, hochdekorierter, beliebter Polizeimeister der weltberühmten Davidwache, Uwe Kraack (32). Sein ruhiger, äußerst sympathischer Kollege, Typ Uwe Seeler, der Polizeiobermeister Hans Joachim Teusner, wurde durch einen Oberschenkel-Durchschuß schwer verletzt. Zwei anständige Männer, die auch ich lieber heil und gesund als tot und verletzt sehen würde.

Was war geschehen? Saworra – wegen einiger Eigentumsdelikte von der Staatsanwaltschaft gesucht – hielt sich am 8. 1. 1970 erst seit einigen Wochen heimlich in Hamburg auf. Er, der allen Grund hatte, nicht aufzufallen, beging nicht nur neue kleine Straftaten, sondern lebte so unvorsichtig, daß man fast an seinem Verstand zweifeln könnte. Für 300,– Mark kaufte er sich nicht nur einen uralten Opel Caravan ohne Bremsen, sondern fuhr diesen fast auseinanderfallenden Wagen mit gefälschtem Führerschein, reichlich Alkohol und sieben Preludintabletten intus, mit einem volltrunkenen Seemann namens Meyer neben sich, ausgerechnet in St. Pauli bei Rot über die Kreuzung. Genausogut hätte er sich hinstellen können und rufen »Hier bin ich!«. Als Peter 14 ihn in der Davidstraße anhielt, ihn zum Pusten aufforderte und zur Davidwache mitnahm, war sein Schicksal besiegelt. Das wollte Saworra nicht wahrhaben. Seine 9-mm-Pistole vom Typ Walther P 38, die er im Wagen hatte, schob er hinten in den vom langen Pullover verdeckten Hosenbund, in der Hoffnung, daß sie unentdeckt blieb. Er wies sich als »Peter Neumann« aus, war lieb und freundlich und wurde doch im Wachraum 2 von Obermeister Teusner, der es sonderbar fand, daß Saworra immer eine Hand gegen die Hüfte preßte, kurz abgetastet. Teusner meinte, einen für den Nachtrunk bestimmten Flachmann zu fühlen. Da fiel der Schuß.
Saworra sagt: weil Teusner ihm auf die Hand schlug, als er die entsicherte Pistole abgeben wollte; das Gericht meint, nach einem Stoß vor Teusners Brust und einem Sprung zurück, vorsätzlich. Als der in den Oberschenkel getroffene Teusner schrie: »Mensch, der hat ja nen scharfen Ballermann!« sprang sein Kollege Kraack Saworra von hinten an. Als beide zu Boden gingen, löste sich der zweite, der tödliche Schuß. Als die Beamten hinzueilten, lag Saworra mit ausgestrecktem Arm am Boden, Kraack halb auf ihm. Die vielen Zeugen der Davidwache sagen etwas unterschiedlich aus. Einige, wie die Polizeiobermeister Teusner und Paulsen, ruhig und sachlich, andere, wie die Polizeimeister Ristow und Früchte nicht, zuweilen gereizt und aggressiv. Viele wollen mehr als zwei Schüsse gehört haben, obwohl nachweislich – jedenfalls aus Saworras Pistole – nur zwei abgefeuert wurden. Einige meinen, Saworra habe danach auch noch auf sie gezielt, was schlechterdings unmöglich ist. Der Zeuge Ristow besprang nämlich das Handgelenk des daliegenden Saworra und bearbeitete es in der Art eines Preßlufthammers mit dem Schuh. Der Zeuge Paulsen kniete auf Saworras Rücken und

drückte seinen Kopf gegen den Boden. Gleichzeitig traktierte der junge, athletische Früchtenicht – laut eigener Aussage – in besinnungsloser Wut die Körperteile unterhalb der Gürtellinie Saworras; ein Verfahren, das in jedem Boxring der Welt zur Disqualifikation führt. Als man kurz darauf dem verdatterten Saworra klarmachte, was durch ihn passiert war, sagte er mehrfach: »Wenn ich es könnte, würde ich es wieder rückgängig machen.« Wie er weiter in der Wache behandelt wurde, war nicht Gegenstand des Prozesses. Im UG war es jedenfalls so, daß er sich auf das Gefängnis Fuhlsbüttel freute.

Gewalt ist immer schlimm. Nur – warum reagiert man so unterschiedlich von Fall zu Fall?

Der Polizeibeamte Kurras war bei seinem Prozeß als freier Mann ungefesselt, zwar auch von vielen Polizisten umgeben, die waren allerdings nur da, um ihm die Daumen zu drücken. Das, was Kurras, trotz des Mordes an dem Studenten Ohnesorge, bis heute einen freien Mann sein läßt, nämlich, daß er sich zur Tatzeit möglicherweise gefährdet glaubte, wird im Falle Saworras als strafverschärfend angesehen. In seiner Urteilsbegründung rügt der Vorsitzende die hemmmungslose Eigensucht Saworras, die darin gipfele, daß er sein Leben über das eines anderen stellte. Die Hauptentschuldigung in allen Naziprozessen, die immer wieder zu Freisprüchen oder Kleinsturteilen führte, war die Bedrohung der eigenen Person. Viel Verständnis – ob Schreibtischmörder oder KZ-Wärter –, viel Verständnis dafür, daß das eigene Leben immer wichtiger war als das tausend anderer.

Ein Angeklagter des Kranau-Prozesses, wegen vielfacher Morde in Polen seit drei Jahren einsitzend, der langjährige Polizist Otto D., wird, obwohl schwer krank, auf seinen dringenden Wunsch unter Ausschluß der Öffentlichkeit als Zeuge gegen Saworra vorgeführt. Der brave Mann spricht: »Ich will ja keinem was Böses, aber da es sich um Kameradenmord handelt, mußte ich mich einfach melden.« Daraufhin nimmt er mit fester Stimme auf seinen Eid, daß Saworra ihm im UG mehrfach seine Absicht, alles abzuknallen, angekündigt habe. Da zwei Verwaltungsbeamte des UG diesen wichtigen Belastungszeugen Lügen strafen, wird ein Verfahren wegen Meineides gegen ihn eingeleitet. Ein makaberes Dokument der Kameraderie.

Zwei Wochen sitzt er mir gegenüber, der »eiskalte Verbrecher«, den man schon ein halbes Jahr vor Prozeßbeginn in dicken Balken allerorts als Mörder bezeichnete, unerschrocken ein Urteil vorwegnehmend. Ich sehe mich um und stelle fest: Unter den vielen Gesichtern im Gerichtssaal ist Saworras keinesfalls das brutalste. – Er macht keinen schlechten Eindruck, wach, aufmerksam, dynamisch, intelligent und logisch. Ein guter Kopf, alles fest und rund; Stirn, Nase, Mund und Kinn. Er antwortet schnell und bereitwillig. Wenn er etwas nicht genau weiß, hebt er seine Hände in einer abwehrenden Bewegung. Er nimmt die Zeugen scharf ins Verhör. Er kämpft. Dabei helfen ihm seine beiden Pflichtverteidiger, Volker Reimnitz und Udo Bünsch, so gut sie können. Zwei Pflichtverteidiger sind eine große Ausnahme. Aber auch zwei nützen wenig, wenn sie, wie auch andere Verteidiger, so oft restlos behindert sind. Sie mühten sich sechs Monate lang vergeblich um die Akteneinsicht. Sie durften bei den richterlichen Voruntersuchungen nicht anwesend sein. Mit leeren Händen kann man keine Verteidigung vorbereiten. Vergißt man immer wieder, daß die Staatsanwaltschaft laut Paragraph 160, Abs. 2 des Strafgesetzbuches nicht nur die zur Belastung, sondern auch die zur Entlastung dienenden Umstände zu ermitteln und für die Erhebung der Beweise Sorge zu tragen hat? Die beiden Verteidiger sind in diesem Verfahren auch Angriffen ausgesetzt. Mehrfach erklären sie fragenden Polizisten entschuldigend, warum sie trotz allem die Verteidigung dieses Mannes übernahmen. Mühe geben sich auch der Vorsitzende, Vizepräsident Dr. Dr. Röhl, und die beisitzenden Richter Barbara Dill und Assessor Hahnfeld, dem Angeklagten gerecht zu werden. Auch der Oberstaatsanwalt, Günther von Below, bleibt wohltuend sachlich und zieht keine Show auf Kosten des Angeklagten ab. Die Geschworenen sind: Hausfrau, Studienrat, Verwaltungsangestellter, Regierungsoberinspektorin und zwei Rentner.

Wer ist er? Saworra, ein Name wie ein spanischer Tanz, das einzig Exotische an seinem Leben. Seine Kindheit war miserabel. Der Vater kam 1935 ins KZ, die Mutter verließ ihn, als er drei Jahre alt war. Sein Vater, 1945 aus Neuengamme befreit, holte den bis dahin herumgestoßenen Jungen zu sich nach Hamburg, wo er einen Fuhrbetrieb unterhielt.

Saworra: »Mein Vater war durch die lange Haftzeit verroht, und meine Stiefmutter hat mich immer in die Pfanne gehauen. Er zeigte mich zwar stolz herum, weil ich mit zwölf schon seine Autos fahren und reparieren konnte, sparte aber trotzdem nicht mit Prügel. Als ich's nicht mehr aushielt, bin ich zu meinem Onkel nach Frankfurt entwischt. Der hatte 'ne Tischlerei, also machte ich zwangsläufig 'ne Tischlerlehre. Weil ich

keine Jungsfreiheiten hatte, lief ich weg und landete in der Erziehungsanstalt im Schwarzwald. Keine Berufsausbildung, nur Miststreuen und Erbsenpflücken. Bis 21 wollte ich da nicht bleiben. Immer, wenn ich mit anderen Jungs durchbrannte, mußten wir klauen, um etwas zu essen zu haben, und in Scheunen einbrechen, um zu übernachten.«
Irgendwann begannen die vielen Berufe des berufslosen, hochintelligenten Heinz Saworra, der nicht einmal eine abgeschlossene Volksschule hatte: bei der Deutschen Werft im Preßluftschuppen, wo er den ganzen Tag Schläuche durch die Gegend schleppte. Als Stewart und Koch auf großer und kleiner Fahrt. Als Vertreter für alle möglichen Artikel, Barmann, Koch in Restaurants. All dies zufriedenstellend, dank seiner schnellen Auffassungsgabe. Nur hätte er gern einen technischen Beruf gehabt. Straffällig wurde er immer wieder, denn seine Intelligenz schien immer auf dem Gebiet der Kriminalität auszusetzen. Das beweist sein Vorstrafenregister. Elf Jahre eingesperrt, im Grunde wegen Banalitäten. Immer wieder wegen Fahrens ohne Führerschein, denn er durfte als Vorbestrafter keinen machen. Andere Delikte: Schwarzfahrt auf Schiffen, kleine Provisionsbetrügereien, Steuerhinterziehung, Zechprellerei, Diebstähle, Veruntreuung, Hehlerei usw. Er ist nicht der große Gangster, er war nie brutal und nie raffiniert. Seine Geschichte ist die für Fürsorgezöglinge übliche. Sechs Millionen Bundesbürger sind als Vorbestrafe registriert. Fast ein Wunder, wenn man es schafft, nicht straffällig zu werden. 85 % Rückfallquote sprechen für sich. Das System muß geändert werden, bevor der kleine Sünder sich ändern kann.
Im Verfahren lernt man seine Freunde aus dem Knast kennen. Andere hatte er nicht, weil andere mit einem Vorbestraften ohne Geld ja nichts zu tun haben wollen. Aus dem gleichen Grund scheiterte alles, was er beruflich versuchte. Er hatte nur wenig Kontakte zu Frauen. Saworra: »Nach einer unglücklichen Liebe nur noch Hauruck-Verhältnisse. Bis ich im Sommer 1969 meine Frau Gertrud heiratete. Sie brachte mehrere Kinder mit in die Ehe, und darüber war ich sehr froh. Ich habe mich immer nach Geborgenheit und Kindern gesehnt. Das fand ich nun alles bei ihr. Meine Ehe ist first class. Als wir uns näher kennenlernten, hatte ich gerade 22 Monate unschuldig in U-Haft gesessen, und sie war frisch geschieden. – Ruhe fanden wir keine, weil ich immer wieder – mal zu Recht, mal zu Unrecht – verhaftet wurde. – Wir wollten in Spanien neu anfangen, wo mich keiner kennt. Auf dem Weg dahin wurde unser kleinster Junge tödlich überfahren. Die Pistole, die ich nur zum Schutz

meiner Frau gekauft hatte, nahm ich ihr da wieder weg, damit sie sich nicht umbrachte. – In Spanien war alles anders und sehr glücklich. Wir lebten von Schulden. Deswegen fuhr meine Frau nach Hamburg zurück, um zu arbeiten, denn ich durfte ja nicht. Ihre Briefe waren deprimierend; sie dachte wohl, ›ich schufte, und er amüsiert sich dann von meinem Geld‹. Darum überraschte ich sie kurz vor Weihnachten in Hamburg.«

Saworra zwingt sich zwar, seine Gefühle zu unterdrücken, um sachlich teilnehmen zu können, wird aber von Tag zu Tag mürber. Man kann auch innerhalb der Legalität allerlei Rache üben. Drohbriefe werden ihm prompt ausgehändigt, die Liebesbriefe seiner Frau nur mit großer Verzögerung. Nachdem ein Kassiber mit ausführlichen Fluchtplänen abgefangen wurde, muß Saworra auch während der Hauptverhandlung alle zwei Tage nicht nur die Zelle wechseln, sondern auch die jeweils neue groß reinmachen. Strenge Einzelhaft, kein Radio, keine Bücher und außer mit den Anwälten keine Gespräche.

Wie deformiert muß ein Mensch sein, der still hält, wenn er für Jahre hinter Gitter soll?

Saworra, der kaum noch schläft, kann der Verhandlung, in der es immerhin um den Rest seines Lebens geht, nur mit letzter Kraft folgen. Abgelenkt wird er auch durch die Sorge um seine Frau, von der er sagt: »Sie wissen ja nicht, wie viele Selbstmordversuche sie schon aufgrund der Zeitungsschmierereien hinter sich hat.«

In der Tat, was man Frau Gertrud Saworra antut, grenzt an Sippenhaft. Sie kann sich nicht wehren, also ist es ein leichtes für große Zeitungen, sie in amüsantester Weise zu diffamieren. Sie hat inzwischen so eine Angst vor der Presse, daß sie zu ihrer Zeugenaussage mit einer blonden, unkenntlich machenden Hausfrauenperücke erscheint. Solange Frau Saworra so auftritt und ihre großen klargrünen Augen hinter einer dunklen Brille verbirgt, erntet sie noch etwas Mitgefühl. Einen Tag später schon, und jeden Tag danach, sitzt sie mit ihrem eigenen leuchtenden, naturroten langen Haar und sehr viel hübscher hinten im Zuschauerraum. Zartäugig, ausgehöhlt, erschütternd. Da ist es aus mit den Sympathien.

»Nun sieht man doch, wo die herkommt. Was wollen Sie von der? Die taugt doch nichts«, meint sogar eine sonst nette Dame des Gerichts.

Inzwischen bekommt sie weiter Drohbriefe, läßt sich vom Publikum Pöbeleien gefallen, weicht fiesen Angeboten aus und macht einen neuen

Selbstmordversuch. Ich rate ihr, weil ich sehe, wie verzweifelt Saworra immer nach ihr Ausschau hält, sich doch weiter vorne, für ihn sichtbarer, hinzusetzen. Es kostet sie große Überwindung, weil sie dadurch ja auch vom Pressetisch aus besser zu sehen ist, aber sie tut es. Saworra strahlt, als er sie sieht. Die Eheleute werfen sich Kußhände zu. Daraufhin wird die laut weinende Frau in den toten Winkel gesetzt, so daß jede Blickbewegung unmöglich ist, weil man die Küßchen für heimliche Signale hält. Außer Liebe hatten sich die beiden wohl nichts zugefunkt. Also bittet sie mich, ihm auszurichten, daß sie zu ihm hält und warten wird.

Sie verliert einen Arbeitsplatz nach dem anderen. Lokalinhaber sagen ihr: »Mit jedem anderen würden wir es um Deinetwillen aufnehmen, nur nicht mit der Polizei.« Zu essen hat sie nur, weil die angesehene Zigeunersippe Weiss ihr hilft, die sie auch jetzt noch schützt.

Nur ein einziges Mal fehlt sie im Gericht – als das Urteil gesprochen wird. Knallvoll ist es auch ohne sie. Die Stimmung im Saal ist dumpf und mordgeil. So muß es bei den öffentlichen Hinrichtungen während der Französischen Revolution zugegangen sein. Bezeichnenderweise war am vorangegangenen Verhandlungstag kaum jemand anwesend, als die beiden Anwälte plädierten. Auch die Presse verließ den Saal gleich, nachdem der Staatsanwalt »Lebenslänglich plus 12 Jahre« beantragt hatte. Entlastendes wollte sowieso keiner wissen. Dementsprechend enttäuscht ist das Publikum, als das Urteil, »15 Jahre wegen versuchten Mordes und fahrlässiger Tötung«, ausgesprochen wird. Der Pöbel macht seinem Unmut durch Murren und Protestrufe Luft. Anwälte und Staatsanwaltschaft wollen in die Revision gehen. Auf Saworra warten auch noch andere, kleinere Prozesse. Die, denen er in Spanien aus dem Weg gehen wollte.

In der abschließenden Urteilsbegründung sagt der Vorsitzende noch u. a.: »11 Jahre Freiheitsentzug haben wenig genützt . . .« – Wem sollte so was auch nützen?

Ich besuchte Gertrud Saworra in ihrem winzigen Zimmer im Wohnlager. Dort hat sie mit Saworra und zwei Kindern gelebt. Wochenends kommen noch die beiden ältesten Söhne, Paul, 12, und Franz, 13, dazu. Ein Raum, zu klein für eine Person. Pieksauber, wie die Frau selbst. Tannengrün, Weihnachtsschmuck und die Wände voll von Bildern, die Saworra im Gefängnis für sie gemalt hat. Das Essen kocht und die Wäsche hängt zum Trocknen. Der kleine Horst, 6, überhäuft sie mit

lebhaften Fragen. Alles im gleichen Raum. Sie arbeitet jetzt morgens und abends als Putzfrau. Sie klagt nicht, sagt nur:
»Ich muß jetzt fleißig sparen. Wenn ich nichts Selbständiges für meinen Mann aufbaue, muß er ja wieder rückfällig werden, egal ob er in fünf, zehn oder fünfzehn Jahren rauskommt. Dann aber ins Ausland, denn hier gibt ihm ja doch keiner eine Chance. In Spanien mögen ihn alle und sehen nicht auf ihn herab. Da wird er auch in keine Dummheiten mehr reingezogen. Die Kinder freuen sich ja auch so auf ihn. – Ich darf ihn nur selten sehen. Zwanzig Minuten, fünf Bewacher, Kuß und Anfassen verboten –.«
Diese Gertrud Saworra, durch das Gesetz praktisch zur Witwe gemacht, denkt auch viel an die andere, von allen bedauerte, Witwe, an die junge Polizistin Ursula Kraack geb. Huber. Gertrud Saworra trug sich Anfang des Jahres eines Nachts weinend in die Kondolenzliste auf der Davidwache ein und hinterlegte 20 Mark. Als eine Kollegin und Freundin der Frau Kraack erkannte, wen sie vor sich hatte, holte sie die aufgelöste Frau zu einem mehrstündigen, tröstenden Gespräch zu sich herein. Frau Saworra ist heute noch dankbar dafür. Das gibt es also auch auf der Davidwache!
Die Welt der Polizistin, Polizistenwitwe und Polizistentochter Ursula Kraack gestattet ihr auch kein Schwarz-Weiß-Sehen mehr. Nicht nur, daß sie nach elf Monaten glücklicher Ehe auf so schreckliche Weise Witwe wurde – vor kurzem erstach ihr Vater ihre Stiefmutter im Streit.

Dezember 1970

Rauschgift

Diesmal können drei Angeklagte hochspringen vor Freude. Eine unendlich milde Strafkammer und ein verblüffend milder Staatsanwalt sorgten für unglaublich milde Urteile.
Aus den vom Staatsanwalt errechneten 16 Jahren 3 Monaten (zusammengezogen 3 Jahre 9 Monate) wurden 2 Jahre 6 Monate unter Anrechnung der schon erlittenen 7 Monate Untersuchungshaft für erwiesene zehn Fälle des Rauschgifthandels und Schmuggels. Die Untersuchungshaft dauert fort, da der inhaftierte Dieter Fuhrmann sich seines Glücks noch nicht so recht bewußt ist und möglicherweise Berufung einlegen wird.
Seine Mitangeklagten Reinhard S. und Stefan R. bekamen ein Jahr der eine und sechs Monate der andere. Mit Bewährung.
Ich finde wenig Dinge fragwürdiger als eine Gefängniszelle. Zu den wenigen Dingen gehört auf jeden Fall der Rauschgifthandel als eine Form des Sich-Bereicherns an der Schwäche eines anderen. Und ich bin sehr für die Straffreiheit des Schwachen (in diesem Fall des Süchtigen), doch für die gründliche Bestrafung des abgewichsten Händlers.
Der vierte Angeklagte, der laut Anklageschrift nur dann und wann gehascht hat, liegt trotzdem verhandlungsunfähig in einer Entziehungsanstalt bei Bremen. LSD, Heroin, Amphetamine, Opiate.
Im Landgericht Hamburg, Strafkammer 8, saßen Landgerichtsdirektor Geert Ziegler und Staatsanwalt Witte. Schulter an Schulter auf der Anklagebank, drei sehr verschiedene junge Männer mit seidigem Haar und jeder auf seine Art äußerst modebewußt. Der kleine Musiker Stefan R., als nichtentlohnter, Kontakt herstellender Mitläufer eingestuft. Pfiffiges Gesicht, Haar weit über den Schultern, Jeans, selbstgemachtes Lederfransenjäckchen und Armbänder. Hat mit zwei Freunden inzwischen eine Ablaßgesellschaft gegründet. Verkauft als ehemaliger Kaufmann jetzt Pop-Bilder an reiche Leute. Findet es »unheimlich wichtig anzuturnen«, schreibt allerdings auf Poster »Fixer sind kaputte Typen«. Sein Verteidiger ist der vielgefragte Rechtsanwalt Groenewold.
In der Mitte sitzt pausbäckig und rosenwangig der Kleinstädter Rein-

hard S., 26 Jahre, einarmiger Werbetexter, blond und schmollmündig. Er hört sicher nicht gerne, daß er nur das ausgenutzte Mädchen für alles des Haupttäters war – diesem auf allen Gebieten der Intelligenz und Kraft maßlos unterlegen. Für die Schmutzarbeit, sowohl in der Küche wie in der Welt des illegalen Handels, mißbraucht. Abgespeist mit zwei- bis dreitausend Mark, wenn der Freund um 60 000 Mark Gewinn hatte. Ein dummer August, trotz Abitur und vier Semestern Studium. Er sieht etwas fröhlicher aus, als er vom Richter dann doch noch aufgewertet und als echter Mittäter bezeichnet wird.

Neben ihm der Hauptangeklagte: der legendenumwobene Dieter Fuhrmann. Leider immer als Student bezeichnet, was den tatsächlich Studierenden reichlich schadet. Er zahlt zwar immer weiter irgendwelche Studiengebühren, aber sein Kontakt zur Uni beschränkt sich angeblich auf die Mensa.

Zum Fall: Dieter Fuhrmann, Händler, 30 Jahre, machte 1959 sein Abitur in Kiel. 1964 begann er sein Studium der Volkswirtschaft und Sozialwissenschaft. Anfang 1966 machte er mit Freunden, unter Führung von zwei Personen, eine Fernostreise. Seine Haschzeit fing an. Da er im gleichen Jahr wegen Verdachts des Handels mit Haschisch von Polizeibeamten überprüft wurde, stellte er bis Sommer 1967 das Haschen wieder ein. Zu der Zeit gab Fuhrmann seine zweijährige Assistententätigkeit im Hamburgischen Weltwirtschaftsarchiv auf und wurde Mitarbeiter eines Rechtsanwaltes.

Ab Mai 1969 mietete Fuhrmann das Haus Rondeel 25. Er verpflichtete sich, fünf Jahre lang für die 30 zum Teil sehr kleinen Räume jährlich 78 000,– DM zu zahlen. Da er inzwischen morphium-, scophedal- und jetriumsüchtig geworden war, unterzog er sich selbst im Herbst 1969 zwölf Tage einer Entziehungskur im Hilton Berlin. Dabei half ihm sein eiserner Wille, den er auch sonst überall erfolgreich einzusetzen gewohnt war. Zu dem Zeitpunkt war Fuhrmann schon lange als Rauschgifthändler so gut bekannt, daß er sich weder um Ware noch Abnehmer groß bemühen mußte. Man trat von allen Seiten von alleine an ihn heran.

Fuhrmann, von Haus aus mißtrauisch und übervorsichtig, immer und überall Gefahren witternd, stand im Dezember 1969 vor seinem größten Geschäft. Der Mitangeklagte, in Frankfurt lebende R. hatte im Club 65 einige Amerikaner kennengelernt, die über ihn Haschisch-Großhändler suchten. Da kam nur Fuhrmann in Frage. Es drehte sich

um 17 Zentner Haschisch, die zu beschaffen waren. Fuhrmann bemühte seinen inzwischen einsitzenden Lieferanten Nosraty. Sein Verdacht, bei den Amerikanern könnte es sich um CID-Leute handeln, verflüchtigte sich, als die wie Filmgangster aussehenden drei Amis in Hamburg ankamen. Man traf sich in guten Hamburger Hotels und in guten Hamburger Lokalen. Man benutzte als Warenlager eine unter falschem Namen gemietete Garage. Im Hotel Bellevue ließ Fuhrmann sich das von den Amerikanern mitgebrachte Geld zeigen, weil er sich nicht vorstellen konnte, daß sie 1300,– DM pro kg hätten. Er ließ sich einreden, daß die Amerikaner, denen er auch 2 kg Heroin, mit der Aussicht auf mehr, anbot, Falschgeld herstellten und mit Waffen schoben. So weit beruhigt, wollte Fuhrmann zur Übergabe schreiten. Nach vielem kinoreifem Hin und Her, mystischen Besprechungen, an denen insgesamt 14 Personen beteiligt waren, Autowechsel, Pistolezeigen, Absicherungsmaßnahmen aller Art, saß Fuhrmann doch in der Falle. Er hatte versucht, sich rechtzeitig Rückendeckung zu verschaffen, indem er die Polizei vage informierte. Das heißt, er teilte seinem Kripofreund Schwarz mit, daß eine Unmenge Hasch für das bevorstehende Geschäft in Hamburg lagerte. Vergaß allerdings zu sagen, wo. So meinte er auf Nummer Sicher zu gehen. Nun hatte Fuhrmann die Rechnung ohne die damals noch mit der Kripo konkurrierenden Zollfahnder gemacht, die ihr Augenmerk etwas wacher und nicht ganz so wohlwollend auf ihn geworfen hatten. Die Herren des Zolls setzten, zu Fuhrmanns Schreck, zur Verfolgung an, worauf dieser schnell die Aktion abblies. Nun wurden statt dessen, nach einer wahnwitzigen Verfolgungsjagd, die Amerikaner auf der Autobahn gestellt. Dumme Gesichter auf allen Seiten, als die Unterweltler sich nun als CID-Leute zu erkennen gaben.
Am 27. 1. 1970 wurden die 170 kg Haschisch sichergstellt. Fuhrmann, der zufällig Zeuge war, rannte, nicht faul, zur nächsten Telefonzelle und rief die Kripo als Informant an. Das half ihm auch nichts mehr. Sein geschickter Eiertanz war erst mal zu Ende. Seit dem 27. 2. 1970 saß Fuhrmann im UG.
Dieter Fuhrmann, Händler, 30 Jahre. Der nie etwas dagegen hatte, als Deutschlands »Rauschgiftkönig« zu gelten. Vielleicht ist er es auch. Ein hochintelligenter, außergewöhnlicher, sehr gefährlicher Mann. Hypersensibel nur in bezug auf sich selbst. Dummheit ist gefährlich genug. Fehlgeleitete Intelligenz erst recht. Ein Schadetier, das nur so überdimensional geraten konnte, weil die fragwürdige »gute Hamburger

Gesellschaft« den ehemaligen Minidealer Fuhrmann so todschick fand. Um sich an ihm und dem Stoff zu weiden. Um sich »in« zu fühlen. Fuhrmann traf den richtigen Ton.
Er und seine Tätigkeit waren in Hamburg so allgemein bekannt, daß man sich schon lange darüber wunderte, daß er nie hochging. Er gab ja selbst so gern damit an.
Man munkelte von guten Beziehungen zum Rauschgiftdezernat. Gerüchte, die neue Nahrung erhielten, als er sich selbst als »agent provocateur« bezeichnete. Seinem Widerruf glaubte man nicht so recht, da dem großen Kripomann Schwarz des Rauschgiftdezernats, den Fuhrmann schon mehrere Jahre kennt, von seiner vorgesetzten Behörde untersagt wurde, im Prozeß zur Sache auszusagen.
Fuhrmann wurde von Rochus Graf Strachwitz verteidigt, der seinem wort- und denkgewandten Mandanten nicht im entferntesten gewachsen war. Wäre Fuhrmann doch Anwalt geworden! Oder sonstwas Vernünftiges, seiner ungeheuren Begabung entsprechend. So ist er Händler und will Händler bleiben. Autos reizen ihn. Und Werbung. Eigentlich Geschäfte aller Art. Daher ein Zynismus sondergleichen, wenn sein Anwalt ihn als Opfer einer gewissenlosen Gesellschaft hinstellt. Er selbst ist ein Repräsentant übelster Art eben dieser Gesellschaft. Ausbeuter und Verdummer. In Schießerkreisen heißt es, er habe seine Gehilfen unentlohnt in Abhängigkeit gehalten, indem er sie erst mal süchtig machte. Weinerlich wurde immer wieder auf den wirtschaftlichen Druck, der zur Konfliktsituation führte, hingewiesen. Auch beklagte man seine Verlustgeschäfte (10 kg Hasch waren ihm im Badezimmerversteck versaut). Mir kam es vor, als ginge es darum, dem armen Geschädigten den Verlust zu ersetzen.
Sicher, man hat Fuhrmann übers Ohr gehauen. Der fotogene Riesenpalast am Rondeel 25 ist in Wirklichkeit eine überdimensionale Bruchbude, in der alles renoviert werden müßte. Aber Fuhrmann sollte sich über die Übervorteilung nicht beklagen. Herr Bruno R., der Inhaber, und er haben sehr ähnliche Interessen: Beide wollen an dem Haus verdienen. Nur Fuhrmann hat sich etwas vertan, indem er nicht nur solvente Mieter wie Axel Springer jr. und Bankierssohn Münchmeyer jr. reinholte, sondern auch Schießer, die auf die Dauer ihren Verpflichtungen nicht so recht nachkommen konnten. Wahrscheinlich reicht das Geld immer nur für den Stoff. Das hätte ein Mann mit Fuhrmanns einschlägigen Erfahrungen natürlich wissen müssen. Na ja, aus Schaden

wird man klug; jetzt hat er die meisten an die Luft gesetzt und will für seriösen Nachschub sorgen.
Die Presse beschrieb Fuhrmann als einen Zwei-Meter-Hünen. Dabei wirkt er trotz seiner Länge zart, fast zerbrechlich. Vielleicht ist er im Knast geschrumpft. Sein vorher sehr langes Haar trägt er jetzt auf Kinnlänge gestutzt. Sieht aus wie Prinz Eisenherz. Hängeschnurrbart. Alles sehr gepflegt. Waches, nicht reizloses Gesicht. Man sagt ihm erheblichen Charme nach. Ein brillanter Formulierer. Zweifelsohne ein faszinierender Mann. Bei dem sicher so manche Dame der Gesellschaft gerne mehr genossen hätte als einen Joint oder LSD.
Desto erstaunlicher, daß er sich seit drei Jahren restlos auf eine kleine Schülerin aus Bürgerkreisen konzentriert. Ein Mädchen, dem es gelungen ist, trotz jahrelanger Tuchfühlung mit Fuhrmann und seinen Kreisen, kein Rauschgift zu nehmen. Im Gegenteil: Es gab immer häufiger schwere Auseinandersetzungen zwischen Fuhrmann und ihr, weil seine Ausfallserscheinungen aufgrund der Drogen, Bewußtseinsstörungen und Potenznachlaß, ihr nicht gefielen.
Diese Kleine, noch nicht volljährig, hält auch jetzt noch zu ihm, regelt seine Geschäfte, verwaltet das Haus. Vor Gram hat sie sich 35 Pfunde Kummerspeck angefressen. Wenn sie von Fuhrmanns unerfreulicher Kindheit erzählt, muß man aufpassen, damit nicht unangebrachtes Mitleid den klaren Blick trübt. Er, der jetzt so weltgewandte Elegant, sah seine, aufgrund ihrer Krebskrankheit, morphiumsüchtige Mutter drei Jahre lang elend dahinsterben. Der wohlhabende Vater wurde zum Säufer und ging ständig fremd. Beides gleich schlimm für das Kind.
Fuhrmann, der König? Klein war er auf seinem Gebiet ganz gewiß nicht. Für deutsche Verhältnisse sogar riesig. Eben der Einäugige unter den Blinden. Immerhin belieferte er international, und das nicht gerade in kleinen Mengen. Wenn man davon ausgeht, daß die ihm nachgewiesenen Straftaten nur einen Bruchteil der tatsächlich begangenen ausmachen, ist es schon happig genug. Wie kalt und clever er in allem vorging, ist belegt. Daß er andere immer das Risiko für sich tragen ließ und nur selber profitierte, ebenso. Der Zeuge W., der dabei gewesen sein will, als Fuhrmann in Hamburg-St. Pauli 15 Kilo Rohopium ankaufte, sitzt jetzt selber und verweigert die Aussage zu diesem Punkt. Schade!
Die 22 Gramm Heroin, die man bei Fuhrmann fand, waren angeblich nicht für den Handel bestimmt, sondern nur als Naschwerk für ihn und einige seiner freundschaftlichen Mitarbeiter. Fuhrmann selbst war süch-

tig, die anderen ebenso. Alle hatten mit Hasch angefangen, alle nahmen LSD und gingen zu Opiaten, Amphetaminen, Morphium und 93prozentigem Heroin über. Den Verfall am eigenen Leib erlebend und in seiner engen Umgebung ständig beobachtend, wußte er nur allzu gut, was er den Leuten antat, die er mit seinen Produkten beglückte.
Aber es wäre Blödsinn anzunehmen, daß er mit seinem Wissen allein stand. Er wurde permanent unterstützt von Ärzten, Anwälten, Journalisten. Diese ganze Oberflächen-Schickeria, nicht mehr ernst zu nehmende Leute. Diese seichte Schicht mit dem offensichtlichen Nachholbedarf an Sensationen und Pop-Erlebnissen. Sie protzt immer mit ihren Pseudo-Wildheiten rum, im Gegensatz zu wirklich Süchtigen.
Fuhrmann fand diese Leute sicherlich zum Kotzen, wenn auch nützlich. Wahrscheinlich lieferten sie ihm ein Alibi für seine Tätigkeit, denn auch den Ärzten war ja Hasch bekannt als eine Modekrankheit, von der beileibe nicht jeder sich erholt. Allerdings ist ja auch denselben Ärzten die Schädlichkeit von Schlafmitteln sowie Aufputsch- und Beruhigungspillen bekannt. Was sie nicht daran hindert, im Interesse einer Riesenindustrie und um ihre überfüllten Wartezimmer schneller leer zu bekommen, jeden schädlichen Scheiß zu verschreiben.
Es stimmt schon, diese Ärzte und ihre Lieferanten, die Arzneimittelbosse und auch die verbrecherischen Werber, gehören genau wie Fuhrmann auf die Anklagebank. Auch ist der deutsche König ein relativ kleines Licht, wenn man an die persischen Großlieferanten denkt, die den internationalen Markt, vielleicht mit Hilfe ihrer Staaten und Industrie, beherrschen.
Hier bekannte Jubelperser, von denen einige auch in die Berliner Ballerei verwickelt waren, die auch mit Waffen und Frauen handeln und deren Ergreifung durch Proforma-Diplomatenausweise oft erheblich erschwert wird. Daß es allerhöchste Zeit ist, diesem Gesocks – ob deutsch, persisch, amerikanisch oder sonstwas – das Handwerk zu legen, ist klar. Daß man, sogar wenn dieses hundertprozentig gelingen sollte, nur die Symptome einer kaputten Gesellschaft beseitigt, ist auch klar.
Rechtsanwalt Groenewold, der schon vor Jahren im SDS gegen Fuhrmann agitierte, weil dieser jegliche politische Arbeit im Keim erstickte und die Linke lähmte, sagte im Prozeß: »Die Haschkonsumenten tragen zur Festigung der bestehenden Verhältnisse bei. Sie lassen die Gesellschaft wie sie ist. Das muß man ihnen sagen! Wir müssen aufklären, daß nur eine Änderung der Gesellschaft in ihr menschliche Verhältnisse

herstellen kann, nicht die Flucht, die Abkehr von ihr. Wer dagegen nur Haschkonsum bestraft, läßt alles, wie es ist – die Not der Unterprivilegierten, Armut und Unterdrückung. Kuriert Symptome. Wettbewerb und Einsamkeit machen krank. Wir müssen die Gesellschaft ändern im Sinne der Brüderlichkeit, im Sinne der Französischen Revolution.«

Im Laufe des Prozesses, in dem es von schwer aussprechlichen Namen und Orten nur so schwirrt, werden Aussehen und Lebensgewohnheiten der drei großen persischen Hintermänner und Drahtzieher, Nuri, der überall Aufenthaltsverbot hat, Massoud Emrani und Khosrow Teherani, sehr genau beschrieben, so daß es nur noch eine Frage der Zeit sein dürfte, bis der nächste Prozeß der ihre ist.

Auch der Schießerhinweis auf Alkohol stimmt. Natürlich muß auch die Werbung dafür abgeschafft werden. Nur das alles hebt die Gefährlichkeit Fuhrmanns und Konsorten nicht auf. Klar ist, daß ein Bier nicht den Alkoholiker ausmacht und ein bißchen Hasch nicht zur Sucht führt. Man darf aber die Labilität der vielen psychisch Angeknacksten nicht ausklammern. Für diejenigen ist Hasch nur Schrittmacher, ein Umsteigemittel. Hat eine Trittbrettfunktion in Richtung härterer Drogen, denn Hasch reicht auf die Dauer als Stimulans nicht aus, wenn man auf Stimulanz angewiesen ist.

Die Arten der in diesem Verfahren bedeutenden Suchtmittel:

1. Opium. Hauptanbaugebiete sind die Türkei, die UdSSR, China und Indien. Rohopium wird im Schleichhandel mit ca. 5000,– DM pro kg gehandelt.
2. Heroin. Wird nur selten in Deutschland gehandelt. 40 000,– DM werden pro kg bezahlt.
3. Haschisch: Es gibt da den schwarzen pakistanischen, den grün-braunen türkischen und den rötlichen libanesischen Haschisch. Wird mit 1000,– bis 2000,– DM das Kilo gehandelt. Kostet im sogenannten Kleinverkauf bis 5000,– DM das Kilo.
4. LSD. Große Qualitätsunterschiede. Daher ebenso große Preisunterschiede: 1,– bis 20,– DM pro Tablette.
5. Kokain. Ist auch wieder sehr auf dem Vormarsch.

Fuhrmann hat bald ausgelitten. Schlimme Zeiten liegen schon hinter ihm. Vier Monate saß er in einem nur 5,6 qm großen Kerker in Ahrensburg. Ein Gefängnis, das inzwischen wegen seiner menschenunwürdigen Zustände geschlossen wurde.

Die Zollabgabehinterziehung macht sich auch noch unangenehm bemerkbar. 35 000,– DM, wovon er allerdings schon 14 000,– DM bezahlt hat. Der Vorsitzende Ziegler weist darauf hin, daß der Staat sich nicht durch Mittäterschaft bereichern wolle, sondern Geld braucht, um für die Rauschgiftopfer aufzukommen. 6 Monate Entziehungskur kosten die Sozialbehörde 20 000,– DM. Viele brauchen aber erheblich länger.

Fuhrmann hat Angst. Und ist eigentlich, wenn man ihm glauben darf, im Gefängnis besser aufgehoben als draußen, da man ihm in Perserkreisen mit Plastikbomben nach dem Leben trachtet.

Sollte ihm ein Attentat erspart bleiben, ist seine Zukunft sowieso gesichert. Herr Dr. Walter Leonhardt von der »Zeit« reißt sich darum, ihn für sich als research assistant verwenden zu dürfen.

In welchem Zustand die Fuhrmann-Geschädigten sich dann befinden, wie weit sie gesund sind und Arbeit haben, weiß ich natürlich nicht. Aber es können ja nicht alle Schoßkinder der Hamburger Gesellschaft sein.

Die Dummheit und der Mode-Eifer der jungen Linken kamen Fuhrmann zugute. Es genügt offensichtlich, die Haare lang wallen zu lassen, Saris und bodenlange Pelze zu tragen, damit ein aufgeklärter Linker einen ausbeuterischen Geschäftsmann nicht mehr von einem Genossen unterscheiden kann.

Oktober 1970

P. S.

Fuhrmann taktiert so geschickt, daß er die U-Haft keinen Tag gegen eine Gefängniszelle eintauschen muß. Seine Freundin, die als sein Geschöpf viel von ihm gelernt hat, taktierte nicht weniger geschickt draußen. Sie verteidigte seine Habe. Frisierte sie je nach Bedarf auf wertlos um. Vermietete seine Autos und Räume und das Boot. Stundenweise, tageweise, wochenweise. Für Filmaufnahmen und anderes mehr. Sie kutschiert steinreiche Araber im Mercedes mit Telefon durch die Gegend und hilft ihnen bei ihren Einkäufen. Geschäft bleibt Geschäft.

Seit sieben Jahren ist sie fest entschlossen, ihr Abitur zu Ende zu machen, besucht die Schule. Hat es bis heute nicht geschafft, weil sie die Schulden, die er auf ihren Namen gemacht hat, noch bis Ende 1977 abtragen mußte.

»Ich bin jetzt von ihm frei«, sagt sie. Und besucht ihn trotzdem ein paarmal im Jahr in Frankfurt, wo er längst als wohlbestallter Werbemann mit einer anderen lebt.

1978

P. S.
Inzwischen haben sich wie immer mehr Leute totgesoffen als totgefixt. Kein Wunder – für das eine wird ja in allen Medien geworben, für das andere nicht. Und lebensgefährdende Pillen werden von den Ärzten großzügig verabreicht.

Bogusat und Notzucht

Gottseidank gibt es auch schöne Tage im Gericht. Tage mit viel Gelächter und Tage, an denen der gesunde Menschenverstand siegt. Zu den schönsten Prozessen gehören die, die unter dem Vorsitz des heiteren Amtsgerichtsrates Bogusat mit den apfelroten Bäckchen und den leuchtendblauen Augen stattfinden.
Anklage: Notzucht.
»Der Schlachter M. wird beschuldigt, im Januar 1970 nachts in das Zimmer der 14jährigen Schülerin L. eingestiegen zu sein, ihr die Kehle zugedrückt, die verschränkten Beine des Mädchens auseinandergerissen und den GV mit ihr ausgeführt zu haben. Ihm wird ferner zur Last gelegt, etwa eine Woche später erneut auf einer Leiter zum Zimmerfenster der Zeugin L. emporgestiegen zu sein und erst auf die Hilferufe des Mädchens von seinem Vorhaben, sie geschlechtlich zu mißbrauchen, abgelassen zu haben und umgekehrt zu sein.«
Den Vorsitz hatte mein Freund Bogusat, der, sonst so lebensah, dafür bekannt war, eine ausgesprochene Abneigung gegen Sexualdelikte zu haben. Sein Ausspruch im »Mixed-Media-Prozeß«: »Ich nenne es Schweinkram. Sie nennen es Kunst! Was soll ich da noch sagen? Freispruch!« ist zum geflügelten Wort geworden.
Der Angeklagte Paul-Otto M., 25 Jahre, steht breitbeinig vorm Richtertisch. Primitiv, kräftig, blond. Grobe Sprache. Eine Mischung aus Dorftrottel und Gemeindebulle.
Schmied, Schlachter, Kranzbinder. Frisch verheiratet, ein Kind. Als die Vorstrafenliste verlesen wird, hält man ihn schon für verurteilt.
Körperverletzung. Unzüchtige Handlung mit Gewalt. Fahrlässige Körperverletzung. Vorsätzliche Körperverletzung, Unfallflucht, Diebstahl, Beleidigung und Körperverletzung.
Bogusat meint: »Aber Fahren ohne Führerschein scheint Ihr Leib- und Magendelikt zu sein. Und was war das hier mit der Frau in der Kneipe? Auch Unzucht?«
»Nöh«, blökt Paul-Otto, »die war total besoffen. Da hab ich ihr eine runtergekloppt.«
»War das notwendig?«

»Ja.«
»Also, Sie waren Kranzbinder bei Meier und wohnten da. Die kleine Marion nebenan. Wie ist das denn nun? Haben Sie die nun vergewaltigt?«
»Nöh, gar nicht. Bei ihr war ne Party im Keller, Silvester. Da gibt eins das andere, nä? – Die Oma hat auch geholfen.«
»Was?? *Womit* hat die geholfen?«
»Ja, kochen und so. Ja, und dann haben wir da gesessen. Ich zwischen Marion und die Oma. Da hat sie dann immer ihre Hand unterm Tisch auf mein ... (Unverständliches Gebrumme).«
»*Was* hat sie? Wo hat sie?«
»Ja, ihre Hand auf mein Geschlechtsteil gehalten.«
(Die Presse: »Oh weia!«)
»Ja, hat denn die Oma das nicht gesehen?«
»Weiß ich nich. Ja, und dann hat ihre Mutter gesacht, ich soll mal mit sie rauf und den Brief besehen.«
»Wo rauf? Welcher Brief?«
»Ja, mit Marion auf ihr Zimmer. Die hatte 'nen Brief geschrieben mit lauter so'n Saukram drin. Das sollte ich lesen. Also, wir hoch. – Die dann gleich mein Reißverschluß aufgemacht. Ja, so gibt dann eins das andere.«
»Was heißt das?«
»Na ja, da hab ich auch nich nein gesacht und meine Hosen runtergelassen ...«
Bogusat angewidert: »Ach, nun lassen Sie doch diese Einzelheiten! – Sie wollen ja wohl nicht sagen, daß *Sie* vergewaltigt worden sind.«
»Nöh, aber da macht man ja mit.«
»Ja, wie ist das denn nun, sind Sie nun Ende Januar die Leiter hochgeklettert und mit Gewalt bei dem Mädchen eingedrungen?«
»Nöh, ich hab nur sonst manchmal mit ihr geschlafen. Tja ... und einmal ist ja der Tisch zusammengebrochen.«
»Was für ein Tisch?«
»Der Tisch in der Kranzbinderei.«
»Was hat denn *das* mit der Sache zu tun?«
»Ja, weil ich da mit Marion drauf gelegen hab. Die ist nachts zu mir rübergekommen und hatte nichts an. Und da ist der Tisch zusammengebrochen.«
»Was sind denn das für dumme Geschichten? Was wollen Sie uns denn hier nun noch alles erzählen?«

»Ja, und einmal war auch noch einer dabei, der hat alles gesehen, im Auto.«
»Ach Gott«, biegt Bogusat seufzend ab, »da wollen wir jetzt mal das Mädchen hereinbitten.«
Herein schlendert die Geschändete. Marion L., 14 Jahre. Lange schwarze Locken, dummdreistes Gesicht. Nicht unhübsch. Die strammen Schenkel quellen einem unter dem Supermini entgegen. Bluse und Po wölben sich so, daß ein Herr von der Presse meint:
»Da würde ich ja auch mal gerne ...« Ein überreifes Früchtchen. Den Angeklagten bedenkt sie mit einem langen Schmollblick. Bogusat fordert die Schülerin auf, ihre Vergewaltigung zu rekonstruieren.
»Ich kenn ihn ja aus der Kranzbinderei. Ende Januar bin ich nachts aufgewacht, weil der Hund unruhig war. Da stand Paul im Zimmer und hat mir die Decke weggezogen.«
»Hat er denn was zu Dir gesagt?«
»Ja, – ›ich will dich vernageln‹, hat er gesagt.«
»Hat er auch gesagt, ›ich will dich dick machen‹?«
»Ja.«
»Warst du einverstanden?«
»Nee. Der hat mir dann die Kehle zugedrückt. Ja, und dann war's passiert.«
»Ja, was?«
»Das.«
»Hat's denn weh getan?«
»Ja. Hat auch ganz schön geblutet.«
»So. Und Deine Beine? Hat er die Dir auseinandergerissen oder hast Du sie selbst auseinandergerissen?«
»Nee, nich ich selbst!«
»Tja, aber Du sagst, der ist nach einer Woche wiedergekommen. Hast du Deinen Eltern denn nichts gesagt?«
»Nee. Das war mir peinlich.«
»So. Und als er das nächste Mal kam, was war da?«
»Da hab ich nach meiner Oma geschrien. Die hat aber nichts gesagt.«
»Ja, was war denn nun Silvester? Er sagt, daß er schon Silvester mit Dir in Deinem Zimmer geschlafen hat.«
»Nee.«
»Ja, was nun? War er nicht in Deinem Zimmer?«
»Nee, meine Oma hat ja aufgepaßt. Und bei uns waren 23 Leute zu Be-

such, die haben auch da geschlafen, so daß ich gar nicht in mein Zimmer konnte.«

Der Staatsanwalt, Herr Dr. Taube, nimmt dem Pflichtverteidiger Mikkin die Arbeit ab:

»Habt Ihr denn vielleicht mal Zärtlichkeiten ausgetauscht?«

»Waah???«

Bogusat: »Da müssen Sie schon drastsicher fragen. – Hat er Dir mal untern Rock gefaßt oder so?«

»Ach so, nee, nur geflaxt, nä?«

Bogusat blättert in den Protokollen: »Hier steht was von Mundverkehr in der Silvesternacht. Weißt Du, was das ist, Mundverkehr?«

»Ja.«

»Was denn?«

»Küssen und so.«

Allgemein gerührtes Lächeln, ob der Unschuld des harmlosen Kindes.

Bogusat milde und gütig:

»Nein, das bedeutet es nicht.«

Die Kleine erinnert sich. Keß: »Ach so. Ja, ich weiß schon!«

Klein Marion bleibt einsilbig.

»Und als Du gemerkt hast, daß Du schwanger warst, hast Du's Deinen Eltern erzählt.«

»Ja.«

»Und eine Abtreibung über die Ärztekammer bekommen.«

»Ja.«

»Und da hast Du gesagt, daß Du vergewaltigt worden bist. – Ganz wohl ist mir nicht dabei.«

Marion *rotzig:* »Mir schon.«

»Sag mal, hast Du vielleicht doch freiwillig? – Mir kannst Du's ruhig sagen, es hört ja keiner« – er beugt sich zutraulich über den Richtertisch –, »wir sind ja alleine. Weißt Du, andere Mädchen tun so was ja auch. Und da ist ja auch nichts dabei. Aber schlimm ist es, jemanden ins Gefängnis zu bringen für etwas, was er nicht getan hat. Also – bist Du sicher, daß er Dich vergewaltigt hat?«

»Ja.«

»Hast Du Dich auch wirklich gewehrt?«

Pampig-aggressiv: »Vielleicht hätt ich ja schreien sollen!?«

»Hast Du ihn denn nachts in der Kranzbinderei besucht?«

»Nee, da würden meine Eltern ja von aufwachen.«

»Na, dann wollen wir mal Deinen Vater holen.«
Der Versicherungsangestellte, ein Bild biederen Bürgertums, sagt aus: »Silvester, ja, da hatten wir zwölf Gäste. Vier haben übernachtet. Ja, der Paul ging hoch zu Marion. – Wie lange er bei ihr war, weiß ich nicht. Doch, sie schlief in ihrem Zimmer. Wir haben ja viele Zimmer.«
»War Ihre Tochter denn auch sonst mit Männern zusammen?«
»An und für sich nicht.«
»Haben Sie 'nen leichten Schlaf?«
»Nein, meine Frau und ich schlafen sehr fest. Was Marion macht, können wir nicht hören, weil wir auf der anderen Seite vom Haus schlafen.« – Marion wirkt jetzt etwas mucksch.
Der Staatsanwalt: »Hat Ihnen die Ärztekammer vielleicht zu ›Vergewaltigung‹ geraten?«
Die Frage wird übergangen.
Bogusat: »War Herr Meier denn öfters bei Ihnen zu Gast?«
»Nein, nie.«
Der Angeklagte wälzt sich vor:
»Doch, vor zwei Jahren, auf Marions Geburtstag.«
»Was«, fragt der Vorsitzende, »dann müssen Sie ja gewußt haben, wie alt sie ist.«
»Nöh, wußt ich nicht.«
»Ach, reden Sie doch keinen Unsinn, da war sie doch zwölf und wurde dreizehn.«
»Ja.«
»Na also, dann wußten Sie doch, wie alt sie ist.«
»Nöh, aber abstreiten kann ich's nicht.«
»Na sehen Sie, woher wußten Sie also jetzt gerade, wie alt sie ist?«
»Weil Sie das doch gesagt haben, und dann muß es ja stimmen.«
Sein desolater Anwalt:
»Wissen Sie, ich sehe meinen Mandanten auch heute erst zum ersten Mal.«
Bogusat: »Also, wie alt dachten Sie denn, daß sie war?«
»Ja, vierzehn, weil sie so gut gebaut war. Und sie ging ja auch abends schon weg.«
»Dann wußten Sie also nicht, wie alt sie war?«
»Nöh.«
»Na ja, wenn man sie hier so sieht, sie sieht ja auch viel älter aus als sie ist.«

Schnucki Marion *zielt* von *der Hinterbank*:
»Du wußtest ja man doch, wie alt ich bin!«
»Nöh, wußte ich nich.«
»Wußtes Du ja doch! Wußtes Du ja dooch! Hat ja Elke Dir gesagt!«
»Nöh, hat sie nich.«
Das junge Opfer, immer lebhafter:
»Dann war das eben nich Elke, dann war das eben jemand anders. Jedenfalls hast Du's ja doch gewußt!«
Nachdem sie's ihm soweit gegeben hat, hebt der Ankläger zur Verteidigung an und begründet seinen Antrag auf Freispruch. Dem unvorbereiteten Anwalt bleibt somit auch ein Plädoyer erspart. Während sich das hohe Gericht zur Beratung zurückzieht, rät Staatsanwalt Dr. Taube dem Verteidiger, mit Marions Vater zu sprechen und ihn zu bitten, seinen Strafantrag zurückzuziehen.
Der Verteidiger ziert sich:
»Ach, wissen Sie, das ist doch peinlich, das kann ich ihm doch nicht sagen.«
Von Staatsanwalt und Presse heftig bearbeitet, gibt er widerwillig nach. Der Vater ist unter den gegebenen Umständen sofort bereit, sich nicht mehr im Sinne des Gesetzes beleidigt zu fühlen.
Urteil: Freispruch mangels Beweises auf Kosten der Staatskasse.
Bogusat zum Angeklagten:
»Sie sind frei. Haben Sie das gemerkt?«
Der Staatsanwalt: »Sie haben Glück gehabt. Sie hätten auch eineinhalb Jahre kriegen können.«
Paul-Otto glotzt dumpf, murmelt – wie so oft im Laufe des Verfahrens – etwas Unverständliches und trottet raus.
Die runden Hüften schwenkend, geht Marion neben ihrem jetzt grimmigen Vater vom Schauplatz ihres Auftritts weg. Neuen Abenteuern entgegen. Der Fotograf, für den sich Marion schon kokett in Positur stellt, zieht unverrichteter Dinge von hinnen. Der Vater lehnt weitere Werbung für sein Produkt energisch ab.

Januar 1971

Bogusat und Schulpflicht

Schon am nächsten Tag verhandelt »Bogu« wieder: »Vergehen gegen das Schulgesetz«. Den Eheleuten I. wird vorgeworfen, ihre Kinder Annemarie und Karin in der Zeit von März bis September 1970 nicht zur Schule geschickt zu haben.

Herein kommt, über das ganze Gesicht strahlend, der Angeklagte Theophil I. Ein teigiges Clownsgesicht, die lachenden Augen nach oben gezogen, der breite Mund nach unten. Er ruft mir zu: »Sie habe ich ja schon draußen gesehen!« Er reckt sich, 1,50 m groß, dem Richter Bogusat entgegen. »Ach«, sagt dieser, »unser Herr I. Und Ihre Frau? Krank? Bauchschmerzen?«

»Nein«, grinst Theophil, »Hausmeisterposten, Kohlen schaufeln.«

»Können das Ihre Kinder denn nicht?«

»Nein, das sind ganz große Schaufeln.«

»Ach so, na, denn schenken wir Ihrer Frau mal die Geschichte. Nun, erzählen Sie mal, wie alles so gekommen ist.«

Theophil erzählt, daß er morgen 65 wird. Von seinen sieben Kindern. Daß er Kaufmann und Kellner gelernt hat.

»Und im Ersten Weltkrieg kriegte ich 'ne Bombe auf den Kopf.«

»Wieso, im Ersten haben die doch gar keine Bomben geworfen.«

»Doch, auf mich ja.«

»Ach ja, stimmt ja, da, wo Sie wohnten, fielen ja mal welche.«

»Ja, und im Zweiten Weltkrieg war ich nur das letzte Jahr Soldat.«

»Na, sehen Sie, da haben Sie ja auch mal Glück gehabt!«

»Und jetzt bin ich Abwäscher bei Horten, für 500 im Monat. Und für die Hausmeisterei kriege ich 160. Der hat sich jetzt 'ne Insel gekauft.«

Bogusat: »Wer?«

»Horten.«

»Der hat's gut, was?«

Theophil ganz glücklich: »Jaaaaah.«

Wieder der Richter: »Aber nun sagen Sie mal, Ihre Kinder sind doch schon 9 und 12 und müssen doch zur Sonderschule für Lernbehinderte gehen. Und das ist doch nicht gut, daß Sie die so lange nicht zur Schule gehen lassen.«

»Och, die können ja mal ein Jahr nachgehen, das sind ja Mädchen. Die meisten gehen ja doch als Reinemachefrau, um Geld zu verdienen.«
»Na ja, aber Reinemachefrauen müssen ja auch erst mal zur Schule gehen. Und Sie haben doch auch immer Briefe von der Schulbehörde gekriegt.«
»Hab ich kaum gelesen. Ich arbeite ja 12 Stunden. Und die konnten ja gar nicht zur Schule gehen. Als unsere Kinder wegzogen, war uns das Haus in Wedel zu teuer. Da haben wir zwei kleine Zimmer im Lager gekriegt. Da war nur Platz für unsere Möbel, nicht für uns. Übernachtet haben wir überall mal, aber wir konnten uns nirgends melden, weil die Hauswirte das nicht wollten. Wir dachten ja auch jeden Tag, wir kriegen 'ne Wohnung.«
Vorsitzender: »Das ist doch Unsinn. Ich bin mit sechs Jahren durch halb Bremen mit der Straßenbahn gefahren, um zur Schule zu kommen.«
»Bin ja auch froh, daß wir die Wohnung nun haben. Jetzt gehen die beiden ja auch zur Schule.«
»Tja, ich muß Sie leider bestrafen – 6 Wochen. Mit Bewährung. Ihre Frau wollen wir mal beiseite lassen. Sie sind doch der Herr im Haus.«
»Ja, das ist wahr, dann muß man alles ausbaden.«
»So, also schön brav die Kinder jetzt immer zur Schule schicken. Dann passiert gar nichts. Haben Sie verstanden? Keine Buße. Ich will Ihnen kein Geld abknöpfen. Also, wollen Sie das Urteil annehmen?« Der Richter gibt die Antwort selbst: »Natürlich. Alles andere wäre Unsinn. Auf Wiedersehen!«
Fröhlich dreht sich Theophil an der Tür noch mal um und sagt verschmitzt: »Nich wiedersehen.«

Januar 1971

P. S.
Mein Freund Bogusat lebt nicht mehr. Erst nach seinem Tod erfuhren wir, daß das Apfelrot seiner Bäckchen und das Leuchten seiner blauen Augen Krankheitssymptome waren.
Würde mich so gern mit ihm über alles, was sich inzwischen in den Gerichten tut, unterhalten. Vielleicht würde er sagen: Meine Kollegen nennen es Recht – ich nenne es Unrecht!
Was soll ich da noch sagen??

Schwurgericht Hamburg
Karl-Heinz H., Mord

»Der Schmied H. wird beschuldigt, in der Nacht zum 3.2. 1970 seiner Ehefrau Brigitte und dem Arbeiter Roman Brandt jeweils durch mehrere bewußt nach dem Kopf geführte Schläge mit einem 3,6 kg schweren Schraubenschlüssel tödliche Verletzungen beigebracht zu haben, nachdem er in das von ihm nicht mehr benutzte eheliche Schlafzimmer eingedrungen war und dort seine Ehefrau und Brandt, beide nur teilweise bekleidet, auf der Schlafcouch vorgefunden hatte.«

Die Anklageformulierung enthält schon einen Fehler. Es stimmt nicht, daß der 27jährige Schmied Karl-Heinz H. das eheliche Schlafzimmer nicht mehr benutzte. Wahr ist, daß er es häufig benutzte, nämlich wann immer ihn die Lust dazu überkam. Er war mit seiner 21jährigen Frau Brigitte, die er »Peterle« nannte, durch eine Haßliebe eng verbunden. Sie zog ihn nachts genauso stark an, wie sie ihn tagsüber abstieß. Warum es nicht bei den ungetrübten Liebeswonnen blieb? Weil sich die patriarchalischen Vorstellungen des Mannes von einer sauberen, heilen Ehewelt auf die Dauer nicht mit der Realität deckten.

Karl-Heinz H., außerehelich geboren, wuchs als Einzelkind bei liebevollen Pflegeeltern auf, deren größter Fehler ihre übergroße Nachsicht war. Karl-Heinz, der die Mittelschule besuchte, wurde aufgrund von Verhaltensstörungen auf die Volksschule zurückversetzt. Eine Serie von Straftaten brachte ihm 2½ Jahre Jugendstrafe ein. In der Haft erlernte er den Beruf des Schlossers. Der leicht verführbare Junge war immer nur Mitläufer.

Karl-Heinz, 1,85 m groß, dunkelblond, kräftig, grobschlächtig, mit Händen wie Klodeckel, redegewandt (Holsteiner Dialekt), war bei Mädchen nicht erfolglos. Wenn man schnelle Sprünge rein und raus aus den Betten als Erfolg werten will. Er selbst, der eine sehr schlechte Meinung von den schnell eroberten Frauen hatte, bildete sich nichts darauf ein. Seine grobe Einstellung zu Frauen wandelte sich erst, nachdem er im April 1967 Brigitte, die als Serviererin in der Gastwirtschaft seiner Tante tätig war, kennenlernte.

»Es war keine Liebe auf den ersten Blick. Für mich war sie anfangs ein Mädchen wie andere auch. Erst als ich merkte, daß sie sich nicht jedem an den Hals wirft, hab ich mich in sie verliebt. Wir sind jeden Tag nach der Arbeit miteinander weggegangen, um allein zu sein. Als ich endlich mit ihr schlafen durfte, klappte es bei mir nicht, wohl, weil ich mich zu sehr nach ihr sehnte. Das hatte ich noch nie erlebt. Danach liebte ich sie nur noch mehr.
Im Juni nahm sie mich zum ersten Mal mit zu ihren Eltern. Denen sagte sie plötzlich: ›Am Sonnabend verloben wir uns.‹ *Dabei hatten wir noch gar nicht von Verlobung gesprochen. Aber mir war es recht. Meine Eltern waren grundsätzlich dagegen, weil sie dachten, daß aus dem Gaststättengewerbe nichts Gutes kommen könnte. Aber das machte nichts, denn sie sollte ja sowieso mit der Arbeit aufhören.*
Sie wußte auch alles über mich. Sie war das erste Mädchen, dem ich alles über die Jugendstrafanstalt erzählt habe. – Dann sind wir für drei Monate zusammen in ein kleines Zimmer gezogen. Das war die schönste Zeit unserer Ehe. Ich betrachtete mich schon als verheiratet. Wir waren sehr glücklich. Sie konnte wunderbar kochen, alles war sauber und wohnlich. *Auch sexuell verstanden wir uns inzwischen sehr gut. Meine 200 Mark die Woche waren immer schnell alle. Da half uns mein Schwiegervater. Er bot uns eine Wohnung hinter seiner Radio-Fernseh-Handlung an, in die er selbst eine Menge Geld steckte. Seine einzige Bedingung war, daß wir nun auch richtig heiraten.* Am Polterabend war dann Einzug. Alles war sehr, sehr schön.«
Der große H. weint jetzt hemmungslos.
»Es war so, wie es sein soll. Sie hielt die Wohnung und unser Zeug in Ordnung. Die Küche war gut und im Bett war's gut. Ich war richtig glücklich.
Meine Schwiegereltern waren geschieden und beide wieder verheiratet. – Mitte 1968 kam ihre Mutter zum Wohnen zu uns. Ihre neue Ehe klappte nicht. Mein Schwiegervater pachtete eine Gaststätte für sie. Wir halfen alle mit. Es ließ sich gut an. In ihrer Gaststätte war auch immer der Roman, den Brigitte schon ganz gut kannte. Ich sah ihn damals zwar oft, lernte ihn aber erst später richtig kennen. Als meine Schwiegermutter sich mit ihrem Mann versöhnte, kam sie fast ein halbes Jahr nicht mehr zu uns, weil ihr Mann das nicht wollte. Darunter hat Peterle sehr gelitten. Es war viel mehr ein sehr enges, intimes Freundinnenverhältnis als wie bei Mutter und Tochter. Ich glaub, die haben schon immer viel zusammen

ausgeheckt. Ab Ostern 1969 waren die beiden dann wieder eng zusammen.

Peterle durfte absolut keinen Alkohol trinken. Das haben ihr alle Ärzte verboten. Aber ihrer Mutter war das egal. Die brachte immer eine Flasche Rum mit, wenn sie kam, und trank sie mit Peterle aus. Die hätt ich aus dem Haus jagen müssen, die Frau. Durchgreifen. Dann wäre das alles nicht passiert. – Peterle war eben herzenslieb, aber vergnügungssüchtig.

Brigitte H. wurde schwanger, weil sie sich ein Kind wünschten. Obwohl sie so schwer asthmakrank war, daß sie sich selbst spritzen mußte. Doch schon damals veränderte sie sich in verblüffender Weise. Sie wurde unerträglich nachlässig. Sie stand erst nachmittags auf, und mit Blitzen und Blänken war nichts mehr. Außerdem wurde das hübsche, 1,60 m kleine Mädchen maßlos dick.

»Ich hatte sie nicht weniger lieb, weil sie 245 Pfund wog. Ich hoffte ja auch, daß sich das wieder ändern würde. – Aber diese gräßliche Schlamperei. Kochen tat sie noch, aber nur, weil sie so gerne aß. *Wenn sie gedacht hätte, daß ich auch etwas Genießbares auf den Tisch bringen könnte, wäre wohl auch noch diese Arbeit an mir hängen geblieben.«*

Weil sie so dick war, mußte die Tochter am 22. 5. 1969 durch Kaiserschnitt geholt werden. Brigitte kam drei Wochen später nach Hause. Ihre Wunde heilte schlecht. H. wusch und verband sie jeden Morgen, bevor er zur Arbeit ging. Das einst so zarte Mädchen blieb unförmig und 245 Pfund schwer. Sie blieb auch phlegmatisch und desinteressiert. Aber sie freute sich auf das Kind, das noch drei Monate im Krankenhaus bleiben mußte.

»Ich hatte mich so auf das Kind gefreut. Aber ich hatte keinen richtigen Kontakt dazu, da ich es nur durch eine Glasscheibe sehen durfte. Und da machte ich den Fehler, meiner Frau gleich danach zu sagen: ›Was ist denn das da? Das ist ja ein komisches Ding!‹ – Ich habe wohl viele Fehler begangen. – Es war auch nicht mehr schön zu Hause. Sie vernachlässigte ja nicht nur die Wohnung, sondern auch sich selbst. Obwohl ich so gerne mit ihr schlief, kam es vor, daß ich sagte: ›Du mußt Dich erst mal waschen, Mädchen‹, wenn sie zärtlich wurde.

Ich wußte, daß Peterle es haßte, allein zu sein. Darum blieb ich abends öfter weg, um sie zu strafen. *Ich war ja Ordnung gewöhnt. Sie sollte sich bessern, aber daraus wurde nichts. Es war ein ständiges Auf und Ab. Von November an hab ich mich oft betrunken. Das ging schnell, denn ich vertrug kaum was. Ich hielt es in dem Dreck zu Hause einfach nicht aus.«*

Damals war der 19jährige Roman B. schon längst Stammgast im Hause H.s. Karl-Heinz, der sonst auf Gott und alle Welt grundlos eifersüchtig war, hatte nichts dagegen. Im Gegenteil, es bedeutete eine gewisse Entlastung für ihn. Denn – Roman brachte immer gute Laune mit. Außerdem nahm H. den Roman sexuell nicht voll. Roman sei zwar körperlich kräftig, aber im Endeffekt doch nur ein Kind. Skeptisch machten ihn nur zwei Vorfälle. –

Einmal wachte er aus seinem Rausch auf und fand seine nur mit einer Wolldecke umhüllte Brigitte im Gespräch mit dem bekleideten Roman. Ein andermal holte er die Polizei, um in sein verschlossenes Wohnzimmer hinein zu können. In dem Raum befanden sich abermals Brigitte und Roman. Diesmal war die Frau bekleidet und der Jüngling entblößt. »Das kam mir zwar alles komisch vor, aber ich hab nicht viel gefragt. Das war auch nicht nötig an den Abenden, weil sie sofort mit mir ins Bett ging und mit mir schlief. Auf die Art konnte sie mich immer um den Finger wikkeln. Ich hatte sie ja auch sexuell fest in der Hand, dachte ich. Sie sagte mir ja auch immer, daß es nur mit mir schön sei. –

Als Roman mir sagte: ›Ich liebe Deine Frau‹ – meinte ich darum auch nur: Das kann ja jedem passieren. – Hauptsache war ja, daß er körperlich nichts mit ihr hatte. – Und meine Frau sagte: ›Ich liebe Dich – und den Roman hab ich gerne. Du brauchst keine Angst zu haben, daß ich Dir Romans Kinder anschleppe‹.

Ich drohte ihr oft, fremdzugehen. Sie sollte sich ändern, ich liebte sie ja. Und als ich es gar nicht mehr aushielt, bin ich ab und zu in 'n Puff gegangen. Hinterher sagte ich ihr dann, wo ich gerade herkam. Aber betrogen hab ich sie nie. Puff zählt ja nicht. Als sich trotz allem nichts änderte, sagte ich: ›Peterle, ich zieh aus. Ich bin immer für Dich da, aber Du mußt Dich ändern.‹«

Am 13. Dezember zog er in eine eiskalte, unfreundliche Bruchbude in ihrer Nähe. Schon am gleichen Abend ging er zu ihr zurück und verbrachte die Nacht mit ihr.

»Ich ging gegen meinen Willen immer wieder hin. Meistens saß ich in einer Kneipe und nahm mir fest vor, nicht zu ihr zu gehen. Bis ich dann doch wieder bei ihr war. Meistens war Roman da, wenn ich kam. Aber der wurde immer um 10 Uhr von seinem Freund Siegfried abgeholt. Ich blieb dann nachts bei ihr. Einmal machte ich einen Selbstmordversuch

mit 40 Tabletten. Es waren wohl die falschen. Zum Glück. Denn es war ja nur eine Sufflaune. – So Mitte Januar war ich richtig optimistisch. Sie war plötzlich wie früher und sagte: ›Schieterle, ich näh Dir mal den Knopf an.‹ Und sie hat wieder meine Hemden gebügelt. Am Sonntag, dem 1. 2. 1970, sah ich sie das letzte Mal. – Lebend. – Roman war bis 4 Uhr morgens da. Dann war ich mit ihr bis um 12 Uhr mittags im Bett. Es war gut wie immer. Am nächsten Tag ging ich gleich nach der Arbeit in die Gaststätte. Abends um 10 wollte ich dann mit besoffenem Kopp doch zu meiner Frau. Die war nicht zu Hause. Da hab ich eben ferngesehen.«

Inzwischen tauchte auch Siegfried, der 20jährige Roman-Freund und Schwiegermutter-Geliebte kurz auf, um den nicht anwesenden Roman abzuholen. Zu ihm sprach H. von seiner Liebe zu Brigitte, von ihrer Krankheit und von seiner Angst davor, daß sie sich schon wieder verleiten lassen würde, Alkohol zu trinken. Und daß was passieren würde, wenn sie betrunken nach Hause käme.

H. ging ins Bett.

»Sie wissen ja, wie das ist, wenn man viel getrunken und nicht gegessen hat. Man meint, alles dreht sich, wenn man sich hinlegt. Dann hab ich wohl sehr fest geschlafen. Ich wachte auf, weil meine Frau stöhnte. Es war nicht ihr Asthma. Mir war klar, was es war. So stöhnte sie immer, wenn wir zusammen waren.«

H. schreit in den Schwurgerichtssaal hinein, während er mit seinen Pranken auf den kleinen Tisch hämmert:

»Ich hörte es!! – Ich höre es immer –!!! Ich höre es jetzt!!! – Dann kriegte ich was ins linke Auge. Wie eine Fliege. Ich kann doch nur auf dem linken Auge sehen. – Ich wischte es weg. – Es war Blut, das mir ins Auge gespritzt war. – Da hab ich die beiden gesehen: Der Engländer (das ist ein 3½ kg schwerer Schraubenschlüssel) lag auf Romans Kopf. Peterle lag auf ihm. Da war bei mir Feierabend. Richtig Ende. Ich war fertig. – Meine Tochter lag vor dem Zimmer in der Wiege.

›Was hast Du gemacht‹, dachte ich. Raus? Nein. Was tun!? – Angezogen. Polizei angerufen und gesagt: ›Ich hab meine Frau und ihren Liebhaber erschlagen.‹ – Dann wartete ich lange vor der Tür. Aber die Polizei kam nicht. Da rief ich noch mal an. Aus einer Nische sah ich, wie drei Peterwagen kamen. Dann bin ich wie ein Verrückter herumgelaufen. Nur gedacht und gedacht, was hast Du gemacht? Erschlagen, ja. Aber wie? Warum?«

H. hat einen Ausbruch. Er brüllt, während ihm die Tränen herunterlaufen, dem Richter entgegen:
»Sie begreifen das nicht!! Sie schlafen fest, hören dann das Gestöhne und Gegrunze. Dann stehen Sie vorm Bett und es ist passiert! – *Ich hätte es abgestritten. Aber ich war es ja. Das ist doch das Schreckliche. Und ich denke dauernd: Warum haben die nichts gesagt? Nicht geschrien. Oder meine Tochter geschrien! – Das hätte mich vielleicht gebremst. Roman war ein feiner Kerl. Nett, fröhlich. Ich war ja oft unfreundlich. Aber ich hätte sie ausgelacht, wenn Sie gesagt hätten: ›Der geht mit Deiner Frau ins Bett.‹* –«
Der Richter: »Aber Sie waren doch i m m e r ein bißchen eifersüchtig?«
»B i ß c h e n ? ? ? ? – «
»Also sehr?«
»Ja, klar. Nur nicht auf Roman. Er war ja mein Freund und hatte mir das Gegenteil versichert.«
H., von dem der Gutachter sagt, daß er ausblendet, was ihn zu sehr quält, sagt:
»Es war auch sicher das erste Mal, daß die beiden so zusammen waren. Und es ist ja auch gar nicht gesagt, daß sie in dieser Nacht wirklich miteinander schliefen.«
(In der Tat: Bei der Sektion wurde kein Samen gefunden, weder in Brigittes Scheide noch an Romans Eichel.)
Daran klammert er sich jetzt. Nach wie vor teilt er die Ansicht so vieler, daß zwischen zwei Menschen nichts vorgefallen ist, wenn das Glied nicht eingeführt wurde.
Erregt: »Meine Frau war für mich was Besonderes. Was Edles. Auch wenn sie drei Zentner gewogen hätte.«
Ein Schöffe: »Na, da war sie doch nicht mehr die Madonna.«
H. noch erregter: »Doch! Für mich ja! Sie war ja krank. Es kam doch nicht vom Fressen. Glauben Sie nicht, sie wäre lieber dünn gewesen? Es war doch peinlich für sie.« *Während dieser leidenschaftliche Ausbruch der Liebe und der Zärtlichkeit einen noch bewegt, verliest der Vorsitzende, Landgerichtsdirektor Dr. von Gerkan, einen nicht weniger bewegenden* Brief Peterles an Roman. *Nach seinem Tode in seinem Nachlaß gefunden. – Sechs Monate vor dem abrupten gemeinsamen Ende geschrieben.* Da heißt es u. a.:
»Ich bin nicht hübsch. Was gibt es an mir zu lieben? Wenn ich in den Spiegel sehe, möchte ich sterben. Aber muß er mich immer fühlen las-

sen, ›wer guckt die Tonne schon an? – Du bist auf mich angewiesen.‹ Neulich sagte er: ›Du bist nicht wert, daß Du ein Baby von mir hast.‹ Ich hab noch nie so geweint. – Ich bin hilflos den Menschen ausgeliefert. – Jetzt sind wir schon acht Wochen zusammen. Ohne Berührung. Als ob wir Angst davor hätten. Aber wir lieben uns doch. Dann möchte man doch nicht nur lange Diskussionen, sondern auch mal Taten. – Dies soll keine Aufforderung sein. – Ich bin absolut treu. Spiel nicht mit mir! Mach Dir keinen Scherz mit mir. *Ich brauche Dich und bin so dankbar, daß Du kommst. Ich hab den Fehler gemacht, jemand ganz für mich haben zu wollen. Bin ein Träumer, hilflos, lebensuntüchtig, unrealistisch, ein Versager. – Ich hasse Gewalt. Ich möchte bei Mutti sein. Wieder bei ihr wohnen. Ich würde mich den ganzen Tag auf sie freuen. Ich bringe Pech. Das hast Du wohl schon gemerkt...«*
Wie sehr, hat er ja nicht mehr gemerkt.
H. gibt zu, seine Frau einmal kräftig verprügelt zu haben. »Aber, ich hab doch nicht aus Böcke geschlagen. Keine Frau. Sie schon gar nicht. Ich liebte sie doch.«
Zeugin: Ida, die Mutter der Toten, 41 Jahre. Sieht verblüffend aus. Üppige Kneipenschönheit, wie aus Filmen der vierziger Jahre. Dolle Beine in hauchdünnen Strümpfen. Stark geschminktes, grobes Gesicht, kleine Stupsnase, riesige blaue Puppenaugen, wilde Locken, dunkle Stimme. Sie möchte aussagen. Aber die immer wiederholte Frage nach der Unordnung ihrer Tochter läßt sie verstummen. Etwas so Schlimmes wie Schlamperei möchte sie einer Toten, noch dazu der eigenen Tochter, offensichtlich nicht nachsagen. Man merkt, die Optik täuscht – sie ist eben doch eine deutsche Mutter.
Zeuge: Siegfried K., 20 Jahre, der Geliebte der Mutter, die schmierig aussehenden Haare glatt und lang nach hinten gekämmt, schon Stirnglatze. Das Liebespaar betrachtend, weiß man: Nicht jeder 20jährige ist ein Jüngling, und nicht jede Großmutter eine Greisin. –
Auch er wußte, genausowenig wie die Mutter, zu sagen, wie weit das Verhältnis zwischen Brigitte und Roman ging.
Zeuge: P., der Vater der Toten, 59 Jahre, Elektrokaufmann. Schlohweißes Haar, graues Gesicht, sympathisch, aufgebracht. »Die beiden wohnten mietfrei bei mir. Bei denen war nie Geld im Haus trotz der Arbeit.«
Auf meine Frage: »Würden Sie Ihren Schwiegersohn wieder zu sich lassen?«

»Wenn er gesühnt hat, warum nicht? Er war immer hilfsbereit zu mir. Sein Kind soll es bei uns gut haben.«
Vielleicht hat er für H. ein gewisses Verständnis, weil er selbst auch vom Schicksal geschlagen wurde. Das Gewicht seiner jetzt wieder schlanken Frau Ida war auch von 105 auf 285 Pfund geklettert. Trotzdem fand sie noch acht Liebhaber, mit denen sie ihn betrog. Die Tat seines Schwiegersohnes bezeichnet er trotzdem als »büschen sehr unverständlich«.
Staatsanwalt Barucha beantragt sechs Jahre.
Der Pflichtverteidiger W. Schielzeth, der sich sehr für seinen Mandanten einsetzt, plädiert auf Freispruch:
Er schließt sich den Gutachtern an, die von einem hochgradigen Affektsturm ausgehen. Am Rande meint er: daß doch Hunderttausende Ehemänner in Bordelle gehen, ohne daß Tragödien daraus entstehen. Man dürfe es seiner Frau nur nicht sagen. –
Das hohe Gericht, bestehend aus: Landgerichtsdirektor Dr. von Gerkan, Landgerichtsrat Milewski, Landgerichtsassessor Dr. Erdmann und den engagierten Geschworenen: zwei Oberstudienräten, einem Landwirt, Bauingenieur, Graphiker, Gewerkschaftssekretär, einigt sich auf 4½ Jahre Freiheitsentzug wegen zweifachen Totschlags, begangen im Zustand stark verminderter Zurechnungsfähigkeit.
In der Urteilsbegründung wird hervorgehoben, daß H. sich die letzten drei Jahre straffrei geführt habe, also als resozialisiert zu betrachten sei.
Ohne eine menschliche Bindung wird er es nach seiner Strafverbüßung schwer haben.
Aber sein Betriebsleiter, Friedrich N., 55 Jahre, der ihn sehr gut kennt, ist bereit, ihm zu helfen:
»Er nahm immer sofort Partei für den Schwächeren. – Irgendwas war mit ihm los. Er sprach fast täglich über seine Ehe und sagte immer wieder: ›Ich halte es im Kopf nicht aus.‹ – Vielleicht machen wir uns alle viel zuwenig Gedanken um den einzelnen. Hören über alles hinweg, wenn man so sitzt und spricht.
Wenn ich könnte, würde ich ihn jetzt mitnehmen. Gleich wieder einstellen. Müßte ja erst mit den anderen sprechen, aber die ihn kennen, hätten sicher nichts dagegen.«

Februar 1971

P. S.
Er begegnet mir ab und zu in St. Georg auf der Straße. Immer in Arbeitskleidung. Es gab sehr schnell wieder neue Frauen und neue Kinder, für die er ja sorgen muß.

Mai 1990

»Keine besonderen Merkmale«

»Der Beschuldigte ist angeklagt, sich Frauen gegenüber als Elektriker ausgegeben zu haben, der die Elektroanlage in ihrer Wohnung überprüfen müsse, und die Frauen, nachdem sie ihn in die Wohnung eingelassen hatten, mit einer Pistole bedroht zu haben, um mit ihnen den Geschlechtsverkehr auszuüben. Außerdem soll er in der Gegend von Kakenstorf auf einem Feldweg eine 16jährige Handelsschülerin mit einer Plastikpistole bedroht und mit Gewalt den Geschlechtsverkehr vollzogen haben.«

In die Kriminalgeschichte wird er als »Pickelgesicht« eingehen, denn nur so wurde er in der gesamten Presse genannt. Warum, weiß ich nicht, denn er hat nicht mehr Pickel als die meisten anderen Leute auch. Allerdings hat er auch sonst keine besonderen Kennzeichen; vielleicht ist das die Erklärung.

Wolfgang M. ist 22 Jahre, ein besonders großer, braver Bubi mit sanftem Puddinggesicht. Alles weich, viel zu weich. Kinderaugen hinter Goldrandbrille. Kurze, braune Beamtenfrisur. Strenger Scheitel. Dunkler Anzug. Wie ein Verkäufer für Herrenoberbekleidung oder ein zu groß geratener Konfirmand.

Er ist ein flotter Plauderer. Verbindliche Umgangsformen. Beflissenheit. Kontrolliertes und höfliches Auftreten. Der Kontrast zwischen seiner Ausdrucksfähigkeit und seiner knapp durchschnittlichen intellektuellen Kapazität ist erheblich. Intelligenzquotient von 93. Ein Blender. Wohlerzogenes Geplätscher. Dazu überangepaßt, was in unserer Gesellschaft entsprechend honoriert wird. So eine Fassade verschafft Freunde, Liebe, Lob. Auch im UG ist er schon Kalfaktor.

M. ist ein sogenannter Unhold. Seine abartigen Bedürfnisse sind so vielschichtig, daß der Gefängnispsychologe von einem höchst eindrucksvollen Bild spricht, wie er es in dieser Fülle und Buntheit zum ersten Mal sehe. Es ist ein sexueller Strauß pädophiler Handlungen, Besudelungsakte, Exhibitionismus, Vergewaltigungen. Auch ist er als aggressiver Spanner bekannt. Ein Suchtverhalten wie bei allen Süchten. Die Befriedigung läßt immer schneller nach oder findet gar nicht erst statt. Der Zwang zur Wiederholung ist gegeben.

Wenn er schon für einen Sexualpsychiater ein ungewöhnlicher Fall ist, wie sehr erst recht für unsereins. Desto sonderbarer, daß man ihn – je länger man sich mit ihm beschäftigt – mit all den Männern identifiziert, die man jemals gekannt hat. Alles Männer, die, dazu erzogen, stark zu sein, andere ihre Schwäche büßen lassen.
Wolfgang M., am 13. 9. 1948 geboren, hatte keine Eltern, die ihn vernachlässigten oder prügelten. Im Gegenteil. Er wuchs sehr gut betreut, sehr gut versorgt, nicht gefordert, wie unter einer Glocke auf. Die Überansprüche an ihn wurden nicht von den Eltern, sondern von ihm selbst gestellt. Er wollte seinem Vater, den er sehr bewunderte, ähneln, ohne dessen Fähigkeiten zu haben. Wolfgang, der zu früh zur Schule kam, nicht sehr fleißig war, häufig umgeschult wurde und einmal sitzenblieb, verließ nach 10 Jahren die Volksschule.
Der Aufklärung von seiten der Eltern kamen die Kinder auf der Straße zuvor. Nachdem er ein Jahr lang täglich onaniert hatte, schlief er mit 13 Jahren zum ersten Mal mit einem gleichaltrigen Mädchen. Der Anfang war etwas kläglich. Von 14 an ging es desto besser. Während seine Eltern arbeiteten, lud er immer einen Schwung Schulfreunde zu sich ein und bildete mit ihnen eine Art Sex-Club. Sex als Sport. Seine Technik war gut. Er machte sich als Bumser einen gewissen Namen. Er prahlte auch gern mit seinen Fähigkeiten und Erfolgen.
Innerlich klappte es nicht ganz so gut. Es waren eben nur körperliche Kontakte. Der Kirchenverein war einer seiner Kompensationsversuche.
Wolfgang wurde Lehrling. Er wollte Elektroinstallateur werden. Nach einem Arbeitsunfall, der eine Rückgratverletzung zur Folge hatte, mußte er nach zweieinviertel Jahren, also kurz vor der Prüfung, die Lehre wechseln. Diesmal wollte er Kaufmann werden. Nach zwei Jahren mochte er nicht mehr. Vier Monate kellnerte er im Restaurant der Eltern, bis er auch das nicht mehr mochte. Dann war er zwei Jahre bei einer Elektrofirma in Pinneberg, wo er in der Rundfunkabteilung schnell zum Verkaufsleiter avancierte. Eine Position, für die er äußerst geeignet schien, die er aber nur unter Aufbieten all seiner Kräfte bewältigen konnte.
Im Freundeskreis gab er weiter an. Er sagte so oft: »Ich kann jede kriegen«, bis er sich in die Idee festgebissen hatte. Mit »jede« meinte er jede Fremde. Er machte seinen Freunden klar, daß er sich einfach als Elektriker ausgeben würde, um in die Wohnungen zu gelangen. Und

der Rest wäre dann ein Klacks. Die anderen lachten und hielten es für einen guten Witz.
Mit 18 verliebte er sich in die Studentin Christine. Ein Mädchen guter Intelligenz, das schon zu dem Zeitpunkt, obwohl auch erst 18, Sozialpädagogik studierte. Mit ihr war er recht glücklich. Schutzmittel nahm er nie. Vier Wochen vor der Geburt der gemeinsamen Tochter wurde geheiratet. Wolfgangs Eltern nahmen den beiden alle Existenzsorgen ab. Sie stellten dem jungen Paar eine voll eingerichtete Neubauwohnung zur Verfügung.
Als Christine zur Entbindung im Krankenhaus war, konnte sie naturgemäß nicht für Wolfgangs gewohnte Befriedigungen sorgen. Bis dahin hatten sie fast täglich alle sexuellen Spielarten miteinander ausprobiert. Trotzdem war Wolfgang in infantiler Weise neidisch auf seine ungebundenen Freunde. Der labile Junge wollte endlich seine Idee mit den »fremden Frauen« in die Tat umsetzen. Das erste Mal nahm er einen Freund mit. Um einen Zeugen für seine Mutprobe zu haben. Er klingelte von Tür zu Tür, bis eine Frau aufmachte, die ihm gefiel. Er stellte sich als HEW-Mann vor. Bat um Eintritt und war plötzlich mit der Frau allein, weil sein Freund Schiß bekam und weglief. Kaum in der Wohnung, zog er eine Plastikpistole, jagte die beiden Kinder der 35jährigen Hausfrau in eine Abstellkammer und schloß sie ein. Die Frau stieß er auf ein Bett und befahl: »Ziehen Sie sich aus! Oder es knallt!« Da die Frau sich, unvermuteterweise, heftig wehrte und sagte: »Schießen Sie ruhig! Mein Mann ist erst gestorben. Ich hab sowieso keine Lust am Leben mehr!« bekam auch unser Wolfgang kalte Füße. Er rannte weg.
Zu Hause gingen Ehe und Liebe weiter. Aber Wolfgang war auf den Geschmack der Gefahr gekommen. Eine Zeitlang bremste ihn der Schock, den er durch eine Pressenotiz, die sich mit seinem Überfall auf die Frau befaßte, erhielt. Doch sein unerklärlicher Trieb steigerte sich. Er bekam abends immer plötzlich Schweißausbrüche, wurde kreideweiß und hatte dunkle Ringe unter den Augen. Dann mußte er raus! Egal, wie! Gäste oder ein spannender Krimi konnten ihn auch nicht aufhalten. Er murmelte nur was von »frische Luft schnappen« und stürzte los. Sobald er auf der Straße war, fühlte er sich ledig und niemandem verpflichtet. Er rannte wahllos hin und her auf der Suche nach Frauen, die sich – für ihn sichtbar – hinter Fensterscheiben auszogen. Wenn es ihm gelang, sie auf sich aufmerksam zu machen, onanierte er vor ihnen. Oder er riß die Tür von Telefonzellen auf, wenn er sah, daß attraktive

Frauen telefonierten, und onanierte in die Zelle hinein. Nach solchen Erlebnissen kam er immer recht beruhigt wieder nach Hause. Seine Frau dachte natürlich, daß er fremdginge. Und stellte ihn immer heftiger zu Rede. Als er ihr ihren Verdacht nicht ausreden konnte, beichtete er ihr alles. Christine zwang ihn, in Hamburg zum Arzt zu gehen. Der Facharzt für Neurologie und Psychiatrie, Herr Dr. Gienapp am schönen Hamburger Jungfernstieg, der behauptet, von M. nur sehr mangelhaft informiert worden zu sein, verschrieb dem Triebkranken »Valium«, viermal täglich, und ein Anti-Depressivum. Das war nicht die richtige Medizin. Ständige Gespräche, stark triebdämpfende Präparate und ein Klinikaufenthalt wären wohl angebrachter gewesen, *meint Prof. Dr. Krause, der namhafte Kriminal- und Sexualpsychiater.* Wolfgangs junge Frau, die jetzt hellwach war, wollte auf ihre Weise vorbeugen. Sie ließ ihn abends nicht mehr alleine weg. Wolfgang, der seine Ehe nicht gefährden wollte, protestierte nicht, sondern verlegte seine Streifzüge auf den Tag. Inzwischen liegen auch sechs Fälle beim Amtsgericht Itzehoe vor, die noch nicht verhandelt worden sind. Vorzugsweise erschreckte er Schülerinnen und Kinder mit seinem Glied, mit seiner Onanie und indem er von ihnen verlangte, daß sie ihm beim Kacken zusähen.
Da seine Freude an der Angst anderer seine eigene maßlose Angst vor der jeweiligen Frau noch überwog, gab er sich auch wieder als Elektriker aus. Ohne wegzulaufen. Er vergewaltigte eine technische Zeichnerin aus der Innenstadt, eine 26jährige zahntechnische Assistentin und eine 15jährige Schülerin, indem er sie mit Messer, Pistole und Worten bedrohte. Vorher: »Ich zähle. Bei drei knallt's. Keiner hört was. Schalldämpfer!« – Hinterher: »Sie sind jetzt sicher schwanger. Mir aber passiert nicht viel, auch wenn man mich schnappen sollte. Ich bekomme höchstens zwei Jahre. Erstens wegen meiner Jugend und zweitens, weil ich krank bin.« Dies alles nur, um zu schockieren, um den anderen halbtot vor Angst zu sehen. Nur so konnte er sich ein Überlegenheitsgefühl schaffen. Es mußten aber, wie gesagt, fremde Frauen sein. – Er nahm sie lieber von hinten als von vorn. Weil er sich so schämte, daß er nicht dabei gesehen werden wollte.
Von seiner eigenen Frau sagt er: »Ich versuchte, sie zu unterdrücken und unselbständig werden zu lassen. Leider ohne Erfolg.« Also mußte er sich bei ihr, wie schon vorher bei allen Mädchen, da beweisen, wo jeder Bulle sich auch beweisen kann. Das verschaffte ihm volle Befriedigung, im Gegensatz zu den Samenergüssen seiner Gewalthandlungen.

Zu Wolfgangs – und natürlich nicht nur zu seinem – Glück wurde er endlich verhaftet. Er sagt:
»Ich war mir über meinen Zustand im klaren. Deshalb bat ich auch meinen Arzt, mich in die Bergedorfer Anstalten oder nach Eppendorf einzuweisen. Er gab mir aber Tabletten, die nicht halfen. Immer wieder trieb es mich auf die Straße.«
Die dritte Tat geschah auf dem Weg zum Arzt. Wolfgang kam zu früh in Hamburg an, weil er eigentlich noch vorher ins Kino wollte. Als er sah, daß Dr. Schiwago zu lang war für die Zeit, die ihm blieb, ging er statt dessen kurz vergewaltigen. Anschließend pünktlich zum Arzt, der ihm nichts anmerkte.
Dr. Werner Krause, 42 Jahre, sagt: »Ich habe auch Kinder und weiß, wie falsch ich mich ihnen gegenüber verhalte. Man muß Ansprüche stellen. Daß Ansprüche, die man an die Kinder stellt, schwere Neurosen hervorrufen, ist Blödsinn. Gefährlich sind die übersteigerten Ansprüche, die man selbst an seine Umwelt stellt. Herr M. hat eine echt pathologische Entwicklung im Bereich der Sexualität durchgemacht. – Für ihn sind die Sonderanstalten der Sexualpathologie Bergedorf zuständig. – In den sozialtherapeutischen Anstalten wird man ihm wahrscheinlich helfen können. – Mit Hilfe der Psychiatrie, der Hormonbehandlung und energischer Triebdämpfung. – 60 % der Kranken werden schon durch den Schock der Gerichtsverhandlung geheilt.
Es kommen aber nur zwei Jahre Aufenthalt in den Anstalten in Frage. *Fünf Jahre Psychotherapie bringt nur dem Doktor noch was ein.*«
Staatsanwalt Scholz spricht: »M. muß seine Triebe mit der göttlichen Ordnung, der Schöpfung der Natur, in Einklang bringen. Nicht gegen den Schöpfer leben.
Er wird lange in einer Zelle sitzen müssen und mit sich ringen müssen. – Er wird sich dann hoffentlich nach der ärztlichen Kunst sehnen.«
Er beantragt fünf Jahre.
Wolfgang weint bitterlich.
Der Wahlverteidiger, Rechtsanwalt Max Goldberg, sagt in seinem Plädoyer: »Der Angeklagte ist krank. Es wurde an Ihre Härte appeliert. Wenn wir nur nach dem Was und nicht nach dem Wer fragen, wenn wir auf das Bestrafen und auf das Absitzen in Gefängnissen bestehen, ist es das reine Vergeltungsprinzip. Und wir täten unrecht, nicht nur an ihm, sondern auch an uns selbst! Welch einen Sinn hat die Gefängnis-

zelle, wenn der Angeklagte, für den ja der Paragraph 51 empfohlen worden ist, danach doch für zwei Jahre in die Anstalt muß?
Gern hätte ich die Frauen, die als Zeuginnen hier auftraten, gefragt: ›Würden Sie ihm verzeihen, wenn Sie wüßten, was in ihm vorging?‹ – Der Angeklagte erinnert an Dr. Jekyll und Mr. Hyde. Auch der war tagsüber angepaßt und nachts ein Ungeheuer. Ich beantrage nur die zwei sinnvollen Jahre der Behandlung.«
Wolfgang schluchzt und sieht den Ankläger anklagend an. Auch seine Mutter weint. Von den geschädigten Frauen ist keine da.
In seinem Schlußwort erklärt Wolfgang tränenerstickt: »Ich hab oft daran gedacht, wie mir zumute wäre, wenn meiner Frau so was passieren würde.«
Der Vorsitzende: »Und Ihrer Tochter! Sie haben doch eine Tochter!«
Er meint das jetzt zweieinhalb Jahre alte Kind. Dauert wohl noch 'ne Weile, bis die in Frage kommt.
Urteil des Hamburger Landgerichts: wegen Notzucht und Unzucht in je zwei Fällen 3 Jahre und neun Monate. Die letzten zwei Jahre seiner Strafverbüßung soll M. in der Bergedorfer Sonderanstalt sozialpsychiatrisch behandelt werden.
Landgerichtsdirektor Dr. Lohse läßt keinen Zweifel: »Bei einem Rückfall bleibt nur die Kastration oder Sicherheitsverwahrung.«
Wolfgangs Frau Christine studiert weiter und läßt sich scheiden.

Februar 1971

Ulla M.

Der Schuldige ist nicht anwesend. Nicht als Zeuge, als der er geladen war, geschweige denn auf der Anklagebank, wohin er gehört hätte. Wie immer, wenn ein durch einen Dritten zur Verzweiflungstat Getriebener vor Gericht steht.

Das Opfer, das diesmal vor dem Schwurgericht steht, des versuchten Totschlages angeklagt, ist eine junge Frau namens Ulla. In der Anklage heißt es: »Die Hausfrau M. wird beschuldigt, durch zwei selbständige Handlungen versucht zu haben, im Zustand verminderter Zurechnungsfähigkeit einen Menschen zu töten, ohne Mörder zu sein, indem sie in der Absicht, Selbstmord zu begehen und ihre Kinder Petra und Sünke mit in den Tod zu nehmen, ihrer Tochter Petra 20 und ihrer Tochter Sünke 10 in Wasser aufgelöste Tabletten des Schlafmittels ›Adalin‹ zu trinken gab. Die Kinder konnten, ebenso wie die Angeklagte, gerettet werden.«

Ullas Mann Georg, 32 Jahre, löste die Tragödie aus. Ihm war sie verfallen. Ihm gehörte die 31jährige 12 Jahre lang mit Haut und Haar. Auf ihn konzentrierte sie sich. Um ihn kreiste alles. Von ihm lenkte nichts ab.

Ulla ist keine graue Maus. Sie ist auch keine aus dem Leim gegangene Hausfrau. Macht nicht den Eindruck eines Heimchens am Herd. Sie ist lang und schlank. Das dichte, dunkle Haar, in Kinnlänge, umrahmt asymmetrisch das aparte Gesicht. Trotz der sehr hellen, großen Augen wirkt sie südlich. Das macht wohl die ausgeprägte Nase. Sie ist unerschrocken. Sie erzählt unmißverständlich. Sachlich und ohne Floskeln. Was muß das für ein wunderbarer Mann gewesen sein, von dem sich so eine attraktive Frau total beherrschen ließ!? Für den so eine Frau so lange leben und sterben wollte!!!

Da er leider für Gericht und Jugendbehörde unauffindbar ist, bin ich auf Beschreibungen des Göttlichen angewiesen. Ich schlecke mir das Maul und spitze die Ohren. Aber erst kommen andere Dinge.

Ulla verbrachte ihre Kindheit auf dem Lande. Das hätte sehr schön und gesund sein können, wären ihre Eltern nicht religiöse Fanatiker, einer Sekte angehörig, gewesen. Sie waren prüde, weltfremd und streng. Der

Vater, ein ehemaliger Postbeamter, litt unter Schüttellähmungen. Obwohl er dadurch die ganzen Jahre bis zu seinem Tode völlig hilflos war, ließ er keinen Arzt über die Schwelle. Er meinte, Gott würde heilen. So Gott wolle. Daß Ulla nicht völlig verkorkst wurde und unaufgeklärt blieb, liegt daran, daß wenigstens die Tiere auf dem Land natürlich leben. Nachdem Ulla mit Erfolg die Mittelschule absolviert hatte, zogen die Eltern um ihretwillen mit ihr in die Stadt, weil dort die Ausbildungsmöglichkeiten größer waren. Sie wurde technische Zeichnerin.
Auch das hätte schön sein können, wenn die Eltern ihre panische Angst vor dem Sündenbabel Großstadt nicht an ihrer Tochter ausgetobt hätten. Sie durfte nichts. Das hatte den Vorteil, daß sie den Kirchenkreis als richtig amüsant empfand. Und für Georg, daß sie, als sie 19 war, ihn, den 20jährigen, amüsant fand. Er trank zwar für einen jungen Mann etwas reichlich, sah aber blendend aus. Sein Werben war nicht ohne Charme. Es war derselbe Charme, den er auch heute noch einsetzt, wenn er etwas haben will. Als Ulla schwanger war und die beiden heiraten wollten, mußten sie die Genehmigung der Jugendbehörde abwarten. Dann wurde zu seinen Eltern gezogen.
»Unsere Ehe war von Anfang an sehr schlecht. Er kam und ging, als ob ich Luft wäre. Er trank viel, und ich habe die Schulden für ihn in den Gaststätten bezahlt, wie vorher seine Mutter. Schon nach drei Monaten reichte ich die Scheidung ein. Und zog sie wieder zurück. Er stimmte mich durch Tränen und Zärtlichkeit um.«
Danach wurde es noch schlimmer. Und blieb schlimm. Georg, Volksschüler und ungelernter Heizungsmonteur, wechselte alle 6 bis 8 Wochen den Arbeitsplatz. Nicht ganz so oft, allerdings auch nicht viel seltener, wurde die Wohnung gewechselt. Er zerbröckelte seine Frau.
»Man muß sich in vielen Ehen zusammenraufen. Wir haben zwar gerauft, kamen aber nicht zusammen. Er nahm in nichts Rücksicht auf mich. Meistens behandelte er mich wie Luft. Er ging viel aus. Immer nach St. Pauli. Entweder in Striptease- oder Homosexuellen-Lokale.«
(Oder in die Herrensauna *am Grindel*, in der die Herren sich gegenseitig bedienen und Saunen nicht das Hauptvergnügen ist.)
»Wenn ich ihm Vorwürfe machte, schlug er mich. Wenn ihn St. Pauli erregt, aber nicht befriedigt hatte, riß er mir bei seiner Heimkehr ohne Worte die Sachen vom Leib und nahm mich mit Gewalt.«
Wie grauenhaft demütigend für eine Frau, genau zu wissen, daß sie

nicht die Quelle der Erregung ihres Mannes ist. Sondern nur seine billigste Möglichkeit, sich abzureagieren, wenn die Kohlen alle sind. Daß Georg sie vorzugsweise so beschlief, wie auch nur wenige homosexuelle Männer es gerne haben, machte die Sache nicht erfreulicher. Ulla liebte ihn aber so, daß sie auf alles einging, in der Hoffnung, von ihm auch geliebt zu werden. Seine Untreue tat ihr aber erheblich mehr weh als der Afterverkehr.

»Er war oft wochenlang auf St. Pauli. Und ich wußte doch, was er trieb. Einmal sah ich ihn auch mit einer Frau im Bett. Trotzdem stritt er ab, etwas mit ihr gehabt zu haben. Wenn ich Fragen stellte, schlug er mich. Wenn ich mich eine Zeitlang dazu zwang, nichts zu fragen, war er verärgert. ›Warum willst du nichts wissen? Interessiert es dich nicht, was ich tue?‹ hieß es dann.«

Ulla bat immer wieder um eine richtige Aussprache. Das wurde von Georg irritiert als überflüssig abgelehnt. Ein ruhiges Zusammensein bestand darin, daß sich die beiden verdrossen anschwiegen. Die Jahre, die sie wegen seines Leichtsinns im Lager leben mußten, änderten auch nichts an seinem Lebenswandel. Ulla, die sich selbst immer mehr entfremdet wurde, isolierte sich völlig. Im Lager war auch niemand, mit dem sie sich hätte anfreunden können. Keine ablenkenden Interessen. Keine andere Aufgabe, als diese schaurige Ehe am Leben zu halten. Inzwischen war auch die zweite Tochter da.

»Ich nahm immer wieder stundenweise Arbeiten als Putzfrau an, um unsere finanzielle Misere zu beenden. Zu meinem eigenen Beruf fehlte mir inzwischen das Selbstvertrauen. Aber egal, was ich verdiente, es blieb sinnlos. Mein Mann versoff das Mehrgeld. Wenn ich darauf bestand, mit ihm zu gehen, landeten wir nur in der erstbesten Eckkneipe. Ein einziges Bier für mich war ihm zu teuer. War er alleine unterwegs, versoff er zwei-, drei- bis vierhundert Mark in einer Nacht.«

Zwei Fehlgeburten machten Ulla auch nicht widerstandsfähiger. Sie hatten zwar inzwischen eine eigene Wohnung, aber Zahlungsbefehle und Räumungsklagen jagten einander. 1968 meinte Ulla, nicht mehr leben zu können. In Apotheken, die zwar mit Opiaten knausern, aber ansonsten mit lebensgefährlichen Giften großherzig umgehen, bekam sie ohne Schwierigkeiten, wie jeder andere auch, Unmengen rezeptfreier Schlaftabletten. 60 davon nahm sie. Und wurde wie durch ein Wunder gerettet. Mit Hilfe einer Herz-Lungen-Maschine, an die sie tagelang angeschlossen war. Georgs Tränen, Beteuerungen und Liebesschwüre an ihrem Krankenbett führten zur Entlassung auf eigenen Wunsch.

»Danach gab er sich Mühe. Wir haben so einen schönen Sommer verbracht 1969. Solange er krank geschrieben war. Als er wieder arbeitete, war alles beim alten. Als ich zum x-tenmal zur Scheidung entschlossen war, nahm er Tabletten. Ich blieb. Die ganzen Jahre über hatten seine Reue und Tränen ja auch immer wieder genügt, um mich weichzumachen. Und wie immer änderte sich nichts!«

Georg war kaum noch zu Hause. Jetzt, weil er aufgrund der Pfändungen auch dauernd Überstunden machen mußte. Ulla, die diesmal in einer Schlachterei arbeitete, bekam einen Kreislaufkollaps. Anschließend Gelbsucht. Das bißchen Geld, das sie auf ein Konto einzahlte, hob ihr geliebter Mann mit einem gefälschten Scheck ab. 202 Mark Miete waren zu zahlen. Für ihr knappes Wirtschaftsgeld mußte sie sich immer neue Verstecke einfallen lassen. Denn Georg war findig.

Daß Ulla, die ständig beunruhigt war, zergrübelt, allein gelassen und immer wieder zurückgestoßen, trotzdem Kraft für ihre Kinder fand, war nur möglich, weil sie diese nicht weniger liebte als ihren Mann.

Der junge, gutaussehende Beisitzende sieht die Angeklagte skeptisch an. »Wollten Sie Ihren Mann zu sehr ans Haus binden? Ich meine, wenn es ihn hinaus drängte, ihn zurückhalten?«

»Nein, ich habe ihn nur gebeten, daß er mir sagt, wann er gehen will. Damit er nicht immer von der Arbeit wegblieb und ich immer nur wartete.«

Ich sehe den jungen Mann mit dem kalten Gesicht und mir wird plötzlich bewußt, daß nur Männer über die arme Frau zu Gericht sitzen. Elf insgesamt, den verständnisvollen Oberstaatsanwalt Herken mitgerechnet. Und auch die 4 Sachverständigen sind Männer. Macht 15. Hoffentlich geht das gut. Dafür sind 4 von den 6 Pressevertretern Frauen. Und die Verteidigerin.

Auf die Frage: »Haben Sie denn nicht auch Fehler begangen?« die deutliche Antwort: »Doch, natürlich, wenn eine Ehe scheitert, ist nie einer alleine schuld. Wir waren viel zu jung und haben uns völlig verschieden entwickelt.«

Wodurch riß nun endgültig der Faden bei Ulla, wie bei ihrem Großvater, der sich aufgrund seiner unglücklichen Ehe erhängte? Vielleicht dadurch, daß sie schon wieder monatelang, wenn die Kinder schliefen, starr am Fenster stand und auf ihren Mann wartete. Als er am 17.10.

1969 endlich mal schon um 17.00 Uhr mit drei Rosen in der Hand und einer erheblichen Fahne nach Hause kam, war sie zu kaputt, um sich zu freuen. Als er in Unterwäsche am Tisch saß und aß, zitterte sie vor Angst. »Ich fühlte, daß er wieder weg wollte. Als er mich um 5 Mark bat, dachte ich, wozu braucht er die, zu wem will er? Er sagte, nur auf ein Glas Bier. Obwohl doch Bier im Haus war. Als die Kinder und ich ihn baten, wenigstens diesen einen Abend bei uns zu bleiben, nahm er mir die 5 Mark mit Gewalt weg. Er ging, obwohl wir alle weinten. Sagte aber: ›Gut, ich komme um zehn wieder zurück.‹«

Ulla hatte 70 »Adalin«-Schlaftabletten im Haus. Nicht, um zu sterben, sondern weil sie wenigstens nachts vor ihren Gedanken Ruhe haben wollte. Jetzt teilte sie sie gerecht auf. Zehn für die 5jährige, zwanzig für die 10jährige. In Zuckerwasser aufgelöst, angeblich gegen eine Allergie. »Ich hab am Bett meiner Kinder geweint, ihnen gute Nacht gesagt und bin gegangen.«

Selbst nahm sie die restlichen 40 Tabletten. Und verkroch sich auf dem Boden in einem Verschlag, um zu sterben. Das Schloß drückte sie zu und legte sich, gut versteckt hinter Gerümpel, auf den eiskalten Boden. »Ich konnte so nicht weiterleben. Ich mußte was tun. Andere schmeißen was aus dem Fenster. Wie ein Automat ist das abgelaufen.«

Da der gräßliche Georg wie immer wortbrüchig war, fand er seine beiden Töchter nicht abends um zehn Uhr, sondern erst am nächsten Vormittag um elf Uhr. Da die Kinder sich übergeben hatten, wurden sie trotzdem gerettet. Der Polizist Jahnke, der die Kinder mit ins Krankenhaus brachte, sagte als Zeuge aus: »Der Mann war angetrunken und widerspenstig. Es kam fast zu einer Schlägerei mit ihm.«

Ulla wurde erst nach vier Tagen gefunden. Stark unterkühlt, 35,2 Grad rektal. Völlig verdreckt. Schwer vergiftet. Sie sprach unzusammenhängend von ihren Kindern. Gesund wurde sie nur langsam. Endlich setzte sie die Scheidung durch. Gegen die »Liebe«, Drohungen, Erpressungen und Mißhandlungen ihres Mannes, der nicht bereit war, seinen Besitz aufzugeben. Sie arbeitet wieder in ihrem Beruf als technische Zeichnerin. Wenn die Kinder größer sind, will sie ihre Ausbildung als Techniker machen. Sie sagt: »Man kann sich aus seiner Abhängigkeit nur durch einen Beruf lösen. Das müßten alle Frauen wissen. Mir gelang es schon, als ich nur wenige Monate eine halbwegs interessante Arbeit hatte.«

Trotzdem ist Ulla einsam. Die Jahre mit Georg haben sie sozial isoliert.

Auf die Frage des Vorsitzenden: »Haben Sie denn zu niemandem Vertrauen, niemandem, mit dem Sie über Ihre Probleme sprechen können?« die Antwort: »Doch, Frau Klein, von der Jugendbehörde. Zu ihr kann ich auch mit privaten Problemen kommen.« Und: »Seit mein Vater tot ist, sehe ich meine Mutter öfter. Sie tut mir leid. Gestern abend rief sie noch an und sagte: ›Ich bin morgen in Gedanken bei Dir.‹«
Ulla ist auf sich gestellt. »Wie stehen Sie heute zur Kirche?«
»Ich glaube nicht an Gott.«
Alle vier Gutachter beurteilen Ulla mehr als günstig:
- »Abnorm ist nur ihre außergewöhnliche Abhängigkeit von der Umwelt. Erstaunliches Abhängigkeitsverhältnis zum Mann. Ohne ihn hatte sie nichts. Bei ihm gelegentlich etwas.«
- »Sehr positive Mutterbeziehung. Die Kinder und sie waren eins, da sie den Mann vergeblich um Liebe anbettelten. Sie wollte die Kinder aus Mütterlichkeit mit in den Tod nehmen. Sie wollte den Kindern ein entwürdigendes Leben ersparen.«
- »Hochgradig affektiver Ausnahmezustand. Zubilligung des § 51.2.«

Die Pflichtverteidigerin Ingeborg Stüben sagt: »Alle geben nur gute Ratschläge. Aber seit über einem Jahr bekommt sie keine Mark für die Kinder. Weder vom Vater noch sonst wem.«
Ullas Schlußwort an die vielen Herren des Gerichts: »Ich möchte Sie alle bitten, durch das Urteil, das ich sicherlich verdient habe, nicht mein weiteres Leben zu verbauen.«
Der Staatsanwalt hatte ein Jahr und sechs Monate mit Bewährung gefordert und hinzugefügt: »Ich wünsche Ihnen, daß Sie die Kraft haben, jetzt ohne Ihren Mann eine Mutter zu sein, wie sie so gern möchten.«
Die Verteidigerin hofft auf ein Urteil unter 6 Monaten, da Ulla sonst die Vormundschaft für ihre Kinder, die wieder bei ihr leben, vorläufig nicht zurückerhält. Eine Sorge, die Ulla nicht teilt, da ihre einzige Freundin, die Fürsorgerin der Jugendbehörde, Frau Klein ist, von der sie nichts zu befürchten hat.
Als das Urteil – 1 Jahr, 6 Monate auf drei Jahre Bewährung – gesprochen wird, ist Ulla nur erleichtert.
Ullas Schlußworte an mich drücken die Ängste fast aller Angeklagten aus, die neu anfangen wollen: »Glauben Sie nicht, daß meine Zukunft zerstört ist? Wenn mein Name und Fotos in der Zeitung erscheinen?«
Darum habe ich auf beides verzichtet.
Was sie sonst noch sagt, sollte man sich bei Gericht hinter die Ohren

schreiben: »Die Zuschauer, die dauernd raus- und reingehen während der Vernehmung, störten mich so. Wie soll man bei soviel Unruhe im Raum wichtige Fragen richtig beantworten können? Wenn man schon vor so vielen Fremden über die intimsten Dinge sprechen muß!«
Im Weggehen höre ich noch Frau Klein zu Ulla sagen: »Wäre doch Ihr Mann hiergewesen! Dann wäre Ihr Urteil viel glimpflicher ausgefallen.«

März 1971

Mein Name ist Egon, ich weiß von nichts!

»Der Schrottsammler R. wird beschuldigt, im Sommer 1970 seinen 13jährigen Neffen Thomas R. in drei Fällen veranlaßt zu haben, an dem erregten Glied des Beschuldigten bis zum Samenerguß zu onanieren. Ferner soll er mit Thomas und dem 9jährigen Neffen Andreas R. den Afterverkehr ausgeführt haben.«

Der Prozeß findet unter Ausschluß der Öffentlichkeit statt. Was das heißen soll, begreife ich nie ganz, da ja die Presse die Tür zur Öffentlichkeit wieder aufstößt. Somit bleibt dem geneigten Leser doch nicht mehr verborgen, als der jeweilige Schreiber möchte.

Der Angeklagte wird aus dem Gefängnis vorgeführt. Er ist einschlägig vorbestraft und muß jetzt erst einmal sowieso zwei Jahre sitzen. Die ihm jetzt zur Last gelegten Taten soll er während einer dreiwöchigen Haftunterbrechung begangen haben. Egon R., 1933 in Hamburg geboren, sieht sehr ärmlich aus. Er ist klein und mager, hat seemannsblaue Augen und Fernblick, buschige Augenbrauen, eine lustige Nase und glattes Haar. Er hat nur ein Bein und trägt eine Prothese. Er bewegt sich an seinen Krücken wie ein schlechter Turner, dem es nur mühsam gelingt, sich am Reck hochzuhieven.

Landgerichtsdirektor Knieschke grüßt: »Wir kennen uns ja leider schon. Ist das, was man Ihnen diesmal vorwirft, nun richtig?«

»Nein, das ist nicht richtig. Ich steh nun mal nicht auf Kinder. Ich steh nicht auf Jungs. Ich steh auf Frauen.«

»Warum haben Sie denn Ihr letztes Urteil angenommen? Da ging es doch auch um Unzucht mit Kindern.«

»Ich kenn mich nicht aus. Bin ja nur ein kleiner Mann. Dachte, gehst rein, sitzt das ab. Hast deine Ruhe. Aber die hab ich ja nun doch nicht. Ich hab keinem was getan, aber ich werde ja pausenlos reingelegt.«

»Wie meinen Sie denn, daß es zu diesen Vorwürfen gekommen ist?«

»Das hat mir meine Schwägerin eingebrockt. Weil wir immer Krach hatten. Seit 1967 wohnen wir unter einem Dach.«

Egons Bruder hatte sich nach 20 Ehejahren von seiner Frau Ursula scheiden lassen. Nachdem er schon eine andere Frau und ihre zwei Kinder in das knallvolle Behelfsheim geholt hatte. Egon kaufte seinem Bruder das Häuschen ab, zog ein und ließ Ursula mit dreien ihrer fünf Kinder auch weiter dort wohnen.

»Meine Schwägerin war eine herzensgute Frau, wenn sie nüchtern war. Aber vier Tage die Woche mindestens war sie ja im Tran. Meinem Bruder, der Alkoholiker ist, trank sie ja zu wenig. Aber mir war das zu viel. Ich bin nämlich Nicht-Trinker. Trinke nur fünf bis sechs Korn am Tag.«

Egon sagte, er wollte an seinen Neffen Vaterstelle vertreten und für Ordnung im Haus sorgen. Er ließ das ganze Häuschen renovieren. Er sorgte finanziell für den Haushalt, schenkte den Jungen Kleidung, Fahrräder und Geld. »Fiel Ihnen das nicht schwer?«

»Nein. Seit 1967 war ich Schrotthändler. Ich hatte immer 2000,– bis 3000,– DM für mich netto. Meinem Mitarbeiter, dem dicken Otto, gab ich auch 100,– bis 200,– Mark pro Arbeitsnacht. Er und meine Neffen halfen mir fix beim Geldverdienen. Die sammelten 2 Tonnen pro Tag. Autoschrott ist ja jede Menge vorhanden. Ich hab die nachmittags immer nur zum Schrottplatz gefahren. Hab dann im Wagen gesessen und kluggeschissen. Ich konnte ja nicht mitsammeln. Weil ich nicht gehen kann.«

Das hohe Gericht, Staatsanwaltschaft und Presse überlegen, ob sie nicht eine andere Laufbahn als die akademische hätten einschlagen sollen.

Egon, das fünfte von elf Kindern, Fürsorgezögling, schwer erziehbar, widerspenstig, faul und lügenhaft laut Gutachten, Bauhilfs- und Landarbeiter, 1964 Bein ab nach Arbeitsunfall als Raupenführer, 700,– DM Rente netto, hat diese finanzielle Karriere geschafft. Und sitzt jetzt, da ihn ein Neider verpfiff, mit 74 000,– DM Steuerschulden da.

»So, und Ihre Neffen waren also bei Ihnen beschäftigt?«

»Die Lütten ja nur nach der Schule und nicht jeden Tag. Mein Neffe Jürgen hat ja richtig für mich gearbeitet.«

»Ist das der 20jährige, mit dem Sie in einem Zimmer schliefen?«

»Ja, wir hatten ja nicht viel Platz. Und Jürgen ist mit seinen 20 Jahren ja heute noch Bettnässer. Keiner mochte ihn bei sich haben. Alle haben sich vor ihm geekelt. Aber mir machte das nichts aus. Er kann ja nichts dafür.«

»Sie schliefen auf einer Couch mit ihm. Und dann hat Sie das nicht gestört?«

»Nein, das ist eine Doppelcouch. Und jeder hatte seine eigene Decke.«

Egon wird vorgehalten, daß sein Verhältnis zum Neffen wohl nicht nur von Mitleid diktiert gewesen sei. *Der debile Junge, fast Analphabet (»er kann die Bild-Zeitung nur ganz langsam lesen«), soll zu dem fetten Otto gesagt haben: »Ich muß ihm immer einen blasen und morgens wird der Schwanz gemessen. Ich darf kein Mädchen haben, dann wird Egon böse.«* Eben dieser selbe Otto, der auch Egons Haftverschonung durch eine Anzeige ein Ende bereitete, zeigte auch Egon wegen Unzucht mit den kleineren Neffen an.

»Nun wird mir alles klar. Der will doch nur mein Geschäft übernehmen. Otto sagt sich, der sitzt in Fifi. Gehört jetzt alles mir.«

»Sie halten die Anzeigen gegen sich ja immer für Intrigen oder Racheakte. Und die Urteile für Fehlurteile. Diese Anzeigen und Fehlurteile treffen aber immer den gleichen Mann.«

»Das ist Ihre Sache. Ich bin ja nur der Angeklagte. Und es ist doch so. Die Frauen sagen sich, heiraten oder 'ne Spritze.«

Egon wirkt recht überzeugend. Vielleicht will man ihn ja wirklich nur zu Fall bringen. In meine Überlegungen hinein platzen Bruchstücke der Verlesung der Akten der früheren Prozesse. Es schwirrt von Knabennamen. Es heißt, daß er es mit allen getrieben hat, mehr oder weniger gründlich.

Egon R., zwanzigmal straffällig wegen kleinerer Delikte. Ledig. Lebte jahrelang mit oder bei einer 19 Jahre älteren Kriegerwitwe. Fall 1: 1959 Anklage wegen Unzucht mit zwei 11 und 13 Jahre alten Jungen. Freispruch, da man den Kindern keinen Glauben schenkte. Nach Revision doch überführt. Ein Jahr mit Bewährung. Fall 2: Beim Schrottsammeln Begegnung mit den drei Brüdern Kloppmann. Als die drei Jungen zu häufig von ihm zu Hause schwärmten, wurde die Oma unruhig. Zwang die Kinder, ihn mitzubringen. Oma und Mutter waren so begeistert von dem Kinderfreund Egon, daß sie ihn bei sich aufnahmen und ihn mit dem 16jährigen Johann auf einer Couch schlafen ließen.

Anklage: Mundverkehr und Handonanie. Mit Johann. 30mal. Bis Januar 1969.

Afterverkehr und Onanie mit Heino, 12 Jahre. Im Wohnzimmer und Wagen. 10mal. März 1969 zuletzt.

Mit Rolf, 10 Jahre. Afterverkehr. 2mal.

Urteil: 1 Jahr, 6 Monate.

Der Angeklagte leugnet heute noch. Wirkt total niedergeschlagen. Sagt, ihm sei alles egal. Er habe nur den Vater vertreten. Die Mutter sei

in ihn verliebt gewesen und sehr draufgängerisch. Sie sei herzensgut, und er habe ihre Mütterlichkeit geschätzt.
»Ich hätte aber nicht mit ihr schlafen mögen. Dafür hatte ich andere Mädchen. Und mit den Jungen schon gar nicht. So was kotzt mich an. *Ich mach doch keine Mundarie. Ich nehm doch nicht seinen Stinkschwengel in den Mund. Außerdem hat Johann für fünf Mark an einem fremden Mann onaniert. Und ich bin verlobt und will heiraten.*«
Die Sache war nach einer anonymen Anzeige bekannt geworden. Bei den Zeugen keine Gehässigkeit. Alle mochten ihn. Sie waren nicht aufgehetzt. Kein Racheakt der Frauen. Er sei ihnen eine gute Stütze gewesen. Die Mutter hätte ihn tatsächlich gern geheiratet.
Voll verantwortlich.
Strafmildernd: wenig Widerstand seitens der Jungen. Kein seelischer Schaden seitens der Jungen.
In der Tat, eine Duplizität der Ereignisse. Als Zeugen werden Egons Neffen hereingeführt. Thomas, 13, Andreas, 10. Beide sehr hübsch. Sehr klein für ihr Alter. Rote Bäckchen. Dichtes, langes Haar. Lange Wimpern. Sehr sinnlich in ihren weichen Pullis und engen Höschen. Kleine Lolitos. Einem wird einiges verständlich.
Erst Thomas: »Weißt du, warum du hier bist?«
»Wegen meinem Onkel.«
Onkel Egon sitzt jetzt ganz weit hinten, um die Aussage nicht zu stören. Zur Aussage ermuntert die Schwester der Mutter. Vormund der Jungen, mager und hart. Hartes Gesicht, harte Brille, harte Lederjacke, harte Stiefel und harter, kleiner Hut. Ein harter Blick auf Egon, und sie verläßt den Saal.
Thomas erzählt: »Er hat mir seinen Piller in den Hintern gesteckt.«
Die Vorsitzenden in Kindersprache: *»Wie war denn sein Piller? Klein oder groß?«*
»Der war groß und hart. Hinterher hat er meinen Hintern mit einem Tuch aus der Hosentasche abgewischt. Das war im Auto. Onkel Egon hat die Liegesitze runtergeklappt und ich hab auf dem Bauch gelegen.«
»Hat er das denn oft mit dir gemacht?«
»Ja, am Hintern so zehn-, zwölfmal.«
»Hat das denn nicht weh getan?«
»Doch, ich hab geweint, weil es so weh tat.«
»Aber so ein großer Piller kann doch gar nicht in ein so kleines Poloch reingehen.«

»Doch. Mein Onkel hat mir ja immer Nivea ins Poloch geschmiert.«
»Wenn er das so mit dir gemacht hat, den Schweinkram, hast du ihm dann nicht gesagt, daß es dir nicht gefällt?«
»Nein, davor hatte ich Angst. Ich hatte Angst, daß er mich haut.«
»Wo war denn das immer? Und wann war das?«
»Das war immer nachmittags auf dem Schrottplatz.«
»Hat er dir dann auch was gegeben?«
»Ja, 10 Mark.«
»Dafür?«
»Das weiß ich nicht, vielleicht auch fürs Schrottsammeln.«
»Hast du denn auch was mit ihm machen müssen?«
»Ja, am Piller anfassen und schütteln.«
Da schreit Egon von hinten: »Von wegen, du hast mir einen abgeschüttelt. Bleib doch bei der Wahrheit!«
»Weißt du, ob er das nur mit dir gemacht hat?«
»Ich hab auch gesehn, wie er das nachts mit Jürgen gemacht hat, als ich mal mit drin schlief. Jürgen lag auf dem Bauch und mein Onkel oben drauf.«
»Lag er still auf ihm?«
»Nein, er ist immer so hin und her gegangen.«
»Herr R., was sagen Sie nun?«
»Warum h a ß t der Junge mich nur so??? Der ist ja von der Mutter geimpft. Der läßt sich doch sonst nichts von der alten Hinterhoftarantel sagen. Aber er hat wohl Angst, ins Heim zu kommen.«
Jetzt sitzt Andreas auf dem Zeugenstuhl. Mit baumelnden Beinchen. Die Füße einen halben Meter vom Fußboden. Ein zartes Piepsstimmchen.
»Weißt du, wo du hier bist?«
»Nein.«
»Im Gericht. Hast du schon mal Fernsehgericht gesehn?«
»Ja.«
»Gott sei Dank. Das ist für uns immer ein Nutzen.«
Auf die vielen vorsichtigen Fragen antwortet Andreas:
»Mein Onkel hat seinen Pischer hinten reingesteckt. Im Führerhaus vom Mercedes-Laster. Mein Onkel hat gesessen, ich hab gestanden. Und einmal im Opel. Da mußte ich mich hinknien auf dem Fußboden.«
»Konnte euch keiner in den Wagen gucken?«

»Da war doch keiner.«
»Hast du den Pischer von deinem Onkel denn gesehen?«
»Weiß ich nicht mehr.«
»Wenn du seinen Pischer gesehen hast, kannst du es uns auch ruhig sagen.«
»Ich weiß gar nicht mehr, ob ich seinen Pischer mal gesehen hab.«
»Ist er denn mit dem Pischer richtig drin gewesen? Da geht er doch gar nicht rein.«
»Doch.«
Egon ruft von hinten: »Du gehst bei, brennst deiner Mutter mit 'nem Feuerzeug den Hintern an und willst dich totlachen. Lehmitz-Nutte nennst du sie ja sonst. Bist ganz schön abgebrüht, mein Junge. Ich kann euch nicht mehr helfen.«
Der Kleine fängt an zu heulen. Wie vorher sein Bruder. Die beiden Lehrer der Jungen sagen aus, daß die Kinder in keiner Weise in der Schule sexuell ungewöhnlich aufgefallen seien.
Erst nach der gerichtlichen Ladung hätten sie etwas bedrückt gewirkt, nicht vorher. Der Schock setzte offensichtlich erst mit der Vernehmung ein.
Der blonde Neffe Jürgen, 20, war von der Verteidigung als Zeuge geladen. Er wurde darauf aufmerksam gemacht, daß er über das Verhältnis zu seinem Onkel nicht aussagen müsse: »Sie können sich nämlich dadurch strafbar machen.«
Der Vorsitzende mußte sich vom Beisitzenden belehren lassen: »Stimmt nicht, das gilt nicht mehr.«
Immer und immer wieder gefragt, was ihm denn seine Mutter erzählt habe über Onkel Egon, kam es endlich:
»Sie sagt, er ist morgens immer nach de Lütten gegangen. Und hat mit sie Kaffee getrunken.«
Der Richter: »Wenn Kaffeetrinken schon strafbar wäre, müßte ja das ganze Volk vor Gericht. Wissen Sie denn sonst nichts mehr?«
»Nöh.«
»Waren Sie denn immer dabei, wenn Ihr Onkel zum Schrottplatz fuhr? Fuhr er nie ohne Sie?«
»Nee, nur zweimal alleine. Oder auch mal öfter.«
Onkel Egon: »Da kommt er nicht mit. Erzähl doch mal, wie deine Mutter dir eine mit der Hundekette gegeben hat. Und eine mit der Messing-Blumenvase an den Kopf.«

Jürgen mit gesenktem Kopf: »Ja, das hat sie.«
Mutter Ursula, 41 Jahre, als Zeugin: »Das Leben mit meinem Schwager war tourenweise gut. Mitunter ist er ganz nett. Aber er hat mich viel beleidigt. Und mich auch mit der Krücke geschlagen.«
»Sie sollen viel getrunken haben.«
»Nein, nie, und jetzt schon gar nicht mehr.«
»Was haben Sie heute morgen schon getrunken?«
»Ich? Gar nichts. Nur Bonbons gegessen. Mit Alkohol drin«, spricht Ursula, die durch den ganzen Gerichtssaal stinkt.
Wie, wann und warum sich die Kinder ihr plötzlich anvertraut hatten, ist nicht aus ihr herauszubekommen.
Landgerichtsdirektor Knieschke zum Angeklagten:
»Sie streiten ja nach wie vor diese und alle anderen Taten ab. Halten Sie sich denn für sexuell normal?«
»Ja, ich hab ein Glied von 18 cm und bin ab und zu mit einer Frau zusammen.«
»Sie haben also doch nachgemessen?«
»Nein, aber die Frauen unterhalten sich ja manchmal darüber!«
»Sie behaupten, schon lange verlobt zu sein. Warum heiraten Sie nicht?«
»Ich heirate doch nicht mit 'ner Apfelsinenkiste.«
In ihrem Plädoyer versucht die Staatsanwältin Schweckendiek das Wort After, das sie immer wieder gebrauchen muß, zu verfremden, indem sie es englisch wie in »afternoon, after shave, after eight« ausspricht. Unheimlich komisch. Sie beantragt drei Jahre, »denn es muß ihm klargemacht werden, daß es so nicht geht«.
Der Pflichtverteidiger Dr. Waschmann weist darauf hin, daß Andreas den »Pischer« seines Onkels nicht gesehen habe und trotzdem wußte, was in ihn eindrang. Und meint, daß auch diese Kinder keinen seelischen Schaden davongetragen hätten.
Urteil: Drei Jahre und Kosten des Verfahrens.
»Die Kammer hat nicht den geringsten Zweifel an den Aussagen der beiden Jungen. Der Angeklagte darf längere Jahre einfach keine Gelegenheit bekommen, sich Kindern zu nähern. Nur Gefängnis nützt nichts. Ein Mediziner muß sich mit ihm befassen, vielleicht in den Sonderanstalten Bergedorf. Das ist nur möglich, wenn der Angeklagte nicht länger leugnet und bereit ist, sich von diesem Trieb zu trennen.«

Egon: »Dann sitz ich die Zeit eben auch noch ab.«
Ich versuche, ihn zu überzeugen: »Die Ärzte sind nicht nur gut, sondern auch nett.«
Egon brüllt mich an: »Ich bin doch nicht verrückt! Ich bin doch nicht schwul! Soll doch der Richter da hingehen, wenn es so gut ist!«

März 1971

Anleitung zum Lachen

»Der Beschuldigte hat eine 16seitige hektografierte Schrift mit dem Titel ›Die Kunst des Küssens‹ und eine 10seitige Schrift mit verschiedenen ›Plänen‹ für Verdienstmöglichkeiten hergestellt und diese Schriften per Nachnahme an Privatpersonen, deren Anschriften er durch eine Anzeige in der Zeitschrift ›St.-Pauli-Nachrichten‹ in Erfahrung gebracht hatte, an Firmen versandt. Die Nachnahmen wurden zum überwiegenden Teil eingelöst. Die Anklageschrift und die Nachtragsanklageschrift enthalten die Namen von insgesamt 208 Geschädigten.«
Nicht gerade billig, die Lebenshilfe. 49,80 DM pro Opus. Doch wenn man bedenkt, wie wenig es sonst zu lachen gibt, vielleicht doch seinen Preis wert. Auch im Prozeß muß eine Pause eingelegt werden, weil der junge Vorsitzende vor lauter Lachen beim Verlesen der Kußfibel nicht weiter kann.
Hier einige schöne Stellen:
(Zur Autorität):
»Es ist notwendig, daß der Mann größer ist als die Frau. Der psychologische Grund dafür ist der, daß er immer den Eindruck erzeugen muß, seiner Frau überlegen zu sein ... Er muß dazu fähig sein, ... sich über ihr Gesicht zu beugen und seine gierigen männlichen Lippen auf ihre feuchten einladenden Lippen des ein wenig geöffneten Mundes zu pressen ... Es ist jedoch unmöglich, wenn die Frau die größere von beiden ist ... Es würde die physische Überlegenheit des Mannes fehlen, das männliche Vorrecht würde fehlen, alles würde fehlen.«
»Kirschblütenrote Lippen ergeben eine charmante Umrahmung für eine Reihe leuchtender weißer Zähne. Dieses Bild zieht den Küsser an.«
»Nur ein Narr würde, wenn beide bequem auf dem Sofa sitzen, plötzlich sein Gesicht in ihres hineinschieben und ihre Lippen abschmatzen.«
»In dem Moment, in dem Ihre Nasenspitze die Kopfhaut des Mädchens berührt, spitzen Sie Ihren Mund und küssen Sie sie, während Sie mit einem tiefen Atemzug den Duft ihres Haares inhalieren ... Falls sie ihr Gesicht wegdreht, gehen Sie mit Ihrer Nase zurück in ihr Haar und schnüffeln Sie luxuriös darin.«
»Luft holen? ... Atmen Sie durch die Nase, falls Sie atmen müssen.«

»Falls Sie ein Mann sind, werden Sie ... einen Schauer durch Ihren Körper ziehen fühlen, der Sie zum Keuchen bringt. Falls Sie eine Frau sind, ... werden Sie eine eigenartige Schwüle durch Ihre Korperteile wandern fühlen.«
(Aus der Sicht des Geld-Fans):
»Küsse kosten nichts. So küssen Sie weiter, ohne aufzuhören.«
(Beim Küssen des Lides der Geliebten):
»Fühlen Sie den rollenden Augapfel, der unter Ihren Lippen bebt.«
(Wanderung abwärts):
»Wenn Sie die Falten ihrer Nasenlöcher erreicht haben, bohren Sie ihre Lippen tief in die Krümmung.«
(Zum Vakuum-Kuß):
»In dem Moment, in dem sie respondiert, saugen Sie an ihrem Mund, als ob Sie eine Orange aussaugen wollten ... Die Muskeln ermüden schnell ... Wenn Sie genug haben, ziehen Sie auf keinen Fall Ihren Mund einfach weg. Tun Sie es wenigstens dann nicht, wenn andere Personen in der Nähe sind. Denn diese würden durch den lauten Knall aufgeschreckt werden ... Sie öffnen zuerst nur eine Ecke Ihres Mundes. Dabei werden Sie ein schwaches, zischendes Geräusch wahrnehmen ... Dann geben Sie ihr einen winzigen kleinen Kuß auf ihre fast zerquetschten Lippen ... Es sollte niemals ein Nachlassen bei einer Kuß-Session geben.«
(Dann zum Masochismus–Sadismus):
»Auch normale Menschen haben ähnliche Verlangen ...
(Beispiel) ... an einem wehen Zahn herumpulen, trotzdem dies schmerzhaft ist.« – »Beim Biß-Kuß soll der Küssende natürlich nicht seinen Mund öffnen wie ein Löwe seinen Rachen und dann seine Klauen in das delikate Fleisch des Partners versinken. Lächerlich!«
Der 29jährige Angeklagte Holger B., dem man seinen Witz nicht ansieht, macht sich der Menschheit mit seinem Leitfaden zum Reichwerden nicht weniger nützlich.
Plan 1 – Federbilder von Vögeln anfertigen
»Sie werden feststellen, daß diese Federbilder nicht nur sehr interessant zu machen sind, sondern auch äußerst gewinnbringend dazu.«
Plan 2 – Persönliche Dienst-Agentur
Er schlägt vor, unter der Rubrik »Verschiedenes« eine Anzeige »Hilfe für Unbeholfene« aufzugeben: »Ich werde Sie gerne regelmäßig anrufen, Ihnen vorlesen, für Sie einkaufen, Briefe für Sie schreiben oder andere persönliche Dienste für Sie tun, die Sie verlangen.«

(Eigentlich eine nützliche Idee, um Einsamen zu helfen.)
Plan 3 – Auto-Pflegedienst
»Erster Schritt: Gehen Sie zur nächsten Garage und kaufen Sie gutes Autowaschzeug und Poliermittel.«
Plan 4 – Tauschgeschäft für Kinderkleidung
(Eine gute Idee, die man wirklich verwirklichen sollte.)
Plan 5 – Schallplattenaustausch und -bibliothek
Plan 6 – Züchten von Pilzen
»Das Begießen mit Wasser ist eigentlich die einzige Aufgabe, die zu tun übrig bleibt bis zur Erntezeit ... Örtliche Hotels, Geschäfte und private Kunden kaufen gerne dieses seltene Gemüse.«
Plan 7 – Hauswäschereidienst
»Das Waschen für andere Leute ist, von modernen Frauen ausgeführt, zu einer sauberen, nicht unerträglichen Freizeitbeschäftigung geworden.«
Plan 8 – Vermietung von Staubsaugern und Poliergeräten als Geschäft
»... wie es von einem Herrn durchgeführt wurde, der sich inzwischen zur Ruhe gesetzt hat.«
Plan 9 – Herstellung von künstlichen japanischen Zierbäumen
»Diese japanischen Zwergbäume werden für die Zierung von Büros und Privathäusern gekauft.«
Plan 10 – Das Färben von Lederhandschuhen
»Eine Kleinanzeige in Ihrer Heimatzeitung wird Ihnen die ersten Kunden bringen.«
All diese Vorschläge sind bis in die kleinsten Einzelheiten ausgearbeitet und können, sollten auch KONKRET-Leser schnell zu Geld kommen wollen, in den auch weiterhin vertriebenen Schriften Holgers nachgelesen werden. Startkapital, wie gesagt, 49,80 DM. Der einfallsreiche Holger hat auch einen Liebesbrief-Steller herausgegeben, der allerdings bei Gericht nicht zur Debatte steht.
Wodurch war Holger B. zum Ratgeber seiner Mitmenschen geworden? Folgt man ihm, war es reiner Altruismus. Daß er als Geschäftsmann nichts dagegen hatte, daß bei all dem auch für ihn ein Scherflein abfiel, ist begreiflich. Doch rund 200 Empfänger seiner Nachnahmesendungen dankten ihm seine Güte nicht, sondern brachten ihn mit Anzeigen vor Gericht, denn auf Proteste seiner unfreiwilligen Kunden hin hüllte er sich in Schweigen. 80 % der von ihm Angeschriebenen ließen die Sendungen sowieso grußlos zurückwandern. Unter den Empfängern, die

sich empörten, waren auch Großunternehmen der Industrie, des Handels und der Versorgungsindustrie. Sonderbarerweise auch Firmen wie Aral, die nicht in einer Flut von Nachnahmesendungen ertrinken, sondern in den letzten drei Jahren nur etwa sieben solcher eingelöst haben. – Holger stoppte sein Geschäft erst im August 1970, einen Monat, nachdem das Strafverfahren gegen ihn eröffnet worden war.

Holger B. war ein Waisenkind. Er wuchs bei seiner Pflegemutter auf, hat die mittlere Reife. Nahm Jobs als Lagerarbeiter, Postarbeiter und Bundesbahnarbeiter etc. an. Die Abenteuerlust trieb den Einzelgänger nach Australien. Arbeitete dort in einem Goldgräberwerk. Es gefiel ihm sehr gut. Vielleicht wäre er heute noch in Australien, hätte man ihn nicht aufgrund einer Straftat, die er dort zwei Jahre verbüßen mußte, die aber mit der jetzigen Anklage in keinem Zusammenhang steht, ausgewiesen. Hier schlug er sich wieder als Hilfsarbeiter durch, bis er sich als »Geschäftsmann« selbständig machte.

Wie gern würde ich Näheres, Intimeres über ihn schreiben. Da Holger B. aber auch Interviews von einem ausschließlich kommerziellen Gesichtspunkt aus sieht, ist es mir leider nicht möglich. Als er hörte, daß KONKRET nicht bereit ist, für ein paar Antworten, seien sie noch so interessant, mit Geld zu winken, beschloß er, der NEUEN REVUE, dem Blatt, das ihn schon exklusiv gekauft hatte, treu zu bleiben.

So, wie er vor Gericht erscheint, traut man ihm keinerlei Eulenspiegeleien zu. Er sieht so käsig aus, als sei er in Haft, obwohl er auf freiem Fuß ist. Seine Haare sind in der Art eines Toupets frisiert. Erst bei genauem Hinsehen stellt man fest, daß sie echt sind. Er ist recht klein. Blauer Anzug. Gestärkter Kragen, blaue Krawatte mit leuchtendrotem Muster. Strümpfe zur Krawatte passend. Schwarze Lackschuhe. Er ähnelt »nobody's perfect«. Allen im Gerichtssaal sitzt der Schalk im Auge, nur ihm nicht. Er spricht betont langsam und bedächtig. Ländlich, obwohl er Hamburger ist. Er ist ein guter Wortbalancierer. Er erzählt:

»Erst hab ich aus privaten Gründen in den St.-Pauli-Nachrichten annonciert. Gleichzeitig inserierte ich in Heimatzeitungen wie ›Heim und Welt‹ etc., um ›Kunst des Küssens‹ und ›Wie man reich wird‹ zu verkaufen. Das war 1969.«

Anfang 1970 eröffnete Holger dann sein Hausversandgeschäft. Erst nebenberuflich. In St.-Pauli-Zeitungen hatte er sich inzwischen mal als »langbeiniger, blonder Teenager«, mal als »unbedarftes Mädchen, das

Lehrer sucht«, mal als »Sexbombe, die Franzosen sucht«, angepriesen. Wie sehr er auch da in eine Marktlücke hineinstieß, beweisen die 600 Antworten allein für ein Partnerbegehren. An 300 davon, sorgsam ausgewählt, schickte er die »Kunst des Küssens«. Weitere Adressen beschaffte er sich, neuerdings von einem Gehilfen assistiert, im Adressenhandel. Bedenken hat er keine. Denn darüber hinaus, daß er das, was er veräußern will, für brauchbar erachtet, hat er zu seiner Freude am 19. 2. 1970 in der »Hamburger Morgenpost« die Begründung des Freispruchs im Betrugsverfahren Schröder gelesen. Schröder ist der Mann, der Hochzeits- und Todesanzeigen ausschnitt, einrahmte, mit einer Schallplatte anreicherte und den Hinterbliebenen mit den Worten »Erinnerung an den lieben Verstorbenen«, den Hochzeitern mit Glückwünschen per Nachnahme ins Haus schickte. Damals das Gericht: »Wer bezahlt, ist selber schuld. Der Gauner ist strafrechtlich nicht zu belangen, denn niemand braucht unbestellte Nachnahmesendungen einzulösen.«

In dieser frohen Gewißheit konnte Holger also sein Geschäft ausbauen. Holger half nach, indem er als Absender nur das »H« seines Vornamens beibehielt und sich ansonsten »Helga, Hannelore« usw. nannte. Auf Umschlägen stand außerdem »Fotos – bitte nicht knicken!«, was die Zahlungsfreudigkeit der Empfänger sicher beschleunigte. So sagte ein Zeuge wohl stellvertretend für die meisten Abnehmer: »Ich dachte doch, das ist das Fräulein von St. Pauli!«

Holger wird im Gericht immer wieder auf die notwendige Redlichkeit des Geschäftsverkehrs, auf den hanseatischen Grundsatz von »Treu und Glauben«, auf die im Widerspruch dazu stehende Dreistigkeit und Geschäftsmäßigkeit, mit der er die Sache betrieben hatte, hingewiesen. Holger erwidert still: »Ganz so moralisch sind die ›seriösen‹ Geschäftsleute ja auch nicht, sonst brauchte man nicht das Ziviljustizgebäude.«

Natürlich hat er recht. Es kommt doch nur auf den Umfang eines Unternehmens an. Gegen ein Schlankheits-Institut wie Sherry-Lynn z. B. laufen Dickgebliebene vergeblich an. – Wer durch seine Unterschrift bestätigt, ein Preisausschreiben gewonnen zu haben, verpflichtet sich meist dadurch schon zum Kauf von Büchern etc. – Und ich möchte mal den sehen, der durch den sauren Wein der Frau Beate Uhse zu der versprochenen Erektion gelangt.

Warum sollte also nicht ein kleiner Holger auch mal mitmischen wollen? Er hat sich nur an seine großen Vorbilder gehalten. Der Kollege,

der neben mir sitzt, sagt kopfschüttelnd: »Mein Gott! So was ist nur im Kapitalismus möglich.« Und als immer neue empörte Zeugen anmarschieren: »Die ganze Provinz kommt geballt auf einen zu.«
Der Staatsanwalt Rolff zu Holger: »Was halten Sie von einer Einnahme von 200 000,– DM?«
»Sie haben doch die Bankauszüge. Es waren nur etwa 25 000,– DM.«
Der Staatsanwalt rechnet fieberhaft hin und her:
»Wie können Sie dann Quittungen von Briefmarken für 31 000,– DM haben? Bei 25 000,– DM Einnahmen?«
»Dazu möchte ich nichts sagen.«
»Wohl eine Null für die Steuer drangehängt?«
»Dazu möchte ich nichts sagen.«
Der Wahlverteidiger Peter Möring ist optimistisch. Haben doch vier Juristen, nämlich der Berliner Generalstaatsanwalt in einem Interview, die Hamburger Staatsanwaltschaft in einem Einstellungsbescheid und zwei Amtsrichter, das Tun des Angeklagten für straflos erklärt. Er beantragt den Freispruch, da man ja wohl kaum verlangen könne, daß der Angeklagte als Laie es besser wisse als diese vier Juristen. Auch Holger B. selbst sei in einem Stuttgarter Zivilverfahren in Sachen Nachnahmeversand als Sieger hervorgegangen. Der Anwalt meint, er könne wohl verstehen, wenn man bei einem Freispruch Bedenken habe, da die Publikation eines Freispruchs zweifelsohne Nachfolger ermuntern würde. Wenn dem so sei, möge man das Gesetz ändern, sich bis dahin aber streng nach dem bestehenden Gesetz richten.
Trotz aller vorangegangenen Heiterkeit schließen sich die jungen Vorsitzenden, der Amtsgerichtsrat Pohl und der Gerichtsassessor Peters, dem Staatsanwalt mit ihrem Urteil an: ein Jahr Freiheitsstrafe mit Bewährung. Bewährungsauflage: Wiedergutmachung des Schadens.
»Der Angeklagte handelte betrügerisch wie ein Wirtschaftsganove.« Holger B. ist damit einverstanden, unzufriedenen Empfängern mit Hilfe der 20 000,– DM, die ihm von seinen Verdiensten geblieben sind, ihr Geld zurückzuerstatten. Er sagt es langsam und gleichmütig, obwohl ihn der Gedanke an das schwindende Geld zerfetzen muß. Ansonsten wird er Berufung einlegen. – Die Kuß-Fibel verkauft er weiter mit Erfolg, allerdings nicht mehr gegen Nachnahme, sondern wieder per Inserat.

April 1971

Nur ein bißchen Liebe

»Dem Arbeiter K. wird versuchte Notzucht zur Last gelegt. Er soll sich in einem Klassenraum der Schule B.-Straße auf die Zeugin D. gestürzt und am Halse gewürgt haben, um sie gegen ihren Willen zum Geschlechtsverkehr zu zwingen. Er ließ von ihr ab, als sie, um Zeit bis zum Hinzukommen einer Kollegin zu gewinnen, zum Schein Nachgiebigkeit zeigte. Beim Erscheinen der Zeugin H. gelang es Frau D. zu flüchten.«
Es war wie in Fritz Langs weltberühmtem Filmklassiker mit Peter Lorre »M – Eine Stadt sucht einen Mörder«, die Geschichte eines Triebtäters, die seit etwa 40 Jahren alle Zuschauerherzen für den kranken Verbrecher bluten läßt. Ein alter Film, der immer noch nicht veraltet ist und der auch jetzt noch alle Filmclub-Besucher froh sein läßt, daß sie etwas weniger unheilvoll veranlagt sind als der Hauptdarsteller. Das weiße Kreide-»M« auf dem Rücken entlarvte den Verbrecher im Film genau wie jetzt in der Wirklichkeit. Bei dem erbitterten Kampf zwischen der Überfallenen und dem Angeklagten war K. mit dem Rücken gegen eine Schultafel gekommen, auf der mit Kreide gemalt das Wort »Mathe« stand. Das »M« zeichnete sich auf seiner dunklen Windjacke ab. Als er festgenommen wurde, half kein noch so hartnäckiges Leugnen. Das Kainszeichen entlarvte ihn.
Hier haben wir einen Jungen, der mit Kriegswirren und Kriegsfolgen nicht fertig wurde. Ein deutscher Junge, am 1. 10. 1943 in Lodz/Polen geboren. Seinen Vater lernte er nie kennen. Seine Mutter haßt er bis aufs Blut. Seine Eltern, die 1943 geheiratet hatten, wurden durch die Kriegsereignisse getrennt. Die Mutter wurde erst 1948 aus einem russischen Straflager entlassen. Der kleine Kurt wuchs bei seinen etwas herben Großeltern auf. Die Mutter zog zwar in das gleiche Dorf, lebte aber für sich. Sie sah ihren Sohn immerhin häufig genug, um ihn häufig zu schlagen. Ihre Wiederheirat 1953 verschlechterte die Beziehung zu dem Jungen noch weiter. Bis 1956 besuchte Kurt eine polnische Volksschule. Mit 14 Jahren zog er als Aussiedler zusammen mit den Großeltern und einer Tante über das Lager Friedland nach Deutschland. So, wie er bis dahin sich als Deutscher als Außenseiter fühlte, benahm und behandelt wurde, war er jetzt hier als Fremder isoliert. Seine Sprach- und Anpas-

sungsschwierigkeiten waren erheblich. Der Junge war völlig kontaktlos. Gegen seinen Willen fing er hier eine Schlosserlehre an. Da er seine Schwierigkeiten auch im Betrieb austrug und sich von den anderen ständig absonderte, gab es immer wieder mit den Kollegen Krach. Aufgrund dieser Kräche wurde das Lehrverhältnis ausgelöst. Kurt, der schon mit 15 Jahren versuchte, seine Isolierung mit Hilfe von Alkohol zu sprengen, wurde Hilfsarbeiter. Er arbeitete als Dackdecker und in Fabriken. Er sagt: »Ich wollte eigentlich Arzt werden.«

Sein Leben verlief normal – anders ausgedrückt: ohne Straftaten. Er blieb ein kontaktloser Einzelgänger, der im Alleingang stundenlange Radfahrten durch Wälder und Felder unternahm. Er radelte aus Unruhe. Als er 14 war, hatte ihn zwar eine 25jährige mal verführt, aber das half ihm auch nicht weiter. Erst mit 17 hatte er wieder Beziehungen zu Mädchen. Beziehungen, da er nie Zärtlichkeiten für diese empfand, von nie mehr als zwei Wochen. Nur mit einem dieser Mädchen wurde er intim. Sexuell war er sowieso nicht sehr ausgeprägt. Er onanierte zum Beispiel viel seltener als die meisten Jungen. Nur zwei-, dreimal im Monat.

Im August 1961 saß nun der 17jährige Kurt in der Nähe von Hannover in einer Gastwirtschaft und trank an einem Tisch mit anderen. Irgendwann wurde er gebeten, die 28jährige Hausfrau Helga P., die im 5. Monat schwanger war, nach Hause zu bringen. Auf dem Heimweg schmiß er sie ins Gras und fiel über sie her. Er bedrohte sie nicht nur, sondern bekam, während er sie vergewaltigte, einen regelrechten Haßausbruch. Er stieß immer wieder hervor:

»Ich hasse meine Mutter! Alle Frauen sind Huren! Sie brauchen alle Prügel! Frauen taugen alle nichts!« Außerdem drohte er hinterher: »Halt die Schnauze, sonst bring ich dich um! Ich hab schon drei Weiber kaltgemacht. Auf eine mehr oder weniger kommt es mir nicht an.« Dann bat er, sie wiedersehen zu dürfen. Das gelang ihm allerdings nur von weitem, ab und zu auf Schützenfesten. Da Helga sich schämte, ihrem Mann von der Vergewaltigung zu erzählen, kam es auch zu keiner Anzeige.

Einige Wochen später traf Kurt, der angibt, daß Alkohol ihn impotent macht, im angetrunkenen Zustand am Ortsausgang die 40jährige Charlotte B. Die gemütskranke Frau war, wie schon häufig, von ihren Eltern ausgebrochen, um übers Land zu ziehen. Auch sie schmiß er ins Gras. Er sagt: »Ich mußte sie nackt sehen.« Er riß ihr so heftig die Kleider vom Leib, daß sie in einem Umkreis von 7 m verstreut wurden. Während er die Frau vergewaltigte, würgte er sie so heftig, daß ihr Zungenbein brach. Als er seinen Orgasmus hatte, war sie tot. Damals wurde er in Hannover zu 10 Jahren Jugendstrafe verurteilt. Man legte dem Urteil einen bedingten Vorsatz zugrunde, da er würgend den Tod der Frau zumindest in Kauf genommen habe.

In der Jugendstrafanstalt Hameln führte er sich gut. Er wies in den ersten vier bis fünf Jahren den Anlaß seines Aufenthaltes dort weit von sich. Danach erst gab er seine Taten auch vor sich selber zu. Er wünschte und suchte zwar Kontakte zu den anderen Jungen dort, aber auf so unglückliche Weise, daß das nie gelang. Ein Pädagoge und Psychologe, der sich besonders für ihn interessierte, gab sich die ganzen Jahre erhebliche Mühe, um ihm zu helfen. Leider ohne Erfolg. Kurt sagt: »Wenn ich etwas nicht will, kann man mich zu nichts zwingen. Dann schalte ich ab.« – Er erhielt dort dann seinen deutschen Volksschulabschluß und begann eine Bauschlosserlehre. »Ich mußte lernen, daß man hier ganz anders denkt.« Kurt war Freigänger und bekam Urlaub. Den er überzog, weil er sich in Freiheit gleich betrank. Daraufhin wurde er, inzwischen 24jährig, nach Wolfenbüttel in ein normales Gefängnis verlegt. Damit waren seine zweite abgebrochene Lehre und seine Weiterbildung endgültig beendet.

Dezember 1969 wurde er bedingt auf Bewährung entlassen. Seine Bewährungsfrist wurde bis 1972 verlängert, da er sich nicht an die Auflagen seines Bewährungshelfers in Salzgitter hielt. Er arbeitete als Anstreicher etc. und wechselte seine Arbeitsplätze unerlaubt. In einer Streicherkolonne zog er auf Montage nach Hamburg. Während der vielen Jahre seiner Jugendstrafe hatte er keinerlei sexuelle Beziehungen. Danach ab und zu ein Mädchen. Da er Frauen nur als Sexualpartner gebrauchen konnte und das einem Mädchen im allgemeinen nicht genügt, entstand nie eine echte Beziehung. So beschloß Kurt, aufgrund seiner »schlechten Erfahrungen« mit Mädchen nichts mehr zu tun zu haben.

Im Laufe seiner gewaltsamen Abstinenz sonderte er sich von seiner Kolonne ab. Er ließ sich wochenends sowieso immer ganz bewußt vollaufen und konnte Unmengen vertragen. Diesmal dauerte seine Sauftour gleich sechs Tage und Nächte. Er zog fast eine Woche durch St. Pauli und St. Georg. Und versoff dort unheimlich viel Geld. In den ersten Nächten nahm er Aufputschtabletten. Er aß fast nichts während der

ganzen Zeit und schlief nur gelegentlich mal zwischendurch auf einer Parkbank.
Vor Gericht steht er jetzt, weil er am 28. 5. 1970, fünf Uhr morgens, am Ende seiner Sauftour, über eine Frau stolperte. Er sieht aus, als sei er den Oberammergauer Passionsspielen entsprungen. Mit langen, wallenden Locken und einem riesigen Vollbart bis auf die Brust. Wenn schon Angeklagter, würde man eher auf ein politisches als ein sittliches Verbrechen tippen. So mag sich der kleine Moritz den Revoluzzer vorstellen. Das Gericht meint, er habe sich in der 11monatigen Untersuchungshaft durch eine optische Totalwandlung von sich selber distanzieren wollen. Bis dahin hatte er außer Augenbrauen kein Haar im Gesicht und ungewöhnlich kurz geschnittene Haare auf dem Kopf. Seine sehr hohe Stirn ist auch jetzt frei. Er hockt still da, und man würde ihn für ruhig halten, wenn er nicht dauernd nervös mit den Fingern an seinen Lippen und an dem dichten Schnurrbart fummeln würde. Unter dem braun-schwarz karierten Jackett trägt er einen weißen Pulli mit bunten Streifen an Handgelenken und Hals. Seine Augen, die so oft als »glitzernd, stechend, starr und sonderbar beängstigend« beschrieben wurden, gucken traurig aus dem Haar-Buschwerk heraus.
Seine Versionen und Variationen zu den Ereignissen des frühen Maimorgens sind vieldeutig.
1.: »Ich wollte noch irgendwo Kaffee trinken und dann endlich wieder zur Arbeit gehen.«
2.: »Ich wollte irgendwie die Zeit überbrücken, bis ich irgendwo in einem Lokal weitertrinken konnte.«
3.: »Ich suchte einen Platz, an dem ich etwas schlafen konnte, denn ich war völlig übermüdet.«
An der letzten Version hält Kurt, der bei seiner Festnahme immer noch 2,2 Promille hatte, heute noch fest.
Wie dem auch sei, eins steht fest: Er war nicht in eine Gaststätte und nicht in ein Hotel, sondern in den Keller des Gymnasiums Bülaustraße 30, Hamburg-St. Georg, gegangen. Im Klassenzimmer 5 fand er die Putzfrau Doris D., 34, vor, die, wie jeden Morgen, dort ihren Dienst versah. Eine resolute Frau, die sonst nicht so leicht aus der Fassung zu bringen ist. Beim Anblick Kurts kriegte sie aber einen so furchtbaren Schreck, daß sie anfing zu schreien. Als er näher kam, hob die Frau, die vorher vor Angst und Panik wie gelähmt war, ihren Besen und schlug

ihm den über den Kopf. Dann versuchte sie, den Ausgang zu erreichen, rutschte auf dem glatten Fußboden vor der Wandtafel aus, fiel hin und schrie weiter. Kurt machte einen Satz über die Tische, schmiß sich auf die Frau und würgte sie, bis ihr schwarz vor Augen wurde.

»Jetzt ist es zu Ende, dachte ich. Dann fiel mir mein Mann ein, der mir mal sagte, wenn mir mal so was passieren sollte, sollte ich mich nicht rühren, sondern lieber mit dem Mann sprechen. Ich konnte sowieso nicht mehr schreien.«

Zu der jetzt stillen Frau sagte Kurt:

»Sehen Sie mich doch an. Sehen Sie mir doch in die Augen. Sieht so ein Mörder aus? Ich will doch nur ein wenig Liebe.« Als Kurt seinen Würgegriff lockerte, hatte die Raumpflegerin einen Geistesblitz. Sie sagte, um Zeit zu gewinnen:

»Doch nicht hier auf dem Fußboden. Das ist doch nicht das Richtige« und lockte ihn in den Umkleideraum. Sie bot ihm Kaffee an und sprach mit ihm, denn sie wußte, daß ihre Kollegin jeden Augenblick kommen mußte. Kurt näherte sich ihr mit täppischen und ungeschickten Umarmungen. Seine Küsse waren keine Zungenküsse. Jetzt versuchte er ungeschickt, sie zu reizen und sie zu verführen. Da kam auch schon die Kollegin. Als sie Frau D. aufgelöst, verstört und völlig fremd in der gewohnten Umgebung sah, war ihr sofort klar, daß etwas passiert war. Sie rannte zum Hausmeister, der die Polizei benachrichtigte.

Kurt, der die Situation jetzt als für sich gefährlich erkannte, sagte: »Man wird ja doch wohl reingehen dürfen. Man wird ja mal schlafen dürfen. Ich hab doch gar nichts getan. Was will man denn?« Dann lief er weg. Auf des Hausmeisters Ruf: »Wo ist das Schwein?« kam er noch einmal kurz hervor, sagte: »Schrie 'ne Frau?« und verschwand wieder. Wie einer, der einen Brand legt und dann beim Löschen hilft. Kurz danach wurde er in einem Hauseingang in einer Nebenstraße festgenommen. Kurt stritt alles ab und legte nur unter Druck (das Kreide-»M« an seiner Schulter konnte er nicht wegdiskutieren) ein Teilgeständnis ab – nämlich dagewesen zu sein. Gegen ihn sprachen unmißverständlich die Würgemale am Hals der Frau D., die wochenlang arbeitsunfähig war und auch heute noch den Schock nicht überwunden hat.

Kurt, der immer äußerlich ablenkt und innerlich abstrahiert, weil er Tatsachen nicht wahrhaben will, auf die erdrückenden Beweise gegen ihn hingewiesen:

»Weil alles so lückenlos paßt, habe ich Zweifel.«

Der psychiatrische Gutachter, Herr Dr. Berger, bescheinigte ihm den § 51.2:
»Es ist falsch zu sagen: Er hat ja noch das Auto lenken können, also wußte er, was er tat. Es gibt auch Epileptiker, die einen geistigen Totalausfall haben, denen zum Beispiel ein Fahrkartenverkäufer nichts anmerkt. Ein automatisches Verhalten hat mit Einsichtsfähigkeit und Steuerungsfähigkeit nichts zu tun. Prognose: Ohne Alkohol gut, aber wie? Ohne Behandlung nicht günstiger als bisher. Die jetzigen Anstalten bieten keine optimalen Möglichkeiten. Keinerlei Anhalt für Geistesstörungen, wenn nüchtern. Reizbarkeit, Unzufriedenheit und Stimmungsschwankungen sind keine Geisteskrankheit. Der Angeklagte hat brachliegende Entwicklungsmöglichkeiten, die man ausschöpfen müßte.«
Der Vorsitzende, Landgerichtsdirektor Dr. Kreutzer, meint, als er von Kurts Arbeit in einer Fabrik für medizinische Bestecke hört, daß dies doch ein sehr angemessener Beruf für jemanden sei, der doch so gern Medizin habe studieren wollen.
Staatsanwalt Ferber:
»Im September 1961 gab es eine Tote. Daß jetzt nicht das gleiche passierte, ist nicht das Verdienst des Angeklagten«, und beantragt vier Jahre unter Anrechnung der Haft.
Der Pflichtverteidiger, Herr Dr. Menzel, silberweißes dichtes Haar und sehr engagiert:
»Wir sind durch das vorangegangene Urteil alle befangen. Wenn der Herr Vorsitzende meint, daß der Angeklagte aus seinen Erfahrungen nichts gelernt hat, muß ich sagen: Es ist die Schuld unseres eigenen Strafvollzuges, daß er nicht geläutert ist, nicht seine Schuld. Es ist nicht seine Schuld, daß man es nicht fertiggebracht hat, ihn zu formen. Acht Jahre Strafe haben ihn nur weiter entfremdet. Nach dem jetzigen Strafvollzug ist es so, daß ein Autoschlosser, der wegen Fahrens ohne Führerschein immer wieder straffällig wird, zuletzt lebenslänglich bekommt.«
Kurt, vom Vorsitzenden um das Schlußwort gebeten, bewegt erstmalig mehr als seine Finger am Mund, rudert ungelenk mit den Armen und schüttelt abwehrend mit dem Kopf. Auf des Vorsitzenden Rüge: »Bitte, erheben Sie sich dazu!« schüttelt er dann den Kopf eben im Stehen.
Als dann das Urteil gesprochen wird, wirkt er wieder ruhig. Urteil:

sechs Jahre Freiheitsentzug wegen versuchter Notzucht in Tateinheit mit gefährlicher Körperverletzung. Also zwei Jahre mehr, als der Herr Staatsanwalt beantragt hat.
Herr Dr. Kreutzer spricht von einem unausrottbaren kriminellen Hang und davon, daß Kurt sich seine Vorstrafe nicht zur Warnung habe dienen lassen.

P. S.
Das Gericht hat den Paragraphen 51.2 zwar akzeptiert, aber unberücksichtigt gelassen.

Mai 1971

Die Dollar-Drucker von Barmbek

»Den Beschuldigten wird vorgeworfen, im März und April 1969 falsche 100-US-Dollarnoten im Gesamtbetrag von fast 1 900 000 Dollar gedruckt und versucht zu haben, Banknoten im Betrag von 750 000 Dollar abzusetzen.«

Der Prozeß, der anfangs ganz Deutschland belustigte, war nicht, wie geplant, nach 4 Tagen zu Ende, sondern schleppte sich 12 Tage dahin. Ohne, daß Licht in mehr als einen Teil der Irren und Wirren gebracht wurde. Fest steht nur, daß sechs Männer vor Gericht stehen, weil sie nicht nur ein Häppchen-Päppchen vom Wirtschaftswunderkuchen haben, sondern über Nacht zu Großkapitalisten werden wollten. Wobei »über Nacht« in diesem wie in allen anderen Fällen des »plötzlichen« Aufstiegs die mühevolle Zeit des Planens und Vorbereitens verschweigt.

Die Angeklagten sitzen in einem viel zu kleinen Verhandlungssaal. In zwei engen Bankreihen dicht zusammen. Sechs Männer, so unterschiedlich, daß man sich fragt, wie sie jemals auf einen Nenner kommen konnten. Freundschaften und Feindschaften unter ihnen kulminieren vor Gericht.

Den Freundschaften hatte der 49jährige Bankkaufmann und Finanzier Erwin R. zu verdanken, daß man ihn erst übersah, als Anklage erhoben wurde. (Das heißt, das Verfahren gegen ihn wurde vor der Staatsanwaltschaft eingestellt.) Der Feindschaft seines ehemaligen Bewunderers Hans V., 36, wiederum, der ihn erneut hereinzog, daß auch er auf der Arme-Sünder-Bank landete.

Erwin R., wenn er sich nicht gerade eines Tarnnamens bediente, nur »der Dicke« genannt, ist ein Koloß von Mann. Mit einem Bauch so groß, daß seine kräftigen Beine wie Beinchen wirken. Er hat ein großes, rundes, blankes Gesicht. Manchmal bricht er in ein hübsches Lächeln aus, das seine Augen leben läßt. Sollte es ihm weh tun, daß er auch im Gericht ständig »der Dicke« genannt wird, merkt man es ihm nicht an. Er sagt: »Heute lebe ich Diät« und ißt in der Kantine in jeder Pause fröhlich seine Torte. Zu meiner Freude auch mit mir. Zwölf Jahre lang war er Finanzinspektor. Dann ging er in die Wirtschaft. Er wurde

Steuerbevollmächtigter, gründete einen Börsendienst und bekam den Spitznamen »Mister 36 Prozent«, denn er versprach jedem, der sich ihm anvertraute, 36 Prozent Gewinn an der Börse.
V., den R. als Finanzbeamter kennenlernte, betrachtete diesen bis vor kurzem noch als Vorbild und Idol. Das Gericht spricht sogar von einer »zwanghaften Abhängigkeit«. Und davon, daß V. versuchte, fehlendes Format durch Eifer wettzumachen. Auch V. hätte nicht hungern müssen. Die Familie besaß einen Tabakgroßhandel. Später war er als Automatenaufsteller und -reparateur erfolgreich. Der 36jährige ist groß, Typ Bankangestellter oder Autoverkäufer. Das Gesicht wirkt trotz Stirnglatze jung. Mit Toupet, das sein Haupt bei amourösen und geschäftlichen Ausflügen tarnt, sicher noch jünger.
Bei Skat und Roulette verkehrten die beiden mit dem Kaufmann Wolfgang H., 36. Ein Playboytyp, dessen Schatten unter den Augen einen nicht an Überarbeitung denken lassen. Die drei träumten von Millionengeschäften. Mit Hilfe internationaler Beziehungen sollten die unglaublichsten Dinger steigen. Es zerschlugen sich die eigenwilligsten Pläne. Sie wollten sich eine künstliche Insel vor den Küsten Hollands außerhalb der Dreimeilenzone bei Scheveningen kaufen, auf der zuvor ein illegaler Fernsehsender installiert gewesen war. Kostenpunkt: 2 Millionen Dollar. Durch das Platzen dieses Geschäftes nicht entmutigt, peilten sie schon das nächste an: Diamanten!! Aus dem Afrikastaat Ghana geflohene Politiker wollten angeblich über einen Genfer UN-Vertreter Rohdiamanten im Werte von 3,6 Millionen Dollar vermitteln. Zu einem Preis, der um 40 % unter dem Weltmarktpreis lag. Auch dieses Geschäft ging in die Binsen, da es unter den Freunden Unstimmigkeiten über die Verteilung des Gewinnes gab. Zu viele Zwischenhändler wollten mitverdienen. Inzwischen war man sich aber einig, daß man Geschäfte dieses Umfanges sich nur leisten könne, wenn man das dafür nötige Geld selbst fabrizieren würde. Dies, nachdem auch große Investment-Geschäfte und Grundstücksspekulationen auf den Bahamas sich als Windeier entpuppten. Man kam auf die glorreiche Idee, für eine aus dem Boden gestampfte Firma mit dem Glamour-Namen »Hollywood Bahama Incorporation« schönfarbige Prospekte mit dem Text »Traumbungalows bei Nassau« drucken zu lassen. Dies bei dem Druckermeister Kluge in der Karolinenstraße, der für seine guten Farbdrucke bekannt ist. Auf der Rückseite der Prospekte waren in Farbe sehr naturgetreu acht 100-Dollar-Noten zu sehen. So weit machte der brave

Drucker mit. Aber das Klischee, auf das es ja einzig und allein den drei Geldfreunden ankam, verweigerte er ihnen. – Verdammt noch mal, noch ein Anlauf geplatzt!

Da macht sich R., nicht dumm, in seiner Stammkneipe an den schwerkriegsverletzten Journalisten Paul W., 49, heran. Er tastet sich vor. »Was tut der Staat für Sie?« Die Antwort: »Herzlich wenig. Sogar zur Kur muß ich auf eigene Kosten«, war für R. das Stichwort. Er weiht W. nicht ohne Erfolg ein, denn W. seinerseits kannte mehrere Drucker, deren Bekanntschaft er bereitwilligst vermittelte. Erst einmal den Drukker L., der sich schon an englischen Pfunden versucht hatte. Man traf sich jetzt zu Besprechungen nicht nur in etlichen Lokalen, sondern auch am Krankenhausbett des Journalisten W. Witz am Rande: W. ließ sich zur Besprechung in einen leerstehenden Raum schieben, um seinen Mitpatienten zu entgehen. Doch Gespräche hin, Gespräche her, es war wieder eine Pleite. Der Drucker L. wollte nicht nur nötige Maschinen finanziert haben, sondern bekam auch kalte Füße. Er vertraut sich einer ihm bekannten Dame bei der Kripo an, woraufhin ein Verfahren, das im Sande verlief, gegen L. und W. eingeleitet wurde.

Da hatten sich die vier Unermüdlichen aber auch schon an den dritten Drucker gewandt, an den inzwischen pleite gegangenen Druckereibesitzer Friedrich M. in Hamburg-Eimsbüttel. An Friedrich M., 36 Jahre, der bis zuletzt fest auf einen Freispruch vertraute, da er zwar vorgehabt habe, Geld zu verdienen, aber nicht Geld zu vertreiben. M., der ganz früher als Schiffszimmermann *und später auch mal für KONKRET* arbeitete *(als Bote oder Drucker?),* hat viel von einem bretonischen Gastwirt oder »Künstler« an sich. Dunkler Vollbart, viel Haar, das erst ab Kopfmitte wallt. Die Hände auf dem gemütlichen Bauch.

»Erst dachte ich, meine Auftraggeber spinnen. Dann dachte ich, das sind smarte Leute, die einen kleinen Buchdrucker reinlegen wollen, um 'ne dufte Story zu bekommen. Sie wirkten wie aus dem mittleren Playboymilieu. Sie boten mir viel Geld. Ich war wirtschaftlich an einem Punkt, wo ich nicht wußte, wie ich weitermachen sollte. Meine Kunden zahlten oft erst bis zu einem Jahr nach Lieferung. Ich überlegte monatelang, wie ich an das Geld ran könnte, ohne Dollars zu liefern. Dann wurden sie eines Tages massiv und verlangten die Ware. Da habe ich zum ersten Male kalt geschwitzt. Der Journalist drohte: Wer aussteigt, der wird gleich umgelegt.« Seitdem sah M. seine Auftraggeber nicht mehr als Playboys, sondern als Gangsterring an. Er bat seinen Halb-

bruder Hans A., jetzt grade 23 Jahre alt, der bei ihm als gelernter Offsetdrucker angestellt war, um Hilfe. Der Junge protestierte erst heftig, mochte seinen großen Bruder dann aber doch nicht im Stich lassen. Vor Gericht sagte er:
»Mein Bruder fühlte sich von den Gangstern bedroht. Deshalb ist er in die Sache hineingeschlittert. Die Scheine waren wirklich nicht besonders, aber auch nicht so schlecht, daß man sie *nur* alten Omas andrehen konnte. Da wäre die Bande ja gleich mißtrauisch geworden.«
M.: »Das Ganze ist mir von Anfang an unglaubwürdig bis dorthinaus vorgekommen. Ich dachte, die wollten mich bloß dazu benutzen, eine dicke Story zu schreiben.«
M. kann gar nicht fassen, daß man seine Dollarblüten so lobt. Sie werden als sehr gelungene Nachahmungen, mit denen man auch Banker (Fachleute) hätte täuschen können, bezeichnet. Die auf die schnelle in einer einzigen Nacht im kleinen Keller fabrizierten 1,9 Mill. Dollar (umgerechnet etwa 8 Millionen DM) seien hervorragend und geeignet, jeden Arglosen zu täuschen, der nicht gerade mit einer Lupe sein Geld betrachtet.
M.: »Ich wollte ja gar keine guten Fälschungen machen, damit kein Mißbrauch damit getrieben würde. Ich war sicher, daß man die Dollars sofort als Fälschungen erkennen könnte. Ich hab für den Druck nur Schreibpapier benutzt, an dem noch sechs Hundertstel Millimeter an der Stärke des echten Dollarpapiers fehlten. Das Papier hab ich auf meiner Offset-Maschine gelb eingefärbt. Ich hab es dann in einer Nacht nicht nur gedruckt, sondern auch geschnitten. Meine Scheine waren viel zu lappig und der Druck zu flau. Auch hatten sie nicht die richtige Klangwirkung beim Wedeln. Richtige Fälschungen muß man doch viel sorgfältiger machen. Das habe ich auch mal in einem französischen Film mit Jean Gabin gesehen.«
Da dem Landgerichtsdirektor Bringezu die Klangwirkung von Geldscheinen neu ist, wedelt er mit hochgestreckten Armen, in jeder Hand einen Schein, in der Luft herum. Ohne viel unterscheiden zu können. Da lächeln die beiden einzigen Fachleute im Saal sich an: Meister M. und der Gutachter von der Deutschen Bundesbank. Man wird belehrt: Schlechte Blüten klingen überhaupt nicht.
M.s Halbbruder sitzt kinderklein und rührend zwischen seinen hünenhaften Mitangeklagten. Als hätte er sich in den Gerichtssaal verlaufen. Kreidebleich und superzart im blauen Pulli. Kinderfrisur und Kinder-

augen. Wie einem Waisenhaus entsprungen. Nach seiner Freizeitgestaltung befragt, sagt er:
»Ich habe keine Freizeit. Ich möchte mich selbständig machen und arbeite mindestens 15 Stunden am Tag.«
Alle anderen Angeklagten geben an, daß sie zur Zeit arbeitslos sind und von ihrem Ersparten zehren.
Das Verfahren gegen den schwerkranken Journalisten W. mit den tiefen Narben im Gesicht wird auf Anraten des medizinischen Sachverständigen abgetrennt. Nach furchtbar viel Hin und Her, nach langen Beratungen und Auseinandersetzungen von Gericht und Anwälten wird W. statt dessen als Zeuge zugelassen.
Dazu M.s Verteidiger, Herr Dr. Tachau: »Wäre ich Ihr Verteidiger, hätte ich mich mit Händen und Füßen dagegen gewehrt, daß Sie hier aussagen.«
Als Zeuge ist man nämlich verpflichtet, die Wahrheit und nichts als die Wahrheit zu sagen, wogegen man als Angeklagter lügen kann, bis sich die Balken biegen. Wie dem auch sei, W. war sicherlich nicht der beste aller Zeugen. Sein großes Selbstbewußtsein und seine unerschütterliche Treue zu R., dem er versprochen hatte, ihn aus allem herauszuhalten, wurden deutlich. Alles andere blieb verschwommen.
Sogar, woher die 18 000,– DM stammten, die M. erhalten hatte. W. und das Gericht meinen, von R. und V. zu etwa gleichen Teilen. Doch diese beiden wollen von nichts wissen. Sonst wären sie ja die Auftraggeber. So versucht jeder, bis zuletzt, alles auf jeden zu schieben. Jeder behauptet, sich von jedem erpreßt und bedroht gefühlt zu haben. Alle waren »eigentlich ausgestiegen, bevor es richtig losging.« Sechs »Schein-Heilige«.
Es marschierten noch eine Reihe Zeugen auf. Auch aus ihnen war unmöglich herauszubekommen, wohin und woher, an wen oder von wem Beträge von 40 000,– DM, 90 000,– DM und 120 000,– DM gingen. Immer fehlten ausgerechnet die entscheidenden Unterlagen, und bei solchen Sümmchen hakt das Gedächtnis schon mal aus. Dieses ganze nicht enden wollende Palaver um undurchsichtige Finanz-Transaktionen langweilte einen Dauergast auf der Zuhörerbank so sehr, daß er einschlief. Vom Saaldiener geweckt, sah er sich verwirrt um und wurde aus dem Saal gewiesen.
Von der auflodernden Feindschaft zwischen V. und R. ist die Rede. V., der während der Zeugenaussagen W.s vor Wut weint und stundenlang

seine geballte Faust aufs eigene Knie schlägt, wird zitiert: »Der Dicke hat das ganze Geld kassiert. Wenn wir aufplatzen sollten, dann hängt das Schwein mit drin. Da mach ich ihn fertig.«

Was inzwischen geschehen ist.

Doch nun zum Ende des traurigen Spiels:

Die frisch gedruckten Blüten sollten schon einen Tag später an den Mann gebracht werden. V., H., M. und W. fuhren über Frankfurt nach Wiesbaden, um erst einmal 715 000 falsche Dollars loszuwerden. Nicht ahnend, daß der Mann, der dafür 215 000 echte deutsche Mark bereithielt, der Kriminaloberkommissar Wolfgang Fach, 30 Jahre, Leiter des Falschgelddezernats im Kriminalamt Wiesbaden, war.

Gangsterjäger Fach, ein Supermann, groß, breit, schmalhüftig, braungebrannt und bärtig, sagt als Zeuge aus:

»Es war am 2. April vor zwei Jahren. Ich erfuhr durch einen V-Mann, daß einige Herren aus Hamburg am Abend vorher in Frankfurt falsche US-Dollar zum Verkauf anboten wie frische Brötchen. Ich schaltete mich als Interessent ein und hatte das Vergnügen, einen der Herren in den Rheinterrassen Wiesbaden kennenzulernen. Ich handelte mit meinem Gegenüber den Preis aus. Ich war angeblich einverstanden, 170 000 falsche Dollar zu einem Nennwert von etwa 20 % gegen deutsches Geld umzutauschen. Ich bot ihm etwas weniger, als er wollte. Ich verlangte auch eine Provision, ich wollte ja auch etwas verdienen, sagte ich. Ich bekam Proben zu sehen. Es waren ausgezeichnete Fälschungen. Eine Meisterleistung des Druckers, wenn man bedenkt, daß er nur 18 Stunden Zeit gehabt hatte, um die 2 Mill. Dollar herzustellen. Wir fuhren in das Hotel Reichspost, in dem ich ein Zimmer hatte. Im Hotel waren auch meine Beamten postiert. Mein Geld lag im Hoteltresor. Die Dollarhändler durften einen kurzen Blick darauf werfen.«

Die Hamburger, die ihn, ganz gegen die Branchenbräuche, den Übergabeort des Falschgeldes bestimmen ließen, gingen ihm arglos in die Falle. Es gelang Kommissar Fach, den Preis noch um 50 000,– DM herunterzuhandeln. V. schüttete die 100-Dollar-Noten auf das Bett des Kommissars. Dieser öffnete die Tür und ließ seine Kollegen herein. Aus der Traum.

M., der nur mitgeflogen sein will, um dafür zu sorgen, daß die Fälschungen nicht Banken angeboten wurden, schlief während des Endspurts. Erst am nächsten Tag erfuhr er durch einen Anruf bei seiner Frau in Hamburg, was passiert war, und stellte sich der Polizei.

Nicht nur er, auch alle seine Mitangeklagten rechnen sich, da nicht vorbestraft, einen Freispruch aus. Über die Anträge des Staatsanwalts Witte trösten sie die optimistischen Verteidiger hinweg. Er hat für R. und V. je drei Jahre, für M. und H. je eineinhalb Jahre und für A. ein Jahr mit Bewährung beantragt. Desto größer der Schreck bei der Urteilsverkündigung. V. wurde übel, R. weint, die anderen sind leichenblaß. Denn der Staatsanwalt war überboten worden.
V. vier Jahre. – R. vier Jahre. – M. zweieinhalb Jahre. – H. ein Jahr mit vier Jahren Bewährung, außerdem 5000,– DM Buße. – Nur A. erhielt statt einer Strafe einen Denkzettel: 1500,– DM zu zahlen an den Verein »Jugendhilfe«. Allen Angeklagten sind die eigenen Kosten und noch dazu die Kosten des Verfahrens auferlegt.
Zur Urteilsbegründung Landgerichtsdirektor Bringezu:
»Abschreckung m u ß hier eine erhebliche Rolle spielen. Sonst sagen sich Labile: Brauchst du Geld, dann druck dir was!«
Wenn man vergißt, daß Falschgeld eine Inflation fördern kann, tut einem das Künstlerpech der Angeklagten mehr als leid.
Und Abschreckung muß wohl sein, denn wie der Druckereibesitzer L. als Zeuge so schön sagt:
»Jeden Drucker juckt es, einmal so etwas zu machen. Wer sagt, er ist an Falschgeld ganz uninteressiert, der lügt.«

Mai 1971

Mit Kindern reich gesegnet

Die Bardame W. soll von Oktober bis Dezember 1968 sieben ihrer neun Kinder im Alter von 2 bis 10 Jahren des öfteren in der verschmutzten und verwahrlosten Wohnung ohne Aufsicht, ausreichende Nahrung und saubere Kleidung zurückgelassen haben, um selbst an die Ostsee zu fahren oder sich auf St. Pauli zu beschäftigen. Gegen sie wird weiter der Vorwurf erhoben, sie habe am 23. 12. 1968 ihre Kinder verlassen, ohne für ausreichende Kleidung und Lebensmittel vorgesorgt zu haben; habe sich auch bis zu ihrer Verhaftung am 9. 1. 1970 weder um die Kinder gekümmert noch irgendwelchen Unterhalt gezahlt, obwohl sie als Bardame Einkünfte hatte, die es ihr ermöglichten, unter fremdem Namen ein Appartement zu mieten und mit Möbeln auszustatten.
Schon mehrfach war dieser Prozeß angesetzt. Jedesmal war ich da, und jedesmal fiel er aus. Denn die Angeklagte war, im Gegensatz zu mir, nicht da. Ich ging immer wieder hin, weil mich die Vorstellung einer Barfrau mit so unendlich vielen Kindern faszinierte. Wie ist das zu schaffen? Unentwegte Schwangerschaften, gekoppelt mit so einem Beruf? Was wird aus dem geforderten Mindestmaß an Schönheit bei so vielen Kindern? Wie sollte es möglich sein, nicht entweder Kinder oder Beruf zu vernachlässigen, wenn man keine Dienstboten hat?
Jetzt bekomme ich Helga W. endlich zu Gesicht. Sie ist zur Verhandlung extra aus Darmstadt angereist. Und hat nichts Abgetakeltes und nicht viel von Barzahn an sich. 32 Jahre, groß, hellblond, blauäugig. Langbeinig unterm weißen Mini. Helle, frische Haut. Sie ist von der Attraktivität und der blühenden Gesundheit einer Jane Mansfield. Und inzwischen Mutter des zehnten Kindes. Seit vier Monaten. Nach 4 Jahren Gebärpause. Glückliche Mutter, wie sie versichert, da sie den Vater des Kindes, einen 28jährigen Kellner, liebt.
Sie liebt auch ihre anderen Kinder, die neun ehelich geborenen. Ja, das ist eben eine weitere Überraschung. Die Kinder hatte sie sich nicht in verschiedenen Bars geholt, sondern Jahr für Jahr im trauten Heim vom eigenen Ehemann empfangen. Daß heißt, die ersten beiden kamen noch vor der Ehe zur Welt, da die Jugendbehörde nicht eher ihre Zustimmung gab. Helga war 16, als das erste Kind kam. Ihre kaufmänni-

sche Lehre mußte sie aufgeben. Ihr Mann war nur zwei Jahre älter. Schlosser. Schon ein Jahr später kam das zweite Kind. Dann wurde geheiratet.
Helga arbeitete immer mit. Als Verkäuferin in der Pro. Am Block in der Schlachterei. Die Kinder kamen Schlag auf Schlag. Helga arbeitete immer bis zum Tag der Niederkunft. Vierzehn Tage danach ging's dann wieder weiter. Sie bedauert, daß sie jedes Kind nur etwa vier Wochen stillen konnte. Einmal bekam sie sogar zwei Kinder innerhalb eines Jahres. Nein, nein, es waren keine Zwillinge. Auf die Frage, wie sie das bloß alles kräftemäßig schaffte, meint sie lakonisch: »Ach, das ging ganz gut. Ich schlief immer 3 Stunden pro Tag. Natürlich nicht in einem Rutsch. Aber das ging schon.«
»Wollten Sie denn so viele Kinder?«
»Nein, das nicht. Aber was sollte ich tun?«
»Sie hätten doch vorbeugen können!«
»Wie denn? Mein Mann war immer auf Montage. Dann ist er immer mal gekommen, alle vier Wochen. Ich war auch schon öfter bei der Gesundheitsbehörde, um um Hilfe zu bitten. Wegen einer Abtreibung, meine ich. Aber sie sagten immer, ich wäre dafür viel zu gesund. Da konnte ich dann nichts machen.«
»Haben Sie nie die Pille genommen?«
»Ach, die Pille! Doch. Aber, wie gesagt, mein Mann kam so selten und dann ganz plötzlich. Da hab ich eben die Pille mal zwischendurch einen Tag vergessen.«
Helgas Mann arbeitete nicht ganz so regelmäßig wie sie. Darum konnte sie es sich nicht leisten zu pausieren. Außerdem brauchte er immer Geld. Fürs Auto und für Mädchen. Als Helga ihr achtes Kind bekam, wurde ihr Mann gleichzeitig Vater eines anderen Kindes.
»Haben Sie nie an Scheidung gedacht?«
»Doch, aber mein Mann redete mir immer ein, daß eine Scheidung viel zu teuer wäre. Darum hab ich mich erst jetzt scheiden lassen, nachdem Arbeitskollegen in der Bar mich aufklärten.«
Erst seit 1967 arbeitete Helga nachts. Um tagsüber mehr Zeit für ihre Kinder zu haben. Bis dahin war sie die ganzen Jahre Verkäuferin geblieben. Ihre erste Nachtarbeit war in einer Imbißbude in der Großen Freiheit. Nach drei Monaten wechselte sie ins »Tabu« über, zur Arbeit hinter der Bar.
»Da hab ich sehr gut verdient. Nur mein Mann drehte durch. Er kaufte

sich von meinem Geld einen Farbfernseher. Er machte sich selbständig als Schlosser. Stellte Arbeiter ein und zahlte keine Löhne.
Ansonsten ging es mir ganz gut. Ich hatte weiter meine drei Stunden Schlaf am Tag. Eine Stunde morgens, bevor die Kinder zur Schule gingen. Und zwei Stunden nachmittags. Zum Glück hatten wir eine Fünf-Zimmer-Wohnung. Eine Nachbarin paßte auf die Kinder auf, wenn ich nicht da war.«
Im Gericht ging es nun um fällige Unterhaltsbeiträge für die Kinder. 100,– DM im Monat, die jetzt, in Anbetracht von Helgas Einnahmen, auf 150,– DM erhöht werden sollen. Nicht viel. Wie kommt das?
»Weil ich den Kindern lieber persönlich etwas gebe. Sie einkleide. Ihnen Geschenke und Geld gebe, wenn ich sie besuche. Ihnen Pakete schicke und so. Das finde ich netter.«
Der Vater zahlt oder soll zahlen 440,– DM monatlich. Auch nicht gerade viel für neun Kinder. Dazu kommt noch das Kindergeld von 1000,– DM. Die beiden ältesten Kinder, jetzt 14 und 15, leben bei Helgas Eltern. Die sieben nächsten im Heim. Das allerneueste haben Helga und ihr Freund, der Kellner, bei sich.
Helga, bei der es in der Anklageschrift doch so aussieht, als habe sie die Nase voll von ihren Kindern gehabt, sagt glücklich:
»Eine Arbeitskollegin von mir hat eine sehr große Wohnung. Jetzt hat die Jugendbehörde genehmigt, daß wir alle meine Kinder zu uns nehmen.«
»Macht das Ihrem Freund nichts aus?«
»Wieso? Der wußte doch, daß ich neun Kinder hab, als er mich kennenlernte. Dann kann ihm das doch nichts ausmachen. Er sagt, ich soll dann auch aufhören zu arbeiten.«
Na, die Gefahr, daß sich die junge Frau Helga ohne Arbeit langweilt, besteht wohl kaum. Obwohl sie dann nichts anderes zu tun hat, als Freund und 10 Kinder zufriedenzustellen.
Wieso hatte Helga überhaupt Haus und Heim Hals über Kopf verlassen? Was hatte sie auf dem Kerbholz? Man hört, daß sie in Darmstadt sogar fast 2 Monate im UG saß wegen dieser Geschichte mit den Kindern. Hinter ihrem Mann war man wohl nicht her. Seitdem Helga am 26. 3. 1970 Haftverschonung bekam, ist sie wieder auf freiem Fuß.
Also was war los? Ihr Mann war durch seinen Leichtsinn immer mehr in Schwierigkeiten geraten. Die Fünfzimmerwohnung wurde ihnen gekündigt. Helga verdiente zwar gut, aber nicht genug für so einen Mann. Sie

mußte für ihren Mann Geld auftreiben und ihm nachschicken. Während sie mal wieder am Hamburger Hauptbahnhof war, um Geld an ihn abzuschicken, rief er rasend bei ihr in der Wohnung an. Die einhütende Nachbarin hörte den Mann zu ihrem Entsetzen brüllen: »Die hat mir zu wenig Geld geschickt. Ich komm rüber! Ich hab 'ne Pistole und schieß sie tot.« Helga und die Nachbarin müssen ihm geglaubt haben. Denn kaum gewarnt, floh Helga ohne einen Blick zurück nach Darmstadt. Und fing noch am gleichen Abend an, dort in einer Bar zu arbeiten. Sie sagt, daß Darmstadt Zufall war. Sie kannte dort niemanden. Sie floh am 23. Dezember 1969, einen Tag vor Heiligabend. Die Kinder blieben allein zurück, da die Nachbarin auch keine Lust hatte, auf den schießwütigen Gatten zu warten. Seitdem sind die Kinder im Heim.

Helga sagt, daß sie schon 1000,– DM nachgezahlt habe. Und Mäntel, Hosen usw. für immer sieben Kinder ins Heim gebracht. Zuletzt jetzt Ostern. Da fuhr ihr Freund sie hin. Mit dem neuen Kind.

Fragt der Vorsitzende: »Sind Sie verlobt?«

»Nein. Aber wirklich, wenn ich hinfahre, nehme ich doch immer Geld und Geschenke mit. Und hab sie immer eingekleidet und alles. Ich hab nur 700,– DM netto. Und Trinkgeld.«

»Sie können ja auch als Reinemachefrau tätig werden!«

Warum das als Alternative?

Rechtsanwalt Herr Dr. Axmann, der Helgas Ehe auch schon geschieden hat und restlos von Helgas Lauterkeit überzeugt ist, besteht darauf, daß das Geld an die Kinder, nicht an die Jugendbehörde geht. Gerichtsassessor Klussmann ist einverstanden.

Er setzt die Hauptverhandlung aus. Der Angeklagten soll 6 Monate Zeit gegeben werden, ihren Verpflichtungen nachzukommen und ihre Beziehungen zur Jugendbehörde Hamburg aufrechtzuerhalten. Nach 6 Monaten soll dann, wenn alles gut geht, das Verfahren eingestellt werden.

Ein fassungsloser Kollege sagt hinterher zu Helga: »Sagen Sie mal, liebe Frau W., Sie sind doch eine aufgeklärte und moderne junge Frau; wie ist es möglich, daß Sie frisch geschieden und kaum aus dem UG entlassen, schon wieder schwanger wurden?«

»Das war Pech. Die hatten mir in der Frauenklinik Finkenau was reingemacht. Dadurch sollte ich 4 bis 5 Jahre meine Ruhe haben. Die Zeit war wohl schon eher um.«

Da mußte sie es also wieder austragen. Weil das so natürlich ist, natürlich!

Zum Teufel mit dem § 218!! Und zum Teufel mit einer Gesellschaft, die findet, daß alle Voraussetzungen zur Mutterschaft erfüllt sind, wenn ein Körper zum Werfen gesund genug ist. In den seltensten Fällen hat man Anlaß zu gratulieren, wenn ein Kind geboren wird. Zum Teufel mit dem § 218!

Juni 1971

§ 218

In Frankreich hat *unsere Schwesterzeitung* »Nouvel Observateur« eine Aktion gestartet gegen den § 218. Im Gegensatz zu den anderen Aktionen, die es seit mindestens 50 Jahren in Deutschland und Europa gegen die Abschaffung des Gebärzwanges durch den § 218 gegeben hat, ist diese Aktion mit einer Selbstanzeige der betroffenen Frauen verbunden. Prominente Schauspielerinnen von der Bühne, des Films und des Fernsehens, namhafte Schriftstellerinnen, Schlagerstars und sogar Politikerinnen zeigten sich selbst öffentlich an. Sie alle gaben ihre Unterschrift für die Aktion »Ich habe abgetrieben«. Die Justiz wäre praktisch gezwungen, einen Prozeß gegen die rund 200 prominentesten Frauen Frankreichs zu führen. Darüber hinaus auch noch mehr als 800 weitere Frauen anzuklagen, die sich inzwischen ebenfalls mit vollem Namen der Aktion angeschlossen haben. Doch obwohl das französische Gesetz bei Selbst- und bei Fremdabtreibung den gleichen »Verfolgungszwang« kennt wie das deutsche, das heißt, der Staatsanwalt müßte ermitteln, aber nicht zwangsläufig auch Anklage erheben, haben bis heute – 1 ½ Monate nach Veröffentlichung – weder Justiz noch Regierung reagiert.
Die Stärke der Französinnen ist ihre große Zahl und der Entschluß, auf eventuelle Verfolgungen einzelner nur kollektiv zu reagieren. Hinzu kommt die öffentliche Meinung! Drei Wochen nach dem Appell ergab eine Umfrage: 55 % aller Befragten sind für die ersatzlose Streichung des Abtreibungsparagraphen. Noch wenige Monate zuvor hatten nur 25 % gewagt, sich dazu zu bekennen.
Man sieht, die französischen Publizisten des »Nouvel Observateur« haben sich nicht verrechnet. Mit der ungewöhnlichen Methode der Selbstanzeige der Frauen wollten sie die Diskussion über die Schwangerschaftsunterbrechung in ein entscheidendes Stadium bringen.
Warum soll sich die Vernunft der Frauen auf Frankreich beschränken? Wenn man schon als Frau damit geschlagen ist, für ein Wunschkind neun Monate in den Sand zu setzen und beim nächsten noch einmal usw., sollte es einem wenigstens erspart bleiben, für unerwünschte Kinder die ungewollte Last zu tragen. Ich sehe schon Mann und Weib zusammenzucken. Denn aus unerfindlichen Gründen, wahrscheinlich, da-

mit man sie besser erträgt, sind ja die Beschwerden der Schwangerschaft allerorts heilig gesprochen. Nichtsdestotrotz; da muß man wohl lange reden, um einer Frau, die vergewaltigt wurde oder die den Mann nicht liebt oder die Kinder nicht mag oder die ihre Ausbildung erst in Ruhe beenden möchte oder die Kinder zu sehr mag, um ihnen diese Welt zuzumuten, diesen Zustand zu versüßen.
Sie sagen kühl: Wieso, es gibt doch die Pille. O. K. Für Sie und mich, aber nicht für alle. Die Pille wird hier nämlich mit 200 bis 300 % Profit verkauft. Für viele zu teuer. Ganz abgesehen davon, nicht jeder verträgt jede Pille, und einem Pillenwechsel hat schon so manches Kind sein Leben verdankt. Sie sagen: Es gibt Kondome. Nur zu dumm, daß minderwertige Gummiware nicht jeder Zerreißprobe stand hält. Auch davon können vieler, vieler Kinder Eltern ein Lied singen.
Sie sagen: Es gibt doch genug Ärzte, die abtreiben. Allerdings; aber ich kenne nur zwei, die es aus Idealismus tun. Alle anderen haben es entweder als guten Nebenverdienst oder als Haupteinnahmequelle. Die unverschämten Schwarzmarktpreise sind auch nicht jeder Fraus Sache. Wer schlechter betucht ist, landet eben auf dem Küchentisch, im Bad oder auf dem Klavierschemel. Und zahlt in anderer Münze.
Trotz relativer Aufklärung ist die Zahl der Abtreibungen in den letzten Jahren in der BRD kaum zurückgegangen. Das heißt, die Dunkelziffer ist geblieben. Das heißt, Todesfälle, Unglücksfälle, irreparable Gesundheitsschäden, seelischer Schaden, Arbeitsunfähigkeit und schlimmer noch: Liebesunfähigkeit. Doch ganz abgesehen von diesen Dingen: Wie kann der Staat Leute, die nicht geeignet sind, Menschen zu formen, dazu bringen, durch den Gebärzwang den Nachwuchs zu deformieren? Wie ist es möglich, daß man auch für den popligsten Beruf drei Jahre Lehrzeit nachweisen muß, will man ihn ungestraft legal ausüben, andererseits das Verantwortungsvollste, was es überhaupt gibt: aus einem Kind einen Menschen machen, jedem überläßt, dessen Körper zum Werfen gesund genug ist? Wie schön sind Wunschkinder, jedenfalls für ihre Eltern, aber man gratuliert auch automatisch da zu Geburten, wo weiß Gott kein Anlaß dazu gegeben ist. Doch wenn schon Kinder, dann bitte nur Wunsch-Kinder!!!
Mehr als die Hälfte aller Frauen waren mindestens einmal im Leben dazu gezwungen, illegal abzutreiben. D. h., mindestens die Hälfte der weiblichen Bevölkerung gehört nach geltendem Gesetz in den Knast.
Raus aus der Isolierung, Ihr Frauen! Nun traut Euch mal, über die sau-

ren Äpfel laut zu sprechen, in die Ihr für ein bißchen Liebe immer beißen müßt!!
Darum fordern wir alle Frauen, prominente und nichtprominente Leserinnen von KONKRET, auf, sich der Aktion »Selbstanzeige« anzuschließen. Das heißt, auch ihre Bereitschaft zu erklären, öffentlich, das heißt in KONKRET und, wenn möglich, auch noch in anderen Zeitschriften, Zeitungen und Massenmedien mit ihrem Namen die Aktion zu unterstützen.
Apropos, hier verjährt die Selbstabtreibung nach 5 Jahren.
Wir sind sicher, daß diese Aktion dazu beitragen wird, die Öffentlichkeit für das Problem der Schwangerschaftsunterbrechung stärker zu mobilisieren und somit die erste Voraussetzung für eine Strafgesetzänderung zu schaffen. Sie ist so nötig wie eh und je. Weder mehr noch weniger. Nur bei uns Frauen hat sich etwas geändert.
Wir wollen nicht länger auf Selbstverständlichkeiten warten!

Juni 1971

Steffi H. – Kindesmörderin

»Die Hausfrau H. wird des Totschlags beschuldigt. Sie soll nach dem Genuß einer 0,7-Liter-Flasche Burhenne Kirsch und Scotch Whisky (32 %) durch das Schreien ihrer 7 Monate alten Tochter Kirsten verärgert, dem Kind, das in seinem Körbchen lag, ein als Zudecke benutztes Kopfkissen auf das Gesicht gelegt und kurze Zeit fest zugedrückt haben, um das Schreien zu dämpfen und um ihre Ruhe zu haben. Sie verließ sodann das Zimmer und legte sich schlafen, ohne sich in den folgenden 5 Stunden um das Kind zu kümmern, das währenddessen durch das auf seinem Gesicht liegende Kissen erstickte.«

Zum ersten Mal in der Hamburger Justizgeschichte ist eine Frau Vorsitzende des Schwurgerichts. Eine Frau von großem Einfühlungsvermögen. Eine junge, verständnisvolle Frau, die viel Wärme ausstrahlt, die Landgerichtsrätin Barbara Dill. Es sind noch mehr Frauen in diesem Prozeß, die über das Wohl und Weh der Angeklagten zu bescheiden haben. Die Staatsanwältin Marga Diersche als Anklagevertreterin. Als Verteidigerin die Rechtsanwältin Waltraud Hammerer, die dafür bekannt ist, für jeden Mandanten so zu kämpfen, als ob es um ihr eigenes Leben ginge. Zwei Hausfrauen sitzen mit vier Männern gemeinsam auf der Geschworenenbank. Und auch der Protokollführer ist eine Protokollführerin. Ein glücklicher Zufall in diesem Prozeß, in dem es gilt, die Tat einer völlig verzweifelten Frau zu verstehen.

Wie kann es dazu kommen, daß eine Frau, die nicht nur ihre eigenen Kinder vergöttert, sondern Kinder schlechthin liebt, schuldig am Tode ihres Wunschkindes wird?

Steffi H., am 7. 9. 1943 in Ostpreußen geboren, erzählt nur schleppend. Ihre Vernehmung wird immer wieder von Verzweiflungsausbrüchen unterbrochen. Sie ist von Schluchzen geschüttelt, als sie: »Mich versteht doch keiner« und in höchster Qual »Nein, nein, nein! Ich hab das doch nicht gewollt! Ich kann das nicht mehr hören!« in den Saal schreit, bei den anklagenden Worten der Staatsanwältin.

Sie ist eine bildschöne Frau. Lang, schlank, sehr gepflegt. Ihr zartes, sehr reizvolles Gesicht ist von kurzem, vollem, schwarzem Haar eingerahmt. Die tiefblauen Augen riesengroß. Unter dem weißen, ärmel-

losen Kostüm eine dünne schwarze Bluse, passend zu den schwarzen Pumps. In den eiskalten Händen das zerknüllte, klitschnasse Taschentuch.
Steffi H. war schon immer sehr zart und hypersensibel. Als Säugling von fünf Monaten erkrankte sie so schwer, daß sie acht Monate lang ins Krankenhaus mußte. Als sie mit dreizehn Monaten als geheilt entlassen wurde, wog sie nur neun Pfund. Mit dreieinhalb Jahren wurde sie wieder so schwer krank, daß sie vier Monate ins Krankenhaus mußte. Als sie vier war, trennten sich die Eltern. Die Mutter, die jetzt alleine für Steffi und ihren 1 ½ Jahre älteren Bruder sorgen mußte, hatte nur wenig Zeit. Sie war berufstätig und in der Freizeit damit beschäftigt, Lebensmittel aufzutreiben. Steffi hatte dadurch von Anfang an keine echte Bezugsperson. Die frühen Aufenthalte in Luftschutzbunkern und immer neue Krankheiten steigerten die psychische Anfälligkeit des kleinen Mädchens. Sie konnte erst mit 7 Jahren eingeschult werden. Für sie bedeutete die Schule nur, von lauter fremden Leuten umzingelt zu sein, die ihr Angst machten. 1953 zog die Familie nach Westberlin. In ein Lager. Später nach Marburg in ein Lager. Es war so beengt, daß die Mutter Steffi zur Oma gab. Dort war sie von Anfang an das fünfte Rad am Wagen.
Da der Bruder bei der Mutter bleiben durfte, kam sich Steffi abgeschoben vor. Sie litt darunter so sehr, daß sie anfing zu stottern. Bei der Oma in Frankfurt lebte auch eine kleine Cousine mit ihrer Mutter. Auch ihr gegenüber fühlte sich das introvertierte Kind ständig zurückgesetzt. Als die Mutter wieder heiratete, holte sie Steffi zu sich nach Kirchheim. Die Kleine empfand den Stiefvater als Eindringling. Er war auch nicht sehr geschickt im Umgang mit dem Kind. Doch Steffi fraß wie immer alles in sich hinein. Auf die Frage der Mutter: »Magst du ihn?« sagte sie: »Ja«, statt sich auszusprechen.
Ihr Neid auf den Bruder wuchs ins Uferlose, weil dieser auf die Oberschule durfte und sie nicht. Steffi, die in 8 Jahren insgesamt siebenmal die Volksschule wechselte und immer wieder die gleichen Eingewöhnungsschwierigkeiten hatte, war nämlich von dem einzigen Lehrer, zu dem sie jemals Vertrauen hatte, für die Oberschule vorgeschlagen worden. Das Verständnis dieses Lehrers hatte bei ihr zu einer erheblichen Leistungssteigerung geführt. Doch die Mutter lehnte ab. Einerseits, weil sie meinte, Steffi würde die Strapazen einer langen Ausbildung nicht durchhalten, andererseits, weil sie von ihrem bißchen Geld ihren

Sohn studieren lassen wollte. Sie war, wie fast jede Mutter, der Ansicht, daß die Ausbildung eines Sohnes vorrangig ist.
Als Steffi 1958 aus der Schule entlassen wurde, stand ihr künftiger Beruf schon fest: Krankenschwester. Sie wäre lieber Kindergärtnerin geworden, aber das scheiterte an ihrer mangelnden Vorbildung. Noch zu jung für die Schwesternschule, besuchte sie erst einmal ein Jahr die Haushaltsschule. Danach machte sie ein Jahr Praktikum im Waisenhaus.
»Das war die schönste Zeit meines Lebens. Ich hab alle Kinder geliebt und die liebten mich auch. Es war so schön.«
Es ist wahr, vor den Kindern war sie ungehemmt und aufgeschlossen. Nur zu den Gleichaltrigen und Erwachsenen hatte sie, wie immer, nicht den geringsten Kontakt. In einem Diakonissenheim, in dem sie danach arbeitete, hielt sie es nicht lange aus. Dann besuchte sie in Kassel dreieinhalb Jahre eine Krankenschwesternschule. Sie hatte viel Stoff aufzuholen und schaffte es spielend, offensichtlich für diesen Beruf sehr geeignet. Trotzdem war sie verzweifelt, da es immer wieder Schwierigkeiten mit den Kolleginnen gab, denen sie zu ernst war und hochmütig erschien.
Nach dem Examen ging sie in die Hamburger Universitätsklink als Schwester. Sie ist mit Recht stolz darauf, daß sie sehr bald zur stellvertretenden Stationsschwester avancierte. Mit den Kranken der psychosomatischen Abteilung ging es ihr wie mit den Kindern im Waisenhaus. Sie liebte und wurde geliebt. Mit den Kollegen ging es ihr auch wie immer. Sie war total isoliert, unfähig, den ersten Schritt zu einer Kontaktaufnahme zu tun. Um den für sie unerträglichen Begegnungen mit anderem Personal aus dem Wege zu gehen und um selbständiger arbeiten zu können, ließ sie sich ein ganzes Jahr ausschließlich zur Nachtwache einteilen.
Im Frühjahr 1965 und im Herbst 1965 machte sie zwei Selbstmordversuche. »Kein Mensch braucht mich.« Erst nach dem zweiten Selbstmordversuch wurde ihr Chef, Professor Jores, auf sie aufmerksam und versuchte ihr zu helfen. Er schickte sie auch zum Psychotherapeuten. Steffi, intelligent, aber unklug, brach nach einiger Zeit die Behandlung ab, weil sie meinte, daß man als erwachsener Mensch seine Probleme selber lösen müsse. »Wenn man über alles nachdenkt und die Ursachen erkennt, kann man doch selber mit dem Leben fertig werden.«
Ausgerechnet 1967, als sie gerade in Eppendorf gekündigt hatte, lernte

sie den allerersten Mann ihres Lebens kennen. Da war sie immerhin schon fast 24 Jahre. Sie wurde umgehend schwanger. Nicht nur ihre verzweifelte Situation, sondern die Schwangerschaft an sich löste eine Psychose bei ihr aus. Sie wurde so launisch und gereizt, so wesensverändert, daß sie den Mann abstieß und dieser sie verließ. Sie fuhr zu ihren Eltern nach Flensburg, wo der Hausarzt zu einer Schwangerschaftsunterbrechung riet. Diese wurde im Herbst 1967 durchgeführt.

Anfang 1968, inzwischen war sie in Kiel Stationsschwester, lernte sie wieder einen Mann kennen. »Es war Liebe auf den ersten Blick.« Leider wurde sie auch diesmal schon in der ersten gemeinsamen Nacht schwanger. Der Mann, bis dahin verliebt und glücklich, wollte Steffi heiraten. Zum zweiten Mal machte ihr eine Schwangerschaftspsychose einen Strich durch die Rechnung. Sie ekelte den Mann regelrecht in die Flucht. Selbst suchte sie auch diesmal Hals über Kopf Schutz bei ihren Eltern. Diesmal trug sie das Kind aus.

Am 9. August 1968 wurde ihr Sohn Karsten geboren. Steffi war überglücklich und konnte gar nicht fassen, daß ihr Kind tatsächlich heil und gesund war. Sie hatte nämlich die ganzen Monate alptraumhafte Vorstellungen eines verkrüppelten Kindes gehabt. Jetzt begann aber ein neues Leiden für sie: ihr Kind nur wochenends, da sie ja arbeiten mußte, besuchen zu können. Ihre Höllenqualen an jedem Montag steigerten sich von Woche zu Woche. Deswegen und um mit Karsten immer zusammen sein zu können, gab sie mit Hilfe ihrer Mutter eine Heiratsanzeige auf. Unter den vielen netten Antworten, die sie bekam, suchte sie nur eine aus, die des Tiefdrucksetzers Horst H. Sie war hell begeistert von ihm. Ein Mann, der verständig und kinderlieb war, über 2000,– DM monatlich verdiente und gleich bereit war, sie zu heiraten.

»Für mich war er ein Geschenk des Himmels, der Horst.«

Sie wußte, daß er so schwer zuckerkrank war, daß er Insulin spritzen mußte. Das störte sie nicht. Die Verlobung wurde schnell gefeiert. Sie sahen sich selten. Steffi drängte auf Heirat, obwohl seine Briefe ihr zu denken gaben. Die schlechte Orthographie einerseits und daß er in den Briefen nur von sich sprach, anstatt auch mal auf sie einzugehen, andererseits, daß er, wenn sie zusammen waren, nie versuchte, zärtlich zu werden, fand sie »anständig«. Ihre künftigen Schwiegereltern waren hocherfreut über die nette Schwiegertochter, wenn auch etwas befremdet, aufgrund ihrer plötzlichen und anscheinend unmotivierten Weinkrämpfe. Auch am Tag ihrer Hochzeit, dem 3. 4. 1969, bekam Steffi

einen Verzweiflungsausbruch. Sie schmiß ihr Sektglas an die Wand und schrie: »Ich bin so fertig! Ich kann nicht mehr!« Ihre Mutter brachte sie ins Hotel. Die Hochzeitsnacht fiel aus.
Steffi blieb spröde. Sie wollte erobert werden. Ihr Mann aber war kein Eroberer und schwerkrank. Erst Ende Mai 1969 kam es zum ersten Verkehr zwischen den beiden. Steffi wurde sofort schwanger. Diesmal auf eigenen Wunsch. Beide freuten sich unbändig auf das Kind, fanden aber keinen Weg zueinander. Sie schliefen sehr selten miteinander, da diese Seite der Ehe dem Diabetiker mehr schadete als half. Dazu kam wie immer ihre Schwangerschaftspsychose. Sie sagte: »Ich bin für ihn nur eine Pflegerin.« Er meinte: »Für sie bin ich doch nur der Versorger.« Im 7. Monat machte Steffi einen Selbstmordversuch mit einer Überdosis Insulin. Am 16. 2. 1970 brachte sie ihre Tochter Kirsten zur Welt. »Sie war so gesund und fröhlich. Ein Kind wie aus dem Bilderbuch.«
Doch Steffi war durch Haushalt und Kinder immer mehr überfordert. Sie war pedantisch, übersorgfältig und übergenau. Sie hatte Schuldgefühle, sobald sie meinte, nicht perfekt zu sein. Sie las stapelweise Bücher über Kindererziehung durch. Und geriet in völlige Verwirrung, wenn die psychologischen Instruktionen der verschiedenen Bücher sich widersprachen. Sie stickte die Namen der Kinder nicht nur auf alle Tücher und Kleidungsstücke, sondern beschriftete auch alle Flaschen und das gesamte Kindergeschirr. Sie führte ein detailliertes Tagebuch über alle Einzelreaktionen, Eßgewohnheiten und Entwicklungsstadien ihrer Kinder. Und immer hatte sie Angst, etwas falsch zu machen.
Ihr Mann hatte gelegentliche Insulinschocks und wußte dann nicht, was er tat. Dann hatten sowohl Steffi wie auch ihre Schwiegermutter Angst, er könne, ohne es zu wollen, den Kindern etwas antun. Seine erste Ehe war kinderlos gewesen. Seine Frau betrog ihn, weil er nicht zärtlich zu ihr war. Auch Steffi empfand ihre Ehe als immer sinnloser. Ihr »Geschenk des Himmels« war keins mehr. Sie steigerte sich in das Gefühl des Unverstandenseins immer weiter hinein. Sie hatte ständig Schmerzen im Unterleib, im Magen und in den Zähnen. Sie schluckte immer mehr Tabletten gegen alles. Sie fand nie Zeit, einen Arzt aufzusuchen, da sie mit dem Haushalt nicht fertig wurde.
Im Juni 1970 äußerte sie Scheidungsabsichten. Ihre Mutter redete ihr so lange gut zu, bis sie bereit war, bei ihrem Mann zu bleiben. Sie brach nur mal zu ihren Eltern aus, kam dann aber nach wenigen Tagen wieder zurück. Zum Beispiel, nachdem sie und ihr Mann, beide total er-

schöpft, gemeinsam die Wohnung renovierten. Da warf sie plötzlich die große Schere an die Wand und lief davon. Die vielen Überstunden, die er machte, um mehr Geld zu verdienen, regten sie auch auf, weil sie wußte, daß viele seiner Anfälle auf Überarbeitung zurückzuführen waren.

Im Juli fing sie an zu trinken. Nur Likör. Von Tag zu Tag mehr, um schlafen zu können. Im August trank sie schon eine Flasche täglich. Am 10. September 1970 hatte ihr Mann im Schock einen Anfall. Sie besuchte ihn im Krankenhaus. Die Polizei gab ihr seine Aktentasche mit nach Hause. Als sie darin einen Haufen Pornoschriften und Pornozeichnungen fand, meinte sie, den wahren Grund ihrer ehelichen Schwierigkeiten erkannt zu haben. Als sie vor der Ehe mal Pornos bei ihm gesehen hatte, war es noch kein Schock für sie. Damals dachte sie, daß er nur die Einsamkeit nach seiner ersten Frau damit überbrücken wollte. Sie verdrängte, was sie gesehen hatte.

Im Krankenhaus hatte ihr Mann sie gebeten, sich für ihn an die Berufsgenossenschaft zu wenden und noch einige andere Telefonate für ihn zu erledigen. Versicherungsgeschichten und so weiter zu klären. Ihr Mann und ihr Schwiegervater hatten ihr gemeinsam alles genau erklärt. Sie hatte aber nur die Hälfte verstanden. Sie hatte solche Angst vor den Dingen, die sie erledigen sollte, schon wieder solche Angst, etwas falsch zu machen, daß sie schon morgens um sechs aufstand deswegen. Sie behielt ihren Bademantel an, lief hin und her und machte sich dauernd Selbstvorwürfe wegen dieser »Schlamperei«. Um sieben Uhr begann sie sich Mut anzutrinken. Sie spielte mit den Kindern und trank weiter. Als sie um elf Uhr eine 0,7-Liter-Flasche Kirsch Whisky (32 %) leer hatte, war ihr speiübel. Sie übergab sich.

Ihre furchtbaren Kopfschmerzen und die Leere im Magen versuchte sie mit drei Kümmel auszugleichen. Dem kleinen Karsten gab sie Brote zu essen. Die kleine Kirsten schrie vor Hunger, da sie zum ersten Mal ihre 10-Uhr-Mahlzeit nicht bekommen hatte. Steffi war zu elend zum Kochen. Sie wollte nur noch liegen. Als die Kleine immer weiter schrie, ging Steffi zu ihr rein. Die Kleine hörte auf zu schreien und lachte sie an. Kaum hatte Steffi das Schlafzimmer verlassen, brüllte die Kleine wieder los. So ging es mehrfach hin und her. Steffi, deren Kopf am Platzen war, wußte zum Schluß nur noch, daß sie ihre Ruhe haben mußte! Sie nahm das leichte 80 × 80 kleine Kissen und legte es ihrer schreienden Tochter aufs Gesicht. Diese schrie zwar weiter, aber gedämpfter.

Steffi legte sich endlich hin, zog die Decke über den Kopf, hörte jetzt aus der Ferne ganz leise die Kleine und schlief ein. 16.30 Uhr wachte sie auf. Karsten spielte, ansonsten war es verdächtig ruhig. Sie riß die Tür zum Schlafzimmer auf, stürzte an das Kinderbettchen, sah die steifen kleinen Beine und zog das Kissen weg. »Ich sah das Kind vor mir liegen. Blau im Gesicht. Tot.«
Steffi sackt zusammen und ist 1 ½ Stunden unfähig zu reagieren. Dann ruft sie ihre Mutter und den Kinderarzt an. »Es ist etwas Schreckliches passiert. Meine Kleine ist verstorben.« Der Arzt und die benachrichtigte Polizei nahmen als Todesursache einen Unglücksfall an. Die Festnahme geschah nur aufgrund von Steffis Selbstbezichtigungen, von denen man annimmt, daß sie Rekonstruktionsversuche und nicht Erinnerung waren. Sie sagte nicht: »Ich habe getan«, sondern beim Untersuchungsrichter: »Ich muß das wohl getan haben. Ich habe keinerlei Erinnerung daran, aber das Kind kann es ja nicht selber getan haben.«
Ihre 8 Monate Untersuchungshaft hat Steffi in der Psychiatrischen Klinik Ochsenzoll verbracht. Ihr Arzt dort, Herr Dr. Hartig, sagt: »Frau H. ist eine vorbildliche Mutter, die einmal in ihrem Leben in der korrekten Ausführung ihrer Mutterpflicht versagt hat. Sie ist keinesfalls aggressiv. Es war höchstens Tod durch Unterlassung.«
Ihre Ehe ist jetzt geschieden. Sie gilt als alleinschuldig. Karsten soll bei den Großeltern bleiben. Steffi hat in der Kleinstadt, in der sie leben, sowieso keine beruflichen Möglichkeiten. Es hat sich viel zu schnell herumgesprochen. Sie darf übrigens jetzt wieder Arbeit suchen. Zwar hatte die Staatsanwältin drei Jahre, sechs Monate beantragt: »Die Angeklagte ist selbst schuld an ihrer Misere. Die Ehe der Angeklagten zerbrach an ihrer psychopathischen Veranlagung. Ein ich-bezogener Mensch mit Minderwertigkeitskomplexen, neurotischem Fehlverhalten und manischem Ordnungssinn.«
Doch zum Glück schließt sich die lebenskluge Landgerichtsrätin Dill der ebenso erfahrenen wie gütigen Verteidigerin Waltraud Hammerer an: zwei Jahre, zur Bewährung ausgesetzt, wegen Körperverletzung mit Todesfolge, im Zustand verminderter Zurechnungsfähigkeit begangen. Die arme Steffi ist auch so schon genug gestraft.

Juni 1971

Das Unergründliche an Frau Rosa

Wenn man den Fall der Frau Rosa von außen betrachtet, watet jeder gleich knietief im Mitleid. Tut man es dagegen von innen, kommt man ins Stolpern, weil nichts unergründlicher ist als der Fall von Frau Rosa.
Von außen sieht das so aus: Frau Rosa, 56 Jahre alt, Verkäuferin in Hamburg, schwer zucker- und herzkrank, zu 80 Prozent erwerbsunfähig, drei Kinder, der Mann Adolf zu 50 Prozent erwerbsunfähig, ist angeklagt, seit dem Jahre 1966 betrügerischerweise 4137 Mark Erwerbsunfähigkeitsrente zuviel bezogen zu haben, da sie sich ab und an noch ein paar Mark schwarz dazuverdiente.
Von innen betrachtet ist man eigentlich nur sicher, daß Frau Rosa lebt, alles andere, was an Daten und Fakten zur Präzisierung notwendig wäre, ist einfach nicht zu ergründen. Auf welchen Punkt immer man bei Frau Rosa drückt, sofort entsteht dichter Nebel.
Um die Anklage wissend, verblüfft es einen schon, Frau Rosa so elegant zu sehen. Sie ist eine hochgewachsene, blonde Frau und wirkt auf den ersten Blick sehr damenhaft. Rosa Schuhe, passend zum eleganten rosa Kostüm. Haare hochgesteckt. Dezente weiße Perle im Ohr. Ein weitkrempiger Derbyhut mit langer, weicher weißer Feder. Lange weiße Handschuhe liegen vor ihr auf dem Tisch. Eine ehrliche Haut, die bessere Tage gesehen hat?
Frau Rosas Gesicht wird nur gelegentlich sichtbar, wenn sie mal kurz das zerknüllte weiße Taschentuch sinken läßt. Ein kräftiges Gesicht, auch rosa. Trotz des vielen Pastells vermutet man Leidenschaften. Um überhaupt von Frau Rosas herausgeschluchzten Antworten und sich jagenden Sätzen etwas mitzubekommen, müßte man über den Pressetisch kriechen. Und wenn man endlich meint, Zahlen, Namen, Orte und Umstände richtig mitbekommen zu haben, werden alle Angaben fünf Sätze weiter schon wieder in Frage gestellt, so daß selbst der Verteidiger an Frau Rosa appelliert: »Nun wollen wir das Gericht doch nicht beschwindeln, Frau M ...«
Klar wird immerhin soviel: Frau Rosa, Tochter einer begüterten Kaufmannsfamilie in Hamburg, heiratete den Hofbesitzer Adolf und lebte mit ihm, nicht unvermögend, in einem kleinen norddeutschen Ort auf

einem großen Hof. Mit Adolf, der durch einen Arbeitsunfall eine schwere Hirnverletzung davontrug, hat sie drei Kinder.
Für die Kinder, die jetzt 13, 18 und 23 Jahre alt sind, hat sie neun Jahre selbst gesorgt, d. h. mit der mageren Hilfe des Sozialamtes. Der Gatte Adolf ist nämlich im Jahre 1961 spurlos verschwunden und erst fünf Jahre später zu gelegentlichen Besuchen wieder aufgetaucht. Verschwunden ist er, weil er seine Frau – natürlich fälscherlicherweise – im Verdacht gehabt habe, dem damaligen Bürgermeister seines Ortes zu sehr verbunden zu sein.
Und dieser Bürgermeister hatte es als libidinöses und politisches Wesen in sich.
Man erfährt, daß der Bürgermeister damals nicht nur Frau Rosa ablenkte, sondern auch 38 000 Mark aus dem verkauften Hof des Ehepaares durchbrachte. Man erfährt weiter, daß Bürgermeister Otto dem aus seinem Heim verdrängten Adolf versprach, für dessen Weib und Kinder aufzukommen. Man hört auch, daß ein neues Grundstück mit kleinem Häuschen an einem anderen Ort erst erstanden und dann zwangsversteigert wurde. Man hört, daß der beliebte Bürgermeister für das schon versteigerte Haus einen saftigen Mietvorschuß von Wohnungsuchenden kassiert habe und Frau Rosa dafür ins Gefängnis mußte.
Man erfährt, daß er immer mehr unterschlagen und verjubeln konnte, weil ihm das Ehepaar pro forma, um nicht alles zu verlieren, alles mögliche überschrieben hatte. Man hört in nebeligen Umrissen von einer Kassette, die der Bürgermeister öffnen ließ, um daraus alle ihn belastenden Schuldscheine und Quittungen zu entwenden.
Frau Rosa ist anerkannterweise 80 Prozent arbeitsunfähig. Ihre Erwerbsunfähigkeitsrente beträgt 235,– DM. Ihre Miete kostet 278,50 DM; für die Kinder bekam sie zwischen drei- und vierhundert Mark Sozialfürsorge.
Frau Rosa rechnet vor, daß ihr, als die älteste Tochter aus dem Haus war und sich selbst ernährte, 160,– DM Lehrgeld der zweitältesten Tochter von der Unterstützung abgezogen wurde. Sie gibt an: 200,– DM Rente, 208,– DM Unterstützung und 160,– DM Lehrgeld. Sie mußte also bei einer Miete von 278,– DM mit insgesamt 560,– DM zu dritt auskommen. Als ihre Rente das erste Mal mit eineinhalb Jahren Verspätung rückwirkend ausgezahlt wurde, zog man ihr gleich 3000,– DM »Vorschüsse« von der Sozialbehörde ab.
Nun steht sie da und sollte sich eigentlich schämen, weil sie im Laufe

der Jahre mehrfach etwas hinzuverdient hat. Sie versucht ihr »Verbrechen« zu entschuldigen: »Ich hatte wirklich viele Schulden abzutragen.« »Es waren doch so viele Gläubiger.« »Die Kinder hatten kein Taschengeld.« »Dies ist meine erste neue Kluft seit 10 Jahren.« »Sonst hab' ich immer nur die Kleider meiner Schwester aufgetragen.« »Bettwäsche geht doch kaputt.« »Wir haben kein Stück im Haushalt« usw. usw.

Der Vorsitzende: »Aber Sie hätten jede Veränderung angeben müssen. Das versteht sich doch von selbst.«

Um welche Beträge handelt es sich eigentlich?

Die Sozialbehörde hat in mühsamer Kleinarbeit, weder Zeit noch Kosten scheuend, herausgefunden, daß Frau Rosa sich von 1966 bis 1969 »fortgesetzt Vermögensvorteile verschafft« hat, indem sie als Putzfrau 407,– DM, als Aushilfe in einer Konditorei 1300,– DM und als Aushilfe im Kaufhaus monatlich 136,– DM verdient hat. Auch daß sie 3 Tage Putzfrau im Reiterverein gewesen war, bekam man durch hartnäckiges Herumfragen heraus. Insgesamt hat Frau Rosa 4137,– DM »zuviel« bekommen im Laufe der Jahre.

Frau Rosa ist der Ansicht, diese Summe schon zurückgezahlt zu haben dadurch, daß der Staat Rentengelder ihres verschwundenen Mannes einbehielt; dadurch, daß sie in den letzten Jahren kein Wohngeld erhalten hat; dadurch, daß sie ihren Lohnsteuerausgleich an die Sozialbehörde abtrat.

Der Verteidiger zum Gericht: »Ich verstehe vom Bundessozialhilfegesetz nicht viel. Wahrscheinlich nicht mehr als sie oder alle hier.« Kein Widerspruch. Statt dessen wird ausgesprochen, was jeder denkt: Es ginge der Sozialbehörde wohl mehr um die Bestrafung der Frau als um die Rückzahlung der Gelder. Es sei ja noch nicht mal ein »Titel« ergangen.

Um das Verfahren zu einem Ende zu bringen, wird Frau Rosa aufgefordert, erst einmal 50,– DM monatlich zurückzuzahlen.

»Sind Sie dazu in der Lage?«

»Ja, aber das kann ich nur, solange ich arbeitsfähig bin.«

»Sie brauchen aber nicht zu arbeiten, Sie sind doch eigentlich arbeitsunfähig. Sie können sofort aufhören und sich wieder an die Sozialbehörde wenden.«

»Schon, aber dann kann ich nicht zahlen, und zum Leben reicht das auch nicht.«

Frau Rosa ist jetzt Verkäuferin im Einzelhandel. Sie hat sich in den letzten Jahren, in denen sie keine Unterstützung bezogen hat, erfolgreich hochgearbeitet und verdient ungefähr 800,– DM netto. Sie hat eine Vertrauensposition, darf selbst Ware einkaufen etc. Von dem Gehalt bezahlt sie ihrerseits eine Haushaltshilfe, die ihr die Arbeit abnimmt, die sie nur deprimiert.
Weil alles unklar ist, bleibe ich nach der Verhandlung mit ihr zusammen. Plötzlicher Ausbruch: »Jetzt will ich endlich alles erzählen! Jetzt sollen endlich alle mal die ganze Wahrheit erfahren. Mir haben Zeitungen viel Geld für meine Geschichte geboten, aber das ist mir egal. Wenn Sie nur nicht von der ›Bild‹-Zeitung sind! Die sind nämlich bei mir mal eingedrungen. Durch das, was die zusammengelogen haben, hat mein Mann seine Arbeit verloren. Meine Tochter mußte den Arbeitsplatz wechseln. Und mit der Kleinsten wollte keiner mehr spielen.«
Frage: »Haben Sie sich nie Sorgen um Ihren Mann gemacht, als er die ganzen Jahre weg war?«
»Nein, warum? Wenn ihm was passiert wäre, hätte ich es ja erfahren.«
Da sie zwar weiter betont, alles erzählen zu wollen, doch jeder Frage ausweicht, verabreden wir uns mit ihr in ihrer Wohnung. Ihren Mann will sie auch benachrichtigen. Dann will sie uns alle schriftlichen Unterlagen zeigen.
Die Wohnung ist verblüffend schön und farbenfreudig. Ein herrlicher Balkon, der wie ein Wintergarten wirkt. Küche in kräftigen Farben. Im Wohnzimmer ein schlanker Mann von 60, der aussieht wie 45, der Gatte Adolf. Nicht zu Gast, wie sie aus unerfindlichen Gründen dauernd behauptet hatte, sondern er lebt da. »Daß unsere Kinder vor den Leuten ihren Vater Onkel Adolf nennen, ist doch klar. Soll ich vielleicht den Leuten sagen, mein Mann war 5 Jahre von mir weg, jetzt ist er wieder da?«
Mehrfach sagt Frau Rosa: »Sie sollen alles ganz genau wissen.« Aber jedesmal, wenn ihr Mann ansetzt, Licht in die Dinge zu bringen, gibt sie ihm einen kleinen Tritt unterm Tisch oder fährt ihm über den Mund.
Frau Rosas blonde Haare hängen ihr inzwischen lose über die Schultern. Jetzt hat sie was von Weibsteufel an sich. Strindberg und Totentanz fallen mir ein im Laufe des Abends. Von Unterlagen, Schriftstükken und Zeitungsausschnitten ist nicht mehr die Rede. »Hab' ich das gesagt? Nein, so was hab' ich nicht im Haus.« Wortfetzen, gebrochene Sätze, hingeworfene Namen. Man weiß nie, von wem die Rede ist oder

in welchem Jahrzehnt sich etwas abspielt. Gedankensprünge, Gedankensalat.
Der rote Faden ist der Bürgermeister, der ihr Leben zerstört hat. Der Bürgermeister, der dank seiner Beziehungen immer wieder auf die Füße fiel. Der Bürgermeister, der die beiden um Habe und Verstand schnackte. Der Bürgermeister, der, weil er Rot-Kreuz-Gelder unterschlagen hatte, aus dem Amt flog und trotzdem seinen Einfluß nicht verlor. Der Teufel in Frau Rosas Leben, zu dem sie immer zurückkehrte. »War er ein schöner Mann?«
»Was? Der Zwerg?«
Zu Adolf: »Warum haben Sie ihre Familie verlassen?«
Adolf: »Für zwei Männer war kein Platz im Haus.«
»Warum haben Sie ihn denn nicht an die Luft gesetzt?«
»Nee, das ging ja nicht. Wenn man ihn vorne rausschmiß, kam er hinten wieder rein. Meine Frau und er wollten erst mal alles regeln. Er hatte ja versprochen, für meine Frau und die Kinder zu sorgen.«
Auf meine Frage an Frau Rosa, warum sie sich mit dem verhaßten Gauner immer wieder zusammentat, wendet sie sich zustimmungheischend an ihren Mann: »Er hat doch alles für mich getan, oder? Muß man doch sagen.«
Adolf breit, vielsagend: »Na, ich war ja nicht dabei.« (Was nicht ganz stimmt, denn manchmal fuhr man zu dritt auf ein Spielchen nach Travemünde.)
Als der Bürgermeister, nachdem er Rosas letzte Habe verschleudert hatte, noch einmal wiederkam, schlug sie ihm dann doch endgültig die Tür ins Gesicht. »Da war's doch zappenduster.« Wir erfuhren, daß das eine Kind drei Jahre lang schwer lungenkrank war, daß sie aufgrund dessen und weil sie ausgebombt war, ihre Wohnung bekam.
Sie betont immer wieder »dies ist keine Sozialwohnung. Und das Verfahren gegen meinen Mann wurde ja eingestellt.«
Frage: »Wieso, was für ein Verfahren?«
»Na ja, die Polizei dachte doch, sie hätte einen riesigen Fisch gefangen, weil er doch so lange weg gewesen war. Sie haben ihn ohne Haftbefehl mitgenommen, aber der Schnellrichter hat ihm alles geglaubt und nur gesagt, daß er sich bei mir melden müßte. Nach eineinhalb Jahren war dann der erste Termin, wegen Vernachlässigung der Unterhaltspflicht.«
Adolf: »Das Verfahren wurde gegen 1000,– DM Bußgeld eingestellt. Daß ich die ganzen Jahre von der Polizei gesucht wurde, konnte ich ja

nicht wissen. Ich hab' doch bei der Polizei als Pferdepfleger gearbeitet, bei der Polizei gewohnt und mit den Polizisten Karten gespielt. Da konnte ich doch nicht glauben, daß die mich sucht.«
In den fünf Jahren, als Adolf »auf Reisen« war, hat er freiwillig auf seine Rente von 50,– DM monatlich verzichtet. »Dann hätte ich ja jedes Jahr eine Lebensbescheinigung hinschicken müssen. Wozu der ganze Ärger? Das bißchen kann ich leicht an einem Abend zusammenspielen.«
»Was spielen Sie denn?«
»Alles, was es so gibt. Beim Preisskat bin ich immer unter den drei ersten.«
Jetzt unterhalten wir uns über Glücksspiele, lebhaft und unbefangen, ohne Tritte gegen das Schienbein.
»Ich kenn die Karten von beiden Seiten«, erklärte Adolf verträumt seine Gewinne, über die er Buch führt. Nach dem ganzen ermüdenden Hin-und-Hergeschwafel hätten wir auch gerne eine schöne Runde Skat gespielt, doch Adolf lehnt ab: »Wenn es nicht um Geld geht, ist es vertane Zeit.«
Normalerweise spielt er um ein bis zehn Pfennig, der Arme. War vielleicht Spiel und nicht Bett die gemeinsame Ebene der drei Dorfgroßen?
Wir werden unterbrochen von Frau Rosas hektischem Gebrabbel: »Sie dürfen auf keinen Fall unseren Namen nennen. Das kann ich nicht mehr ab. Warum sollen die Nachbarn und Kollegen wissen, was ich für Rente krieg' und jeden Pfennig. Aber über den Bürgermeister, das schreiben Sie alles und auch seinen Namen und nicht so einen Unsinn, daß mein Mann fünf Jahre im Kleiderschrank gesessen hat, denn das hat er keinen Tag.«
Am nächten Tag im Morgengrauen weckt mich das Telefon. Frau Rosas Stimme überschlägt sich: »Schlaflose Nacht! Herzanfall! Sie dürfen nicht schreiben! Dann geht ja alles wieder los! Und der Bürgermeister, seinen Namen lassen Sie auch raus. Ich hab' erfahren, daß er vor einigen Wochen gestorben ist. Man soll Tote nicht belasten.«
Tu ich auch nicht. Sonst taucht der Bürgermeister vielleicht bei mir auf und redet mir ein, daß es ihn und Frau Rosa eigentlich nie gegeben hat.

September 1971

Mutterliebe

»Der heranwachsende Lagerarbeiter M. wird beschuldigt, seine schlafende Mutter, um sie zum Geschlechtsverkehr zu zwingen, zweimal mit einem Beil auf den Kopf geschlagen zu haben, wobei er ihren möglichen Tod in Kauf nahm. Er ließ von ihr jedoch ab und flüchtete. Als ein noch von der Mutter herbeigerufener Unfallwagen diese in ein Krankenhaus abtransportiert hatte, soll M. sich in die Wohnung zurückgeschlichen und aus der Handtasche der Mutter Geld entwendet haben.«

Diese Anklage steht am Anfang des Prozesses gegen Rudi M. Am Ende der Beweisaufnahme ist nicht mehr vom versuchten Mord die Rede, sondern von zwei anderen Delikten:

1. versuchte Notzucht in Tateinheit mit gefährlicher Körperverletzung,
2. versuchte Nötigung in Tateinheit mit gefährlicher Körperverletzung.

Elf Monate hatte die Untersuchungshaft gedauert. Nur zwei Tage saß Rudi auf der Anklagebank. Lang, schlaksig, vornübergebeugt, in sich zusammengesunken. Vor Scham fast vergehend. Die immer dick geschwollenen Augen vom vielen Weinen noch geschwollener. Die langen, eigentlich hellroten Haare, weil er unter ihnen litt, kohlschwarz gefärbt. Er hoffte, dadurch hübscher auszusehen. Die hellroten Augenbrauen und die helle Haut zum Schwarz auf dem Kopf machen alles noch schlimmer. Dicke, sinnliche Lippen. Die vielen bunten Herz- und Schmerz-Tätowierungen, die von den Händen aus bis hoch über die Ellbogen kriechen, sind eine Erinnerung an seine kurze Rockerzeit.

Rudi ist jetzt zwanzig Jahre alt. Ein Junge an der Grenze des Schwachsinns. Das heißt, daß etwa 95 Prozent aller Menschen ihm an Intelligenz überlegen sind. Als Melker und in der Landwirtschaft war er tüchtig und fleißig. Später als ungelernter Arbeiter in Hamburg auch.

Rudi wurde unehelich geboren. Seine Mutter gab ihn zu Pflegeeltern. Liebe, aber strenge Leute, die für den in sich gekehrten und komplexbeladenen Jungen kein richtiges Verständnis aufbringen konnten. Als sich seine Erziehung für sie als zu schwierig erwies, wurde er der Fürsorge übergeben und kam ins Heim. Auch dort blieb Rudi flatterhaft und unsicher. Seine Leistungen waren mehr als schwach. Obwohl er zur Landwirtschaft und zu den Tieren dort noch am ehesten Zugang hatte.

Er war knallvoll von Komplexen. Sagt von sich selbst: »Ich weiß doch, wie doof und häßlich ich bin. Ein Mädchen braucht doch nur meine Augen anzugucken, dann kann sie mich schon nicht leiden.«
Bei diesem Jungen tauchte nun plötzlich eine sehr hübsche Frau auf. Sie war eine Offenbarung für ihn. Und er verliebte sich auf den ersten Blick. Noch nicht wissend, wer diese Frau war. Er stand fassungslos und tolpatschig vor blonden Haaren, zärtlichen Augen und einer hinreißenden Figur. Auch als die attraktive Erika, 38 Jahre, dem Jungen, der bis dahin die Adoptiveltern für richtige Eltern hielt, mühsam klar machte, daß sie seine Mutter sei, dämpfte das sein Verlangen nach ihr in keiner Weise. Schließlich waren in ihm keine Tabus gegen diese Art von Mutterliebe aufgebaut worden. Wenn er ihr trotzdem nicht gleich eine Liebeserklärung machte oder sie zu verführen suchte, lag das nicht daran, daß sie seine Mutter war, sondern daran, daß er sich generell nicht an Mädchen herantraute.
Er durfte einen Osterurlaub bei ihr verbringen. Später holte seine Mutter, die jetzt mit einem Pensionsinhaber in St. Georg verheiratet war, ihn ganz zu sich. Rudis Leidenschaft für sie steigerte sich – für seine Umwelt völlig unbemerkt – ins Unermeßliche. »Sie war so hübsch und jung. Ich habe sie geliebt. Mutter war das Liebste, das es für mich gab.«
Dem Jungen, der zu Hause bei Erika immer lieb war, bekam der Wechsel in die Großstadt nicht. *Die Leute in dem Amüsierviertel, in dem er jetzt wohnte, erst recht nicht.* Er schloß sich Rockern an, die den weichen Jungen nicht für voll nahmen. Daß er in seiner Heimzeit vielfach straffällig geworden war, wertete den gehemmten Neuling bei den Großstadtjungen auch nicht auf. *Da waren auch seine Anpassungsversuche in Form von Tätowierungen und ähnlichen Scherzen vergebens.* Das einzige, wozu es führte, war, daß er wieder ins Heim mußte.
Als die Mutter ihn wieder zu sich holte, war sie inzwischen geschieden. Sie verschaffte ihm eine Arbeit. Rockertum und Einbrüche waren vergessen. Nicht vergessen dagegen war sein ununterbrochenes Verlangen nach Erika, die er jetzt »Mutter« nannte. Die er in seinen wirren Träumen aber ständig als seine Geliebte sah. *Nun brütete er schon seit Jahren darüber, wie er aus seiner unglücklichen Liebe eine glückliche machen könne. Wie er auf friedlichem Wege seine einzige Vertraute als Frau erobern könnte.* Für Erika, die nach wie vor nichts ahnte, was in ihrem Sohn vor sich ging, wurde er »ein Prachtbengel«, ein »Prachtsohn«.
Als dem Rudi klar wurde, daß sein 32jähriger Arbeitgeber der intime

Freund seiner Mutter war, ging er vor Eifersucht fast kaputt. Auch das unbemerkt. Er versuchte zwar, sich durch Mädchen Ablenkung zu verschaffen, aber das sah bei seinen inneren und äußeren Schwierigkeiten nur so aus, daß er zweimal für viel Geld bei Prostituierten landete. Etwas wenig für einen jungen Mann, dem der Psychiater eine erheblich größere Triebstärke bescheinigt als den meisten.
Eines Abends machte er mit einem Freund einen Bummel. Erst durch St. Georg, dann landeten beide, etwas angetrunken, auf St. Pauli. Sie gingen in die Herbertstraße, um sich dort ein Mädchen zu kaufen. Aber ihr Geld reichte nicht. Man trennte sich. Noch wußte keiner, daß diese Nacht zum 11. Oktober »die Tatnacht« werden sollte.
Rudi kam gegen 1.30 Uhr nach Hause. Durch die halboffene Tür sah er in das Zimmer der Mutter. Im Licht einer Straßenlaterne, das durch die Gardinen fiel, sah er sie unter der verrutschten Decke im Bett liegen. Nackt. Aber sicher nicht nackter, als sie sowieso ständig in seiner Phantasie war. Rudi zog sich in die Küche zurück, setzte sich auf die Bank, zog sich leise aus und grübelte. Grübelte wie immer darüber nach, wie er seinen Beischlafwunsch verwirklichen könnte. Nach etwa 10 Minuten fiel ihm das Beil im Keller ein. Auch darüber grübelte er. Und kam zu dem Schluß, daß, wenn er mit der stumpfen Seite zuschlagen würde, er seine Mutter, ohne sie allzusehr zu verletzen, betäuben könnte. *Sein Ziel war ja nicht, etwa mit einer Leiche zu verkehren, sondern mit seiner warmen, lebenden Mutter.*
»Ich wollte mich endlich mal richtig befriedigen.«
Das wollte er am liebsten unblutig. Allerdings mit einer wehrlosen Person, da er sich sonst nicht getraut hätte.
Rudi holte das Beil. Und schlich an das Bett von Erika. Als er ihr die stumpfe Seite das erste Mal auf den Kopf schlug, hoffte er immer noch, ungehindert und unentdeckt mit ihr schlafen zu können. Er schlug noch mehrfach heftig zu. Erika wurde nicht ohnmächtig, sondern erwachte. Die blutüberströmte Frau erhob sich. Der entsetzte Rudi versteckte sich schnell hinter dem Vorhang. Er hatte weder mit Blut noch mit dem Erwachen seiner Mutter gerechnet. Sie taumelte aus dem Bett auf das Fenster zu. Als sie ihren Sohn mit dem Beil in der Hand hinter dem Vorhang entdeckte, schrie sie gellend um Hilfe.
Jetzt setzte der zweite Tatakt ein. Rudi fiel seine Mutter noch mal an. Diesmal nicht, um sie zu erobern, sondern lediglich, um sie zum Schweigen zu bringen. Seine Angst vor Entdeckung übertönte jetzt al-

les. Seine Mutter, immer noch nicht bewußtlos, erreichte trotz neuer Beilhiebe das Telefon. Rudi setzte ihr nach und schlug ihr die Faust ins Gesicht. Diesmal ging sie zu Boden. Die Frau rappelte sich auf die Knie und flehte um Gnade. »Ich will doch nicht die Polizei anrufen, nur einen Krankenwagen.« Als dann tatsächlich ein Unfallwagen kam, um Erika ins Krankenhaus zu transportieren, gelang es Rudi, die Sanitäter zu täuschen. Als er sagte: »Sie ist gefallen«, glaubte man ihm. Als die Ärzte dann sechs erhebliche Kopfverletzungen und einen Schädelbasisbruch an Frau Erika entdeckten, wurde die Polizei eingeschaltet. Feststellung der Ärzte: »Wenn wir nicht sofort operiert hätten, wäre die Frau jetzt tot.«

Rudi nahm 85,– DM aus einer Handtasche, verließ die Wohnung, verbrachte den Rest der Nacht auf einer Parkbank und wurde am nächsten Morgen in einem Lokal in St. Georg festgenommen.

Während der folgenden Zeit, so betont Landgerichtsdirektor Dahm, habe Rudi viele Male in vielen Briefen an das Gericht und an die Mutter »deutliche Zeichen von Reue und Scham« gezeigt.

Mutter Erika ist erst als Zeugin, dann als Zuhörerin in der Großen Strafkammer 17 des Hamburger Landgerichtes anwesend. Wirklich, eine hübsche Frau mit stark erotischer Ausstrahlung. Sie sieht ihren Sohn lange an:

»Ich hatte Angst um mein Leben, als ich ihn da mit dem Beil sah. Und ich werde auch heute diese Angst noch nicht los. Aber bitte bestrafen Sie ihn nicht so doll! Ich kann ihn doch als Mutter nicht fallen lassen. Er war ein so guter Junge in der Zeit, in der er bei mir lebte.«

Nach ihrer Aussage sitzt sie einige Meter hinter ihrem Sohn und folgte der Verhandlung mit gespannter Aufmerksamkeit. Der Junge, mit hängenden Schultern, hat nicht den Mut, sich umzudrehen.

Alle versuchen, ihm zu helfen. Der Vorsitzende, der die Presse inständig bittet, dem Jungen nicht durch Fotos die Zukunft zu verbauen, und Strafverteidiger Grabbe, der besonders in der Hamburger Jugendstrafkammer für seinen intensiven Einsatz und sein seelisches Einfühlungsvermögen bekannt ist. Trotzdem erhält Rudi dreieinhalb Jahre Jugendstrafe. Die Untersuchungshaft wird angerechnet. Der § 51.2 (erheblich verminderte Zurechnungsfähigkeit) muß ihm zugebilligt werden. § 51.1 wird ausgeschlossen. Der psychiatrische Gutachter, Herr Dr. Müller, begründet das damit, daß die Steuerungsfähigkeit zwar gefehlt habe in der Tatnacht – nicht aber die Einsichtsfähigkeit. Daß der sexuell sehr stark frustrierte, in seiner Entwicklung retardierte, an der Grenze des Schwachsinns stehende Angeklagte also nicht als unzurechnungsfähig anzusehen sei.

Der Vorsitzende hält dem Verurteilten zugute, daß er sein Leben mit verhältnismäßig gutem Willen gestaltet und sich geordnet eingefügt hat. Er sagt:

»Schädliche Neigungen? Das mag dahinstehen. Aber die Schwere der Schuld in erheblichem Maße ist erwiesen.« Zu Rudi, den er an den Richtertisch bittet: »Es ist keine Schande, wenn Sie sich noch lange damit auseinandersetzen.« Ich nehme an, daß Rudi schon seit Monaten an nichts anderes mehr denken konnte.

Der Vorsitzende meint auch, daß der Wunsch, mit seiner Mutter zu schlafen, und die Tatmittel in hohem Grade verwerflich seien. Allerdings seien die »normalen Schranken«, die sonst zwischen Mutter und Sohn bestehen, in seinem Fall, da er ja seine Mutter erst als geschlechtsreifer Mann kennengelernt habe, nicht vorhanden gewesen.

Das zeigt ja, daß die Schranken nicht normal sind. Sonst müßten sie nicht erst anerzogen werden. So mancher würde sonst lieber mit der Mutter als mit seiner Frau schlafen. Und nicht nur, weil sie besser kocht.

In diesem Fall hätte auch die Mutter vernünftig reagiert, meint Verteidiger Grabbe. Wäre sie vor die Alternative gestellt worden: Beil auf den Kopf oder mit Rudi schlafen, hätte sie sich selbstverständlich nicht fürs Beil entschieden. Außerdem hätte sie ihn sicher lieber zu sich gelassen, als ihn jahrelang im Gefängnis zu wissen.

Frau Erika ist heute qualifizierte Buchhalterin. Davor aber war sie, wie auch schon ihre Mutter, Prostituierte. Wenn man bedenkt, mit wieviel x-beliebigen Männern sie im Laufe der Jahre geschlafen hat, die für sie nicht ein Fünkchen Liebe empfanden, meint man, es müßte doch leichter für sie sein, mit jemandem zu schlafen, für den sie alles bedeutet.

Aber für Geld mit einem ungewaschenen Fremden wird von der Gesellschaft eher akzeptiert als mit dem eigenen Sohn.

Wenn Rudi Glück hat, kommt er in eine Jugendstrafanstalt aufs Land. Und hat wieder friedliche Tiere um sich.

Frau Erika steckt ihm zum Abschied Zigaretten zu. Nun geht eine unbeschreibliche Wandlung mit Rudi vor. Als er sich über die kleine Frau beugt, sie ganz vorsichtig in die Arme nimmt und ihr unendlich zart das Gesicht küßt, wird er vor lauter Liebe wunderschön.

In einem Gespräch danach wird hin und her überlegt, ob Rudi nicht

eigentlich ein Fall für die Psychiatrie wäre. Nicht, damit er lernt, unfreier zu werden. Sondern damit er lernt, sich ohne Beil einer Frau zu nähern, die er liebt. Rechtsanwalt Grabbe meint: »Das ist genau das Dilemma, vor dem wir immer stehen. Derzeit sind ja halbwegs moderne Jugendstrafanstalten tatsächlich immer noch besser für die Entwicklung eines Jugendlichen als die überfüllten psychiatrischen Kliniken.«
Und der Saaldiener meint: »Ist ja immer noch ein Glück, daß er nicht so intelligent ist. Dann ist er ja leichter zu führen.«

September 1971

Noch mal Saworra

Die Justizpressestelle meldete: »Der Strafgefangene S. wird beschuldigt, am 1. 3. 1971 während der Freistunde den Hauptwachmeister R. mit den Worten ›dummes Schwein‹ beschimpft zu haben. Als er deswegen durch den Verwaltungsoberamtmann K. mit 4 Tagen verschärften Arrest bestraft wurde, soll S. den K. mit Faustschlägen und Fußtritten angegriffen haben.«

Ich glaubte meinen Augen nicht zu trauen, als ich diese Anklage las. Heinz Saworra, 37, ein Mann, der wegen versuchten Mordes und fahrlässiger Tötung von zwei angesehenen Polizisten 15 Jahre (das war die Geschichte in der Davidwache) und wegen Diebstahls insgesamt 6 Jahre mit anschließender unbegrenzter Sicherungsverwahrung *(Der Alptraum jedes Rückfalltäters)* erhalten hat, soll tatsächlich wegen so eines Schmarrens vor Gericht gestellt werden.

Wer zum Teufel ist so zart besaitet oder so machtgeil, daß er sich an jemandem, dessen Leben sowieso schon ausgelöscht ist, rächen will, weil er ihn »dummes Schwein« nennt? Und wer sieht sich veranlaßt, derartige Rachegelüste zu befriedigen, indem er kraft seiner Position über einen Mann, der jetzt schon eineinhalb Jahre zermürbende Einzelhaft hinter sich hat, vier Tage verschärften Arrest verhängt?

Was immer das sein mag, so ein Arrest, aber er reicht, um einen Mann, der schon längst am Boden liegt, noch mal dazu zu bringen, aufzubegehren und nach seinem Recht zu *schreien*.

Mit dem Saworra-Schwurgerichtsprozeß noch in lebhafter Erinnerung, bin ich gegen meine Gewohnheit diesmal schon eine halbe Stunde vor Prozeßbeginn im Strafjustizgebäude vor der Tür 184. Ein Verhandlungsraum en miniature, den man wohl gewählt hat, um nicht die Übersicht über Saworra zu verlieren.

In dem kleinen Vorraum drängeln sich, wie immer, wenn es um Saworra geht, Polizisten. Einige grüßen herzlich, denn langsam kennt man sich ja schon. Einer bittet mich nett, doch bitte vorsichtig zu berichten. Was der wohl meint?

Ich bin ungeduldig, aber rein darf ich noch nicht, da ich ja erst, wie alle, gefilzt werden soll. Ich weiß nicht, von wem, und die kleine Polizistin, die da ist, macht keine Untersuchungsanstalten. Als ich frage, wer uns denn nun zu untersuchen hat, meldet sich die Beamtin. Aus Keuschheitsgründen sollen wir nicht, wie die Männer, vor dem Verhandlungssaal abgetastet werden, sondern in dem großen Fahrstuhl, der zur Kantine führt – und das unbedingt getrennt. Da dieser Fahrstuhl aber – es ist um die Mittagszeit – in Dauerbetrieb ist, kann uns die Beamtin immer noch nicht nach Waffen durchsuchen. Und komischerweise unsere Taschen auch nicht. Obwohl die nicht geschlechtsgebunden sind.

Mein Hinweis, daß es mir nicht peinlicher ist als den Männern, vor allen Leuten untersucht zu werden, zieht nicht. Sie beruft sich auf die Vorschriften.

Warum dann mir und meiner Kollegin später die sehr engen, sehr dünnen Hosen zur Waffensuche runtergelassen werden müssen und den Männern nicht, begreife, wer mag. Es zeichnet sich ja sowieso alles ab. Wir können noch von Glück reden, daß wir nicht so gründlich untersucht werden wie der Einzelhäftling Saworra, dem man vor der Verhandlung mit einer Taschenlampe in den Hintern leuchtet.

Als ich zu spät in den Saal laufe, ist dieser schon voll. So war es wohl auch gedacht. In der Überenge zehn Polizisten in Uniform und mindestens fünf in Zivil. Ein Mann nur von der Presse. Die einzig freie Bank voll von Gestalten, die hauptsächlich die Gerichtssäle zum Aufwärmen und Dösen benutzen. Ich habe Glück. Mir hat ein junger Beamter einen Stuhl reingestellt. Meine Kollegen bleiben vor der Tür. Aus Platzmangel, heißt es.

Ich beschwere mich darüber beim Vorsitzenden Mentz. Dieser macht mir klar, daß jeder Bürger, ob Dauerpenner im Gericht oder nicht, das gleiche Recht auf Anwesenheit hat wie die Berichterstatter. Wer zuerst kommt, darf zuerst rein usw. Daher das verzögerte Filzen? Daher der platzangstfördernde, gräßliche Mini-Saal? Unter solchen Umständen erübrigt es sich ja auch, die Presse offiziell auszuschließen. Alles legal.

Eine kleine Tür öffnet sich. Saworra wird in den Saal geführt. Aufgrund der Enge hat man mehr den Eindruck eines Stoßens als eines Führens. Die Hände in der Acht, das sind starre Handschellen, auf dem Rücken gefesselt. Schmaler geworden, durchsichtiger. Anstelle des gutsitzenden, schlichten Anzugs vom letzten Winter die nicht weniger schlichte Anstaltskluft. *Das Haar kürzer. Die gute Kopfform macht es tragbar. Obwohl von zwei kräftigen Beamten flankiert, verzögert er den Schritt und hat noch den Mumm, freundschaftlich zu grüßen.*

Saworra ist unendlich erschrocken, als er merkt, daß sein Anwalt nicht da ist, und besteht darauf, daß der, seiner Zusage entsprechend, kommt. Vorher will er nicht aussagen. Ihm wird klar gemacht, daß in diesem Fall »keine Verteidigungsnotwendigkeit besteht«. Stimmt. So sagt es das Gesetz. Eine Anklagenotwendigkeit besteht offensichtlich immer. In diesem Fall vertreten durch den eifrigen jungen Ankläger, Assessor Schulze-Eickenbusch. *Großes Aufatmen: Schließlich erscheint doch noch mit wehendem Talar kurz nach Vernehmungsbeginn Saworras Verteidiger, Volker Reimnitz.*

Seine Termine liegen zu knapp hintereinander. Für diese Verteidigung Saworras erhält er keine müde Mark. Von dem Geld, das er als Pflichtverteidiger damals in dem großen Saworra-Prozeß bekam, hätten er und seine Kinder allerdings auch nicht satt werden können. Das Salär reichte nicht einmal für notwendige Fotokopien, die der Verteidigung gedient hätten. Für notwendige Besuche bei seinem Mandanten reicht die unbezahlte Zeit auch nicht. Dauerdilemma aller Pflichtverteidiger und Elend ihrer mittellosen Mandanten.

Herr Reimnitz und Herr Mentz sind sich darüber, daß sich dieses aufwendige Verfahren nicht lohnt, einig. Man könnte es doch nach § 154 wegen Geringfügigkeit einstellen. Der kleine Staatsanwalt besteht aber zu meiner Freude auf einer Verhandlung. Sicher auch zur Freude Saworras, dem man im Endeffekt mit diesem idiotischen Prozeß noch einen Gefallen tut.

Endlich darf er mal raus aus seinem Loch, darf mal wieder sprechen. Uns anderen, die darüber mosern, daß sie bei schlechtem Wetter auf die Straße müssen, von seiner grauenhaften Einzelhaft erzählen. *Sogar einer der Polizisten vor der Tür – denn dort gibt es auch noch welche zur Bewachung – meint: »Das hat er vielleicht nur gemacht, damit er endlich mal wieder raus aus seiner Zelle kommt und Abwechslung hat.«*

Gemacht . . ., was hat er denn Schlimmes gemacht? Er hat sich beim Rundgang auf dem Hof – denn rundgehen darf er – kurz ans offene Fenster der Gefängniswäscherei gestellt. Dort arbeitet nämlich sein alter Bekannter K.

Saworra hatte erfahren, daß durch Konos Verurteilung dessen Wohnung plötzlich frei geworden war. Nun wollte Saworra das tun, was man von jedem anständigen Mann normalerweise verlangt: seiner Familie ein Obdach beschaffen. Er brauchte die Adresse, es eilte, denn Wohnungen sind schnell weg. Und Saworras Familie lebt schon seit Jahren in einem demoralisierenden Lager. Saworra, der erst seit Juni 1969 verheiratet ist und der sich für die drei Kinder, die seine Frau mit in die Ehe brachte (das vierte wurde auf der gemeinsamen Flucht vor der Polizei auf dem Weg nach Spanien tödlich überfahren), voll verantwortlich fühlt, tut das einzige, was ein Mann in seiner Lage überhaupt tun kann, aber nicht darf: Er spricht mit dem Wohnungsvermittler. In diesem Fall mit Kono, einem Rechtlosen wie er.

Der Vorsitzende, der die Verhältnisse im Gefängnis nicht zu kennen scheint, wundert sich, daß Saworra nicht den offiziellen Weg über die Instanzen einschlug: »So was würde doch schnell bearbeitet.«

Saworra zeigt mehr Verständnis für andere als andere für ihn: »Man glaubt das. Es ist nicht so. Die Leute sind doch überlastet. Darum laufen die Anträge zu lange. Ich brauchte ja nur seine Adresse und laufe dauernd an ihm vorbei. Da ist es doch einfacher, ihn direkt zu fragen.«

Mentz, befremdet: »Wohl wissend, daß das nicht zulässig ist?«

»Bei anderen wird es geduldet.«

Bei Saworra wurde es nicht geduldet. Bei ihm wird auch sonst nichts geduldet. Vielleicht später, wenn er in seiner Persönlichkeit noch ein Stück gebrochener ist. Wenn er keine menschlichen Regungen mehr zeigt, weil keine mehr da sind.

Saworra kümmert sich vor dem Wäschereifenster nicht um die pflichtgemäße »Aufforderung« des Aufsichtsbeamten Rehbein, das Gespräch abzubrechen, sondern läßt sich die Wohnungsadresse für seine Frau geben.

Rehbein, der sicher nicht lange fragt, warum er diese oder jene Anordnung zu befolgen hat, schließt das Fenster. Saworra murmelte zu seinem im Kreis mitlaufenden Mitgefangenen S.: »Man kann hier nicht mal was Wichtiges besprechen.« Außerdem hört S. den Aufseher zu Saworra sagen: »Mit Ihnen hätt' ich was ganz anderes gemacht!«, was darauf schließen läßt, daß der Beamte Rehbein auch ganz gerne mehr möchte, als er darf.

Ulrich Rehbein, 30, erscheint als Zeuge. Adrett, streng gescheitelt, mit der heftigen Ausstrahlung einer Schaufensterpuppe. Er sagt: »Saworra sagte: ›Dies dumme Schwein labert mich doch an.‹ Ich hatte das Gefühl, es galt mir.«

Der Vorsitzende: »Herr Saworra sagt aber, daß Sie ihn ein ›dummes Schwein‹ genannt haben. Und was er sonst noch für Sie wäre, wollten Sie lieber gar nicht sagen.«

Der tadellose Rehbein: »Ich sagte nur, ich weiß, wer er ist. Er nicht, wer ich. Er hat mich von oben bis unten angeguckt.«
Der Vorsitzende, dem die vielen entstellenden Artikel über Saworra offensichtlich bekannt sind: »Man sollte vorsichtig sein, wenn man Leute nach Zeitungsberichten beurteilt.«
Mit seinen Anschuldigungen steht Rehbein allein. Die Mithäftlinge bestätigen jedes Wort Saworras. Auch der momentane Wäschereiarbeiter Kono, 44 Jahre, der als Beruf »Verbrecher« angibt und dies bei nochmaliger Nachfrage wiederholt. Erklärung: »Vor Gericht wurde ich als Berufsverbrecher bezeichnet. Dann ist das wohl mein Beruf. Bis dahin dachte ich, ich wäre Mechaniker.«
Der gekränkte Rehbein, der nicht durfte, was er wollte, schlug den Weg der Instanzen ein. Er meldete den fürchterlichen Vorfall seinem Vorgesetzten, dem damaligen Verwaltungsoberamtmann und Vollzugsleiter, Johann Heinrich Kunst, 44 Jahre.
Dieser ließ Saworra vorführen und betätigte sich als Autorität, indem »er einen Vermerk ins Buch machte« (Saworra) und sich für vier Tage verschärften Arrest entschied. Der Vorsitzende meinte, daß sich Herr Kunst auch für »nur« einen Tag hätte entscheiden können.
Saworra, der schon eine ganze Weile unter einer erheblichen Haftpsychose leidet und deshalb dreimal am Tag mit Valium 10 gefüttert wird, versuchte erst, vergeblich, den Sachverhalt richtig zu stellen. Dann brüllte er außer sich: »Mein Recht will ich haben!«
Wer nach diesem unangebrachten Ausbruch zuerst den anderen buffte, ist nicht restlos geklärt. Da steht Aussage gegen Aussage. Fest steht, daß Saworra durchdrehte.
Denn man muß schon durchgedreht sein, um sich als Gefangener überhaupt gegen den Direktor und seine Entscheidungen aufzulehnen. Dazu noch laut und heftig. Nicht, daß er Herrn Kunst nun Nasenbein und Zähne einschlug, aber er traf ihn doch ein paarmal am Oberkörper, stolperte über den geflochtenen Kokosteppich und fiel in die Arme eines Bewachers. Dann benahm sich der böse Junge noch weiter schlecht, indem er mit den Füßen strampelte, anstatt seine Aufregung schnell zu vergessen.
Es war von Beruhigungszelle und eventueller Hausstrafe die Rede. Die »Glocke« *war auch eine Beruhigungszelle. Und sogar Herr Kunst sieht die lange Einzelhaft für die Gereiztheit Saworras als mildernd an und gibt zu, daß die »stille Abgeschiedenheit« nicht jedem bekommt. Trotz-*

dem, gegen Kontaktaufnahme und Beleidigung muß eingeschritten werden... Wo kämen wir sonst hin? Mir sagt Herr Kunst in einer Verhandlungspause, daß er auch als Privatmann hätte Anzeige erstatten können, aber darauf habe er verzichtet. Ich habe das Gefühl, daß er es wirklich als Verzicht empfindet. Herr Kunst sagt sich wohl auch: Dienst ist Dienst, und Schnaps ist Schnaps, denn privat soll er um einiges beliebter sein als bei den Strafgefangenen, wenn man die Leute so hört. Ein eifriger kleiner Beamter unterstützt ihn und erklärt mir Dummen: »Stellen Sie sich mal vor, die Gefangenen kommen alle und stellen Forderungen!«

Überhaupt sieht es hinter den Kulissen wohl ein gut Stück anders aus, als man im allgemeinen weiß. Wir, die Öffentlichkeit, verfolgen das Schicksal der Angeklagten ja nur bis zum Urteilsspruch. Dann sind die erst mal weg vom Fenster. Man beruhigt sich damit, daß in den Gefängnissen keiner hungert und friert. Es gibt sogar Phantasielose, die den Zustand der Inhaftierten als beneidenswert ansehen, weil die ja von unseren Geldern leben, auf der faulen Haut liegen und sich dick und fett fressen.

Bei Kapitalverbrechern wünscht sich so mancher die Todesstrafe. Vielleicht wäre das gar keine so dumme Idee. Ein Tod, der schneller und schmerzloser ist als das lebendige Begrabensein und peu à peu Absterben. Was kann mehr tot sein als ein Mensch, dem man den letzten Rest seiner Persönlichkeit raubt? Dessen Gedankenfreiheit auf Null reduziert wird, weil in dem Zustand des totalen Gebrochenseins kaum jemand denken kann?

Saworra bäumt sich vor Gericht noch auf. Erstaunlich, wieviel nötig ist, um diesen Mann endgültig zu brechen! Deswegen ist er wohl so verhaßt. Und nicht nur, weil sein Gegenüber bei der fatalen Auseinandersetzung auf der Davidwache nicht irgendein Zecher bei einer Wirtshauskeilerei war, sondern ein Repräsentant der uniformierten Staatsmacht. Der Haß gegen ihn hat inzwischen legale Formen angenommen, so akzeptiert ist er.

Der Haß, nicht der Mann.

Der Vorsitzende Mentz sagt zu Saworra, der wahrscheinlich nie wieder entlassen wird, da »lebenslänglich« 20 Jahre, Sicherheitsverwahrung aber bis zum Tode dauern kann: »Fassen Sie das, bitte, nicht als Hohn auf. Aber was wollen Sie machen, wenn Sie rauskommen? Sie hoffen doch wohl...«

Saworra nachdrücklich: »Natürlich! Es kommt auf die Möglichkeiten an, die man in Fuhlsbüttel bietet.«

»Wie meinen Sie das?«
»Ich wollte Lehrgänge belegen. Und Kurse. Es gibt da Schriftstellerlehrgänge, und ich möchte gern schreiben. Es ist alles sehr weitfristig.«
Lächelnd: »Zeit genug hab ich ja. – Das hat man immer wieder abgelehnt. Obwohl ich Rücksicht auf die Anstalt nahm und nur Dinge lernen will, an denen ich arbeiten kann, ohne die Zelle zu verlassen. Daraufhin wollte mir mein Anwalt, Herr Reimnitz, eine seiner Schreibmaschinen zur Verfügung stellen, damit ich darauf üben kann. Da hieß es: ›Kommt nicht in Frage. Wer weiß, was drin ist?!‹ Auf meine Frage, ob man Herrn Reimnitz verdächtigt, in seine Maschine etwas einzubauen, bevor er sie mir gibt, hieß es: ›Um Gottes willen, nein!‹ Aber abgelehnt blieb es trotzdem.«
Da ist nun ein Mann, der an seiner Resozialisierung selber mitarbeiten will. Ein Mann, der typische Fürsorgezöglings-Fall, der, da der Strafvollzug ihn und sein Leben so restlos versaut hat, sich eine Menge produktiver Gedanken zur Reform gemacht hat, die er gern zu Papier bringen möchte. Ein hochintelligenter Mann, dem man im Laufe seiner insgesamt elf Haftjahre keine Ausbildung gab. Ein Mann, der schon aufgrund der Diskrepanz zwischen seinen intellektuellen Möglichkeiten und seiner nicht vorhandenen Ausbildung (nicht mal abgeschlossene Volksschule) immer wieder scheitern mußte.
Alle seine Arbeiten waren selbsterlernte Notlösungen: Hilfsarbeiter, Steward, Koch, Vertreter, Barkeeper. Wenn man innerhalb des Strafvollzuges den Gefangenen schon keine Weiterentwicklung aufdrängt – mit welchem Recht hält man sie zurück? Dafür gibt es keine Entschuldigung! Auch nicht die labbrigen Ausreden, wie der Vorwand eines entdeckten Fluchtplanes Saworras vor der großen Hauptverhandlung. Das sind eben nur Ausreden.
Saworra erzählt weiter. Ruhig und offensichtlich froh, einiges zur Sprache bringen zu können. Er versucht zu erklären, warum seine Nerven so kaputt sind. Die Dinge, die zu der Tatsache hinzukommen, daß jeder, wie alle Ärzte bestätigen, nach einer Einzelhaft von mehr als 6 Monaten körperlich und geistig gefährdet ist.
Er erzählt von seiner empfindsamen Frau, die in ihrer Art durch seine Strafe ja auch zur Unfreiheit verurteilt ist.
»Für meine Frau ist es jedesmal, wenn sie mich besucht, ein großer Schock, mich mit den Händen auf dem Rücken gefesselt zu sehen. Jede

Berührung zwischen uns ist nach wie vor verboten. Ich bin immer streng bewacht. Trotzdem wird meine Frau immer halb ausgezogen, bevor man sie zu mir vorläßt.«
(Und natürlich wieder angezogen, bevor er sie zu sehen kriegt.)
»Das ist schrecklich für sie. Ihre Tasche und sogar der Ring werden ihr abgenommen und der Staatsanwaltschaft übergeben. Wozu, ist mir nicht klar. Meine Frau ist sowieso völlig kaputt. Sie ist regelmäßig am Tag nach Erscheinen von Zeitungsartikeln über mich ihre Arbeit los.«
Man sollte es nicht für möglich halten, aber auch die Arbeit als Putzfrau kann man verlieren, ohne unsauber zu sein.
Die »QUICK« brachte am 2. 6. 1971 in ihrer Nr. 23 einen miserabel recherchierten, diffamierenden Artikel über Saworra. Das Schwurgerichts-Urteil ignorierend, wird Saworra als »eiskalter Killer« bezeichnet.
Saworra, der nie einschlägig vorbestraft war. Kein Schläger. Nie Brutalitäten. Nur kleine Delikte wie: Fahren ohne Führerschein (Erklärung: Vorbestrafte dürfen keinen machen), Schwarzfahrt auf Schiffen, Provisionsbetrügereien, Steuerhinterziehungen, Zechprellerei, Diebstahl, Hehlerei und Veruntreuung.
Man berichtet von »peitschenden Schüssen«, die n a c h den zwei von Saworra tatsächlich abgegebenen noch gefallen sein sollen. Man nennt die, vom Gericht bescheinigte, fahrlässige Tötung einen »Polizistenmord«. Man gibt vor zu wissen, daß »dem Saworra in der Davidwache kein Haar gekrümmt wurde«, und wagt das auch noch zu betonen. Dabei hat er seinen Anwälten berichtet, daß man nach seiner Verhaftung Polizeihunde auf ihn losgelassen hat.
Saworra erzählt weiter. Warum er so gereizt ist: »Mir ist jegliche Vergünstigung gesperrt.« Kein Radio. Kein Fernseher. Keine Musik. Keine Gesprächspartner. Natürlich kein Skat in der Einzelhaft. Nur die Wände und die Kerzen, die er verpacken muß. »Ich darf nicht mal in die Kirche, obwohl das gesetzlich geschützt ist.« (Der Gottesdienst – das Urlaubserlebnis im Knast)
»Ich gehe keinen Schritt ohne zwei Beamte neben mir und die Hände in der Acht. Meine Zelle wird täglich auf den Kopf gestellt. Mein Haftraum hat übersichtlich zu sein. Ich verpacke aber Kerzen in kleine Kartons. Das Verpackungsmaterial stapelt sich bis zur Decke. Darin könnte ich ein ganzes Waffenarsenal verstecken, aber das wird nie durchsucht. Das ist nämlich gut. Weil es der Ausbeutung dient. Nur meine wenigen privaten Dinge nimmt man jeden Tag unter die Lupe.«

Der Vorsitzende: »Die Arbeit wird doch bezahlt. Was verdienen Sie pro Stunde?«
Saworra: »Die Stunde kann man nicht rechnen. Pro Tag 35 Pfennig.«
Neuerdings, aufgrund der Strafrechtsreform, dürfen Häftlinge Briefe schreiben, soviel sie Lust haben. Nicht nur einen im Monat wie vorher.
Allerdings: Briefmarken dürfen den Delinquenten nicht geschenkt werden. Geld von Verwandten oder Freunden darf dafür auch nicht genutzt werden. »Briefmarken dürfen nur vom eigenen Verdienst angeschafft werden. Damit die Leute mal lernen, mit Geld umzugehen«, wird mir vom Strafvollzugsbeamten Dr. Berntzen erklärt.
Nicht schlecht als Dressurakt. So lernen die Unbelehrbaren wenigstens etwas. Verzichten nämlich. Auf Tabak. Oder Papier. Oder Kugelschreiber. Oder Süßigkeiten. Auf Briefmarken eben. Wie recht; der Mensch kann eben nicht alles haben.
Saworra weiter: »Und die Akte, die man über mich angelegt hat, besteht aus Tageszeitungs-Abschnitten. So geht es jetzt seit Januar 1970. Es staut sich. Irgendwann ist die Grenze erreicht.«
Der Anstaltsarzt, Dr. med. Sauer, 50 Jahre, der soviel tut, wie man kann, wenn man fast im Alleingang innerhalb einer Institution für menschliches Verhalten sorgen will, wird gehört. Auch er erzählt von Saworras Reizbarkeit und Verstimmungen. Auch er betont, welch eine Strapaze es für Saworra ist, immer schwer bewacht zu sein. Die Sorge um die Ehefrau, die familiäre Situation. Daß auch jede Sache übers Gericht geht. Und daß jede Sache, die übers Gericht gegangen ist, dann abgelehnt wird. »Früher war Saworra ein durchaus unauffälliger Mann.«
Er spricht von verminderter Zurechnungsfähigkeit und von Saworras Haftpsychose. Und er erkennt, daß neuer Zündstoff in der Anstalt selbst gegeben ist.
Das Verfahren wird nach § 154 vorläufig eingestellt. Saworra soll psychiatrisch untersucht werden. Hoffentlich lange. Dann hat er wenigstens für einige Zeit jemanden, der mit ihm redet.

Oktober 1971

P. S.
Nachdem der Psychologe Dr. Heinz-Dietrich Stark 1972 Anstaltsleiter in Fuhlsbüttel wurde, wurde Saworra endlich menschlich behandelt. Ich

sah ihn ein paarmal bei den Knast-Sommersportfesten. Irgendwann rief mich eine sehr nett klingende Postangestellte an und stellte sich als seine Verlobte vor. Ich weiß, daß er schon lange entlassen ist, aber leider nicht, wie und wo er lebt.

Mai 1990

Duell

»Anklage: Körperverletzung
Der Versicherungsangestellte R. wird beschuldigt, in der Straße Krohnstieg auf die Eheleute Möller ohne ersichtlichen Grund mehrfach eingeschlagen zu haben. Die Entziehung der Fahrerlaubnis und die Einziehung des Führerscheins sollen beantragt werden.«
Darsteller der Tragikomödie: »Die Mäuschen und der Elefant«
Fürs Gericht: Amtsgerichtsrat Mentz
Für die Staatsanwaltschaft: die Gerichtsassessorin Lutz
Für den Angeklagten: der Verteidiger Rechtsanwalt Stöbbe
Darsteller:
Herr Elefant alias Karl-Heinz Rollberg, 40 Jahre, Versicherungsangestellter, VW 1500. Ein Hüne in beige. *Guter Stoff. Großes, rotes Gesicht. Jedes Haar an seinem Platz. Ausrasierter, roter Nacken. Feist. Glänzende Stirn. Doppelkinn. Sonore Stimme. Ein Biedermann. Eine der Situation angepaßte Wortwahl. Der rechte Fuß wippt nervös im braunen Schuh.*
In weiteren Rollen: Frau Elefant alias Gerlinde Rollberg, 37 Jahre. Auch sie Versicherungsangestellte. VW-Beifahrerin. Auch sie groß und üppig mit großem Gesicht. Auch sie mit kahlgeschorenem Hals. Obwohl ihre Farben schöner sind, ist die Artähnlichkeit unübersehbar. Wohl, weil beide schon viele Jahre, Tag um Tag, die gleiche Suppe löffeln.
Mäuschen alias Harry Möller, 51 Jahre, Frührentner, da schwerer Gefäßschaden. Uraltes Fahrrad. Klein, verbissen, zusammengepreßte Lippen, Brille. Sieht aus, als ob er brüllen würde. Daher überrascht seine kleine, vorsichtige Stimme. Er hamburgert. »Sp« und »st« sind s-pitz.
Margarete Mäuschen-Möller, 44 Jahre. Arbeiterin. Dauer-Radfahrerin. Klein und nett. Kurze, dichte Locken. Kostüm in augenschmerzendem Gelbgrün.
Gisela Werner, 38 Jahre. Hausfrau. Radfahrernachwuchs. Ideale Zeugin, da wirklich außenstehend. Geblümt und sommerlich. Die dritte kurzhaarige Frau auf dieser Bühne.
In der Anklageschrift ist von Schlägen, die »ohne ersichtlichen Grund« ausgeteilt wurden, die Rede. Was soll denn das heißen? Der Elefant Roll-

berg hatte einen sehr guten Grund. Mäuschen Möller hatte mit seinem alten Fahrrad Rollbergs Liebesobjekt, sein Auto, gestreift oder auch nicht! Ist das vielleicht kein Grund?! Da kann doch nicht jeder, wie will er!

Der Elefant: »Meine Frau und ich fuhren ganz langsam. Neben uns eine Radfahrerkolonne. Ich hörte eine schrille Stimme: ›Der hat uns die Vorfahrt genommen!!‹ Dann folgte ein heftiger, dröhnender Stoß des Wagens. Meine Frau sagte sofort: ›Der Mann hat gegen unseren Wagen getreten!!!‹«

Rollberg schwitzt.

»Ich hielt an und stieg aus, um den Verursacher des Stoßes, Herrn Möller, zur Rede zu stellen. Ich lief 50 bis 60 Meter hinter dem radelnden Mann her. Sehr erregt und völlig außer Atem holte ich ihn ein. ›Halten Sie an, Sie haben gegen meinen Wagen getreten‹, rief ich. Herr Möller gab mir irgendeine provozierende Antwort. Ich weiß nicht mehr, welche. Da gab ich ihm wohl zwei Ohrfeigen. Diese können nicht sehr heftig gewesen sein, da seine Brille nicht einmal verrutschte.«

Damit wäre die Sache für den friedlichen Herrn Rollberg eigentlich erledigt gewesen. Doch der Friedlichste kann in Ruhe nicht leben, wenn es dem bösen Nachbarn nicht gefällt. Denn schon wird der Arme wieder provoziert.

»Von hinten schrie Frau Möller: ›Lassen Sie meinen Mann los.‹ Völlig unrealistisch, denn ich hielt ihn ja gar nicht fest. Frau Möller verkrallte sich in mein Jackett. Sie machte den Eindruck, geistig weggetreten zu sein«, spricht Rollberg.

Sein Befremden leuchtet ein. Was hat die kleine Frau da rumzukläffen? Gekläfft muß sie haben, denn:

»Wie ein wütender Terrier ging sie erneut auf mich los.«

Der Vorsitzende Mentz, auch er befremdet – nur anders:

»Sie sollen ja auch die Frau geschlagen haben.«

Rollberg höflich erklärend:

»Ein paar Watschen möglicherweise. Nur, um sie zur Besinnung zu bringen. – Jetzt konnte ich meinen Wagen endlich fixieren. Da war aber Herr Möller schon wieder da, der meine Autonummer aufschreiben wollte.«

Rollberg lächelte hämisch über den *Idioten* Möller:

»Herr Möller griff in die Tasche und sagte mit weinerlicher Stimme: ›Ich hab nichts zu schreiben bei mir.‹

Ich war natürlich ziemlich erregt und aufgelöst. Auch hatte ich gewisse Schuldgefühle. Weil ich mich hatte hinreißen lassen, handgreiflich zu werden.«
Der Vorsitzende machte Herrn Rollberg darauf aufmerksam, daß von einem Schaden am Wagen ja erst die Rede war, als eine Woche später die Polizei danach fragte.
Rollberg gibt zu:
»Sie möchten nicht unrecht haben. Das ganze Geschehen war ja auf die tätliche Auseinandersetzung gelenkt. Darum hat erst die Frage der Polizei mich veranlaßt, mein Fahrzeug in Augenschein zu nehmen. Meine Stoßstange war völlig verbeult und mußte ersetzt werden. Sie kostete DM 39,36.«
Es wird darüber beraten, ob es Sinn hat, die Gattin des Schlägers zu hören.
Der Vorsitzende: »Wir bringen sie ja vielleicht dadurch in eine für sie sehr unerfreuliche Situation. Nachher steht sie noch wegen uneidlich falscher Aussage vor Gericht.«
Man entscheidet sich dafür, Frau Rollberg selbst entscheiden zu lassen. Sie will, *da sie nichts zu verbergen hat* und sich keines geschehenen Unrechts bewußt ist, sprechen.
In der Tat, sie habe einen lauten, dröhnenden Tritt gegen den Wagen gehört. »Mein Mann stieg aus und lief hinterher. Er faßte den Mann hinten am Kragen. Der hatte ja eine Fahrradstange zwischen den Beinen. Man Mann gab ihm Backpfeifen. Dann wollte er zurück zum Wagen. Da legte Herr Möller sein Fahrrad hin und stürzte auf meinen Mann los. Die Frau krallte sich an ihm fest. Da machte mein Mann sich los.«
Der Vorsitzende:
»Schlug Ihr Mann der Frau ins Gesicht?«
»Kann sein. Die Frau ist ja verhältnismäßig klein.«
»Schlug Ihr Mann nicht Herrn Möller die Brille von der Nase?«
»Nein, ganz bestimmt nicht, das weiß ich ganz sicher. Sie fiel nicht runter.«
»Woher wollen Sie das wissen, Sie waren doch weit weg?«
»Dann hätte er sich ja bücken müssen, um sie aufzuheben.«
Der Anwalt, erklärend:
»Vielleicht gab es zwei Brillen.«
Der Vorsitzende:
»Und Sie, Sie waren nicht erregt?«

Elefantenhaut schützt:
»Bißchen schockiert vielleicht.«
Als der Vorsitzende ihr vorhält, daß der Schaden am VW nicht durch den Radfahrer entstanden sein kann: »Sie wollen wirklich erst nach mehreren Tagen, als die Polizei kam, nach einem Schaden gesucht haben? – Was? – Ihr Mann hängt doch so an seinem Wagen? – Was? – Jetzt nicht mehr??? Er hegt und pflegt doch den Wagen sonst so sehr?«
Die verständnisvolle Frau zuckt mit den Schultern.
Auch die junge Staatsanwältin wird indiskret und fragt:
»Warum ist Ihr Mann denn aus dem Wagen gesprungen?«
Frau Rollberg großäugig, so viele dumme Frage nicht gewohnt, trotzdem geduldig:
»Weil er gegen den Wagen getreten hatte!«
»Aber Sie haben sich ja gar nicht um den Schaden gekümmert!«
Frau Rollberg:
»Dazu war ja keine Zeit! Wir haben nur an die Ohrfeigen gedacht.«
Dann schlägt die Stunde des Verprügelten. Als Herr Möller, da klein und schwach, erzählt, was ihm damals widerfuhr, freut man sich mit ihm, daß er wenigstens auf diese Art auch mal zurückschlagen kann.
»Ich radelte vor meiner Frau auf einem glatten Weg. Daneben war ein Schotterweg. Das Auto verbaute dreiviertel des Weges. Frau Werner, die ich noch nicht kannte, und ihr kleiner Sohn radelten vor mir. Sie bremste, um den Wagen durchzulassen. Da rief ich: ›Fahren Sie doch zu. Wir haben doch Vorfahrt!!‹«
Mir wird klar, wie gerne Mäuschen Mighty-Mouse wäre.
»Frau Werner verzichtete aus Vorsichtsgründen auf ihre Vorfahrt. Wir fuhren alle langsamer als Schrittempo. Ich merkte, wie ich mit der linken Pedale das Auto streifte. Es gab so 'n kratzendes Geräusch. Ich hab dem keine Bedeutung zugemessen. Aber einige Kraftfahrer stellen sich ja an. Da wurde ich plötzlich von hinten gepackt. Und kriegte vier- bis sechsmal Schläge mit der Handkante gegen Hals und Unterkiefer. Er hat was gesagt, ich weiß nicht, was, und mir gleichzeitig ein paar an die Ohren gegeben. Meine Frau rief: ›Lassen Sie meinen Mann in Ruhe!‹
Wenn ich welche aufs Maul kriege, setzt mein Erinnerungsvermögen plötzlich aus.«
Der Vorsitzende:
»Sie sollen etwas Provozierendes geantwortet haben. Erst dann habe Herr Rollberg die Beherrschung verloren.«

Ein Aufpiepsen:
»*Ahhlsooo!!!* Kein Wort habe ich entgegnet. Da hab ich das hingenommen wie ein Lamm, weil ich doch gegen diesen Hünen nicht ankam! Nur, als er sich umdrehte und meine Frau links und rechts schlug, habe ich gesagt: ›Das werden Sie bereuen!‹ Und er wörtlich: ›Was willst du denn?‹ und gab mir einen Stoß vor die Brust. Ich hatte sofort erhebliche Schmerzen. Das war doch kurz nach meiner Aorta-Operation. Er hat mit äußerster Gewalt auf uns eingeschlagen.«
»Haben Sie denn zurückgeschlagen?«
»Nee, ich hab nur gesagt: ›Radfahrer haben dieselben Rechte auf der Straße.‹ Und meine Brille noch aufgehoben. Ich konnte nichts unternehmen. Er hätte mich ja totschlagen können. Er hat mich so richtig gebeutelt. Sie können ja sehen, er ist ein sehr großer, kräftiger Mann.«
Herr Möller guckt seinen Gegner ängstlich an.
Der Vorsitzende Mentz:
»Ich fahr auch Fahrrad. Man kann sich ja manchmal hinreißen lassen, den Wagen zu treten, obwohl man lieber den Fahrer treten sollte. Möchte.«
»Ich habe nicht mal einen Kratzer festgestellt. Selbst nicht an meiner alten Pedale. Meine Frau war mutig und fragte Herrn Rollberg nach seinem Namen. Da sagte er, den brauchen Sie nicht. Und weil ich nichts zum Schreiben hatte, habe ich seine Wagennummer immer vor mich hin gesagt.«
Anwalt Stöbbe:
»Herr Möller, haben Sie nicht gesehen, wie Ihr Ehemann sich auf Herrn Rollberg geworfen hat?«
Der Vorsitzende berichtigt: »Ehefrau!« –
Die kleine Frau Möller, vor der Herr Rollberg Angst gehabt haben soll, kommt rein. Sie erzählt:
»Ein Mann kam angerannt. Packte meinen Mann im Nacken. Und zog ihn vom Rad. Und schlug ihn viermal mindestens. Und sagte kein Wort. Ich rief: ›Was wollen Sie eigentlich?‹ Da hab ich auch welche an den Kopf gekriegt.«
»Haben Sie sich dazwischengeworfen?«
»Nein, ich war ja wie gelähmt.«
»Haben Sie sich an ihm festgekrallt?«
»Kann sein. Aber schlagen kann ich einen Zwei-Meter-Mann nicht.«

»Ihr Mann sagt aber, Sie hätten Herrn Rollberg von hinten an der Jacke gezogen.«
Möller aufgeregt:
»Das nahm ich an. Aber ich kann durch diesen Herrn nicht hindurchgucken. Er ist so viel breiter.«
Frau Möller soll in sich gehen:
»Sie waren doch sicher verärgert, daß der Wagen auf dem Fußweg fuhr. Und haben sicher geschimpft.«
»Nein, das kommt ja jeden Tag vor. Ich fahre jeden Tag mit dem Rad. *Und hab trotzdem keine Schläge gekriegt.* Ich bin noch nie geschlagen worden. Zumal auf offener Straße.«
Der Anwalt Stöbbe:
»Herr Rollberg entschuldigt sich höchstpersönlich bei Ihnen.«
»Nein, das hat er nicht getan.«
»Doch, jetzt durch mich. Er hat Sie nur abschütteln wollen. Und gab Ihnen dabei aus Versehen vielleicht einen Backs.«
Der kleine Herr Möller mit Händen und Augen zur Saaldecke:
»Ach Gott, das ist ja lustig.«
Die Zeugin Gisela Werner wird vor der Vernehmung auf ihre Pflicht zur Wahrheit hingewiesen.
»Sie haben zwar keinen Anlaß zu lügen, aber es gibt gelegentlich ja auch Situationen, wo die Radfahrer zusammen halten.«
Frau Werner erzählt:
»Ich bin Anfänger und übervorsichtig. Darum stieg ich vom Rad, als das Auto kam. Herr Möller rief: ›Sie haben die Vorfahrt.‹ Als ich Laufschritte hörte, dachte ich, das sind wohl Kinder. Ich hab immer Angst vor Kindern, die nachgelaufen kommen. Aber es war ein Mann, der an mir vorbeiraste, hinter Herrn Möller her. Als er in Reichweite war, fiel kein Wort. Es ist furchtbar, wenn ich dran denke. Er riß ihn vom Rad und schlug auf ihn ein.«
»Wie ein wohlmeinender Lehrer schlägt?«
»O nein! Die Schläge waren kräftig. Zu sehen und zu hören.«
Mein Blick bleibt an Rollbergs wohlmeinenden Pranken hängen.
»Ich dachte, es handelt sich um alte Freunde. Die sich endlich trafen. An sich hätte ich mich um eine Schlägerei nie gekümmert. Aber als die Frau schrie: ›Warum? Mein Mann... er ist krank! Lassen Sie doch!‹ stieg ich ab, denn die brauchten ja Hilfe. Mein Sohn sagte: ›Laß uns weiter, sonst kriegen wir auch noch Dresche‹, aber ich wollte einen

Peterwagen suchen. Das fand ich ja so komisch, daß er auch die Frau schlug. Das ging mir zu weit. Vorher wollte ich einfach nicht reingezogen werden. Als er die Frau schlug, fiel sie uber ihr Rad, das sie ja die ganze Zeit in der einen Hand hatte. Ich glaub, das merkte sie nicht mal. Es war ein irres Gemenge. Die Brille von Herrn Möller fiel mir aufs Vorderrad. Ein PKW-Fahrer guckte zu. Ich fragte: ›Gehört der Mann zu Ihnen?‹ Er sagte: ›Nein. Das ist ja schrecklich.‹ Aber helfen wollte er nicht. Wahrscheinlich hat Frau Möller versucht, mit einer Hand den Arm von Herrn Rollberg festzuhalten. Das würde ich auch tun.«

Plädoyers:

Staatsanwältin Leitz:

»Der Angeklagte hat hier öfter etwas höhnisch gegrinst. Dabei ist es nur einem glücklichen Zufall zu verdanken, daß dem herzkranken Herrn Möller nichts Schlimmeres passiert ist.«

Antrag: sechs Monate Gesamtstrafe, zur Bewährung auszusetzen. Geldbuße von 3000,– DM. Kein Einziehen der Fahrerlaubnis und des Führerscheins, der Zusammenhang ist nicht eng genug.

Der Verteidiger Stöbbe:

»Der Antrag hat mich zutiefst erschüttert. Welche Folgen hatte die Auseinandersetzung? Eine Rötung auf der Brust. Gefängnis für einen grundsoliden Mann? Der eine verantwortungsbewußte Position in seinem Beruf inne hat?

Herr Leber hat auch mal Ohrfeigen verteilt. Wegen einer Parklücke. Wer SPIEGEL-Leser ist, weiß das.

Autofahrer sind kein Freiwild für Radfahrer. Kein Autofahrer sagt: ›Vielen Dank, bedienen Sie sich noch mal.‹ Für Herrn Rollberg war die Sache erledigt. Er war innerlich auf Rückzug eingestellt. Wenn Frau Möller sich nicht auf ihn gestürzt hätte, wäre gar nichts mehr passiert. Für ihn, der noch nie in solch einer Situation gewesen ist, war die Sache mit der Frau noch peinlicher. Er handelte in tatsächlicher oder in vermeintlicher Notwehr. Ich habe sehr bedauert, daß hier verhandelt wird. Dieses sind typische Fälle, die zur Privatklage gehören.

Es war kein krimineller Überfall, sondern ein ganz natürliches Verhalten!

Herr Rollberg hätte auch Klage gegen Herrn Möller wegen Fahrerflucht erheben können.«

Schlußwort des Angeklagten:

»Ich bin ein Mann, der zu dem steht, was er zu vertreten hat. Ich bin als offen und ehrlich bekannt.«

Urteil:

Wegen vorsätzlicher Körperverletzung in zwei Fällen 3000,– DM in monatlichen Raten von 300,– DM. Ersatzweise 60 Tage Haft. Kosten des Verfahrens.

Der Elefant kann mühelos zahlen.

Die Mäuschen sehen keine Mäuse. Die 3000,– DM gehen an die Staatskasse. Schade! Sonst hätten sie sich einen Wagen kaufen können. Und auch mal radelnde Leute (in ihrem Fall wohl Kinder), die dagegen treten, verhauen. Den 17jährigen Sohn, Klaus Möller, der mit seinem Sturzhelm auf dem Schoß (er ist Kleinkraftrad-Fahrer) der Verhandlung folgte, treffe ich vorm Strafjustizgebäude. Der Lehrling, zweimal so groß wie seine Eltern, sagt grinsend:

»Ein Radfahrer, der im Fahren so kräftig gegen ein Auto tritt, daß es Beulen gibt, müßte ja wohl vom Rad kippen. – Der Kerl hat meinem Vater fachmännisch gegen den Unterkiefer geschlagen, das gibt keine Spuren. Ich hätte mal dabei sein sollen. Da hätte der wirklich nur noch in Notwehr gehandelt und wäre heute nicht vernehmungsfähig gewesen.«

So wird weiter geprügelt werden auf Deutschlands Straßen. Wer am besten kann, schlägt zu. 3000,– DM für eine ordentliche Aggressionsabfuhr, das ist ein solides Angebot. Und warum sollte für Rollberg nicht billig sein, was für Herrn Leber recht ist.

November 1971

P. S.

Dieser Fall war ja harmlos. Die Schlachten zwischen ausgerasteten Verkehrsteilnehmern sind herber geworden. Würgen, schlagen, boxen, treten – sogar schießen – sind keine Seltenheit.

Mai 1990

Kaufhaus-Diebstahl

Ich kann wieder ruhig schlafen. Weiß ich doch seit einigen Tagen mit Sicherheit, daß das Vermögen der von mir so verehrten Warenhausbesitzer Horten und Neckermann eifrig geschützt wird. Ladenmädchen, Warenhausdetektive und Gerichte hüten das Hab und Gut jener. Noch ein Stück mehr als ihren eigenen Augapfel. Zu dieser beruhigenden und erhebenden Erkenntnis kam ich durch zwei Gerichtsfälle.
Fall 1.
Anklage: Hans G. und Christa K., Diebstahl und versuchter Betrug.
»Den Beschuldigten wird zur Last gelegt, sie hätten gemeinschaftlich im Kaufhaus Neckermann die Schallplatte ›El Condor Pasa‹ in der Originalfassung entwendet und dann, weil die Beute nicht ihren Vorstellungen entsprach, vergeblich versucht, sie im selben Kaufhaus gegen die Fassung mit englischem Text umzutauschen.«
Die Platte, von der man annimmt, daß sie zwei Erwachsene, bis dato Unbescholtene, in Versuchung führte, ist ein umstrittener Welthit. Umstritten, weil mehrere Herren am Erfolg teilhaben wollten, indem sie sich als Urheber der Melodei ausgaben. Der Renner des letzten Jahres wurde bereits 1933 von dem Peruaner Daniel Robles komponiert. Alle Gerüchte, daß es sich bei »El Condor Pasa« um eine Inka-Volksweise handelt, sind damit widerlegt. So wurde in einem außergerichtlichen Vergleich in New York entschieden. Fünf Millionen Platten wurden bisher von dem »Vorbeifliegenden Condor« in der ganzen Welt verkauft. In Deutschland wurde der Schlager teils durch den indianischen Flötenspieler Facio Santillan, teils durch das Gesangs-Duo Simon und Garfunkel bekannt. Santillan gilt ebenfalls als einer der Entdecker.
Hans und Christa stehen nun vor Gericht, weil ihnen die englische Fassung besser gefiel. Ein gut aussehendes Paar. Wenn es um Partnertausch ginge, würden beide sicher begeisterte Abnehmer finden. Er: Kranführer, 46 Jahre, stattlich, elegant im dunkelblauen Trenchcoat, Goldrandbrille, männlich auf angenehme Art. 1200,– DM netto. Geschieden.
Sie: Verkäuferin, jetzt kaufmännische Angestellte, 678,– DM, geschieden, ein 8jähriges Kind. Gepflegt, kurzlockig. Von Kopf bis Fuß in beige. Kamelhaarmantel, Pelzschal, Stiefel. Beide erzählen, daß sie an

einem Samstag außer Lebensmitteln und vielen anderen Dingen im Kaufhaus Neckermann besagte Schallplatte kauften. Eine LP zum Preise von 20,– DM. Zu Hause angekommen, hätten sie zu ihrem Bedauern festgestellt, daß sich die Version ihres Lieblingsliedes nicht mit der von ihnen immer wieder im Radio gehörten deckte. Daher hätten sie am darauffolgenden Dienstag, als sie sowieso wieder zum Großeinkauf zu Neckermann gingen, gehofft, die Platte tauschen zu können. Quittungen hätten sie zwar keine mehr besessen, auch von den übrigen Einkäufen nicht, wohl aber die Neckermann-Tragetüte. Eine junge Verkäuferin habe sich geweigert, die Platte zu tauschen, da diese schon einen Kratzer hätte. Hans und Christa redeten mit Engelszungen auf die Verkäuferin ein, die sich schließlich bereit fand, mit ihnen den Abteilungsleiter aufzusuchen, um dem die Bitte vorzutragen. Dort habe es dann Schwierigkeiten gegeben. Es hieß plötzlich, daß die vorgelegte Platte als Einzelstück zur Sicht ausgelegen hätte. Da sie nicht verkauft, aber plötzlich verschwunden wäre, müßte sie gestohlen sein. Die Polizei wurde geholt, Kunden und Verkäufer liefen sensationslüstern zusammen.

Hans: »Wenn wir etwas zu verbergen gehabt hätten, wären wir doch weggelaufen, anstatt auf einer Klärung zu bestehen. Immerhin warteten wir fast zwanzig Minuten vor einer Tür darauf, vernommen zu werden, ohne daß jemand bis dahin unsere Namen hatte.«

Der Vorsitzende, Amtsgerichtsrat Dr. Schröder, jung, bärtig, bebrillt: »Sie sagen, daß Sie viele Schallplatten haben, die Sie alle gekauft haben. Dann müssen Sie doch wissen, daß man Platten, die nicht versiegelt sind, nicht umtauschen kann. Sie kurz nach Hause nehmen, auf Tonband überspielen und dann tauschen? Das wußten Sie nicht?«

»Nein, ich hab doch kein Tonband.«

Der Vorsitzende: »Warum wiesen Sie nicht daraufhin, daß Sie noch die Kaufhaustüte hatten, wenn schon der Scheck fehlte?«

»Ich war viel zu aufgeregt. Es war furchtbar für mich, in Gegenwart aller Kunden des Diebstahls beschuldigt zu werden.«

Die Zeugen werden gehört.

Erst Dieter M., ein junger Verkäufer. Dicklich, beflissen, Backenbart, Schnurrbart, angeklatschte Mähne.

»Bei uns herrscht eine Kaufhausatmosphäre ohne aufdringliche Verkäufer. Wir lassen die Kunden immer erst in Ruhe aussuchen. Wir erkennen unsere Platten schon durch die Aufmachung. Wenn ein Kunde eine Platte in der Hand hält, stürzt man sich nicht gleich auf ihn. Es kann ja sein, daß er noch mehr kaufen will. – Meine Kollegin und ich sind eigentlich gleichgestellt. Ich habe nur eine indirekte Vormachtstellung. Deswegen kam sie wohl mit den Kunden zu mir. Sie hatte keinen Argwohn. Ich hätte zum Tausch auch ja sagen können, aber ich glaubte den Kunden nicht, daß sie die Platte auch wirklich gekauft hätten.«

Dann Birgit H., 19 Jahre, Verkäuferin. Schmal, keß, Stupsnase, langhaarig, enge Hosen, kurze Jacke, Schnürstiefel. Hamburgert erheblich:

»Die hatten keine Tüte und nix, ne.«

»Wieso vermißten Sie gerade diese Platte?«

»Ich seh doch, ob 'ne Platte weg is, ne? Da paß ich doch auf, daß keine Platte verschwindet!!«

»Sind Sie mißtrauisch geworden?«

»Türlich!! Kein Bon und nix, ne. Darum ging ich ja auch rauf zum Abteilungsleiter, ne.«

Hans, in heller Aufregung:

»Bitte, Fräulein, erinnern Sie sich. *Ich* bat Sie doch, mit mir zum Abteilungsleiter zu gehen! Es war doch *mein* Vorschlag! Wir sind doch zusammen rauf gegangen!«

»Nee, ich bin alleine rauf gegangen. Erst bin ich allein!«

»Sind Sie denn zweimal raufgegangen?« Keine Antwort.

»Das stimmt doch nicht! Ich ging doch gleich mit Ihnen!«

Hans, der keinen Anwalt hat und auf sich selbst angewiesen ist, wird immer wieder vom Vorsitzenden gerügt. Er soll seine Fragen besser formulieren.

Hans: »Entschuldigen Sie, aber ich denke doch nur an meine Haut.«

»Ich denke auch an Ihre Haut.«

»Die Erfahrung fehlt mir leider. Ich stehe hier zum ersten Mal und bin kein Rechtsgelehrter. Bitte verstehen Sie, daß ich hier heil rauskommen möchte.«

Der Vorsitzende Dr. Schröder schroff:

»Eine Frage ist ein Satz mit einem Fragezeichen. So geht es nicht. Eine *Frage* – dann halten Sie den Mund!«

Hans wieder:

»Bitte, Fräulein, nun sagen Sie doch: Sind Sie ein- oder zweimal raufgegangen zum Abteilungsleiter? War ich nicht gleich dabei?«

Der Vorsitzende faucht:

»Die Frage ist geklärt!«

Er kommt nicht auf die Idee, den im Gerichtssaal anwesenden Zeugen Dieter zur angeblich geklärten Frage zu befragen. Zum Glück meldet sich dieser, von mir durch Zeichensprache dazu ermuntert, selbst:
»Ich möchte meine Kollegin berichtigen. Der Kunde kam mit ihr zusammen rauf.«
Staatsanwalt Mehrke beantragt eine Geldstrafe von je 70,– DM. »Die Tat blieb ein Versuch. Es ist dem Warenhaus kein Schaden entstanden.«
Schlußwort von Hans:
»Was soll ich dazu noch sagen? Aber wenn die Verkäuferin nicht bewußt gelogen hat, wenn es stimmt, daß sie sich nicht daran erinnern kann, daß ich die Treppen mit ihr hochging, warum soll sie sich dann mit Sicherheit daran erinnern, ob sie nur noch e i n e Platte ›El Condor Pasa‹ im Regal hatte.«
Urteil: Freispruch mangels Beweises.
Als ich in einer Verhandlungspause etwas befremdet die *Witzlosigkeit* derartiger Prozesse anschneide, sagt der Staatsanwalt, an meine Einsicht appellierend, *ganz richtig zu mir:* »Aber, gnädige Frau, stellen Sie sich doch bitte vor, es wären I h r e Warenhäuser, die Sie sich hart erarbeitet hätten. Dann wäre es Ihnen doch auch nicht recht, wenn man Ihnen Ware entwenden würde.!«
Damit hat der Mann mich überzeugt.
In der Tat, wo käme man da hin?
Wäre ich Millionärin oder Milliardärin durch meiner fleißigen Hände Arbeit geworden, wäre ich gewiß nicht weniger kleinlich als Horten, Neckermann und andere strebsame Händler. Ich stöhne schon darüber, daß ich im Schweiße m e i n e s Angesichts arbeiten muß. Was soll erst der arme Horten sagen, der im Schweiße so v i e l e r Antlitze arbeitet?

Der zweite Fall betrifft einen Gastarbeiter, Giuliamo G.
»Dem Arbeiter G. wird vorgeworfen, er habe im Kaufhaus Horten Glückwunschkarten im Gesamtwert von 16,10 DM entwendet.«
Giuliamo, 29 Jahre, ein in Italien geborener Argentinier, ist eigentlich Schuhmacher. Er ist klein, dunkel, hat ölig glänzende, über den Kragen fallende Haare. Aus seinem hellgrauen Anzug guckt ein schöner, goldgelber Rollkragenpulli hervor. Vor dem Richtertisch in Tangostellung, mit einer Hand elegant in der Hüfte, verbreitet er, trotz seines traurigen Gesichts, Sonniges. *Das herrliche Spanisch seines Dolmetschers und die sprudelnde Suada des Angeklagten verstärken den Eindruck.*

Giuliamo, der seit 1969 in Hamburg ist, hat auch hier geheiratet. Nach nur wenigen Monaten Ehe hielt es seine Gattin im kalten Norden nicht mehr aus. Sie fuhr nach Argentinien zurück. Der Verlassene schickt ihr monatlich 200,– bis 250,– DM dorthin. Für 110,– DM wohnt er zur Untermiete. Ein Darlehen von 2000,– DM für die Überfahrt seiner Frau muß er noch an einen Freund zurückzahlen.
Der Dolmetscher: »Herr G. arbeitet jetzt in einer Asphaltfabrik.«
Der Vorsitzende, Amtsgerichtsrat Sörensen: »Das riecht man.«
Zur Sache läßt G. übersetzen, er habe die Glückwunschkarten bei Horten bezahlt. Er konnte sich nur ohne Sprache nicht verteidigen, als man ihn in die Acht nahm. Er sei nicht vorbestraft und habe noch nie in seinem Leben solche Probleme gehabt.
Der Dolmetscher: »G. kam direkt vom Kaufhaus Karstadt. Dort hatte er schon 7,45 DM für sechs bis sieben hübsche Karten bezahlt. Die hatte er in seiner Innentasche. Bei Horten kaufte er noch zusätzlich drei Packungen und einige lose Karten.«
Der Vorsitzende: »Was macht er denn mit so vielen Glückwunschkarten? 39 Stück?«
Der Dolmetscher: »Das ist nicht viel. Er hat eine so große Familie. Erst mal seine eigene Familie. Dann die seiner Frau. Und außerdem noch viele Freunde.«
Hereingebeten wird der Zeuge, der den kleinen G. in die Acht nahm. Uwe R., 33 Jahre. Beamter der Justizbehörde, zu aller Verblüffung. Im Nebenberuf, einige Stunden täglich, ambitiöser Warenhausdetektiv bei Horten. Merkmal: besonders unauffällig. Daß er nicht Geschädigter, sondern nur Angestellter bei Horten ist, wird zwar nur routinemäßig vom Gericht festgehalten, lohnt sich aber doch, in diesem Fall, besonders zu betonen.
Der Pflichtbewußte: »Ich habe ihn beobachtet. Ich sah die Bewegung des Wegsteckens in die Jackentasche. Ich hab ihn weiter beobachtet. Er suchte weiter Karten aus. Ich sah, wie er sich sorgsam umschaute und dann blitzschnell die Karten wegsteckte. Und zwar blitzschnell!!! Er zahlte dann an der Kasse –,50 DM und nichts weiter. Als ich ihn ansprach, tat er, als ob er nichts verstand. Ich nahm ihn leicht am Unterarm und holte seine Karten raus. Er gab die Tat zu und gab als Motiv Geldmangel an.«
Der Vorsitzende: »Sagte er wirklich: ›Ich gebe die Tat zu?‹ Und waren das alles Karten von Horten?«

Uwe R.: »Ich habe ja die Entnahme selbst gesehen. Ich beobachtete den Angeklagten ja erst auf zwei und dann auf neun Schritt Entfernung.«
Vorsitzender: »Woher wissen Sie denn die Schrittzahl so genau?«
Der Beamte, fast platzend vor Stolz: »Ich habe mir den Vorgang jetzt wieder erarbeitet. Hab mir die Schrittzahl nach der Vorladung ermessen.«
Der Vorsitzende hakt nach: »Die Ware ähnelt sich doch sehr. Sind Sie so sicher, daß es alles Karten von Horten waren?«
Uwe R.: »Ich kenne die Karten von Karstadt nicht. Dem steht aber, wie gesagt, entgegen, daß ich die Entnahme gesehen habe.«
Vorsitzender: »Werden denn häufig Glückwunschkarten bei Ihnen gestohlen?«
Uwe R.: »Bei uns wird an und für sich alles gestohlen.« Seine Stimme schwillt an: »Ich nehme täglich einen bis vier Diebe fest.«
Vorsitzender: »Und Sie halten trotzdem eine Verwechslung für ausgeschlossen?«
Uwe R., unbeirrbar: »Oh, ja!«
Wie erholsam waren zwischendurch die spanischen Sätze! Welch ein Fernweh packt einen beim Anblick und Anhören des selbstbewußten deutschen Jägers!!! Wie lebt wohl seine Familie mit ihm? Wer weiß, vielleicht gut, weil er sich außer Haus abreagieren kann, indem ihm immer wieder kleine Giuliamos in die Hände fallen.
Der Staatsanwalt: »Daß G. hier leugnet, ist sein gutes Recht. Dem Kaufhaus ist kein Schaden entstanden. Ich beantrage eine Geldstrafe von 60,– DM.«
So fiel dann das Urteil auch aus. G. muß 60,– DM zahlen. Wie es mit seinem Aufenthalt in Deutschland danach aussieht, weiß ich nicht. Allerdings war von einer Ausweisung nicht die Rede.
Noch etwas anderes weiß ich außerdem auch nicht: nämlich, wie teuer solche Prozesse, die im Schnitt zwei Stunden dauern, für die Staatskasse sind. Wieviel Zeit und Geld man aufwendet, um einen entstandenen Schaden von 5,– oder 15,– oder 20,– DM im Hause eines Multimillionärs zu ahnden. *In Anspruch genommen werden jedesmal Richter, Staatsanwälte, Beisitzer, Gerichtsschreiber, Saaldiener, Zeugen und Reinmachefrauen.*
Es wird schon seine Ordnung haben, denn was Recht ist, muß Recht bleiben.

Frage junge Verkäuferin bei Karstadt: »Wieso lieferst du Leute ans Messer?« – Sie, mit hochgezogenen Augenbrauen: »Wir können uns diese Diebstähle nicht leisten.« – Ich: »Wer, wir? Du redest, als würdest du Karstadt heißen.« – »Wir kriegen auch 50 Mark Prämie.« – »Kopfgeld, meinst du. Hoffst du, daß ich zahle oder laufe?«

Dezember 1971

Anklage: Blutschande

»Gegen den Arbeiter B. wird der Vorwurf erhoben, mit Gewalt seine 12jährige Stieftochter Katja T. zum Geschlechtsverkehr gezwungen zu haben.«

Eigentlich eine Anklage hoch vier:

- Beischlaf mit Verwandter
- Beischlaf mit Gewalt
- Beischlaf mit Personen unter 14 Jahren
- Beischlaf mit Abhängiger

All dies, vielleicht, am 20. 9. 1970 an ein und derselben Person verübt; an der inzwischen 13jährigen Schülerin Katja T. Na ja, so eine 12jährige kann schon sehr lecker sein! Das weiß man nicht nur aus Büchern und Filmen. Was da so auf Straßen und Märkten vorbeiwippt, hat schon so manch alter Frau über 20 einen Stich ins Herz versetzt.

Doch Katja verblüfft. Sie ist geradezu monströs! Sie ist groß und dick. Ein rundes Altweibergesicht. Klitzekleine Augen. Kurze, altmodische Locken – frisch vom Friseur. Bevor sie ins Heim kam, waren die Haare sehr lang. Sie stampft in den Zeugenstand. Wird gebeten, den langen Kunstledermantel abzulegen. Ein blumiger Supermini wird sichtbar. Das arme Mädchen sieht aus wie eine zu doll gestopfte Wurst. *Sie schiebt ihren großen Ring pausenlos um den Finger und macht vor lauter Nervosität allerlei Handgymnastik.*

Der Vorsitzende, Landgerichtsdirektor Knieschke, der immer hofft, daß die Jugendlichen, die hier erscheinen, durch das Fernsehgericht schon über Gerichtsvorgänge informiert sind, kann auch diesmal lange Erklärungen überspringen: »Du bist nicht gezwungen, hier auszusagen. *Beim Fernsehgericht werden die Leute meistens gar nicht gefragt, ob sie aussagen wollen. Da müssen sie einfach aussagen. In deinem Fall ist das anders.* Weißt du, warum? – Wer ist denn hier angeklagt?«

»Mein Stiefvater.«

Knieschke: »Siehst du, das ist es eben. Dein Stiefvater, ein Verwandter von dir. Darum bist du nicht gezwungen auszusagen. Hast du denn auch schon überlegt, was ihm alles passieren kann, wenn er hier verurteilt wird?«

Katja leise: »Ja, das weiß ich. Er kann ins Gefängnis kommen. Und die Ehe ist dann zerstört. Und das Sorgerecht wird weggenommen.«
Jemand muß ausführlich mit ihr darüber gesprochen haben.
Resultat: »Ich möchte nicht so gerne aussagen!«
Der Vorsitzende: »Du hast doch schon einmal bei der polizeilichen Vernehmung die Aussage verweigert. Warum hast du dann später ans Gericht geschrieben, daß du doch aussagen möchtest und dann da auch ausgesagt?«
Katja, verblüffend ehrlich – oder auch nicht: »Ich hatte so 'ne große Wut. Weil er mir alles versaut hat. Mit Ausgang und so.«
Der Vorsitzende Knieschke besorgt: »Du kannst jetzt gehen. Wie kommst du zurück ins Heim?«
Katja vergnügt, während die gewaltigen Schenkel wieder unter dem Maximantel verschwinden: »Draußen ist 'ne Aufsichtsperson. Damit ich nicht weglauf und so.«
Sie geht raus auf den Gang, wo außer der »Aufsichtsperson« noch allerlei andere ihr vertraute Personen, die als Zeugen geladen sind, warten. – Ihre Oma väterlicherseits, bei der sie, bis sie ins Heim mußte, wohnte und die sie viel zu sehr verwöhnte. Ihre Mutter, um deren Aufmerksamkeit sie ständig, meist vergeblich, rang. *Ihr Lehrer, den die Empörung über »das ewig schulschwänzende, hemmungslos verlogene, total verwahrloste« Mädchen gerne hier sein läßt. Die junge Sozialarbeiterin, die sagt: »Es ist nicht so bedeutsam für mich, ob die Mädchen mich anlügen oder nicht. Ich gehe unter einem besonderen Gesichtswinkel an sie heran.«*
Eigentlich fehlt nur Katjas Vater, der Alkoholiker, mit dem Katjas Mutter bis vor sechs Jahren verheiratet war. Sicher keine gute Ehe. Denn so, wie es den Alkohol im Leben des Vaters gab, so gab es seit Ende 1961 den jetzt angeklagten Helmut B. im Leben der Mutter. Als die so voneinander wegtreibenden Interessen 1966 zur Scheidung führten, war schon ein kleiner Bruder geboren, gezeugt, während die Scheidung lief. *Ein Junge, von dem Helmut B. annimmt, daß es seiner ist, von dem er trotzdem, wenn es um Geld geht, wütend sagt: »Nun zahl ich schon 6 Jahre für den Jungen des anderen.«* Katja kam damals gleich zur Oma. *Stiefvater Helmut: »Da wollt sie hin. Sie hat wohl mehr Freiheit da. Seitdem spielt sie immer einen gegen den anderen aus.«*
Mutter Hilde bekam inzwischen noch zwei Söhne. Mit diesen drei Kindern, die jetzt 4, 5 und 6 Jahre alt sind, mit ihrem neuen Mann und ihrer Mutter lebt sie in einer Vierzimmerwohnung. Wohnzimmer, zwei

Schlafzimmer, Kinderzimmer, Küche und Bad. Wenn Katja etwa ein- bis zweimal im Vierteljahr ihre Mutter besuchte, schlief sie im Doppelbett der Eltern mit, d.h. die wenigen Male, die sie da übernachtete. Der Stiefvater, den sie erst »Onkel Helmut«, später »Papa« nannte, zur Lageverteilung im ehelichen Doppelbett:
»Wenn sie schon mal über Nacht blieb, dann schlief sie bei ihrer Mutter im Bett.«
Knieschke: »Wo denn? Zwischen Ihnen?«
»Bei meiner Frau hauptsächlich.«
Helmut B. erzählt: »Sie kam nur, wenn sie wollte. Dann holten wir sie mit meinem Firmenwagen morgens ab und brachten sie meistens abends um 19.00 Uhr herum wieder zurück. Was meine Frau für ein Verhältnis zu ihr hat, weiß ich nicht. Sie kam ja so selten, da kann man es schlecht beurteilen. Vor den Kleinen spielte sie sich immer als Große auf und brachte alles bei uns durcheinander. Ich hab meiner Frau zum Schluß gesagt, daß ich die Katja am liebsten gar nicht mehr bei uns sehen würde. Aber verbieten konnte ich es ihr nicht. Es ist ja schließlich ihre Tochter.«
Helmut B., 32 Jahre alt, Arbeiter, nicht vorbestraft, ist, in Anbetracht seiner Situation, verblüffend gelassen vor Gericht. Er ist schlank, von oben bis unten in gutsitzendem Blau. Das Haar, lang nach hinten gekämmt, gibt die niedrige Stirn frei. Lange Koteletten umrahmen das Ohr. *Der charmante Richter Knieschke, ein Mann neuer Zeit, wenn auch nicht junger Jahre, sagt: »Sie können selbst entscheiden, ob Sie sitzend oder stehend aussagen wollen.«*
Dann, an alle gewandt: »Ich schließe grundsätzlich die Öffentlichkeit aus. Natürlich nicht, um die Öffentlichkeit zu schützen, das wäre Quatsch. Hier gibt es ja nichts, was man nicht in jedem Eckkino erfahren kann. Nein, den Mandanten will ich vor der Öffentlichkeit schützen.«
Helmut B. weiß natürlich, warum er hier ist. In den Akten sind Katjas Aussagen nachzulesen: »Ich bin das Wochenende 19./20. September bei meiner Mutter gewesen. Eigentlich wollten wir Omas Geburtstag feiern. Aber weil meine Mutter plötzlich zur Arbeit mußte, wurde nichts daraus. Sie arbeitet von 18.00 bis 3.00 Uhr als Küchenhilfe in einer Kantine. Ich ging ins Bett. Er kam bald nach. Er zog mir das Hemd hoch. Ich hab ganz laut geschrien. Da hielt er mir Mund und Nase zu. Und steckte sein Geschlechtsteil rein. Dann wurde mir schwupperig. Er sagte: ›Wenn du was sagst, sag ich, du hast vierzehn Tage die Schule geschwänzt.‹ *Dann ging ich zur Toilette. Ich blutete stark, und das Bett-*

laken war auch ganz blutig. Ich dachte: ›So ein Schwein!‹ Dann weichte ich das Laken im Badezimmer ein und habe es ausgewaschen. Es ist fix trocken geworden. Und ich hab es wieder aufs Bett gelegt. Als Mutti nach Hause kam, hat sie nichts gemerkt.«

Helmut B. sieht das etwas anders: *»Ich hab ja keinen persönlichen Kontakt zur anderen Oma, weil der geschiedene Mann da kommt. Mit dem hab ich mich mal geprügelt. Ich hab Katja mit meiner Frau zusammen da immer abgeholt. Auch am 19. September. Die Feier fiel ja aus.* Um 18.00 Uhr fuhr ich meine Frau wie immer zur Arbeit. Zurück wurde sie immer gebracht. Von da aus fuhr ich direkt zu meinem Schwager und seiner Frau. Da blieb ich. Den ganzen Abend. Als ich nachts um drei nach Hause kam, wachte meine Schwiegermutter auf. Ihre Tür steht immer offen, damit sie die Kinder hört. Die hat einen ganz leichten Schlaf und wacht immer auf, wenn einer kommt und geht. Katja lag im Bett meiner Frau und schlief. Sie hat immer viel an nachts, nicht nur ein Nachthemd. Auch immer Unterwäsche. *Außerdem hatte sie ihre Tage. Das hat ihre Oma uns gesagt, als wir sie abholten.* Ich zog meinen Schlafanzug an und hab gelesen, bis meine Frau kam.«

Landgerichtsrat Hipp: »Waren Sie vielleicht etwas angetrunken?«

»Ich trinke überhaupt nicht, da ich Autofahrer bin.«

»Alle Achtung! Das ist für die meisten anderen leider gar kein Grund. – Aber was ist mit der Drohung?«

»Damit hätte ich ja gar nicht drohen können. Meine Frau wußte durch die Schulbehörde immer viel früher als ich, daß Katja die Schule schwänzte.«

Den Sonntag über blieb Katja bei ihrer Mutter. Als diese weg war, wollte auch Katja gehen. »Er gab mir kein Fahrgeld und schickte mich ins Bett. Dann kam er nach und spielte an mir rum. Ich weinte. Und wollte nicht. Da drohte Papa, mit Mutti zu telefonieren. Aber er tat nur so. Danach hatte er wohl auch keine Lust mehr.«

Helmut B.: »Am Sonntag fuhr ich meine Frau wieder zur Arbeit. Danach kurz nach Hause, weil ich sonntags den Firmenwagen nicht benutzen mag. Die Kleine wollte unbedingt Fahrgeld haben. Ich sagte immer wieder nein, aber sie pausenlos: ›Ich muß nach Haus‹, als ob sie eine Verabredung hätte. Ich wollte ihr kein Geld geben, weil sie schon so oft durchgebrannt war. Wenn wir sie abends nach Hause fuhren, machte sie meistens vor dem Haus ihrer Oma auf dem Absatz kehrt und war zu irgendwelchen Jungs hin verschwunden. Meistens husch weg in die Ruinen Glashüttenstraße bei den Schlachthöfen. – Ich rief meine Frau an, um zu fragen, was ich mit ihr machen sollte. Wenn sie gesagt hätte: ›Gib ihr Fahrgeld‹, hätte ich es ihr gegeben. Aber sie sagte: ›Katja muß mal eine gelangt kriegen.‹ Da wollt ich ihr eine kleben. Sie wissen ja, wie so was ist! Aber ich bin ja nicht erziehungsberechtigt. Und Katja schrie: ›Das darfst Du ja nicht! Und mein Freund ist 18 und macht Karate.‹ Da bin ich wieder zu meinem Schwager gefahren. Nur bis um elf, weil ich ja früh hoch muß.«

»Was haben Sie denn dann im Bett gemacht?«

»Ich rauch meistens noch 'ne Zigarette.«

Knieschke entsetzt: »Waaas?? Im Bett?? Da seien Sie man vorsichtig! – Und Sie haben sie nicht gezielt berührt? Versucht, das Glied einzuführen?«

Helmut B.: »Nein! Dann hätte ich ja wach sein müssen und sie ausziehen. – Berührt? Das will ich nicht abstreiten. Vielleicht bin ich im Schlaf rübergerutscht. Ich lieg manchmal quer im Bett, wenn ich aufwache.«

»Dann kommt es wohl gelegentlich auch zum Geschlechtsverkehr mit Ihrer Frau?«

»Das liegt drin.«

»Wenn Sie so rutschen, liegen Sie dann halb auf Ihrer Frau?«

»Haha, das nicht, aber in ihrem Bett. – Wenn ich unbedingt gewollt hätte, dann könnte ich mir ein Mädchen suchen.«

Knieschke nachdenklich: »Das ist nicht gesagt. Es ist eben nicht eine wie die andere. Stiefväter sind nicht blutsverwandt. Da verliert so mancher die Besinnung. Davon leben wir zum größten Teil hier« – mit Blick in die Runde. *Stiefvater: »Aber wir waren uns ja nicht ganz grün. Insofern laß ich mir von ihr ja nicht sagen: ›Das will ich jetzt – und das will ich jetzt.‹ Über den Untermieter bei ihrer Oma hat sie auch Dinge erzählt. Schläge in der Nacht und so.«*

Oma Ella T., 60 Jahre, als Zeugin. Klein, grau-kraus, blaß und lieb. Dunkelgelbe Zähne. Karierte Einkaufstasche vor sich umklammernd.

Der Vorsitzende: »Beruf?«

Oma: »Nein, ich bin nur Hausfrau.«

Knieschke: »Das ist doch auch ein Beruf. Kein leichter.«

Oma: »Sie war wiederholt mal ungezogen. Da drohte ich: ›Du mußt dahin, zu Deiner Mutter.‹ Das war mein Druckmittel. Als sie sagte: ›Da lauf ich weg. Ich laß mich doch nicht anfassen‹, dachte ich ja nur an Schläge.«

»Was hat sie Ihnen denn später erzählt?«

»Lediglich, daß er sie angefaßt hat.«
»Wo?«
»Im Bett.«
»Nein. Welche Stelle?«
»Daß er einen regelrechten Verkehr vorgeführt hat.«
Dann braust Oma auf: »Für mich ist das widerlich, so was zu erzählen!! Kann ich auch gar nicht. Weil Katja sagte: ›Oma, nun frag mich doch nicht so viel! Auf der Kripo mußte ich schon so viel erzählen.‹ Erst dacht ich ja, die spinnt. Aber weil Helmut nach dem Vorfall nie wieder zu uns kam, glaub ich nicht, daß Katja lügt in dieser Hinsicht. Danach war sie auch nervöser und frecher als vorher. ›Omi, bekomm ich jetzt 'n Kind?‹ fragte sie.«
Helmut B., aufgebracht: »Du mußt doch zugeben, daß sie dauernd verschwunden war. Immer mußte die Polizei sie suchen, weil sie sich rumtrieb. Die war doch viermal als vermißt gemeldet.«
»Ja, aber da war sie doch nicht mit Männern. Nur mit Rockern auf dem Dom.«
Helmut B.: »Und wo sie in der Kommune gewesen ist? Zehn Tage im Abbruchhaus?«
Oma, mit dem Rücken zum Richter: »Das war ja da noch gar nicht.«
Lautes Palaver. Sehr privater Art über vorher und nachher.
Der Vorsitzende Knieschke: »Frau T.! Frau T.! Gucken Sie mich lieber an. Ich bin zwar nicht besonders attraktiv . . . aber trotzdem. War Katja denn ein bißchen verwahrlost?«
»Na ja, die Schule war nicht so ihr Fall.«
»Warum wollte Ihre Enkelin nicht aussagen, was glauben Sie?«
Oma nachdenklich: »Ich weiß ja nicht. Aber ihre Mutter sagte: ›Wenn mein Mann bestraft wird, geht es meiner Tochter schlecht.‹«
Blieben als Zeugen noch die Sozialarbeiterin Wiese, ein junges Mädchen von 30 Jahren, und Katjas Mutter, die Küchenhelferin Hilde, eine alte Frau von 31 Jahren.
Sie wirkt, wie viele Italienerinnen, als sei sie die Mutter ihres Mannes. Auch groß und dick, aber nicht so unappetitlich wie die Tochter. Doppelkinn, helle Haut, naturblond. Leuchtendroter Lippenstift im roten Gesicht. Glänzender Ehering am Wurstfinger.
Mutter: »Mein Mann hat sie immer stets und ständig abgeholt. Das war ein sehr nettes Verhältnis. *Die Erziehung hat er mir stets und ständig überlassen. Wenn ich mit ihr nicht zu Rande kam, hab ich schon mal ge-*

sagt, er soll mal ein energisches Wort mit ihr reden. Da war ja dauernd was. Mit der Schule. Dann kriegte ich einen Zahlungsbefehl für 108,– DM Taxi. Sie hat ja auch gesagt, sie müßte mehr ausfressen, damit ich mich mal ein bißchen mehr um sie kümmer. Und immer die Jungs in der Sandkiste.«

Der Beisitzer, Landgerichtsrat Hipp: »Ja, sagen Sie mal, finden Sie es nicht aufreizend, wenn sie mit so dicken Beinen im Mini rumläuft? Und neben Ihrem Mann schläft?«

Schulterzucken.

Staatsanwalt: »Warum haben Sie sie nicht im Wohnzimmer schlafen lassen?«

Mutter: »Das hab ich mir danach ja auch schon vorgeworfen. Aber ich dachte, vielleicht spielt sie da am Radio rum.«

»Meinen Sie denn, daß Ihr Mann das getan hat?«

»Ich weiß es nicht, aber ich glaub es nicht. Irgendeinen Ton hätte meine Mutter ja hören müssen.«

»Sie sollen ja gesagt haben: ›Wenn das wahr ist, dann geht mein Mann ab für mich!‹«

Die rotblonde Strafverteidigerin Dietlind Hauck, die die Erstellung eines Glaubwürdigkeitsgutachtens Katjas durchgesetzt hat, fragt: »Am Sonntag, nach dem angeblichen Vorfall, waren Sie doch den ganzen Tag mit Ihrer Tochter zusammen. Kam sie Ihnen denn da nicht irgendwie verändert vor?«

»Nein, überhaupt nicht.«

»War sie nicht anders als sonst?«

»Nein, überhaupt nicht.«

»War sie niedergedrückt?«

»Nein, überhaupt nicht.«

»War sie fröhlich?«

»Nein, überhaupt nicht!!!«

»Waren die sexuellen Beziehungen zwischen Ihnen und Ihrem Mann zufriedenstellend für beide Teile?«

»Ja.«

»Lag Ihr Mann manchmal quer im Bett?«

Frau Hilde, eisig, mit zusammengepreßten Lippen: »Wie soll ich das verstehen?«

Zum Schluß sagt sie nur noch, daß sie keine weitere Verbindung zu ihrer Tochter wünsche. Warum?

Mutter: »Wegen der Geschichten. Und Kommune. Und nachts weg und alles.«
Ihr Lehrer spricht von »völliger Verwahrlosung«: »Wobei ich nicht Kommune als Verwahrlosung ansehe. Mit den Jungs in der Schule hatte sie nichts. Die sind ja alle wesentlich kleiner.«
Frl. Wiese sagt: »Katja hat ein enormes Geltungsbedürfnis. Sie neigt deswegen dazu, die Wahrheit etwas zu ergänzen. Sie hat es sehr schwer. Sie bietet ja keinen ansprechenden Anblick.«
Das hohe Gericht geht darauf ein. Knieschke: »Es ist ja ein Schicksalsschlag, so auszusehen. Wenn Körper und Geist so divergieren. Aber muß sie sich so anziehen? Sie hat ja Mühe, ihre Unterkleidung im Stehen zu verbergen!«
Aus dem Beisitzenden bricht es gequält heraus: »Diese riesigen Oberschenkel!«
Frl. Wiese: »Das Mädchen ringt um Anerkennung.«
Knieschke: »Wer ringt nicht um Anerkennung? Aber sie ringt eben mit unlauteren Mitteln.«
Davon ist auch die Pflichtverteidigerin Dietlind Hauck überzeugt, was sie temperamentvoll und witzig in ihrem Plädoyer zum Ausdruck bringt.
Freispruch. Denn keiner war dabei.

Dezember 1971

P. S.
Die Dunkelziffer mißbrauchter Kinder ist enorm. Aber das, was dank der Frauenbewegung an den Tag kommt, ist trotzdem reichlich. Fast jede zweite Frau scheint einschlägige Erfahrungen gemacht zu haben.

Mai 1990

Freunde im Wohnlager

Ein wunderschönes Beispiel von Zusammenhalten wurde jetzt vor Gericht geliefert. Die Überenge eines Wohnlagers kann also, aus welchen Gründen auch immer, nicht nur trennend, sondern auch verbindend wirken.

Die Anklage lautet auf versuchten Totschlag. Obwohl dieser Versuch fast gelang, fühlt sich keiner gekränkt, trägt keiner dem anderen etwas nach. Im Gegenteil, der Angeklagte ist in die Zeugen der Anklage warm eingebettet. Der 38jährige Maurice L. ist wohlgenährt, südlich, weinbäuerlich. Schnurrbart, viel Glatze und wenig schwarze Haare. Zum grauen Anzug ein leuchtend violetter Schlips mit passendem Brusttuch. Er strahlt auf der Anklagebank die besonnene Ruhe eines Anglers aus.

Jetzt ist der Mann Koch in einem Restaurant. Normalerweise werden die Küchenmesser in seiner Hand wohl nicht so zweckentfremdet wie das, das auf dem Tisch vor den Richtern und Geschworenen liegt und einen schaudern läßt. Ein Küchenmesser mit besonders langer, schmaler, gewundener Klinge, das einen an Harakiri und andere unangenehme Dinge denken läßt. Maurice L. war früher Steward auf einem Musikdampfer. Obwohl er damals noch verheiratet war, musterte er vor einigen Jahren ab, um mit seiner neuen Liebe, Frau Gerda, zusammenzuziehen. Mit der geschiedenen Frau bezog er zwei Zimmer im Wohnlager. Beide arbeiteten fleißig – Frau Gerda als Reinemachefrau. Heute haben sie einen gemeinsamen Sohn, und auch Maurice ist frei für eine neue Ehe.

Obwohl Maurice, der aus Mechelen im flämischen Teil Belgiens stammt, fast fließend deutsch spricht, steht ihm, damit ihm auch keine Silbe entgeht, Herr Dr. Bauer als Dolmetscher unermüdlich bei.

Die Vernehmung ergibt, daß Maurice seine Feierabende so ruhig und bieder verbringt wie die meisten Leute, die müde von der Arbeit nach Hause kommen. »Dann haben wir gegessen und ferngesehen. Und ich trank dazu mal Bier oder Korn mit Brause.« Als Maurice von seinem Hobby erzählt, verliert er vor Begeisterung fast die Ruhe: »Ich habe ein Aquarium. Da drin sind 30 Zierfische. Die müssen immer schön ge-

pflegt werden.« Zur Tat befragt, erzählt er: »In so einem Lager hat man ja viele Bekannte. Da gibt es oft Gründe zu Feiern. Letztes Jahr, am 31. 1., kam mein Nachbar, Ulli P., rüber und bat uns zu sich. Seine Familie war auch da. Da gab's reichlich zu trinken. Ich kann nicht soviel Alkohol vertragen.«
(Der medizinische Gutachter, Herr Professor Schröder, stellt fest, daß der 84 Kilo schwere Maurice, bei dem 2,1 bis 2,2 Promille nach der Tat festgestellt wurden, ab 19.30 Uhr etwa 30 Korn getrunken haben muß.)
An dem Abend muß es wie bei den 10 oder 20 Negerlein gewesen sein.
»Erst waren eine ganze Menge Leute da. Dann ging einer nach dem anderen weg...«
Zum Schluß waren nur noch die Frau des Gastgebers, der schon ins Bett gegangen war, und ihr Bruder da. Der Bruder, in dem später das Messer *vorübergehend* verschwand. Wie es dazu kam, weiß Maurice nicht zu erzählen. (Der Gutachter hält Gedächtnislücken in so einem Fall nicht für unüblich, wenn auch schwer zu überprüfen.)
Keine ganz so große Lücke weist das Tatopfer, der Gerüstbauer Karl-Heinz M., auf. Obwohl auch er von einem Motiv genausowenig zu erzählen weiß wie sein Freund, der Täter. Der Auftritt des inzwischen genesenen Zeugen verblüfft. Wird er doch aus dem UG vorgeführt. Warum er sich im UG befindet, ist aus ihm nicht herauszubekommen. Man munkelt etwas von einer nicht eingehaltenen Bewährungsfrist.
»Wir waren ja nur noch zu dritt da. Moritz, ich und meine Schwester Ingrid. Der Moritz wollte was mit ihr anfangen. Und redete von Liebe und so. Ich sagte: Laß das, das hat doch keinen Sinn. Die ist doch verheiratet und hat 6 Kinder. Das Kleinste ist doch erst drei Wochen. Ihr Mann schläft doch auch nebenan. Der ist sehr eifersüchtig. Deine Freundin und dein Sohn schlafen ja auch schon. Geh man lieber wieder rüber. Als Ingrid dann zu ihrem Mann ins Bett gegangen war, ging Moritz auch. Da hab ich die Haustür abgeschlossen und bin in die Küche gegangen, um noch eine Zigarette zu rauchen.«
Karl-Heinz denkt zurück: »Da klopfte es plötzlich an der Tür. Ich hab wieder aufgeschlossen und die Tür aufgemacht. Da kam das Messer rein.«
Der Vorsitzende, Landgerichtsdirektor Herbert Schmidt, erstaunt: »Das Messer kam alleine rein?«

Der Zeuge: »Nee, da war 'ne Hand dran. Und dann kam Moritz. Er stach sofort zu. Ich wehrte mit dem Handgelenk ab und wurde am Oberschenkel getroffen. Ich wachte erst im Krankenhaus wieder auf.«
Der Vorsitzende: »Leiden Sie noch an den Folgen der Verletzung? Der Stich traf ja die Schlagader.«
Karl-Heinz: »Ja, ich hab immer noch so 'n Zittern. Früher war ich ein begeisterter Sportler. Das ist ja nun vorbei. Als Moritz mich im Krankenhaus besucht hat, das hat mich sehr gefreut. Er sagte zu mir: ›Ich weiß gar nicht, warum ich das gemacht habe. Wir hatten ja gar keinen Krach.‹ Wir haben uns ausgesprochen und sehr gut verstanden.«
Der Vorsitzende nachdenklich:
»Sind Sie ihm denn überhaupt nicht böse?«
Karl-Heinz perplex: »Ich? Nee! Warum??«
Er wird wieder abgeführt.
Nun wird seine Schwester reingelassen. Zart, trotz der 6 Kinder. Naturblond, blaß und mädchenhaft. Trotz der Eiseskälte in Minirock und schwarzen Netzstrümpfen. Sie wäre, wenn sie in einem anderen Milieu aufgewachsen wäre, sehr hübsch geworden. So ist sie abgearbeitet, und ihr fehlen rechts die Oberzähne.
Durch das Juristendeutsch ist sie restlos verwirrt. Das geht so weit, daß der Vorsitzende, der wohl auch meint, daß man sich verständlicher ausdrücken kann, dem Verteidiger sagt: »Die Zeugin ist ja keine Germanistik-Studentin.«
Trotzdem, auch er, der immer wieder wissen will, durch welche Worte der Angeklagte sich der Zeugin in der Tatnacht frivol genähert hat, hört in ermüdender Weise nur immer wieder: »Daß er mich lieben tut.« Erschöpft meint der Vorsitzende: »Die Wahrheit entlastet am meisten.«
Ingrid: »Ja, 'türlich.«
Vorsitzender: »Ja, dann sagen Sie doch endlich genau, was los war.«
Sie wieder: »Nichts. Kein Streit. Nichts.«
Er wieder; jetzt vom Papier ablesend: »Er hat doch deutlich zu Ihnen gesagt – das steht hier im Protokoll und das ist ja auch keine Schande für Sie: ›Ich will den außerehelichen Geschlechtsverkehr mit dir ausüben.‹ Das hat er doch zu Ihnen gesagt!«
Die arme Ingrid, fassungslos und jetzt total verwirrt: »Nee, nee, das hat er nicht. Da war auch kein Streit.«
Der Vorsitzende: »Aber so steht es doch hier. Na ja, kann schon sein,

daß er anders formuliert hat. Hat er vielleicht gesagt: ›Ich will mit dir einen machen!?‹ Das verstehen Sie doch?«
Ingrid: »'türlich. Aber so hat er nicht gesagt! Nur, daß er mich lieben tut und mit mir schlafen will.«
Nun will der Verteidiger, Rechtsanwalt Dr. Warburg, dringend wissen, ob der Angeklagte seinen Beischlafswunsch direkt an sie gerichtet habe oder an ihren Bruder:
»An wen wandte er sich mit seiner Frage?«
»Nur so, daß er mit mir ins Bett will.«
Dr. Warburg, immer lauter und wütender:
»Ja, wem hat er das gesagt? Ihrem Bruder?«
»Ja, aber ich war da ja bei. Ich hab mir den Schuh angezogen. Mit meinem Bruder wollte er ja nicht ins Bett!«
Alle lachen laut.
»Mein Bruder hat ihm dann aber scharf Bescheid gesagt, von wegen, daß das nicht geht. 'ne Frau mit 6 Kindern und alles. So was hat er ja auch nie vorher von mir gewollt.«
Der Gutachter, Professor Schröder: »Vielleicht nur, weil er blau war?«
Ingrid lakonisch: »Ja, das kanns auch haben. Und danach bin ich dann gleich abgehaun. Als ich dann im Bett war, hörten ich und mein Mann nur: ›Auuu!!!‹ Da war alles schon voll Blut, meine ganze Couch. Bei meinem Bruder kamen richtig so 'ne Klumpen Blut unten aus der Hose raus. Als ich dann Moritz mit dem langen Messer in der Hand sah, hab ich ihm welche runtergehauen und geschrien: ›Du Sau, mit 'm Messer.‹«
Der Vorsitzende ungläubig: »Ihm eine runtergehaun? Dem Mann. Mit dem Messer in der Hand?«
Ingrid: »'türlich. Damit er's losläßt. Mein Mann hielt ihn auch schon von hinten fest. Dann ist er ausgerutscht. Weil doch das Blut da war.«
Einige der Anwesenden verfärben sich ins Grünliche.
Der Vorsitzende: »Wir in dieser Runde haben ja nun nicht seit Freitag durchgezecht, aber können uns vorstellen, daß es nicht so ganz leise bei Ihnen zuging. Sie müssen doch etwas von einem Streit mitbekommen haben.«
Ingrid: »Nee, außer ›au‹ war gar nichts zu hören. Ich hatte ja auch nichts getrunken, darum weiß ich alles. Ich hab nur den Männern Bier und Brause eingeschenkt, weil die das ja sonst auf meinem Teppich verschütteten.«

Anwesende Hausfrauen nicken. *Arme kleine Ingrid, die dann Blut statt Brause wischen mußte.*
Ingrid wird entlassen und ihr Mann als nächster gefragt. Ulli, Gerüstbauer, 39 Jahre, sieht gut aus. Grauhaarig, dennoch jungenhaft. *Schlank, Dezent.*
»Wir hatten durchgesoffen. Ich wurde müde und ging ins Bett. Wieviel Moritz getrunken hat? Wer kann das schon sagen? Jeder paßt auf, daß er selber was abkriegt. Das ›Au‹ muß ganz schön laut gewesen sein, sonst wäre ich ja nicht aufgewacht. Wir dachten erst, er hat sich naß gemacht. Aber das war Blut. Die ganze Küche schwamm. Ich dachte, er geht ein.«
Vorsitzender: »Wie erklären Sie sich denn das Ganze?«
Die logische Antwort: »Da muß Streit gewesen sein. Aber da kann kein Streit gewesen sein. Ich hab ja nichts gehört.«
Verhandlungspause. Ingrid und Ulli lungern noch draußen rum. Frau Ingrid, jetzt ganz aufgekratzt, sagt zu mir: »Ich geh wieder rein. Schön hier. Mal was anderes. Man kommt ja sonst nicht aus dem Haus bei all den Gören.« Und freut sich über 14,– DM Zeugengebühren.
Dann scharen sich alle, Verwandte und Bekannte aus dem Wohnlager, um eine klitzekleine verhärmte Frau im orangefarbenen Pulli und grüner Hose. Und reden auf sie ein: »Gerda, du kannst ihn doch nicht belasten.«
Gerda: »Nö, will ich ja auch nicht.«
Das ist Gerda, die 45jährige blonde Braut, die von ihrem Recht auf Aussageverweigerung Gebrauch macht. Nachdem sie, als der Vorsitzende ihr einen Sitzplatz anbietet, ihm, der viel und gern lacht und auch uns dazu verhilft, sagt: »Ich bleib lieber stehen, sonst seh ich ja gar nichts.« Dann geht sie nach hinten zu ihren Freunden, die sehr zufrieden mit ihr scheinen.
Ein Zeuge wird noch aufgerufen. Otto Sch., Facharbeiter, 23 Jahre. Der, nachdem er ein Loblied auf seinen Nachbarn Maurice gesungen hat, sagt: »So, weitere Fragen an mich lohnen sich nicht. Ich hatte nämlich einen schweren Unfall. Schädelbruch. Was nützt Ihnen das Fragen, wenn Sie meine Aussagen nicht verwerten können.« Der Vorsitzende spricht aus, was jeder denkt: »Sie sagen das so triumphierend!«
Auch Otto setzt sich zu seinen Freunden.
Völlig offen bleibt also das Motiv. Die Möglichkeit sprachlicher Mißverständnisse wird erwogen. Man kann sich in der Nacht ja auch leise miß-

verstanden haben. Als Schürzenjäger war Maurice jedenfalls niemals bekannt. Professor Schröder spricht von den Schmerztabletten, die der damals krankgeschriebene Maurice schon seit einer Woche nahm. Und spricht ihm den § 51.2 zu. Das Urteil: 1 Jahr und 3 Monate Freiheitsentzug wegen gefährlicher Körperverletzung, begangen im Vollrausch. Gegen eine Buße von 700,– DM setzt das Gericht die Strafe zur Bewährung aus. Einträchtig und sehr erleichtert ziehen alle gemeinsam von hinnen. Befürchtet man, daß auch Maurice den Mund hätte aufmachen können?

Oh, wie gerne würde ich doch die Geschichte hinter der Geschichte kennen!!!

April 1972

Kommunisten schlägt man schneller

Geprügelt wurde kreuz und quer *wie eh und je, aber bei den Festnahmen ging man nicht ganz so wahllos vor wie sonst.*
Diesmal puhlte man einige der DKP-Elite als Rosinen aus dem Demonstrationskuchen heraus. Festgenommen wurden:
der DKP-Bezirksvorsitzende Hans Schneider, sein Stellvertreter Werner Feldmann, das Mitglied des DKP-Parteivorstandes, die Journalistin Lilo Schneider, das Mitglied des DKP-Kreissekretariats Robert Jung und der DKP-Kandidat bei der Landtagswahl 1970 und Mitherausgeber des »kürbiskern«, Conrad Schuhler.
Als sich jetzt auch noch die Mißhandelten, nicht ihre Verfolger, vor Gericht verantworten mußten, war der Skandal in der Olympia-Stadt München perfekt. Man konnte lesen: »Polizei und Justiz schützen Neonazis! Prozesse gegen Demokraten! Vor einem Jahr, im April 1971, riefen der DGB, Vertreter verschiedener Parteien – außer der CSU – und Persönlichkeiten des öffentlichen Lebens zum Protest gegen die damalige Hetzkundgebung Dr. Freys, des Vorsitzenden der neo-nazistischen Bewegung DVU (Deutsche Volksunion) und Herausgebers der »Deutschen Nationalen Soldatenzeitung« auf. Die Münchner dürfen nicht dulden, so sagte auch OB Vogel, daß Demagogen wie Dr. Frey, »die die Sprache Hitlers sprechen«, weiter ihre Hetze betreiben. Denn bei Kundgebungen von Rechtsradikalen hörte man schon Rufe wie: »Scheel und Brandt an die Wand«, »Macht aus jedem Roten einen Toten«, »Schluß mit dem Verrat«. Nach Freys Protestkundgebung demonstrierten mehr als 1000 Münchner der verschiedensten politischen Auffassungen – Sozialdemokraten, Kommunisten, junge Arbeiter und Studenten – zum »Schwabinger Bräu«, um die Nazi-Provokation mit legalen Mitteln zu verhindern. Die Polizei, unter dem Kommando des CSU-Bürgermeisters Steinkohl, schützte die Nazi-Kundgebung und ging gegen die Demonstranten vor.
Am 4.4. 1972 steht als erster Hans Schneider vor Gericht. *Angeklagt des Widerstandes gegen die Staatsgewalt. Er ist zu 80 % schwerkriegsbeschädigt und einarmig und sicher nicht in der Lage, sich gegen eine Mehrzahl kräftig zupackender Polizisten körperlich zu wehren. Er trägt trotzdem zahlreiche schmerzhafte Prellungen davon. Mit großem Ge-*

schick gelingt es dem Gericht, ihn wegen Aufforderung zur Nötigung zu verurteilen. Nachdem man Widerstand gegen die Staatsgewalt schon fallengelassen hatte. Zwar nur zu 300,– DM, ersatzweise 12 Tage Haft, aber auch das setzt Frey und Konsorten ins Recht.

Da hilft auch nicht, daß zahllose prominente Augenzeugen, wie z. B. Dr. Jürgen Böddrich, Landtagsabgeordneter der SPD und Oberstudiendirektor, Dieter Lattmann, Präsident des Verbandes deutscher Schriftsteller, Eckart Spoo, Vorsitzender der deutschen Journalisten-Union, Dr. Erika Runge, Kulturpreisträgerin der Stadt München, Willi Dick, Betriebsratsvorsitzender bei Siemens, Dr. Jürgen Heckel, Tierarzt und SPD-Kreisverbandsvorsitzender, Klaus Budzinski, Schriftsteller und Theaterwissenschaftler, und Berta Karola Karg (von 1933 bis 1945 im KZ) vor Gericht dem Hans Schneider passiven *demokratischen* Widerstand bestätigten.

Eine Woche später stehen dann Lilo Schneider, die Frau von Hans, sowie Conrad Schuhler vor demselben Gericht. Ein junges Gericht, in gleicher Besetzung: Amtsgerichtsrat Dr. Hill. Ein unschuldig aussehender junger Mann mit weichem Mund und Kinderaugen, der seine blonden Haare von ganz hinten nach vorne kämmt, um kahle Stellen zu verdecken. Rechts vor ihm Staatsanwalt Weiss. *Der Verhandlungssaal sieht aus wie ein freundlich gehaltener Hörsaal. Die hinteren Bänke sind dicht besetzt von Freunden der Angeklagten. Pressevertreter sind sonderbarerweise keine anwesend. Mit Ausnahme eines jungen Mannes der Polizeipressestelle und mir.*

Wüßten wir nicht, daß die Anklage gegen Lilo Schneider auf schwere Körperverletzung und Widerstand lautet und Conrad Schuhler wegen zweifachen Landfriedensbruchs, Beleidigung, schwerer Körperverletzung und Widerstandes vor Gericht steht – durch den Herrn Staatsanwalt hätten wir es nie erfahren. Er murmelt die Anklageschrift mit so einem Affenzahn runter, als wäre es ihm peinlich. Müßte es ihm auch sein.

Desto deutlicher spricht Conrad Schuhler, dem die im Dialekt vorgetragene Beleidigung – »drückt's die Hunde zusammen, die Drecksäue« – in den hochdeutschen Mund gelegt wird.

Conrad Schuhler sieht aus wie Omar Sharif. *Hellblaue Augen zum dunklen Haar, voller Schnurrbart. Sehr elegant und sorgfältig aufeinander abgestimmte Kleidung.* Doch die Werbeglätte ist nur äußerlich.

Schuhler: »Ich bin Diplomvolkswirt, Ökonom, Soziologe und Redakteur. Mein Lebenslauf ist von der Sache nicht zu trennen. 1965 hatte ich meinen Anschauungsunterricht in Chile, von 1968 bis 1970 an der Yale University in USA. Gleich danach bin ich als Konsequenz meiner Lebenserfahrung in die DKP eingetreten. Wir sind alle dem Demonstrationsaufruf des OB Vogel gefolgt, wissend, daß die DVU keine Diskussions- und Informationsveranstaltung plante. Es ging nur um eine Machtdemonstration der Rechten. Doch durch Gerichtsurteile wird einem klargemacht, daß man sich gegen Nazis nicht zur Wehr setzen darf.«

Polizisten wurden aus den eigenen Reihen mit »seid's net so zimperlich« angefeuert. Schuhlers Aufruf dagegen über Megaphon: »Münchner Polizisten! Laßt Euch nicht verleiten durch brutale Kollegen, auch zu prügeln.«

Schuhler: »Ich habe immer versucht, mit Polizisten zu reden. Viele von ihnen waren ja für die Demonstration. Ich war als Delegierter beim Einsatzleiter Heilmeier, um gegen die Übergriffe zu protestieren. Als ich danach mit einem Plakat auch weiter innerhalb der Absperrung stand, sprangen einige Polizisten mich an. Einer würgte mich am Hals, die anderen schlugen gleichzeitig auf mich ein, bis ich zu Boden ging. Jeder Polizist nahm ein Bein und einen Arm von mir, einer preßte meinen Kopf zwischen seine Knie. Gleichzeitig Tritte in die Leber. Als ich mit hochgedrehten Armen abgeführt wurde, klatschten die sogenannten Ordner Beifall. *Ich ließ mich nicht hängen, weil ich Polizeigriffe kenne und weiß, wie weh es tut, wenn man sich schleifen läßt.«*

Danach wurde stundenlang unter Zuhilfenahme von 12 Polizisten als Zeugen der Anklage und ebenso vielen Zeugen der Verteidigung (darunter auch 3 Polizisten) u. a. erörtert, ob Conrad Schuhler sich nun strafbar gemacht habe, indem er mit Händen oder Füßen zuckte.

Die Journalistin Lilo Schneider, die beschuldigt wird, den Polizisten Federl arbeitsunfähig geschlagen zu haben, ist klein, braungebrannt und untersetzt. *Volles, kurzes Haar. Ein energisches Gesicht mit vorgeschobener Unterlippe. Schräge Augen, kleine Hände. Ihre kleinbürgerliche Aufmachung wird durch das wache Gesicht Lügen gestraft.*

Sie sagt zur Person auf: »Ich bin 46 Jahre alt und habe zwei Kinder. Ich stamme aus einer Arbeiterfamilie. Bin Diplomvolkswirtin. Anfang der 50er Jahre, zur Zeit persönlicher Risiken, schrieb ich Artikel gegen den kalten Krieg. Ich behandelte Probleme, die jetzt alle regierungsoffiziell sind – *Ratifizierung der Ostverträge,* Atomwaffensperre, Anerkennung

der DDR. Damals wurde ich deswegen des Hochverrats angeklagt. Elf Jahre hatte ich dieses Verfahren am Hals.«
Dann beschreibt sie, *wie sie schon vor der Pressekonferenz mit vielen Kollegen vom Fenster aus beobachten konnte,* wie brutal die Polizei gegen einzelne Demonstranten vorging.
»Ich sah, wie man eine junge Frau schlug und ihr in den Bauch trat.«
Später stand sie, berechtigt durch ihren Presseausweis, innerhalb der Polizeiabsperrung.
»Es ist nicht so einfach für uns berufstätige Mütter. Wir müssen unsere Kinder und Einkaufstaschen zu Demonstrationen mitnehmen.«
Wie schon des öfteren, verlangte ein Polizist ihren Ausweis, den sie anstandslos vorzeigte. »Aha, Sie sind Frau Schneider.« Als nächstes wurde sie, trotz ihres Protestes, im Polizeigriff abgeführt. Die Polizisten zogen sie über den Hof zu einem Polizeiwagen. Begründung: Körperverletzung und Widerstand gegen die Staatsgewalt.
»Ich verlangte eine Gegenüberstellung mit dem Verletzten.« Ein Polizist zeigte ihr sein nicht mal gerötetes rechtes Ohr. Später bescheinigte ihm sein Hausarzt, der Geburtshelfer Dr. Gleis, eine Schädelprellung und 10 Tage Krankheit.
»Seine Kollegen lachten mich aus. Meinem Rechtsanwalt, Herrn Schmitt-Lehrmann, wurde vom Polizeileiter Oswald mitgeteilt, ich würde als ›potentielle Ruhestörerin‹ bis zum Ende der ›DVU‹-Veranstaltung festgehalten.«
Die potentielle Ruhestörerin trug ein ausgekugeltes Armgelenk und, wie ihr Mann, erhebliche Prellungen davon.
Doch wir werden immer wieder zum Richtertisch gerufen, um uns anhand von Polizeifotos, die als der absolute Beweis gelten sollen, von Lilos Schlagkraft gegen Federl zu überzeugen. *In der Tat, sie sind beide auf demselben Foto zu sehen.* Lilo sogar mit erhobener Faust direkt hinter Schuhler, der von vielen Polizisten, unter anderem dem rechts von Lilo stehenden Federl, »betreut« wird.
Fotograf Streicher, 24 Jahre, der der Polizei die Fotos lieferte: »Es war so makaber! Die Frau, die so hart auf die Polizisten einboxte. Ich sagte dann zu Federl, jetzt haben sie Dir aber eine schöne eingeschenkt.«
Lilo lächelt. »Hätte ich geschlagen, hätte ich nicht das rechte Ohr des Herrn Federl treffen können. Aus den Bildern geht ja eindeutig hervor, daß ich Herrn Schuhler geschlagen habe.«

Der Vorsitzende, nicht gewohnt, daß ein Angeklagter noch zum Scherzen aufgelegt ist: »Ja, haben Sie nun Herrn Schuhler geschlagen?«
Diese Frage, ernst gemeint, löst Heiterkeitsstürme aus. Auch sonst Tumulte, Gerede, Gelächter, Gerufe. Zeugen aus Versehen rein. Zeugen wieder raus. Ein irres Durcheinander. Alles, was man in der Sendung »Bayerisches Amtsgericht« nicht für möglich hält, findet hier statt.
Weniger fröhlich stimmen andere Fotos, die der Herr Verteidiger auf den Richtertisch legt. Fotos von den »Ordnern« der DVU, die mit ihren hämischen Killerfressen und Walkie-Talkies in harmonischer Zusammenarbeit mit der »Staatsmacht« die Demonstranten das Fürchten lehren.
Es ist mir unendlich peinlich, mitzuerleben, wie alles getan wird, sicher notgedrungen, um zu beweisen, daß keiner im Traum daran dachte, sich gegen Schläge und Übergriffe zu wehren.
Das Aufgebot an Polizeizeugen war diesmal nicht in Uniform. Plötzlich kriegen alle Namen und werden zu Personen. Personen, die sich pausenlos widersprechen. Personen, die keiner fragt, warum sie so handeln, wie sie handeln. Schlimm, wenn ihr Verhalten uns so selbstverständlich wird wie ihnen selber. Wenn man davon ausgeht, daß man keinen Polizeiknüppel anzweifeln darf. Auf mein dauerndes »warum« sagt der Nebenkläger befremdet: »Die waren doch im Einsatz!«
Im Einsatz war man auch damals, Karfreitag 1968, vor dem Springer-Haus, als ich, Peggy, noch nicht – oder nicht mehr – Prügel gewohnt, voll Entsetzen schrie: »Hilfe, Hilfe!!! Polizei! Da drüben! Da sehen Sie! Da verprügeln 6 Kerle den Kleinen mit der Brille!« Daraufhin Ausweiskontrolle meinerseits und »Die ist ja nicht ganz dicht!«, »Hau ab und kämm Dich lieber!«, und »Wasch Dich erstmal, Du Sau!«
Der Vorsitzende beantwortet immer schnell die Fragen, die der Verteidiger an die Zeugen der Anklage stellt. Oder hilft in erstaunlicher Weise nach. An den Zeugen Bosch: »Was hat Schuhler angehabt?«
»Weiß i net.«
Vorsitzender: »Vielleicht einen hellen Anorak oder so?«
Lieb, wa?
Vorsitzender bei der Verteidigung einer Zeugin mit Blick auf ihre Hand: »Nicht mir geben – heben!!!«
Vorsitzender zum Polizisten: »Haben Sie das gesehen?«
Zeuge: »Jaa!! Wenn ich zum Beispiel hingschaut hätt, hätt ich es gesehn.«

Vorsitzender: »Hatte Frau Schneider was in der Hand?«
Polizist: »Soweit ich informiert bin, nicht.«
Dr. Hill berichtigt: »Soweit Sie gesehen haben, meinen Sie.«
Ansonsten ist es wie bei Lembkes Beruferaten. »So dürfen Sie die Frage nicht formulieren. Würden Sie sagen, daß ...? Könnte man sagen, daß ...«
Polizist, Zeuge: »Ich bin ganz sicher, daß es Schuhler war, ich erkenne ihn genau.«
Der Vorsitzende: »Aber Schuhler war zu dem Zeitpunkt doch gar nicht da.«
Polizist, Zeuge: »Ja, wenn Sie mich so erinnern, kann er's doch nicht gewesen sein.«
Schmitt-Lehrmann schlägt vor, den Schleier der Barmherzigkeit über diese sogar vereidigten Aussagen zu breiten. Polizeiobermeister (POM) Delling: »Ich wollte erst bei Schuhler behilflich sein. Ich hab dann selbst nicht eingegriffen. Weil, 5 oder 10 Kollegen waren schon da und haben sich um ihn gekümmert, gell?!«
Verteidiger: »Wie kommen Sie zu der Annahme, daß Schuhler den Herrn Lutz an sich heranziehen wollte, als Lutz mit dem Plakat von Polizisten umzingelt war?«
POM: »Das ist doch meine Meinung, daß er den Demonstranten befreien will und nicht das Transparent!!!«
Logo. Wäre auch begreiflicher. Leitsätze und Routine. Man tauscht An- und Auflauferfahrungen aus. Mit blauen Flecken und ohne. Alles sehr sportlich. Wie nach einem Wettkampf. Wenn die Aussagen aller vereidigten Polizisten bezüglich Schuhlers Lage auf dem Boden stimmen würden, müßte Schuhler eine Rollkur gemacht haben.
Zeugen der Verteidigung werden erstaunlicherweise auch gehört.
Berndl: »Ich bat: Bitte nicht so hart den Arm drehen.«
Der Polizist sagte: »Halt's Maul. Ich kann Dir ohne weiteres den Arm brechen, und Du hast keinen Beweis.«
Oberhof, 22 Jahre: »Ich habe nur die Aufforderung, mich gegen den Rechtsradikalismus zu engagieren, in die Tat umgesetzt.«
Staatsanwalt: »Sind Sie auch aufgefordert worden, sich innerhalb der Absperrung zu engagieren?«
Revolution mit Platzkarte.
Lutz, Buchdrucker, 34 Jahre. Baumlang, bierruhig: »Fünf Mann auf ein' Mann, da kann man schon von Gewalt reden. Auf jedem Glied meines

Körpers war ein Polizist dran. Die haben mich in einer Weise geworfen, die fünf, die ich nicht von der Polizei erwarte. Vielleicht hat sich einer bei seiner Aktivität verletzt?«

Spoo: »Einen Anti-Polizeischläger würde ich mit Sicherheit gesehen haben.«

Verteidiger: »Das faschistische Prinzip hat die Übermacht übers Grundgesetz.«

Urteile:

Lilo Schneider: Freispruch.

Jetzt steht sie sogar bei mir ernsthaft in Verdacht, sich für Schuhler nicht geschlagen zu haben.

Schuhler: Widerstand in zwei Fällen nach §§ 113 und 74, 800 DM, ersatzweise 40 Tage Haft.

Der Vorsitzende meint, er habe indirekt auf die Polizei eingewirkt durch Druck und Gegendruck. *Er solle überlegen und nicht gewalttätig werden. Auch meint der Vorsitzende, Schuhler sei vielleicht in Wut gekommen, weil Jugendliche nicht allzu zärtlich von der Polizei angefaßt worden seien.*

Wie groß das Unbehagen, selbst in den Reihen der Polizei, heute ist, weiß ich. Doch darf man diesen Prozeß nicht isoliert sehen. Die Presse ist daran so desinteressiert wie an den großen Nazi-Prozessen. Darf ich an dieser Stelle die gehorsamen Polizisten darauf aufmerksam machen, daß später irgendwann erwartet wird, daß sie nicht nur blind gehorchen? Und darf ich sie auch daran erinnern, daß sich Einsatzleiter und deren Chefs meistens rechtzeitig aus dem Staub machen oder sich weigern, die Verantwortung für das zu tragen, was ihre Untergebenen in ihrem Auftrag anrichten?

So wendet sich Conrad Schuhler in seinem Schlußwort auch nicht an die Polizei, sondern an den Staatsanwalt, indem er ruft: »Wo waren Sie im April 1971, Herr Staatsanwalt, als öffentlich Straftaten begangen wurden? Als öffentlich zu Straftaten aufgerufen wurde? Als Mordhetze laut wurde: ›Macht aus jedem Roten einen Toten.‹ Warum macht man aus den bedauernswerten Kollegen von der Polizei immer wieder Komplizen der Rechten? Die Front war stimmig, sie war harmonisch, nur eben verfassungswidrig. Aber verlassen Sie sich darauf, wir werden weitermachen. Polizei- und Justizterror hin oder her!«

Mai 1972

Im Namen des Volkes

Dieser Artikel sollte schon in der letzten Ausgabe von KONKRET erscheinen. Es ist das erstemal, daß ich nicht in der Lage bin, einen Termin einzuhalten. Immer, wenn ich anfangen will, über Hahn zu schreiben, wird mir schwarz vor Augen und speiübel. Mal vor Trauer. Mal vor Wut. Dieser Dr. Ludwig Hahn, 64, wird von den Polen als der eigentliche Mörder von Warschau angesehen. Er, der Volljurist, diente seit 1936 der Gestapo. Karrierestationen: Einsatzkommandoführer in Gleiwitz und Kattowitz. Sicherheitspolizeikommandeur in Krakau. Himmlers Beauftragter in Preßburg. Einsatzgruppenleiter in Griechenland. Zum Schluß als SD-Spezialist mit dem Auffangen zurückflutender Truppen beschäftigt. Von 1941 bis 1944 herrschte er in Warschau über eine etwa 600 Mann starke Dienststelle. Dort wurden während seiner Zeit Hunderttausende in Vernichtungslager »umgesiedelt«. Von den 1,4 Millionen Einwohnern wurden 900 000 umgebracht und das Getto dem Erdboden gleichgemacht. Hier steht nur ein Bruchteil seiner Taten zur Anklage. Vor allem die Verbrechen im Pawiak-Gefängnis. 100 000 Gefangene, die meisten Polen. 37 000 dort ermordet, 60 000 in KZ weitergeleitet. Das erklärt das starke Interesse, mit dem die polnische Öffentlichkeit den Hamburger Prozeß verfolgt.
Hahns Mitangeklagter Wippenbeck, Niederbayer, Sohn eines Ofensetzers, 15 Geschwister, wird beschuldigt, mindestens zehn Häftlinge in den Kellern des Pawiak erhängt zu haben, nachdem er sie vorher unter anderem durch Turnübungen auf glühender Asche folterte. Jetzt, 27 Jahre nach dem Krieg und nach zwölf Jahren Ermittlung, stehen die beiden reichlich verspätet vor Gericht.
Ich komme mit großem vollgestopftem Ibiza-Korb. Werde nicht durchsucht. Ganz recht: Man befürchtet hier kein Attentat. Weder auf den Angeklagten noch auf das Gericht. Weder von jüdischer noch kommunistischer, noch polnischer, ganz zu schweigen von anarchistischer Seite. Genau ein Stockwerk tiefer tagen gegen den Petra-Schelm-Freund Hoppe zahllose bewaffnete Polizisten und ein Staatsanwalt mit eigener Leibwache. Hätte gern gewußt, ob der diensterfahrene Hahn auf dem Weg an ihnen vorbei gute Ratschläge erteilt.

Da im Gerichtssaal nicht fotografiert werden darf, warten Fernsehen und Presse sehr lange mit gezückten Kameras auf dem Gang. Jedesmal, wenn ein älterer Mann sich nähert, schreit jemand: »Da ist er! Da kommt er!« Und die Scheinwerfer flammen auf. Ungefähr zwanzigmal, bis es wirklich Hahn ist. So wird uns klar: Jeder konnte es gewesen sein. Das Gefühl, das ich jahrelang beim Einkaufen, in der Bahn, überall hatte, wo einer über Fünfzig war. Ja, wir warten auf einen Mann, den man mit vielen anderen alten Männern verwechseln kann.
Hahn ist zutiefst unsympathisch. Wüßte man nichts über ihn, würde man ihn sich trotzdem nicht zum Vater, Großvater oder Vorgesetzten wünschen. Daß sein Familienleben so intakt ist, wundert vielleicht nur mich. Eine Frau, die ihm die Treue hält. Vier erwachsene Kinder in guten Berufen, gut verheiratet, gut erzogen. Und daß er jetzt vor Gericht steht, nimmt seine Familie sicher nicht ihm übel, sondern dem Staat.
Ist auch wahr. Wie kann man einem gutgläubigen Mann so übel mitspielen! Sagt er doch: »Unter falschem Namen lebte ich nur die allerersten Jahre nach dem Krieg. Solange die Gefahr einer Auslieferung bestand. Vor deutschen Gerichten hatte ich keine Angst.« Als ich daraufhin auflache, weil ich mir denken kann, wie wenig dieser wahre, in der Öffentlichkeit ausgesprochene Satz dem Gericht paßt, werde ich vom Vorsitzenden, auch öffentlich, gerügt. Auch er, wie Hahn, ein Mann, dem Ordnung und gutes Benehmen über alles gehen. Im Gang, unter Ausschluß der Öffentlichkeit, bittet er mich dann um Verzeihung.
Hahn sieht aus wie eine Mischung aus ausgelaugtem Kirchenvater und besonders miesem Baby. Der kleine rosa Mund und die lange, spitze Nase tief nach unten gezogen. Er hat auch was von einer alten Frau an sich. Welke rosa Haut. Ein durch Narben zerfetztes Rosa. Schmisse? Natürlich. Wo sollte er sonst auch Narben hernehmen? Weißhaarig. Natürlich dezent. Ein alter Herr, der etwas langweilig erzählt. Ein Ehrenmann mit phänomenalem Gedächtnis.
Er spricht durch gefaltete Hände, die den Ton schlucken, wenn es um für ihn unangenehme Dinge geht. Ansonsten eine gesunde, runde Befehlsstimme. Oft rügend. Aufgebracht. Angewidert, wenn er von der »anstößigen Redensweise mancher Leute« spricht. Befremdet. Er scheint die dummen Fragen eines jungen, dummen Gerichtes als Zumutung zu empfinden.
Man scheint ein Einsehen zu haben. Die gestellten Fragen werden im-

mer entschuldigender vorgebracht: »Ich will Sie hier nicht in eine Falle locken ...« Über dem Ganzen könnte stehen: »Verzeihen Sie, daß ich gezwungen bin, Fragen zu stellen.«
Höfliches Geplauder wie bei einer Ausstellungseröffnung: Kennen Sie ...? Kannten Sie ...? Unerträglich. Ungeheuerlichkeiten im gepflegten Club-Stil.
Dann dreht es sich um Hahns Standgerichte und darum, wie viele Todesurteile er »schaffte«. Auch da Leistungsprinzip. Hahn: »In einer Sitzung von einigen Stunden schaffte man vielleicht 10, 20, 30, 40, vielleicht auch mehr. In Abwesenheit der Häftlinge nach pflichtgemäßem Ermessen. Die Zahl von 110 halte ich nun wirklich für übertrieben. Schließlich war eins zu zehn Satz!« (Für einen toten Deutschen war es »legal«, zehn Polen umzubringen.)
Daraufhin wird hin und her gerechnet. Einer Grundschulaufgabe gleich: »Wie viele Todesurteile sind möglich in zehn Minuten, wenn man ausgeht von fünfzig und mehr in vier Stunden?« Denn Hahn meint, es sei so schwer; er könne leider nur raten.
Thomas Wippenbeck ist nicht wie Hahn. Berichterstatter spotten über das ungleiche Gespann. Dabei ist die Kombination von Ausdenker und Werkzeug schon immer beliebt gewesen. Ein Mann wie Hahn braucht selbstverständlich Leute fürs Grobe. Und für Wippenbeck dürfte allein die Nähe dieses Mannes von Welt einen Aufstieg bedeutet haben.
Ein Aufstieg, der allerdings dadurch limitiert war, daß er das Testthema »Aufgaben der Sicherheitspolizei« nicht bewältigte. Zum Vorsitzenden, mühsam bayerisch, mit großen, knochigen Händen gestikulierend: »Da muß ich mich schämen. Ich habe keine Schule genossen. Da stand ich wie der Ochs vorm Berg. Und bin durchgefallen. Bestimmt wurde da so gesprochen, wie Sie hier fragen.«
Sicher hat er auch jetzt wieder Angst, neben seinem gewieften, wortkundigen Ex-Vorgesetzten durchzufallen. Er wird sowieso schroffer behandelt als Hahn, wenn auch immer noch höflicher als Ladendiebe.
Aber auch diesem schlichten Mann ist Ekel nicht fremd. O nein. Nicht, daß es so viele Tote gab, stank ihm, sondern daß diese verbrannt wurden: »Das hat fürchterlich gestunken«, sagt er, sich schüttelnd.
Er sieht aus wie ein Holzschnitt. Ein Mann, dem man Stuhl, Essen und Trinken anbieten würde, wenn er als Bettler an die Tür käme. Eine Asyl-Gestalt, nur gewaschen und rasiert. Ein Killer-Würstchen. Aber den Toten und Hinterbliebenen ist sicher auch das kein Trost.

Ich versuche, seine Galle durch Hinweise auf Hahns Verachtung für ihn hochzutreiben. Verbittert meint er: »Ja, der spricht schon seit sechs Jahren kein Wort mit mir.« Allerdings sitzen die beiden Herren dann doch endlich zu zweit an einem Tisch in der Kantine. Sonst ißt Hahn mit seinen Anwälten, und Wippenbeck bleibt allein. Es ist klar, daß man sich nicht distanziert wegen seiner Taten, sondern weil ein Wippenbeck so oder so kein Umgang für einen Juristen ist.
Anders als der Volljurist Hahn, dessen Doktortitel, von dem man bei Gericht vor jedem Satz an ihn beflissen Gebrauch macht, bis heute nicht aberkannt ist. Ich finde es sowieso blöde, jemandem ein einmal bestandenes Examen strittig zu machen. Man büßt ja durch seine Taten nicht sein Wissen ein. Schlimm, daß ein Vorbestrafter nicht mehr studieren darf. Schlimm, daß ein Arzt, der bei Abtreibungen erwischt wird, nicht mehr praktizieren darf. Wird ein Briefträger beim Ablösen einer Briefmarke erwischt, ist auch diese Karriere beendet. Aber Dr. Hahn ist ja weder vorbestraft noch Briefträger, und gegen Abtreibungen hat er sicher eine Menge.
Hahn ist, wie seine Kinder, aus gutem Haus. Die Eltern, Hofinhaber, betont deutsch und kirchentreu. Auch Hahn löste sich nur von der Kirche, weil er »die Miesmacherei der Pfarrer, die von der Kanzel aus gegen den Führer hetzten«, satt hatte. Trotzdem leistete er den Adolf-Hitler-SS-Treueeid mit religiöser Formel. Nachdem er sich über unvermischtes Deutschtum ausgelassen hat und den »Ich schwöre Dir, Adolf Hitler usw. usw.«-Eid mühelos auswendig herunterrasselt, sagt der Vorsitzende zu der Hinzuziehung des lieben Gottes: »Das überrascht mich.«
Mich nicht. Hahn wollte eigentlich Theologe werden, studierte dann aber Jura. Er bestand »cum laude«. Die hervorragenden Zeugnisse begleiten ihn bis zum heutigen Tag. Die seiner Vorgesetzten aus der Nazizeit sind geradezu hymnisch.
Auch nach dem Krieg blieb Hahn fleißig und arbeitete sich in neuen Berufen hoch. In Wuppertal, Karlsruhe und Hamburg. Als Verkaufsleiter, Prokurist. Zwischendurch – von 1960 bis 1961 und von 1966 bis 1967 – U-Haft. Dann Haftverschonung. Vom IOS-Konzern wurde er unter dem Druck vom »Stern« offiziell gekündigt. Inoffiziell beschäftigte man ihn weiter. An SS-Kameradschaftsabenden nahm er aus Angst vorm Verfassungsschutz nicht teil.
Auch sein Charakter wird wieder und wieder gerühmt. Kein Wunder,

daß sein Schwager, der Vorsitzende des NATO-Militärausschusses und Vier-Sterne-General Johannes Steinhoff, der vorgeladen wurde, gerne als Entlastungszeuge für die moralische Haltung und Auffassung Hahns aussagte. Auch er ein aufrechter Mann, dessen Buch man entnehmen kann, daß er bis zum Ende eigentlich nichts gewußt hat über das, was in Deutschland so vorging. Obwohl man gerade in dieser Familie so intensiv am Werdegang und Wohlergehen der andern durch liebe Besuche hin und her teilnahm.

Na ja, wer weiß. Vielleicht unterhielt man sich bei solchen Gelegenheiten (auch in Warschau) über Privateres als den mühseligen täglichen Multimord. Schlimm genug, daß irgend so ein Querkopf beanstandete, daß der Entlastungszeuge Steinhoff 1967 zusammen mit dem derzeitigen U-Häftling Hahn und dessen Untersuchungsrichter Remé Kaffee trank. Nur weil weder Wachtmeister noch Protokollführer zugegen waren? Wie kleinlich. Da sieht man wieder, wie leicht ein deutscher Mann in Verdacht gerät. Wahr ist, daß es nur ein Kaffeeplausch zu zweit war. Richter Remé war nur hilfsbereit als Aufseher zugegen.

Ich weiß sowieso nicht, wo hierzulande das Mißtrauen in die Justiz herkommt. Die Tatsache, daß eine Reihe Richter Altnazis sind, wird doch nicht der Grund sein. Daß die ihre jungen Favoriten nachgezogen haben, auch nicht. Und daß allein dieser Prozeß zwölf Jahre eifrig verschleppt wurde, erst recht nicht. Die Tatsache, daß in Hamburg ein Haufen Richter und Staatsanwälte (über 40) in die Bußgeldaffäre verwickelt sind, schon eher. Denn da sie ihrerseits auch anderen Altnazis nichts anhaben, kann man von Zwiespältigkeit auf dem politischen Sektor nicht sprechen. Da sieht es natürlich anders aus, wenn man weiß, wie fleißig sie Eigentumsdelikte ahnden. Und da fast jeder von jedem allzuviel weiß, kann jeder jeden bremsen.

Nein, Hahns Vertrauen in die Justiz müßte man sich zu eigen machen. Hahn, der gegenüber Günter Wallraff im Herbst 1970 nicht unfroh darüber war, daß er sich bester Beziehungen zur Hamburger Staatsanwaltschaft rühmen könne und immer als erster alles erfahre. Justizsenator Heinsen ließ die Presse folgerichtig wissen, er habe geprüft, und es sei nichts dran.

Dann war es wohl auch wirklich nur ein doppeltes Versehen, daß einerseits ein Landgerichtsdirektor Herrn Dr. Hahn ein Paket mit Untersuchungsakten zusandte, so daß sich der Angeschuldigte auf die belastenden Aussagen einstellen konnte. Und daß man zweitens, als man bei

einer Haussuchung in Hahns Villa diese Akten fand, sie ihm wiederum ließ.
Bei einem so beliebten Mann wie Hahn wundert es auch nicht, daß ein Hamburger Landgerichtsrat aus Gefälligkeit dessen Versicherungsagentur weiterführte, als dieser in U-Haft war. Und sollte noch mal jemand von der Härte deutscher Gerichte sprechen, muß ich dem entgegenhalten, daß man Hahn Weihnachten 1967 trotz Fluchtverdachts gegen nur 8000,– DM Kaution aus der Haft entließ. Das finde ich schön, gerade zu Weihnachten, wo kein Deutscher gern im Gefängnis sitzt.
Daß man den Herrn Oberstaatsanwalt Kurt Tegge, der jahrelang unermüdlich am entschiedensten alles tat, um die NS-Beschuldigten vor Gericht zu bringen, absägte und statt dessen den jungen Ankläger Grosse zum Oberstaatsanwalt und Leiter des NS-Dezernats beförderte, wird sicher auch seine Gründe gehabt haben. Denn dieser Beförderung ging ein einmaliger Vorgang in der deutschen Rechtsgeschichte voran. Zwölf Staatsanwälte des Hamburger NS-Dezernats hatten sich in einem Schreiben an Justizsenator Heinsen wegen grober Mängel und Unrichtigkeiten von der Anklageschrift ihres Kollegen, Dr. Erwin Grosse, distanziert.
Daß seit 1966 von den 2000 Beschuldigten, gegen die wegen Mordes in der NS-Zeit ermittelt wird, erst 21 vor Gericht gestellt und nur 8 bestraft wurden, wird auch seine Gründe haben. Da es die Überlebenden, die als Zeugen in Frage kommen, überall hinverschlagen hat, kann sich noch so mancher bei Gericht auf schöne Reisen um die Welt freuen. Auf Kosten der Steuerzahler. Unter dem Vorwand, genau sein zu müssen. (Siehe 26 000 beschriebene DIN-A-4-Blätter, d. h. 130 Aktenbände im Prozeß Hahn und über 2000 durch Fragen gequälte Zeugen) Begegnen sich Staatsanwalt und Verteidigung auf solchen Reisen in fernen Ländern, ist das ja auch nur zu begrüßen. Es fördert die Freundschaft und macht die spätere Zusammenarbeit vergnüglicher.
Dieser Teilprozeß wird womöglich ein Jahr dauern. Jeder Angeklagte hat zwei Wunsch-Pflichtverteidiger. Diese Verteidiger erhalten 400 Mark pro Kopf je Verhandlungstag. Auch dies zahlt der Staat gerne.
Mich weist man immer, wenn ich vor Wut zu platzen drohe, auf die demokratischen Spielregeln hin. Spielregeln, die immer nur den Rechten zugute kommen. Ich sitze in diesem Prozeß, Teil eines Kafka-Alptraumes. Sitze still und denke: Das darf doch alles nicht wahr sein. Warum höre ich mir dies Gequatsche an? Warum schreie ich nicht?

Ich hab das Gericht vor mir:
Landgerichtsdirektor Dr. Plambeck,
Landgerichtsrat Bartels,
Assessorin Manolakis,
Landgerichtsrat Dennhardt,
Oberstaatsanwalt Dr. Grosse,
Staatsanwalt Rolff.

Die sechs sind jung. Bartels als einziger schnell, eifrig und präzise in seinen Fragen.

Verteidiger: Dr. Hajo Wandschneider, Dr. Jost Heinemann, Helmut Vogt und E. F. Samwer.

Prof. Dr. Jochmann ist als Sachverständiger da.

Was geht in den Geschworenen vor? Sie sind fast alle in Hahns Alter. Werkmeister, Hausfrau, Beamter, Angestellter, Desinfektor, Kraftfahrer, Arbeiter, Dreher. Empfinden sie Hahns Taten für sich als Entlastung? Sind sie erschüttert? Alles in dieser Atmosphäre der Höflichkeit und Sterilität nicht auszumachen.

Ein Schöffe, dessen Namen angeblich keiner weiß, muß noch lernen, daß, wenn man einen Dr. Hahn vor sich hat, aufgeregte Fragen und auf eigene Arbeiterjugend gestützte Behauptungen unangebracht sind. Er wird mehrfach vom Vorsitzenden ermahnt, seine Sätze von Wertung freizuhalten. Wie soll ein anständiger Mann, der kein Vollidiot oder -jurist ist, da nicht werten? Ich könnte mir vorstellen, daß es dem Mann schwer genug fällt, Hahn nicht an die Gurgel zu gehen, wenn dieser lässig Dinge zum besten gibt, die er, der Schöffe, als Gegner des Regimes anders miterlebte.

Das Schwurgericht ist in einen kleinen Saal umgezogen. Auch der ist noch zu groß, da weder Presse noch Publikum die wenigen Plätze in Anspruch nehmen. Die Leute kommen nicht mal aus Geschichtsinteresse. Aus Lust am Gruseln schon gar nicht. Denn wem graut schon vor Massenmord? Es sei denn, er ist privat. Eine Strafverteidigerin sieht mich in die Verhandlung gehen: »Ach, Gott, Sie Ärmste, ist es nicht furchtbar langweilig da drin?« Polnische und englische Berichterstatter sind im Prozeß. Das Ausland wundert sich. Dort nimmt man diese Dinge weniger gelassen hin als in Deutschland.

Kein Wunder, wenn man dort findet, daß Brandt und Heinemann viel zu saubere Visitenkarten für Deutschland sind. Den Ausländern ist es auch nicht selbstverständlich, daß sie den beiden freien Angeklagten in

jeder Verhandlungspause überall begegnen. Auch wundert es sie und mich sehr, daß es bis heute nie Gegenstand der Ermittlungen gewesen ist, wer alles Hahn nach dem Krieg gedeckt hat. Und warum man diese Komplizen nicht umgehend zur Rechenschaft zieht.
Hahns Verteidigungstaktik läuft darauf hinaus, als überzeugter Nazi dazustehen, der kein Unrechtsbewußtsein hat. Wie ein schlechter Wahlkampfredner ruft er, die Hände ringend: »Wir wußten, daß wir diesem neuen Staat helfen mußten!« Komisch, die Verteidiger müßten doch eigentlich wissen, daß das Gesetz besagt: Unwissenheit schützt vor Strafe nicht. Ein Ausländer, der hier in der Annahme, daß man die Fahrkarte in der S- oder U-Bahn lösen kann, einsteigt und ohne Fahrkarte angetroffen wird, muß 20 Mark Strafe zahlen, egal, was er beteuert.
Mir schwirrt der Kopf vor Dienststellen und Dienstgraden. Es klingt alles so normal: »Buchenwald wurde gebaut damals. Da hatte sich das Ministerium drum bemüht.« Und er spricht von Sicherheit und Ordnung durch die Gestapo. Und von den Nürnberger Gesetzen, die man nicht ablehnen konnte. Ja, so ist es. Es steht kein Gesetzesbrecher vor dem Gericht, sondern ein Jurist, der das gleiche Vokabular benutzt wie die meisten anderen Juristen.
Alles weiß er, nur nicht Belastendes. Alles weiß er, nur nicht Unvergeßliches. »Die Slowaken waren dankbare Gastgeber, weil wir sie vor den Tschechen schützten. In Griechenland waren wir als Freunde der Griechen.«
»Warum ließen Sie die Juden nicht ausreisen?«
»Aber doch, ich sagte ja: Sie sind abzuschießen – ach, nein, abzuschieben. Ich habe sie bei Nacht über die Grenze geschickt. Die wurden aber immer von den Russen und den Polen zurückgejagt. Die wollten sie auch nicht haben.« Leider wahr.
Hahn war fleißig, fleißig. Er erzählt von seiner Überarbeitung wie unsereins auch: »Verwaltungsbeamter blieb ich, ob ich nun auf diesem oder jenem Sektor eingesetzt wurde. Ich habe bis in die Nacht gearbeitet. 20 Stunden. Da gab es Korruption und so, Dinge, die bis ans Kriminelle rangehen.«
Dann sagt er mit Nachdruck, jede Silbe betonend und rhythmisch auf den Tisch klopfend, wie ein Stotterer, der flüssig sprechen lernen soll: »Da-mit der Vier-jah-res-plan sau-ber, kor-rekt und er-folgreich lau-fen konn-te.« Ich lasse mich von Hahn in einer Pause an-

sprechen: »Waren Sie unangemeldet an meiner Tür? Im weißen BMW?«
Ich, mit Kloß im Hals: »Nein, an Ihre Tür käme ich nicht (schnell überlegt und mich überwunden – nach Pause) unangekündigt.«
Hahn, mißmutig: »Die Presse verdreht alles zu meinen Ungunsten.«
»Könnte man auch zu Ihren Gunsten berichten?« Hahn: »Ich will nur Objektivität und Gerechtigkeit, Gerechtigkeit.« – »Sind Sie selbst ein gerechter Mann?« Hahn: »Ja, immer gewesen. Das stand schon in meinem Konfirmationszeugnis.« Ich: »Dann hab ich Sie gleich richtig eingeschätzt. Aber hielten alle Sie für so gerecht? Ich weiß, wie sehr Ihre Vorgesetzten Sie schätzten. Aber es gab sicher auch Querulanten oder?« Hahn lacht: »Ja, ich hab mal einen sehr hart bestrafen müssen. Aber auch er sagte hinterher: Er war gerecht.«
Meine krampfhaften Bemühungen, Herrn Hahn in der Hoffnung auf weitere aufschlußreiche Gespräche nicht zu zeigen, wie krank er mich macht, hätte ich mir sparen können. Denn am nächsten Tag konnte er in der »Morgenpost« leider lesen, mit wem er sich unterhalten hatte. Und daß meine Eltern in seinem Revier, im Warschauer Getto, umgebracht wurden. (In Wirklichkeit wurden sie von dort aus zum Krepieren nach Auschwitz verfrachtet.) Danach erübrigt sich natürlich jedes Wort. Und seine liebe Familie werde ich wohl nie kennenlernen. Hahn straft mich mit Blicken. Bin auch sehr undankbar, wo er wahrscheinlich die Leiden meiner Eltern verkürzt hat.
Wie können Richter nach so einem Prozeß überhaupt noch richten? Wie Ankläger anklagen? Und wie sollen sie in diesem Fall urteilen?
Auge um Auge, Zahn um Zahn wäre nicht mal 1945 möglich gewesen. Jetzt kann man allenfalls den gemütlichen Lebensabend dieser Männer ins Gefängnis verlagern. Wo sie auch nicht weniger geachtet wären als draußen. Aber sie kommen ja doch nicht rein, sondern bekommen sicher wieder Haftverschonung.

Mai 1972

P. S.
Hahn wurde zu 12 Jahren verurteilt. Und bekam tatsächlich Haftverschonung.
Erst später, am 4. Juli 1975, nachdem aufgrund weiterer Taten noch ein Verfahren gegen ihn stattgefunden hatte, hatte er Pech.
Der Vorsitzende Richter, Dr. Jürgen Schenck, sagte nicht nur: »Der

Angeklagte Dr. Hahn wird wegen gemeinschaftlichen Mordes, begangen an mindestens 230 000 Menschen, zu lebenslanger Freiheitsstrafe verurteilt«, nein – er nahm ihn auch fest.
Im Knast arbeitet Hahn allerdings nicht in der Wäscherei oder so, sondern im Staatsarchiv, wie mehrere seiner NS-Kollegen auch. Dort übersetzt er aus dem Lateinischen ins Deutsche.

P. S.
Hahn kriegte Blasenkrebs und ein Bein ab. Gräßliche Krankheiten, die man eigentlich niemandem wünscht. Bei ihm hörte ich es gern. Leider ist er schon tot.

Mai 1990

Fiete Schulze, ein Mörder?

FIETE SCHULZE – DR. GERHARD FREY
Kontrahenten heute, wenn auch der eine post mortem. Der nach jahrelanger Tortur am 18. 3. 1935 abgeurteilte und am 6. 6. 1935 in Hamburg per Handbeil abgeschlachtete kommunistische Widerstandskämpfer und Arbeiterführer Fiete Schulze (41 Jahre, Schlosser) einerseits und der nach wie vor üppig blühende und gedeihende Herausgeber und Verleger der faschistischen Wochenzeitung »Deutsche National-Zeitung« sowie Gründer und 1. Vorsitzender der faschistischen Bande »Deutsche Volksunion«, Dr. Gerhard Frey. Der junge, dynamische Frey, röm.-kath., im Februar 1933 geboren, der sich zu SS-Leuten hingezogen fühlend, deren Wort- und Gedankenführer wurde. Als Klägerin trat Fietes Tochter Wilma Giffey auf. Allerdings nur einmal, da sie den Gerichtssaal häufiger nicht verkraften konnte. Der Termin am 23. 3. 1970, in dem Herr Frey vernommen wurde, hat ihr gerade gelangt. In ihr wurde der Prozeß gegen ihren Vater vom 18. 3. 1935 wieder wach. Da hat Herr Frey schon bessere Nerven, *denn sein Inneres wird von solchen Traumata nicht geschüttelt.*
Es wurde wieder März, diesmal der 19. 3. 1971, als man Fiete vor dem Landgericht Hamburg, Zivilkammer 24, zum zweitenmal wegen Mordes in Hamburg verurteilt. Diesmal sind seine, wenn auch nur geistigen, *Henker*

der Vorsitzende Landgerichtsdirektor Engelschall,
Landgerichtsrat Dr. Antrup,
Landgerichtsrat Dr. Schumann.

Das Urteil, zu dem sie kommen, wäre zum Totlachen, wenn es nicht so traurig wäre: Ausgerechnet dem deutsch-nationalen Frey wird beigebracht, daß er sich an die deutsche Sprache zu halten und die englische zu meiden habe. *Immer noch: Man kehre zurück zum reinen Deutsch wie damals.* Frey und sein Neandertalerblatt erhalten die Genehmigung, Fiete Schulze auch weiterhin in deutscher Zunge »Mörder« zu nennen. Das gleiche Wort in englischer Sprache, nämlich »Killer«, wird ihm untersagt.
Nicht einmal das Hanseatische Oberlandesgericht hat in seinem Urteil

von 1935 festgestellt, daß Fiete Schulze einen Mord begangen oder an einer Mordhandlung beteiligt war. Fiete Schulze, der aufgrund seiner antifaschistischen Untergrundarbeit jahrelang auf den Fahndungslisten der politischen Polizei stand, trat für einen wirksamen Schutz der Arbeiterviertel und des Arbeitereigentums ein und organisierte ihn. Fiete Schulze lehnte individuellen Terror und »Knüppelpolitik« ab. Für wesentlich hielt er die Auseinandersetzung mit der faschistischen Ideologie. So forderte er seine Genossen auf, sich nicht zu Schlägereien mit Angehörigen der SA provozieren zu lassen, sondern ihnen klarzumachen, daß sie falschen Führern folgten. Einmal sagte er: »Meint ihr, das wäre schon ein Klassenfeind, weil er die SA-Jacke angezogen hat? Nein, Genossen . . . Er weiß nur nichts von dieser Welt. Man hat ihn auf einen falschen Weg gelockt. Ihr aber wißt Bescheid, bringt ihn auf den richtigen! Das ist Heldentum. Schießen ist keins.«
Man sollte den unglaublichen Ausrutscher des Landgerichts Hamburg für einmalig halten, wäre er nicht am 29. 6. 1972 vom Oberlandesgericht Hamburg (die gleiche Instanz, die auch 1935 für den Mord an Fiete zuständig war) genauso für rechtsmäßig erklärt worden wie das damalige Naziurteil. Diesmal zeichnen für die Geistesverwandtschaft mit den Verbrechern von damals der

Oberlandesgerichtsrat Dr. Gerken,
Oberlandesgerichtsrat Dr. Hoppe und die
Oberlandesgerichtsrätin Kupfer.

Was sind das für Leute? Jedenfalls zu jung, um im Braunbuch zu stehen.
Doch solche Geistesgemeinschaft ist die Antwort darauf, warum allein in Hamburg noch über 60 Großverfahren wegen NS-Massenmordes anhängig sind. Die Antwort darauf, warum ein Dr. Ludwig Hahn, obwohl Kommandeur der Sicherheitspolizei und des SD in Warschau, 1972 natürlich auf freiem Fuß, vom Gericht verwöhnt wird. Die Antwort darauf, daß gegen Bruno Streckenbach, »Schreckenbach« genannt, beschuldigt des gemeinschaftlichen Mordes an mindestens einer Million Juden, Polen und Sowjetbürgern, bis zum heutigen Tag noch keine Anklage erhoben wurde. *Im Gegenteil, ihm geht es glänzend.* Als Chef der Gestapo Hamburg von 1933 bis 1938 ist er auch hauptverantwortlich für die bei den polizeilichen Vernehmungen gegen Fiete Schulze und seine mitverhafteten Kameraden begangenen schweren gemeinschaftlichen Körperverletzungen im Amt.

Wenn diese Verbrecher doch mal vor Gericht stehen, fällt es auf, wie bereitwillig die Richter den perversen Gedankengängen der Angeklagten folgen. Es erklärt sicher auch, warum die Zeugen der Anklage, naturgemäß in viel schlechterem Zustand, als lästiger gelten als die Angeklagten selber: elender, verwirrter, kurz: unelegant und peinlich.
Es erklärt auch, warum man die gesamte Waffen- und Polizeigewalt eines Landes plus sehr viel Geld aufbietet, um der möglichen Helfer der kleinen Baader-Gruppe habhaft zu werden. Andererseits noch keine müde Köder-Mark, noch Aufwand geboten hat, um die Verdecker und Verstekker und Verschleierer der wohlbestallten Alt- und Neunazis festzusetzen. XY-Zimmermann wurde in Sachen Nazisuche auch noch nicht aktiv.
Es ist ein ungeheurer Skandal, daß verbrecherische Richter und Staatsanwälte unantastbar, beamtet auf Lebenszeit, auf ihre Art Recht sprechen dürfen. Daß das Judenjagen hierzulande aus begreiflichen Gründen und vielleicht auch aus Mangel an Masse außer Mode gekommen ist, heißt gar nichts. Es hat sich ja nicht die Mentalität, also die Voraussetzung für jeden Machtmißbrauch, geändert. *Muß ich wirklich, nur weil ich Jüdin bin, extra betonen, daß Judenverschonung für mich kein Trost ist, wenn die Übergriffe sich nur verlagert haben?*
Fazit 1972: Fiete Schulze wird, da Antifaschist, zum drittenmal wegen nicht begangener Morde verurteilt. Viele der Angeklagten des Auschwitzprozesses sind noch oder wieder auf freiem Fuß. Da staunt doch wohl keiner? Auch bei Fiete gab sich die Justiz Mühe, nur anders. Die Stapo hatte der Staatsanwaltschaft das »Beweismaterial« zu liefern. Das schien eine schwer zu lösende Aufgabe zu sein, wie allein schon die zweijährige Untersuchungshaft Schulzes zeigt. Armer Fiete Schulze, er irrte, als er dem vernehmenden Staposekretär Paul Radam gegenüber sagte: »Alles, was hier zu Protokoll geht, sind Dokumente, die bestimmt länger leben als ich. Ihr Mißverstehen meiner Angaben kann nur herrühren von Ihrem Nichtverstehen meiner politischen Anschauung...« Fiete Schulze starb mit der Illusion, sein Tod würde helfen, menschlichere Verhältnisse zu schaffen. In seinem Abschiedsbrief an seine Schwester sagt er: »Du haderst mit den Verhältnissen, die Dir den Bruder nehmen. Warum willst Du nicht verstehen, daß ich dafür sterbe, daß viele nicht mehr einen frühen und gewaltsamen Tod zu sterben brauchen? Noch ist es nicht so, doch hilft mein Leben und Sterben es bessern.«
Was hätte er geschrieben, wenn er gewußt hätte, was seitdem – Juni

1935 – alles hat sterben müssen. Was hätte er gesagt, wenn er jetzt hätte Mäuschen spielen können bei seiner zweiten und dritten Verurteilung? Frey hat am 8.8. 1969 nicht grundlos in seinem Scheißblatt über die »seltsamen« und »verbrecherischen Vorbilder Heinemanns« motzen lassen: Hatte doch Bundespräsident Dr. Dr. Gustav Heinemann am 20.7. 1969 in seiner Rede zum 25. Jahrestag des 20.6. 1944 in der Gedenkstätte Plötzensee unvorsichtigerweise gesagt: »Sie alle handelten und starben für eine bessere Welt, für Recht und Gerechtigkeit.« Er sprach von dem Hamburger Arbeiterführer Fiete Schulze, auf dessen Namen die DDR eins ihrer Schiffe getauft hat, und meinte zu dessen Abschiedsbrief: »Solches Vermächtnis stellt uns vor die immerwährende Aufgabe des demokratischen Rechtsstaates. Die Widerstandskämpfer, die nur mit einem Anschein von Justiz einfach niedergemacht wurden, fragen uns, ob wir gegen antidemokratische Geistesrichtungen immun bleiben, ob wir den Geist der ruhigen Vernunft in der Politik bewahren, ob wir Recht und Gerechtigkeit gegen jedermann obwalten lassen.«

Wie erhitzt man sich doch, wenn kindisch, primitiv und hilflos in hochversicherten, leerstehenden Warenhäusern gekokelt wird. Allein die Vorstellung eines möglichen Sachschadens bewegt die Gemüter weit mehr als das permanente Zerbrechen von Menschen. Man überlegt fieberhaft und nicht erfolglos, wie man linke Anwälte lahmlegen kann, anstatt endlich mal mit dem ganzen Gesocks von rechts aufzuräumen. Mich schüttelt es, wenn ich daran denke, wem alles wir in diesem Land ausgeliefert sind: Die DFU (Deutsche Friedens-Union) hat schon am 24. 11. 1968 in einer Anfrage an den Senat darauf hingewiesen, daß sich in der Hamburger Justiz- und Verwaltungsbehörde ehemalige führende Nationalsozialisten befinden, und Auskunft verlangt, was der Senat dagegen zu tun gedenke. Laut Auskunft der DFU blieben diese Anfrage sowie die längst nicht vollständige Liste der angeführten Personen unwidersprochen.

1. *Arnold Behr*
   1945 Marine-Kriegsgerichtsrat in Hamburg, 1968 Amtsgerichtsdirektor beim Amtsgericht in Hamburg-Wandsbek.
2. *Gerhard Brix*
   SS-Sturmbannführer, seit 1. 9. 1942 Nr. 327327, Standabteilung 28 Hamburg, Major der Schutzpolizei, NSdAP Nr. 2754501, 1968 bei der Behörde für Inneres Hamburg, Führer des Polizeiabschnittes Nord, Polizeioberrat.

3. *Roland Buck*
Marine-Oberstabsrichter bei der Sicherung Ost 6, Amtsgerichtsrat in Hamburg.
4. *Dr. Erich Eckart*
Oberkriegsgerichtsrat bei der Kommandantur Groß-Marine, Mitglied der NSdAP und der SS, Oberlandesgerichtsrat in Hamburg.
5. *Dr. Hans-Heinrich Ehlert*
Landgerichtsrat beim Sondergericht in Hamburg, z. Zt. Landgerichtsrat beim Landgericht Hamburg.
6. *Dr. Hermann Gollasch*
Landgerichtsdirektor, ehem. NSdAP-Hauptstellenleiter für Beamte in Teschen, Tschechoslowakei, seit 1942 Leiter der Hauptstelle für Gnadensachen und Parteigerichtsverfahren, Kreispersonalamtsleiter und SS-Sturmbann-Schulungsleiter, 1968 Landgerichtsdirektor beim Landgericht in Hamburg.
7. *Dr. Hans Gramm*
Ministerialrat im NS-Justizministerium, förderndes Mitglied der SS, 1968 Senatspräsident beim Oberlandesgericht Hamburg, 1. Vorsitzender des Hamburgischen Richtervereins.
8. *Dr. Walter Günther*
Ankläger für politische Strafsachen beim Oberlandesgericht in Hamburg, 1968 beim Amtsgericht in Hamburg.
9. *August Hanner*
Kommandeur des 3. SS-Polizeiregiments, SS-Führer und Aufstiegsoffizier für das Schutzmannschaftsbataillon 105, 1968 Polizeirat in Hamburg-Wandsbek.
10. *Dr. Werner Heerwagen*
Landgerichtsrat beim Sondergericht in Lippmannstadt, 1968 Verwaltungsgerichtsdirektor beim Verwaltungsgericht in Hamburg.
11. *Wolfgang Hoffmann*
Hauptmann der Schutzpolizei in Hamburg – im Polizeibataillon 101, Teilnahme an Aktion Reinhardt. SS-Mitglied seit 1. 5. 1933, Nr. 196198, NSdAP Nr. 5994662, 1968 Polizei-Hauptkommissar an der Polizeischule, Leiter einer Revierwache in Hamburg.
12. *Dr. Wilhelm Matthiessen*
Marine-Oberstaatsrichter und Anklagevertreter beim Gericht des Führers der U-Boote Ost in Stettin, 1968 Senatspräsident beim Oberlandesgericht in Hamburg.

13. *Dr. Hans Thiemann*
Staatsanwalt beim Sondergericht in Posen, 1968 Oberstaatsanwalt beim Landgericht Hamburg.
14. *Wilhelm Vestring*
NSdAP-Mitglied Nr. 3703777, SS-Sturmbannführer SS-Nr. 357205, Major der Schutzpolizei 41–44 im Hauptamt für Ordnungspolizei, 1942 zeitweise Schwadronchef bei der Polizeiverwaltung II in der Ukraine. 1968 Polizeioffizier in Hamburg – 1964 kurze Zeit wegen seiner faschistischen Vergangenheit vom Dienst suspendiert. Die Ermittlungen zeigten angeblich kein Ergebnis. Polizeidirektor in Hamburg-Ost.

Das Landgericht Hamburg hat ein unglaubliches Terrorurteil der Nazis gegen den Widerstandskämpfer bestätigt und sich dabei auf einen Prozeßbericht der damals gleichgeschalteten, vorzensierten Presse bezogen. Was man heute als ein »ordentliches Verfahren« bezeichnet, sah so aus: Am 11. 3. 1935 hielt Staatsanwalt Stegemann im Schulze-Schauprozeß sein Plädoyer. Er begann mit dem Satz: »Meine Herren Richter! Es gibt kein objektives Recht!«, um dann seine politische Hauptthese vorzutragen: »Strafrecht ist heute Kampfrecht!« Unter anderem sagte er: »Fiete Schulze ist ein Todfeind unseres Staates ... Seine Zunge ist gefährlicher als ... Kugeln ... Die Anklagekonstruktion wird gleichgültig sein, da in jedem Fall ein Antrag auf Todesstrafe gestellt werden kann.«

Bayern ist noch einen Takt korrupter als Hamburg: Die Strafanzeige der VAN (Vereinigung der Antifaschisten und Verfolgten des Naziregimes e. V.) wurde vom Landgericht München durch Oberstaatsanwalt Wilhelm Lossos und nach eingelegter Beschwerde auch vom Oberlandesgericht durch den bayrischen Generalstaatsanwalt Dr. Bernhard Bader zurückgewiesen. Die Herren meinten, es bestünde kein öffentliches Interesse. Eine Strafverfolgung könne nicht als Anliegen der Allgemeinheit angesehen werden. Das Landgericht Hamburg nahm die Zivilklage der Tochter immerhin an.

Banale Sexblättchen und andere Belanglosigkeiten werden am laufenden Band beschlagnahmt. Es ist aber noch nicht gelungen, der Mordpresse Freys das Handwerk zu legen. Der »Deutschen National-Zeitung« und ihrem Herausgeber und Chefredakteur Frey aber ist es gelungen, einen aktiven, mutigen, für Recht und Menschenwürde Kämpfenden als Kriminellen abstempeln zu lassen.

Juli 1972

P. S.
Jetzt, knapp 46 Jahre nach Fietes Ermordung, gibt auch die Hamburger Staatsanwaltschaft endlich zu, daß Fietes Hinrichtung ein Mord war. Seine noch lebende Tochter Wilma, die nie aufhörte, um Fietes Unschuldsnachweis zu kämpfen, hat jetzt schriftlich, daß das Urteil gegen den kommunistischen Widerstandskämpfer aufgehoben worden ist. Das zeigt, man muß nur ein bißchen Geduld haben und lange genug leben. Wer weiß, wer in 46 Jahren alles rehabilitiert sein wird, hier und anderswo.

P. S.
Fietes Tochter Wilma Giffey treffe ich immer wieder bei VVN-Veranstaltungen und auf Demos. Sie hat den Kampf nie aufgegeben. Doch für die Rehabilitierung ihres Vaters brauchte sie viele Jahre.

Mai 1990

Hoppe, ein Mörder?

10 Jahre gegen Werner Hoppe. Eine runde Zahl. *10 Jahre gegen Werner Hoppe, der nie weggedrückt war wie andere Aussageverweigerer. Nach einem Jahr Einzelhaft immer noch von ungeheuer vitaler Ausstrahlung – optisch, als sei er der junge Bruder von Che. 10 Jahre.* Von einem Vorsitzenden, der in Anbetracht der Jugend des Angeklagten das Urteil *so* »niedrig« hält. Von einem Vorsitzenden, der vorher betont, daß Hoppe dem Gericht »zum Schutz anempfohlen sei«. Schöner Schutz. Hoppes Verteidigungsunterlagen werden im UG Seite für Seite gefilzt.
Kasperltheater mit geschminkten Polizeizeugen, die ihre Perücken wie Dienstmützen immer wieder runterziehen. Nur die Pappnasen fehlen bei diesem Mummenschanz. Mit einem Polizisten, der sagt: »Da gab ich mir selbst den Einsatz.« Mit einem Staatsanwalt, der die getötete *(Hoppe: ermordete)* Petra Schelm dauernd ausklammern will. Gegen alle traditionellen Verhandlungsgewohnheiten.
Für das Schwurgericht ist nach 33 Verhandlungstagen und 700 Seiten Tonbandprotokoll alles klar. Das Wort »Zweifel«, das am häufigsten gebrauchte in den Plädoyers von Staatsanwalt und Verteidigung, kommt im Urteil nicht vor. Es steht alles fest.
Fest steht, daß Werner Hoppe des dreifachen versuchten Totschlages schuldig ist. 25 Minuten brauchte das Gericht zur Urteilsbegründung – oder 8⅓ Minuten pro versuchten Totschlag. Staatsanwalt und Verteidigung haben sich offenbar nur mit nebensächlichen Punkten auseinandergesetzt, wenn sie insgesamt 10 Stunden plädiert haben. Das Gericht geht deshalb auf die von ihnen erörterten Probleme gar nicht erst ein: Was klar ist, kann man höchstens zerreden. Deshalb brauchen 9 Richter auch nur 3½ Stunden, um das Urteil zu beraten, bevor sie sich wie an jedem Tag in den Streifenwagen der Polizei wieder nach Hause fahren lassen. Fest steht das Urteil offenbar schon, als ein Polizist Hoppes ohnmächtigen Ausbruch (er wurde mißhandelt) bei der Festnahme zitiert: »Schade, daß ich von euch Schweinen nicht ein paar umgelegt habe.« Mit diesem Satz beginnen die Urteilsgründe – unter diesem Satz steht das ganze Urteil – dieser Satz macht *offenbar auch* eine Beratung überflüssig. Und Ortwin Löwa meint im NDR: »Wer an 33 Verhandlungs-

tagen teilgenommen hat, glaubt bei der Urteilsbegründung, er wäre in einem anderen Prozeß gewesen.« Auf die Beweisaufnahme, die in der Urteilsbegründung nur knapp gestreift wird, kann sich das Urteil *denn auch* in der Tat schwerlich stützen; *fegt es doch alle in der Beweisaufnahme erbrachten wissenschaftlichen Erkenntnisse vom Tisch.*

1. »Zumindest viermal« soll Hoppe geschossen haben. Zwar fehlen ihm nur höchstens 2 Patronen in der Waffe. Und aus dem Magazin in seiner Hosentasche fehlt kein Schuß. Dies, so der Vorsitzende, *der sich als Taschenspieler entpuppt,* »läßt nur einen möglichen Schuß zu. Daß er vorher aus einem dritten Magazin geschossen und dies dann weggeworfen hat.« Großes Staunen! – Kein Wort hiervon ist in der Beweisaufnahme gefallen. Woher auch? Das metallene Magazin, groß wie ein Pistolengriff, findet man nicht einmal mit Minensuchgeräten... Der Waffenverständige hat überdies die Pulverrückstände untersucht und war auf »höchstens 3 Schüsse« gekommen. (Die nicht unbedingt an diesem Tag abgegeben worden sein müssen.)

2. Mündungsfeuer kann man bei Tageslicht nicht einmal auf 40 Zentimeter sehen. Das hat der Waffensachverständige geklärt.

Polizist 1 will es jedoch auf 37 Meter gesehen haben. Das Gericht: Der Zeuge hat das Wort »Mündungsfeuer« nicht gewählt, um damit zu sagen, daß er das Mündungsfeuer gesehen habe – das sei ja auch unsichtbar –, sondern den Rauchkegel. Grund: Nur dieser sei sichtbar.

Doch noch mehrere Kollegen haben teil am Mündungsfeuer als Fata Morgana.

Polizist 2 – er hat im selben Zimmer wie Polizist 1 anschließend seinen Bericht zurechtgestutzt – will beim selben Schuß ebenfalls auf 37 Meter »hellgelbes« Mündungsfeuer gesehen haben. Gericht: Das mache den Zeugen nicht unglaubwürdig. Also: Hoppe hat geschossen.

Polizist 3 will auf 4 bis 6 Meter Mündungsfeuer gesehen haben. Gericht: Der Zeuge hat das Wort »Mündungsfeuer« nur gewählt, um zu erläutern, was er gesehen habe. Schon ist das erklärt.

Polizist 4 ist besonders glaubwürdig, weil er nichts sah. Er hat nämlich als einziger weder den Schuß noch das nicht vorhandene Mündungsfeuer gesehen. Trotzdem: Hoppe hat angeblich geschossen.

Zusatz: Polizist 3 war mit Polizist 4 im Polizei-VW hinter den Sitzen in Deckung gegangen und konnte gar nichts sehen.

Seien Sie sicher: In künftigen Prozessen wird bestimmt kein Polizist ein Mündungsfeuer gesehen haben.

3. Hoppe hat jedesmal mit Tötungsvorsatz geschossen, heißt es. Beim ersten angeblichen Schuß ergibt sich das daraus, daß er aus 4 bis 6 Metern auf die im VW versteckten Polizisten gezielt und das Dach getroffen habe. Die Abweichung von 35 Grad erklärt das Gericht mit der möglichen Ungeübtheit des Schützen. Obwohl der Waffensachverständige erklärt: »Der erste Schuß geht immer dahin, wo man ihn hinhaben will.« Übrigens, kein Mensch weiß, ob es wirklich Hoppes Schuß war, der das Autodach traf. Da schoß ja so mancher. Die Delle wurde leider »versehentlich« ausgebessert. *Beweismittel futsch. Und dieser fehlende Beweis überzeugt auch den Staatsanwalt Gammelin von Hoppes Schuld und seinem Tötungsvorsatz. Daraufhin folgert das Gericht gewitzt »einmal Vorsatz – dreimal Vorsatz«.*
Viel Widersprüche gab's und wenig Recht. Richter scheinen die Möglichkeit auszuschließen, daß auch Polizeibeamte lügen können. *Warum man noch in jeder Uniform einen Ehrenmann vermutet, ist unbegreiflich. Wer immer* wieder das Vergnügen hat, Polizisten als Zeugen oder in seltenen Fällen als Angeklagte zu erleben, ist durchaus auf Meineide gefaßt.
Woher das Gericht seine Erkenntnisse – wenn schon nicht aus der Hauptverhandlung – gewonnen hat, zeigt ein Blick in die Anklageschrift: »Es ist dem Beschuldigten möglich gewesen, weitere Patronen vor- bzw. nachzuladen oder aber ein leergeschossenes Magazin auszuwechseln und wegzuwerfen.« Daß selbst der Staatsanwalt diesen Standpunkt nach der Beweisaufnahme aufgegeben hat, kratzt das Gericht wenig: *Stand das Urteil von Anfang an fest?*
Daß das Urteil eines bundesrepublikanischen Gerichts so deutlich erkennen läßt, wie wenig es auf die Hauptverhandlung ankommt, ist neu. Verteidiger Reinhard (»Ich halte das nicht mehr aus«) bittet um eine Unterbrechung, um sich »vor Reaktionen zu schützen, die ggf. standeswidrig sein könnten«. In Kreisen der politischen Staatsanwaltschaft spricht man aus, was jedem klar ist: »Ein politisches Urteil.« *Offenbar sind in der Tat andere Maßstäbe für die »Wahrheitsfindung« angewandt worden als sonst. Noch bevor das Urteil gesprochen ist, hat Verteidiger Hannover die Praxis der Klassenjustiz bei Tötungsdelikten aufgedeckt: »Wer einen anderen Menschen im Interesse der herrschenden Klasse tötet, bleibt straflos. Wer gegen die Interessen der herrschenden Klasse tötet, ist hart zu bestrafen.« Dieser Satz erscheint als der Schlüssel für die Verurteilung auch von Werner Hoppe.* Obwohl dieser laut Beweisaufnahme we-

der getötet hat noch töten wollte. Damals war Hoppe im Freundeskreis bekannt dafür, jede Gewalt abzulehnen. Sein Freund und Förderer Christian Geißler hält es für ausgeschlossen, daß Hoppe bewaffnet war, als er in den Wagen stieg.

Hoppe selber hat im Prozeß aber keine Zweifel daran gelassen, daß er die bestehende Gesellschaftsordnung mitsamt ihrer Justiz ablehnt. Anklage und Presse haben ihn bewußt in die Nähe der RAF gedrückt. *Also muß er als Gegner des Systems bestraft werden. Hoppe zu seinem Verteidiger Reinhard: »Ein Urteil, das sie über die Revolution fällen wollen.«*

Systemfeindliche Gesinnung als Ersatz für den Beweis einer Straftat – *auf dieser Grundlage wird schon lange verurteilt: Berufsverbote, Demonstrationsprozesse etc. Eine neue Qualität hat das Hoppe-Urteil dennoch: Wo andere Gerichte wenigstens noch einen Vorwand im Schlußwort einiger Angeklagter finden, ist hier,* so Hoppe, »die Entlarvung des Terrors hinter dem Rechtsstaatsgeschwätz offenbar geworden. Die Demaskierung der Justiz war perfekt; die demokratischen Gewänder sind objektiv weg. Für sehr viele Menschen haben sie subjektiv Löcher bekommen!« *Die Justiz habe aber auch keine andere Wahl gehabt:* »Entweder stellt die Justiz die Illegalität der Bullen fest, oder sie begibt sich selbst in die Illegalität.«

Hoppe ist nicht überrascht über das Urteil, die Öffentlichkeit schon. Bei den Journalisten schlägt das Urteil wie eine Bombe ein. Die Richter flüchten beim letzten Satz mit fliegendem Start und wehenden Uniformen ins Beratungszimmer. Die Staatsanwaltschaft findet das Urteil »schädlich«. Anwesende Polizisten zucken zusammmen. *Andere Polizisten, die den Prozeß nur in der Zeitung verfolgen, halten das Urteil für viel zu niedrig.*

Seit den Baader-Geschichten *hatte kaum jemand den Mut, Stellung zu beziehen, aus Angst, der allgemeinen, von Springer, Genscher und Konsorten geschürten Hysterie zum Opfer zu fallen.* Wissend, daß Hoppe seit über einem Jahr sitzt und nichts zu tun haben kann mit Dingen, die seitdem passiert sind. *Wer aber nach diesem Gerichtsurteil immer noch den Mund hält, macht sich mitschuldig.*

Apropos: Der Vorsitzende, Landgerichtsdirektor Herbert Schmidt, 51 Jahre, muß sich jetzt aufgrund der Presse-Empörung vorkommen wie ein zu Unrecht gescholtenes Kind. Er muß doch einfach gedacht haben, daß er synchron mit der Presse urteilt, *die, so Reinhard,* schon zu Prozeßbeginn diesen Prozeß nicht nur vor-, auf-, nein, zubereitet hat.

Mit unschöner Regelmäßigkeit werden Polizisten *von jeder Verantwortung* freigesprochen – es sei denn, sie haben 'ne Bank geknackt. Ansonsten handelt ein schießender Polizist (schwerbewaffnet und durch Panzerweste geschützt) immer in Notwehr. Diese These geht allemal dann auf, wenn außer Polizeizeugen niemand sonst etwas gesehen hat. Wenn nicht, war es eben Putativ-Notwehr, also vermeintliche Notwehr. D. h.: »Ich dachte, ich hätte möglicherweise vielleicht bedroht werden können . . .« Bei solchen Gelegenheiten geht der Schuß meistens durch den Hinterkopf rein.
Der Polizeibeamte Hinzmann, der Petra Schelm erschoß, erhielt dafür eine Auszeichnung. Trotzdem; mehr Spaß an dem toten Mädchen hatte – das kann man unschwer den Fotos entnehmen – der Fotograf: Petra Schelm auf einer Bahre, der zerschossene Kopf in einer Blutpfütze, der schöne nackte Körper wie für'n Porno zurechtgelegt. Eben nicht ganz nackt wie Tote in der Gerichtsmedizin sonst, sondern mit dem dünnen kleinen Slip, halb runtergezogen. In Techni-Color. *Doch was wäre, wenn Hoppe – vielleicht aufgrund dieses Mädchens, das er liebte – wirklich geschossen und getroffen hätte – im Sommerhemd, mit nackter Brust, in Panik? Von Notwehr, egal, welcher Art, wäre nie die Rede gewesen. Wenn ein Zivilist vor Angst durchdreht, heißt es strafverschärfend: Widerstand gegen die Staatsgewalt.*
»Man muß die Willkür und den Terror sehen, die gesamte Faschisierung. Nicht den ›Einzelfall‹ kritisieren und meinen: ›6 Jahre wären doch genug gewesen‹.« – *»Ich bin der Ansicht, daß die Schweine mit dem Urteil vom Mittwoch einen bedeutenden Beitrag zur Beschleunigung der revolutionären Entwicklung geleistet haben«, sagt Hoppe.*
Mal sehen, was bei der Revision rausspringt.

August 1972

P. S.
Hoppe ist nach den langen Jahren der Einzelhaft so kaputt, daß man ihn erst in ein Krankenhaus, dann jetzt zu Freunden hin entlassen mußte. Nicht gerade gerne und erst nach erheblichem Hin und Her. Schlechtere Anwälte hätten aufgegeben.
Aus irgend einem Grund hielt es sogar die Justiz nicht für opportun, Hoppe im Knast sterben zu lassen.
Zur Zeit ist er immer noch mehr tot als lebendig, da er keine Nahrung bei sich behalten kann.

Hoffentlich wird er gesund. Und schafft es, sich für verlorenes Glück und gestohlene Jahre Leben nicht zu rächen.

Februar 1979

P. S.
Er hat es geschafft.

Wahlkampf im Knast

Daß meine Bitte Euch erreicht, weiß ich. Da so viele von Euch mir immer wieder schreiben. Habt erst mal Dank für all Eure Briefe. Ich bin oft genug verzweifelt, wenn ich sehe, wie sehr Ihr auf mich baut. Ich alleine kann überhaupt nichts für Euch tun (ich mach mich schon bei den Versuchen unbeliebt genug). Aber Ihr zusammen könnt etwas tun: Versäumt um Gottes willen die Wahl nicht!
Helft denen unter den Fürsorgern, Psychologen, Lehrern und Beamten, die sich für Euch einsetzen, damit sie vom Gesetz her bessere Möglichkeiten bekommen. Helft uns, dafür zu sorgen, daß die CDU/CSU keine Chance hat, an ihrem Geschäft mit der Angst zu verdienen.
Ich weiß, daß Ihr etwas tun könnt. Ihr könnt Euren Bräuten, Frauen, Eltern, Freunden und Bekannten schreiben und sie auffordern, in ihrem, in Eurem und unser aller Interesse auf jeden Fall zur Wahl zu gehen. Um SPD zu wählen, Schiller und anderen politischen Tippelbrüdern zum Trotz. Es gibt Schlimmeres als halbwegs offen ausgetragene Streitereien. Auch ich bin nicht glücklich über den jetzigen Bundesjustizminister. Auch ich weiß, daß der Knast sogar in SPD-regierten Ländern wie Hamburg und Berlin so stickig ist wie sonstwo. Auch mir wird schlecht, wenn ich an die Vorfälle in der Glocke denke.
Und trotzdem! Die Chance, ein sinnvolleres Strafvollzugsgesetz durchzubringen, kommt nicht von rechts. In der SPD sind zumindest zaghafte Ansätze erkennbar, Vernunft walten zu lassen. Dann ist vielleicht auf längere Sicht denkbar, daß sich nicht mehr ein Justizministerium, sondern ein Rehabilitationsministerium um Strafgefangene kümmert.
Fordert Eure Verwandten und Bekannten auf, mitzudenken und mitzuhandeln. Ich habe auf politischen Versammlungen und in Fernsehsendungen, in denen sich prominente Politiker vom Publikum befragen ließen, noch nie erlebt, daß Angehörige von Strafgefangenen in aller Öffentlichkeit Politiker zu dem Skandal »Strafvollzug in Deutschland« befragt haben. Euch Pakete schicken, ist gut. Viel wichtiger aber ist es, dem zuständigen Abgeordneten zu schreiben. In Parteien einzutreten. Zur Wahl zu gehen.

Eure Angehörigen sind immer mitbestraft. Wenn ich so an die Mütter und Frauen denke, die Jahr um Jahr die unwürdige Prozedur des Besuchs in einer Strafanstalt auf sich nehmen. Die unter der Belastung leben, daß ihre persönlichsten Briefe von Fremden zensiert und oft unter Beamten ausführlich betratscht werden.
Ich sehe eine Tragik darin, daß die meisten von ihnen über ihrem Unglück nicht zu der Einsicht gekommen sind, daß sie sich auch um Politik kümmern müssen. Wenn ich wählen dürfte (als Schwedin darf ich es nicht), würde ich auch SPD wählen. Damit Strafgefangene nicht (im Wortsinn) Prügelknaben bleiben.

November 1972

P. S.
Die SPD gewann. Wir lagen uns in den Armen und tanzten taumelnd vor Freude. Weinten vor Glück. Das waren schöne Tränen.
Später weinten wir wieder. Vor Enttäuschung. Die alten Sozis würden sich im Grab umdrehen, wenn sie wüßten, was aus ihrer Partei geworden ist. Sogar die FDP konnte sie mühelos links überholen. Manchmal wirkt sogar die CDU in der Opposition leicht verwegen.
Bald ist wieder Wahl. Na ja . . .

März 1979

Wie kam das Messer in Herrn B.?

Ein Haus in Eimsbüttel. Miterleben tut man durch die Wände. Bruchstückhaft, da man einander die Tür nicht öffnet. Was man nicht weiß, reimt man sich zusammen. Was man sich zusammengereimt hat, reicht man im Treppenhaus weiter. Beliebtes Tratschobjekt ist die Familie B. Im dritten Stock.

Besonders die Frauen der Familie: Mutter und Tochter sind äußerst unbeliebt. Ihre Zurückhaltung hält man für Hochmut. Den Mann, Walter B., 65, bemitleidet man. Er gilt als freundlich. Mit ihm kann man mal auf der Treppe ein Wort wechseln. Er, selber leberleidend, erkundigt sich gerne nach den Krankheiten, Gebrechen und Therapien der anderen im Haus.

Man schüttelt den Kopf darüber, daß es in der Wohnung der B.s immer so laut und polterig zugeht. Besonders, wer auf dem Klo ist, kann das Geschrei der Frauen hören. Die Rohre ersetzen Lautsprecher. Man fragt sich, wie der arme Herr B. das bloß aushält. Man weiß auch von dem Sohn Heinz, der Alkoholiker und seit 1970 entmündigt ist. Kein Wunder, sagt man sich. Bei den Frauen? Auch der Peterwagen war schon mehrfach da. Als dann eines Tages, es war am Sonntag, dem 20. 2. 1972, am hellichten Tag die Kripo kam, um den frisch erstochenen Herrn B. in Augenschein zu nehmen, wußte man auch, warum er so tragisch hatte sterben müssen.

Da ich weder an der Wand noch am Klo-Rohr, sondern im Schwurgericht des Hamburger Strafjustizgebäudes zuhöre, kriege ich all das mit, was den Nachbarn jahraus, jahrein verborgen geblieben war.

Der Buchbinderin Karin B., 29, wird vorgeworfen, ihren 65jährigen Vater getötet zu haben. Als sie in den Saal 201 hereingerufen wird, trennt sie sich nur widerwillig von ihrer Mutter, die als Zeugin draußen bleiben muß. Dann sitzt sie, 1,50 Meter groß, die ganze Verhandlung hindurch kerzengerade auf der Anklagebank. Im schwarzen Hosenanzug. Klarrote Schuhchen mit Blockabsatz, ordentlich nebeneinander. Schwarze Handtasche. Schwarz auch die runden Augen und das kurze, volle Haar. Geschmackvoll und äußerst adrett.

Karin ist anfangs völlig durcheinander. Der Vorsitzende steigert ihre

Verwirrung so, daß man ihm fast den Mund verbieten möchte. Er besteht darauf, die Daten ihrer Einschulung und Schulentlassung, die er sicher schwarz auf weiß vor sich hat, von ihr zu erfahren. Sie vertut sich, sie irrt sich. Es kommt immer ein Jahr zuviel oder zuwenig dabei heraus. Empört: »Ich bin aber nicht sitzengeblieben.« Er gibt nicht nach. Wie eine Ertrinkende klammert sie sich an das Jahr 1959. Mindestens fünfmal sagt sie: »Da bin ich konfirmiert worden.«
Der Gutachter Dr. Wildhagen unterbricht die Tortur: »Haben Sie nicht geschlafen?«
»Ja, Gott, man ist ja innerlich angespannt.«
Innerlich angespannt war Karin von klein auf an. »Ich glaub, mein Vater, er liebte wohl die Ruhe nicht. Er suchte immer Streit. Mit seinen Fäusten hatte er das raus. Ich vibrierte ja immer. Er trank fast täglich. Sie schleiften ihn oft rauf. Das mußte ich als Kind immer mit ansehen. Er schrie und prügelte immer. Uns alle. Ohne Grund. Und immer hat er gedroht: ›Ich mach euch fertig!‹ Und: ›Ich werd den Stall hier noch ausmisten.‹ Wir waren immer ruhig, um ihn nicht zu provozieren.«
In der Tat. Sie verkrochen sich fast immer in der Küche. In der guten Stube herrschte er. Der Fernseher war für ihn da und nur, wenn er's gestattete, auch für andere. Als Karin gefragt wird, was am Tattag Besonderes war, sagt sie: »Da war nichts Besonders. Er war genau wie immer. Er hat geschimpft und geschrien. Er war betrunken und hat meine Mutter in den Unterleib getreten. Es war wie sonst auch.«
Betrunken war Walter B. schon damals, als er die 18jährige Wilma kennenlernte. Karins Mutter, genauso klein und geschmackvoll gekleidet, nur weißlockig, erzählt: »Obwohl es mich abstieß, daß er betrunken war, konnte er mich überreden, ihn wiederzusehen. Später mußte ich ihn heiraten, weil unser Sohn unterwegs war.«
Das, was 1933 ein zwingender Heiratsgrund war, wird 1972 sowohl von der Tochter als auch vom Gericht als ein »Muß« akzeptiert.
Walter betrog Wilma von Anfang an. Als sie im Wochenbett lag und auch sonst. Mit Frauen aus dem Verwandten- und Bekanntenkreis. Mit Frauen aus den Kneipen. Mit Frauen aller Art, Hauptsache, sie waren willig.
Zu seiner eigenen Frau sagte er, wann immer sie ihn begehrte: »Wieso soll ich nicht fremdgehn! Dich alte Sau kann ich ja jeden Tag haben.« Ein Satz, der sich auch den Kindern eingeprägt hat. So deutlich drücken sich die meisten Männer wohl nicht aus. Aber so eine Einstellung der

eigenen Frau gegenüber, die ja immer da ist, während man sich bei anderen Frauen ranhalten muß, ist nicht gerade selten.
Frau Wilma hat nicht immer ihren Ehezustand als unausweichlich empfunden. Zu Kriegsbeginn wollte sie sich scheiden lassen. »Doch da hat er mich wieder rumgekriegt. Er sagte: ›Das kannst du mir doch nicht antun. Gerade jetzt, wo ich in den Krieg muß.‹«
Karin erzählt: »Mir ist das ein Rätsel. Sie ließ sich alles gefallen. Aas, Biest, Luder, Hure hat er meine Mutter immer genannt. Dabei ist sie nie fremdgegangen. Gerade ›Hure‹, das ist mir unverständlich. Wir haben ihm auch mal Kattun gegeben und gesagt: ›Man muß doch an das Alter denken und nicht alles vertrinken.‹ Dann wurde er natürlich erst recht wild und boxte drauf los.«
Der Vorsitzende fragt: »Hat sich denn niemand von Ihnen je wehren können? Auch nicht Ihr Bruder? Der jetzt 40 Jahre alt ist?«
»Nein, wir hatten alle immer nur Angst. Er gebraucht doch immer seine Fäuste. Er steht doch so.« Sie ballt die kleinen Fäuste vor der Brust, um das vorzumachen. Sie spricht immer wieder in der Gegenwart: »Er kommt ja auch immer so tückisch von hinten angeschlichen. Ganz ohne Grund. Immer ganz plötzlich. Es macht ihn wohl wütend, uns bloß zu sehen.«
Man ist sich einig darüber, daß die Gewalttätigkeit des Vaters ständig zunahm. Die Mutter sagt: »Vor vier Jahren wandte sich eine Geliebte von ihm ab, als ich hinter das Verhältnis kam. Seitdem war es besonders schlimm.«
Die Tochter meint: »Seitdem ich meinen Verlobten habe, ist er noch gehässiger als vorher. Ich glaub, mein Vater gönnt mir keine Freude. Als ich für den Urlaub packte, hat er mir plötzlich ein blaues Auge gehaun.«
Der Verlobte, 28 Jahre, lang und blond: »Stellen Sie sich das mal vor. Unterwegs haben die ganzen Leute auf ihr blaues Auge geguckt. Die haben mir das in die Schuhe geschoben. Ich hab da viel miterlebt. Er stichelte immer und suchte Unruhe. Wenn ich da war, stellte er meine Schuhe ins Treppenhaus. Das sollte wohl der Rausschmiß sein. Ich war ihm ein Klotz am Bein. Weil er sich zusammennehmen mußte, wenn ich da war. Vor anderen hat er ja immer den Diener gemacht. Aber vor mir platzte er dann doch, wenn er seinen Rappel kriegte.
Heiligabend mußten die Frauen auch immer in der Küche sitzen, weil er sie nicht in der Stube haben wollte. Und Silvester hat er meine Schwieger-

mutter die Schublade auf'n Kopf gehaun. Da bin ich vor Schreck weggelaufen.«

»Ja, haben Sie denn nichts unternommen, um den Frauen zu helfen?«

»Soll ich ihn schlagen? Da bin ich ja der Dumme. Ich hab mir immer nur gesagt: Du willst ja nicht den Schwiegervater heiraten.«

Karin hätte vielleicht bis heute keinen Freund, wenn der Vater nicht 1969 im Krankenhaus gelegen hätte. In der Zeit fingen Bekanntschaft und Liebe an. Und als der Vater entlassen wurde, gab es den jungen Mann ganz einfach im Leben der Tochter. Ein junger Mann, weich wie Butter. Gerade das macht ihn wohl für Karin besonders anziehend. Verwandte und Bekannte hatten sich schon lange abgesondert. Damit begründet Karin auch immer wieder, daß sie nicht von zu Hause wegzog: »Ich konnte meine Mutter doch nicht mit ihm allein lassen. Sie hatte ja sonst keinen, weil er immer stänkerte. Jetzt kommen welche wieder. Jetzt ist ja Stille.«

Warum um Himmels willen verließ Frau Wilma ihren Mann nicht? Frau Wilma, graziös, ganz in Braun, die Beine zart übereinandergeschlagen, etwas geziert, wach und höflich, drückt sich gut und schnell aus:

»Ach, wissen Sie, ich kann heute selbst nicht mehr verstehen, wie ich das so viele Jahre hab erdulden können. Ich weiß nicht, wie ich das alles verkraftet hab. Daher hab ich allerdings ja auch seit 18 Jahren mein Herzleiden. Aber ich mußte ja um der Kinder willen bei ihm bleiben. Ich habe alles nur den Kindern zuliebe auf mich genommen.«

Da können die Kinder aber froh sein. Wie alle Kinder, die gezwungen sind, das Ehedrama ihrer Eltern mitzuerleben. Diese Kinder besonders. Der Sohn ist jetzt zum achtenmal in einer Entziehungsanstalt. Die Tochter wegen Totschlags auf der Anklagebank.

Materielle Gründe spielten auch keine Rolle. Die Angst, ohne Wohnung und ohne Einkommen dazustehen. Die ganze Familie war durch die Tyrannei des Vaters so sehr in Unmündigkeit gehalten, daß sich anscheinend keine Alternative anbot. Zweimal versuchte Frau Wilma durch Selbstmord ihrem Mann auszuweichen. Außerdem suchte sie Hilfe, in der Hoffnung, ihren Mann von der Trunkensucht heilen zu können. Seine Reueausbrüche: »Was bin ich nur für ein Mensch!« und Schwüre ließen sie immer wieder hoffen.

Sie wandte sich viermal in ausführlichen Briefen an den Facharzt für innere Krankheiten, Dr. Ernst Zietz. Dieser meinte schlicht: »Sie wollen Ihren Mann ja nur bei mir schlechtmachen.« Und als auch der Sohn ihn

um Hilfe bat: »So schlimm wird's ja wohl nicht sein.« Walter B. bekam Antabus-Tabletten, die er nicht nahm. Damit hatte sich der Fall.
Frau Wilma wandte sich auch mehrfach an den Fürsorger des Sohnes, der als Zeuge aussagte:
»Wir konnten den Mann nicht ins Heim einweisen, da er sozial eingeordnet war und seiner Arbeit nachging. Er war zwar seit 36 Jahren Trinker. Ich habe ihn aber nie betrunken gesehen. Zwischen Vater und Sohn war ein grenzenloser Haß. Da der Vater 40 Jahre bei Montblanc den gleichen Arbeitsplatz hatte, hielten wir ihn nicht für süchtig.«
Der Sohn Heinz war also auch in den Alkohol geflohen. Bei der Tochter Karin ging alles nach innen. Daß bei ihr die Grenze des Erträglichen erreicht war, kündigte sich am Abend vor der Tat an.
»Ich bin ja an sich friedlich. Ich verzieh mich immer. Er nahm mit Gewalt Geld aus der Schublade und hat meine Mutter wieder getreten. Er holte immer so aus. Alles bäumte sich in mir auf. Da dachte ich: Jetzt trittst du auch mal aus. Und dann hab ich ihn so heftig ins Gesäß getreten, daß mein Zeh weh tat. Er schreit ja immer so laut. Er ging meistens immer nach (der Kneipe) Lehmitz hin. Das kam vielleicht, weil er kein Hobby hatte.
Dann kam der Sonntag. Frühschoppen, wie üblich. Anschließend ›Werner Höfers Frühschoppen‹. Auch wie üblich.
Das sah er sich jeden Sonntag an. Ich deckte den Tisch. ›Was soll das?‹ schrie er. Wir brachten Karbonade und Spargel rein. Er hat meistens immer ein rotes Gesicht, wenn er trinkt. Das Essen fiel ihm wie immer vorbei.«
Die Mutter: »Er aß sehr unmanierlich.«
Karin: »Als wir abdeckten, gab es Krach. Er hatte 'n Messer in der Hand. Dann nicht mehr. Aber er trat Mutter in den Leib. Ich sah dann nur noch seinen roten Kopf. Und das Bein. Der Anblick. Das Bein. In Mutters Leib. Ich wollte das wirklich nicht. So furchtbar. Das Bein. Der rote Kopf. Dann machte er zwei, drei Schritte und taumelte zum Flur. Als er hinfiel, denk ich: O Gott, was hast du da gemacht. Braune Flüssigkeit lief aus Nase und Mund. Da fiel mir ein, was ich gemacht hab: das Messer. Da war ich in Sorge. Hemd auf, ob er blutet. Und schnell zur Polizei, Hilfe holen. Es hätte auch der Löffel sein können. Aber es war das Messer.«
Das Messer wird uns gezeigt: ein kleines Pampelmusenmesser. Spitz, mit Zacken auf beiden Seiten.

»Das ist praktisch, weil es so klein und handlich ist. Für das Fleisch. Zum Knochenrausschneiden«, sagte die Mutter.
Vorsitzender: »Warum haben Sie das denn nun getan?«
Karin: »Wenn man von Kind an immer in Aufruhr ist.«
Ich denke, wie so oft: Welch ein glücklicher Zufall, daß ich selbst noch nie zum Totschläger wurde. Daß nie ein handliches Messer griffbereit war.
Die beiden Gutachter, Herr Professor Schröder und Herr Dr. Wildhagen, sind sich einig: Die lang andauernde Streßsituation hat sich bei Karin B. in einem Affektsturm entladen. Die Angeklagte befand sich in äußerster Erregung und war nicht fähig, das Unerlaubte ihres Tuns einzusehen und danach zu handeln. Die Wucht des Messerstiches beweist, daß die Angeklagte blindlings zustieß. Sie handelte bei der Tat in einem Zustand von Bewußtseinsstörung. Also: Paragraph 51.1 = Unzurechnungsfähigkeit zur Zeit der Tat.
Staatsanwalt Gammelin fordert zwei Jahre mit Bewährung. Begründung: Freispruch hieße, daß sich in Zukunft jeder Täter auf höchste Erregung berufen kann.
Verteidiger Witte dazu: »51.1 ist durchaus kein Freibrief. Der Werdegang bis zu einer Tat wird immer mit ausschlaggebend sein.«
Urteil: Freispruch.
Als der Sohn in der Heilanstalt vom Tod seines Vaters erfährt, sagt er: »Meine Schwester tut mir leid. Aber für meine Mutter ist es eine Erleichterung.«

November 1972

Liebe ist kein Schmuddelkram

Was ist denn das für 'ne Anklage?? »Der 25jährige Korrektor M. soll als Mann mit einem anderen Mann unter 21 Jahren Unzucht getrieben haben, indem er in seiner Wohnung zusammen mit dem 19jährigen Zeugen T. in einem Bett schlief und mit ihm gegenseitig onanierte.«
Und ich dachte, daß wenigstens dieses lebensfremde Gesetz abgeschafft sei. Kein Wunder, daß man keine Zeit hat, den vielen Wirtschaftsverbrechen auf den Grund zu gehen, wenn man eine Internatsangewohnheit zur Strafsache erhebt.
Die beiden Zuhörerbänke im Saal 201 sind voll. Dieses Mal ist es eine Berufsschulklasse männlicher Jugendlicher, die der Verhandlung folgen will. Der Angeklagte sitzt auch schon und wartet. Schwarzhaarig, Goldrandbrille, weiches Gesicht. Schaufensterdezent in blauer Clubjacke, blauen Socken, beigen Hosen, braunen Wildlederschuhen. Ich laufe schnell zu ihm und sage: »Hab keine Angst.« Nicht wissend, wie sehr er mich enttäuschen würde.
Nach jedem Wort ermahnt, lauter und deutlicher zu sprechen, flüsternd zur Person: »Winfried M., seit 2½ Jahren in Hamburg. Korrektor beim Bauer-Verlag. 1000,– DM netto. – Ledig. Keine Kinder. Nicht vorbestraft.«
Vorsitzender: »Haben Sie irgendwelche Hobbys?«
Winfried: »Ja. Die Gemeindearbeit in der katholischen Kirche. Ich bin Pfadfinder im BDKJ.«
»Was ist denn das?«
»Bund der Deutschen Katholischen Jugend.«
Da fällt dem Verteidiger plötzlich die eventuelle Gefährdung der Öffentlichkeit ein. Er beantragt Ausschluß. Man wundert sich.
»Warum denn?«
Ich wundere mich auch. Wer von den Jungs hat wohl nicht schon onaniert? Und sicher nicht immer im Alleingang.
Verteidiger: »Man weiß ja nicht, was alles zur Sprache kommt.«
Also raus mit den jungen Männern. Jetzt, da wir unter uns sind, geht es darum, wer wen am 19. 5. 1972 zur Unzucht mißbrauchte. Und wie. (Was meinen die? Mit welcher Hand?)

Daraufhin – und das ist übel – fängt Winfrieds Märchenstunde an: »In meinem Verlag werden viele Sexgeschichten geschrieben. Als ich hörte, daß man eine Serie über Homosexualität plante, bot ich mich an, Informationsmaterial zu beschaffen. Zu dem Zweck habe ich Anzeigen aufgegeben und beantwortet. Wo, weiß ich nicht mehr genau. Daraufhin erhielt ich Besuch von einem jungen Mann. Ich sagte ihm gleich ganz klar, daß ich nur Informationen haben wollte. Er sagte mir, er sei eindeutig homosexuell. Er sagte mir auch, daß er von der Polizei gesucht würde. Und erzählte mir, daß er schon häufig die Eltern seiner Bekanntschaften erpreßt hätte. Er hat mich mit der Waffe bedroht und gesagt: ›Wenn Du die Polizei rufst, mach ich das mit dir genauso.‹«
Der Vorsitzende: »Das war doch erst am nächsten Morgen. Vorher haben Sie ihn doch bei sich übernachten lassen. Was hatten Sie sich denn dabei gedacht?«
»Natürlich hatte ich Bedenken. Aber da wußte ich ja noch nicht, daß er von der Polizei gesucht wird. Er wollte eindeutig Geld von mir. Auch einen Scheck, wenn ich kein Bargeld hätte.«
Vorsitzender: »Warum auch nicht. Vielleicht sah er es als Informationshonorar an. Das ist doch nicht unüblich. Haben Sie nicht daran gedacht?«
»Nein. Er hat mich mit dem Gummihammer ohnmächtig geschlagen. Und dann mit der Pistole bedroht. Dann lief ich zu meinen Nachbarn und benachrichtigte von dort aus die Polizei.«
Der Vorsitzende – vielleicht, weil Winfried Brillenträger ist: »Sie machen nicht den unintelligentesten Eindruck. Wenn man nichts als Informationen haben will, ist ein Übernachten doch nicht üblich. – Sind Sie irgendwo homoerotisch veranlagt?«
Winfried, total befremdet, laut: »Nein! Wie kommen Sie denn darauf??«
Bis auf den Verteidiger kann sich kaum einer vor Lachen halten. Noch lauter wird gelacht, als die angebliche Reportage als Beweismittel herangezogen werden sol. Im Mai angefangen, Ende November noch nicht fertig. Auch die sogenannten Notizen sind nicht greifbar.
Kollegen von mir witzeln: »So sieht also Bauers Wallraff aus.« Und: »Eigentlich sollten wir ja unsere Arbeit auch mal mit ins Bett nehmen.«
Gelöchert, gibt Winfried schließlich zu, weder Auftraggeber noch Mitwisser seiner Arbeit gehabt zu haben.
Der von ihm »Mißbrauchte«, Andreas T., 19 Jahre, wird in Handschel-

len hereingeführt. Er ist wegen mehrerer Verfahren in Strafhaft. Einfacher Diebstahl. Schwerer Diebstahl, Unterschlagung, Betrug. Ansonsten ist er kaufmännischer Angestellter und Regierungsassessoranwärter. Ein Milchpudding in blond. Mit einem sich schon lichtenden Scheitel. Er steht elegant. Er spricht elegant. Und er lächelt den Vorsitzenden die ganze Zeit kokett, herausfordernd und oft ironisch an. Eine Mona Lisa mit leicht geöffnetem Rosenmund. Mit dem gleichen Zug um die Lippen wie der Angeklagte: labberig-schmollig nach unten.
Sagt: »Seine Anzeige stand im ›Him‹ oder ›Du und ich‹. Wir trafen uns zweimal in seiner Wohnung. Beim zweitenmal blieb ich über Nacht.«
Darauf hingewiesen, daß er über eigene strafbare Handlungen nichts auszusagen brauche, lächelte er überlegen und sagt rechtskundig: »Das ist mir bekannt. Meine *strafbaren* Handlungen sind ja auch nicht Gegenstand dieses Verfahrens.«
Zur Tat: »Von wem die Initiative ausging, weiß ich nicht mehr.«
Vorsitzender: »Wie weit ging es denn?«
Andreas mitleidig: »Bis zum beiderseitigen Erguß.«
Ein Urteil wird noch nicht gefällt. Dem jungen Staatsanwalt ist die ganze Verhandlung peinlich. »Aber wir müssen ja dem Gesetz nach Anklage erheben.«
Egal, wie das Urteil ausfällt: welch eine Strafe, wegen seiner Intimst-Lappalien vor Gericht gezerrt zu werden. Doch, wenn man schon vor Gericht landet, welch eine Schande, nicht ganz einfach zu sagen: »Jawoll, ich bin homosexuell. Und meine Möglichkeiten, einen passenden Partner zu finden, sind *noch* geringer als Ihre, Herr Vorsitzender. Das einzige, was mir peinlich ist, ist, vor lauter Einsamkeit einen so miesen Jungen aufgesessen zu sein.«
Ihr Winfrieds und wie ihr alle heißen mögt. Ihr homosexuellen Politiker und Staatsbeamte, bekennt Euch doch endlich auch mal öffentlich zu Euch selbst. Führt kein Scheinleben. Dann werdet ihr auch akzeptiert. Kämpft für Eure selbstverständlichen Liebes-Rechte und laßt nicht zu, daß Euer Leben zu so einem Schmuddelkram gemacht wird. Ihr könnt unwürdige Gesetze nur mit Würde bekämpfen.
Ihr denkt sicher: »Die hat gut reden.« Dann laßt Euch gesagt sein: Ich hätte nichts dagegen, aufgrund meiner eigenen »Verbrechen« – Beihilfe zur Abtreibung und Kuppelei – vor Gericht zu erscheinen. Um meine Handlungen öffentlich zu motivieren.
Nach dem Prozeß tue ich einiges, um mich genau über das Unzucht-

gesetz zu informieren. Komme mir ziemlich dumm vor. Aber weder Anwälte noch homosexuelle Redakteure wissen auf Anhieb mehr als ich. So unverständlich sind die Gesetzesvorschriften.

Also: Bis Juni 1969 besagte der § 175: »Strafbar ist ein Mann, egal, welchen Alters, der mit einem anderen Mann Unzucht treibt oder sich von ihm zu Unzucht mißbrauchen läßt.«

Seit dem 25. 6. 1969 ist der § 175 abgewandelt gültig. Und jetzt wird's komisch: Bis er 18 Jahre alt ist, kann jeder Junge straflos seiner Liebe leben. Ohne Strafe gehen auch seine Partner aus. Sei denn, sie sind über 18. Von 18 bis 21 Jahre ist jeder Geschlechtsverkehr und jede Zärtlichkeit unter Männern verboten. Also drei Jahre Pause einlegen. Ab 21 Jahren ist alles wieder erlaubt. Nur nicht, einen Partner unter 21 zu haben. Da steige einer mal durch.

Ist der eine Partner über 21 und der andere jünger, wird nur der ältere bestraft. Freiheitsstrafen: bis zu 5 Jahren, ganz nach Einstellung des Gerichts.

Übrigens: Zwischen Mann und Frau gibt es auch die schwere Unzucht. 1) Mit Gewalt oder unter Drohung. 2) Mit willenlosen (geisteskranken oder bewußtlosen) Frauen. Sei denn, der Mann und die Willenlose – Geisteskranke oder Bewußtlose – sind miteinander verheiratet. Dann ist jeder Übergriff erlaubt.

Auch Frauen können zur Rechenschaft gezogen werden. Vergewaltigen können wir ja schlecht. Aber verführen. Und das dürfen wir erst, wenn unser Gegenüber mehr als 14 Lenze zählt.

Man kann die Ehe auf vielfältigste Weise brechen. Als absoluter Scheidungsgrund wird aber nur das eingeführte Glied angesehen. Das fremde, versteht sich.

Die Liebe von Frau zu Frau wird vom Gesetz her nicht geahndet. Gesprochen wird aber auch darüber erst seit kurzem. Sonderbarerweise ist von Erpressungen und Strafanzeigen aus lesbischen Kreisen wenig bekannt. Trotz erheblicher privater Aggressivitäten.

Sonst muß man sich ständig für unterprivilegierte Frauen einsetzen. Auf dem Gebiet der Homosexualität aber sind die Männer die Unterprivilegierten.

Wir setzen uns selbstverständlich für Homosexuelle ein. Aber sie müssen endlich begreifen, daß sie sich auch für andere Rechte, als nur für die des Unterleibs, einzusetzen haben.

Dezember 1972

P. S.
Inzwischen haben sich viele Schwule in Gruppen zusammengetan. Machen Politik in allen größeren Städten der BRD. Streiten sich, schreien sich an, vertragen sich, helfen einander. Lieben sich.
Aktionen, Podiumsgespräche, Tagungen. Seminare und Demos finden statt. Sie geben eigene Zeitschriften heraus. Haben ihren Beratungsdienst, die »Rosa Hilfe«. Mein Kollege Rudi Finkler hat das Thema »Wo bleibt die Wiedergutmachung für KZ-Schwule« in fast allen Medien durchgesetzt und dadurch Schwulen und Nichtschwulen ins Bewußtsein gerückt, wie weit die Verfolgung des Andersseins gehen kann.
Übrigens: Anlaß für nie erfolgte Entschädigung: Die barbarischen Gesetze gegen Homosexuelle seien rechtens, heißt es, da ordnungsgemäß zustande kommen.

Juli 1980

1973

Heißte was, biste was!

Betrug ist nicht immer strafbar. Der Millionenbetrug am Leser zum Beispiel mittels erfundener Lebensbeichten und gestellter Fotos wird auch Pressefreiheit genannt. Besonders von Verlagen, die die Pressefreiheit im eigenen Haus unterdrücken. Die Sabbel-Sex-Verlagsgruppe Bauer bereichert sich – wie ein Großteil der Presse –, indem sie in ununterbrochener Lebenshilfe aus sämtlichen Fingern gesogene Dokumentationen auftischt. Da würde Norbert Knoche als eine Geschichte von vielen stehen. Wäre er nicht selbst Partner im gegenseitigen Sich-Hochschaukeln-Spielchen gewesen. Er setzte Bauer und – wie er sagt – auch Springer für sich ein. Er ließ sie seine Lügengeschichten untermauern und ausbauen. Natürlich hat später die gleiche Presse, die ihn, ohne zu recherchieren, hochjubelte, mit noch größerem Eifer ihr rachsüchtiges Halali auf ihn verkauft – später, als sie sich restlos blamiert sah.
Die Betrüger an den Schreibtischen arbeiten in Freiheit weiter. Norbert Knoche aber sitzt seit Jahren.
Als es hieß, daß ich über den Mann, der sich als Abi Ofarims Bruder Bobby ausgegeben hat, schreiben sollte, wußte ich sofort, wer gemeint war. Wer in Deutschland wüßte es nicht? Schließlich hat er eine Publicity gehabt, um die ihn jeder Show-Star beneidet. Damit so häufig über einen geschrieben wird, zahlt man sonst PR-Leuten eine schöne Stange Geld. Norbert Knoche alias Bobby Ofarim zahlte teuer. Er sitzt seit Jahren wegen Betrugs und würde gern auf die gehabte Werbung verzichten.
Jetzt, inzwischen als »Paradebeispiel einer Resozialisierung« bekannt, hat er zwei Wochen Knast-Urlaub. Wochen, die er dazu benutzt, sich bei den Verlagen vorzustellen, die bisher nur seine Artikel kannten. Denn der ehemalige Hochstapler und Betrüger schreibt seit zwei Jahren fleißiger, als es irgend jemandem in Freiheit möglich ist. Als Mitglied des Deutschen Autorenverbandes schreibt er erfolgreich Kurz-Krimis, Liebesgeschichten und Serien über den Strafvollzug.
Dieser erstaunliche Mann kommt mit seinem Anwalt Menzel-Lomnitz, der den Bauer-Verlag auf Schadenersatz verklagen will, zu mir. Er ist erst 26. Doch Vollbart und die Heinrich-George-Gestalt lassen ihn älter

und reifer wirken. Er wirkt vor allem solide. Ob es an den Fotografen des Bauer-Verlages lag, daß er so matschig auf allen Bildern aussah, oder ob er sich so sehr verändert hat, kann ich nicht beurteilen.
Zu mir kommt er jedenfalls, weil er Angst um seine Zukunft hat. »Jetzt stehe ich kurz vor meiner Entlassung. Ich habe in den letzten zwei Jahren hart gearbeitet, um aus dem Schreiben einen echten Beruf zu machen. Ich kann meine Vergangenheit aber nur vergessen, wenn sie mir nicht nach meiner Entlassung die Zukunft verbaut. Dadurch, daß die Zeitschrift QUICK (Heinrich-Bauer-Verlag) Ende September ein gestelltes Foto von mir als Illustration ihrer Serie ›Deutschland – Paradies für Verbrecher?‹ brachte, gerät alles, was ich mir mühsam aufgebaut habe, wieder ins Wanken.«
Ich bitte ihn zu erzählen. Und obwohl in seinem Leben sicher überwiegend Tristesse herrschte, wird pausenlos gelacht. Knoche ist der geborene Erzähler, Imitator, Kabarettist.
Am 26. 1. 1946 geboren, Vater in Rußland vermißt. Da seine Mutter hart arbeiten mußte und krank war, kam er im Laufe der Zeit zu dreizehn verschiedenen Pflegeeltern. Er flog von der Mittelschule. Aus der Buchdruckerlehre. Wurde Page und unternahm einen Selbstmordversuch. Kam in ein Erziehungsheim. Mußte Schuhmacher werden. Er erhielt einen Gesellenbrief, aus dem das Heim als Lehrherr zu ersehen war. So was bremst schon vor der Einstellung. Wäre Schuhebesohlen seine Passion gewesen, hätte Knoche sich sicher irgendwann auf dem Gebiet sein Berufsrecht erkämpft. So versuchte er sich lieber in Heidelberg unter dem Künstlernamen Bobby Franco als Manager verschiedener Beat-Gruppen, bis er auf die Idee kam, die Beatles zu vermieten. Das war 1966.
Was er da auf die Beine stellte, ist unglaublich! Mit Hilfe der Presse, bei der er sich über die Schwierigkeiten, die Beatles nach den Rolling Stones-Krawallen überhaupt nach Berlin zu bekommen, beschwerte, startete er den Vorverkauf für das angebliche Drei-Tage-Konzert. Er mietete den Sport-Palast, in dem sonst die Sechs-Tage-Rennen gefahren werden. Hilton-Hotel, Presseempfang. Plakate: »Sie kommen! Yeah! Yeah! Yeah!« Er ließ Eintrittskarten drucken. Natürlich alles, ohne zu zahlen. Als der Schwindel aufflog durch BRAVO, hatte er die ganze Presse massiv gegen sich. Wer läßt sich auch schon gerne auf den Arm nehmen.
Er wurde geschnappt und vom Jugendschöffengericht für zwei Jahre

nach Plötzensee Berlin verbannt. Knoche erinnert sich: »Um Privilegien in der Jugendstrafanstalt zu erhalten, habe ich mich so hochgemogelt. Pädagogisch ist natürlich so was auf keinen Fall richtig. Ich bat, Heimleiter und Diakon werden zu dürfen. Bin dann als Freigänger im August 1966 in blauer Kutte geflitzt.«
Wieder schaltete sich die Presse ganz groß ein. Während es in Schlagzeilen hieß: »Das Netz ist dicht«, war Knoche schon nach München entkommen. Von seinem amerikanischen Freund Swartzendruber erschwindelte er sich Paß und Führerschein, indem er ihm eine kostenlose Reise nach Garmisch-Partenkirchen versprach. Von einer weder jungen noch schönen, dafür aber entgegenkommenden Krankenschwester »lieh« er sich deren Volkswagen.
Am ersten Abend in München bekam er als Discjockey im »Blow up« nur hundert Mark. Da hieß er auch nur Hajo vom Sender Freies Berlin und Radio Luxemburg. Schon einen Abend später legte er sich den Namen zu, für den man dann das Achtfache zahlte. Für die gleiche Arbeit: »Bobby Ofarim«.
Er saß im Prominenten-Lokal »Take Five« und sah von weitem an einem Tisch die Stars Abi Ofarim, Udo Jürgens, Mario Adorf und Thomas Fritsch. Plötzlich, aufgrund der Minderjährigen im Lokal, Polizeikontrolle. Knoche gluckert vor Lachen, als er erzählt, daß ihm das Herz fast stehenblieb. Mit einem Satz war er am Prominententisch, streckte dem verblüfften Jürgens die Hand entgegen und sagte: »Sie erinnen sich, Frankenberg, Radio Luxemburg. Ich möchte Sie interviewen.« Schubste den Jürgens zur Seite, quetschte sich neben ihn. Zückte seinen Taschenkalender und tat, als ob er schrieb. Die Beamten kamen. O Gott, dachte Knoche, und ihm wurde schwarz vor Augen. Aber die wollten nur Autogramme ihrer Lieblinge. »Guckeda, nur einen Namen braucht man, dann wird man nicht behelligt.«
Nach dieser Erkenntnis brauchte Knoche-Bobby kaum noch etwas zu tun. Sobald er Ofarim hieß, wurden Gala-Abende arrangiert, erhielt er ohne Ausweis oder Anzahlung vom Auto-Verleih einen knallroten Mercedes, konnte er sich und andere einkleiden, in Luxushotels wohnen und reisen. Man verlangte kein Geld mehr von ihm. Man warf es ihm nach. Wieder mit Hilfe der Presse.
Rechnungen ließ er an die echten Ofarims gehen. Das fiel nicht weiter auf. Abi merkte ja nichts. Und wenn, dann hätte es eben geheißen: Guck mal, er gönnt seinem kleinen Bruder den Erfolg nicht.

Während die Blätter in Berlin noch zu seiner Hatz aufriefen, ebnete die Boulevard-Presse anderer Teile des Landes ihm den Weg. Jetzt war er »Bobby, den Millionen schon im Fernsehen sahen«. Die Presse log jetzt für ihn, so daß er selbst bald an seine neue Identität glaubte. Man schaukelte sich gegenseitig hoch. In Frankfurt erhielt er als Handgeld für eine erfundene Band 3500,– Mark. Er trat im »Grünspan« auf St. Pauli und im »Kaleidoskop« in Essen auf. Autogrammstunden und Pressekonferenzen wurden abgehalten. Er wurde einige Monate als Show-Mensch durch die Show-Welt gewirbelt.
Verloben tat er sich auch; am 9.9. 1968, mit Irene, einer ehemaligen Heilpädagogin aus einem Dorf bei Kleve. Natürlich nicht still und leise, sondern unter Anteilnahme aller Honoratioren. Ihm wurden Ständchen gebracht. Sparkassenleiter, Bürgermeister und natürlich die Presse jubelten. Ein Ofarim in Kleve war ein Aufstieg Kleves. Danach kam noch eine Mischung aus Gastspiel und Flucht nach Dänemark, Schweden, Belgien, Österreich, Schweiz. »In London hat dann Karel Gott, ohne es zu wissen, für mich gearbeitet.«
»Das ging, weil er dort nicht bekannt ist. Ich kratzte das Etikett von der Platte ab, bat die Leute, ganz vorsichtig damit umzugehen, da es eine Studioplatte sei. Und habe dann für viel Geld im Playback-Verfahren gesungen. Den Mund immer schön auf- und zugemacht.«
»Aufgeflogen bin ich, weil ich bürgerlich wurde. Als ich auf legale Weise, wenn auch mit illegalen Papieren, leben wollte. Ich richtete Irene und mir eine Wohnung bei Hamburg ein und fuhr einen Lastzug mit drei Achsenanhängern von 25 t Nutzlast. Ich hatte zwar noch nie vorher einen Laster gefahren. Aber das lernte ich auf meinen Fahrten über die Alpen nach Italien und zurück.«
Worüber stolperte Knoche? Darüber, daß er zu gut informiert war. Er wußte, daß er als angeblicher Zivilangestellter der amerikanischen Armee nicht meldepflichtig war, und beschwerte sich beim Innenministerium Kiel darüber, daß man trotzdem von ihm eine Anmeldung verlangte. Ein Beamter, der ihn aufsuchte, um sich zu entschuldigen, wunderte sich über seine spärlichen Englischkenntnisse, ging der Sache nach und entlarvte ihn.
Wieder das alte Lied: Die Gefoppten, Presse und Kleve allen voran, wollten sich für die Blamage rächen. Und man rächt sich heute noch. Der sonst nach zwei Dritteln der Haftzeit übliche Straferlaß wird ihm verwehrt.

Es gab auch andere, die nicht Blamierten, die seine Geschichte und Geschichten komisch fanden. So verschaffte sich ein STERN-Reporter Eintritt ins Gefängnis, als Knoche und Irene am 21. 4. 1969 heirateten. Die nach der Trauung geschossenen Fotos sollten angeblich fürs Familienalbum sein.
Damals war, sagt Knoche, Horst Mahler sein Anwalt. Bis zu seiner Abreise in den Orient. Vom 1. 12. 1969 bis zum 1. 2. 1970 war Knoche vorübergehend auf freiem Fuß. Er brauchte Geld. »Ich hatte ja nichts mehr.« Irene hatte inzwischen die Scheidung durchgeboxt und die komplette Wohnungseinrichtung für 20 000,– DM behalten. »Weil der STERN so groß eingestiegen war, dachte ich, daß andere Verlage vielleicht auch interessiert wären.« Das klappte wider Erwarten: »QUICK München ließ mich sofort auf ihre Kosten anreisen. 3 Folgen wurden vereinbart. Die QUICK trug drei Tage lang alle Spesen und zahlte mir 3500,– DM. Man mietete 7 Fotomodelle über eine Agentur und kaufte mir eine Badehose. Es war ein gutbezahlter Jux. Die Mädchen und ich wurden pausenlos fotografiert. Im Schwimmbassin vom ›Bayerischen Hof‹. In der goldenen Hand vor der Citta. Im gemieteten Alfa Romeo. Im Luxusdoppelzimmer und Badewanne. Das Ganze erschien dann als ›Gaunerkomödie‹ in den Nummern 12, 13 und 14/1970. Sehr lustig geschrieben. Später, als ich wieder im Gefängnis saß, wandte ich mich an die PRALINE. Auch die reagierte schlagartig. Eine Pauschale von 5000,– DM wurde ausgemacht. Dafür erschienen dann unter der Überschrift ›Das erste Mal‹ 16 Folgen in den Nummern 13 bis 29/1971. Ich lieferte nur kurz die Ideen. Darauf bauten die dann auf. Als ich mich wunderte, hieß es: Spaß beiseite, Sie müssen schon in jeder Fortsetzung mindestens drei Mädchen vernaschen.«
Knoche sagt, daß er in Wirklichkeit während der ganzen Zeit nur 2 Frauen näher gekannt und eine davon geheiratet hat. Umsatzsteigernd war Knoche für die Boulevard-Presse auf jeden Fall. Egal, ob diese seine Eulenspiegeleien untermauerte oder die Großfahndung nach ihm anheizte.
Aber Knoche zog eine andere Lehre daraus: »Ich sagte mir, wenn sich so was verkauft, dann verkauft sich das, was ich schreiben kann, erst recht.«
Und er hat sich nicht geirrt.
Aufgrund der PRALINE-Serie meldete sich eine Brieffreundin bei ihm. Als sie jetzt in seinem Urlaub mit ihm zusammen war, war sie zwangs-

läufig enttäuscht. Nicht von der Optik, sondern von dem Mann. Sie mußte ja einen nimmermüden Playboy erwarten und war natürlich nicht auf einen nimmermüden Schreiber gefaßt.
Wenn Norbert Knoche entlassen wird, braucht er Hilfe. Noch weiß er nicht, wie schwer es ist, in Freiheit zu schreiben. Seit zwei Jahren hilft ihm das Schreiben, Einsamkeit und Mauern zu vergessen. Wenn er draußen ist, gibt es Bars, Frauen, Ablenkungen und Versuchungen aller Art. Alle Diskotheken wollen ihn wiederhaben. Weil sie wissen, wie gut er ist. Nur einem Knoche zahlen sie dann natürlich weniger als einem Ofarim.
Er hat schon früh die Spielregeln des Karrieremachens gerade im Showgeschäft erkannt und sich konsequent zu eigen gemacht.
Die Vergangenheit ist vorbei für Norbert Knoche. Hochstapelei hat er nicht mehr nötig. Mal sehen, ob es dabei bleibt. Wenn er sieht, wie hart es ist, sich für ein Zeilenhonorar zu schinden...

Januar 1973

Er hat es leider nicht geschafft. Sitzt wieder.

März 1979

P. S.
Knoche war wieder draußen. Unter anderem als Norbert Zöller, das glatte schwarze Haar blondgelockt. Und wieder zu allerlei Scherzen aufgelegt. Seine hübsche junge Frau Claudia vermarktete er erfolgreich als John Waynes Tochter. Sein nächster Coup: Als Franz Bernhard meldete er sich beim FBI in Los Angeles mit der Mitteilung, er sei DDR-Topagent, biete brisante politische Enthüllungen und verlange dafür politisches Asyl in den USA. Er untermauerte seine Angaben mit zahllosen, echt aussehenden Dokumenten und der Behauptung, daß der Presse-Staatssekretär und ehemalige Springer-Journalist Peter Boenisch als Agent mit dem Decknamen »Terrier« im engsten Beraterkreis Kohls plaziert sei.
Jetzt sitzt er wieder und denkt sich sicher was Neues aus.

Mai 1990

Unzucht mit Abhängigen

Lalala, lalala, lalala. Immer wieder lalala.
Handelt es sich um eine Sängerin? Nein.
Es geht hier nicht um die Tonleiter, sondern um eine individuelle Bezeichnung für genossenen Beischlaf. Das klingt auch wirklich witziger als Koitus, Geschlechtsverkehr oder GV. Seitdem die Tagebücher der kessen Uschi L., damals 16, jetzt 23, vor Gericht verlesen wurden, weiß man, auf welche Art wer, wann, wo, mit wem lalala machte.
Doch nicht die süße, langhaarige und langbeinige, trotz mangelnden Selbstvertrauens äußerst aggressiv, mißtrauisch, selbstbewußt und sicher scheinende Uschi ist angeklagt, sondern ihr Freund und Vorgesetzter:
»Dem Rechtsanwalt B. wird zur Last gelegt, die Zeugin, die ihm als Anwaltslehrling zur Ausbildung anvertraut war und die sich infolge Alkoholgenusses in einem Zustand der Bewußtlosigkeit befand, zum Beischlaf mißbraucht zu haben.«
Unzucht mit Abhängigen nennt sich das, was der Herr Rechtsanwalt Friedhelm B., wie so manch anderer Vorgesetzter, trieb. Er unterscheidet sich aber von den meisten. Einerseits dadurch, daß er aufflog. Durch das, was er seinem Lehrling beibrachte, andererseits.
Am 6. 5. entjungferte er Uschi – gewaltsam – in der Praxis seines Kollegen Karlheinz Malsche. Später, als Uschi freiwillig weiter mit ihm schlief, bot er sie auch seinen Mandanten an. Und lehrte sie Gruppensex in der Stadt und auf einer Yacht in Travemünde, machte sie zur Voyeuse und brachte ihr die Spiele de Sades bei. Auch Sodomie wurde beiläufig getrieben. Mit Bienchen, einem weiblichen Chow-Chow. Lesbische (und käufliche) Liebe kam dazu. Uschi: »Er hatte es gerne, wenn die Frauen noch warm waren.«
Alle in seiner Kanzlei waren glücklich. Saufend, Tabletten schluckend, bumsend und ballernd. Denn B. hatte zwar keinen Waffenschein, aber einen Revolver 22 K zu Hause und eine Pistole 7,65 im Büro. Die scharfe Waffe war ein beliebtes Spielzeug, mit dem auch die Lehrmädchen zwischen den Akten lustig rumfeuern durften.
Ja, alle waren glücklich. B.-Kumpan Malsche. Die Mandanten. Alle.

Bis auf die Bürovorsteherin Ilse Merkel, die feste Geliebte von B. Aus Liebe zu ihm, vom Ehemann weg, in das Hinterzimmer der Kanzlei gezogen. Sie war sehr nett. Sehr beliebt. Ein bißchen unscheinbar, meint Uschi. Im März 1966 nahm auch die 28jährige Frau Merkel die 7,65er Pistole in die Hand. In B.s Kanzlei. Nur sie zielte nicht auf Aktendekkel, sondern auf ihren eigenen Kopf. Es sei denn, daß jemand anders zielte. Jedenfalls starb sie an der Kugel. Und es steht fest, daß sie es schlecht ertrug, B. mit Mandantinnen und Lehrlingen zu teilen. Die Ermittlungen in der Sache gegen B. wurden mit Hilfe Malsches eingestellt.
Auch seine Ehefrau war nicht glücklich.
B. will die gewesenen Freuden nicht mehr wahrhaben. Er streitet ab. Na ja, nach und nach gibt er ein klein wenig zu, ein paarmal mit Uschi geschlafen zu haben, zum Beispiel. Natürlich erst, nachdem das Lehrverhältnis zu Ende war, was sonst? Sein festes Verhältnis zu seiner Bürovorsteherin gibt er gleich zu. Es geht ja auch nicht anders, da die Geschichte aktenkundig ist.
Anwalt B., ein Supermann? Überdurchschnittlich triebhaft auf jeden Fall. Ansonsten: 46 Jahre, klein, zart, Magengeschwür seit 1960. Kur gegen Impotenz 1965.
B.: »Ich habe mehrfach erlebt, daß er mich verlassen hat.«
Er hat glattes, grau-schwarzes Haar. Scheitel hoch oben. Der Schnurrbart liegt von Nase bis Lippe eng an. Brille. Die Stirn frei und hoch. In seinem Anthrazitanzug aus bestem Stoff sieht er aus wie bei einer Theater-Premiere. Er ist sehr nervös. Kunststück. Wenn er schweigt, zuckt die Wange. Wenn er spricht, wiegt er sich auf den Fußspitzen vor und zurück – vor und zurück.
Der psychiatrische Gutachter Wildhagen, ein »Bruder in ulco«, selbst schwer operiert, erklärt vieles mit den Schmerzen eines Magenleidenden:
»Dann nimmt man die berühmten hundertprozentigen Underzwerge als Therapie. Die sind gefährlicher, als man denkt. Dazu noch seine Streßsituation durch die Praxis, Frauen etc. Und wissen Sie, nirgends wird soviel gelogen wie in der Sexualität. *Sogar wenn man einen Patienten, einen Triebtäter, schon jahrelang gehabt hat, erfährt man erst, wenn sein Kastrationsantrag auf dem Tisch liegt, was er wirklich alles getrieben hat. Herr B. ist intelligent und voll verantwortlich. Doch wofür?* Gruppensex! Ach lieber Gott, wer denkt sich heute schon was dabei? Hunde?

Die tun das nun mal gern, wenn man ihnen Gelegenheit dazu gibt. Junge Mädchen? Wer faßt die nicht gerne an? *Je nach Hormonspiegel und Einstellung zu den Dingen ist Wohlverhalten auf sexuellem Gebiet schwierig.«*
B.s Frau Margarethe stößt mit einem der Mädchen auf dem Weg in den Gerichtssaal zusammen. Das Mädchen munter im wippenden Minirock, Frau B. frech angrinsend. Die Frau schlicht, ernst, bereit, alles zuzudecken. Etwa so alt wie ihr Mann. Sympathisch. Eine Frau zum Sichgeborgenfühlen. Jemand lacht, als sie behauptet:
»Das kann alles nicht wahr sein. Mein Mann war viel zu krank für solche Exzesse.«
Da stell ich mir vor, wie sie ihn zuhause, zwischen den Runden, mit Ei und Süppchen immer wieder hochpäppelt. »Er hätte auch gar nicht die Möglichkeit gehabt. Ich war ja immer dabei.«
So immer wohl auch wieder nicht, wenn man Uschis Tagebuch folgt. Das Mädchen wohnte sonderbarerweise zwei Jahre zur Untermiete bei dem Ehepaar. Müßig die Überlegungen, ob Frau B. wirklich nichts wußte. Oder ob sie wußte und duldete, um ihn nicht ganz zu verlieren. Oder, was bei ihr etwas schwer vorstellbar ist, vielleicht auch sie ihre Freude an der Kleinen hatte. Laut Uschi war es Frau B., die den Köter auf Geheiß ihres Gatten am häufigsten an sich ran ließ.
Uschi: »Sie ist ihm völlig verfallen. Jetzt kämpft sie für ihn teils aus Liebe, teils aus Existenzangst. In ihrer Wohnung schlief ich nur mit B., wenn seine Frau einkaufen oder verreist war. Wir hatten ja unser Ausweichquartier ... in der Kanzlei.«
Jedenfalls, Frau B. bleibt ihrem angeknacksten Mann erhalten.
Uschi sagt: »Der arme B. Er ist so schwach. Es ist so lange her. Vielleicht hat er sich auch geändert. Malsche war sein schlechter Einfluß.«
Wenn alle den zarten B. so lieben, wie ist er dann auf der Anklagebank gelandet?
Seine Frau hat ihn nicht angezeigt. Die tote Merkel auch nicht. Uschi, die von 1965 bis 1969 mit ihm zusammen war, auch nicht. Auch keins der anderen vier begrabschten Lehr-Mädchen. Angezeigt hat ihn ein Mann. Nicht ein Tugendwächter, der dem bösen Treiben ein Ende bereiten wollte. Ganz und gar nicht, sondern B.s ehemaliger Mandant, der Elektriker und Makler Georg Schmidt, der früher Uschi gemeinsam mit seinem Anwalt benutzen durfte und der später Uschis Freund wurde und einen Sohn von ihr bekam, der verbittert sagt: »Sie hält ja

doch immer weiter zu B. Zumindest wollte sie von einer Anzeige gegen ihn nichts wissen.«
Also Anzeige aus Eifersucht? Nein. Aus Rachsucht? Ja. Wegen der bekannten Honorarstreitigkeiten nur am Rande.
Uschi, auch verbittert: »B. rief Georgs Frau an und erzählte ihr von dem Kind. Daraufhin ließ sie sich von Georg scheiden. Das hat er B. nicht verziehen. Er wollte seine Frau ja nicht verlieren.«
Bei Georgs Wunsch nach Rache kam ihm der § 174 entgegen. Da heißt es im Strafgesetzbuch:
»Mit Freiheitsstrafe nicht unter sechs Monaten wird bestraft, 1. wer einen seiner Erziehung, Ausbildung, Aufsicht oder Betreuung anvertrauten Menschen unter 21 Jahren oder 2. wer unter Ausnutzung seiner Amtsstellung oder seiner Stellung in einer Anstalt für Kranke oder Hilfsbedürftige einen anderen zur Unzucht mißbraucht. Schon der Versuch ist strafbar.«
Dabei ist belanglos, ob das Opfer einwilligt oder zur Unzucht sogar anregt. Der Strafrahmen liegt zwischen sechs Monaten und 15 Jahren. Bei der Höhe der Strafzumessung ist mit entscheidend, ob der Angeklagte einschlägig vorbestraft ist. Ob er das Opfer durch Geldgeschenke zur Prostitution verleitet hat. Wie oft Unzucht getrieben wurde. Ob der sittliche Schaden erheblich ist oder ob es eine einmalige Verfehlung war.
Selbst das Motiv Liebe schützt den Vorgesetzten vor Strafe nicht.
Ein Gesetz, das sicher häufig unangebracht ist.
Nicht jeder Arzt, Anwalt, Lehrer, Handwerksmeister und wen es alles sonst noch gibt, ist verheiratet. Andererseits ein Gesetz, das oft nicht nur den Lehrling, sondern auch den Lehrherrn schützt. Aus Angst vor Strafe. Aus Angst vor sich selbst. Nicht immer ist der Jüngere der Abhängige. Nicht immer ist es der Ältere, der Druck ausübt. Nicht immer ist der Erfahrene der Verführer. Um so häufiger ist er der Erpreßte. Ein Mädchen, mit dem man am Arbeitsplatz ein illegales Verhältnis hat, kann nachlässig, aufsässig und penetrant werden. Rausschmeißen kann man es nicht. Manch Kleine wirft sich ran, weil ihr sozialer Aufstieg übers Bett geht – Gehaltserhöhung und Einblick bedeutet.
Auch Uschi sagt, daß sie sexuelle Befriedigung immer nur vortäuschte. Erlebt hat sie die Selbstbestätigung. Versorgungswünsche spielten eine Rolle. Nicht nur. Der psychologische Gutachter Dr. Herbert Maisch spricht von einem neurotischen, emotionalen Clinch und Eifersucht auf die Ehefrau. Daß zwischendurch immer wieder sechs Wochen ohne Sex

zwischen den beiden verliefen, besage bei so einer Hörigkeit nichts. Für B. sei Uschi ein Mädchen gewesen, das erst zur großen Form auflief als gutfunktionierende Nachfolgerin der toten Merkel. Dann habe es kein Entrinnen mehr gegeben. *»Amanda geht – und nimmer kehrt sie wieder, gibt es in solchen Beziehungen nicht. Der Schluß ist nie ein Schluß.«*
Verteidiger Hans Jürgen Bauer: »Wenn einer nicht mehr anders kann, muß doch seine strafrechtliche Verantwortung eingeschränkt sein. *Wenn man nicht mehr die Freiheit der Wahl hat auszusteigen.«*
Die gegenseitige Anwesenheit allein wirkte provozierend. Mal Widerwillen, mal Anziehung.
Die Gutachter sprechen viel. Alle anderen Männer verweigern die Aussage zu den heiklen Punkten. Sogar Georg, der plötzlich Angst vor der eigenen Courage hat.
Als erstes bestanden er und Uschi darauf, daß man die Anwälte B. und Malsche nach Waffen durchsucht. Die beiden Herren werden gefilzt. Siehe da: Rechtsanwalt Malsche hat tatsächlich eine geladene Waffe bei sich, die ihm abgenommen wird. Daraufhin stehen Saal und Zeugen unter männlichem und weiblichem Polizeischutz. Georg sagt trotzdem nicht aus. Um nicht wegen Beihilfe zur Unzucht mit Abhängigen dranzukommen? Vielleicht denkt er daran, daß die Herren Anwälte außerhalb des Gerichtssaals weiterhin Waffenträger sind.
Uschi: »Wir haben wirklich Angst. Bei B. nur vor Kurzschlußhandlungen. Da kann man sich noch 'ne Chance ausrechnen. Bei Malsche habe ich Angst vor kaltem Mord. Da hat man keine Chance.«
Zeuge Malsche meint nur fromm: »Das kann er alles nicht getan haben. Er ist doch ein Bundesbruder von mir.«
So bleibt als Kronzeuge gegen B. nebst Uschi nur noch ihr Tagebuch:
»4. 11. 1965 Mit F. im Büro lalala.
11. 5. 1966 Ute weiß das zu treiben.
13. bis 19. 10. 1966 Ganz lieb gepennt. Mit F. 20 Mark verdient. Lalala. Ich auf stur geschaltet. Er traurig. Ich wäre lesbisch. Dann doch etwas nachgegeben. Hundeleine in Aktion. Sittenfilme.
5. bis 11. 1. 1967 Gewürzgurke. Tabletten öfter. Im Bett und unterm Tisch geschlafen. Hundeleine. H. B. LSC Colonnaden übernachtet. Malsche. Knallerei und getrunken. Goldhamster tot. Kreuz. Mit Frau B. Krach.
Freßpaket von Mama. Erst schont er mich. Vor den anderen. Dann allein. Ritter Sade.

Großer Krach. Eine geknallt. Gegen den Schrank geflogen. Wieder versöhnt. Lalala. Zahnweh. Kam paarmal. Morgens lalala, ganz doll. Vier Uhr morgens lalala, ganz ganz schön.
Brodersen Lübeck. Zweimal GV. Dann pervers. Korn. Traurig. Mir ist schlecht. B. möchte mich wieder. Schlaftabletten gegessen. Vorher im Bett lalala. FR im Büro lalala. Ohne daß ich es wollte.
Mit M. einmal lalala. 20 Mark verdient.«
Die großen Buchstaben stehen für wechselnde oder auch gleichzeitige Mitspieler.
Und da sagt man: Lehr-Jahre sind keine Herren-Jahre!
Urteil: 18 Monate. Das ehrengerichtliche Verfahren wird erst eingeleitet, wenn das Urteil rechtskräftig ist.
Mögliche Folgen: Verweise. Geldstrafen. Rügen. Im schlimmsten Fall Ausschluß aus der Anwaltschaft. Und Berufsverbot.
Revision ist eingelegt.
B. wird nicht bestraft, weil er sich moralische Schuld aufgeladen hat; das ist nicht strafbar. Jemanden so weit zu treiben, daß er aus dem Fenster springt, jemandem moralisch das Rückgrat zu brechen, jemanden ein Leben lang zu demoralisieren fällt unter keinen Paragraphen.
Wer wann, wo, mit wem schläft, sollte dem Gesetzgeber wirklich egal sein. Solange niemand zu Schaden kommt. B. ist nur zufällig dran, weil er ein junges, hübsches Mädchen beschlief, das zu dem Zeitpunkt sein Lehrling und nicht der Lehrling eines anderen war.
Die beteiligten Freunde und Feinde sind immer noch unbefriedigt. Und überlegen immer noch, wie sie einander eins überbraten können, ohne selber eins abzukriegen. Nicht einfach, wenn man so verkeilt ist, daß der Schlag auf den Kopf des einen immer gleich drei andere mittrifft.
Der Spaß ist zu Ende. Jeder droht jedem. Jeder hat jeden in der Hand. Einer erpreßt den anderen. Die Angst zwingt vorübergehend hie und da zu einem Pakt.
Uschi sagt, jetzt wolle sie richtig auspacken. Der einzige Reiz, den Männer noch auf die ledige Uschi ausüben, ist der Brechreiz. Jetzt soll Malsche mit Verspätung drankommen. In ihren Augen der eigentliche Schuldige. Gegen den seit Jahren x Anzeigen laufen. Mehrfach wegen uneidlicher Falschaussage. Mehrfach wegen Unzucht mit Abhängigen (der Lehrling, der von ihm ein Kind bekam, erzwang angeblich die Heirat). Bis Mai 1966 war Malsche Uschis Lehrherr. Also auch in bezug auf

Uschi Unzucht mit Abhängigen. Am 29.12. 1972 zeigte Uschi den 50jährigen Anwalt schließlich wegen Nötigung an.

»Die schlafen direkt über den Akten. Aber jetzt gebe ich nicht auf.«

Auch die Ermittlungen gegen B. liefen mehrere Jahre. Auf der Gerichtstreppe sagt ein Saaldiener zu zwei Beamten: »Die haben das Verfahren wohl so lange verschleppt, weil es um einen Kollegen geht. Die tun sich ja nicht gerne gegenseitig weh.«

Januar 1973

Der Schöffe

Was ist ein Schöffe?
Ein Schöffe ist ein Laienrichter.
Schöffe kann nicht nur jeder, sondern muß jeder werden. Jeder kann jeden, dem er eins auswischen will, vorschlagen. Dieses sogenannte Ehrenamt dürfen nur Pfarrer, Polizisten, Richter und Anwälte ablehnen. Ansonsten muß, wer nicht entmündigt ist, seiner Berufung nachkommen.
Normalerweise wenden sich Richterwahlausschüsse an Bezirksämter, Verbände und Standesorganisationen, an Handwerkskammern, Bürgervereine und Kirchen, um ihre Schöffenliste aufzufüllen. Ein Schöffe wird immer auf 2 Jahre ernannt. Er darf innerhalb einer Amtsperiode nicht von sich aus von seinem Amt zurücktreten.
Bedingungen:
Unbescholtenheit. Kein schwebendes Ermittlungsverfahren. Kein Konkursverfahren. Fester Wohnsitz, seit einem Jahr in der gleichen Gemeinde.
Man kann sich auch selbst als Schöffe vorschlagen. »Ich hasse Gerichtssäle«, »Ich gehe pleite« oder »Ich bin nicht in der Lage, das intellektuell zu begreifen«, sind keine Befreiungsgründe.
Der Schöffe kann sich nur von Fall zu Fall beurlauben lassen. Gründe: Krankheit. Beruflich bedingte Ortsabwesenheit. Urlaub.
Aufwandsentschädigung:
Lohn- und Gehaltsempfänger müssen ihren effektiven Lohnausfall nachweisen.
Beamte haben in diesem Fall gar keinen Lohnausfall.
Freiberufliche erhalten nur 14,– DM pro Prozeßtag.
Ausbildung:
Keine. Es gibt zwar Volkshochschulkurse. Mit Einführung in die Strafprozeßordnung, Normen, Zeugenbefragung und Besichtigung von Anstalten. Diese Kurse finden abends unbezahlt statt. Da keine Pflicht besteht, sie zu besuchen, werden sie kaum besucht.
Sitzverteilung:

Schöffengericht:	*1 Berufsrichter*	*2 Laien*
Erweitertes Schöffengericht:	*3 Berufsrichter*	*2 Laien*

Kleine Strafkammer: 1 Berufsrichter 2 Laien
Große Strafkammer: 3 Berufsrichter 2 Laien
Schwurgericht: 3 Berufsrichter 6 Laien

Beamte, Rentner und Ruhestandsbeamte sind die beliebtesten und bereitwilligsten Schöffen,

1. weil sie immer Zeit haben,
2. weil sie nicht so teuer werden.

Allerdings verfälschen sie durch ihre Überzahl den Grundsatz, daß die Laienrichter in ihrer Gesamtheit einen repräsentativen soziologischen Querschnitt der Gesamtbevölkerung darstellen sollen.

Praxis:

Ein Schöffe erhält im Gegensatz zum Berufsrichter niemals vor Prozeßbeginn Akteneinsicht. Auch während eines Prozesses nur auf Verlangen. Er soll dennoch, auch wenn ein Prozeß mehrere Jahre dauert, danach innerhalb von 10 Tagen in der Lage sein, zu einem rechtskräftigen, unanfechtbaren Urteil zu kommen. Die Urteilsbegründung ist immer mündlich. In der Regel erheblich abweichend von den in der Beratung erarbeiteten Thesen. Von dem Text haben die Schöffen vorher keine Ahnung. Der Profi-Richter versucht sich meistens opportunistisch der regelmäßigen Rechtsprechung der Obergerichte anzupassen, um möglichen Berufungs- und Revisionsgründen aus dem Weg zu gehen.

Theoretisch hat jede Richterstimme das gleiche Gewicht. Theoretisch können auch die Berufsrichter glatt von den Laienrichtern überstimmt werden. In der Praxis bestimmen sie natürlich den Gang der Dinge. Aufgrund ihres Status, ihrer Ausbildung und Autorität.

Doch das Laienelement wird doppelt ad absurdum geführt. Denn auch unter den Laien selbst gibt der resoluteste Redner den Ton an. Sei es auch mit falschen Argumenten, die zu einem falschen Urteil führen.

Eid:

Der Laienrichter unterliegt, genau wie der Berufsrichter, der Schweigepflicht und dem Beratungsgeheimnis.

Das Ehepaar Lieckfeld war mir gegenüber erst sehr vorsichtig. Dann sehr herzlich. Frau Hildegard, 63 Jahre, teilt die Interessen ihres Mannes. Sie ist seit drei Jahren Schöffin. Hermann Lieckfeld, 66, in seiner Wolljacke groß und stattlich, die wachen Augen hinter einer Hornbrille, betreibt den Nebenberuf schon um vieles länger. Seit 8 Jahren ist er freiwillig als Schöffe tätig. Heute Pensionär, ansonsten graduierter Hochbauingenieur. Er ist ein alter SPD-Mann. Von 1924 bis 1933 aktives Mitglied. Zwangspause.

Vom 6. 3. 1936 bis 22. 12. 1936 wegen »Vorbereitung zum Hochverrat« im KZ Fuhlsbüttel. Seit 1. 10. 1945 wieder in der SPD.
Hermann Lieckfeld ist ein Mann, der schon immer großen Wert auf Gerechtigkeit legte. *Daher wohl nicht ganz geeignet für die Gerichte. Was er mir bei starkem Kaffee empört erzählt, ist weiß Gott nicht nur für ihn empörend:* Er war von Anfang Oktober 1972 bis Mitte Januar 1973 als Hauptschöffe in einem NSG-Prozeß tätig. Angeklagt waren vier ehemalige leitende Angehörige der Schutzpolizei, in der kurzen Zeit von November bis Dezember 1941 bei der Getto-Räumung in Riga an der Ermordung von mindestens 26100 deutschen und lettischen Juden beteiligt gewesen zu sein.
Einer der Angeklagten, Otto Tuchel, 55, beschrieb bereitwillig einen Vormittag, an dem 10000 Kinder, Frauen und Männer im Wald bei Riga erschossen wurden. Er hatte den Tag in besonders guter Erinnerung, weil ihm an der Totengrube ein »Goldfasan 'nen Wodka« gab. Es war ja 'n kalter Tag. 29. November 1941. Morgengrauen.
Tuchel: »Ich stellte immer so einen Judenblock zusammen, immer tausend Mann. Zehnerreihen. Und dann ging's ab in den Wald. Mittags war Schluß. Wenn sich da einer verkrümeln wollte, also, wir hatten ja Schießbefehl. Ich selber hab' so vier Juden den Gnadenschuß gegeben. Dann gingen wir in unsere Wachbude und wollten einen Schnaps nehmen.«
Nun wurde es schlimm. Überstunden.
»Da kam doch der Major und sagte: ›Da sind noch 18 kranke Juden. Die müssen noch . . .‹ Na, da sind wir hingegangen und haben die mit Genickschuß erledigt.«
Trotz so unmißverständlicher Aussagen werden 70 bis 80 Zeugen vernommen. Davon 30 ehemalige Polizisten. Die jüdischen Zeugen, *denen durch solche Vernehmungen* weder Vergessen noch Verdrängen gestattet ist, werden für glaubwürdig und ihre Aussagen für glaubhaft gehalten. Daher werden auch alle vereidigt. In der Vernehmung jovial, werteten die Berufsrichter in der internen Beratung die jüdischen Zeugenaussagen derart ab, daß Hermann Lieckfeld sich veranlaßt sah, dem Vorsitzenden, Jürgen Schenck, 43 Jahre, einen Protestbrief zu überreichen.
Auszüge: »Ich beantrage, daß das Gericht vor jeder Vereidigung eindeutig klar entscheidet, ob es die Zeugenaussagen für glaub- oder unglaubhaft hält.

Begründung: Bei den bisherigen Beratungen dieses Prozesses wurden m. E. mehrfach eindeutig klare und glaubhafte Zeugenaussagen von vereidigten jüdischen Zeugen durch zweifelhafte Argumente verunsichert und dann die Glaubwürdigkeit dieser Zeugen und deren Aussagen in Frage gestellt. *Ich wehre mich entschieden dagegen, daß 1) jüdische Zeugen, die durch den NS-Unrechts- und Gewaltstaat zu Unrecht grausam verfolgt, mißhandelt und geschädigt wurden, deren Aussagen durch Vereidigung wahrheits- und beweiskräftiger gemacht wurden, durch ein Gericht unseres heutigen demokratischen Rechtsstaates lfd. als unglaubwürdig abqualifiziert werden und 2) Anhänger des NS-Unrechts- und Gewaltstaates, die hier als NS-Gewaltverbrecher angeklagt und sich gemäß diverser deutscher und jüdischer Zeugenaussagen u. a. der Mißhandlung, der Tötung und des Mordes z. T. mehrfach schuldig gemacht haben, m. E. in unverständlicher und unverantwortlicher Weise durch Verunsicherung, Umkehrung und Infragestellung der vereidigten jüdischen Zeugenaussagen lfd. entlastet werden.*
Sollten Angehörige dieses Gerichts sich erlauben, dieses weiterhin zu praktizieren, werde ich mir erlauben, diese Angehörigen ebenfalls in Frage zu stellen, deren Unparteilichkeit anzuzweifeln und deren Ablösung zu beantragen.«
Jürgen Schenck, *offiziell unabhängiger Richter,* wandte sich ratsuchend an seinen Landgerichtspräsidenten Erhardt. (Der ehemalige Polizeibeamte Becker, der die Aussiedlung aus Starachovice leitete, hatte 1972 die Freude, im NSG-Prozeß unter Erhardts Vorsitz freigesprochen zu werden.) Erhardt und der Sprecher der Justizpressestelle, Richter am Oberlandesgericht Heymann, billigten alles Folgende.
Lieckfeld: »Schenk bat mich am nächsten Tag telefonisch zu einer persönlichen Aussprache. Er wirkte sehr eindringlich auf mich ein, daß ich meine eigene Befangenheit einleiten sollte. Er zeigte mir alle dafür erforderlichen Einzelheiten auf. Ich lehnte jedoch ab. Als Schenck den Prozeß als durch mein Schreiben gefährdet bezeichnete, bat ich um Rückgabe desselben. *Ich erklärte es für annulliert und nicht existent und wollte es sofort über einer auf dem Tisch stehenden Kerze verbrennen.* Auf keinen Fall, um Abstand von dem Inhalt zu nehmen, sondern um der Verteidigung keinen Revisionsgrund zu bieten. Trotz mehrfacher Bitten verweigerte mir Schenck die Rückgabe. Statt dessen *bestand er darauf, daß er, wenn ich meine Befangenheit nicht selber einleiten würde, mein Schreiben an die Rechtsanwälte der Verteidigung weitergeben*

würde, damit diese dann meine Befangenheit beantragen könnten. Gegen diese Androhung habe ich sofort protestiert. Doch aus seiner starken Position heraus und unter Mißbrauch seines Amtes als Schwurgerichtsvorsitzender war ihm jedes Mittel recht, seinen Willen so oder so durchzusetzen. Stur und starr hat er dann mein Schreiben aus der internen Beratung des Gerichtes herausgetragen, in der Hauptverhandlung öffentlich verlesen und den Rechtsanwälten der Verteidigung übergeben. *Staatsanwalt Klemm ergriff wiederholt für mich Partei.«*
Die Ablehnung des unbequemen Schöffen Lieckfeld wurde umgehend beantragt und mit einem Affenzahn genehmigt. Jetzt untersucht die Staatsanwaltschaft, ob sie gegen den Vorsitzenden wegen der Briefverlesung ein Ermittlungsverfahren wegen »Bruchs des Amtsgeheimnisses« einleiten muß. Sie hält den Brief für sachlich berechtigt. Höchststrafe: 5 Jahre Haft. Doch Jürgen Schenck hat wohl nichts zu befürchten. In seinem Fall gibt es sicher nur zwei Möglichkeiten; entweder er durfte – oder sein Bewußtsein fehlte.
Lieckfeld: »Ich habe ja nicht nur ein, sondern zahllose Fehlurteile der Justiz zur Kenntnis genommen. Man ist ja Laie. Nicht Volljurist. Da ist es sowieso immer schwer, dagegen anzukommen. Aber um diese ganze Geschichte zu verstehen, muß man zwischen den Zeilen lesen. Zwischen den Worten hören. So, wie Schenck der Auffassung ist, ich wäre zu ungunsten der Angeklagten befangen, so bin ich nach wie vor der Auffassung, daß Schenck zugunsten der Angeklagten befangen ist.«
Daß dieser Eklat ausgerechnet in einem NSG-Prozeß stattgefunden hat, erstaunt mich nicht. Es ist schon eher erstaunlich, daß sich noch nie vorher jemand gegen die Praktiken in diesen Prozessen zur Wehr gesetzt hat. Es ist ja kein Trick so dumm, daß die Angeklagten nicht damit durchkämen. Wo NS-Verbrecher früher immer auf ihre Unschuld pochten, tun sie jetzt mit Hilfe von Ärzten ihr Bestes, um krank zu sein. Die Geschicklichkeit, mit der die Arbeit der Justiz gehemmt wird, wird dann durch Straffreiheit belohnt. Warum konzentriert man sich nicht auf ein paar markante Mordfälle und klagt diese an? Da die Gerichte offensichtlich nicht in der Lage sind, die Zeugen psychologisch richtig zu vernehmen, könnte man dann den meisten von ihnen die Hölle des Wiederaufrollens ersparen. Die Richter in diesem Prozeß sind sehr jung. Keine damaligen Mittäter. Sie sind offensichtlich nicht in der Lage, sich vorzustellen, was damals los war. Doch, ob jung oder alt, Richter sind nun meist subalterne, autoritätshörige Staatsbeamte. Und ihnen stehen immer Ange-

klagte gegenüber, die so ordentlich aussehen. Da man bei den Juden Rachegelüste voraussetzt, wird in den NSG-Prozessen »im Zweifel für den Angeklagten« immer haushochgespielt.
Was die Befangenheit anbelangt; da, wo es um Massenmord geht, müßte man von Rechts wegen jeden wegen Befangenheit ablehnen. So oder so. Nicht befangen hieße, gleichgültig sein. Also, wenn nicht befangen, erst recht. Das Gespenst der unbewältigten Gegenwart geht um.
Doch auch jetzt gibt es Leute, mit denen man sich freuen kann. Beispiel: Arnold Strippel, SS-Hauptsturmbannführer. 1949 wegen Mordes in 21 Fällen zu 21mal lebenslänglich verurteilt. Alle Zeugen bestätigen die Anklage. 1972 Wiederaufnahmeverfahren. Diesmal – 23 Jahre später – erinnerten sich die Zeugen nicht mehr an alle Einzelheiten. Freispruch. 150 000,– DM Haftentschädigung für Strippel. Macht 1000,– DM im Monat für KZ-Aufseher.
Auch s e i n e ehemaligen Häftlinge, so sie überlebt haben, erhalten eine Haftentschädigung. Eine Wiedergutmachung, um die man sie in ganz Deutschland beneidet. Für jeden unter unmenschlichen Bedingungen verbrachten Monat im KZ 150,– DM. Auch diese feinen Unterschiede werden ihre juristischen Gründe haben, die mich aber keine Sekunde interessieren.
Der hessische Justizminister Karl Hemfler: »Das Urteil ist ein Skandal. Aber ich habe keine gesetzliche Handhabe, Einfluß auf Rechtsgrund und Höhe dieser Entschädigung zu nehmen.«
Noch was: Der NS-Richter Dr. Heinz Hugo Hoffmann, jetzt Rechtsanwalt, der im April 1968 endlich, wenigstens wegen Totschlags, zu zwei Jahren Gefängnis verurteilt wurde, bleibt auf freiem Fuß. Der Bundesgerichtshof hob nämlich das Urteil auf. Weil nicht ausreichend geprüft worden war, ob Hoffmann nicht doch wegen Mordes hätte verurteilt werden müssen.
Die Urteile in dem Riga-Prozeß werden jetzt erwartet. Vielleicht fallen sie nach diesem Skandal höher aus als geplant.
Hermann Lieckfeld hat unter den Schöffen einen aktiven Sympathisanten – den Journalisten Günther Lüdemann, 44, der seit 7 Jahren, auf Anraten des Journalistenverbandes, Schöffe ist. Am 22. 1. 1973 schrieb er an den Präsidenten des Amtsgerichts Hamburg u. a.: »Herr Lieckfeld hätte nach meiner Überzeugung seinen Eid gebrochen, wenn er zu Erkenntnissen gelangt ist, daß Beweismittel mit der Folge eines möglicherweise ungerechten Urteils nicht sachgerecht gewürdigt werden, und

dann diesen Umstand nicht geltend macht. Sein pflichtgemäßes Handeln hat aber zu seiner Ablösung geführt. Wo solches möglich ist, kann kein Schöffe sein Amt als unabhängiger Richter unbefangen ausüben.«

Lüdemann, der mit Lieckfeld nicht bekannt ist, sagt: »Unsere Gesetze sind zugeschnitten auf Hühnerdiebe, Sittenstrolche und Privatmörder. Bei NSG-Prozessen und Wirtschaftskriminalität versagen sie vollends.« So ist es.

Februar 1973

Glocke

Eifer, der nicht blind ist, wird nicht gern gesehen. Am allerwenigsten, wenn innerhalb von Institutionen wie Krankenhäusern, Gerichten und Gefängnissen was faul ist. Man fragt geradeaus und wird in Labyrinthe geschickt.

1964 bat der Medizinaldirektor und jetzige Leiter des gerichsärztlichen Dienstes in Hamburg, Dr. Werner Naeve, die Staatsanwaltschaft, ihm bei der Wahrheitssuche behilflich zu sein und die Mordkommission mit den Ermittlungen zu beauftragen. Er hatte soeben die Leiche des Deutsch-Amerikaners Ernst Haase (44) obduziert. Der geisteskranke Haase war ihm frisch aus der Glocke des Untersuchungsgefängnisses überreicht worden. Es war Haases dritter und letzter Aufenthalt in der Glocke. Seine Todeszelle nannte sich Beruhigungszelle.

Dr. Reuss und Dr. Naeve entdeckten damals, daß Haases »Hintern zu Butter geklopft war und mehrere seiner Rippen gebrochen«. An die Öffentlichkeit trat Naeve mit seinem Wissen nicht. Das konnte er sich nicht leisten. Er hatte auch so Ärger genug. Die Staatsanwaltschaft begriff, was es zu tun galt: vertuschen.

Der engagierte »Morgenpost«-Journalist Evers hatte keinen Grund, die Wahrheit länger zu suchen – er wollte sie nur noch verbreiten. Er deckte den Skandal damals auf. Aber nicht so ohne weiteres.

Der Weg an die Öffentlichkeit dauerte anderthalb Jahre. So groß waren die Widerstände. Dabei hätten viele Mitwisser des Vorfalls ihm helfen können und müssen. Doch Naeve und alle anderen Beamten gehobener Stellung haben Angst zu verlieren. Ihren Ruf. Ihre Existenz. Ihre Familien. Denn hierzulande wird nicht, wer Unrecht tut, sondern wer Unrecht sieht und bekanntmacht, verfolgt.

Wenn das Unrecht von oben kommt.

Damals stolperte nur ein kleiner Wachtmeister über Haase. Doch auch der wurde in zweiter Instanz freigesprochen. Mitschuldig waren auf jeden Fall die Ärzte im UG. Mitschuldig ist auf jeden Fall das ganze System. Ja, es gab einen großen Skandal. Die Glocke wurde berüchtigt. Der Skandal führte zu köstlichen Reformen. Natürlich, Glocke muß sein – seit Haase veredelt. Die Nachfolger Haases haben es in der neuen

Glocke prachtvoll. Neuerungen: Holzpritsche, abgetrennter Vorraum, Überwachungsbücher, Vollklima-Anlage, Thermostat. Austrocknendes Wüstenklima oder »da hilft nur noch kalt« gibt es seitdem nicht mehr. Man hat wirklich keine Kosten gescheut. Trotzdem wurde am 23. 9. 1972 gegen 0.40 Uhr, wie jeder weiß, auch in der schöneren Glocke wieder ein Mann zu Tode beruhigt. Wieder ein schwerkranker Ausländer mit Verständigungsschwierigkeiten. Pascal Marc Laoubi Abd'el Kader, alias Louis Silversmith. Mitte zwanzig, 1,81 m, schwarzlockig, wildäugig. Ein Algerier aus Marseille. Ein junger Mann, der gerne trampte. Nach Hamburg kam er am 8. 3. 1972 mit fünf seiner Freunde und einem geklauten Paß. Per Mietwagen mit Fahrer. Die 350,– DM Fahrgeld wurden mit einem Pseudoscheck beglichen. Als Silversmith mietete Kader für sich und seine Freunde Zimmer. Erst im Hotel »Eden«, nur um ausgiebig zu frühstücken. Später am gleichen Tag zum Schlafen im »Reichshof«. Schon am nächsten Tag wurde er festgenommen. An seiner Identität bestanden sofort Zweifel, da seine Größe nicht mit der im Paß angegebenen übereinstimmte. Außerdem verwunderte es, daß er – laut Paß Israeli – nur französisch sprechen konnte. Am 21. 6. 1972 wurde er, unter Anrechnung der Untersuchungshaft, wegen Betruges in zwei Fällen zu 5 Monaten Freiheitsstrafe verurteilt. Der Vorsitzende bescheinigte ihm »ein erhebliches Maß an krimineller Intensität«.

Obwohl er von seinem Vorleben keine Ahnung hatte.

Vom 10. 8. 1972 an befand Kader sich in Abschiebehaft im UG. Und da blieb er als Louis Silversmith bis zu seinem Tode. Die Länge der Haft ergab sich aus den angeblichen Schwierigkeiten, Identität und Staatsangehörigkeit Kaders festzustellen. Obwohl von der Kripo K 521 schon am 24. 4. 1972 über das Bundeskriminalamt ein Personenfeststellungsverfahren eingeleitet wurde.

Die Kripo muß geschlafen haben. Denn sie hätte mühelos seine Identität feststellen können. In seinem Portemonnaie wurden gefunden: ein kleines Adreßbuch mit 42 Adressen von Freunden, Bekannten und Verwandten. Außerdem 11 von ihm geschriebene Postkarten an Freunde und Verwandte in Frankreich. Mit voller Adresse. Und den Überschriften »chers parents«, »cher cousin« usw. Unterschrieben mit »votre fils« und »votre Pascal«. So bescheuert dürfte man in keinem Krimi die Kripo schildern. »Liebe Eltern, Euer Sohn. Lieber Cousin, Dein Pascal.« Auf manchen Karten sogar Kader Pascal. Deutlicher geht's ja nicht.

Auch war da das Foto eines hübschen jungen Mädchens. Lange blonde Haare, durch die weiße Mütze auf dem Kopf leicht als schwedische Studentin erkennbar. Doch auch nach ihr hätte man nicht ganz Schweden abzuklappern brauchen. Name, Adresse und Telefonnummer in Göteborg standen hinten auf dem Bild. *All das sah ich innerhalb von 10 Minuten, als mir Verwandte Kaders nach seinem Tod seinen ganzen UG-Nachlaß zuspielten.*

Die Studentin in Schweden rief ich sofort an. Sie erzählte mir von ihrer Bekanntschaft mit Pascal. 1971 jobbte sie als Kassiererin in einem Lokal. Die andern Mädchen machten sie auf Pascal aufmerksam: »Er sah ja fantastisch aus. Unheimlich attraktiv und 'ne dolle Figur. Anfangs hab ich mit ihm geschlafen. Dann mochte ich nicht mehr, weil er so kriminell wirkte. Ich hatte eine herrliche, ganz ungewöhnliche goldene Uhr geerbt. Die nahm er mir weg, um mich zu zwingen, ihn wiederzusehen. Darum traf ich ihn noch mal. Aber meine Uhr bekam ich nie wieder. Kurz danach schrieb er mir aus Stockholm. Von Langholmen aus (dem Stockholmer Knast). Er wollte mich nach Frankreich mitnehmen. Ich hab ihm nie geantwortet.«

In Hamburger Haft hatte Kader andere Probleme. Er fiel allen auf die Nerven. Er war, so die Lungenfachärztin Dr. Kassianoff, außerordentlich primitiv, ungewaschen, unakkurat und starrsinnig. Er schimpfte, prügelte und schmiß mit Sachen. Er rief zum Fenster raus und blendete Wachtposten mit einer Spiegelscherbe. Er spuckte oft. Was jedem in seiner Nähe Angst einjagte. Keiner wollte seine offene infektiöse Tuberkulose übernehmen. Und er wollte sie nicht behandeln lassen. Wie kommt es, daß Ärzte im UG jeder Gewalt im UG zu einem Anschein von Recht verhelfen, sich aber nicht genieren, gewaltsame Behandlung eines Kranken mit Nachdruck abzulehnen? Er wurde immer wieder zu Hausstrafen verdonnert. Ging x-mal in Hungerstreik. Galt als suizidgefährdet, da er Narben an den Handgelenken hatte. Bekam Tobsuchtsanfälle. Isolation. Keine Sprechmöglichkeiten. Dafür immer wieder vieltägige Fesselungen in der Glocke. Ärztlich genehmigt, ärztlich für gut befunden, da er es körperlich eine lange Zeit durchhielt. Leider waren auch die Ärzte nicht in der Lage, sich mit ihm zu unterhalten. Trotzdem wagte es Herr Dr. Jessel, der Anstaltspsychiater, von seinen psychiatrischen Untersuchungen, über die es auch nicht eine einzige Notiz gibt, zu berichten.

Frage: »Wäre nicht im Hinblick auf Kaders Krankenvorgeschichte, der

zufolge er unter häufigen Störungsanfällen gelitten hat, eine klinische Untersuchung mit hirnelektrischen Gutachten usw. nötig gewesen?«
Jessel: »Nein, das, was Sie so ungewöhnlich sehen, ist für mich täglich Brot. Und gerade von Ausländern sind solche Demonstrationen in Fülle zu beobachten.«
Wie wäre es mit Sprachunterricht, da das Ausland so reichlich vertreten ist?
Spätabends am 22. 9. 1972 drehte Kader völlig durch. Wasser und Kot flossen durch seine Zellentür. Eine stinkende Flutwelle, in der Kader kotbeschmiert mit dem Kopf unter dem Bettgestell liegt. Da er sich ans Bett klammert, knüppelt man seinen Arm. Aus Fürsorge. Er lag ja im Nassen. Schwer lungenkrank. Sollte sich nicht erkälten. Daraufhin wurde er, wie der Nachtarzt meint, wieder aus Fürsorge, in den einzig heizbaren Raum gebracht: die Glocke. Von 5 Beamten 5 enge Stockwerke runtergeschleift und gestoßen, ein feuchtes Tuch vors Gesicht gedrückt wegen der Ansteckung. Von fremder Hand, versteht sich. Wohl nicht so zart, daß er frei dadurch atmen konnte. Unglaublich erregt. In die Glocke gebufft. Die unappetitlichen Klamotten werden ihm mit einer Verbandsschere vom Leib geschnitten. Der nackte Mann auf die Pritsche geschnallt. Hände, Füße, Brustkorb fest. Kinder, das beruhigt! *Natürlich nicht den Häftling. Aber die Vollzugsbeamten, die dessen Schreie durch die Tür nicht mehr hören müssen.*
Empfehlung für später in ähnlichen Fällen: ein heißes Bad. Es wärmt, reinigt und beruhigt.
Doch Kader wurde nicht gebadet, sondern festgeschnallt. Um 22.30 h. Bei 25° C. Damit er sich wohl fühlt. Ein Beamter protokolliert die Unruhe des Gefangenen alle halbe Stunde. Um 0.40 h: Grabesruhe. Schaum vor dem Mund.
Kader wird nie mehr husten.
Wieder ist Dr. Naeve der Obduzent. Zusammen mit Dr. Brinkmann. Diesmal, 1972, hält er sich zurück. Ärger gibt es trotzdem wieder mit der Anklagebehörde. Diesmal wegen der Einsicht in die Ermittlungsakten. Durch die Staatsanwaltschaft in ihrer Arbeit behindert, legen die beiden Gutachter nach einem vorläufig erstellten Obduktionsbefund ihre Arbeit nieder. Nach vielem hin und her nehmen sie sie wieder auf.
Naeve, der seit über 20 Jahren Gerichtsgutachter ist: »Hier geschah etwas absolut Einmaliges. Vor Erstattung des abschließenden Sektions-

gutachtens, vor Abschluß der staatsanwaltlichen Ermittlungen wurden andere Gutachter bestellt.«
»Warum legten Sie und Dr. Brinkmann Ihre Arbeit nieder?«
»Dazu möchte ich nur sagen: Eines war es nicht, das Nachgeprüftwerden unserer Gutachten.«
Ja, die Gutachten. Inzwischen sind es eine ganze Reihe. Die drei Professoren Budelmann, Jansen und Laas haben auch noch begutachtet. Presseverlautbarungen zur Todesursache: akutes Herzversagen und Lungen-Fettembolie durch Fettgewebequetschung. Akutes Versagen des Lungenblutkreislaufes: »Es handelt sich um einen unnatürlichen Tod.« Blutergüsse, Schürfungen und dergleichen mehr waren reichlich an Kaders Rücken, Hals, Armen, ja, überall vorhanden. Erklärung: »Kader ist uns unterwegs auf den Treppen infolge der Glitschigkeit mehrfach aus den Händen gerutscht.« *Sicher sehr schmerzhaft. In diesem Fall nicht tödlich.*
Dr. Naeve: »Die Befunde sprechen für den Erstickungstod. Man hat sich bemüht, die Erstickungsursache zu ermitteln. Ohne Erfolg.«
Kader hatte keine Würgemale. *Erwürgen wäre leicht nachweisbar.* Doch gibt es auch Erstickungsursachen, die keine Spuren hinterlassen, *z. B. Mund und Nase zuhalten.* Sauerstoffmangel in einer Kiste ohne Luft. Behinderung der Brustkorbatmung durch Druck auf den Brustkorb.
Kaders Mutter Louisa erfuhr durch die Zeitung in Frankreich vom Tod ihres Sohnes, nachdem Interpol endlich seinen richtigen Namen raushatte. Seitdem setzt sie, eine Frau Mitte 40, Verkäuferin, Mutter von weiteren 4 Kindern, alle ihre Energie ein, um den Tod ihres Sohnes zu klären. Sie war schon zweimal in Hamburg deswegen. Mit ihrem Mann. Als sie vom Leichenschauhaus kommt, sagt sie: »Da bin auch ich gestorben. Mein Sohn sah aus wie eine gekochte Kartoffel, die auf den Fußboden gefallen ist.«
Da offizielle Instanzen sich ihrer in keiner Weise annehmen, im Gegenteil, sie abwimmeln, hilft ihr ein junges Studentenehepaar. Die beiden geben der fremden Frau 2000,– DM für die Überführung ihres Sohnes nach Frankreich, *da sie sich weigert, den Rat der Behörden, ihn hier einäschern zu lassen, zu befolgen.*
Statt dessen erstattet die Mutter am 16. 1. 1973 Anzeige gegen Unbekannt. Am 18. 1. 1973 wendet sie sich an Willy Brandt um Hilfe, und am 23. 1. 1973 sucht sie in der deutschen Botschaft Paris Minister Egon Bahr auf. *Ihre Reisen, Telefonate und Recherchen haben schon ein Ver-*

mögen verschlungen. Sie hat eine neuerliche Autopsie in Marseille durchgesetzt. Teile ihres Sohnes sind angeblich nicht mitgeliefert: die Augen, die Zähne und das Hirn. Die Lunge ist angeblich völlig in Ordnung, wie immer das möglich ist. *Das schriftliche Gutachten steht noch aus.*

Wie dem auch sei. Mit der Glocke muß jetzt ein Ende gemacht werden, bevor noch mehr Kranke in ihr verenden. *Ausländer und Psychopathen können sich aus sprachlichen oder psychischen Gründen nicht verständlich machen. Sie trifft es schneller. Muß man solche Vorfälle in Kauf nehmen? Indem man zugibt: Unser Staat ist so arm, daß wir uns gute Ärzte, Pflegepersonal und Aufsichtspersonal nicht leisten können. Nach welchen Gesichtspunkten sind eigentlich die 100 Beamten im mittleren Dienst, die sich auf drei Schichten rund um die Uhr verteilen, ausgesucht worden?*

Psychopharmaka als Zwangsjacke? Tabletten als Knebel? Oder mal was ganz anderes: Behandlung. Durch Psychologen und Psychotherapeuten? Es sind natürlich mehr Tabletten und Knüppel auf dem Markt als Fachärzte.

In Sachen Kader kann man nur hoffen, daß es noch zu einem parlamentarischen Untersuchungsausschuß vor der Bürgerschaft kommt, vor dem die betreffenden Beamten zur wahrheitsgemäßen Aussage gezwungen sind. Traurig, traurig, daß man ihnen nur durch Zwang die Münder öffnen kann.

Der Beamteneid darf nicht Verpflichtung zur Feigheit bedeuten. Schweigepflicht ist nicht die Pflicht, zum Unrecht zu schweigen.

Februar 1973

P. S.

Glocke war Folter. Die Isolationshaft in den Hochsicherheitstrakten auch.

Mai 1990

Steter Tropfen höhlt den Stein

1956 nahm KONKRET als erste Nachkriegszeitschrift den Kampf gegen den § 218 wieder auf. Und ließ seitdem nicht locker. Wie es kommt, daß seit zwei Jahren das uralte Thema in der ganzen Welt »in« ist, weiß ich nicht. Es ist so wichtig, wie es immer war, seit die erste Frau den Wunsch äußerte, ihr Kind nicht auszutragen. Gut Ding will Weile haben.

1871 tritt der § 218 in Kraft. 1920 bringt die SPD einen Antrag ein. Den gleichen Antrag wie jetzt, 50 Jahre später: Straffreiheit für Abtreibung innerhalb der ersten drei Monate. In der KPD gibt es vorübergehend von der Partei organisierte Abtreibungen. 1921 frohlocken die Frauen, als der Sozialdemokrat Gustav Radbruch (»Es hat noch nie eine reiche Frau wegen § 218 vorm Kadi gestanden«) Justizminister wird. 1924, als Radbruch schon zum zweitenmal Justizminister ist, gibt es immer noch keine Reform.

Die SPD spricht jetzt gerne von einer Gewissensfrage, die jeder einzelne für sich zu beantworten habe. Wie heute. Wo 30 SPD-Abgeordnete, ihrem Gewissen gehorchend, einen Gegenentwurf auf der Basis der Indikationsregelung einbringen wollen. Das Zittern geht weiter. Denn 249 Stimmen sind erforderlich. Und SPD/FDP haben zusammen nur 271 Stimmen.

In entgegengesetzter Richtung zittern die Ärzte. Ihre empörten Aufschreie machen Schlagzeilen. Dumm wären sie, wenn sie nicht gegen die Abschaffung protestierten. Schließlich geht es um *ihr* Geld. Eine Million illegale Abtreibungen im Jahr, Schnittpreis 600 bis 800 Mark. Verzichten Sie mal trockenen Auges auf 600 bis 800 Millionen Mark im Jahr.

Die einzigen Ärzte, die eine Legalisierung freuen würde, sind die paar Idealisten. Sie hatten bis jetzt für ihre Hilfe als Lohn nur die Angst. Gewissenlose Ärzte können die Einbußen wieder wettmachen, indem sie eben den schwarzen Markt auf andere Bedarfsgebiete umstellen. Es leben ja jetzt schon eine ganze Reihe flott von harten Drogen aus dem kleinen Schrank.

Die meisten Frauen haben nach einer Abtreibung nicht nur ihr Kind, sondern auch den Glauben an eine humane Ärzteschaft verloren. Viele Ärzte genießen erst die Hilflosigkeit und Panik der Frauen, bevor sie ihnen hochherzig einen Eingriff zusagen, dann das Kassieren. Nie danach fragend, wie die unglückliche Person das Geld für das einsame Ausbaden der Folgen einer gemeinsamen Umarmung zusammenkratzt. Danach das Anbrüllen der nichtbetäubten Frau.

Ich will nicht ungerecht sein. Es gibt auch Ärzte, die nur kassieren. Und auf Beleidigungen, Psychoterror und Folter unter vier Augen verzichten. Wer eine verschwiegene Assistentin hat, gibt auch Narkose. Die Fließbandabtreiber und Schlachter fliegen trotzdem nicht auf, weil man immer noch auf sie angewiesen ist.

Mir hängt das Gelaber um den § 218 zum Hals raus. Ermüdend, ein Leben lang um Selbstverständlichkeiten betteln zu müssen. Wie schon unsere Urgroßmütter, deren Wiederkäuer wir 1973 sind. Wie Tucholsky, der die Leibesfrucht sprechen läßt:

> »Für mich sorgen sie alle. Kirche, Staat, Ärzte und Richter. Neun Monate lang. Und bringen sich um, wenn mich einer umbringen will. 50 Lebensjahre wird sich niemand um mich kümmern. Niemand.«

Wie Gottfried Benn, der 1928 schon 13 Millionen Jahre Zuchthaus pro Jahr ausstehender Strafen für Abtreibungen errechnete.

Auch jetzt gehören wir alle in den Knast. Aber nach unseren Selbstanzeigen im STERN 1971 und meinem gleichzeitigen Aufruf in KONKRET hat sich einiges getan: 100 000 Selbstanzeigen sind nicht schlecht. Auch wenn sie nur einen Bruchteil der Betroffenen repräsentieren. Die Staatsanwaltschaft mußte hier, genau wie in Frankreich, passen. Sie stellte die unbequemen Ermittlungen gegen uns ein. Ich denke nur mit Grauen an die Flut von fremden Frauen, die mich seit der Selbstanzeige mit ihren Abtreibungswünschen überrollt. Und mich nachts aus dem Schlaf reißt, ohne daß ich jemals den Hörer aufknallen kann, weil ich weiß, wie schlecht sie dran sind.

In der Zeit, in der man hin und her überlegt hat, ob Abtreibung Mord ist oder nicht, hat man Generationen ausgetragener Leibesfrüchte auf allen Schlachtfeldern der Erde hingerichtet. Ohne lange Debatten. Ethik ist: immer erst schön heranwachsen lassen, damit es sich auch lohnt. Die Ärzte, die so tun, als würden sie im Interesse des Kindes auf der Geburt bestehen, müßten gleichzeitig verantwortlich für den Werdegang dieses Kindes zeichnen.

Abtreiben ist nicht Kindesmord. Das Leben in Heimen, das Leben in

Wohnlagern, das Aufwachsen in einer unglücklichen Ehe ist Kindesmord. Es ist nicht unmenschlich, abzutreiben. Es ist unmenschlich, erziehungsunfähige Leute Kinder verhunzen zu lassen.

Ich finde es völlig egal, warum eine Frau abtreibt, ob aus Egoismus oder aus Humanität. Allein die Tatsache, daß sie sich kein Kind wünscht, muß ausschlaggebend sein. Wir lassen uns die Bevormundung durch korrupte Ärzte nicht mehr gefallen.

Und unsere Stricknadeln wollen wir nur noch zum Stricken benutzen.

März 1973

P. S.

Wegen der Memmingen-Prozesse und -Urteile war schon wieder eine Kolumne zum § 218 fällig. Egal, ob 1988, 1990 oder in der Steinzeit.

Mai 1990

Verehrteste, das ist nicht meine Sache

Der Brief ging am 18. 5. 1972 an die Staatsanwaltschaft, 2 Hamburg 50, Dienststelle Altona, Allee 125.

»... Meine Frau hat außer ihren asthmatischen Anfällen starke Nierenkoliken und ist somit haftunfähig. Nachdem man verschiedene Artikel in der Presse über den Strafvollzug in Hamburg (zwei Todesfälle) lesen konnte, ist es für einen kranken Menschen unzumutbar, die Strafe anzutreten. Meine Frau müßte ja damit rechnen, daß die vom Arzt verordneten Medikamente, die sie täglich braucht, ihr aus purer Willkür weggenommen werden ... Meine Frau fühlt sich mit 39 Jahren noch zu jung, um zu sterben ... Hochachtungsvoll! Kurt Meier.«

Der Hamburger Kaufmann Meier muß Hellseher sein. Oder die Zustände im Hamburger Knast kennen. Obwohl damals der todkranke Häftling Kader noch nicht umgekommen war. Denn inzwischen – fast ein Jahr später – ist seine Frau Evelyn tot. Nach nur zehn Tagen Aufenthalt im ZKH, dem Zentralkrankenhaus der Gefängnisbehörde Hamburg, gestorben. Immer noch 39 Jahre jung.

Der Ehemann a. D., jetzt Witwer, sitzt bei mir. Ein stattlicher Mann. Er wirkt sehr ruhig. Er ist sehr sachlich. Ob er seine Frau satt hatte? Der Gedanke kommt mir kurz. Bis ich erfahre, was Kurt Meier alles getan hat, um seiner Frau Gesundheit und Freiheit zu erhalten.

Der Frau, mit der er zwölf Jahre zusammenlebte, davon fünf Jahre so und sieben Jahre legalisiert. Eine heftige Ehe, in der man sich leider zu wenig sah. Kurt, 43 Jahre, ist Kaufmann und war als Vertreter viel unterwegs.

Vielleicht kam es deswegen zu den ziellosen Laden- und Kaufhausdiebstählen Evelyns in den Jahren 1966 bis 1968. Und zu dem Beschluß des Amtsgerichts Hamburg am 1. 4. 1969, eine Haftstrafe von fünf Monaten mit dreijähriger Bewährungsfrist zu verhängen. Außerdem 500,– DM Buße an den Bund für Alkoholfreiheit im Straßenverkehr. Ein Bund, der bislang Hamburger Justizangehörigen für Vorträge bis zu 30 000,– Mark Taschengeld im Jahr zuspielte.

Evelyn, immer etwas schlampig, zahlte – wenn auch mit Verspätung. Trotzdem wurden immer wieder Haftbefehle gegen sie ausgestellt.

Ein Gnadenverfahren wurde 1969 abgelehnt, weil sie fünf Monate bei den Schwiegereltern in der Schweiz verbrachte. Obwohl Kurt diesen Tatbestand der Staatsanwaltschaft am 19. 8. 1971 schriftlich mitteilte. So, wie er auch immer die Behörden informierte, wenn seine Frau Krankenhaus, Kurort oder Erholungsstätte wechselte. Im Juni 1972 sandte er die Krankenhausakte an die Staatsanwaltschaft, um die Haftunfähigkeit seiner Frau zu bezeugen.

Evelyn suchte ein Jahr vergeblich nach ihrer 500-Mark-Bußgeld-Quittung, gab sie ihrem Anwalt Dr. Franz Reinhard zur Aufbewahrung und nahm an, daß jetzt alles in Ordnung sei.

Im Juli 1972 schickte Ehemann Kurt die asthmakranke Evelyn wegen des besseren Klimas nach Teneriffa, fuhr im Dezember selber hin, brachte ihr zum 5. (legalen) Hochzeitstage eine wunderschöne Fuchsjacke und 100 lebenswichtige Einwegspritzen mit. Jetzt macht Kurt sich die schwersten Vorwürfe, weil er Evelyn aus Geldmangel Ende Januar nach Hamburg zurückholte.

Denn auf ihrem Rückweg wurde sie am 3. 2. 1973 um 19.30 Uhr an der Schweizer Grenze verhaftet und von Stund an per Sondertransport von Gefängnis zu Gefängnis gekarrt. Von Weil nach Lörrach, nach Bühl, nach Schwäbisch-Gmünd, nach Lübeck. Weil es nirgends eine geeignete Krankenstation gab.

Kurt immer hinterher. Und immer um einige Stunden zu spät. Am 21. Februar kam sie im Hamburger ZKH an. Dort durfte er sie am Montag, dem 26. Februar, eine halbe Stunde im Besucherraum sprechen. Sie sagte verzweifelt: »Ich halte das nicht aus hier.« Und bat, genau wie in alten Briefen, um die 500-Mark-Quittung. Kurt nahm sie in die Arme und sagte: »Ich hol Dich raus. Wenn ich das nächste Mal komme, bist Du draußen.«

Fünf Tage später war sie draußen – aber tot und im Kühlschrank des Instituts für gerichtliche Medizin. *Dort soll die gründliche Untersuchung der toten Frau, die man an der lebenden versäumt hat, nachgeholt werden.*

Evelyn Meier, geb. Lorenzen, am 14. 4. 1933 in Jungbuch/ČSSR geboren, starb in der Nacht vom 2. auf den 3. 3. 1973 um 1.30 Uhr im ZKH. Um 1.21 Uhr hatte sie geklingelt. Sie saß röchelnd aufrecht im Bett. Bekam eine Spritze gegen ihren Asthmaanfall von Schwester Eboli, die, als sie nach dem Arzt rief, hörte, wie Evelyn wegrutschte.

Um 1.33 Uhr fand der diensthabene nigerianische Assistenzarzt die

Frau, die er nie lebend gesehen hatte, tot vor. Ihre Glieder waren »frei beweglich und warm« (Fund-Beschreibung). Dr. Ene, gewissenhaft, weigerte sich, den Totenschein auszustellen. Sein Vorgesetzter, Dr. Friedland, hatte weniger Skrupel. Er bescheinigte akutes Herzversagen *und meinte, daß dieses erstens auf die Überbeanspruchung durch die dauernden Asthma-Anfälle, zweitens auf den Klimawechsel zurückgeführt werden kann. Was er hinterher wußte, muß er ja auch vorher gewußt haben.*
Herzversagen stimmt im Endeffekt bei einem Toten meist. Trotz der Obduktion von Staats wegen besteht der Strafverteidiger und ehemaliger Strafrichter Bernt Niese, 36, als Kurt Meiers Anwalt, auf einer Privatobduktion. Warum wohl?
Kurt Meier erhält in einem großen Plastikbeutel zusammengeramscht einen Teil der Habe seiner Frau. Unter anderem *die liebevoll ausgesuchte Fuchsjacke und* die Spritzen, die ihr hatten helfen sollen. Und die sie im ZKH nicht nehmen durfte.
Kurt Meier hat am 4. 3. 1973 Strafanzeige erstattet. Gegen die leitenden Ärzte und das Pflegepersonal im ZKH. Wegen fahrlässiger Tötung und unterlassener Hilfeleistung.
Seine Frau wurde zwar nicht zu Klump gehauen, wie der geisteskranke, vom Psychiater Dr. Jessel haftfähig erklärte Deutsch-Amerikaner Haase. Sie wurde auch nicht von einer großen Hand auf Nase und Mund erstickt, wie wahrscheinlich der *gefesselte* französische Häftling Kader-Silversmith. Auch nicht in der Glocke zu Tode gebracht, wie der hoch fiebernde, nackte, *alkoholkranke* Paul Karzewski.
Sie konnte sich ja deutsch verständigen. Offensichtlich, ohne verstanden zu werden. *Ihr Fall ähnelt eher dem des armen Rubinke. Den man allerdings nicht so hurtig umbringen kann. Ihn pflegt man schon seit 1954 beharrlich zu Tode. Indem man ihn nicht behandelt, sondern schmerzstillend, damit er das Maul hält, mit Phenacetin vergiftet. Er hat schon 10½ kg davon geschluckt.*
Dr. Virayni, der behandelnde Knast-Arzt von Evelyn, wurde, von mir befragt, aggressiv in seiner Angst: »Haftfähig? Natürlich war sie es. Das war für uns keine Frage. Bronchialasthma ist nichts Besonderes. Sie wurde ständig gut gepflegt.«
Ich: »Herr Meier sitzt neben mir. Bitte, sprechen Sie mit ihm.«
Unwillig: »Das ist nicht meine Aufgabe. Wenden Sie sich an Dr. Jessel. Der ist zuständig.« Das sagte er dreimal.

Nachdem ich mich mit dem Mann eine Weile noch schreiend unterhalten hatte, rief ich bei dem stellvertretenden Chefarzt Dr. Jessel an. Den vom toten Haase, Sie erinnern sich.
Seine Stimme strahlt. Er ist hörbar glücklich, sagen zu können: »Aber Verehrteste. Ich habe die Frau doch nie gesehen. Sie fiel gar nicht in meinen Bereich. Ich habe keine Ahnung, ob sie haftfähig geschrieben war oder von wem. Glauben Sie, Verehrteste, das ist nicht meine Sache.« Wie würden diese Ärzte wohl reagieren, wenn es um ihre Frauen ginge?
Dem Jessel kommt nicht der Gedanke, daß er Evelyn Meier hätte zu Gesicht bekommen müssen. Daß es ein Skandal ist, daß er sich als Chefarzt über die Patienten des ZKH nicht informiert.
Das ZKH ist ein Scheißladen. 1928 gebaut. Bis zu 16 Betten und Toilette in einem Raum. Mit einer chirurgischen Station, in die es reinregnet. Mit mangelhafter Hygiene, mangelhafter Belüftung, mangelhafter Laboreinrichtung.
Von den 57 Planstellen für pflegerisches und 12 für ärztliches Personal sind viele nicht besetzt. Trotzdem schmeißt man jeden Arzt raus, der sich seinem Eid entsprechend um die ihm Anvertrauten kümmert. Die ausländischen Ärzte, die Angst vor einer Ausweisung haben müssen, halten gezwungenermaßen den Mund. Ihre Vorgesetzten, die zu manchem Skandal beigeholfen und andere vertuscht haben, bleiben im Amt.
Nicht, wer Übel tut, sondern wer Übel beseitigen will, muß gehen. Es bleiben die Ärzte, die Patienten durch die vorgegebenen Umstände oder aus Lust am Strafen bestrafen.
Inzwischen spielen die Behörden Ping-Pong mit der Akte Evelyn Meier. – Immer hin und her zwischen Altona und Hamburg, während die Anwälte seit vielen Wochen auf die Unterlagen warten. Seit der Zeit also, als Frau Evenlyn noch lebte.
Rechtspfleger Meins in Harburg, der mich aus Versehen für eine Kollegin hält: »Ich verstehe die in Altona nicht. Da wird die Akte von Dr. Reinhard angefordert und statt dessen mir nach Harburg ins Fach gelegt . . . So, ich habe Sie verwechselt? Dann widerrufe ich alles, was ich gesagt habe.«
Ich: »Wir sind aber zu dritt hier.«
Herr Meins: »Dann widerrufe ich es eben dreifach.«
Kurt Meier, der sagt: »Die Nazischweine kriegen schon bei Plattfüßen

Haftverschonung«, wird inzwischen auch gesucht. Wegen angeblicher Steuerhinterziehung.
Jetzt hofft man, ihn auf der Beerdigung seiner Frau verhaften zu können.

März 1973

P. S.
Es gibt ja nicht nur immer wieder im Knast Tote durch unterlassene Hilfeleistung. Es gibt in der Abgeschlossenheit auch immer wieder Selbstmorde. Auch wenn man sich bemüht, diese durch eine nackte, rund um die Uhr brennende Glühbirne an der Decke zu verhindern. Die steigert auch nicht die Lebensfreude.

Mai 1990

Erweiterter Selbstmord

Gegen den Polsterer Siegmund Glanz, 30 Jahre, wird der Vorwurf erhoben, im Zustand verminderter Zurechnungsfähigkeit in Abwesenheit seiner Ehefrau sich und seine Töchter Sabine, 2, und Marika, 1, in der ehemaligen Wohnung eingeschlossen und dann ein Gasversorgungsrohr oberhalb des Absperrhahnes angesägt zu haben, um sich und die beiden Kinder durch das ausströmende Gas zu töten. Sabine und Marika wurden durch das ausströmende Gas vergiftet.
Siegmund Glanz bedauert, überlebt zu haben. Der zierliche Mann weint: »Ich bin ein seelischer Krüppel. Ich kann keine Nacht mehr schlafen. In Gedanken bin ich immer bei meinen Kindern.«
Bei den Kindern, die es besser haben sollten als er selbst. Bei den Kindern, denen er ein schönes Leben wünschte. Oder lieber gar keins. Er selbst, am 18. 12. 1942 in Lodz geboren, wünschte sich schon oft den Tod. Er wurde als Außenseiter immer gehänselt. Weil er winzig war und blieb. Weil er schwach und kontaktarm war. Und vor lauter Unsicherheit Sprachstörungen hatte. Er wollte Elektriker werden. Der autoritäre Vater zog Polsterer vor. Also wurde er Polsterer. Er arbeitete hart. Bekam aber nur zwei bis fünf Mark Taschengeld die Woche. Weil die Elten jeden Pfennig für einen geplanten Hausbau brauchten. Er litt darunter. Er litt überhaupt. Er kam als Gebirgsjäger zur Bundeswehr. Danach war er ein halbes Jahr Briefträger. Und dann wieder Polsterer.
Bei Mädchen hatte er mehr Glück als manch starker Mann. Mit 14 Jahren zum erstenmal. Doch erst als er 23 war, wurde es ernst. Rosemarie, seine große Liebe, war damals so alt wie Nabokovs Lolita. 12 Jahre. Als sie 14 war, schlief sie mit ihm. Mit 15 feierte das Arbeiterkind, das von zu Hause weg wollte, Verlobung. Mit 16 liefen Heirat und die Geburt der kleinen Sabine fast parallel. Siegmund war glücklich. Auch noch im Oktober 1971. Als Marika geboren wurde.
Nur die blutjunge Ehefrau, restlos überfordert, war nicht mehr glücklich. »Dann verstand ich meine Frau nicht mehr. Sie vernachlässigte die Kinder. Sie ließ die Wohnung verkommen. Und stand morgens einfach nicht mehr auf.«
Es kam zum Streit zwischen den beiden. Und zu Schlägereien. Die Flit-

terzeit war um. Das heißt, Rosemarie flitterte auswärts. Mit einem anderen. Sie wollte was erleben. Und das konnte sie ab Mai 1972 mit dem schmächtigen Gastwirt Walter D. aus der Nachbarstraße. Der verheiratete Mann mischte sich dauernd in die Ehe seiner Geliebten ein. Und demütigte den hilflosen Glanz ständig. Wenn Glanz von der Arbeit nach Hause kam, verließ die 18jährige die eheliche Wohnung. Ging in die Kneipe ihres Geliebten. Und blieb die ganze Nacht bei ihm. Daran zerbracht nicht nur die Ehe, sondern auch der Ehemann.

Siegmund kämpft mit den Tränen: »Sie kam fünf Tage einfach nicht nach Hause. Ich war mit den Kindern allein. Jede Stunde mußte ich von der Arbeit nach Hause fahren, um die Kinder zu versorgen.«

Er wurde weder mit Beruf noch Haushalt fertig. Er konnte sein permanentes Schwanken zwischen Hoffnung und Verzweiflung nicht mehr ertragen. Er reichte die Scheidung ein. Die Kinder kamen ins Heim. Er machte einen Selbstmordversuch mit schmerzstillenden Tabletten und wurde zu seinem Leidwesen gerettet. Seine Frau kam wieder nach Hause und überredete ihn, die Scheidungsklage zurückzuziehen. Gemeinsam holten sie die Kinder aus dem Heim. 24 Stunden später war Rosemarie wieder bei ihrem Geliebten. Und Siegmund wieder allein mit den beiden Kindern. Das war 14 Tage vor der Tat.

Der Zeuge Bernd T., 25, lernte ihn in dieser Zeit zufällig in einer Gastwirtschaft kennen: »Ich bin sehr an Menschen und fürsorgerischer Arbeit interessiert. Ich habe auch einen sehr guten Blick für Suizid. Darum fiel mir Glanz sofort auf. Er schien mir so gefährdet, daß ich die ganze Nacht von abends um neun bis zum nächsten Morgen um halb zehn mit ihm zusammenblieb. Erst in der Kneipe. Dann bei ihm zu Hause. Die Kinder krabbelten die ganze Nacht rum. Sie weinten und waren nicht zu beruhigen. Er sprach viel von Selbstmord. Und von seiner permanenten Erregung. Und davon, daß er nicht mehr arbeiten konnte. Herr Glanz war in einem so desolaten Zustand, daß ich schon nachmittags wieder zu ihm ging. Inzwischen, um 12.30 Uhr, war auch seine Frau heimgekommen. Ich bot ihnen meine Hilfe an. Und versuchte, auch mit ihr zu sprechen. Sie wirkte äußerst unreif für ihr Alter. Als ich warnte, es könne böse enden, grinste sie nur vor sich hin. Ich habe Herrn Glanz erst jetzt vor Gericht wiedergesehen. Obwohl er meine Anschrift hatte. Obwohl ich ihm mehrere Briefe schrieb. Und auch mehrfach an der Tür war. Die Briefe erhielt er nie. Und mir wurde nicht aufgemacht.«

Sonderbar. Denn vor Gericht war Glanz offensichtlich froh, Bernd T. zu sehen.
Am 19. 8. 1972 drehte Glanz durch. Er sah Rosemarie in der Kneipe ihres Geliebten. Er sah sie noch mal zu Hause, als sie zum Fernsehen kam. Als sie wieder ging, suchte er seinen portugiesischen Nachbarn auf. Und bot diesem seine ganze Wohnungseinrichtung zum Verkauf an. Der verblüffte Portugiese konnte soviel weder kaufen noch brauchen. Zahlte aber 50 Mark für den Kühlschrank. Glanz nahm das Geld. Kaufte sich Bier. Und zwei Strichmädchen. *Für 25 Mark.*
Staatsanwalt: »Wo gibt's denn das?«
»Am Fischmarkt.«
Die Nutten waren nur der erste Akt der Selbstzerstörung. Glanz ging nach Hause. Gab den schreienden Kindern Bier. Seine Zerstörungssucht schritt fort: Er hat den Schrank zerschlagen. Die Teppiche zerstückelt. Die Möbel zerhackt. Die Vorhänge zerfetzt. Er legte die beiden Kleinen ins obere Kinderbett. Um 23 Uhr sägte er das Gasrohr an. (Der Herr Staatsanwalt Korytkowski hält die Gründlichkeit des Selbstmordversuches gegen den Angeklagten und pocht schon deswegen auf 7 Jahre.)
Als Rosemarie um 10 Uhr morgens nach Hause kommt, werden er und die Kinder in der verwüsteten Wohnung gefunden. Die Kinder tot. Er selbst hat wieder das Pech zu überleben.
Als Zeugin sagt die jetzt 19jährige, niedliche Rosemarie: »Es geschah alles durch Walter. Ich hab lange nachgedacht. Ich glaube, ich liebe meinen Mann immer noch. Heute würde ich bei meinem Mann bleiben. Wenn er mich noch mag.«
Glanz, ohne einen Blick auf die Frau, die er liebte: »Nein, nein. Nie wieder.«
Der Pflichtverteidiger plädiert nicht für Freispruch. Sondern meint, die Hälfte des vom Staatsanwalt Geforderten täte es auch. Das macht immer noch 3 ½ Jahre.
Während das Gericht sich zur Beratung zurückzieht, meint eine Zuhörerin: »Seine Frau hat doch nur geheuchelt. Wenn die Frau Interesse hätte, wäre sie auch heute hier.«
»Vielleicht hat sie keine Zeit.«
»Wieso? Sie braucht ja nicht mehr auf die Kinder aufzupassen.«
Urteil: 4 Jahre. Und die Kosten des Verfahrens. Wegen Totschlags im Zustand verminderter Zurechnungsfähigkeit.

Der Vorsitzende, Dr. G. Schmidt, betont, daß keine niedrigen Beweggründe vorlagen. Glanz habe nur das Gute für seine Kinder gewollt. Seine Frau trage eine erhebliche moralische Schuld am Tod der Kinder. Dann macht er Glanz auf die Einspruchsmöglichkeit innerhalb einer Woche aufmerksam. Ich weiß nicht, wieviel der Unglückliche von dem Juristendeutsch versteht. Ist auch nicht nötig. Sein Anwalt akzeptiert das Urteil umgehend. Und auch Glanz scheint dankbar. Er weiß noch nicht, was 4 Jahre Knast sind.

Groß sind die Möglichkeiten der Richter:

Steffi H., 28 Jahre. Tochter mit Kissen erstickt. Kein Selbstmordversuch. Körperverletzung mit Todesfolge. 2 Jahre. Mit Bewährung.

Ulla M., 31 Jahre. Versuchter erweiterter Selbstmord. Schlaftabletten für sich und die beiden Töchter. Alle überlebten. Versuchter Totschlag. 1 Jahr, 6 Monate. Mit Bewährung.

Jacqueline W., 23 Jahre. Eifersucht. Versuchte, ihren Mann tödlich zu überfahren. Gefährliche Körperverletzung. 1 Jahr. Mit Bewährung.

Renate S., 29 Jahre. Die Tochter in der Badewanne ertränkt. Konnte nicht ertragen, daß ihr über alles geliebtes Kind in ein Heim sollte, nur, weil man ihr eine Haftstrafe nicht erlassen wollte. Sie hatte für ihren Freund Schmiere gestanden. Auch ein Aufschub, bis sie eine Privatunterkunft für das Kind gefunden hätte, wurde ihr nicht gewährt. Renate S. war selbst ein Heimkind mit versauter Jugend. Wollte ihrem Kind nicht das gleiche Elend zumuten.

Sie sprang aus dem 6. Stock auf die Straße. Lebt weiter, mit zerschmetterten Gliedern. Und der Sehnsucht nach dem toten Kind. Schleppt sich auf Krücken in den Verhandlungssaal. Urteil; in Bayern: achteinhalb Jahre.

Daß alle zur Tatzeit vermindert zurechnungsfähig waren, liegt auf der Hand.

April 1973

Der verführte Verführer

Was sonst, auch unter Halbwüchsigen, nur ein Vorspiel zum Vorspiel ist, brachte den Kaplan Josef W., 36, immer wieder in innere und äußere Konflikte. Das kurze Streifen eines vorderen Hosenteils. Knabenhosen, versteht sich.

Fünf Strafverfahren hat der Kaplan hinter sich: einen Freispruch, zwei Einstellungen und zwei Verurteilungen zu 5 und 8 Monaten Freiheitsentzug mit Bewährung. Jetzt steht der arme Mann zum sechsten Mal vor Gericht. Zum erstenmal bereit, die Wahrheit und nichts als die Wahrheit zu sagen.

Es dauert ein Weilchen, da er – in Tränen aufgelöst – lange nicht sprechen kann. Die Anklage ist immer dieselbe: Unzucht mit Kindern. Genauer: einem Jungen in die Hose gefaßt zu haben. Der Mann hat nicht vergewaltigt. Er hat nicht geschändet. Er hat sich nicht an kleinen Kindern vergangen. Immer nur mit Pubertierenden das getan, was den meisten Pubertierenden sehr angenehm ist. Davon auch nur einen Bruchteil des Erwünschten. Immer nur Vorspiel. In sexuell getönter Atmosphäre nur Erregung. Nie sexuelle Befriedigung.

Josef W., der sich, um nicht aufzufallen, in einer Anwaltsrobe an den wartenden Fotografen vorbei in den Verhandlungssaal hineinschmuggelt, wischt immer wieder die Tränen aus seinem weichen, rosigen Kindergesicht. Er ist lang und schlank in seinem grauen Anzug. Das gescheitelte graue Haar lockt sich seidig über dem blütenweißen Hemdkragen.

Sogar hier, wo er seiner Ansicht nach Unaussprechliches ausspricht, hat seine wohltönende, salbungsvolle Stimme was von Sonntagspredigt an sich. Die weichen Hände bewegt er so theatralisch wie andere auf der Kanzel. Er erzählt von seiner Begegnung mit den 12- und 13jährigen Brüdern Uwe und Bernd B.

Es war im August: »Ich traf die beiden Jungen auf dem Hamburger Dom. Sie hatten, das fiel mir auf, sehr viel Geld mit. Über hundert Mark. Sie hatte auch viele Karussell-Chips. Und so viele Gewinne, daß sie sie kaum tragen konnten. Sie luden mich zum Mitfahren in der Mondfähre ein. Ich saß in der Mitte. In den Kurven flogen die beiden

an mich ran. Ich berührte Bernd leicht an der Hose. Mit meinem Regenschirm. Einem Knirps. Vielleicht auch kurz mit der Hand.
Die Jungen führten sexuell betonte Gespräche. Ficken und so was. Vielleicht – weil ich etwas angefaßt hatte. Ich ging darauf ein, weil es mich erregte. Sie gaben Unmengen aus. Auch für Pommes frites und Coca-Cola. Das Geld hatten sie angeblich vom Zeitungaustragen. Ich glaubte ihnen nicht. Die Jungen argwöhnten auch immer zu Beginn: ›Ich glaube, du bist doch von der Polizei.‹ Sie wollten auch noch zur Reeperbahn mit mir. Aber ich hielt es für zu spät. Die Brüder mußten nach Sülldorf. Als wir auf die Bahn warteten, zog Bernd seine Trainingshose runter und kam mit dem Glied an meine Hand ran. Ich hatte Angst. Und zog ihm schnell die Hose wieder hoch.
Es ist ja oft so, daß Kinder verschüchtert und verschreckt sind. Diese aber waren bereitwillig und ohne Scham. Es war mir zu radikal. Zu brutal. Zu stark. Zu unangenehm. Sie wollten mit mir auf eine Bank. Ich wollte nicht mehr. Ich hatte ein ungutes Gefühl.
Bernd zog seine Hose wieder runter und machte Bauchtanzverrenkungen auf dem Bahnsteig. Es war mir furchtbar peinlich vor den Leuten. Der Jüngere schlug das Buschwerk vor. Und sagte: ›Komm, wir ficken noch mal durch.‹ Ich schreckte wieder zurück. Es war mir unheimlich. Wir verabredeten uns vage für den Montag. Die Kinder hatten mir ihre richtige Adresse gegeben. Ich hatte ihnen einen falschen Namen genannt.«
Hin- und hergerissen zwischen Angst und Aufregung, fuhr der Kaplan schon am nächsten Tag, dem Samstag, auf gut Glück nach Sülldorf raus. Und traf die Kinder auf der Straße.
»Ich hätte mir sagen müssen, du bist gewarnt gewesen. Hände weg! Es ist leicht gesagt: ›Hau ab, mach, daß du wegkommst‹, wenn man nicht anders kann. Die Gespräche waren wieder provozierend. Uwe faßte mir aus Blödsinn immer wieder von hinten zwischen die Beine. Ich habe es mir etwas widerstrebend gefallen lassen. Während des Spazierganges und in einem am Wege gelegenen Schuppen sind Berührungen meinerseits über der Kleidung wohl bei beiden geschehen. Als ich abfuhr, wollte Uwe mit. Ich rief: ›Nein, du hast ja keine Fahrkarte. Was, wenn eine Kontrolle kommt?‹«
Trotzdem, am gleichen Abend fuhr Josef W., wie unter einem Zwang stehend, nach Sülldorf zurück. Fand das Haus der Jungen. Suchte Namensschild und Tür. Klingelte einen Stock höher. Fragte fingiert. Und

lief auf dem Weg nach unten den ihn grüßenden Jungen und ihrem Vater in die Arme. Er stellte sich dem Vater vor Schreck jetzt richtig vor. Dieser teilte ihm mit, daß er sowieso gerade auf dem Weg zur Polizei sei, um ihn anzuzeigen. Wer weiß, was die Söhne zu Hause erzählt hatten. Der Polizei, die dann kam, jedenfalls sagten sie, daß sie zu nichts gezwungen gewesen waren und von sich aus den Mann angefaßt hätten. Trotzdem, der verführte Verführer landete erst im UG. Dann 3 Monate in der geschlossenen Männerabteilung der Psychiatrie.
Obwohl hier gar kein Anlaß zum Lachen gegeben ist, geht mir dauernd eine Geschichte, über die ich mich als Kind schon kranklachte, durch den Kopf: Kleines Mädchen hastete auf dünnen Beinchen, mit wehendem Haar, zu Tode geängstigt durch den Wald. Schwere, immer schneller werdende Schritte eines keuchenden Mannes hinter sich. Die Schritte kommen immer näher. Als eine große Hand sie packt, kreischt sie verzweifelt: »Ich rufe nach dem Herrn Pfarrer.« Drohend, tief und rollend die Stimme im Wald: »Ich bin der Pfarrer.«
Josef W., der noch so unberührt wirkt, ist es auch. Das ist sein Dilemma. Er, das älteste von sechs Kindern einer Arztfamilie, völlig verkorkst durch und in totaler Abhängigkeit von seiner streng katholischen Mutter. Die sehr intensive Beziehung zu ihr hat er bis heute nicht zu lockern vermocht. Ihr ist zu verdanken, daß das Thema Sex tabu, unangesprochen, unbewältigt blieb. Warum nicht der Vater als Mediziner dem entgegenwirkte, ist schwer verständlich.
Schon mit 11 Jahren fing Josefs Jugendarbeit an. Mit 16, als er beschloß, Priester zu werden, war er schon Gruppenleiter. Und ehrenamtlich in der katholischen Jugendfürsorge. Damals hatte er noch ein sehr schlechtes Gewissen, weil er sich, mit der Vorstellung von Mädchen, selbst befriedigte. Jungen traten in seiner Fantasie erst viel später auf. Als er Ferienreisen organisierte und in der Jugendseelsorge aktiv war. Erst als Folge gegenseitiger Sympathie und seines unausgelebten Zärtlichkeitsbedürfnisses. Er versuchte, seine sehr reduzierte Sexualität völlig zu unterdrücken und auszuklammern. Doch nach und nach benutzte er seine Arbeit immer mehr, um sich Gelegenheit zu verschaffen.
Durch seinen permanenten Triebstau wurde der Kaplan mehrfach straffällig. Mußte die von ihm sonst jahrelang gut geführte Jugendarbeit in der Caritas verlassen und wurde von seinem Bischof in ein Altenheim versetzt. Während einer nach seiner ersten Verurteilung angeordneten

psychotherapeutischen Behandlung bleibt er unauffällig. Als nach 2 Jahren der ihn stützende Arzt stirbt, wird er rückfällig. Für seine Familie ist es nicht nur eine mittlere Katastrophe. Und er wohnt wieder zu Hause, der Arme!
Der von seiner Behörde beurlaubte Angeklagte ist jetzt zu jeder Art von Behandlungen bereit. Sogar zur medikamentösen Kastration, die er immer scheute, weil dadurch nicht das Übel an der Wurzel gepackt wird. Der Mann, der sich noch vor kurzem in solch einer Verkrampfung befand, daß er nur mit zusammengepreßten Zähnen über sich sprechen konnte, leugnet erst seit der Therapie nicht mehr. Fachärzte hoffen, seine ausgeblendete, angestrebte primäre Heterosexualität zu stärken. Unter anderem durch das neue, in der Schweiz schon eingeführte Andro-Kur-Medikament »Cyproteronacetat«.
Die Ärzte können sich aber die Pillen in den Hintern stecken, wenn sie Josef W. nicht gleichzeitig von der katholischen Kirche freischaufeln. Sie hoffen, daß er eines Tages die Soutane von sich wirft und eine Frau heiratet. Er ist gezwungen, sich mit Frauen einzulassen. Sonst, weil er in Breitengraden lebt, in denen das bißchen, was er tut, als kriminell angesehen wird, darf er schließlich gar nichts. Wem schadet schon seine pubertäre Ebene, außer ihm selbst? Man setzt zu seinen »Tatzeiten« eine Bewußtseinsstörung voraus. Unter der leiden wir doch alle, sobald Sexualität im Spiel ist.
Die junge Staatsanwältin fordert 1½ Jahre. Der Verteidiger, Dr. Wandschneider, zitiert einen Richter, der sagte: »Ich verurteile Sie zu einem Monat Haft. Obwohl ich weiß, daß Ihnen 3 Monate an der See gut tun würden.«
Es gibt auch Richter, die das Gesetz so auslegen, daß z. B. Exhibitionisten im Endeffekt für ihre öffentliche Onanie lebenslänglich kriegen. Nach jeder Entlassung natürlich Rückfall und einen Zacken drauf. Bis zur Sicherungsverwahrung.
Der kluge Vorsitzende Bauer fällt ein kluges Urteil: 1 Jahr. 5 Jahre zur Bewährung ausgesetzt. Bewährungsauflage: die kombinierte psychotherapeutische und medikamentöse Behandlung fortzusetzen.

April 1973

Alsenstraße – Modell der Hoffnung

Es klingelt. Kleiner, drahtiger Mann vor der Tür: Sagt: »Ich bin Kuno. Heute ist mein erster freier Tag. In Fuhlsbüttel hat man mir erzählt, daß bei dir immer alle Lampen kaputt sind. Da dachte ich, gehst mal gleich hin und guckst nach dem Rechten.«
Da mach ich natürlich die Tür auf. Während Kuno fröhlich Schranktüren, Toaster, Lampen und Autoheizung repariert und ich mich freue, daß sich meine Hilflosigkeit in technischen Dingen bis Santa Fu herumgesprochen hat, erfahre ich: Kuno war die letzten Jahre weg vom Fenster. Das heißt im Knast wegen Brüche im Rückfall.
Nun erkenne ich den pfiffigen Kuno wieder. Er hat vor Gericht mal als Beruf »Verbrecher« angegeben. Begründung: »Ich wurde neulich vom Gericht als Berufsverbrecher bezeichnet. Dann ist das wohl mein Beruf. Bis dahin dachte ich, ich wäre Mechaniker.«
Wir essen. Kuno wäscht ab. Um 23 Uhr muß er eilig weg. Kuno kommt wieder. Wir spielen Skat. Schriftsteller-Kongreß. Das Haus zum Bersten voll angereister Freunde. Alles geht glatt. Denn Kuno serviert. Kuno holt ein. Kuno plaudert. Und Kuno wäscht immer wieder ab. Das klingt ja wohl verdammt nach Ausbeutung. Aber für Kuno ist es das beste, was ihm passieren kann. Er wird gebraucht. Und gemocht. Er hat nach Jahren der Abwesenheit keinen Menschen in Hamburg mehr und will auch nicht durch alte Kumpel wieder abrutschen. Nach fünf Jahren Knast sagt er jetzt: N i e w i e d e r!
Wer ihm dabei hilft, das »N i e w i e d e r« durchzuhalten, erfahren wir nur, weil er immer alle 8 Stunden Hals über Kopf aufbrechen muß. So ganz frei ist er noch nicht.
Als er »entlassen« sagt, meint er, aus dem Gefängnis.
Seine Strafe hat er noch nicht abgesessen. Er hat nur das Glück, zu den Langzeitern zu gehören, die die letzten 6 bis 9 Monate ihrer Haftzeit in relativer Freiheit verbringen dürfen: in der Alsenstraße in Hamburg-Altona im Moritz-Liepmann-Haus. Er muß sich nur, so lange er nicht arbeitet, alle 8 Stunden persönlich melden. Sonst direkt nach der Arbeit. In der Woche um 23.30 Uhr zu Hause sein und sich wochenends zum Urlaub abmelden. Wobei trotz des Urlaubs die meisten froh sind,

auch wochenends dort schlafen zu können. Eine fabelhafte, den Schweden abgeguckte Einrichtung. Ein echtes Zuhause für noch Strafgefangene.

Einmal wöchentlich treffen sich zur Beratung 10 Probanden, 2 Gruppenleiter und 2 Beamte. Als ich erfahre, daß alle 14 Tage in dem Heim ein Gruppenberatungs- und Mitbestimmungsabend stattfindet, an dem auch Gäste teilnehmen können, gehe ich mit. Da sitzen in großer, freundlicher Runde Beamte, Gefangene, Psychologen, Leute vom sozialen Forschungsteam der Uni (DFG = Deutsche Forschungsgemeinschaft) und Gäste.

Wer wer ist, ist dort so schwer zu erkennen wie zum Beispiel in Irrenhäusern, wo man das Personal auch nur an den Kitteln von den Patienten unterscheiden kann. Dafür sprechen ein paar Gefangene mich gleich an, weil ich mal über sie berichtet habe. Auch ein zweifacher Totschläger, der seine Frau und deren Geliebten erst vor einigen Jahren umbrachte. Es herrscht eine Atmosphäre wie in einem Studentenwohnheim. Da die Gefangenen dem Versuchsmodell zum Erfolg verhelfen sollen, sind sie Mitbestimmer. Es wird drei Stunden lang lebhaft diskutiert, vorgeschlagen und abgestimmt:

»Die Kaltverpflegung muß abwechslungsreicher werden.« – »Nichtanwesende sollen gehört werden, bevor man den Stab über sie bricht.« – »Geschirr darf nicht auf den Zimmern behalten werden.« – »Wer sich verspätet, soll sich lieber melden, als vor Angst wegzubleiben.« – *»Duschen und Pinkelbecken sind unzumutbar für die Hausarbeiter.« – »Waschbecken, Fensterbänke, Toiletten unter aller Würde.« – »Kippen, Feudelwasser oder Kotze in das Pinkelbecken.«*

Eva Rühmkorf: »Ihr seid hier zu Hause. Darum habt ihr auch selbst die Verantwortung für Euer Zuhause. Wir können alle keine Putzfrau erwarten.«

Rufe: »Entweder selber machen oder Obolus zahlen.«

»Nicht Spende für die Hausarbeiter, sondern Bezahlung. Die kriegen doch nur 2 Mark pro Tag wie im Knast.«

»Wir dürfen denen doch offiziell kein Geld geben.«

»Dann eben Reinigungsmittel hinstellen.« (Hausarbeiter sind die einzigen im Heim, die noch nach Knast-Gesichtspunkten entlohnt werden.)

»Wieso müssen wir hier Geld zahlen, wenn wir auf Urlaub sind?«

Die Sozialinspektorin, Frau Schulz: »Wenn ich vier Wochen in Urlaub fahre, muß ich meine Miete auch zahlen.« Das wird eingesehen. Ein gemeinsames Wochenende wird überlegt. »Laßt uns doch wandern. Mit Anhang. Oder tanzen und essen. Kegeln ist nur Kampf, nicht Verständigung. Da will nur jeder jedem einen überbraten.«

Der Anstaltsleiter, Amtmann Behnk, fragt mich, ob ich Kuno Karstens Betreuerin bin. Als ich zögere: »Sie betreuen ihn doch!?«

Da sage ich, was ich richtig und wichtig finde: »Dann würde ich Kuno Karsten auch als m e i n e n Betreuer bezeichnen. Er tut mindestens soviel für mich wie ich für ihn. Ihr seid doch alle keine Wickelkinder und auch nicht entmündigt. Laßt Euch nicht einseitig betreuen. Ihr habt genausoviel zu geben wie Eure Betreuer. Ich bin für Beziehungen, die durch ihre Gegenseitigkeit getragen werden. Auch der Blinde und der Lahme können sich gegenseitig betreuen.«

Außer bei Kuno, der strahlt, war das wohl nichts.

Der Heimleiter: »Sie müssen verstehen. Die Männer sind stolz darauf, einen eigenen Betreuer zu haben.«

Hoffentlich sind sie auch bald stolz auf sich selber.

Kuno zeigt mir die Räume. Und schließt mit eigenem Schlüssel sein Zwei-Personen-Zimmer auf. Knipst selber die hübschen Lämpchen an und aus, wann es ihm paßt. Hat einen eigenen abschließbaren Schrank in dem gemütlichen Raum. Der eigene Schlüssel läßt Freiheit spüren.

Jeder hat ein eigenes Kühlfach. Das Haus hat 6 Duschen. Eine Waschmaschine für alle.

Kuno erzählt, daß die Neuankömmlinge sich abends nicht zueinander auf die Zimmer setzen, sondern bei weit offenen Türen in den Korridoren herumspazieren. Genau das, was ihnen im Knast nach Einschluß untersagt ist.

Nur Langzeitgefangene haben Zugang zur Alsenstraße. Denen fällt der Schritt ins Leben natürlich auch besonders schwer. Die Umgewöhnung ist ungeheurlich. Der anfänglichen Euphorie folgen oft schwere Depressionen. Das Haus hat etwas von freiem Internat an sich. Es bietet Geborgenheit. Der verständnisvolle Amtmann Behnk glaubt nicht an Bevormundung. Er appelliert an das Verantwortungsbewußtsein und regt zum Mitdenken an. Bis 21 Uhr sind Besuche auf den Zimmern gestattet. Besuche jeglichen Geschlechts.

Doch wer kommt schon? Forscher, freundliche Beamte und Frauen, in die man hineinrutscht. Die Frauen von früher haben die Probanten meist nicht mehr, und neue sind schwer zu finden.

Es gibt Gesellschaftsräume und 2 Fernseher im Haus. Es gibt einen

Freizeitraum mit Büchern, Tischtennis und Bastelraum. Doch kaum einer nutzt diese Gelegenheiten. Man will raus. Man will sich bewegen. Man will endlich wieder erleben. Geselligkeit wird in Kneipen gesucht. In der Gegend Altona bieten sich am appetitlichsten und eifrigsten kleine Fürsorgezöglinge an. Bei ihnen versuchen manche Gefangene, dies und das zu retten und eine Bindung herzustellen. Da die Männer auf Zuverlässigkeit angewiesen sind und die Mädchen nicht noch einen weiteren Erzieher suchen, bleiben Komplikationen nicht aus. Überhaupt finden die Außenkontakte meist unkontrolliert statt. Frauenprobleme sind groß und vorrangig. Die Männer oft wahllos in ihrer Eile.
Man tut alles, um den Männern zu helfen. Arbeitsplätze werden besorgt und Wohnungen. Das Arbeitsamt ist sehr hilfsbereit. Bietet zur Überbrückung, wenn es sein muß, auch ½ Jahr einen Einarbeitungszuschuß. Man versucht, die Gefangenen ihren Fähigkeiten entsprechend unterzubringen. Daß es meist bei einer manuellen Arbeit bleibt, ist klar, da den meisten die nötige Vorbildung für eine andere Arbeit fehlt. Die Gefangenen arbeiten unter ihren richtigen Namen. Meistens weiß aber nur der Chef, daß sie Gefangene sind.
Wer dann aus dem Knast entlassen wird, steht nicht wie sonst mit ein paar Mark hilflos auf der Straße, sondern lebt schon wieder in geordneten Verhältnissen. Die Angst vor dem Draußen wird in der Alsenstraße abgebaut. Wenn es einer trotz allem nicht alleine schafft, darf er auch vorübergehend auf eigenen Wunsch zur Nachbetreuung in die Alsenstraße zurück.
Das Haus besteht jetzt genau ein Jahr. Mit Raum für maximal 45 Gefangene. 30 sind zur Zeit noch da. Auch für diese reicht das Personal kaum aus. 16 Mitarbeiter, 10 davon im Aufsichtsdienst, machen Schicht rund um die Uhr. Das Forschungsteam der Uni besteht aus 15 bis 20 Studenten und 3 hauptamtlichen wissenschaftlichen Assistenten der Soziologie. Mitglieder des Teams werden jeweils für 1 ½ Jahre zugelassen und besoldet.
Eine davon sagt mir am Telefon: »Das Team will institutionelle Prozesse innerhalb von sozial-therapeutischen Anstalten erforschen, um die Organisation in den Griff zu bekommen. Um Spannungen zu vermeiden durch nicht selektiven Informationsfluß. Durch Hierarchie-Wegfall. Der Regelvollzug deformiert.«
Hoffentlich drückt sie sich den Gefangenen gegenüber etwas einfacher aus.

Es gibt natürlich allerlei Querelen. Die Beamten mit ihrer langjährigen Praxis fühlen sich durch die Tests und Tonbänder des Teams kontrolliert. Und die Akademiker mit ihren theoretischen Ideen haben meistens eine zu geringe Praxis und fühlen sich durch die Beamten eingeengt. In der Strafanstalt Fuhlsbüttel stand man dem Experiment sehr skeptisch gegenüber und versuchte, es zu boykottieren und zu sabotieren, sagt die Forschungsgruppe. Inzwischen ist man in Bergedorf und anderenorts aufgeschlossener, da alles gut anläuft.
Die Gefangenen werden schubweise zu zehnt und zwölft auf die Entlassung in die Alsenstraße vorbereitet. Auf das Leben im Haus. Auf die Arbeit und Schuldenregulierung. Ungefähr 6 Wochen lang einmal wöchentlich 1 Stunde. Einige dürfen auch tageweise mit Studenten in die Stadt gehen. Ausgewählt werden die Gefangenen, bei welchen die Resozialisierbarkeit am größten ist. So wird das Kontingent langsam immer wieder aufgefüllt. 17 Männer haben bisher das Haus durchlaufen. Nur zwei sind bis jetzt rückfällig geworden. *Auch Rückverlegungen nach Fuhlsbüttel sind denkbar. Bei häufigen Störungen, Unzuverlässigkeiten, Lügen, Geldgeschichten, Schwierigkeiten am Arbeitsplatz.*
Nach so kurzer Zeit kann man keine verbindliche Aussage darüber machen, wie sehr dies Experiment zur Resozialisierung beiträgt. *Auch nach drei Jahren ist noch kein festes Bild möglich.* Aber ein großer Grund zur Hoffnung ist es allemal.

April 1973

P. S.
Kuno hat den Sprung geschafft. Seit damals eine feste Arbeit, die ihm Spaß macht. Eine neue Frau. Seine beiden Jungs aus dem Heim zu sich in die gemütliche Wohnung geholt.

Der Mann der sich kastrieren ließ

»Nomen est omen«, dachte ich frivolerweise: Prick, das englische Vulgärwort für Schwanz. Eigentlich wollte ich über den Triebtäter Prick gar nicht schreiben. Nur einmal kurz in die Verhandlung hineinriechen. In dem Prozeß, den man ihm machte, ging es dann so turbulent her, daß mich die Vorder- und Hintergründe immer mehr interessierten.

Hans-Günther Prick ist Ihnen allen sicher schon längst ein Begriff. Durch viele Zeitungsartikel während der verschiedenen Jagden auf ihn. Durch Artikel über seine Festnahmen, Ausbrüche, Ehen. Und nicht zuletzt durch viele Artikel, die sich, zum Teil illustriert, mit seiner Kastration befassen. Diesmal angeklagt wegen 47 schwerer Diebstähle. Drei Fällen des schweren Raubes. Drei Fällen der Freiheitsberaubung. Und zehn Fällen der Notzucht bzw. versuchter Notzucht.

Prick, 28 Jahre, ein Cherub ohne Kastratenstimme (man hat doch falsche Vorstellungen von Kastrierten), mit vielen schwarzen Locken, die seine Augen seitlich verdecken, ist ein hübscher Junge.

Das Gesicht ist puppig, wie bei manchen Schlagergrößen. Er ist sehr schick. Meistens von Kopf bis Fuß in kostspieligem Schwarz mit leuchtend gelber Krawatte. Ein kurzer Blick auf ihn genügt, um festzustellen, daß er bestimmt nicht vergewaltigte, weil er sonst arm an Frauen gewesen wäre. Die für ihn zwingenden Gründe müssen woanders gelegen haben.

In diesem delikaten Prozeß besteht das Gericht nur aus Männern. Die Pressebank überwiegend aus Frauen. Die Öffentlichkeit, die immer wieder ausgeschlossen wird, überwiegend aus älteren Herren.

Nur Pricks neue Ehefrau, die 19jährige Andrea, darf die ganze Zeit im Saal bleiben. Prick wird behandelt wie ein rohes Ei. Man weiß ja, er ist ein Kranker. Besonders der vorsitzende Richter am Landgericht, Schöffel, ein Mann mit vielen Lachfalten, tut einfühlsam alles, um zu verstehen. Nur einer will dem Angeklagten, der sich in den ersten Tagen anmaßend und belästigt gibt, nicht so gut: der Staatsanwalt Peter Schwarz, SPD-Abgeordneter im Stadtteil St. Georg. Schwarz fragt mit leiernder Stimme so ungeschickt, daß der Prozeß schon am ersten Tag zu platzen droht.

Prick erzählt und rudert beim Reden mit den Armen: »Ich hab meine Mutter nur mal tot gesehen. Sie starb, als ich vier Jahre alt war.« Pricks Vater heiratete wieder. Als der Junge sechs war, erwischte die Stiefmutter ihn bei ganz normalen Spielereien am Glied.

Was dann kam, war nicht ganz so normal: Die Stiefmutter verlangte, daß der Junge vor ihr onanierte, um zu sehen, ob das schon ging. Anschließend verprügelte sie ihn. Kurz darauf steckten die Eltern den kleinen Günther in ein Heim.

Der Junge, sexuell verwahrlost, wurde immer schwieriger. Trotzig, jähzornig, aufsässig. Er wurde von einem Heim ins andere abgeschoben. Insgesamt zwölfmal. Und brach, so gut es ging, immer wieder aus. Die verbotene Sexualität blieb für ihn prickelnd und interessant und war außerdem geeignet, Aufmerksamkeit zu erregen.

Die ständige Onanie, 6- bis 7mal am Tag, und das Belauschen von Erzieherinnen und Mädchen beim Waschen waren sein einziges Vergnügen. Es ging ihm wie allen Heimkindern, die auf Liebe und Lob verzichten müssen und denen immer mit Strafe gedroht wird. Eine neurotische Oppositionshaltung gegen jegliche Autorität und Einengung zieht sich durch sein ganzes Leben.

Sexuell zum »Mann« wurde er mit 13: »Da schlief ich mit 'ner Bauerntrutsche. Die war viel älter als ich.« Von da an schlief er mit zahllosen Mädchen. Allerdings immer ohne Gefühl. Wenn er gut Freund war mit einem der Mädchen, reizte sie ihn nicht sexuell.

Einen Beruf brachte man ihm nicht bei. Obwohl er bei seiner Intelligenz (1967 stellte man bei ihm den Intelligenzquotienten 109 fest) allerlei hätte werden können. Er klaute und kriegte kleine Haftstrafen. Zwei Versuche, ihn zur See zu schicken, scheiterten. Ein Selbstmordversuch wegen eines Mädchens auch.

Seine Lebensführung war monoton. In den Heimen immer voll Aggression. In Freiheit jedem, nicht nur sexuellem, Bedürfnis nachgebend. Wie alle im seelischen Sinne Verwahrlosten sich jeden Wunsch, aber auch j e d e n, sofort erfüllend.

Seine Sexualität, da er immer Kontakt zu Nutten hatte, kostete ihn Geld. Andererseits brachte sie ihm auch Geld ein. Er ließ Voyeure fürs Zusehen beim Beischlaf zahlen. Er ließ auch masochistische Frauen zahlen. Er war unfähig, Sex und Liebe zu vereinen.

Er onanierte mit weiblichen Kleidungsstücken und entwickelte sich immer mehr selber zum Voyeur. Er kannte sich als Spanner bald so gut aus

in der Stadt, daß er besondere Gegenden hatte, »in denen es was zu sehen gab«.
Er war jahrelang als Spanner unterwegs. Immer häufiger lauerte er Liebespaaren in Autos auf. Die Art seiner Sexualität war ihm allerdings so peinlich, daß er sich eine Gaspistole zulegte und sich bei Entdeckungen mit »Hände hoch – Geld her!« lieber als Räuber ausgab. Lieber männlicher Räuber als unmännlicher Bespitzler.
Im Januar 1966 lernt er die unberührte 17jährige Traudel kennen. Jetzt liebt er. Was nicht heißt, daß seine nächtlichen Exkursionen nachlassen. Am 28. 10. 1966 heiratet er seine schwangere Freundin. Vier Monate später wird er zu ihrem Schreck verhaftet – und zu viereinhalb Jahren verurteilt, von denen er drei Jahre absitzen muß.
Traudel wartet auf den ersten Mann in ihrem Leben, obwohl die Ehe fast daran scheitert, daß die Besuchstage in Fuhlsbüttel für sie unerträglich sind. Als Prick in die Bergedorfer Sonderanstalt verlegt wird, atmen beide auf. Traudel: »Bergedorf ist der Himmel auf Erden im Verhältnis zu Fuhlsbüttel. Da sieht man sich wenigstens in einer menschlichen Umgebung und hat nur mit menschlichen Beamten zu tun.«
Als Prick 1970 entlassen wurde, war er allerdings mit einer zusätzlichen Krankheit behaftet – Priapismus genannt. Durch ständiges Onanieren hervorgerufen. Da ich mir genausowenig wie Sie darunter vorstellen konnte, bat ich Prick, mir zu erzählen, was genau das ist.
Der Mann, der noch vor kurzem über sexuelle Dinge kaum sprechen konnte, erzählte mir laut im Gang: »Durch das ewige Onanieren kriegt man eine Entzündung, und dann gehen die Schwellkörper im Glied kaputt. Erst war mein Glied sechs Wochen lang Tag und Nacht steif. Das tat furchtbar weh. Danach nie wieder.«
Ich: »Wieso nie wieder?«
Prick, noch lauter: »Ja, seit '67 krieg ich keinen mehr hoch!«
An die Anklageschrift denkend, bin ich mehr als verblüfft. Außerdem klingt das fast wie die Horrorgeschichten, die man Kindern erzählt, um sie vom Onanieren abzuhalten. Nur – diese Geschichte ist wahr.
Jedenfalls brauchte die einfühlsame, geduldige Traudel nach seiner Entlassung eine neue Art von Geduld. Da sein sexueller Heißhunger zwar nicht nachgelassen hatte – dafür aber seine Fähigkeit, mit fast funktionsunfähigen Geschlechtsorganen den Beischlaf auszuüben. Seine Ärzte hatten sie ermahnt, sehr nachsichtig zu sein. Und ihm jede Freiheit zu lassen. Sie hielt sich daran. Sie akzeptierte seine Sexualität x-mal

am Tag. War immer für ihn bereit. Er fand Techniken, mit Hilfe seiner Frau, den Verkehr auszuführen.
Sie vertraute ihm blind und konnte natürlich nichts verhindern. Wenn er nicht abends behauptete, Karten spielen zu gehen, schlief sie neben ihrem Mann ein und wachte auch morgens neben ihm auf. Nichts ahnend von dem Teil seines Lebens, der sich abspielte, während sie ihn neben sich vermutete. Die vielen rastlosen Stunden, die ihn jetzt wieder vor Gericht gebracht haben.
Prick erzählt: »Ein Jahr nach Bergedorf war eigentlich Ruhe. Da war ich nur zum Spannen unterwegs. Auch wenn ich zwei bis drei Stunden bis zur völligen Erschöpfung mit meiner Frau geschlafen hatte. Dann, nach einem Jahr, ging's los.«
Sein behandelnder Arzt, Eberhard Berger, Oberarzt der Psychiatrischen Universitätsklinik, dem die Entwicklung entging: »Bergedorf wurde 1967 gegründet. Prick, der einer unserer ersten Patienten war, bekam stark sexualtriebdämpfende Mittel zur Triebsteuerung. Wir hatten zur Nachbetreuung einen lockeren Kontakt mit ihm. 1971 suchte er mich mit seinem Sohn auf. Eigentlich, um zu sagen, daß es bei ihm wieder losging.
Dann erzählte er doch nichts von seinen Schwierigkeiten, sondern steigerte sich statt dessen in die Rolle desjenigen, der es geschafft hat. Nun sind in der Poliklinik ausführliche Gespräche leider auch gar nicht möglich.«
Trotz der engen Bindung an seine Frau wurde Pricks Voyeurismus immer stärker und aggressiver. Breitete sich, wie eine Sucht, immer mehr aus. Ließ keinen anderen Gedanken im Kopf mehr zu. Ewig unbefriedigt, trotz Frau, trotz weiterhin exzessiver Masturbation, trotz zahlloser Zufalls- und gekaufter Bekanntschaften, war Prick permanent auf dem Sprung nach neuen Erlebnissen.
Vor dem »Sex-Phantom« wurde in allen Zeitungen gewarnt. »Frauen, schließt die Fenster zu!«
Prick wurde nach einer Großfahndung bei seiner Festnahme am 12. 1. 1972 erst mal gründlich verprügelt. Der vernehmende Beamte fand ihn nackt, auf einem Stuhl sitzend, in seinem Dienstzimmer vor: »Ich kann Ihnen sagen, daß es für mich einmalig ist, daß ein Beschuldigter so bereitwillig aussagt.«
Prick, dem vorgehalten wird, was er alles an Geständnissen herausgesprudelt hat, sagt bei der Vernehmung derselben: »Ich geb' so 'n Proto-

koll nicht. Weil ich ganz anders sprech'. Ich hab' alles unterschrieben, was man mir vorgelegt hat.
Da gab's reichlich Zigaretten für. Gab alles zu. Auch was ich nur aus der Zeitung kannte. 50 bis 60 Zigaretten am Tag brauch' ich. Ich dachte, je mehr dickere Brocken ich zugeb', desto mehr krieg' ich. Ich dachte, du wirst dein ganzes Leben im Knast verbringen. Hauptsache, du hast was zu dampfen.«
Prick, der alles nur schnell vom Tisch haben will, immer mehr: »Kann angehn. Streit' ich nicht ab. Erinnern tu' ich mich nicht.«
Der Vorsitzende: »Wir können keine Feststellung auf ›so kann's wohl gewesen sein‹ usw. machen. Wenn Sie sich nicht selbst erinnern, müssen die Zeugen aussagen.«
Prick mürrisch: »Es gibt doch nur zwei Möglichkeiten. Ich hab's gemacht. Das paßt Ihnen nicht. Ich hab's nicht gemacht. Das paßt Ihnen auch nicht.«
Dann einlenkend: »Was ich an dem Tag gesagt habe, können Sie nicht zugrunde legen. Ich war so mit den Nerven runter und kaputt. Nicht bei der Sitte, bei der Feuerwehr hab' ich Dresche gekriegt. Die hat mich zusammengeschlagen und mir die Kleider vom Leib gerissen. Für mich is' 'ne Welt zusammengebrochen an dem Tag da. Familie weg und alles.«
Da er immer wieder von seiner zusammengebrochenen Welt spricht, bohrt der Staatsanwalt nach. Er will ganz genau wissen, was da zusammengebrochen ist. Prick: »Ja. Keine Frauen mehr haben. Immer nur onanieren. Die Jagd nach Pornos. Die sind viel zu teuer im Knast.«
Prick gibt alles, was man gegen ihn aufführt, gerne pauschal zu. Straßenzügeweise – egal, was vorgefallen ist. »Ich mach' auch keine Faxen.«
Nur sexuelle Einzelheiten haßt er. Will andererseits seine Diebstähle – er hat im Laufe der Nächte im Wert von 300 000 Mark geklaut – als sexuell begründet ansehen: »Wenn ich auf Beute ausgewesen wär', hätte ich nich' stundenlang vorm beleuchteten Fenster gewartet, sondern wär' im Dunkeln eingestiegen.«
Staatsanwalt Schwarz dagegen will Sex und Diebstahl säuberlich getrennt wissen. Prick am ersten Tag: »Der Kerl nervt mich mit seinem dummen Gefrage! Ich sag' kein Wort mehr.«
Am zweiten Tag plötzlich: »Ich lehne den Staatsanwalt ab! Und meinen Anwalt auch. Ich verteidige mich ganz allein.«

Der Vorsitzende vorsichtig: »Dann platzt der Prozeß. Das ist Ihnen vielleicht egal. Aber Sie gewinnen dann nie Abstand von diesem ganzen Tatkomplex. Es kann viele Monate dauern, bis es dann weitergeht.«
Prick trotzig: »Is' doch für mich kein Vorteil und kein Nachteil. Ich bin doch sowieso in Haft. Aber vielleicht sind Sie bis dann gestorben, Herr Staatsanwalt! Dann kriegen Sie auch einen schönen Kranz von mir.«
Als später sein Wahlverteidiger, Dr. Waschmann, zu ihm meint: »Sie können doch nicht darauf spekulieren, daß der Staatsanwalt stirbt!«, sagt Prick kindlich: »Aber ich kann ja jeden Abend dafür beten.«
Ankläger Schwarz will Rache. Und verlangt das Schlimmste: daß Prick von der Sonderanstalt Bergedorf in den normalen Knast zurückversetzt wird. Prick: »Man schiebt doppelt so schwer Knast, wenn man erst mal so ein Täter ist und zweitens noch kastriert ist.«
Außerdem fordert der Staatsanwalt zwei Polizisten, die sofort erscheinen, zu seinem eigenen Schutz an. »Ich bin seit zwölf Jahren Staatsanwalt. Habe nie vorher um Schutz gebeten. Ich muß mit Entweichen und Überfall rechnen. Immerhin ist der Angeklagte im April 1972 aus dem UG und im Juni 1972 aus dem Krankenhaus ausgebrochen.«
Schwarz wird vom Richter abgeschmettert: Polizisten wieder raus. »Wir dürfen nicht die mutigen und progressiven Resozialisierungsversuche der Anstalt Bergedorf torpedieren.«
Dem Angeklagten hält der Vorsitzende vor: »Sie sind empfindlich. Aber gegen andere nicht empfindsam.« Prick, seit seiner Kastration ruhiger geworden: »Das war ein bißchen explosiv. Ich möchte mich beim Staatsanwalt ehrlich entschuldigen.« Schwarz: »Das lehne ich ab.«
In den vielen Pausen wird gefördert, was sonst im Gericht nicht gerade Sitte ist. Streichel, streichel. Kuß, Kuß. Die zweite Ehefrau Andrea als zusätzliche Therapie.
Lang, apart, sinnlich. Blutrote übervolle Lippen im blassen, langen Gesicht. Fliehendes Kinn. Große, dunkelumränderte Augen. Sehr schönes, langes Haar. Sie hat es besser als Ehefrau Nr. 1, die als Laborantin immer hart gearbeitet hat.
Andrea war bis vor einem Jahr beim Telegrafenamt. Als ich mit den beiden Kaffee trinke, sagt Prick: »Solange ich nicht arbeite, arbeitet sie auch nicht.« Sie wohnt bei den Eltern.
Vielleicht kaufen sie ihr die vielen hübschen Kleider. Das Mädchen gibt mir zu denken. Es muß sehr mütterlich sein. Prick hat sie durch seinen Vorgänger kennengelernt, den sehr kranken Mitinsassen und Fixer

Steffen, der den Mörder Nowack mit befreien half. Und Prick hat sie im März 1973 als Gefangener geheiratet.
Was geht in dem Mädchen vor, während die Zeugen aussagen? Kennt sie sowieso schon alle Einzelheiten?
Prick scheute nachts keine Mühe. Er hockte bei Wind und Wetter, auch bei großer Kälte, in den Bäumen. Kletterte, wenn es sein mußte, bis zum 8. Stock hoch. Stieg durch Fenster. Wälzte sich mit Frauen auf dem Boden. Ackerte sie durch Vor- und Hintergärten.
Sah er niemanden, wühlte er ersatzweise in den Intimitäten (Schubladen, Betten, Taschen) der Inhaber rum. Und klaute Geld und Schmuck. Ihn reizte alles. Ob eine Frau groß, klein, dünn, dick, jung, alt war, konnte er in der Dunkelheit meistens nicht feststellen. Wenn er nur witterte, daß es eine Frau war, genügte es.
»Erregt war ich immer, wenn ich abends loszog. Ich war ein ganz anderer Mensch, wenn ich auf Achse war.« Daß er oft genug verscheucht wurde, erschreckte ihn zwar. Aber es hielt ihn nicht ab.
Er belauschte Paare. Als ihm das nicht genügte, zwang er die Männer unters Bett. Und wenn das nicht ging, in die Kleiderschränke. Um ihre Frauen zu nehmen. Er trug oft häßliche Gummimasken und Gummihandschuhe.
Ein Zeuge schilderte, wie er Prick im Schlafzimmer, in dem seine Verlobte im Bett lag, rumoren hörte. »Da dacht' ich: wie komisch. Was er bloß im Schlafzimmer sucht? Da gibt es doch nichts zu holen.«
Als »Vergewaltiger« war Prick äußerst zärtlich. Weil er sonst selbst nicht gekonnt hätte. »Ich tu' dir nicht weh.« Prick. »Wenn Frauen nicht mitmachen, geht das gar nicht.« Er drang immer trotz seiner Erektionsschwäche bis zum Erguß ein.
Seine Brutalität bestand in der Drohung mit der Waffe (mit der er gar nicht umgehen konnte). Zeugin: »Brutal? Na ja, wenn man sich sagen muß: ›Mein liebes Kind, wenn du nicht spurst, bist du tot‹...« Seine Grobheit in Worten und Androhungen: »So, Alte, nun bist du dran.« Es sei denn, daß jemand ihn, wie die kluge Psychologiestudentin Erika B., in ein Gespräch verwickelte. Dann verlief auch das zart.
Aber nur vorher.
Erika B.: »Hinterher bot ich ihm zu trinken an. Er trank und sagte: ›Quatsch nicht soviel. Sonst werd' ich wütend‹, wühlte alles durch und klaute mir hundert Mark. Obwohl er vorher so rücksichtsvoll war.
Zu uns ins Studentenheim kommen oft Voyeure. Und wir haben viel

diskutiert, ob man ihnen hinterherlaufen und sie verprügeln soll. Ich ging dann zweimal zu seiner Frau, weil ich wissen wollte, wie er ist. Sie war sehr freundlich und sagte, ich sollte doch wiederkommen, wenn es mir helfen würde.«

Als Prick die Zeugin um Verzeihung bittet, zuckt sie mit den Schultern, lächelt ihn an und nickt ihm zu. Der Vorsitzende fragt: »Wieso haben Sie die Mädchen immer gekränkt, indem Sie ihnen hinterher immer noch Geld wegnahmen?« Es ist klar, daß er wirklich kränken wollte. Daß Schreck einjagen und Spuren hinterlassen für ihn wichtig war.

Viele Frauen ließen sich trotz Schreck, Waffe und Zärtlichkeit was einfallen. Böse Krankheiten wie Syphilis. Oder Menstruation. Bei einigen stimmte es auch. Die zwang er dann zur Onanie auf dem Klo, während er selbst durchs Schlüsselloch guckte und auch onanierte.

Der Vorsitzende, um Wahrheit ringend: »Haben Sie sie dann in die Toilette verbracht?«

Prick kurz: »Da war sie.«

Staatsanwalt Schwarz, rügend: »Wenn ich erregt bin, geh ich doch zielstrebig weiter. Trotz Syphilis.«

Es geht weiter. Der Vorsitzende Schöffel: »Nun waren Sie doch befriedigt. Wieso schritten Sie dann gleich zur nächsten Tat?«

»Weil ich vielleicht noch scharf war.«

»Aber normalerweise tritt doch eine Entspannung ein.«

»Ja, vielleicht fünf Minuten. Ich hörte ja auch das Gestöhne von dem Paar in der Wohnung. Da habe ich die Scheibe mit der Hand eingeschlagen.«

Schöffel besorgt: »Ziemlich gefährlich. Das mit der Scheibe. Man kann sich an der Hand verletzen. – Ja, und dann sagten Sie: ›Schnauze halten. So, jetzt fickt noch mal.‹

»Was hat Sie dazu bewogen? Sie hatten doch schon alles gesehen.«

Prick: »Das hat mir nicht gereicht. Fünf-, sechs-, siebenmal reichten auch nicht. Ich hab in der Nacht immer zehn, zwölf Fälle gemacht.«

Prick spricht ständig von seinen Taten, als hätte ein anderer sie begangen. So ist es auch für ihn. Er sagt, mal so, mal so: »Ich bin jetzt ein anderer. Ich bin ja nicht mehr der, der ich war. Seit der Kastration.«

Vorsitzender Schöffel überlegend: »Aber 'ne ernst zu nehmende Angelegenheit ging doch nicht. Gleich nach dem Verkehr. Und mit 'ner Waffe unter der Nase. Da konnten die Leute doch nur mimen.«

Prick: »Ich ging ja hinterher immer – so zwischen vier und acht – nach St. Pauli und St. Georg. Jedenfalls, wo gute Häuser noch aufhatten.« Dafür ging seine Beute wieder drauf. Die Nutten nahmen zwischen 300 und 500 Mark. Weil sie genauso geduldig sein mußten wie seine Frau. Nur seine Frau, die ihn liebt, machte es gratis.
Prick: »Ich bin natürlich immer erst nach Haus. Hab mich gewaschen. In Schale geschmissen. Dann los. Ich sah ja ganz schön verdreckt aus, ne!«
Vorsitzender: »Haben Sie auch gearbeitet?«
»Nee. War doch krank. Ich hatte einen Arbeitsunfall.«
Der Sachverständige: »Faulkrank war er nicht. Wenn man bedenkt, daß er lief, kletterte und bis zur Erschöpfung Sex machte.«
Auch tagsüber legte er kaum Pausen ein. Seine Phantasie war überschwemmt. Seine abweichenden Bedürfnisse konnten durch normalen Sex nicht gestillt werden. In Haft, wo er nicht mal den normalen Sex hatte, drehte Prick fast durch.
Er versuchte, sich die Pulsadern aufzuschneiden. Um auch diesmal wieder nach Bergedorf zu dürfen, reichte Prick ein Kastrationsgesuch ein. Er erfüllte die Bedingungen für das seit Februar 1970 bestehende Kastrationsgesetz:

1. Er muß mindestens 25 Jahre als sein.
2. Die mit dem Eingriff verbundenen Nachteile dürfen nicht größer sein als die Vorteile.
3. Der Eingriff muß nötig sein, um die seelischen Störungen und Leiden, die mit dem abnormen Geschlechtstrieb zusammenhängen, zu verhüten, zu heilen oder wenigestens zu lindern.

Niemand, egal, wie sexuell abartig er sein mag, kann zur Kastration gezwungen werden.
Man befürchtet, daß die Aussicht auf Straferlaß zu einer Flut von unüberlegten Kastrationsanträgen führt. Zum Beispiel bei Exhibitionisten, die für ihren harmlosen Trieb mit jahrelanger Haft rechnen müssen. Woran eine Gesellschaft schuld hat, die FKK-Strände und Frauenakte überall akzeptiert, aber das Entblößen des Penis als »Erregung öffentlichen Ärgernisses« schwer ahndet. Wobei blödsinnigerweise auch am FKK-Strand ein Mann mit erigiertem Glied verprügelt wird.
Andererseits gibt es Männer, denen man, vor dem neuen Gesetz, keine Kastration bewilligte. Die sich vor Verzweiflung über ihre Triebzwangshandlungen selbst Glied oder Hoden abschnitten.

Allerdings: Kastration allein tut's nicht. Wie in Skandinavien müssen sich Psychotherapeuten, parallel dazu, um die Nachreifung der Persönlichkeit der Sexualtäter bemühen. Schließlich muß der Kranke lernen, mit dem neuen Zustand der Dämpfung und mit den vielen Dingen, für die jetzt in seinem Kopf Raum frei geworden ist, zu leben.
Im November 1972 wurde Prick im Zentralkrankenhaus des Gefängnisses von einem Ärzteteam der Urologischen Universitätsklinik Eppendorf das Keimdrüsengewebe entfernt. Eine besonders fortschrittliche Methode. Bei der die Hodenkapsel bestehen bleibt. In vielen anderen Krankenhäusern ist nach wie vor die Hodenamputation üblich.
Die Fähigkeit, mit einer Frau zu schlafen, bleibt etwa bei einem Drittel der Kastrierten erhalten. Vorausgesetzt, daß die Nebennieren genügend männliche Geschlechtshormone produzieren. Natürlich sehr viel seltener und sehr viel weniger dringend als vor der Kastration. Viele Kastrierte fühlen sich wie Frauen in den Wechseljahren. Und werden dick. Prick entwickelte vor lauter Angst, seine Figur zu verlieren, geradezu eine Phobie gegen das Essen. Prick kam wieder nach Bergedorf. Und jetzt hätte für ihn und seine erste Frau Traudel alles gut werden können. Wäre diese nicht durch die Öffentlichkeit und die Skandalberichterstattung zur Scheidung aus optischen Gründen getrieben worden.
Die lange schlanke Frau mit den großen grünen Augen, jetzt 23, durch das, was sie durchgemacht hat, fast eine Generation älter wirkend, ist fabelhaft.
Ihn, von dem sie sich nie wirklich getrennt hat, schützt sie nach wie vor. Ihre Verbitterung richtet sie ausschließlich gegen die Gesellschaft. Die nur fragt: »Wie ist die Frau, die mit dem Monster geschlafen hat?« Sie erzählt von seinen vielen guten Seiten. Und obwohl sie inzwischen auch von der 300 000-Mark-Beute, die für Nutten draufgegangen ist, weiß, sagt sie ganz glücklich und stolz: »Wir haben immer alles gemeinsam gemacht. Gekocht. Aufgeräumt. Und unser Geld zusammengelegt. Wir haben auch nebenher Treppenhäuser saubergemacht. Und dadurch jeden Monat 175 Mark extra gehabt.«
Jetzt sitzt sie da und muß den gemeinsamen 10 000-Mark-Hausrats-Kredit allein zurückzahlen. Seinen Verteidiger hat sie mit 1900,– DM angezahlt. Auch jetzt hofft sie nur, daß er glücklich ist. Betont aber, daß sie, wenn seine Ehe mit »dem jungen Mädchen« (das ja nur 4 Jahre jünger ist als sie selbst) schieflaufen sollte, immer für ihn da sei.

Prick ist durch seinen Trieb geschädigt. Seine Frau auch. Prick wird geholfen. Seiner Frau nicht. Kein Arzt kümmert sich um ihre Psyche.
Dr. Berger, sein Arzt in Bergedorf, spricht davon, daß bei Prick nach der Kastration einige menschliche Züge aufgetreten seien. Und daß man ihn in Bergedorf jetzt akzeptiert als jemand, der mitzuarbeiten bereit ist.
Er sei auch nicht mehr so unbeliebt bei seinen Mitgefangenen, seitdem das »forsche Auftreten eines jugendlichen Helden mit Führungsanspruch« nachgelassen habe. Gewiß, seine günstige Prognose damals sei nicht zutreffend gewesen. Doch: »Wir können für niemanden eine Garantie übernehmen.« Durch die Kastration sei Prick allerdings kein Risikofaktor mehr.
Der Sachverständige, Dr. med. Eberhard Schorsch, 37, sieht eine enge Beziehung zwischen Sexualität und Raub. Für den ersten Tatkomplex, als Prick nur Spanner war, räumt er § 51.2 ein (zur Tatzeit verminderte Zurechnungsfähigkeit). Für den zweiten Teil der Taten, als Raub und sexuelle Aggression Hand in Hand gingen, kann er § 51.1 nicht ausschließen (zur Tatzeit völlige Unzurechnungsfähigkeit).
Es kommt zu den Plädoyers. Prick schluchzt minutenlang. Weil der Staatsanwalt Einzelstrafen nennt, die insgesamt fast 49 Jahre ausmachen. Um sie dann auf sieben Jahre zusammenzuziehen. Der Verteidiger bat den ersten Teil der Taten als fortgesetzte Handlung zu werten. Und im zweiten Teil dem Gutachter zu folgen.
Prick und Frau werden sich wundern, wenn die Lichter ausgehen. Die Schau ist zu Ende. Nichts mehr mit Fotografen. Nichts mehr mit Interviews. Weder bezahlte noch unbezahlte. Raus aus dem Mittelpunkt des Interesses. Hinein in irgendeine kleine Wohnung. Und irgendeine kleine Arbeit. Das Interesse der Ärzte nicht mehr rund um die Uhr. Sondern ambulant vielleicht ein-, zweimal die Woche.
Mit anderen Worten: der graue Alltag. Der in dieser Ehe vielleicht noch etwas grauer sein wird als sowieso in Ehen. Es könnte sein, daß Ehefrau Nr. 2 irgendwann Ehefrau Nr. 1 um die gehabten Liebesgemeinsamkeiten mit Prick beneiden wird.
Es kann auch anders sein. Vielleicht beruhigend zu wissen, daß der Mann, der zu Hause nicht zu großen Dingen in der Lage ist, es außer Haus auch nicht mehr sein wird. Daß er jetzt, wenn er das Haus abends verläßt, vielleicht wirklich nur Karten spielt.

Mai 1973

P. S.
Die Ehe ging schief. Scheidung.
Pricks Vorgänger, der süchtige Steffen, lebt nicht mehr. Selbstmord.
Prick lebt, seit seiner Entlassung aus der Sonderanstalt Bergedorf im August 1976, straffrei. Wieder mit seiner ersten Frau Traudel zusammen.

Eine Bagetelle?

In der Anklageschrift steht: »Gegen den Dekorateur S. wird der Vorwurf erhoben, er habe in der Aufnahmeabteilung des Krankenhauses Eppendorf anläßlich der Einlieferung seines Sohnes der dort tätigen Verwaltungsangestellten mit der Hand an den Kopf geschlagen, so daß die Angegriffene gegen eine Tür stieß.«

Auf dem Weg ins Gericht versuche ich, mir den Täter vorzustellen. Ein Rabauke? Saufbold? Schläger? Je länger ich nachdenke, desto mehr Verwaltungsangestellte fallen mir ein, an denen man so oder so vorbei muß, um an sein jeweiliges Ziel zu gelangen. Und ich kann mir plötzlich gut vorstellen, wie einer mit einem kranken Kind an der Hand zum Schläger wird.

Der Angeklagte Otto S. kommt in den Gerichtssaal. Ein Vater, der aussieht, als sei er nur Sohn. Dem hübschen, eleganten Jungen mit dem dichten langen Haar würde man auch noch keine Ehefrau zutrauen. Aber immerhin: Er ist erwachsen. Verheiratet. Der Sohn, an dem er so hängt, schon sechs Jahre.

Otto verdient als Werbegestalter 1200,– DM netto. Er trägt Verantwortung. Zahlt 340,– DM Miete. Und mit 240,– DM monatlich den 4000-Mark-Bankkredit, zur Anschaffung eines Autos, zurück. Er steht allein im Gericht. Hat keinen Anwalt zur Seite. Wohl, weil es sich um eine Bagatelle handelt. Beweis seiner Unbeholfenheit ist, daß er Frau und Kind, die sicher alle zu Tränen gerührt hätten, nicht zur Stimmungsmache mitgebracht hat.

Otto erzählt. Und versucht, die für ihn so dramatischen Stunden deutlich zu machen: »Ich war mit meiner Frau und unserem Kleinen an einem Sonntag im Stadtpark. Alles war so schön. Wir hatten soviel Spaß mit Micha. Bis er von der Schaukel fiel. Als wir ihn hochhoben, hing sein Arm ganz komisch. Er schrie furchtbar: ›Mein Kopf, mein Kopf!‹ und mußte sich mehrfach übergeben.

Wir hatten furchtbare Angst um ihn. Wir trugen ihn zum Auto und rasten nach Eppendorf (Universitätsklinik). In der Aufnahme der Chirurgie saß nur ein Patient und eine Empfangsdame am Telefon. Die kicherte und gackerte und redete und redete über alles mögliche. Das kann kein Dienstgespräch gewesen sein, oder die muß ’n komischen Dienst haben. Ich bat sie mehrfach um Hilfe und kriegte immer wieder ganz schnippische Antworten.

Meine Frau war schon halb verrückt vor Angst um den Jungen. Frau G. legte zwar auf, aber sagte mehrfach, daß wir schließlich überall warten müßten. Wir könnten ja ins Krankenhaus Barmbek gehen, wenn uns was nicht paßte. Ich sagte, wenn sie nicht sofort einen Arzt rufen würde, würd ich eben selbst ’n Arzt suchen gehen. Da rief sie – anstatt Hilfe für meinen Sohn zu holen – einen Arzt um Hilfe für sich an. Machte sich lustig über mich. Und warnte ihn vor meinem Kommen.

Ich sagte: ›Wenn Sie noch länger frech sind, müssen Sie einen kleinen Backs haben.‹ Als sie mich dann noch aus dem Unfallzimmer rausdrängen wollte, gab ich ihr eine Ohrfeige. Später wurde dann festgestellt, daß Michas Arm gebrochen war. Ich hab noch nie vorher jemand geschlagen. Aber sie war wirklich so gleichgültig.«

Die kurz angeschlagene Rita G., 25 Jahre, trippelt rein. Ein schnuckeliges Ding. Fast so schnuckelig wie die schöne ermordete Lebedame Helga Matura. Sie macht ihre Aussage sing-sang-kokett und flirtig. Routine-Lächel-Grübchen kommen und gehen in dem niedlichen Gesicht, während sie selbstgerecht und böse auf Strafe pocht: »Die kamen da rein mit dem Kind. Ich telefonierte grade mit einer Ärztin. Herr S. sprach mich immer wieder an. Ich sagte: ›Sie müssen genauso warten wie alle andern.‹«

Otto S.: »Da waren ja gar keine andern.«

Rita, ihn, wie damals, ignorierend: »Er sagte, wenn ich nichts unternähme, würde er was unternehmen. Das gab ich weiter. Seine Frau sagte zu mir, ich wäre herzlos. Weil ich mich nicht um die Schmerzen des Kindes kümmerte.

Da sagte ich: ›Alle, die zu uns kommen, haben Schmerzen. Das ist nichts besonderes.‹ Und zu dem anderen Patienten, der da war, sagte ich: ›Es gibt Leute, die denken, die kommen gleich dran.‹ Und daß Herr S. das Unfallzimmer sofort verlassen sollte. Er hat da ja nichts zu suchen. Da sagte Herr S. zu mir: ›Mädchen, red nicht solchen Scheiß, sonst kriegst du welche auf die Klappe.‹«

Otto S., erschrocken: »O nein, das ist nicht meine Art, so was zu sagen.«

Der Vorsitzende Luckow: »Wenn ich Sie recht verstehe, ist es auch nicht Ihre Art, eine Frau zu schlagen.«

Otto, völlig zerknirscht: »Das stimmt.«
Rita: »Dann gab er mir die Ohrfeige.«
Ich hätte ihr gerne – sogar hier im Gericht – auch eine geklebt. Aber wieso soll das dumme Ding empfindlicher auf kranke Kinder und hilflose Eltern reagieren als geschulte Kinderärzte? Oder Ärzte überhaupt? Von denen sie mit Sicherheit keinen Rüffel zu erwarten hat. Die ihr Herzlichkeit und Einfühlungsvermögen weder vorschreiben noch vorleben. Die aber sicher froh sind, wenn das adrette Ding sie etwas abschirmt.
Rita *kann* sich gar keiner Schuld bewußt sein. Sie hat nur ihre Pflicht getan. Wie immer. Als dem Richter klar wird, daß sie sogar irgendwann zwischendurch die Personalien des Kindes aufgenommen hatte, sagte er: »Ja, dann war doch alles in Ordnung.«
Der junge Vater: »Wieso in Ordnung? Personalien sind doch erst mal egal. Ich wollte doch, daß ein Arzt kommt und mein Kind behandelt. Nach dem Namen kann man auch später fragen.«
– Denkt er! Ich hab auch mit Nierenkoliken erst lange Geschichten erzählen müssen und Adresse und Daten angeben müssen, bevor ich eine Spritze bekam. Auch Frauen mit Wehen stoßen als erstes auf die Bürokratie. Der bürokratische Teil ist *immer* wichtig. Der Patient nur manchmal.
Otto weiter: »Ich dachte, da wird *sofort* was in die Wege geleitet. Wir wußten doch noch nicht, was los war mit dem Kind. Gehirnerschütterung oder sonstwas. Da muß man doch gleich was tun.«
Der Vorsitzende Luckow, freundlich belehrend: »Da haben Sie falsche Vorstellungen. Da liegen zum Teil Schwerverletzte auf dem Flur und warten.«
Otto, resignierend: »Ich hätte normalerweise einen Unfallwagen rufen sollen. Anstatt ihn selbst schnell hinzufahren.«
Rita triumphierend: »Dann wird man auch in den Wartesaal gesetzt!«
Auch Rita wurde kurz darauf krank. Als Otto sie aufsuchen wollte, um die Bagatelle, die zur Anzeige gelangt war, in aller Form aus der Welt zu schaffen, wurde er an das Krankenhausbett der Frischoperierten geführt.
Rita: »Er stand da und bat mich um Verzeihung und sagte, daß er nicht vorbestraft sei. Und bot mir 100 Mark bar auf die Hand an. Ich wollt es mir lieber überlegen. Ich weiß ja nicht, was üblich ist. Dann kam er nicht wieder. Da ließ ich es weiterlaufen.«

Mucksch, die dumme Kuh.
Der Vorsitzende, beschwörend: »Versetzen Sie sich doch bitte in die Situation des krankenhausunerfahrenen Vaters. Er ist doch nicht brutal. Falsch war es sicher. Doch können Sie nicht seine Schuld in milderem Licht sehen? Für Sie ist es ein Routinefall. Für die Eltern eines Kindes nie.«
Rita: »Das ist doch kein Grund, einem eine zu langen. Ich finde schon, er muß bestraft werden.«
Otto, als er zu 150 Mark Zahlung an die Geschädigte verurteilt wird, die sich über den kleinen Nebenverdienst freut, reicht ihr noch mal die Hand und sagt versöhnlich: »Wollen wir uns jetzt endgültig vertragen?« Und zum Richter gewandt: »Ich habe daraus gelernt.«
Er schon. Die junge Dame leider nicht.

Mai 1973

P. S.
Vor ein paar Jahren kaufte ich einen wunderschönen alten Schrank für meinen Sohn Kim. Da gab sich der nette, rührige Inhaber des Antiquariats als Otto S. zu erkennen.

Mai 1990

Verspätete Abtreibung

»Die Arbeiterin St. wird angeklagt, in der Nacht zum 15. 12. 1972 im Zimmer 24 des Hotels ›Camelot‹ in Hamburg 4 ihren soeben geborenen Sohn dadurch getötet zu haben, daß sie ihn mit dem Gesicht bis zum Eintritt des Todes in die Nachgeburt drückte.«

Das, was wirklich geschah, war noch viel gruseliger, als es sich in der Anklage anhört. Ich werde es genau beschreiben, damit Leute wie Hans Habe, die sich vor einer Abtreibung ekeln, sehen, daß der § 218 zu sehr viel Ekelhafterem treiben kann.

Angela mit dem weichen Kindergesicht, den rotbraunen Haaren und der Angst in den großen Augen, kauert auf der Anklagebank. Sie spricht schnell und leise. Als hätte sie alles schon oft erzählt. Die weiche Stimme heiser. Im Sitzen sieht die 22jährige aus wie 17. Wenn sie geht, ist sie klein und gebeugt, als würden die schweren Brüste sie nach vorne ziehen. Die Hüften sehr breit in der karierten Hose.

»Hab keine Angst«, sagte ich gleich zu ihr.

Mit »Fräulein S., Sie brauchen hier keine Angst zu haben«, beginnt auch der Vorsitzende des Landgerichts, Schenk, die Vernehmung. Alle im Gericht sagen Fräulein zu der zweifachen Mutter. Die kleine Angela, die keinen Volksschulabschluß hat, zwei Klassen wiederholen mußte und darunter leidet, daß sie Mathematik nicht versteht.

Sie spickt ihren Lebenslauf in erstaunlichster Weise mit Daten: »Ich bin am 29. 4. 1951 geboren. 1957 kam ich zur Schule. Ich war zu faul, um zu lernen, und hab auch lange wegen einer Rückgratverletzung gefehlt. Am 12. 6. 1958 bekam ich eine Schwester. Ich war fast immer bei den Großeltern. Die haben mich sehr verwöhnt. Ich hab alles von ihnen bekommen und nie eine Schwester vermißt. Als sie dann da war, wurde sie vorgezogen. Ich war dann sauer und nicht nett zu ihr, weil ich sie auch überall mitnehmen mußte. *Wenn meine Schwester was kaputtmachte, ging sie immer hin und sagte: ›Ich war das!‹ Und dann war alles gut. Wenn ich was machte, versuchte ich immer, alles abzustreiten. Dann hieß es: ›Du lügst. Sag doch die Wahrheit wie deine Schwester!‹«*

Angela, aus der Situation der Einzelverwöhnung herausgerissen, empfand alles leicht als Härte. Sie war auch der Mutter gegenüber verschlossen. Beging kleine Gelddiebstähle, kapselte sich ab, schwänzte immer häufiger die Schule. Mit 13 stieg sie das erstemal aus dem Fenster, um mit einem Jungen zu schlafen. Nach Tagen wurde sie von der Polizei aufgefunden. Erst als es sich wiederholte, wurde die Jugendbehörde eingeschaltet. Die Eltern, hilflos und unberaten, ließen sich von den Behörden davon überzeugen, daß ein Erziehungsheim für ihr Kind das beste wäre.

Angela: »Als ich das erste Mal vom 17. 9. 1965 bis zum 30. 11. 1966 im Heim war, war es meine Schuld. Meine Rumtreiberei und so mußte die ja ärgern. Aber dann hielt mein Vater mir das Heim immer vor. Was er mit dem Geld alles hätte anfangen können.« Mit 16 bekam Angela ihren Sohn Sven. »Als ich vom Krankenhaus nach Hause kam, sprach mein Vater nicht mit mir und hat sich auch nicht um das Kind gekümmert. Nachher hat er sich daran gewöhnt. Meine Mutter hält zu mir, auch wenn sie's nicht so zeigen kann. Vom 7. 9. 1968 bis 28. 4. 1972 war ich wieder im Heim.«

Ihre Eltern kamen inzwischen emotional und finanziell für das Kind auf. Als sie die jetzt eben volljährige Tochter, die x-mal aus dem Heim ausgerissen war, wieder bei sich hatten, paßten sie ängstlich auf.

Vater Gerhard, 47 Jahre, klein, grauhaarig, Maurer, spricht langsam und bedächtig: »Ich wollte Lehrer werden. Doch daß meine Töchter die Schule nicht schafften, läßt sich nicht ändern. Man kann nur versuchen zu unterstützen. Dann muß jeder selbst aus sich machen, was er kann. Den Jungen trag ich ganz allein. Ohne Hilfe von Angela. Um ihr nicht den ganzen Mut zu nehmen, sagte ich: ›Gib mir die Woche 30 Mark für Dich und 30 Mark für den Kleinen.‹ Sie verdiente ja mit Überstunden 800 bis 900 Mark. Als sie wieder schwanger war, log sie uns an. Ihre Periode blieb aus.«

Vorsitzender: »Darauf haben Sie auch geachtet?«

»Ja, ich finde, das sind entscheidene Merkmale dafür, daß man sich um die Kinder kümmert. Doch sie sagte jeden Monat, es ist nur eine Regelverzögerung. Da ist nichts. Da kann nichts sein. Ich hab sie immer beobachtet und gesagt: ›Geh zum Arzt.‹ Alle diese kleinen Merkmale. Sie lag auf der Couch. Ich habe gesessen und gelesen. Dann hat sie mich von der Seite so angesehen. Zum Schluß verlangte ich drastisch ein Attest. Als sie das Attest fälschte, hab ich meine Frau persönlich mit ihr hingeschickt. Da war meine Tochter im 6. Monat. Ich sagte: ›Daß du so lange mit dem Kram hinterm Berg hältst, das war doch nicht nötig.‹ Sie schlug die Au-

gen nieder und sagte nichts. Im Affekt hab ich, das war falsch, gesagt: ›Ich will dich nicht mehr sehen!‹, und die Hand rutschte mir aus. ›Bleib bloß weg, wenn ich von der Arbeit komm!‹ Dann war sie weg ... meine Frau hat sie oft in der Untersuchungshaft besucht. Ich nur einmal. Nicht, daß ich nicht kommen wollte oder so was, aber ich bin ja berufstätig. Nach den Jahren, die wir in dieser Weise hinter uns gebracht haben, da ist alles ein bißchen nervlich belastet. Stiller geworden ist es. Ich würde sie wieder aufnehmen. Die Nachbarn kriegen sowieso alles mit. Eher noch als ich. Das wird jetzt alles wieder aufgefrischt. Durch den Prozeß. Aber wir wollen ihr helfen.«

Im Rausgehen streichelt er seiner Tochter auf der Anklagebank unbeholfen zärtlich die Wange. Sie weint erst, als er weg ist. Und sagt mir in der Pause: »Ich dachte immer, er liebt mich nicht. Aber jetzt bin ich froh.«

Angela hat versucht, tüchtig zu sein. Die Haushaltsschule hatte sie zwar auch nicht geschafft. Aber sie arbeitete als Küchenhilfe und in Fabriken: »Mit Überstunden furchtbar lange. Von 6 bis 16 Uhr oder von 14 bis 2 Uhr. Nachdem mein Vater mir ein paar an die Ohren gehauen hatte, bin ich einfach von der Arbeit weggeblieben.«

Der Vorsitzende: »Mochten Sie denn bei Ihren Großeltern auch nicht mehr sein?«

Augen zu Boden, Schweigen.

»Warum denn, warum? Da hätten Sie doch erst mal so eine Art Zuhause gehabt.«

»Ich wollte einfach weg.«

Hochschwanger fuhr Angela mit ihrem letzten Gehalt in der Tasche nach Hamburg. »Ich kannte St. Pauli und die Hotels, weil ich schon mehrfach aus den Heimen weggelaufen war.«

Dort wollte sie den Vater ihres Kindes, der von der Schwangerschaft nichts wußte, suchen.

»Er war aber nach Berlin zurückgegangen. Keiner wußte seine Adresse.«

Der Vorsitzende: »Sie hatten vier Monate mit dem Mann gelebt und auch einmal mit ihm geschlafen.«

Angela: »Natürlich haben wir öfter zusammen geschlafen.«

»War es Ihnen denn egal, ob Sie wieder ein Kind bekommen?«

»Egal nicht. Wo sollte ich denn auch die Pille herkriegen?«

Die junge Staatsanwältin Zippel weich: »Haben sie ihn geliebt?«

Angela leise: »Ja, ich hatte ihn sehr gerne.«
Jetzt der Gutachter Dr. Maisch: »Wenn Sie ohne Furcht vor Tadel oder gar Strafe ganz offiziell hätten abtreiben können, hätten Sie es dann getan?«
Das Mädchen, klar und fest: »Ja, das hätte ich.«
Nur war das leider nicht möglich.
»Dann wohnte ich sechs Wochen bei Freunden. Bei einem Ehepaar, das mir früher schon mal geholfen hatte.« Angela weigerte sich vor Gericht, wie früher vor der Kripo, den Namen ihrer Freunde preiszugeben. Vielleicht, weil deren gleichgeschlechtliche Ehe unter einen Paragraphen fällt, der genauso überholt ist wie der Paragraph 218.
Der Vorsitzende: »Sie waren häufig in homosexuellen Lokalen. Warum eigentlich?«
»Da ist es ruhig. Da wird man nicht belästigt. Und nicht schief angeguckt.«
Kriminalobermeister Manfred, 31 Jahre, bringt die Tonbandvernehmung auf den Richtertisch. Angela darf während des Abspielens den Saal verlassen. Aus guten Gründen.
Wir hörten: »Ich hatte mich im Dezember bei einem alten Bekannten ausgeheult und ausgesprochen. Er bot mir Hilfe an. Und Arbeit nach der Geburt. 1200 Mark netto. Aber nicht in einer Spelunke und so.
Um 3 Uhr nachts mietet er mir ein Zimmer im ›Camelot‹ (ein St.-Pauli-Lokal für Lesbierinnen). Ich gab meine vollständige Adresse an, wie sich das eben gehört. Er bezahlte es, weil er mir helfen wollte. Ich hatte den ganzen Tag schon Bauchweh und dachte, ich hätte mir den Magen verdorben. Der Arzt hatte ja ausgerechnet, daß die Geburt am 25. 1. sein sollte. Der Araber kam mit hoch. Das kann angehen, daß er was von mir wollte. Aber er merkte wohl, wie kaputt und durcheinander ich war. Das langweilte ihn wohl. Fünf Minuten, nachdem er weg war, wurden die Schmerzen immer schlimmer. Ich schleppte mich vom Klo zum Bett. Ich wollte übers Telefon um Hilfe rufen. Da kam aber nur das Freizeichen.«
(Die Bedienung ist nur zu erreichen, indem man zwei Nummern wählt, die aber dem Gast nirgends bekanntgegeben werden. So spart man Arbeit.)
»Geschrien hab ich nicht, obwohl es ganz doll weh tat. Da oben war doch keiner. Nur zwei Zimmer weiter lag einer mit einer Alkoholfahne. Der schnarchte so, daß die Wände wackelten. Ich war ganz konfus.

Dann war auch schon der Kopf da. Der Rest kam auch schnell. Ich riß die Nabelschnur ab. Es schrie ein bißchen. Ich wollte es einfach nicht haben. In diesem Moment habe ich es gehaßt.«
Laut weinend: »Ich hab versucht, ihm den Hals zuzudrücken. Mit beiden Händen. Aber das ging nicht. Als die Fruchtblase platzte, dachte ich noch nicht an Erwürgen. Dann hab ich sein Gesicht ins Blut gedrückt und eine Decke drübergedeckt. Ungefähr fünf Minuten war ich mit der Nachgeburt beschäftigt. Dann hab ich nachgeguckt. Ich nahm es hoch. Als ich sah, daß es nicht mehr atmete, tat es mir leid.«
Laut schluchzend: »Ich hab dann lange Mund-zu-Mund-Beatmung versucht. Aber es half nichts.«
Man stelle sich das bitte vor: der Mädchenmund auf dem blutverschmierten Mund des Kindes.
»Ich hab das Kind genau angeguckt und war ganz tüddelig. Nun hatte ich Angst, Hilfe zu holen. Ich hatte doch das Kind umgebracht. Ich hab mich gewaschen und angezogen und das Blut ein bißchen aufgewischt. Mein Kind hab ich mit der Nachgeburt zusammen in ›Camelot‹-Handtücher gewickelt. Und alles in eine Plastiktasche getan. Dann bin ich mit der Tasche zusammen erst mal kopflos durch die Gegend gelaufen. An einer Baustelle legte ich alles in einen Karton. Ich bin bald aus den Latschen gekippt.«
Kripo-Stimme vom Tonband: »Ende der Vernehmung«, Frage: »Als Sie das Hotel verließen, ohne Hilfe zu holen, dachten Sie vielleicht an die beschmutzten Matratzen etc. und was dafür zu zahlen wäre?«
Angela traurig: »Nein, daran hab ich gar nicht gedacht.«
Obduzent Dr. med. Klages, 35 Jahre, sagt: »Das Kind war voll ausgetragen« und breitete alle scheußlichen post mortem Einzelheiten vor uns und ihr aus. Hoffentlich verstand sie nur die Hälfte.
Im Bahnhof Hannover wurde Angela festgenommen. Seit sechs Monaten ist sie in U-Haft. Die Staatsanwältin zu mir: »Sie schütteln zu Recht den Kopf.«
Während einer Pause sagt Angela zu mir: »Wenn ich das rückgängig machen könnte, wär's mir jetzt egal, was mein Vater von mir denkt. Ich würde es haben wollen. Ich möchte gern Kindergärtnerin werden. Wenn ich was richtig will, kann ich das auch.«
Gutachter Dr. Maisch, 45 Jahre: »Angela ist einfach, aber empfindsam. Sie wirkt nur exzessiv kontaktfreudig, ist aber in Wirklichkeit enorm gehemmt, voll tiefgreifender Minderwertigkeitskomplexe und deswegen

eine schnelle Beute. Der Grenzsituation einer unehelichen Gebärenden war sie hilflos ausgeliefert.«

Paragraph 51.2.

Urteil: ein Jahr mit Bewährung.

Am gleichen Tag wurde die 18jährige Brigitte K., die neun lange Monate ihre Schwangerschaft vor Eltern und Arbeitskameraden verheimlichte, ihr Kind auf einer Toilette bekam und gleich aus dem Fenster schmiß, zu 6 Monaten auf Bewährung verurteilt.

Wer plädiert eigentlich immer noch für den § 218?

Juni 1973

Kinder, Kinder!

Wer zum Arzt geht, sollte tunlichst darauf achten, daß des Arztes Mantel oder Jacke weder im Wartezimmer noch im Behandlungsraum hängt. Hängt da doch was, empfiehlt es sich, die Taschen, unter Zeugen, gründlich zu durchsuchen, um sicher zu sein, daß sie leer sind. Sollten sie nämlich erst nach dem Arztbesuch leer sein, landet der Patient vor Gericht.

Wie kürzlich die 24jährige Hausfrau Margret G., die früher in St. Pauli hinterm Tresen kellnerte. Vom Hausarzt Dr. F. wegen Diebstahls angezeigt, steht sie braunlockig, in leuchtendroten Latzhosen und grüner Bluse vor dem Richter.

Der Vorsitzende Schmaltz: »Ist das Ihr ständiger Arzt?«

»Nein. Nur wenn ich geschlechtskrank bin. Mein Mann wartete mit meinem Sohn draußen vor der Tür.«

»Ach ja, Sie haben ja 'n Kind.«

»Ja, das is in Pflege.«

»Ich denk, das war mit beim Arzt.«

»Ja, das is 'n andres Kind.«

Schmaltz: »Warten Sie mal. Sie haben doch mal wegen Verletzung der Unterhaltspflicht sechs Monate mit Bewährung bekommen.«

»Ja, das Kind hab ich ja auch nicht bei mir.«

»Merken Sie nicht, was Sie da sagen? Aus den Augen, aus dem Sinn. Man muß doch auch für Kinder sorgen, die man in Pflege gegeben hat. Nun ist das Kind doch schon sechs Jahre alt.«

»Nein, das is bei meinem Mann.«

»Ich denk, das Kind, das Sie und Ihr Mann bei sich haben, ist erst ein Jahr?«

»Ja, das is ja nicht das gleiche Kind. Ich mein, das bei meinem ersten Mann, dem Kraftfahrer, war.«

»Ja, für welches Kind hatten Sie denn nicht gezahlt?«

»Für das dreijährige. Das adoptiert werden soll.«

»Sie arbeiten jetzt also nicht, weil Ihr jetziger Mann Sie und das kleine Kind ernährt. Ist das denn von ihm?«

»Nein.«

»Von wem ist es denn?«
Margret lachend: »Von einem anderen Mann.«
Schmaltz lacht mit: »Das kann ich mir denken.«
Ich frag, völlig verwirrt: »Wie viele Kinder hat sie denn nun?«
Schmaltz: »Machen Sie mich nicht verrückt, mir ist auch so heiß.«
Bei 30 Grad im Schatten zerfließt der ganze Verhandlungssaal. Trotzdem, nach einigem Addieren und Subtrahieren bleiben drei Kinder übrig.
»Wie war's denn nun beim Arzt?«
»Das war an einem Sonnabend. Ich kriegte meine Spritze und ging wieder.«
»Rein, Spritze und wieder raus?«
»Nein, ich hab auf'm Stuhl gesessen. Eine Minute gewartet, weil der Doktor F. mir noch Blut abnehmen wollte. Kaum waren wir zu Hause, kam die Polizei.«
»Hat Ihr Mann Schulden?«
»Jaja. Er hat Schulden. Er hat einen Kredit über Möbel.«
»Und Sie selbst?«
»Ich persönlich hab an und für sich gar keine Schulden. Außer für meine Tochter.«
Dann, einleuchtend: »Ich brauch das Geld nicht genommen zu haben, bloß weil man Schulden hat. Oder weil ich Schulden hab.«
»Sind Sie denn gleich nach Hause gegangen?«
»Nee, wir waren noch einkaufen.«
Man schaltet schnell: »Ahh! Wo denn?«
»Bei Kepa. Lebensmittel fürs Wochenende.«
»Wie sind Sie denn da hingekommen?«
»Mit der U-Bahn.«
Das war 'ne herbe Enttäuschung.
Der 32jährige Facharzt Ulrich F., dem rosa Hemd und Bart zwar einen modischen Anstrich, aber nichts Wildes verleihen, sagt aus:
»Frau G. war vielleicht zwölfmal bei mir. An diesem Samstag kam sie als mein erster Patient die Treppe mit mir hoch. Da ich nachmittags noch was kaufen wollte, hatte ich eine Geldbörse mit 1000 Mark in meinem Ledermantel. Wahrscheinlich etwas mehr. Ich hatte das Geld schon einige Tage bei mir. Der Mantel hat helle aufgesetzte, offene Taschen. In die man greifen kann. Jetzt habe ich einen abschließbaren Schrank in der Praxis. Doch damals hatte ich keine Möglichkeit, den Mantel in der Praxis zu verstauen. Oder die Geldbörse.«

Schmaltz erstaunt: »Nirgends?«
»Nein.«
»Was, nicht mal im Schreibtisch?«
Der Akademiker einsichtig: »Tja, das stimmt. Ich war dann drei- bis viermal draußen, um neue Patienten reinzulassen. Samstags hab ich keine Sprechstundenhilfe.«
Schmaltz: »Sie gaben an, daß Sie die Geldbörse zum letztenmal am Abend vorher wissentlich in der Hand hatten. Wie ist es bei Ihnen zu Hause. Könnten da irgendwelche Unregelmäßigkeiten mit Geld vorkommen?«
Dr. F. entsetzt: »Unmöglich. Und meine Kinder sind noch viel zu klein, um an die Taschen zu können. Erst zwei und fünf Jahre.«
Herein kommen Ehemann Martin G., 32, und der einjährige Junge. Leuchtend, lachend, wie am Strand. In strahlendem Rot, Gelb und Blau. Das hübsche Kind, zartblond, verschmitzt, schmeißt mit Spielsachen, wie nichts Gutes. Rums, bums. Und noch mal rums. Kleine, kleine Füßchen trampeln wie eine Elefantenherde.
Schmaltz ironisch: »Man soll ja nicht so oft eingreifen. Sonst gibt es womöglich schwere Schäden beim Kind.«
Dann zum Zeugen: »Nun erzählen Sie mal. Sie können sich als Ehemann aus der Sache raushalten, wenn Sie wollen.«
Martin: »Nöö! Ich hab meine Frau, wie schon öfters, zum Arzt begleitet. Das kann der Doktor bestätigen. Während sie bei ihm drin war, haben wir ein Bier getrunken.«
Schmaltz: »Sie doch wohl nur.«
Weiß man's?
»Dann sind wir langsam zur U-Bahn gegangen. Und haben bei Kepa eingeholt. – Dann nach Hause. – Dann hab ich heiß Wasser reingelassen.«
Schmaltz etwas ungeduldig: »Und dann haben Sie gebadet.«
Martin erstaunt: »Ja.«
Das Kind schmeißt wieder juchzend mit Spielsachen.
Der Staatsanwalt beantragt Freispruch. Und kriegt ihn auch.
Schmaltz: »Obwohl es verdächtig ist. Auch wenn Sie den Mantel vom Stuhl aus nicht berühren konnten. Zufrieden?«
Margret glücklich: »Jaa.«
Zum Mann: »Sie nicht?«
»Nee. Weil ein gewisser Makel bleibt.«

Schmaltz: »Bleibt nicht. Dies ist ein richtiger Freispruch.«

Martin: »Wir hatten damals sogar Geld. 1200 Mark Steuerrückzahlung.«

»Ja, wieso zahlen Sie denn Ihre Schulden nicht?«

»Wollen wir ja. Sobald wir 'n Kindergarten finden, will meine Frau mitarbeiten.«

Schmaltz: »Einen Kindergartenplatz kriegt man aber nicht so bald.«

Martin mit Nachdruck: »Das ist es ja eben.«

Angeklagte und Zeugen gehen. *Der Vorsitzende wischt sich den Schweiß von der Stirn und seufzt: »Vier Fälle nacheinander mit Kindern schaffen einen.«*

Die Gerichtsschreiberin lächelt nachdenklich: »Dies war ein Freispruch mit Bewährung.«

Juli 1973

Ich schieß dir durchs Knie

»Dem Kellner R. wird zur Last gelegt, nahezu ausschließlich vom Unzuchterlös der Zeugin gelebt zu haben. Am 27. 12. 1973 soll er die Zeugin K. in der Davidstraße mit Fäusten zusammengeschlagen und mit den beschuhten Füßen bewußtlos getreten haben, so daß die K. ins Hafenkrankenhaus eingeliefert werden mußte. Nach der Entlassung der K. aus dem Hafenkrankenhaus suchte R. sie in der Wohnung Kastanienallee 25 auf, hielt sie aus dem 1. Stock an den Füßen zum Fenster heraus, um sie zu zwingen, ihm zu sagen, ob sie während des Krankenhausaufenthaltes eine Anzeige gegen ihn erstattet habe. Ferner soll er der Zeugin K. im Januar in der Davidstraße die Handtasche, in der sich u. a. ein Geldbetrag von 170,– DM befand, entrissen haben.«
Der junge Mann, der auf seine Art seiner Geliebten ein schönes Nach-Weihnachtsfest bescherte, ist mehrfach vorbestraft. Immer wieder wegen Körperverletzung. Auch mal wegen Vergewaltigung auf dem Klo. Sohn von Gastwirtsleuten auf St. Pauli. Als Kind schon voll drin im Milieu. Zwei Jahre Seefahrt. Dann Kellner. Und natürlich Zuhälter.
Der Schlüssel zur Seitentür des kleinen dunklen Verhandlungssaales rasselt, als würde ein Film-Verlies geöffnet. Der Angeklagte wird aus der U-Haft vorgeführt. Auf den ersten Blick sieht er aus wie zwanzig. Klein. Das Elvis-Gesicht rund, weich, sinnlich. Die breiten Ränder unter den Augen noch schwärzer als die Augen selbst. Der Mund voll und breit. Jürgen R. ist intelligent, nervös. Seine Augen zucken. Er schüttelt dauernd den Kopf. Er ist laut, heftig, aufbrausend. Natürlich streitet er ab.
Elfriede K., 30 Jahre, eine große Frau mit roter Perücke und Hausfrauengesicht, war wohl auch nicht darauf gefaßt, immer wieder in die Faust reinzulaufen, als sie sich in seine sanften Augen verliebte. *Er hat sie nicht auf den Strich gebracht. Auch bevor sie ihn traf, hatte sie nichts zu lachen. Ein Stiefvater, gegen den immer wieder ermittelt werden mußte, u. a., weil er sich der kleinen Elfriede unväterlich näherte. Mit 15 Jahren das erste Kind, inzwischen ein zweites.*
Elfriede erzählt, daß sie den Jürgen schon länger kennt, aber nur drei Monate mit ihm zusammenlebte. Es ist von Summen die Rede. 5000 bis

10 000 Mark im Monat, die er ihr abgeknöpft haben soll. »Ich hab ihm immer mein ganzes Geld gegeben. Ich durfte überhaupt nichts behalten. Nur sonntags hab ich nie gearbeitet.«
Jürgen, der beweisen will, daß Elfriedes Einnahmen gleich null waren, sagt: »Das kriegt doch heute keine Frau mehr auf St. Pauli. Selbst auf 'n Feiertag hat sie gearbeitet, weil sie so schlecht verdient hat.«
Auch die Staranwältin Tosca Genzmer zweifelt die Höhe der Einnahmen an: »Die ist ja nun ganz verhältnismäßig Mittelklasse. Wirklich kein Superweib.« Schnell zum Angeklagten: »Entschuldigen Sie, ich möchte Sie nicht kränken.« Dann dramatisch: »Im Juni konnte sie nicht mal 90 Mark Unterhalt zahlen. So arm war die Frau!! Dann lernt sie ihn kennen und wird plötzlich reich. Nur, wenn die Damen ihr Honorar bezahlen sollen, verdienen sie zehn Mark am Tag. Im Zeugenstand gegen Zuhälter sieht es dann anders aus.«
Jürgen: »Elfriede lügt von vorne bis hinten. Sie hatte sogar 250 Mark Schulden.«
Tosca lakonisch: »Man kann 5000 Mark verdienen und trotzdem am Monatsende Schulden haben.«
Elfriede nimmt 30 Mark pro Freier. Als Grundgebühr sozusagen. Mit Extras läppert es sich dann zusammen. Elfriede: »Um Weihnachten ist das Geschäft schlecht. Darum hab ich am 2. Weihnachtstag auch gearbeitet. Weil ich nur 170 Mark gemacht hatte, sagte ich auch Jürgen, daß die Nacht nicht besonders war, als er mich in der Davidstraße abholte. Da hat er mich geboxt, bis ich zu Boden ging. Und mich getreten. Ich wurde auch ohnmächtig. Meine Perücke war mir vom Kopf geflogen. Mit meiner Handtasche und dem Geld ist er dann abgehauen.«
Wie ist das, wenn man jemanden an den Füßen zum Fenster rausbaumeln läßt? Wie kriegt man ihn wieder rein ins Zimmer? Was wiegt der kleine Jürgen, was wiegt die große Frau? Elfriede bereitet den Überlegungen ein Ende, indem sie zugibt: »Jürgen hat nur damit gedroht. Und mir angst gemacht. Damit ich ihn nicht anzeige. Darum hab ich das dem Untersuchungsrichter nur so gesagt.«
Ihre Angst ist begreiflich. Es flogen nicht nur Fäuste, es fielen auch Sätze wie: »Dann schieß ich Dir durch die Kniescheibe und sehe zu, wie Du im Rollstuhl spazierenfährst.«
Andere Damen haben auch schon Anzeigen gegen ihn zurückgezogen. Obwohl vom Staatsanwalt bedrängt, erzählt Elfriede sehr zurückhaltend von ihren Erlebnissen mit Jürgen. Einerseits, weil man ihr gesagt

haben soll: »Wenn Du Jürgen in die Pfanne haust, ist der Ofen aus«, andererseits, weil sie ihn so schnell wie möglich wiederhaben möchte. Ja, die Liebe, die Liebe.

So sagt sie: »Ich war häufig mal grantig, und ich brauch auch mal harte Worte.«

Sie besucht ihn, so oft sie darf, und sie schreibt ihm täglich. Keine Liebesbriefe, keine Lippenstiftküßchen, eher Briefe einer Ehefrau. Ohne einen einzigen Vorwurf. »Lieber Jürgen, ich hoffe, daß Du bald entlassen wirst. Ich kann Dir heute leider nur 50 Mark schicken, weil ich gerade einen Kühlschrank auf Abzahlung gekauft habe. Ich habe einen Moralischen. Im Lotto hab ich leider wieder nicht gewonnen.«

In einer Verhandlungspause fängt ein Zuhörer an, mir zu erzählen: »Ich hab früher auch die Krumme gemacht. Aber ich bin nicht so. Ich muß eine Frau lieben – is Quatsch –, mögen, um sie auf dem Kiez zu poussieren. Ich mach es nicht so auf die brutale.«

»Bist Du denn nie eifersüchtig?«

»Ne, auf 'n Freier nie. Höchstens, wenn sie was Privates macht. Aber 'ne gute Frau geht nicht für einen labbrigen Hunderter raus aus dem Puff, um mit 'nem Kerl zu essen oder so was. Es lohnt sich aber auch so kaum noch. In jeder Steige hängen 10 bis 15 Frauen drin. Das hat es früher nicht gegeben. Aber nun schreib mal nicht zuviel. Du baust den Leuten doch nur Lampen.«

Die Plädoyers beginnen. Als der Staatsanwalt meint: »Die Zeugin hat hier einen guten Eindruck gemacht«, bricht Tosca Genzmer gezielt in kurzes Hohngelächter aus. Dann öffnet sie ihre Post und liest sie, bis sie selber dran ist. Ihr Plädoyer ist brillant: ». . . Sicher, ab November ging mein Mandant keiner Arbeit mehr nach. Doch die beiden lebten sparsam. Wenn er sie geschlagen hat, dann nur aus Eifersucht. Und wegen der Trinkerei. Es ist eben eine echte Bindung. Und wenn er sich auch grün ärgert. Sie werden wieder fröhlich zusammenziehen. Zusammen saufen. Sich anschreien. Sich schlagen und wieder vertragen.«

Jürgen nickt heftig und sagt was. Tosca schreit: »Seien Sie ruhig! Ein Staatsanwalt genügt mir!!« (Sie war schon einmal unterbrochen worden.) Dann beschwörend weiter: »Er mag sie ja auch. Obwohl sie sicher ganz schön rumkeift und zetert, wenn sie säuft.«

Obwohl der Fall nun auf eine ganz private Ebene gehoben oder gesenkt worden ist, bekommt Jürgen wegen Zuhälterei und Körperverletzung ein Jahr, neun Monate und Kosten aufgebrummt, U-Haft angerechnet.

Der Tatbetand der Zuhälterei ist gegeben, wenn der Mann seinen Lebensunterhalt überwiegend von einer Prostituierten bestreiten läßt. Wenn ich einen Mann ernähre, ist er laut Gesetz kein Zuhälter.
Im Rausgehen sagte mir ein alter Herr: »Ich bin ja ein bißchen enttäuscht. Ich hatte mehr erwartet. Bin auch zum ersten Mal hier. Ich dachte, Sie wären die Dame, um die es geht.«
Sehr schön. Ich hätte allerdings lieber die Einnahmen als das Aussehen einer Nutte.

Juli 1973

P. S.
Die Huren sind selbstbewußter geworden. Geben ihren Luden einen Tritt dahin, wo's weh tut, und machen sich selbständig.

Mai 1990

Ein Freund und Helfer

Ein Mann, der Polizeimeister Uwe B., 36 Jahre, sonst forsch im Ton anderen gegenüber, muß jetzt selber Rede und Antwort stehen. Angeklagt der Blutschande und der Unzucht mit Abhängigen.
Ein Mann, selbstzufrieden, feist. Das rückwärts gekämmte, dunkle Haar pomadig glänzend. Niedrige Stirn. Kaum Augenbrauen im bleichen Gesicht. Augen, Nase, Mund viel zu klein zum Doppelkinn und dem Rest. Gesetzbücher und Akten unterm Arm.
Er soll, zwölf Monate, von Januar zu Januar, in seiner ehelichen Wohnung durchschnittlich wöchentlich einmal mit seiner 15jährigen Tochter Elke geschlafen haben. Außerdem soll er seine Tochter zur Komplizin gemacht haben, indem er sie veranlaßte, ihre 16jährige Freundin Karin immer wieder mitzubringen, bei der gewaltsamen Entkleidung dieser zu helfen und dann beim Geschlechtsverkehr zuzusehen.
Unter diesen Umständen wundert es, daß sich seine Ehefrau Helga, 38 Jahre, darum bemüht hat, als sein Rechtsbeistand zugelassen zu werden. Mit Erfolg. Ob sie wohl weiß, was auf sie zukommt? Sie sagt mir: »Was soll ich machen? Ich will nicht durch andere alles verlieren, was ich aufgebaut habe.«
Als Auftakt der Verhandlungen ein Weinkrampf ihres Mannes. Ausgelöst durch die Frage nach seinem Elternhaus. Er weint nicht um Vater und Bruder, zu denen er schon lange keinen Kontakt mehr hat. Sondern um die Mutter, die seit 1959 tot ist. Kein Psychiater hat den Polizeimeister untersucht, sonst wäre da wohl als erstes nachgehakt worden. Schade.
Erst nach einer langen Pause ist er in der Lage, zur Person auszusagen. Von 1942 bis 1952 war er ein mittelmäßiger Schüler, der die Kinder-Landverschickung und auch sonst alles Übliche der Kriegs- und Nachkriegsjahre erlebte.
»Als es um eine Lehrstelle für mich ging, dachte ich: ›Wirst du Bäcker, hast du immer was zu essen.‹ Dann saß ich statt dessen in einer Brauerei an der Quelle. Auch noch als Geselle. Sechs halbe Liter am Tag standen jedem von uns zu. Das machte meine Leber auf die Dauer nicht mit. Aus Gesundheitsgründen ging ich erst zur Hochbahn als Schaffner,

dann zur Polizei. Dort habe ich nach viel zu kurzer Vorbereitungszeit Peterwageneinsätze fahren müssen. Alles – von Unfällen bis zu Ehestreitigkeiten. Der Beruf hat mir Spaß gemacht. Obwohl unser Revierführer grundsätzlich niemanden zur Belobigung vorgeschlagen hat.
Wir haben eine Zweizimmerwohnung. Alles bar bezahlt. Nie Schulden. Hobbys habe ich nicht. Ich bin nicht vorbestraft. Keine Dienstaufsichtsbeschwerde, gar nichts.«
Uwe B. arbeitete im Schichtdienst, von 7 bis 16 Uhr, von 14 bis 22 Uhr und von 22 bis 7 Uhr. »Tagsüber war es ein bißchen laut, da hat man nicht viel geschlafen.« Frau Helga, Mutter seiner beiden 13 und 15 Jahre alten Kinder, war als Arbeiterin regelmäßiger außer Haus.
Der Vorsitzende, Dr. Skupin: »War Ihre Ehe durch die Schichtarbeit gestört?«
»Das kann man nicht sagen.«
»Wie häufig waren sie mit Ihrer Frau in etwa zusammen?«
»Was man so normal nennt. Zweimal in der Woche.«
»Hat Ihre Ehe Sie ausgefüllt?«
Als Uwe B. bejaht, sieht seine Frau ihn dankbar an.
»Trotzdem haben Sie Ihre Tochter hinzugezogen?«
Uwe B. heftig: »Das weise ich zurück! Das stimmt nicht!« Dann beruft er sich auf sein Aussageverweigerungsrecht in bezug auf seine Tochter.
»Ihre Tochter besucht doch die Sonderschule und brachte von dort eine Kameradin mit.«
Uwe B. sagt wie immer, wenn er nicht gegen etwas protestiert: »So ist es.« Dann: »Die Karin machte mit Elke zusammen Schularbeiten. Beide sind sehr schlecht im Rechnen. Ich hab ihnen dabei geholfen. Die Karin ist dann nach einem Monat meine Geliebte geworden. Freiwillig.«
Er betont wiederholt, auch hier rechtskundig, daß Karin schon 16 gewesen sei. Von wegen des Staatsanwalts-Daumens, der sonst draufgehalten würde.
»War Ihre Tochter dabei?«
»Dazu mache ich keine Aussage.«
»Was reizte Sie an dem Mädchen?«
Psyche wird eingeblendet. Einen Moment lang weckt er mein Gefühl: »Das hängt alles mit der Jugendzeit zusammen«, sagt er. »Mit zehn Jahren hatte ich schon mal eine Freundin. Das war der gleiche Typ. Sie war sehr ruhig. Wir haben uns, wenn die Bomben fielen, lang hingelegt.

Man hat so den Eindruck, auch Karin ist sehr schutzbedürftig. Sie kommt ja aus dem Lager. Ich hatte Mitleid mir ihr und wollte ihr auch was bieten. Dann sagte sie, daß sie schwanger sei. Ich saß praktisch zwischen zwei Stühlen. Da stellte sich die logische Frage: Was machen, sprach Zeus. Als ich mit dem Wagen nach Brüssel fuhr, um eine Waffe zu kaufen, nahm ich Karin mit. Ich wollte das Nützliche mit dem Praktischen verbinden.«

Um Ende Januar mit der Kleinen die Reise machen zu können, täuschte er erst mal deren Eltern, indem er so tat, als fahre er die ganze Familie dorthin. Als er Karin zu Hause abholte, hatte er überzeugenderweise seine Tochter dabei. Der gab er einen Zehner als Schweigegeld und setzte sie in Billstedt ab. Seine Frau, die die kleine Karin zwar als Busenfreundin seiner Tochter kannte, aber von dem Verhältnis nichts ahnte, sagte er gar nichts. Weder »Auf Wiedersehen« noch sonst was, als er sich für acht Tage auf den Weg machte.

Der Vorsitzende kopfschüttelnd: »Sonst ruft man doch an, auch wenn man sich nur um eine Stunde verspätet, damit sich der andere keine Sorgen macht. – Was war denn dann in Brüssel?«

Der Polizeimeister eifrig: »Das war sehr interessant für mich wegen der Polizeieinsätze, die stattfanden. Da waren nämlich zwei Demonstrationen; einmal wegen des Benzinstreiks und einmal, weil ein Abtreibungsarzt festgenommen war.«

Dr. Skupin: »Mein Gott, Sie hatten doch eigene Probleme. Es ist doch nicht gerade angenehm, der Frau gegenüberzutreten und zu sagen: Die sechzehnjährige Freundin deiner Tochter ist von mir schwanger. – Wie oft haben Sie denn täglich miteinander verkehrt?«

»Mehrfach.«

»Auch am Tag?«

»Wenn wir allein waren.«

Das Gesicht seiner Frau wird ganz starr. Die Lippen weiß, die Augen tränen sich.

Da Uwe B. genau die Reiseroute einhielt, die er für etwas später mit seiner Frau geplant hatte, erst Brüssel, dann zu Verwandten in Duisburg und zum Schluß noch die kleine Pension im Harz, und weil Tochter Elke trotz Schweigegeld nicht ganz dicht hielt, telefonierten sowohl Ehefrau als auch die Eltern Karins abwechselnd immer wieder hinter ihm her.

Uwe B. damals: »Ich sprech nicht mit meiner Frau. Ich will ungestört

sein«, und jetzt, tadelnd: »Sogar um 23 Uhr riefen die noch an. Auch die Eltern. Ich kannte die Leute ja gar nicht.«
Da er die Anname der Gespräche verweigerte und auch nicht zurückrief, schaltete man die Behörden ein. Und zeigte ihn wegen arglistiger Täuschung und Kindesentführung an.
Er: »Ich mußte erst im Gesetzbuch nachgucken, ob es das überhaupt gibt. Die Wachen wollten die Anzeige ja auch erst gar nicht aufnehmen. Die Polizei in Zorge hat dann so 'n Affen aufgezogen. Da kam fast eine ganze Einheit mit gezogenen Maschinenpistolen. Ich war mir gar nicht bewußt, etwas Schlechtes getan zu haben.«
Dr. Skupin jetzt wirklich aufgeregt: »Was würden *Sie* denn getan haben? Sie als Polizeibeamter. Die Tochter ist weg. Der Mann eiskalt am Telefon. Bringt sie nicht zurück, sondern fährt dann noch weiter mit ihr weg. Mißachtet die Sorge der Mutter um den Schaden an Leib und Seele des Kindes.«
Der Angeklagte weiß auch jetzt nicht, was man ihm vorwirft.
»Wie hat Ihre Frau Sie denn dann empfangen?«
»Sie hat keine Fragen gestellt und mir auch keine Vorwürfe gemacht.«
Sie weint vor mir in der Kantine: »Ich bin schwer herzkrank und darf mich eigentlich gar nicht aufregen, aber ich lieb meinen Mann doch so sehr. Es ist ja keiner zu Schaden gekommen. Im Krankenhaus hat man sogar festgestellt, daß Karin gar nicht entjungfert war.«
Das stimmt, hat aber nichts zu sagen. Ihr Hymen ist zwar intakt, aber für fast zwei Finger durchlässig. Wie ein Stoff, der nachgibt. Behindert den Beischlaf also nicht.
Bis hierher hätte man annehmen können, daß die Ereignisse für die Ehefrau zwar tragisch, für den Gesetzgeber jedoch recht uninteressant seien. Hätte die Entführungs-Anzeige nicht den Blick auf die Blutschande freigegeben. Karin wurde mehrfach vernommen und erwähnte am Rande auch das, wozu Uwe B. die Aussage verweigert – den Beischlaf zwischen Vater und Tochter.
Dem Angeklagten wird das von ihm bei der Kripo zu Protokoll gegebene und unterschriebene Geständnis vorgehalten. »Sie sind doch freiwillig hingegangen, um Ihre Aussage zu machen.«
Uwe B.: »Wenn ich das unter freiwillig verstehe, was man in der Ostzone unter Freiwilligkeit versteht, dann bin ich freiwillig hingegangen. Nach der Art des freiwilligen Zwanges. Ich nehme an, Karin wollte un-

sere Ehe auseinanderbringen, um ihre Existenz zu sichern. Sie soll bei der Polizei schöne Geschichten erzählt haben.«

»Es geht aber doch um Ihre eigenen Aussagen. Zum Beispiel: ›Ich legte mich immer auf die Mädchen und führte mein Glied in die Scheide ein. Manchmal drehte ich sie auch auf den Bauch und führte mein Glied von hinten ein. Ich bitte mich richtig zu verstehen, das war kein Analverkehr. Elke war anfangs auch immer dabei, wenn ich mit Karin schlief. Bis sie zu eifersüchtig wurde.‹«

Uwe B. aufgeregt: »Ich war fix und fertig durch die psychologische Kriegsführung des Sittendezernats. Ich sollte etwas mit Elke gehabt haben. ›Gib's zu, sonst gehst Du in Haft‹, hieß es. Es ist ja bekannt, daß einem bei der Polizei alles in den Mund gelegt wird. Die schlugen das Strafgesetzbuch auf und lasen mir die §§ 173 und 174 vor.«

§ 173 (Blutschande) Abs. 1:

»Der Beischlaf zwischen Verwandten auf- und absteigender Linie wird an den ersteren mit Freiheitsstrafen von einem Jahr bis zu fünf Jahren, an den letzteren mit Freiheitsstrafe bis zu zwei Jahren bestraft.«

§ 174 (Unzucht mit Abhängigen):

»Mit Freiheitsstrafe nicht unter sechs Monaten wird bestraft, ... wer einen seiner Erziehung, Ausbildung, Aufsicht oder Betreuung anvertrauten Menschen unter einundzwanzig Jahren ... zur Unzucht mißbraucht.«

»Ich bekam Zwangsvorstellungen und war total verwirrt. Ich, der für die Ordnung im Staat unter Einsatz meines Lebens sorge, sollte so was gemacht haben?«

Dr. Skupin: »Aber Sie haben doch selbst das Protokoll gelesen und unterschrieben.«

»Es war Wahnsinn von mir. Wenn die noch einen Täter gesucht hätten für einen Mord, der unaufgeklärt ist, hätte ich auch noch ja gesagt. Ich hätte gleich nach einem Anwalt schreien sollen. Ich weiß ja auch, daß ich gar nicht hätte hingehen müssen. Die haben mich so unter Druck gesetzt.«

Der Vorsitzende: »Wollen Sie also sagen, daß man Ihnen ein Schuldgeständnis untergeschoben hat? Sie geben den Beamten einen schweren Vorwurf mit auf den Weg. Obwohl Sie das Protokoll nicht nur lasen, sondern auch handschriftliche Korrekturen einfügten.«

Der Beamte: »Ja – aber ich hab das zwar durchgesehen, aber nur nach Fehlern.«

Dr. Skupin fassungslos: »Sie können doch nicht nur sorgfältig nach Interpunktionen und Kommas gesucht haben und über Geschlechtsverkehr mit der eigenen Tochter hinweglesen?«
Tochter Elke, 15 Jahre, Näherin, kommt herein, um gehorsam die Aussage zu verweigern. Ungelenk, bebrillt, Rückgratverkrümmung. Wirklich ein häßlicher Vogel in ihrer weißen Strickjacke und den weißen Kniestrümpfen.
Sonst macht es immer einen sehr guten Eindruck vor Gericht, wenn Kinder mit ausgebreiteten Armen sehnsüchtig »Papii...« rufend auf den Angeklagten zulaufen. Hier mußten Herzlichkeiten vermieden werden, um dem Gericht nicht zu Überlegungen Anlaß zu geben. Darum zischt Papi B. dem armen Ding wohl auch »Hau ab, hau ab« zu und scheucht sie mit einer kurzen, heftigen Handbewegung aus dem Saal.
Nach der Tochter kommt als Kontrastprogramm ihre beste Freundin, Rivalin um die Gunst des Vaters. Karin, 17, jetzt Verkäuferin. Ein Mädchen wie einem Märchen entsprungen. Weiß wie Schnee und rot wie Blut. Wer war das noch? Dornröschen? Schneewittchen? Lang, sehr zart und biegsam. Ewig lange Wimpern über riesigen Augen. Ein verträumter Blick, der nicht gleich verrät, daß er nur stupide ist. Ein Mädchen, das lieber nie den Mund aufmachen sollte. Bei einem IQ von 69 an der Grenze des Schwachsinns. Unfähig, sich sexuellen Handlungen zu entziehen, obwohl sie ihr zuwider sind.
Introvertiert, sprachlich ungewandt, mürrisch, einsilbig, kontaktarm, spröde. So einsam, daß ihr die Freundschaft zur albernen Elke, da es ihre einzige Freundschaft war, über alles ging. So heißt es auch immer wieder, daß sie sich alles gefallen ließ, nur um Elke nicht zu verlieren. Die intensive Freundschaft der beiden Minderbegabten dauerte schon ein Jahr, als Karin im September den Vater kennenlernte.
»Er hat uns immer beim Rechnen geholfen. Einmal hat er mir 'ne Zigarette angeboten, da hab ich abgelehnt. Dann haben Elke und ihr Vater mich ausgezogen.«
»Was fühlten Sie?«
»Gar nichts.«
»Haben die andern sich auch auszogen?«
»Nö – nur Herr B. später. Elke hat mich nur festgehalten, so daß er sich auf mich legen konnte.«
Der Vorsitzende freundlich: »Hat er das danach noch öfters getan?«

»Jaa – nachmittags. Morgens auch manchmal. – Vor der Schule. – Wenn ich Elke abholte.«
»Warum bist Du denn wieder hochgegangen?«
»Weiß ich nich. Wegen Elke.«
»Mochten Sie Herrn B. denn leiden?«
»Nöö.«
»Warum hast Du denn Deiner Mutter nichts gesagt?«
»Weil ich Angst hatte, ausgemeckert zu werden.«
»War denn Elke auch mal nackt?«
»Jaa. Ein-, zweimal, als ich meine Regel hatte – er hat extra nachgeguckt. Da hat Elke sich auch 'ne Binde reingelegt. Da hat er gesagt: ›Du spinnst wohl.‹ Ich hab dann geholfen, Elke auszuziehen.«
»Warum denn das?«
Trotzig: »Weil sie mich ja auch festgehalten hat.«
»Hast Du denn wirklich gesehen, wie er mit Elke geschlafen hat?«
»Ja. Ich stand ja an der Tür.«
»War Elke denn auch immer dabei, wenn Herr B. mit Dir schlief?«
»Ja. Sie stand dann meistens immer nur und lachte und lachte. *Außer, wenn sie saubermachen mußte. Sie ging auch manchmal mittendrin in die Küche zum Abwaschen.«*
»Hat Elke Sie immer festgehalten?«
»Ja. Sonst könnt ich mich doch wehren. Einmal hat Herr B. mich ja dahin getragen. Ins Bett. Dann hat er mit mir den Geschlechtsverkehr ausgeübt.«
Den Satz hat sie wohl bei der Kripo gelernt.
»Dann kam Elke dran.«
Sie erzählt auch, daß 6 bis 7 Wochen ihre Regel ausblieb und sie sich für schwanger hielt.
»Haben Sie an Ehe gedacht?«
»Nöö.«
»Hat er Sie heiraten wollen und von Liebe gesprochen?«
Gelangweilt: »Jaa. Ich hab lieber einen jüngeren Freund. Ich wollt auch nicht alleine mit nach Brüssel.«
Das stimmt. Ihre Eltern mußten sie zur Reise nach Brüssel, ohne zu wissen, daß da ein Kind abgetrieben werden sollte, überreden.
Argument: »Kind, da siehst Du doch was von der Welt.«
Dr. Skupin: »Hatten sie Angst, daß es zu dem kommen würde, was Sie

nicht wollten? Oder liebten Sie ihn doch? Liebe ist nicht ehrenrührig. Nicht strafbar.«

»Nö. Hab ich nich.«

»War es wegen dem Kind?«

»Nöö, das hat mir nichts gemacht.«

»Haßt Du ihn vielleicht?«

»Nö. Er ist mir gleichgültig. Aber 'ne Strafe für ihn würde mir leid tun.«

»Hattest Du Angst, Elke zu verlieren?«

»Nö. Elke ist ja auch oft genug nach uns gekommen. *Aber als ich noch im Lager wohnte, durfte Elke auch nicht mit mir sein.«*

Sie will mit Elke nie über die Vorfälle gesprochen haben. Trotzdem sagt sie: »Elke kriegte manchmal fünf oder manchmal zehn Mark, wenn sie mich mit hoch bringt.«

Fangfrage: »Fräulein Karin, rauchen Sie immer noch nicht?«

»Doch, jetzt 30 oder mehr Zigaretten. Wenn ich nervös bin. Das Leben ist so langweilig.«

Frau S., Karins Mutter, eine gut aussehende Blondine, sagt: »Karin ging immer gerne zu Elke. Elke ist ja auch ein nettes Mädchen. Nur sehr albern. Sie lacht über alles.« (Also nicht nur über Vorgänge im Schlafzimmer)

Dann kommt Erstaunliches: »Herr B. ist durch die 6 Monate U-Haft schon genug gestraft, finde ich.« Und weiter: »Die kamen erst aus dem Polizeihochhaus zu mir nach Hause. Und sagten, sie würden nichts unternehmen, wenn ich die Anzeige nicht unterschreibe.«

Genießt Uwe B. als Polizeimeister einen besonderen Schutz? Es fiel auf, daß nicht nur die Öffentlichkeit schon zu Anfang des Prozesses ausgeschlossen wurde, weit, bevor brenzlige Themen zur Sprache kamen. Sicherlich nicht, um die zuhörenden Herren und Damen im Greisenalter sittlich zu schützen. Auch, außer in Politprozessen nie Erlebtes, wurde erzwungen: Jeder Gerichtsreporter mußte schriftlich seinen Namen und die Zeitung, für die er schreibt, niederlegen.

Der Staatsanwalt Schulze-Eickenbusch: »Es hätten ja auch plötzlich Vierzehnjährige reinschneien können.« Und wenn schon! An jedem Zeitungskiosk und in jedem Sexshop werden sie auch prompt bedient. Wer noch nicht lesen kann, kann Bilder begucken. Also will man nicht die Öffentlichkeit, sondern die Persönlichkeitsrechte des Angeklagten schützen? Vielleicht keine schlechte Idee. Doch wer schützt Angeklagte in anderen Prozessen?

Der Staatsanwalt begründet: »Es ist doch peinlicher, über seine Onanie als über einen Diebstahl zu sprechen.«
Das möchte ich anzweifeln. Onanieren tut schließlich jeder – stehlen nur jeder zweite. Doch vielleicht soll auch hier nicht der Ruf des Angeklagten, sondern der Ruf seiner Behörde geschützt werden.
So sagt der von Uwe B. angefeindete, vernehmende Kripo-Beamte Jürgen Duse, 35 Jahre: »Das ist so eine Sache, Kollegen zu vernehmen. Letzten Endes sind wir an die Grenzen des Möglichen gegangen, um dem Kollegen, der ja erst die Aussage verweigert hatte, zu helfen. Die Tochter hielten wir nur für die Gehilfin des Vaters. Später ging uns auf, daß sie auch Geschädigte ist.«
Und sein Kollege Niendorf, 41 Jahre, sagt zur Sache: »Wir hielten ihm vor, daß auch, wenn er nicht aussagen würde, aufgrund der Wiederholungsgefahr mit Haft und Jugendbehörde gerechnet werden müsse. Und fragten ihn, ob er seinen Anwalt sprechen wolle. B. meinte, ›nein, wenn es erst einmal soweit ist, dann sollte man kleine Brötchen bakken‹, und sagte aus. Von sich aus. Wir haben ihm nichts in den Mund gelegt.«
Trotzdem heißt es immer wieder »Er bestätigte«, »Er gab zu« und »Wir hatten ja die Aussage der beiden Mädchen vorliegen«. Demnach doch auf Vorhalt und nicht spontan. Dann meinte Niendorf noch: »Einen Kollegen erkennungsdienstlich zu behandeln ist immer etwas unangenehm.« Wie in fast allen Berufen: *Eine Krähe hackt der anderen nicht gerne die Augen aus.*
Die junge psychologische Gutachterin, Frau von Osterrod, meint, daß Karin zwar beschränkt glaubwürdig sei, aber aufgrund mangelnder Phantasie unfähig, Dinge wie die Vater-Tochter-Beziehung zu erfinden. Ist Uwe B. dadurch überführt?
Der beisitzende Richter: »Aber da muß doch auch irgend etwas im Köpfchen sein.«
Die Psychologin: »Nein. Da geht eben nichts vor. Darum hat auch keine Traumatisierung stattgefunden.«
Dann: »Die Frauen der als Triebtäter Angeklagten verlangen entweder sofort die Scheidung, oder sie blenden alles Scheußliche aus. Doch wer hilft den Töchtern in solchen Fällen? Die drohende Heimeinweisung wirkt sich fast immer als Druckmittel gegen eine Aussage aus. Lieber schweigen die Mädchen, als ihr Elternhaus zu verlieren. Die Dunkelziffer ist darum sicher enorm. Meistens beginnen die Beziehungen schon,

wenn die Kinder 9 bis 10 Jahre alt sind. Kommen sie dann in die Pubertät, brechen sie meistens aus zu einem Jungen hin. Anders, wenn die sexuelle Beziehung zum Vater erst in der Pubertät beginnt. Dann wird der Vater bewußt als der erste Mann erlebt, und eine sexuelle Abhängigkeit kann stattfinden.«

Frau B., die angeblich so sicher ist, daß sich ihr Mann der Tochter nie genähert hat, wird gefragt, wie sie sich die Zukunft vorstellt: »Wenn mein Mann freikommen sollte, will ich auf keinen Fall, daß meine Tochter fürs erste mit ihm zusammenkommt. Sie soll dann bei ihrer Oma wohnen. Vielleicht, wenn sie 18 wird und wir bis dahin eine größere Wohnung haben, daß sie dann zurückkommen kann.«

Apropos: Er kriegte drei Jahre.

August 1973

Tatort U-Bahn

Erneute Hauptverhandlung auf die Berufung der Staatsanwaltschaft gegen das Urteil des Amtsgerichts Hamburg vom 5. 9. 1972, durch das der Arbeiter Bernd K. wegen Fahrgeldhinterziehung in 7 Fällen zu einer Gesamtfreiheitsstrafe von einem Jahr verurteilt wurde.
Von dem damaligen Urteil hatte ich in der Zeitung gelesen. Meine berichtenden Kollegen waren so befremdet wie ich über die Höhe der Strafe. Klar, daß von der Verteidigung Berufung eingelegt werden mußte. Meinten wir. Wurde aber nicht. Sondern nur von der Staatsanwaltschaft. Die höher hinaus wollte.
Vor uns steht der Hilfsarbeiter Bernd K., 26 Jahre. In rosa Jeans und grauer Jacke. Blond und blaß. Der Sommer ist an ihm vorübergegangen. Er sitzt nämlich schon seit 5 Monaten in Untersuchungshaft, um auf diesen Prozeß zu warten. Weil er keinen festen Wohnsitz hat. Massenmördern bleibt die U-Haft fast immer erspart. Denn sie haben natürlich eine feste Bleibe. Wäre Bernd nur ein klein wenig gerissen, hätte er auch nicht rein müssen. Denn dann hätte er eine Deckadresse gehabt. Doch der schwer gestörte Mann ist eben nicht gerissen. Und so was rächt sich, wie man weiß.
Bernd hatte ein Elternhaus. »Bis ich sechs war, war mein richtiger Vater da. Der war jeden Tag besoffen. Als er wegging, kam ich ins Heim. Anderthalb Jahre war ich auch im Krankenhaus, weil ich krank an der Lunge war. 8 Jahre hab ich meine Eltern nicht gesehen. Die haben mich nie besucht. Außer meine Mutter ein-, zweimal in der ganzen Zeit. Ich hätte sie ja auch zuhause besuchen können, aber da durfte ich erst wieder hin, als ich fünfzehn war. Meine Mutter hatte einen neuen Mann. Den mochte ich erst sehr gerne, weil er viel besser war als mein richtiger Vater. Ich sollte Schuster werden, aber das gefiel mir nicht. Dann hab ich anderthalb Jahre in 'ner Dachrinnenfabrik gearbeitet. Und dann auf'm Friedhof.«
Der Vorsitzende Schöffel: »Warum haben wir da wieder abgemustert?«
»Da bin ich gekündigt worden. Ich weiß heut noch nicht, warum. Danach war ich Packer in einer Gabelstaplerfabrik.«
Der Vorsitzende: »Wie lange waren wir da?«

Wie im Krankenhaus: »Wie geht's *uns* denn? Haben *wir* gut geschlafen? Jetzt müssen *wir* wieder ins Bett.«

Bernd: »Da hab ich selbst gekündigt, weil mein Stiefvater gar nicht mehr so nett war wie zuerst. Jeden Freitag wollte er 200 Mark von mir als Kostgeld.« Aufgebracht: »Er wollte *alles*. Dann hat er mir zweimal eine gelangt, weil ich ihn mal lauter angeschrien habe. Dann schmiß er mich raus.«

Der psychologische Gutachter Dr. Demuth: »Bernd wehrte sich infantil gegen die Überforderung und kündigte gute Arbeiten nach der Devise ›Meine Eltern sind selbst schuld, wenn ich meine Hände erfriere‹. So, wie er ist, muß man ihn hinnehmen. Wenn er nicht durch ungerechte Forderungen aus der Bahn geworfen wird, harrt er auch in geordneten Verhältnissen aus. Er ist nicht schwachsinnig, sondern durchs Heim verhaltensgestört.«

Bernd: »Dann hab ich morgens Zeitungen ausgetragen mit einem Freund und etwas im Hafen gearbeitet. Meist bin ich spazierengegangen. Erst kam ich ja ohne Schlaf aus.« Bernd wurde wegen Stadtstreicherei festgenommen und immer wieder in der U-Bahn geschnappt.

Der Vorsitzende vorwurfsvoll: »Nichts hat vermocht, Sie vom Schwarzfahren abzuhalten?« (Das sagt er nicht *uns*!) »Und gemessen an einem normalen Arbeitstag, haben Sie reichlich wenig gearbeitet, nur zweieinhalb Stunden!«

Der Angeklagte senkt den Kopf. Er schämt sich, so wenig getan zu haben.

Dann wird aufgezählt, wann und wo und wie oft, immer wieder und wieder, Bernd wegen Schwarzfahrens angezeigt wurde, vernommen wurde, bestraft wurde.

Staatsanwalt Gammelin: »Wir sehen hier, mit welcher Geschwindigkeit sich der Angeklagte in Straftaten begeben hat.«

Was war denn eigentlich mit Bernd los? Was trieb ihn immer wieder in den muffigen, grauen Orkus der U-Bahnen? Ist er abartig? Ein Fahrlüstling? Auch der Vorsitzende überlegt. Dann hat er das Ei des Columbus und ruft glücklich aus: »Vielleicht sind Sie gar kein psychologisches Rätsel! War es nicht einfach so, daß Sie Geld sparen wollten? Oder das Geld gar nicht hatten? Es waren ja ganze Serien von Schwarzfahrten. Einmal blieben Sie ja sogar so lange drin, bis der Zug aufs Abstellgleis fuhr.«

Bernd entschuldigend: »Da hatte ich 'ne Fahrkarte bei mir. Zufällig. Ich war eingeschlafen.«
Der Vorsitzende begreift immer schneller: »Hing es vielleicht auch damit zusammen, daß die Bahn trocken und warm war? Daß Sie kein Dach über'm Kopf hatten?«
Bernd: »Ja, auch. Ich konnte damals nicht zu meinen Eltern.«
Der Vorsitzende: »Die Frage ist, warum Sie immer gleich wieder mit der U-Bahn gefahren sind?«
Ja, womit denn sonst?? Taxi?
Kein Geld haben und keine Wohnung macht zwangsläufig strafbar. Abgerissen aussehen erst recht. Im Norden natürlich schneller als im Süden. Schlafen unter den Sternen auch nicht. Auf Parkbänken friert man fest. In Geschäfte traut man sich nicht rein. Kino ist nicht drin. Restaurants nur, wenn man die Zeche prellt. Von sozial Schwachen können nur Post, Bahnhof und Bahn zum Aufwärmen benutzt werden. Zwischen den Kontrollen. Arm zu sein heißt, weiß Gott, arm dran zu sein. Ohne Geld in »Freiheit« zu sein ist so schlimm, daß einige sogar gezielt etwas ausfressen, um im Knast überwintern zu können.
Jetzt ist allen alles klar. Der engagierte Pflichtverteidiger Mickin, der nicht schuld daran ist, daß sein Vorgänger in dieser Sache sich nicht gegen das horrende Strafmaß zur Wehr setzte, kämpft für seinen Mandanten. Er sagt: »Bernd K. wird alle Strafen über sich ergehen lassen. Sich angepaßt verhalten. Sich nicht beeindrucken lassen. Bei ihm sind keine Aggressionen. Er will sich nicht abreagieren. Fünf Monate sitzt er schon. Wem nützt das? Er paßt sich an. Es wird für ihn gedacht. Er wird verwaltet. Aber die Anpassung in der Unfreiheit macht ihn unfähig zur Anpassung und Eigenentscheidung in der Freiheit.«
Doch Mickin kämpft vergebens. Die Staatsanwaltschaft, die sich nicht damit abfinden mochte, daß ein so »hartnäckiger Rückfalltäter« für seine Fahrverbrechen nur 1 Jahr zur Bewährung erhalten hat, siegt. Das Gericht verschärft das Urteil: 1 Jahr ohne Bewährung. Die Kosten des Verfahrens sind vom Angeklagten zu tragen.
Der Vorsitzende Schöffel führt seufzend mit: »Man sieht ja, daß die bisherigen Strafen auch nichts gefruchtet haben«, sein eigenes Urteil ad absurdum.
Mir sagt er hinterher: »Verstehen Sie denn nicht, daß ich den Mann nur in seinem eigenen Interesse in der Haft lasse? Um ihm zu helfen. Damit er sich in Ruhe auf sein Leben in Freiheit vorbereiten kann.« Und leidet

mit: »Glauben Sie mir, mir bleiben diese Dinge auch nicht in den Kleidern hängen!« Wie tröstlich.

Gott sei Dank ist neuerdings die Sicherungsverwahrung als Folge von Kleinstdelikten nicht mehr möglich. Aber wird man auch aufgrund von Kinkerlitzchen, wie Schwarzfahren (warum sind die öffentlichen Verkehrsmittel übrigens nicht unentgeltlich?), immer wieder geschnappt und von mal zu mal strenger verurteilt, kann es immer noch sein, daß man im Endeffekt dafür den Rest seines Lebens sitzt.

Januar 1974

P. S.

Schon wieder sind die Fahrpreise mehrfach gestiegen. Und einmal Schwarzfahren kostet nicht mehr 20, nicht mehr 40, sondern 60 Deutsche Mark.

Mai 1990

Nowak

NOWAK war ausgebrochen. Doch vor Gericht ging es nicht um den Aus-, sondern um den Einbruch.
Heinz Nowak, 45 Jahre, Schornsteinfeger, Kohlenarbeiter, Kraftfahrer, Busfahrer und Würstchenverkäufer steht nicht zum erstenmal vor Gericht. Wahrscheinlich aber zum letztenmal. Schließlich wurde er im November 1964 vom Hamburger Schwurgericht wegen Mordes an einem Komplizen und Nebenbuhler zu lebenslänglich und für gemeinschaftlichen Raub in 8 Fällen zu 15 Jahren Zuchthaus verurteilt. Die anschließende Sicherungsverwahrung nicht zu vergessen. Der Bundesgerichtshof verwarf seine Revision. Das Urteil wurde rechtskräftig. Der Schädling Nowak war weg von Fenster.
Heinz Nowak, jetzt ein ernsthafter, denkender Mann, klein, schlank, intelligent, war früher ein Bruder Leichtfuß. Das war erst nicht so schlimm, da er schon 1948 mit nur 20 Jahren seine Jugendliebe, die hübsche, fröhliche 18jährige Charlotte, heiratete. Eine Frau, klar wie Quellwasser, die ihm Halt bot. Schon ein Jahr später wurde Heinz junior geboren. Die kleine Familie war sehr glücklich. Obwohl es für Nowak schwer war, so viel Verantwortung zu tragen. Seine Freunde waren noch freie Jungs und zogen ihn ab und zu mit. Er kam dann beschwipst, mit schlechtem Gewissen und dementsprechend aggressiv nach Hause.
Charlotte lachend: »Eifersüchtig war ich sehr. Er auch. Ganz irre. Wir haben uns schrecklich geliebt. Er sagte oft, ›verlaß mich bloß nicht mal‹.«
Der betrügerische Konkurs eines Maklers machte der Freude ein Ende. Um alles gebracht, landeten sie im Lager.
Charlotte zu mir: »Das war schrecklich. Immer kam da der Peterwagen. Und ich wurde krank. Schwindelig. Konnte nur noch schlecht gehen. Bekam Schreikrämpfe vor Schmerzen und weil ich die Lageratmosphäre nicht mehr aushielt. Man hörte alles durch die Wände. Husten, schnupfen, pupsen. Ein Jahr ging das so. Heinz schleppte mich von Arzt zu Arzt. Eine Fehldiagnose jagte die andere. Im Krankenhaus vermutete man multiple Sklerose.«
Die von Ärzten völlig verpfuschte, bis zum heutigen Tag gelähmte

Charlotte mußte drei Jahre lang im Krankenhaus bleiben. Heinz besuchte sie liebevoll mit und ohne Kind. Als Charlotte trotzdem zu Ohren kam, daß er eine andere Frau im Lager kennengelernt hatte, reichte sie im 13. Ehejahr die Scheidung ein. Weil sie ihn liebte.
»Ich finde, ein gesunder junger Mann gehört nicht zu einer kranken Frau.«
Heinz Nowak, der seine Frau von sich aus nie verlassen hätte, reagierte verletzt mit Wut und Verzweiflung. Er heiratete seine schwangere Bekannte, bekam 2 Kinder und beging mit Kumpeln zum erstenmal eine Reihe von Verbrechen.
Nowak: »Das Karussell, auf das ich gesprungen war, drehte sich. Immer schneller und schneller. Ein Abspringen war nicht mehr möglich.«
Er verstrickte sich immer mehr und mehr. Nicht nur in die gemeinsamen Banküberfälle, die insgesamt 200 000,– DM einbrachten, sondern auch noch in eine Leidenschaft zu der Frau eines Raubkomplizen, dem Gastwirt Timm.
Timm wurde in jeder Beziehung schwierig. Erstens als eifersüchtiger Ehemann. Zweitens als Querulant, wenn es um die Beuteteilung ging. Drittens als Risikofaktor, weil er, wenn er wütend war, alle zu verpfeifen drohte. Und darüber hinaus neigte er im Suff dazu, auf St. Pauli mit seinen Überfällen zu protzen. Nowak erschoß ihn, angeblich in Notwehr, am 19. 3. 1964.
Zusammen mit seiner Geliebten, der frisch gebackenen Witwe Liselotte Timm, wickelte er die Leiche in einen hübschen Teppich und brachte sie auf einer Müllkippe unter. Am 27. 11. 1964 kam dann das Superurteil – die schon erwähnten 15 Jahre. Plus lebenslänglich. Plus Sicherungsverwahrung. Ohne Milderung, weil er »egoistisch und skrupellos die Situation der Banken ausgenutzt hat.«
Nowak heute: »Es war wie ein böser Traum. Nicht nur das Urteil. Auch schon die ganze Zeit vorher. Alles, was ich tat, war mir schon längst über den Kopf gewachsen und völlig unwirklich.«
Die flotte Komplizin, Liselotte Timm, bekam für ihre Hilfe nur fünf Jahre. Und lebt schon lange wieder mit einem dritten Mann, Opitz, den sie im Knast heiratete, guter Dinge in Freiheit zusammen. Nowak, noch heute wie benommen, erlebt inzwischen den Hamburger Strafvollzug.
»Ich hörte immer wieder die Schreie mißhandelter Häftlinge. Die gellten immer wieder durchs Haus. Ich dachte, ›nichts wie weg‹ und schrieb einen Kassiber. Das brachte mir zweimal sieben Monate Einzelhaft ein.

Verschärfte Haft bedeutet nachts alle Stunde Licht. Zur Kontrolle. Daran, und an der Einsamkeit, zerbricht man. Am Tag bin ich vor Erschöpfung manchmal bei der Arbeit eingeschlafen. Dann schlugen die Wärter ihre Schlüssel gegen die Tür, bis ich wie 'ne Rakete hochfuhr. Vor und nach jedem Rundgang wurde mir zur Kontrolle in den Hintern geleuchtet.«

An so manchem Ort ist eben der Hintern von größerem Interesse als das Gesicht.

Nowak weiter: »Da sitzt man in der engen Zelle. Allein. Da sticht was. Da tut was weh. Der Kopf. Die Seite. Die Zähne. Da denkt man, ›jetzt ist's aus. Jetzt sterb ich.‹ Man hat ja keinen Maßstab mehr. Und immer LEBENSLÄNGLICH vor Augen. Denn wenn schon jetzt die ersten Krankheitszeichen auftreten, dann wird man die Freiheit nie wieder sehen.«

Einmal, 1969, gelang Nowak sogar die Flucht. Drei fürchterliche Tage war er »frei«. Danach ging die Haft verschärft weiter. »Ein Mann ohne Hoffnung kann nur entweder sich umbringen, wahnsinnig werden oder die Flucht suchen. Man muß etwas vorweisen für Gnade. Gute Führung, Leistungen und so. Aber in Fu (Hamburg Strafanstalt Fuhlsbüttel) bekam man dazu keine Gelegenheit.«

Irgendwann entstand eine eigenartige Freundschaft zwischen Nowak und dem schwer süchtigen Fixer Steffen. Ein kranker, sehr labiler Junge, den man trotz Jugendstrafe ohne Bedenken zu Mördern und anderen Langzeithäftlingen legte. Der Süchtige, als Schnippler, Schlucker und permanenter Selbstzerstörer bekannt, hatte auch im Knast immer wieder Zugang zu Rauschgift. Weggeworfene Einwegspritzen und von draußen Eingeschleustes deckten aber nur einen Teil seines Bedarfs. Wie denn auch der Chefarzt der Nervenklinik Ochsenzoll sagt: »Fuhlsbüttel ist trotz allem im Verhältnis zu uns eine reine Entziehungsanstalt.«

Nowak wurde zu einer Art Vaterfigur. Er half dem ehemaligen Hilfsschüler mit Rat und Tat und setzte Schreiben ans Gericht für ihn auf. Die beiden schmiedeten allmählich immer intensiver Fluchtpläne. Steffen, der chronische Versager, der noch nie von Nutzen war, wollte auch mal jemandem helfen.

Steffen: »Aus dem Grunde, weil man ihn sehr schlecht behandelt hat. Mich nur fast so schlecht. Auch wenn man mich geschlagen hat. Außerdem, eingesperrt liegt mir nicht.«

Nowak hatte ein anderes Motiv. Er wollte die Öffentlichkeit durch eine spektakuläre Flucht auf die Zustände im Knast aufmerksam machen. Frühsport und Kniebeugen machte er unermüdlich, um fähig zu sein, nach inzwischen neun Jahren Haft die hohe Mauer zu überklettern. Woher Nowak überhaupt die Kraft nahm, noch etwas zu wollen, weiß ich nicht. Immerhin waren sieben seiner neun Haftjahre strenge Einzelhaft. Totale Isolation. Stumpfsinnigste Arbeit. Düsen drücken und Haarnetze wegpacken. Immer die gleichen Handgriffe. Jeder volle Arbeitstag mit 90 Pfennigen abgegolten. *Bei angemessener Entlohnung hätte er wenigstens seine verzweifelte Familie draußen mitfinanzieren können. Müßte doch im Interesse des Staates sein.*

Sieben Jahre, die es wie ein Wunder erscheinen lassen, daß dieser Mann noch bei außerordentlichem Verstand ist. *Ich würde wahnsinnig, wenn man mir meinen Kontakt zu anderen Menschen unterbinden und mich wie Dreck behandelt würde.* Es wundert mich, daß man erst neuerdings die Folter der Isolierung mit Recht als Folter bezeichnet. Eine unmenschliche Tortur, die seit eh und je gang und gäbe ist, wird erst moniert, seitdem sie auch eine Reihe Akademiker zerbricht. Verblüffend spät, *aber es fehlt wohl bei den meisten die Phantasie, sich in die Leiden von Menschen anderer Schicht und Mentalität hineinzuversetzen.*

Steffen, der von früher her Kontakt zu Rockerkreisen hat, konnte Nowaks Flucht-Theorie in die Tat umsetzen. Als er unter einem Vorwand einen Tag Sonderurlaub erhielt, blieb er gleich 'ne Woche weg. Sieben Rocker fand er mühelos als Fluchthelfer, da er ihnen die von Nowak angeblich im Freien verbuddelten 5000,– DM als Lohn versprach. Alles lief auch erst mal wie geschmiert. Nowak hangelte sich am 7. 11. 1972 während des Frühsports an dem von draußen rübergeworfenen Seil hoch. Er wurde von Wachtposten gesehen.

Nowak: »Ich hörte das Klick-Klack vom Durchladen. Wußte gar nichts mehr. Ich bin ja nicht zum Tode verurteilt worden. Sondern zu lebenslänglich. Viel schlimmer. Aber das weiß man erst, wenn man sitzt. So eine Flucht ist nur aufgrund von Verzweiflung zu schaffen. Darum dachte ich: ›Schieß doch, dann hat alles ein Ende.‹ Aber die MP des Postens hatte Ladehemmung. Dann war ich drüben auf der anderen Seite.«

Danach war alles erst mal wie im Kino. Nur nicht so schön und nicht so weit weg. Wagen mit laufendem Motor wartete mit blonder Gangsterbraut am Steuer. 'ne Kanone war schon besorgt. Es schien geschafft. Happy war es dann sehr schnell nicht mehr. Die total übermüdeten und

hungrigen Flüchtlinge konnten bei ihren Helfern nicht schlafen. Weil dort zu wenig Raum und zu viele Babys waren.
Außerdem wurde schnell klar, daß von Nowak keine müde Mark zu erwarten war. Schon stellten sich zwei Helfer der Polizei und packten aus. Die beiden so sehr verschiedenen Männer kampierten im Freien: – halb erfroren, halb verhungert, durchnäßt vom Regen, von allen im Stich gelassen. Zwei Nervenbündel, die sich nur noch anbrüllten, beschimpften und beschuldigten. Steffen hatte zu allem Übel, da er sich kurz zuvor mal wieder aufgeschnitten hatte, eine akute, sehr schmerzhafte Blutvergiftung.
Sie mußten eine Lösung finden, wenn sie nur eine Zeit lang überleben wollten. Der süchtige Steffen schrie nach Stoff. Legale Möglichkeiten, auch nur an ein Minimum von Geld zu kommen, gab es für die beiden nicht. Nicht mal eine Schicht im Hafen lag drin. So kamen sie überein, das nächstgelegene Leihhaus zu überfallen.
Das Branchenbuch in einer Telefonzelle gab Auskunft. Da sie immer noch abwechselnd die ihnen geschenkte Waffe trugen – wenn auch nicht benutzten –, wurde das Ganze zu einem bewaffneten Überfall auf das Leihhaus Grüne. Beute 700,– DM. Nowak nahm davon nur 300. Und kaufte sich bei Karstadt Anzug, Schuhe und eine Armbanduhr für 18,50 DM. Steffen besorgte sich so viel Rauschgift, wie er, dank seiner Beziehungen, kriegen konnte. Berliner Tinktur, ein persönlichkeitsdeformierendes Opiumgemisch. Waren vorher beide fast vor Angst gestorben, so litt Nowak jetzt im Alleingang. Mit dem kranken, unberechenbaren, vollgepengten Steffen an den Hacken wußte er nicht mehr ein noch aus. Als die Polizei ihn festnahm, war Steffen, inzwischen todkrank, ganz erleichtert. Und so kaputt, daß er anschließend wochenlang intensiv behandelt werden mußte.
Nowak sagte damals erschöpft zur Polizei: »Ich hatte gehofft, daß ihr mich erschießen würdet.«
Steffen wurde vor einem Jahr wegen Gefangenenbefreiung zu 16 weiteren Monaten Freiheitsstrafe verurteilt. Zur Person gefragt und auf seine verschiedenen Berufe, Tierpfleger etc., angesprochen, sagt Steffen, daß er auch Seemann auf einem Bananendampfer war. Eine Woche lang. Großer Gelächter.
Vorsitzender: »Wieso nicht länger? Gefiel Ihnen das nicht?«
Steffen: »Nee. Ich kann Uniformen nicht ab.«
Vorsitzender: »Na ja, Uniformen tragen ja viele. Briefträger auch.«

Steffen: »Ja. Aber auf dem Schiff teilen die Uniformen in Klassen ein. An den Uniformen kann man sehen, was einer ist.«
Dabei hören sein verlegenes Lachen und Kichern auf.
Da der Gutachter Steffen § 51.1 zubilligt und ein Entmündigungsantrag läuft, wird das Verfahren gegen Steffen abgetrennt.
Nowak verteidigt sich gegen die Angriffe des Staatsanwaltes Elsky: »Grundlos nimmt man doch nicht in Kauf, auf der Flucht erschossen zu werden. Als ich das Leihhaus überfiel, hatte ich keine Wahl. Ich konnte doch nicht in dieses Totenhaus zurückgehen. Wenn ein Flugzeug im Urwald abstürzt und die Passagiere einander aufessen, tun sie das auch nur, weil sie in einer Zwangslage sind. Genauso in einer Zwangslage war ich. Seit 1 ½ Jahren haben wir einen neuen Vollzugsleiter, Dr. Stark. Das ist gleichbedeutend mit einem neuen Vollzug. Das hat nichts zu tun mit weicher Welle, wie so viele Zeitungen schreiben. Es ist nur menschlicher und sinnvoller geworden. Auch anstrengender für uns Gefangene. Denn jetzt wird oft mehr von uns gefordert als vorher im Verwahrvollzug. Ich mach' jetzt zum Beispiel keine stumpfsinnige Arbeit mehr. Ich darf die Register für das Staatsarchiv machen. Das ist wenigstens interessant und nicht so sinnlos.«
Im Saal sitzt, wie durch ein Wunder Ruhe und Heiterkeit ausstrahlend, seine hübsche erste Frau Charlotte mit dem jetzt erwachsenen Sohn. Beide halten weiter fest zu Nowak. Besuchen ihn, schreiben ihm, bezahlen seine Kurse. Und hoffen, daß er irgendwann, und sei es noch solange bis dahin, wieder mit ihnen zusammenlebt. Auch Nowak hält die Aussicht darauf aufrecht.
Staatsanwalt Elsky meint: »Dieser Raub ist nicht der allerschlimmsten einer. Er hat ja nur gedroht.« Und beantragt trotzdem acht Jahre.
Strafverteidiger Peter Möring hält ein Plädoyer, dem wie nach einer Theaterpremiere minutenlanger Applaus folgt. Unter anderem sagt er: »Ich muß um ein mildes Urteil bitten. Obwohl mir noch nie so klar war, wie fragwürdig und phrasenhaft der Antrag auf Milde ist. Ein Mensch kann nur begrenzt tragen. Lebenslänglich plus 15 Jahre plus Sicherheitsverwahrung gehen schon weit über die Tragfähigkeit hinaus. Dieser Mann ist schon, als sei er begraben. Wird er jetzt verurteilt, ist es nichts anderes, als würden wir noch ein kleines Häuflein Erde draufschaufeln.
Sollten Sie meinen, mit einem Urteil oder Abschreckung dienen zu müssen, wäre auch dies ein Irrtum. Denn solange der Vollzug ist, wie er ist,

hat ein Lebenslänglicher außer seinem Leben nichts zu verlieren. Nicht umsonst habe ich immer wieder die Einstellung dieses Verfahrens nach § 154 angeregt.«
Nowak in seinem Schlußwort: »Ich weiß, was ich getan habe. Ich bin bereit zu büßen. Nicht um ein mildes, um ein sinnvolles Urteil möchte ich bitten. Wenn nicht, werde ich keine Revision einlegen, sondern dem Herrn Staatsanwalt die Genehmigung geben, mich zu erschießen. Oder zu erhängen.«
Während das Gericht berät, unterhalte ich mich mit Nowak. Gegen den Wunsch der Aufsichtsbeamten, die ihn daraufhin abführen wollen. Wie relativ alles ist, fällt mir auf, als ich sage: »Ach Jungs, nun laßt ihn doch mal frei atmen!« Im Gerichtssaal, in dem ich selbst kaum Luft kriege.
Ein sehr verlegener, sich unentwegt entschuldigender Vorsitzender, der Richter Sandau, spricht das Urteil: fünf Jahre und die Kosten des Verfahrens. Er spricht von der unterst möglichen Grenze, da er sich habe zwischen fünf und fünfzehn Jahren entscheiden müssen. Er sagt, er sei verpflichtet gewesen, dieses Verfahren zu führen, *nachdem es einmal an ihn herangetragen worden war, und erklärt mindestens dreimal:* »Die Verurteilung hat nur deklamatorischen Wert und soll eine spätere Resozialisierung des Angeklagten nicht verhindern.«
Sollte es eine Auferstehung geben, wird Nowak sie sitzend verbringen. Römisches Recht: »Fiat Justitia, pereat mundus.« Gerechtigkeit muß sein, wenn auch die Welt dadurch zugrunde geht. Ach reden wir doch Tacheles: nicht Gerechtigkeit, sondern Recht.
Nowak nimmt zur Kenntnis, klein, schmächtig, traurig in sich zusammengesunken. Ein Bild der Hoffnungslosigkeit. Die Augen jetzt erloschen hinter der randlosen Brille.
Seine Frau schleppt sich auf Krücken raus und sagt zu mir: »Jetzt müssen wir ihm noch mehr Kraft geben.«
Der Frühling steht wieder vor der Tür. Für Nowak wie für so sehr viele andere ohne Knospen, ohne Frau im Arm, ohne Alsterspaziergang.
Warum billigt man nicht Menschen, die in einer ausweglosen Situation Straftaten begehen, ohne betrunken, gedopt oder geisteskrank zu sein, auch den § 51.1 zu?

April 1974

P. S.

Nowak, seine Frau Charlotte und ich wurden Freunde. Die große schwarze Stola, die sie für mich häkelte, ist eines meiner Lieblingskleidungsstücke.

Charlotte ließ nicht locker, bis sie ihren Mann wieder draußen hatte. Er hatte große Schwierigkeiten, sich nach all den Jahren an die Freiheit zu gewöhnen. An den Straßenlärm und die Geräusche am Arbeitsplatz. Bald lebten sie in zwei Wohnungen, aber sahen sich täglich. Nowak trank, bis er bei den Guttemplern aktiv wurde. Jetzt ist er trocken, sagt immer noch, daß Charlotte die großartigste Frau der Welt ist, heiratete aber vor kurzem eine schöne junge Filipina.

Mai 1990

Erregung öffentlichen Ärgernisses

Dem Betonbauer Sch. und der Prostituierten Schm. wird eine Schw. vorgeworfen.
Genauer: im Januar 1974 im Wartesaal zweiter Klasse des Hamburger Hauptbahnhofs in Gegenwart zahlreicher empörter Reisender sexuelle Handlungen vorgenommen zu haben.
Da sind wir ja wohl kichernd ins Gericht gelaufen. Neugierig darauf, welche der zahllosen Möglichkeiten, die wir uns ausdachten, zutreffen würden. Wartesaal ist ja Restaurant. Auf dem Tisch? Neben dem Suppenteller? Vielleicht auf dem Tresen? Spielten Messer, Gabel, Schere, Licht dabei eine Rolle? Waren die beiden von Leidenschaft übermannt? Oder wollten sie nur – es war ja schließlich Januar – einander die Hände wärmen. Was mögen wohl die empörten Voyeure geschrien haben? Vielleicht: »Ich denk, ich seh nicht recht!«, »Ich denk, ich werd nicht wieder!«, oder »Ich denk, ich bin im Kino!«?
Es gibt ja exhibitionistische Paare mit Geschmack am Risiko. Die erst unter einer Straßenlaterne in der Nähe einer Polizeistation richtig in Gang kommen.
Ach ja, was es doch alles so gibt.
Gleich zu Anfang lange Gesichter bei den Erwartungsvollen auf der Pressebank. Der Staatsanwalt sagt: »Die Frau kriegen wir nicht her. Die Schm. soll sich seit einigen Wochen rumtreiben. Und der Mann scheint auch nicht dazusein.«
Doch hallo!!! Und alle setzen sich wieder. Da kommt er rein, der Sch.! Sieht gut aus. Soweit man das erkennen kann. Das Gesicht guckt aus dem vielen gesunden schwarzen Haar und Bart kaum raus. Er erinnert sehr an die Politraben des bekannten Berliner Zeichners Frerk. Nur die dunkelrot geschwollenen Lippen sind unübersehbar. Mein Gott, sieht der zerküßt aus!! Wo hat er's wohl diesmal getrieben?
»Ich bin heut nacht von Rockers überfallen.«
Ach so, Kopfnüsse. Nicht Küsse.
Der Eindunddreißigjährige sagt zur Person:
»Ich bin jetzt bei de Gas. Als Arbeiter. Da krieg ich 1400,– Mark für Schichten. Zu Hause bei meiner Mutter geb ich 300,– Mark ab. Ich hab

noch 1460,– Mark Schulden. Für Stereo und Tonband. Da zahl ich 250,– pro Monat.«
Der Vorsitzende spricht von Vorstrafen und macht sich auch mit großem Ernst an die Liste heran. Er spricht von Bahnhofskriminalität und wiederholtem Hausfriedensbruch. Ton und Gesichtsausdruck lassen auf Erhebliches schließen. Hört man genau hin, weiß man's besser. In Wirklichkeit dreht es sich um Fahrgeldhinterziehung.
Hausfriedensbruch begeht er immer, wenn er die Bahnhofshalle betritt, wie seine Freundin auch. Die beiden, die im Suff unangenehm aufgefallen waren, hatten wie manch anderer Bahnhofsverbot.
Zum Tatgeschehen befragt, sagt er:
»Die ist besoffen gewesen. Ich war ja mit ihr verabredet. Aber sie hatte vorher schon ne Flasche Korn. Das trinkt sie wie Wasser. Richtig voll war sie. Da hat sie ihren Rock immer hochgezogen. Und ich hab ihr den Rock nur immer wieder runtergezogen. Weil ein Mann immer hinguckte.«
Der Vorsitzende:
»Die Leute haben doch deutlich gesehen, daß Sie bei ihr am Geschlechtsteil gespielt haben.«
Sch. energisch: »Nee. Hab ich ja nicht nötig. Ich ging ja dann ins Hotel mit ihr. Ich holte sie ja extra raus, aus'm Bahnhof, weil sie voll war. Und hab noch ihre Mutter angerufen.«
»Hatten Sie denn auch getrunken?«
»Nicht viel. Ich beherrsch mich ja, wenn ich mit ihr zusammen bin.«
»Na ja, kann sein, daß Sie's nicht nötig hatten. Aber Sie waren doch mit der Hand immer wieder . . .«
»Nee! Der Rock war nur sehr kurz. Und sie zog ihn rauf, und ich ihn immer wieder runter.«
Als Zeuge sagt der 49jährige Hugo L., Geschäftsführer im Wartesaal zweiter Klasse, aus:
»Ich wurde am 31. Januar nachmittags hinzugerufen. Gäste stürzten auf mich zu und riefen: ›Sehen Sie sich das mal an!‹«
Vorsitzender: »Ja, was denn?«
Hugo: »Er hielt sie im Arm. Bedrängte sie. Es sah aus, als ob er sie ziemlich unsittlich berührte. Und 'ne Frau mit zwei minderjährigen Kindern sagte: ›Daß so was möglich ist!‹«
Der Vorsitzende: »Ja, was denn, was denn?«
Hugo: »›Ja darf denn so was sein?‹ sagte sie.«

»Ja was? Nun sagen Sie schon – was?«
»Er hatte den Kopf an ihrer Brust.«
»Hat er ihr nun von hinten unter den Rock gegriffen oder von vorn?«
Hugo: »Ich habe wenigstens die blutbeschmierte Hose der Dame gesehen.« Und er hob die Hand zum Eid.
Der Staatsanwalt beantragt eine Geldstrafe von 600,– DM oder 30 Tage Haft. Für den Preis könnte Sch. am Fischmarkt viele Röcke heben. Ja, es würde für ein Jahresabonnement reichen.
Ein Verteidiger plädiert nicht, denn er hat keinen. Das schlägt sich auch im Urteil nieder. Der Vorsitzende meint: »Er überschritt wohl die Grenze dessen, was man gerade noch tolerieren kann. Und so ein Vorfall kann ja auch nicht einfach so hingenommen werden.« Und verdonnert ihn tatsächlich zu den 600,– DM plus Gerichtskosten.
Das Angebot, Rechtsmittel gegen das Urteil einzulegen, lehnte Sch. ab. Da er, wie gesagt, keinen Anwalt hatte, ist nicht klar, ob er überhaupt verstand, was gemeint war. Oder, wenn er es verstanden haben sollte, ob ihm der Beschwerdeweg nicht zu schwierig ist. Mir ist es unbegreiflich, daß man so einem Mann nicht einen Pflichtverteidiger zur Seite stellt.
Der Vorsitzende meint hinterher, daß bei so kleinen Anlässen ein Verteidiger doch gar nicht vonnöten sei. Dafür sind die 600 Mark aber happich. Und die Liste der Vorstrafen-Belanglosigkeiten um einen Punkt mehr zum rügenden Vorlesen verlängert – die unaufhaltsame Kriminalität des Delinquenten untermauert. Bei ein bißchen Pech und ähnlichen Richtern sitzt er irgendwann in Sicherungsverwahrung.
Wie harmlos die Geschichte war, geht daraus hervor, daß die zwanzig Mädchen einer zehnten Gymnasiumsklasse von Anfang bis Ende anwesend sein durften. Normalerweise wird die Öffentlichkeit bei bloßem Verdacht einer sogenannten sittlichen Gefährdung ausgeschlossen. Als einmal Onanie unter Männern erörtert wurde, wurde die anwesende Gruppe männlicher Lehrlinge rausgeschickt. Was die wohl dazugelernt hätten?
Auf diesem Gebiet ist eben das meiste idiotisch. Der verurteilte Sch., die Schülerinnen, der Staatsanwalt, der Gerichtsschreiber, die Richter und die Presse können jetzt nach Hause gehen. Vorbei oder dicht dran an jeder Menge Schw. In jedem Pornoshop ist man für fünf Mark dabei. Für etwas mehr Geld gibt es Schw. in Farbe und Ton im Kino. Z. B. in dieser Woche:

»Das Schiff der nackten wilden Mädchen«
»Das Jucken im Heu«
»Wenn die prallen Möpse hüpfen«
»Ostfriesenreport«
»Frauen, die für Sex bezahlen«
»Auch im Kloster wird gejodelt«:
Ein handfestes Sexlustspiel, herrlich unanständig.
Ein gepfefferter Spaß voll deftiger Erotik.
»Wehe, wenn uns die Lust packt«:
Ein echter Hosenzwickerl
Deftige Erotik, praller Sex
Nur für Freunde ausgefallener Sexpraktiken
»Animal love«:
Dieser Film zeigt den Höhepunkt sexueller Lust
»Privatclub für intime Spiele«:
Ungezügelte Erotik sexhungriger Mädchen
»Zeig mir deins, zeig ich dir meins«:
Liebe in drei Dimensionen
»Heißer Sex in Bangkok«
»Sexfieber«
»Liebestoll«
»Liebesgrüße aus der Lederhose«:
Der deftigste Sexspaß des Jahres
»Jagd auf Jungfrauen«:
Höhepunkt der Wollust

Dem geneigten Leser fallen sicher automatisch noch eine Latte anderer Filmtitel der letzten Monate ein.

Wer diese Filme macht, hat eine Anzahl guter Anwälte. Kommt es trotzdem zwischendurch zu einem Prozeß, schadet das seinem Ansehen nicht. Im Gegenteil, es steigert seinen Umsatz. Er bleibt Kavalier. Und das aufgeklärte Feuilleton wirbt augenzwinkernd für die Kunstwerke.

Hat man kein Geld, bleibt man an Zeitungskiosken stehen. Da bammelt's dann. Mit Höschen, ohne Höschen. Wir leben in Hamburg. Es gibt alles zu sehen. Man kann alles tun. Fast alles. »Quick« dürfen wir eigentlich diese Woche nicht lesen. Beschlagnahmt. Nicht aus politischen Gründen, dann hätten wir ja auch die »Bild-Zeitung« nicht mehr. Sondern weil endlich mal ein männliches Glied abgebildet ist. Jugendgefährdung nennt sich dieser Körperteil. Nicht Mundraub, nicht

Raubdruck, sondern Nachdruck war es. Aus dem Playgirl. Wir Frauen sollen uns also weiterhin mit dem Anblick von Brüsten und Scheiden bescheiden.

Eigentlich ist Sch. für sein bißchen Gefummel trotz allem billig davongekommen. Auch wenn er jetzt, um seine Schulden zu tilgen, noch mehr Extraschichten schieben muß.

Es war wohl der Kardinalfehler des Paares im Hauptbahnhof, daß es sich gratis zur Schau stellte. Gegen Eintritt mit etwas cleverer Werbung wäre vielleicht eine Karriere fällig gewesen. Nun kann man sagen, daß sie sich und den Anblick ihrer Unterwäsche den Leuten ungebeten aufdrängten. Das tut die *alles vergewaltigende* Werbung auch. Das tun die Schaukästen, das tut die ganze, ob zur Geilheit oder zum Brechreiz animierende, Presse.

Sie meinen, das muß man nicht sehen. Man kann ja weggucken. Ja, wenn's so ist, hätten die Leute im Bahnhof ja auch weggucken können, statt wie gebannt hinzustarren.

August 1974

Hiebe aus Liebe

Neulich kaufte ich mir die »Neue Gerichtszeitung«. Ein Fachblatt kann mir als Gerichtsreporter nicht schaden, dachte ich. Aber mein Gott, was war das für ein Scheiß. Todlangweilig, aber das sind juristische Schriften ja häufig. Doch hier anders als sonst. So, wie sich in gängigen Pornos bläuliche Schwänze aneinanderreihen, knospige Rosenbrüste und saftig rosa Muschis einen gähnen lassen, sind es hier die Striemen des Rohrstocks, die flache Hand auf den »Blanken«, sprich, den nackten Po.

Auszüge aus diesem einzigen Exemplar der Nummer 28 vom Juli 1974.

»Da der Lehrer D. sich darauf verstand, richtig durchzuziehen, war es ein so durchdringender Schmerz, daß alles im jungen Körper in Aufruhr geriet ... Meine Eltern nahmen stets die Riemenpeitsche, natürlich mußte ich dann den Blanken freimachen, aber das gehört sich ja auch so ...

Die Herrin des Hauses und ich sind ganz unnachsichtig. Beim Vokabelnabfragen liegen die Bengels, da es meist nicht klappt, sowieso mit entblößten Popos, die Hose heruntergelassen, dicht nebeneinander über der Bank. Wenn meine Chefin oder ich rohrstockbewaffnet abfragend die Front der nackten Hinterbacken abschreiten ... Ei, das gab Striemen, wenn er den Rohrstock auf unseren Pobacken tanzen ließ ... Ist es aber eine Schande, den Blanken verstriemt zu bekommen? Gewiß nicht! Schließlich waren wir jung, und es kam schon vor, daß wir erregt wurden ...

Vater nahm Jörgs Oberkörper zwischen die Beine, und dann legte er mit der Peitsche los. Es war unheimlich, mit welcher Wucht er auf die Hinterbacken einschlug, und bei jedem Hieb flammte ein dunkelvioletter Streifen auf. Er war fertig. Sein Weinen klang eher wie ein Röcheln ... Der Rohrstock ist furchtbar, und dann wird er vorher noch eingeweicht, damit er ganz elastisch ist und sich um unsere Hintern herumschmiegt ...

Mindestens einmal in der Woche gibt es eine richtige Abreibung. Meine Rangen ziehen zu diesem Zweck ihre selbstgestricken Wollschlüpfer aus und legen sich dann über den Küchentisch, auf dessen Mitte ich noch

ein Kissen lege, damit der nackte Po auch richtig herausgestreckt wird. Dann gibt es mit dem nicht übel ziehenden Rohr mindestens 25 auf den hüpfenden Blanken ...
70 bis 80 Prozent aller Knaben haben eine Erregung, wenn sie den Rohrstock kriegen. Mädels auch. Sie können nur keine so deutliche Erektion haben. Aber wer im Gesicht zu lesen und die stöhnenden Laute zu deuten weiß, weiß Bescheid ... Feste hinten drauf! Bis 25 auf den Blanken, dann lacht das Mädel nicht mehr über Sie ... Wer sexuell nur Lust beim Anblick schlanker Frauen findet, wird kaum Erregung spüren, wenn ein Pummelchen den Po vollbekommt.«
O mein Gott, wie trostlos, und das seitauf, seitab. Noch viel mehr als hier zitiert. Und das jede Woche.
Ich bin Schwedin. Finanzierte mein Studium durch Schwedisch-, Englisch- und Deutschunterricht, nach der Berlitz-Methode, auch Naturmethode genannt. Da der Name Berlitz geschützt ist, stand in meinen Anzeigen im »Abendblatt« und in der »Welt« eben nur Naturmethode. Darauf meldeten sich überwiegend Leute, die eine strenge Erziehung, eine strenge Pädagogin, eine strenge Herrin suchten. Die offensichtlich ihre Kindheitsgeschichten ins Erwachsenenleben mit hinübergeschleppt hatten.
Soll sich doch hauen und in Ketten schlagen, wer will. Es gibt ja genug Leute, die im Schlafzimmer Macht spüren wollen. Zumindest in der Bundesrepublik lebt eine ganze Industrie von reichlich absonderlichen Artikeln: Nadelkissen für die Brustwarzen und andere Weichteile, Hodenklemmen und vielen anderen schönen Folterinstrumenten mehr.
Doch hier und in der »Neuen Gerichtszeitung« dreht es sich nicht um absonderliche Praktiken unter verkorksten Erwachsenen, sondern um die Macht verkorkster Erwachsener über zu verkorksende Kinder. Kinder, aus denen man das Rückgrat rausprügelt. Die später das Buckeln nach oben und Treten nach unten als notwendige Kompromißbereitschaft empfinden.
Als Willy Brandts Söhne in dem Film »Katz und Maus« mitwirkten, ein Film, in dem Onanie und Spiel mit dem Ritterkreuz vorkamen, verlangten Zuschauer, daß Brandt seine Söhne angemessen bestrafen solle. »Brandt, wo ist dein Rohrstock?« hieß es damals.
Bitte, keine Mißverständnisse. Wir leben im zwanzigsten Jahrhundert und außerdem im zivilisierten Norden Europas. Kindesmißhandlung wird lt. § 223b STGB durchaus geahndet. Mindeststrafe drei Monate,

Höchststrafe fünf Jahre. Nur Ohrfeigen und Arschversohlen, Drohungen und Psychoterror gelten nicht als Mißhandlung. Damit eine Mißhandlung vor Gericht landet, muß sie schon grob sichtbar sein. Vor allem muß sie aktenkundig werden. Das geschieht selten genug. Die Nachbarn schweigen aus Desinteresse oder Angst, mit hineingezogen zu werden. Die Geprügelten aus Angst vor neuen Strafen. Außerdem betrachtet man es als familienintern, genau wie Übergriffe in der Ehe. Die Gurgel darf man seiner Frau zwar nicht umdrehen. Aber warum soll er ihr nicht in die Fresse schlagen? Sie wird schon wissen, warum er es tut. Und wenn nicht, wird er es schon wissen.
Wenn Kinderarme über der Tischkante gebrochen werden, wenn die Schläge auf den Kopf zum Schädelbruch führen, wenn es Erfrierungen gibt wegen Aus- oder Einsperrungen bei Eiseskälte, wenn Fesselungen Wunden ins Fleisch fressen, dann kann es schon einen Skandal geben. Allerdings ist es auch passiert, daß Ärzte, die in solchen Fällen Anzeige erstatteten, anschließend selbst zur Rechenschaft gezogen wurden. Die zuständige Ärztekammer verwarnte sie wegen Verletzung der ärztlichen Schweigepflicht. D. h., sie hätten im Grunde vorher die mißhandelnden Eltern fragen müssen, ob sie Anzeige erstatten dürfen.
Immer noch sieht man lieber die eigenen Eltern ihr Kind schlagen, als Fremde es streicheln. Quälen der Kinder bereitet dem Erzieher meistens nicht geringe Lust. Selbst schon als Kind von Eltern, Kirche, Lehrern verbogen, reicht er seine genossene Erziehung weiter. Denn wer seinen Sohn liebt, der züchtigt ihn, spricht schon die Bibel. Mit Peitsche, Riemen, Rohrstock, Besen, Handfeger und etlichem mehr. Den Stockschlägen auf Hintern, Beine und Rücken geht häufig ein wahres Zeremoniell voraus. »Bring mir den Stock, bring mir den Ausklopfer«, heißt es. Das Kind apportiert, liefert ab, läßt die Hosen runter, bückt sich demütig und erwartet die Strafe.
Wieso derartige Methoden bei vielen zu einem derart unvergeßlichen Lusterlebnis werden, daß sie später nicht Zärtlichkeit, sondern Schläge ersehnen, weiß ich nicht. Da überlegt man, ob die unter Strafe stehende Aussetzung eines Babys nicht oft besser fürs Kind gewesen wäre. Nur soll das übelste Elternhaus noch besser sein als das schönste Heim, sagt man. Angeblich befindet sich in der BRD kaum eins, in dem nicht geprügelt wird, wobei der sadistische Erziehungsstil in konfessionellen Heimen überwiegt.
Jürgen Roth sagt in seinem Buch »Heimkinder«:

»Nicht typisch, aber auch keine Ausnahme sind die sadistischen Erziehungsmethoden, zum Beispiel im katholischen Kinderheim Augsburg-Hochzoll. Dort leben insgesamt 80 Kinder zwischen 4 und 14 Jahren. Erzogen werden sie unter anderem von 10 Schwestern der ›Sankt Josef Kongregation‹.«

Die Kinder aus diesem Heim berichteten Jürgen Roth über deren Erziehungsmethoden:

»Schwester W. hat Kinder mit der Faust ins Gesicht geschlagen. Sie hat auch manchmal den großen Schlüsselbund genommen und besonders frechen Kindern auf den Kopf geschlagen. Einem Kind hat sie ein heißes Bügeleisen auf die Hände gedrückt. Sie hat den Kindern Finger- und Zehennägel blutig geschnitten. Andere Kinder hat sie freitags, beim Baden, so lange in die Wanne gedrückt, daß sie geschrien haben, daraufhin wurden sie geschlagen. Wenn Kinder ins Bett machten, wurden sie geschlagen. Es wurden ihnen Wäscheklammern ins Geschlechtsteil gedrückt, und sie mußten damit in der Ecke stehen. Oder sie mußten sich nackt auf den Boden legen, und andere Kinder wurden aufgefordert, sie zu schlagen.«

Karl-Heinz, 6 Jahre alt: »Sie hat Kinder ins Bad getunkt, ihnen die Fingernägel blutig geschnitten und Kinder mit harten Gegenständen fest ins Gesicht geschlagen. Kinder, die ins Bett machten, haben Klammern ans Geschlechtsteil bekommen.«

Kinder aus anderen Kinderheimen berichten:

»Wenn wir abends im Bett laut sind, dann müssen wir rausgehen in den dunklen Flur, und dann kriegen wir es immer. Die Claudia, die macht immer noch ins Bett, die kriegt dann eine Dusche, die muß sich dann mit kaltem Wasser abwaschen. Der Rudi hat immer neben die Toilette gemacht, und dafür hat er es mit dem Kochlöffel bekommen. Und wenn er es dann noch einmal gemacht hat, dann mußte er, dann wollte ihn die Schwester tunken. Wenn die Kinder daneben machen, dann werden sie reingetunkt, mit dem Kopf in die Toilette rein, und dann wird abgezogen.« (St. Michael, Wiesbaden)

»Wir bekommen immer Schläge mit der Hand in das Gesicht, wenn wir der Tante Widerreden geben. Die wird dann wütend und schlägt überallhin, und wenn sie besonders wütend ist, dann nimmt sie einen Stock und haut zu.« (Kinderheim Haus Petra, Frauensteinau)

»Wenn wir abends im Bett laut sind, dann müssen wir in den dunklen Flur rausgehen und kriegen es immer.« (Ev. Kinderheim, Traunsreuth)

»Unser Erzieher klopft immer, weil er nicht so eine laute Stimme hat. Und wenn er einen anderen haut, weil der nicht hört, dann, wenn er gerade einen Stock bei sich hat, dann sagt er, komm mal mit in die Waschküche. Und dann macht er die Tür zu. Dann darf kein anderer reinkommen, und dann haut er.« (Ev. Kinderheim, Simmern)
Solche sadistischen Methoden können nicht verwundern, wenn man liest, daß der Allgemeine Fürsorgeerziehungstag e. V. 1972 in Hannover kommentierte: »Eine körperliche Züchtigung des Minderjährigen sollte im Hinblick auf das Grundrecht der körperlichen Unversehrtheit tunlichst vermieden werden, wenn sie nicht durch eine Notwehrsituation herausgefordert wird. Tritt man der herrschenden vertretenen Rechtsansicht nicht bei, so können als zulässige Mittel der körperlichen Züchtigung höchstens Schläge mit dem Stock auf die Hand oder das Gesäß angesehen werden.«
Schlagen und zusehen beim Schlagen sind lustbetont und stark sexuell besetzt. Davon reden Seelenkundige seit Jahrhunderten.
Schmerz und Lust liegen leider nah beieinander, das ist bekannt.

September 1974

P. S.
Sadomaso ist in. Gerade hatte der STERN, mit einer schönen Masochistin auf dem Titel und im Heft, eine riesige Symphatie-Reportage dazu. Das Tabu ist gebrochen. Hinz und Kunz rühmen sich lauthals ihrer Prügelgelüste.

Mai 1990

Zwei Frauen

Ich lese jetzt immer, egal, was ich aufschlage: lesbische Liebe, lesbische Liebe, lesbische Liebe. Wie 'ne Platte mit 'nem Sprung.
Ach, mein Gott! Das ist plötzlich für alle so interessant und so unendlich neu, wie es die Abtreibung vor gar nicht langer Zeit war. Als hätte es auch das nicht schon seit Menschengedenken gegeben.
Die bundesdeutsche Presse ist wirklich phänomenal. Man hat das Gefühl, sie schreiben alle voneinander ab. Diesmal ist es der Lesben-Boom, entstanden durch einen Mordprozeß. Ich mag kaum noch sagen, um welchen Prozeß es sich handelt, weil es ja doch jeder weiß. Um den Gemüse- und Ehemann Ihns, der im Auftrage seiner ziemlich hübschen Frau Marion, 35, und ihrer dänischen Freundin Judy, 25, erschlagen wurde. Zwei Frauen, die sehr wenig gemeinsam hatten. Höchstens dies: daß sie beide schon als Kinder von erwachsenen Männern vergewaltigt wurden. Judy mit vier Jahren und Marion mit neun. Auch nicht gerade erwärmend.
Ein Mordprozeß also, über den es sicher nicht viel zu lachen gibt. Es handelt sich ja nicht einmal um einen crime passionnel, um ein Verbrechen aus Leidenschaft, das gerechterweise meist milder beurteilt wird als etwas Kaltblütiges, Hinterfotziges. In diesem Fall sieht es so aus, als sei die Person des Ehemannes dem Liebespaar nur insofern im Wege gewesen, als er hinter dem Gemüseladentisch stand und wohl nicht bereit war, den Platz zu räumen. Es soll auch noch eine Lebensversicherung im Spiel gewesen sein, die für Frau Ihns attraktiver war als der Mann selbst. Daß sie ihn immer wieder durch Küsse und Streicheln hinters Licht führte, deutet ebenfalls auf kaltblütigen Mord hin. Sieben Mordpläne gab es. Frau Ihns übte umschichtig Verrat.
Wahrscheinlich ganz überflüssig, wenn es nur darum gegangen wäre, sich in Ruhe lieben zu dürfen. Denn der ermordete Mann war, wie alle bezeugen, jemand, der in seine Frau entweder so verliebt war oder so gleichmütig oder schwach, daß er eine Ehe lang hinnahm, was er hinnehmen mußte, wollte er sie nicht ganz verlieren. Es gab eine Handvoll Nebenbuhler, die vermutlich nicht so ernst zu nehmen waren. Es gab dann allerdings noch einen Mann im Laufe der Ehe. Seinen Freund

Peter, der wohl als erster bei Marion so etwas wie Leidenschaft auslöste. Eine Leidenschaft, die die Geburt einer Tochter zur Folge hatte. Eine Tochter, die Ehemann Ihns als sein eigen anerkannte. Wissend, daß sie es nicht war. Seine Empörung war nicht größer als der Wunsch, gerade mit dieser Frau zusammenzuleben.
Doch hier geht es ja gar nicht um die Seitensprünge der molligen Frau Ihns. Es geht nicht darum, daß sie, deren Mann nicht in der Lage war, sie sexuell zu befriedigen, sich anderweitig auszuhelfen verstand. Es geht ausschließlich darum, daß sie diese Hilfe, die sie jahrelang vergeblich bei Männern suchte, bei einer Frau fand. Und hier wird die Sache kriminell. Denn in diesem Prozeß, der so lief, wie »normale« Prozesse hierzulande laufen, das heißt normal besetzt mit einem Vorsitzenden, zwei Beisitzern, sechs Schöffen (darunter nur eine Frau!), Verteidigern und Staatsanwalt – in diesem Prozeß, so konnte man meinen, spielte der Mord, um den es ursprünglich gehen sollte, nicht nur eine untergeordnete Rolle, sondern überhaupt keine.
Es ist ein Sittenprozeß. Eine wahre Orgie. Von der Presse ins Unermeßliche hochgejubelt. Die lausigen Pressespießer, wie sie dasitzen! Dicht aneinandergedrängt. Die Bemerkungen. Das geile, dämliche Gelächter. Das sind die Leute, die Millionen beeinflussen. Sie sind gefährlich. Gemeingefährlich. Die Atmosphäre im Gerichtssaal erinnert an eine Theaterpremiere. Was in Deutschland total unüblich ist, daß nämlich im Saal hemmungslos fotografiert werden darf, stößt in Itzehoe zu keiner Zeit auf Widerstand. Was ebenfalls fast immer unmöglich ist, daß nämlich das Publikum bei der Erörterung sexueller Dinge im Saal bleibt, ist in Itzehoe möglich. Bei diesem Prozeß, nach dem sich alle die Finger lecken, wird nicht ausgeschlossen, nein, es gibt sogar Stehplätze. Die Presseberichte werden vom Gericht zu keiner Zeit gerügt. Statt dessen hält der Vorsitzende Selbmann eine einstündige Verteidigungsrede, als er sich vom NDR-Freitagsmagazin – es hat die Art und Weise kritisiert, in der der Prozeß abrollt – angegriffen fühlt. Auch die dänischen Pressebeobachter sind empört und sprechen davon, daß die Angeklagten Freiwild seien. So kommt auch Judy (ihre ehemalige Freundin hat inzwischen ihre Memoiren an »Quick« verkauft) zu ein bißchen Geld. Leute aus Dänemark sammeln für sie.
Diese Judy, ein Mädchen voller Koboldcharme, ein Lausbubengesicht, ein Peter Pan, ein Puck. Klein, zart, sehr ausdrucksvoll mit Riesenaugen und hellrotem kurzem Haar. Ein Mädchen zum Knuddeln. Ein

Mädchen, das ganz offensichtlich auch von Tag zu Tag mehr Sympathie einheimst. Judy, die Dänin, mit ihrer rauhen, schönen Stimme, heiser, ein kleiner Junge im Stimmbruch, steht zu ihren Gefühlen. Steht zu den Ereignissen. Ist deutlich, ist unmißverständlich. Spricht unbegreiflich gut, übersichtlich, logisch, klar, in einem sehr schönen Dänisch, obwohl sie nur ein Minimum an Schule besucht hat. Frau Ihns, nur fotogen, in natura gröber, banaler, scheint einem Lore-Roman entweder entsprungen zu sein oder ist durch vieles Lesen Produkt solcher Werke. Die ganze deutsche Presse ist sich in Superlativen in ekelerregender Weise einig, daß die adrette, üppige, nach deutschen Begriffen äußerst weibliche Marion Ihns die Verführte, Reingelegte war. Daß die andere, ein kesser Vater, sie wohl überrumpelt haben müßte. Verkommen. Eine Großstadtschnalle aus Kopenhagen. Unterwelt, Untergrund, Unter-unter-unter.
»Marion konnte nicht genug kriegen!«
»Bei Judy war ich wie berauscht!«
Auch am 4. Tag: nur das Liebesleben der Frauen!
»Zwei Frauen liebten sich bis zum Mord!«
»Das Mordgeheimnis der lesbischen Frauen!«
»Judys lesbische Liebe, was sie darüber erzählt.«
»Die sieben Mordpläne der lesbischen Frauen!«
Der Vorsitzende wies darauf hin, daß hier nichts erörtert würde, was verderbender sein könnte als alles, was Tag und Nacht im Fernsehen in die gute Stube kommt. Recht hat er. Nur geht es hier ja nicht darum, daß man durch das, was hier erörtert wird, verdorben wird. Sondern es geht darum, daß man nicht ein Liebespaar einfach ein Liebespaar nennt. Daß eine leidenschaftliche Beziehung nicht einfach eine leidenschaftliche Beziehung ist. Sondern daß sie erst an Qualität gewinnt oder verliert durch das W e r mit W e m? Die Gesellschaft entscheidet, was schicklich und nicht schicklich ist. Was man soweit akzeptieren kann, daß man es selber mitmacht. Was man selber heimlich mitmacht. Wozu man sich bekennen kann. Wozu man sich laut bekennt, um »in« zu sein. Aber das entscheiden immer andere. Die Beteiligten selbst werden selten gefragt.
Und wie gesagt: Hier gibt es einen Toten. Hier gibt es ein paar Kinder, die jetzt keine Eltern mehr haben. Eine Mutter im Knast! Die Freundin, durch diese Mutter wahrscheinlich zum Mord getrieben. Sie, ganz weiblich, tat das, woran Frauen sich durch die Jahrhunderte gewöhnt

haben: Sie erpreßte die Geliebte, indem sie die permanente Gefahr, in der sie schwebte, permanent schilderte. Indem sie von Drohungen, Schlägen und Vergewaltigungen sprach. Von ausweglosen Situationen. Als gäbe es kein Ausziehen, kein Wegfahren. Sie mußte beschützt werden. Und der einzig denkbare Schutz war der, daß ihr Ehemann, der in ihren ganzen Klagen und Jammern als einzig Schuldiger dasteht, aus dem Weg geräumt wurde.

Die Geliebte tat da eigentlich nur ihre Pflicht, als sie das einzige, was sie glaubte, tun zu können, tat, um die Bedrohte zu beschützen.

Es handele sich nicht, so betonte der Vorsitzende, um einen Sexualmord. Dann wäre die Verhandlung natürlich nicht öffentlich gewesen. Ein formalistisches Argument. Denn was ein großer Teil der Presse aus diesem Prozeß gemacht hat, ist mehr als ein Sexualmord. Es ist der Mordversuch an einer sexuellen Minderheit. Immerhin ermutigend, daß nach Demonstrationen lesbischer Frauen (»die geile deutsche Männerpresse schlägt allen Frauen in die Fresse«) jetzt auch 136 Redakteurinnen und 41 männliche Kollegen auf die Barrikaden gingen und beim Presserat gegen die Berichterstattung über den Prozeß von Itzehoe protestierten. Nachdem also die Presse auch innerhalb der Presse angegriffen wurde, schlägt man nun einen anderen Ton an.

Jetzt werden zwar nicht mehr die »Absurditäten« einer weiblichen homosexuellen Beziehung breitgetreten und ausgewalzt, bis sie einem zu den Ohren wieder rauskommen, jetzt wird es wissenschaftlich. Jetzt interviewt man Lesbierinnen. Jetzt bringt man in zahlreichen Folgen in allen Zeitschriften, daß es Lesbierinnen *gibt*. Was für ein Wunder! Wer hätte das geahnt? Wie verblüffend! In einer Welt, in der die meisten Männer zum Kotzen sind. Solche Klötze, daß es ein Wunder ist, daß nicht alle Frauen die Flucht ergreifen.

Obwohl ich gar nicht sicher bin, daß eine andere Frau als Sexualpartner die gelungene Alternative ist. Ich bin überzeugt, daß die Schwierigkeiten einer Beziehung in der Beziehung selber liegen. Und daß es nicht an erster Stelle eine Frage des Geschlechtes ist, ob sich zwei Liebende an die Gurgel gehen oder sich Gift ins Essen streuen, sondern daß es Machtfragen, Angstfragen, innere und äußere Schwierigkeiten sind, die eine Zweisamkeit nicht funktionieren lassen.

Ich kann mir vorstellen, daß so manche Frau, die bisher noch nicht auf den Gedanken kam, die nur dumpf und traurig wußte, daß ihr Leben an der Seite eines unbefriedigenden Mannes versickert und daß das Leben zu kurz ist, um es versickern zu lassen – daß eine solche Frau jetzt vielleicht ihre Freundinnen mit anderen Augen ansieht und sich fragt: »Wäre das was?«

Wahrscheinlich wäre das nichts. Wenn sie nichts ändert als das Geschlecht das Partners, dann hat sich gar nichts geändert. Ist das, was Herr Meier nicht bietet, bei Frau Meier zu erwarten? Quatsch mit Soße. Echte Alternativen liegen woanders. Es geht nicht darum, ob man einen Schwanz gegen eine Möse tauscht oder eine Möse gegen einen Schwanz. Es geht darum, daß man eine alte, abgegriffene, kranke Einstellung gegen eine neue, aufbauende, gesunde eintauscht. Es geht darum, daß man nicht nur darauf aus ist, seine eigenen Löcher, im wahrsten Sinne des Wortes, zu stopfen.

Oktober 1974

Depressionen

Eine junge Frau, Erika T., 29, brachte kurz vor Weihnachten 1973 ihren 6jährigen Sohn um. Ihr einziges Kind, das sie über alles liebte.
Jetzt sitzt sie zusammengesunken auf der viel zu großen Anklagebank. Lange, schwere, braune Haare. Weiches, sanftes Gesicht, Kinderaugen. Ein voller Körper in Wolle. Das Taschentuch von beiden Händen gepreßt. Eine Kindfrau, die mit sanfter Stimme, in übersauberer Diktion, alle Endsilben deutlich wie nach Sprechunterricht aussprechend, erzählt von Liebe und Leid in der Art, in der die Hedwig-Courths-Mahler-Geschichten den Fernsehern millionenfach die Tränen in die Augen treiben. Nur: Diese Geschichte schrieb das Leben.
Erika wurde in Rostock geboren. Ein Wunschkind des Vaters, zum Leid ihrer Mutter. Bei ihrer Geburt war der jüngste ihrer drei Brüder schon zehn Jahre. »Ich hatte ein sehr gutes Verhältnis zu meinem Vater. Ich war wohl sein Lieblingskind. Meine Mutter war immer etwas böse auf ihn, weil er mich etwas verzog. Ich war hin- und hergerissen zwischen meinen Eltern. Nach seinem Tod hat mein Verhältnis zu ihr sich besonders verschlechtert. Weil ich nach Hamburg kam und in anderen Umständen war und bei ihr wohnte.«
Der Vorsitzende, Richter Hadenfeldt, fordert Erika auf, ihren Lebenslauf etwas ausführlicher zu schildern. Lieb, bereitwillig, brav und höflich gibt sie exakt Auskunft über alles. Sie gibt sich sehr große Mühe, in dem großen Schwurgerichtssaal ihre sowieso immer vorhandene Angst zu verdrängen und ruhig zu bleiben.
»Erst, als wir hierherkamen, lebten wir in Baracken, Lagern und Behelfsheimen. Wirklich eine ziemlich scheußliche Erinnerung. Da gab es Ungeziefer und anderes Unerfreuliches. Nach meinem Volksschulabschluß begann ich eine Schneiderlehre. Nach drei Jahren wurde ich Gesellin. Danach wurde es besser. Ich arbeitete 1½ Jahre in einem Modesalon, in dem ich mich sehr wohl fühlte. Weil ich aber mehr lernen wollte, ging ich an die Kleine Oper Berlin in die Theaterschneiderei.«
Doch nicht nur Erikas Drang zur Weiterbildung zog sie nach Berlin, sondern auch ein Fiesepampel namens Heiko von S., den sie in Hamburg lieben lernte und der dann nach Berlin ging.

»Ich hatte bis dahin etwa vier Jahre einen Jugendfreund. Ich wollte ihn nicht kränken, habe mich aber doch von ihm gelöst. Wegen Herrn von S. Ich war damals ziemlich unreif und unselbständig. Die Bedenken meines Vaters waren sehr gut gemeint. Nach einiger Zeit meinte ich, daß ich schwanger sei. Da ich mir jedoch meiner Sache nicht ganz sicher war, wollte ich Herrn von S. nichts davon sagen. In meinen Jungmädchentagen war häufiger eine Verzögerung der Mensis eingetreten. Nur meiner Freundin vertraute ich mich an.« Bei erstbester Gelegenheit petzte die Freundin. Und der Edle ward nicht mehr gesehen.
»Einmal erreichte ich ihn noch. Er wich mir aus und meinte, ich müsse mich allein darum kümmern. Ich suchte Hilfe bei meinem Jugendfreund. Der meinte, ich müsse abwarten. Ich ließ meine ganze Kraft am Theater. Dort forderte man den vollen Einsatz aller. Und ich konnte keine Rücksicht auf eine Schwangerschaft nehmen. Ich habe noch einmal ein Gespräch mit Herrn von S. erreicht. Ich wollte nur Sachliches regeln. Er wehrte sich gegen jede Unterhaltszahlung. Er war wütend. Und nahm keine Rücksicht darauf, daß ich schon im sechsten Monat war.
An meinem Geburtstag, dem 27. 12. 1966, wurde mein Sohn geboren. Ich nannte ihn Erik, weil es ja mein Kind war, meins ganz allein. Und weil mein Vater mich auch Erik genannt hätte, wäre ich ein Junge geworden.«
Der Richter: »War da nicht noch ein Vorfall?«
Erika, wieder von Weinen geschüttelt, während das Haar ihr Gesicht verdeckte. »Doch. Am 24. 12. erhielt ich die Verlobungsanzeige von meinem Jugendfreund. In Gegenwart meiner Mutter. Sie war furchtbar böse. Sie verglich die Männer miteinander und machte mir mehr und mehr Vorwürfe. Vorher war meine Mutter sehr begeistert von Heiko gewesen. Jetzt hörten ihre Vorwürfe gar nicht mehr auf. Ich löste eine Röhre Schlaftabletten auf, weil ich es nicht mehr aushielt.« Erika wurde gerettet, ihr Sohn zwei Tage später geboren.
Aufs wärmste empfohlen, arbeitete Erika jetzt an der Hamburger Staatsoper und dann wieder in einem Modesalon.
Der Richter: »Der Junge war ja zuerst bei der Oma, wie man so schön sagt. Bis Sie 1969 eine eigene Wohnung hatten.«
So war es. Danach kam Erik in ein Kindertagesheim und verbrachte auch mit viel Freude viel Zeit bei den Eltern des Jugendfreundes, die auch den Kindergartenplatz bezahlten. Liebevolle Leute, die zwar sehr

traurig waren, daß es zwischen ihrem Sohn und Erika nicht zur Ehe kam, Erika trotzdem immer weiter wie eine Tochter behandelten.
Frau Irmgard K., 56, Zeugin, küßt die Angeklagte und sagt weinend aus: »Erika war wie eine Ausgestoßene. Trotz Familie. Nur solange der Vater lebte, ging es einigermaßen. Ihr Bruder schlug sie grün und blau. Wir hätten den Jungen gern ganz zu uns genommen. So war er immer abwechselnd bei Erika, ihrer Mutter und uns. Mein Mann hat oft gesagt, Erika muß unbedingt in Behandlung wegen ihrer Migräne und den Depressionen. Doch ihre Mutter hat ihre Krankheit als Getue abgetan und gesagt, sie solle sich nicht so haben. Sie setzte ihren starken Willen auch immer einfach durch.«
Der Vorsitzende: »Kam dieses Geschehen selbst – Sie wissen, was ich meine – für Sie überraschend?«
»Mein Mann hat so was immer schon befürchtet. Obwohl ihre Beziehung zum Kind sehr liebevoll war.«
Opa K. starb plötzlich. Erika: »Es war, als hätte ich meinen Vater zum zweiten Mal verloren. Und für Erik war der Tod entsetzlich. Er sprach immer davon, er wolle zu seinem Opi in den Himmel fliegen.« Die ihr wohlgesinnt waren, erkannten also, daß Erika behandlungsbedürftig war, ja, daß sie und ihr Kind ständig in Gefahr schwebten. Erika war in Behandlung – würde ihr Hausarzt sagen. Bei ihm. Der, wie so mancher Hausarzt, anstatt seine Grenzen zu erkennen und einzugestehen, um dann den gefährdeten Patienten an einen Facharzt zu überweisen, lieber gegen gutes Honorar mit Tabletten, Spritzen und Zäpfchen das Übel zudeckte.
Erika: »Ich hatte Schwierigkeiten, da ich seit meiner Lehre sehr unter Migräne litt. Ganz unregelmäßig, zwei- bis dreimal die Woche, mal erst nach 8 Wochen Pause. Immer mit ständigem Erbrechen. Von 1970 bis 1973 immer häufiger. Es war so schlimm, daß ich mich immer beim Arzt flach auf den Boden der Toilette legte, bis ich endlich dran war und eine Spritze bekam. Meine Depressionen waren sehr unabhängig davon. Die hatte ich, glaube ich, schon als Kind. Weil ich immer alles machen mußte. Für meine Brüder die Schuhe putzen. Immer von meiner Mutter in Trab gehalten wurde. Und nicht wie andere Kinder zum Spielen kam. Und dann die furchtbare Angst. Ich fühlte mich immer wieder unfähig, völlig unfähig. Es bezog sich auf *alle* Dinge. Ich hatte Angst vor allem. Bei meinem Bruder ist es ganz genauso. Auch bei meinem Vater war es so. Und meine Tante litt zeit ihres Lebens unter Migräne. Ich

brauchte immer wieder Hilfe. Auch meine Mutter gab mir manchmal Geld. Aber das war jedesmal mit großen Vorwürfen verbunden. Sie meinte, ich wäre faul und müsse arbeiten. Zum Schluß begriff ich, daß ich richtige Behandlung brauchte. Und meldete mich bei Therapeuten an. Migräne ist nämlich wirklich oft so schlimm, daß man meint, verrückt zu werden. Die Ärzte meinten aber, man könne nichts für mich tun. Die Gruppen seien anderthalb Jahre ausgebucht. Andere Ärzte waren einfach nie zu erreichen, wenn ich sie brauchte. Nach einer Weile fühlte ich mich auch besser. Und ließ meine Versuche.«

Wenn es Erika schlecht ging, zog sie sich, für ihre Umwelt unbegreiflich, immer völlig zurück. Schloß sich ein. Versteckte sich.

Nun könnte der Eindruck entstehen, als sei Erika permanent ein winselndes Häufchen Unglück. Eine etwas unappetitliche, sich ständig übergebende, dumpf vor sich hin brütende Frau gewesen. Überhaupt nicht. Zu ihrem Krankheitsbild gehören auch die Hoch-Zeiten. Zeiten, in denen der Kranke sprudelnder, ideenreicher, anziehender als ein Gesunder ist. Jeder Neubeginn in Erikas Leben, beruflich oder privat, fand immer nur statt, wenn sie gerade aktiv, übersprudelnd und voll Energie war.

Erika suchte und fand während ihrer vitalen Phasen immer wieder Lebenspartner. »Erik zeigte ich immer erst nach längerer Freundschaft. Ich wollte nicht, daß das Kind in Unruhe gebracht wird.«

Alle ihre Freundschaften sollten eigentlich zur Ehe führen. Sie wünschte sich einen Mann und dem Kind einen Vater. Zweimal reagierte sie auf das Scheitern einer Verbindung mit Selbstmordversuchen. Einmal mit Tabletten, einmal, indem sie versuchte, sich die Pulsadern aufzuschneiden.

1972 lernete sie den Redakteur Felix, 32, kennen. Ein weicher, jungenhafter Mann. Er berichtet: »Wir hatten sehr schnell ein enges Verhältnis und haben Pläne gemacht. Es sollte nicht nur eine flüchtige Begegnung sein. Sie erzählte aus ihrem Leben und von den drei Selbstmordversuchen. Ihre Mutter machte einen sehr kühlen, sehr distanzierten Eindruck auf mich. Sie sagte, ihre Tochter sei ihr jetzt nach allen Schwierigkeiten gleichgültig. Erika war für mich eine angenehme Überraschung. Aufgeschlossen und offen.«

Erikas neuer Lebensgefährte nahm seine Aufgabe innerhalb der kleinen Familie ernst. Er wollte die Erziehung des Jungen mitbestimmen und kollidierte in seinen Vorstellungen mit denen der Älteren. Es gab

Ärger. »Die wollten ihn öfter, als uns lieb war. Andererseits waren wir froh, wenn sie ihn uns abnahmen. Ich arbeitete oft nachts und brauchte dann Schlaf am Tag. Wenn ich unnachgiebig war, übernahm Erika die Partei des Großzügigeren.
Mit ihrer Migräne wurde ich nicht fertig. Wir haben uns ein paarmal getrennt. Dann doch wieder zueinander gefunden. Nach einer Versöhnung lief sie plötzlich 3 Wochen weg und rief dann erst am 15. 12. bei mir an. Man merkte, daß sie verstört war. Zum ersten Mal äußerte sie Selbstmordabsichten. Sie habe ihren Sohn eine Woche nicht gesehen und wolle allein sterben.«
Erika: »Er machte mir Mut. Aber ich hatte Angst vor der Zukunft.«
Sie drehte immer mehr durch. Weinte am Arbeitsplatz.
»Ich dachte an alle Pleiten und sah die Schuld nur bei mir. Ich liebe Erik sehr und wollte nicht, daß er in ein Heim kommt. Das hätte meine Mutter sicher durchgesetzt. Die ganze Nacht überlegte ich, wie ich es machen würde. Ich hatte früher nie an Eriks Sterben gedacht. Aber seit Opis Tod hatte er so oft geweint. Er wollte auch tot sein, bei seinem Opi sein.
Ich wollte das Springtau nehmen. Erst Erik töten und dann mich aufhängen. Ich konnte nicht schlafen. Habe gefroren, geschwitzt und gebadet.«
Sie schrieb einen Abschiedsbrief. Und machte eine Art Testament.
»Ich sterbe aus freiem Willen. Ich habe Leuten öfter weh getan. Daß mich niemand liebt, ist meine eigene Shuld. Was kommt nach dem Tod? Hölle, Himmel oder nur Dunkelheit? Mein armes Kind. Ich will kein Mitleid und keinen körperlichen Trost. Nur einen Schimmer Liebe. Ich will alle Sachen verschenken. An Leute, die sie vielleicht gar nicht haben wollen. Ich möchte verbrannt werden. Und ich wünsche mir, daß Ihr mehr Verständnis für einander aufbringt. Und daß die Quälerei endlich aufhört.«
Dann hat sie in rührender Weise alle Freunde mit ihren wenigen Habseligkeiten bedacht. Machte überall Abschiedszettel dran. Sie vermachte getrennt ihren Armreif, das Spielzeug, die Kindersachen, die Siamkatze und ihre Möbel. Frühmorgens tauchte sie in Eriks Schulklasse auf, um ihn zum gemeinsamen Sterben abzuholen.
»Er lief so lebendig auf mich zu. ›Mami, das Backen bei der HEW hat gestern soviel Spaß gemacht!‹ Da kam mir die Nacht wie ein Spuk vor. Ich dachte nur noch an Weihnachtsgeschenke für ihn. Ich nahm ihn mit

nach Haus, um Geld zu holen. Wollte auch mit ihm ins Kino, um einen Kinderfilm zu sehen. Ich rief Freunde an und regelte alles mögliche für die nächsten Tage. Erik freute sich, die Katze wiederzusehen. Ich spielte mit ihr. Er fragte nach den Zetteln. Ich sagte: ›Mami hat eine ganz böse Nacht und ganz blödsinnige Ideen gehabt. Die kannst du nachher abmachen und wegwerfen.‹ Ich fühlte mich wieder so gut und wollte für Weihnachten alles gemütlich machen. Wir räumten zusammen die Spielsachen weg. Ich wollte ihn auch zum Einkaufen ein bißchen hübsch umziehen. In seinem Dufflecoat und dem selbsgestrickten Pullover war er nicht so schön. Da nahm ich plötzlich den grünen Schal und machte das. Ich weiß nicht, wie und warum.«
Der Vorsitzende: »Irgendwas muß Ihnen doch durch den Kopf geschossen sein.«
Sie, verzweifelt: »Nein. Ist es aber nicht. Gerade in der letzten Zeit konnte man wunderbar mit ihm reden. Ich habe dem Erik nie weh tun wollen. Ich stand gebeugt genau über ihm.«
»Hat er sich noch gerührt, sich bewegt?«
»Ich glaube, ja. Ich weiß es nicht mehr.« Die von haltlosem Schluchzen geschüttelte Frau bekommt ein Glas Wasser.
Der Vorsitzende: »Ich bin kein Psychologe. Aber vielleicht ist es besser, Sie geben sich einen Ruck und erzählen weiter, um aus diesem Bereich herauszukommen.«
»Dann habe ich einen Haken geholt und ein paarmal versucht, mich an dem Springtau aufzuhängen. Ich rutschte immer wieder vom Sessel runter, weil der Haken riß. Dann lief ich hoch in die oberste Etage, um runterzuspringen. Unten gingen Kinder vorbei, die ich nicht erschrekken wollte. Ich rannte zur Autobahnbrücke. Aber es waren zu wenig Autos. Ich wollte wirklich tot sein. Ich lief und lief und lief. Dann rief ich Felix an. – Dabei wollte ich mit Erik zusammenbleiben.«
Der Vorsitzende: »Zusammenbleiben?«
»Ja, das glaubte ich so. Indem wir eben gemeinsam tot sind, wie wir gemeinsam gelebt haben. Ich wollte ihn doch nicht allein lassen. Und nun hab ich es doch wieder getan.«
Felix: »Als sie anrief, habe ich sie kaum verstanden. Sie schrie und schluchzte nur. Es sei etwas Furchtbares geschehen. Als ich sie endlich überreden konnte zu kommen – ich versprach ja auch, sie wieder wegzulassen –, kam sie, taumelte und brach zusammen. Sie war nicht mehr ansprechbar und wollte auch nicht, daß ich sie überhaupt berührte.«

Seitdem ist Erika in stationärer Behandlung in der psychiatrischen Klinik Eppendorf. Felix hat ihr die ganze furchtbare Zeit danach geholfen, alles durchzustehen. Und sich mit ihr verlobt. Er wirft sich vor, daß er am Tag vor der Tat nicht das tat, was er hätte tun können: seine Arbeit zu verlassen, um bei ihr zu sein.
Der Vorsitzende: »Wie stehen Sie heute dazu?«
Erika: »Ich meine immer noch, daß es besser wäre, ich bin nicht mehr.«
Die Staatsanwältin begreift nichts. Sie meint, die Angeklagte habe doch gar keinen Anlaß zum Selbstmord gehabt: »So ausweglos war die Situation doch gar nicht.«
Das ist eben das Fatale an der Depression. Daß man nicht erkennen kann, daß eine Situation nicht ausweglos ist.
Die Staatsanwältin beantragt 3 Jahre – ohne Bewährung.
Der Verteidiger, Dr. Barrelet, beantragt Freispruch und legt den einleuchtenen § 16 dafür zugrunde, der besagt: Das Gericht kann von Strafe absehen, wenn die Folgen der Tat, die den Täter getroffen haben, so schwer sind, daß die Verhängung einer Strafe offensichtlich verfehlt wäre. (Dies gilt nicht, wenn der Täter für die Tat eine Freihheitsstrafe von mehr als einem Jahr verwirkt hat.)
Wie gestraft sie in der Tat ist, sagt sie selbst in ihrem Schlußwort: »Ich werde dies alles sowieso nicht vergessen können, so alt ich auch werde.«
Urteil: wegen Totschlags, unter Berücksichtigung des § 51.2, zwei Jahre mit Bewährung. Und die Auflage, sich weiterhin psychotherapeutisch behandeln zu lassen.
Auf die Art ist sie endlich zu ihrer Psychotherapie gekommen.
Erika nahm das Urteil auf der Stelle an. Ihr Verlobter ging auf sie zu und legte den Arm um sie.
Was heißt in diesem Fall Bewährung? Daß sie innerhalb von drei Jahren, sollte sie ein Kind gebären, es nicht umbringen darf? Ach Gott ...

Oktober 1974

Hörigkeit

Da ist einer wegen Mordes angeklagt. Hafenarbeiter, Kraftfahrer. Helmut Klein heißt er, 28 Jahre, lang und schlank. Trotz seiner Stirnglatze mit seinen langen Wimpern mädchenhaft hübsch. Tag für Tag erscheint er in beiger Wolljacke, grüner Hose und grünen Socken. Er steht vor Gericht, weil er am 12. 5. 1972 den Liebhaber seiner Frau, den italienischen Elektromechaniker Antonio Terenzio, 32, erschossen hat. Klein befindet sich trotz der Anklage auf freiem Fuß. Aufgrund einer Entscheidung des Hamburgischen Oberlandesgerichts, das der Staatsanwaltschaft, nachdem Klein schon 6 Monate in U-Haft saß, mangelhafte Ermittlungen vorwarf und den Haftbefehl am 20. 11. 1972 aufhob.
Der Fall war schon vorher spektakulär durch die Presse gegangen, weil Klein selbst sich mehrfach an die Presse wandte. Immer in der Hoffnung, doch noch einmal die Aufmerksamkeit seiner Frau Traude zu erregen. Einige Tage nach dem Mord stellte er sich in der Redaktion der Münchner »Bild«-Zeitung. Und machte nur zur Bedingung, daß man auch die Traude dorthin holte. Sie kam, nachdem sie schon am Vortag seinen Brief erhalten hatte: »Liebe Traude, Dein Freund ist tot seit Freitag nacht. Ich habe drei Stunden gebettelt, sag mir, wo Traude ist, keine Antwort. Ich wollte Dich nur noch einmal sehen. Immer wurde ich nur belogen. Unsere Ehe war die Hölle für mich. Sie hat mich auch seelisch zum Krüppel gemacht. Ich stelle mich jetzt.«
»Doch«, so Klein, »sie guckte mich nicht einmal an und weigerte sich, mit mir zu reden.«
»Bild«-Redakteur: »Noch als sie ihn abgeführt haben, hat er gewinselt bei der Frau.«
Nach seiner Freilassung aus der U-Haft machte Klein noch einen Anlauf. Diesmal bot er sich – sehr zu seinem Schaden – der »Neuen Revue« an. Ein groß aufgemachter Bildbericht in der Nr. 3/1973 unter der Schlagzeile »Richter ließ Killer laufen« mit Klein, wie im Kino an der Knarre. Fast selbstmörderische Aussprüche zur Tat.
Seine brillante Verteidigerin, Frau Dr. Damm, Springer-Justitiarin, vernahm den Verfasser, Ulrich Rückert: »Das Gewehr im Anschlag, war das Ihre Idee?«

»Ja, das haben wir nachgestellt.« Großes Gelächter im Saal. »Das haben wir ihm nahegelegt.«
Frau Dr. Damm: »Sagten Sie auch, Sie müssen es so halten und ein Auge zukneifen?«
»Ja.«
»Und die Zitate?«
»Das weiß ich nicht genau, wir haben ihn sinngemäß zitiert.«
Frau Dr. Damm: »Sinngemäß heißt Ihnen gemäß«
Doch auch dieser Anlauf in die Presse war für die Katz. Traude reagierte nach wie vor nicht.
Wer ist Helmut Klein, und was hat er getan, um seine Frau so gründlich zu vergraulen? Ein ich-geschwächter Mann ist er, ihr aufgrund seiner Hörigkeit völlig ausgeliefert. Er hatte schon einmal jemanden so unselig geliebt – seinen Vater.
Klein: »Vater war 25 Jahre Schauermann im Hamburger Hafen. Ich war ihm nie tüchtig genug. Weil ich in der Schule nie so mitkam. Wochenende stand er nur zum Essen auf. Nur er bestimmte zu Hause.«
Der Vater starb 1972, während Klein in U-Haft war.
Der Voristzende: »Er schlug sie oft?«
»Ja, es war keine Senge, es war ein Zusammenschlagen. Ich habe aber nicht nur Prügel bekommen. Ich habe auch auf seinem Schoß gesessen. Ich glaube, er war eigentlich einsam, traurig und unzufrieden mit sich selbst.«
Mutter Klein, 59 Jahre alt, lieb und gepflegt aussehend, behinderte Rentnerin mit dichtem, weißem Haar, ist bereit auszusagen. Ihr Sohn bittet – erfolgreich – während ihrer Vernehmung hinausgehen zu dürfen. Die Mutter weint: »Ich mag es nicht sagen, mein Mann ist jetzt tot. Der Junge liebte seinen Vater sehr und hatte auch immer Angst vor ihm. Er hat's immer wieder versucht, sein ganzes Leben. Mit kleinen Geschenken und so. Und wurde immer wieder weggestoßen vom Vater. Er war streng und auch ungerecht. Er schlug ihn nicht nur mit dem Rohrstock. Auch mit dem Gasschlauch, in den ein Eisenstück eingebogen war.«
Der psychologische Sachverständige Dr. Herbert Maisch:
»Der Junge pendelt immer zwischen äußerster Anpassung aus Angst und dem Wunsch und dem Versuch, die Gunst des Vaters zu gewinnen. Es war eine Haßliebe. Lange Untersuchungen haben ergeben, daß die Kinder, die am schlechtesten von ihren Eltern behandelt werden, immer das größte Heimweh haben.«

Klein fühlte sich öfter zurückgestoßen. In der Schule z. B., als er 8 war. »Der Klein darf nicht mit, sonst verschwindet ja das Tafelsilber.«
Später: »Bei der Bundeswehr wollten die mich auch nicht haben.«
Vorsitzender: »Das hatte doch Gesundheitsgründe.«
Klein laut und heftig: »Ich wollte aber trotzdem bleiben.«
Zu dem Zeitpunkt war Klein schon längst eine äußerst gestörte Persönlichkeit. Er stotterte, näßte fast bis zur Pubertät, kaute seine Nägel so sehr, daß es zu Nagelbettentzündungen führte, hatte einen Spucktick, eine Lese- und Schreibschwäche. Dann eine Gastritis und mit 20 Jahren ein Zwölffingerdarmgeschwür. Lauter psychosomatische Beschwerden. Immer gehänselt wegen seiner Schwächen. Aggressiv, wenn er nicht akzeptiert wurde. Diskriminiert vom Vater, Lehrer und von Mitschülern, wuchs sein Wunsch nach Achtung, Liebe und Freiheit.
Maisch: »Bei einer so starken Ich-Schwäche ist der andere stets nur die Ich-Prothese. Entzieht er sich aus irgendeinem Grund, muß es zu einer Katastrophe kommen.«
In dieser Verfassung lernte er Ende 1965 – 19jährig – die Traude vom Postscheckamt kennen. »Ich konnte mir nichts Besseres vorstellen. Wir haben uns fast jeden Tag gesehen. Als sie dann schwanger war, habe ich mich von meinem Vater bereden lassen, sie Ende August 1967 zu heiraten. Ihre Verwandten waren dagegen. Weil sie feinere Leute waren als wir, Beamte. Auf der Hochzeitsfeier schrie Traude mich an, ›wie sitzt du da‹, weil ich den Kragenknopf auf hatte und die Krawatte locker war.«
Trotzdem, die Beziehung war ganz gut. Bis das Kind, der Eheanlaß, nach 4 Monaten starb. Es bestand Verdacht auf Wasserkopf. Danach war es aus.
Klein: »Sie tanzte mir auf der Nase rum, um mir zu beweisen, daß sie macht, was sie will. Dadurch war ich völlig hilflos und verzweifelt und habe sie deswegen auch mehrfach geschlagen.
Wenn ich nachts vom Hafen kam, stand kein Essen da. Weckte ich sie, hieß es, laß mich zufrieden, mach Dir selbst was zu fressen. Ins Bett legte sie sich wie ein Sack und sagte: ›Mach zu, Alter, hoppel‹ und einmal ›da hast Du 20 Mark, geh doch in 'n Puff‹. Ich ging in Kneipen, weil ich es zu Hause nicht mehr aushielt. Zwischendurch haben wir uns immer wieder versöhnt und vertragen. Dann hat sie auch die Wohnung auf Schwung gebracht und war zu mir anders.«
Dr. Maisch: »Er war von ihr einerseits angezogen, andererseits abgestoßen. Angezogen, weil sie äußerlich mütterlich wirkte.«

Um seine Ehe zu retten, drängte Klein seine Frau, ein zweites Kind zu bekommen. Sie bekam es Ende August 1969, obwohl sie es nicht haben wollte. Darum gab sie das Kind auch sofort nach der Geburt an ihre Schwiegermutter weiter.
Klein kämpfte weiter um seine Ehe, die immer schlechter wurde. Traude tauschte inzwischen das Postscheckamt gegen verschiedene Nachtlokale ein, in denen sie Animierdame war. Dann fing sie an, als Prostituierte zu arbeiten, während er Nachtschichten im Hafen schob. Er erfuhr erst später davon und versuchte immer wieder, sie davon abzubringen.
Klein: »Aber was sollte ich machen, da halfen weder Schläge noch gute Worte. Sie drohte immer abzuhauen, wenn ich sie nicht machen ließ, was sie wollte.«
Zum Schluß duldete er resignierend alles, was sie tat, und war dankbar, wenn sie ihn auf ihrem Weg nach unten wenigstens in ihrer Nähe duldete. Palais d'Amour, Herbertstraße, Autostrich Fischmarkt.
Vorsitzender: »War das denn mit Ihnen abgesprochen?«
»Abgesprochen? Das kenn ich nicht. Was meinst Du davon, das gab es nicht. Erst sagte ich noch, komm, zack zack weg, und holte sie raus aus den Lokalen. Dann fragte sie mich, wie man einen Bockschein bekommt. Weiß ich doch nicht, sagte ich. Sie hat in der Ehe gemerkt, daß ich ein Trottel bin, der sich alles gefallen läßt. St. Pauli kannte sie, weil sie da mal ganz früher mit Freunden verkehrt hatte.«
Vorsitzender: »Aber sie hatte Sie doch auch mal wegen Zuhälterei angezeigt.«
»Damit wollte sie mir nur eins auswischen. Weil sie mich loswerden wollte.«
Vorsitzender verständnislos: »Konnten Sie ihre Frau nicht verlassen?«
Klein, noch viel verständnisloser: »Ich sie? Nein! Ich wollte immer nur in ihrer Nähe sein, sobald ich frei war. Im Las Vegas, in der Herbertstraße und im Palais d'Amour bekam ich auch Kaffee und hörte Musik. Dann fühlte ich mich zu Hause.«
Vorsitzender: »Ja, das war wohl Liebe auf den ersten Blick.«
Klein: »In gewissem Sinn haben Sie recht. Aber was ist Liebe? Sie ist mies von Charakter, falsch in so Hinsicht. Wir haben beide etwas gesucht, was wir uns beide nicht geben konnten.«
Der ganz große Schlag, nachdem er sich nun Schritt für Schritt mit allen Demütigungen abgefunden hatte, kam, als sie plötzlich ohne Vorankündigung mit Sack und Pack auszog. Dadurch erfuhr er, was schon alle

anderen längst wußten, daß sie einen festen Geliebten, »eine große Liebe« hatte. Terenzio. »Der verstand das mit dem Mund. Er konnte großartig und überzeugend reden. Er war aufmerksam und Kavalier. Mit Essen und Kaffeetrinken und so. Wegen ihm wollte meine Frau sich sogar scheiden lassen.«
Klein versuchte, seine sich ihm immer mehr entziehende Frau durch Betteln, mit Gewalt und Tricks zurückzugewinnen. Drohte er mit Selbstmord, versprach sie ihm die Grabpflege. Gut zu ihm und verständnisvoll war eigentlich nur Terenzio, der Italiener.
Klein: »Es dauerte ja, bis ich ihn fand. Endlich das Hochhaus, dann die vielen Namensschilder. Und ich wußte nicht, wie er hieß, nur, daß er Ausländer war. Er war immer höflich und nett zu mir. Ich konnte sogar bei ihm übernachten.«
Klein, der Kontaktgestörte, konnte sich zum Schluß nur noch bei seinem Nebenbuhler ausweinen.
Oktober 1971 haute Traude ab zu Terenzio. Januar 1972 zu einer Freundin. Klein sucht sie überall. Febraur 1972 zischt sie ab nach Verden/Aller. Klein sucht sie weiter und holt sie mit Terenzios Hilfe nach Hamburg zurück. Dann kriecht sie bei Kleins Eltern unter. Sein Vater stellt sich gegen ihn schützend vor Traude, als er sie zurückholen will, und läßt ihn sogar mit Hilfe der Polizei aus dem Elternhaus weisen.
Mutter Klein: »Mein Junge sollte nicht mehr kommen dürfen, weil Traude da war. Sie sollte nicht mit.«
Vorsitzender: »Sie war doch seine Frau.«
»Ja, aber mein Mann wollte das nicht.«
»Hat Ihr Sohn denn nie mit Ihnen darüber gesprochen? Daß Ihre Schwiegertochter auf St. Pauli war?«
Frau Klein wird blutrot: »Nein, niemals. Auch über die Tat hat er bis heute nie gesprochen. Da wollte er mich nicht mit belasten.«
Klein hörte in dieser hoffnungslosen Situation nie ganz auf zu hoffen. »Wir haben uns ja früher auch immer wieder vertragen.« Denn zwischendurch machte Traude ihm immer wieder kleine Versprechungen, um ihm hinterher zu gestehen, daß es mit Terenzio alles andere als aus war.
Mitte April haut sie dann nach München ab. Wie immer ohne Vorankündigung. Klein verfällt in stärkste Depressionen und Verzweiflungszustände. Er bekommt wieder ihre Adresse von Terenzio und reist ihr nach. Vergeblich. Reist ein zweites Mal nach. Sie läßt ihn durch die Po-

lizei aus ihrer Münchner Wohnung entfernen. Klein, der nicht mehr weiter kann, ist pleite und fängt an, die Möbel in der Wohnung zu verkaufen. Die Tage vor der Tat wohnt er bei seiner Mutter.

»Ich war unruhig und getrieben und habe nicht von hier bis dort denken können. Ich bin rumgelaufen, denn wenn ich Leute sah, war es nicht ganz so schlecht. Es war alles so eklig. Ich fühlte mich so allein. In meiner Wohnung erinnerte mich alles so an meine Frau. Als Terenzio krank war, habe ich alle Krankenhäuser abgeklappert, weil ich hoffte, Traude dort anzutreffen oder ihre Adresse zu kriegen.«

Merkte denn die Umwelt nicht, wie der Mann litt? Sein Fernfahrerkollege, groß, kräftig, urig: »Die ist abgehauen, sagte er. Wird schon wiederkommen, sagte ich.«

Vorsitzender: »War er sehr redselig?«

»Ja nun. Lange Wege bis Kiel und so. Ich dachte erst, er spinnt. Von wegen Pistole und so. Laß das lieber nach, sagte ich, dann jag mal lieber Deine Frau zum Teufel. Dann hat er die Kleider seiner Frau zerrissen. Bist ja doof genug, hab ich gesagt, mußt Du ihr ja alles wieder neu kaufen.«

Vorsitzender: »Kam Ihnen alles merkwürdig und konfus vor?«

»'türlich, das wußte ich ja nicht, daß er einen umgepustet hat.«

»War er immer gesund?«

»Nervös war er jedenfalls. Ich weiß ja nicht, wie einer reagiert, wenn die Frau abhaut.« Lachend: »Meine Frau tut das nicht.«

Vorsitzender: »Schwören Sie mit oder ohne Anrufen Gottes?«

Der Mann zu aller Freude: »Das ist egal.«

Auch Traude Klein ist als Zeugin geladen. Und wieder wartet ihr Mann, d. h. ihr Ex-Mann, einen Verhandlungstag nach dem anderen vergeblich. Erst weigert sie sich zu kommen. Dann, als sie zwangsvorgeführt werden soll, hat sie mal wieder rechtzeitig einen Satz gemacht. Da keiner weiß, wohin, wird Tag und Nacht nach ihr gefahndet. Der Staatsanwalt beantragt 500,– DM Strafe oder ersatzweise 25 Tage Haft für die Zeugin. Da leuchten Kleins Augen, und er lächelt froh. Doch nichts ist. Die Sache geht weiter, bis sich herausstellt, daß sie einen Urlaub in Jugoslawien verbringt. Jeden Tag heißt es aufs neue, Frau Klein ist nicht auffindbar. Bis sie endlich aufgegriffen und nach Hamburg geschafft wird. Und wieder Sieger bleibt, indem sie nur kurz die Aussage verweigert und geht. Meint, daß sie das bißchen Strafe auf einer Arschbacke absitzen wird, lieber als zahlen.

Klein, der ihr so fatal Verfallene, der immer nur eines im Kopf hatte, diese Frau wiederzusehen und sprechen zu hören, sagt hinterher verwundert zu mir: »Ich habe meine Frau kaum erkannt, nur nachher an ihrem schmierigen Grinsen. Sie ekelte mich richtig. Sie sieht viel nuttiger aus als vorher.«
Hätte er sie doch nur auch am Tattag gesehen. Dann hätte es wohl keinen Tattag gegeben. Denn auch am 12. 5. 1972 wollte Klein nur eins von Terenzio, als er ihn mit seinem frisch gekauften Gewehr aufsuchte. Die Verbindung zu seiner Frau. Wissend, daß Traude auflegen würde, wenn er anriefe, sollte Terenzio die Verbindung herstellen und ihm mal wieder ihre Adresse geben. Völlig wirr, schon lange nicht mehr Herr seiner Sinne, seit Tagen ohne Essen im Bauch, dafür aber Getränke und kein Schlaf, biß er sich in eine Idee fest. Er wollte in Terenzios Wohnung Selbstmord begehen, wenn seine Frau am Telefon nicht wieder einwilligte, zu ihm zurückzukommen. Sich dort erschießen, um beiden einen Denkzettel zu verpassen. »Dann hätten sie ja die Schwierigkeiten gehabt, mit der Polizei und so.«
Der gutartige Terenzio, der vergeblich Essen anbot, die Adresse und den Anruf aber verweigerte, stundenlang still fernsah, reagierte erst auf Kleins Waffe, mit der dieser die ganze Zeit rumspielte, als sich ein Schuß löste, der direkt an Kleins Nase vorbei in die Zimmerdecke ging. Auch dann nur aus Ärger über das Loch in der Decke. Klein beteuert, es auf seine Kosten renovieren lassen zu wollen.
Als Klein immer weiter um die Telefonnummer seiner Frau bettelt und mit seinem Gejammer nicht aufhören will, sagt Terenzio: »Was seid ihr Deutsche doch dumm. Ihr verdient das Geld, und wir ficken Eure Frauen.«
Als sich dann der zweite Schuß löst und in die Wand geht, springt Terenzio von der Couch hoch, zieht ein Messer aus seiner College-Mappe. Klein schoß und schoß. Alle Schüsse trafen den Mann.
Auch danach hatte Klein nur einen einzigen Gedanken im Kopf. Seine Frau finden und sterben.
Dr. Maisch hält, entgegen seinen Co-Gutachtern Dr. Kicker und Dr. Müller, den Paragraphen 51.2 für angebracht: »Wenn man lange genug getreten wird, bleibt nur Mord oder Selbstmord.«
Der Staatsanwalt Schultze-Eickenbusch rückt von seiner Mordanklage ab und beantragt 10 Jahre wegen Totschlags. Frau Dr. Damm weist in ihrem überzeugenden eineinhalbstündigen Plädoyer darauf hin, daß

Terenzio sterben mußte, weil auch er den Angeklagten nicht ernst genommen habe. Sie versucht, ihrem Mandanten die Freiheit zu erhalten, indem sie seine Tat als Körperverletzung mit Todesfolge oder Totschlag bezeichnet.

Zur Verblüffung aller besteht das Gericht auf Mord. Urteil: 8 Jahre, unter Berücksichtigung des § 51.2, den alle zugrunde legten.

Gleichzeitig erläßt der Vorsitzende einen Haftbefehl wegen Fluchtgefahr. Einer Fluchtgefahr, die sicher nicht gegeben ist, denn auch bis dahin hätte Klein, dem sein Reisepaß nie abgenommen wurde, ungeschoren einen Satz machen können.

Die Verteidigung legt Revision ein und beantragt Aufhebung der U-Haft.

Januar 1975

Hilfe, Polizei!

Die blonde Schauspielerin Renate Biel sah ich als Polly in der Dreigroschenoper in Oberhausen. Später am Thalia-Theater in Hamburg. Im Sommer 1973 las ich, daß ihr, die zufällig während einer Demonstration gegen die Fahrpreiserhöhung am Hamburger Hauptbahnhof vorbeikam, von Polizisten mit einem Gummiknüppel das Nasenbein zertrümmert wurde. Sie hatte einem schmächtigen Jungen helfen wollen, der zusammengeschlagen wurde.

So, wie die Dinge inzwischen hierzulande wieder sind, darf es keinen wundern, daß nicht die knüppelnden Polizisten, sondern Renate unentschädigt vor Gericht landete. Daß sie vor Schmerzen schrie und sich wehrte, brachte sie wegen Widerstands und versuchter Gefangenenbefreiung vor den Kadi. Ihr Prozeß ist, da der Polizei-Kronzeuge krank liegt, erst mal vertagt.

Daher riet sie mir, in einen anderen Prozeß gleicher Güte zu gehen. Gleich morgen. Man muß wissen: Prozesse gegen Demonstranten laufen zur Zeit um die Wette. Man erfährt's nur nicht. Auch dieser Prozeß war nicht auf der Justizpresseliste aufgeführt.

Am 13. 1. 1975 in aller Herrgottsfrühe rein ins Strafjustizgebäude. Eine bewachte Festung. Man wird gefilzt. Man wird abgetastet. Man grüßt. Man macht sich lieb Kind. Makaber. Scherzt dumm über die Waffen, die die Jungs vor sich auf dem Tisch liegen haben. Vor lauter Freude, daß man keinen auf den Kopf kriegt. Daß nicht auf einen angelegt, sondern daß man – man kennt sich ja inzwischen – angelächelt wird. Denkt: Den Armen ist es sicher peinlich, einen so blöden Dienst zu tun. Rein in den Saal 192, der so klein ist, daß nur ein Bruchteil der Interessierten reinpaßt. dafür herrscht auf der Pressebank durchaus kein Gedränge. Ich bin dort ganz allein. Froh wie immer, schon wieder mal nicht auf der Anklagebank Platz nehmen zu müssen.

Der Angeklagte Gerd Strate, 25, der gerade im ersten Staatsexamen steht, und sein Anwalt Maeffert hatten um Aufschub gebeten. Der Vorsitzende Graue hält Strates Examensstreß für nicht erwähnenswerter als die vielen Anklagepunkte: Hausfriedensbruch, Widerstand, Gefangenenbefreiung, Beleidigung und Nötigung. Der Anwalt will Verfassungs-

beschwerde beim Bundesverfassungsgericht gegen die Ablehnung des Aufschubs einlegen.
Schlimmer Junge, der Strate? Ach nein. Nur einer von den wenigen, die sich nicht damit begnügen, den »HVV-Kummmerkasten« in der »Morgenpost« zu lesen, sondern aktiv werden, wenn sie Unrecht wittern. Wäre er stumm, würde man ihn für einen besonders hübschen und geschmackvoll gekleideten Bürgerssohn halten. Doch er ist alles andere als stumm. Zum Staatsanwalt Gammelin, der immer wieder in politischen Prozessen auftaucht und mit den Jahren nachdenklicher geworden zu sein scheint: »Klose saß damals, wo Sie jetzt sitzen. Für 2100 Mark. Jetzt kriegt er 100000 Mark und sorgt dafür, daß das Eros-Center ausreichend mit Prostituierten gefüllt wird. Für die Spielbudenplatz GmbH.«
Strate, dessen Monatseinkommen von ungefähr 500 Mark sich aus Waisenrente und Ausbildungsförderungsgesetz zusammensetzt, stellt Bezüge her. Zwischen Fahrpreiserhöhungen und Unsummen, die ausgegeben werden, um den Konsum anzuheben. Indem man Direktzugänge von den U-Bahnen zu den Groß-Kaufhäusern errichtet und gelegentlich sogar Kaufhäuser wie Hüte auf die Bahnhofsdächer setzt. Er findet es absurd, daß er gerade jetzt, da die Demonstrationen endlich anfangen, Erfolg zu haben, vor Gericht gestellt wird. Denn langsam werden auch andere Bürger wach, nachdem die erste 15prozentige Erhöhung von einer zweiten gefolgt wurde und diesen Sommer wohl eine dritte ins Haus steht. Eine Maßnahme, die sowieso nur Minderbemittelte trifft. Wie das alles funktioniert, ist für die meisten von uns sowieso ein süßes Geheimnis. Schülerkarten sind z. B. nur dann verbilligt, wenn sie für beachtliche Entfernungen gelten, z. B., wenn einer in Wentorf wohnt und in Pinneberg zur Schule geht.
Er geht auf die maßlose Verschwendung von Steuergeldern ein und beruft sich auf die interessanten Details im »Stern«: Bonns Spitzenpolitiker verursachen mit ihren über 450 Wagen über 15 Millionen DM Kosten im Jahr. Jeder Kilometer im Dienstwagen kostet 2 Mark 40, sogar permanentes Taxifahren wäre billiger: 1 Mark 50 pro Kilometer.
Wahnsinnsreisen in alle Nester und alle Großstädte der Welt von Beamten mit Anhang werden auch von uns getragen: Kölner Stadträte für 90000 Mark nach Hawaii. Hannovers Stadtchef Herbert Schmalstieg für 10000 Mark in den südafrikanischen Ministaat Malawi, um höflicherweise einen Spendenscheck über 15000 Mark persönlich zu über-

reichen. Peter Schulz' 100 000-Mark-Trip durch Südostasien mit mitfinanziertem »Welt«-Redakteur als Hofberichterstatter usw., usw.
Strate bekennt sich natürlich noch immer voll zu dem, wofür er demonstriert hat: »Es trifft nicht jeden gleich. Es trifft nur die Werktätigen. Und ich gehöre eben zu den Studenten, die bereit sind, nicht nur zu lamentieren.«
Der Vorsitzende beginnt, nervös mit den Fingern zu trommeln. Dieser übergroße, rosige Mensch, jung und glatt, ist die ganze Zeit kalt, aggressiv. Spricht dauernd mit einem drohenden Unterton.
Es kommt pausenlos zu Reibereien mit dem intelligenten Verteidiger. Graue macht nicht einmal den Versuch, auf ihn einzugehen. Weder, wenn es darum geht, den nächsten Termin festzulegen, noch sonst wann. Dafür verteilt er Verwarnungen wie ein Karvenalsprinz Kamellen. Er zieht sich pausenlos auf seine Rechte zurück und vergißt seine Pflichten: »Ich kann bis zu einer Woche Ordnungsstrafe oder 2000 Mark verhängen.« Seine Welt stimmt.
Strate empört sich über die Methoden, mit denen Polizisten aufgehetzt werden. So aufgehetzt, daß sie ihr Bürgerkriegs-Spiel in den Bahnhöfen und auf den umliegenden Straßen für legitim halten. Abriegelung der Bahnhöfe und – Knüppel frei!
Strate: »Ich sehe eine massive Beleidigung in der Einstellung aller Verfahren, die ich gegen Polizeibeamte angestrengt habe, und ich möchte schlicht zurückweisen, daß mir rechtliches Gehör gewährt wurde.«
Da steht er nicht allein. Meinem Kollegen vom »Stern«, Benno Kroll, wurden auf der Wache 14 von zwei Beamten die Arme auf dem Rükken festgehalten, während ein Dritter ihm unbehelligt ins Gesicht boxen konnte. Benno Kroll wurde vor Gericht verdonnert. Nicht der Schläger.
Was hat der Strate denn nun getan? Versucht zu warnen. Versucht zu helfen. Als er sah, daß sein Freund Karl-Heinz Foerster, 25 Jahre, Elektromechaniker, von vier Polizisten zu Boden geknüppelt war, riefen er und andere Umstehende immer wieder: »Lassen Sie diesen Mann los! Er ist unschuldig. Er ist krank. Er ist schwer verletzt.«
Als keiner der Beamten auf die Zurufe reagierte, packte Strate den fünften Polizisten am Arm, um sich aufmerksam zu machen. Das brachte auch ihm Schläge ein. Polizeiobermeister Egon Kürten, 35, ein hier freundlicher Riese, sagt aus: »Ich dachte, er wollte nur die Menschenmenge gegen uns aufhetzen. Es zahlt ja keiner gern hohe

Fahrpreise. Ich ließ den los, den ich umklammerte. Ich weiß nicht, wie er heißt.«

Das ist es eben. Alles anonym. Immer nur die Masse »Gegner«, in die man wahllos, gedankenlos, gewissenlos hineinschlagen kann. Weil aus dem Einsatzbefehl hervorgeht, daß man es mit Verbrechern zu tun hat.

Der freundliche Riese: »Weil ich hier einwandfrei einen tätlichen Angriff und versuchte Gefangenenbefreiung feststellte. Die Schulung, die ich in Selbstverteidigung gehabt habe, ist nicht erheblich. Ich kann nur einfaches Abführen.«

Zwischenbemerkungen aus dem Publikum, zu Recht geäußerte Empörung gegen die Verhandlungsführung läßt Graue brüllen: »Raus! Abführen!« Und zu dem kleinen, milden Saalwachtmeister: »Wenn Sie es nicht allein schaffen, holen sie Verstärkung!«

Da die Öffentlichkeit darauf besteht, weiterhin Zeuge der Vorgänge zu sein, kommt es zu Handgreiflichkeiten. Ich höre mich dem Richter, der mir hier zum ersten Mal begegnet, entgegenschreien:

»Jetzt zwingen Sie den Beamten zur Brutalität, so, wie auch dieser Polizist zur Brutalität gezwungen wurde. Merken Sie nicht, was Sie tun? Sie *zwingen* ihn.«

Graue brüllt: »Wer sind *Sie* denn überhaupt?« und läßt die Leute aus dem Saal zerren.

Verteidiger Maeffert: »Eine aus dem Publikum zu Recht geäußerte Empörung darf nicht dazu führen, daß ausgeschlossen wird.«

Zusammenhänge werden klar. So läuft das. Einer ordnet an. Macht sich die Hände nicht schmutzig. Er weiß, der Untergebene darf sich nie weigern, nichts in Frage stellen.

Wie immer unterhalte ich mich mit den Beteiligten in den Pausen. Diesmal auch mit Polizisten: »Guck mal, die demonstrieren doch für Euch mit. Ihr und Eure Familien seid doch von den Preiserhöhungen genauso betroffen.« Einer sagt: »Ja, meine Frau würde am liebsten mitdemonstrieren.« Ein anderer: »Wie kommt man sich denn vor. Am liebsten würde ich manchmal meine Uniform in die Ecke schmeißen.«

Das nennt man Zwiespalt. Bis dahin muß er andere in die Ecke werfen.

Da fällt mir der ein, der den Knüppeldienst verweigerte. Mit der Begründung, daß seine eigene Schwester unter den Demonstranten sei. Sein Verhalten brachte ihm beruflich großen Ärger ein.

Ich habe schon vier- bis fünfmal in meinen Artikeln Polizisten zum Ungehorsam aufgefordert. Zum Ungehorsam da, wo man sie auffordert, andere zu verletzen. Es ist doch etwas faul, wenn ein ganzes Volk zusammenzuckt bei dem Gedanken: Polizei kommt!

Die Verhandlung geht weiter. Tage kommen, Tage gehen. Der Prozeß ist so lang, daß es wohl einen ganz besonderen Grund haben muß, daß er nicht auf der Justizpresseliste aufgeführt war. Der Ärger bleibt. Das Hick-Hack nimmt kein Ende. Öffentlichkeit geht rein, sobald einer laut denkt, fliegt sie wieder raus. Da ist Graue nicht pingelig.

Staatsanwalt Gammelin sieht die Dinge anders. Er wendet sich gegen einen generellen Ausschluß. Allerdings finden die Jugendlichen, als sie wieder im Gericht sitzen, die Hälfte der wenigen Plätze von plötzlich aufgetauchten älteren Herren besetzt.

Karl-Heinz Foerster, dem Strate und andere Umstehende helfen wollten, tritt als Zeuge auf. Etwas unbeholfen. Ihn konnten angeblich fünf kräftige Polizisten nicht bändigen. Foerster, der seinen Prozeß wegen Widerstands noch vor sich hat: »1968 hatte ich einen Unfall. Danach war ich querschnittsgelähmt. Ich bin nur zum Teil wieder hergestellt und muß ein Stützkorsett tragen. Strate wußte das und hatte Angst um mich.«

Graue: »Die fünf Beamten, die sich mit Ihnen bschäftigten, sprechen von heftiger Gegenwehr.«

Der Junge: »Es war ein sehr massives und brutales Vorgehen der Polizei gegen mich. Ich hatte keine andere Möglichkeit, als mich zusammenzukauern, so gut es ging, um meinen Rücken zu schützen, und wurde mit Knüppeln wieder hochgetrieben.«

Dann ganz leise: »Mir ist es nicht möglich, mich körperlich so zu wehren und zu bewegen. Mir wurden die Arme umgedreht, und ich wurde dauernd geschlagen. Es war nie nur einer, obwohl auch mal jemand woanders hinsprang und da weitermachte. Die waren immer – also – also – immer – also, also, ich weiß nicht – wie ich es ausdrücken soll – in Arbeit.«

Graue hatte zum wiederholten Male Gelegenheit, einen Antrag abzulehnen. Jetzt schon wieder den auf ein neurologisches Gutachten zu der Invalidität des Arbeiters.

In Prozessen, in die die Polizei verwickelt ist, buhlt die Justiz um die Freundlichkeit der Macht, statt Recht zu schaffen.

Diese Demonstration wird auch einem 50jährigen polnischen Arbeiter unvergeßlich bleiben. Er hatte zwar nichts mit ihr zu tun. Trotzdem brach man ihm die Rippen. Vier Polizisten hielten den kleinen unscheinbaren Mann mit der großen Angst fest. Einer turnte ihm auf der Brust herum. Er war einen Monat arbeitsunfähig. Erhielt kein Schmerzensgeld. Denn »wo sich Ihr Mandant die Rippen gebrochen hat, kann leider nicht mehr festgestellt werden«. Die Ermittlung gegen die Polizeibeamten wurde wie üblich eingestellt. Dem kleinen Polen wurde der Prozeß gemacht. Wahrscheinlich, weil er seine Rippen so dämlich hingehalten hatte. Es gab einen Freispruch für den Dankbaren.

Immerhin, es gibt auch andere Richter. Der Vorsitzende Sörensen stellte neulich in dem Prozeß gegen die Studentin Sabine Kennen wegen versuchter Gefangenenbefreiung fest, daß zur damaligen Zeit die Festnahme auf dem Bürgersteig der Mönckebergstraße und Personalienfeststellung rechtswidrig waren, weil nicht mehr zur Herstellung der Sicherheit und Ordnung geboten. Freispruch.

Der dritte Prozeßtag:

Polizist Böger, 26 Jahre, in Jeans und Samtjacke mit Fell. Erzählt von älteren Fahrgästen, die erschreckt von einem Platz zum anderen hopsten, und von ärgerlichen Parolen: »Knüppelgarde Ruhnau« – »Ich glaub', der war es damals gerade. Ich kam von hinten. Da erkannten wir uns, Strate und ich. Wir sind zusammen zur Schule gegangen.«

Was empfanden sie in diesem Augenblick? Der Demonstrant und der Polizist. Böger: »Er warf mir vor, mich mit einem unmenschlichen Polizei-Einsatz zu identifizieren.« Eine Diskussion zwischen Kain und Abel.

Als aus der Öffentlichkeit wieder Rufe kommen: »Ihr habt doch sofort geknüppelt. Die Fahrgäste hatten doch nicht Angst vor uns, sondern vor der Polizei!« kommt es wieder schneidend von Graue: »Raus! Räumen!«

Strate: »Die Öffentlichkeit ist in diesem Prozeß mein einziger Schutz. Wir sind das Volk, und Sie sind sein sogenannter Vertreter. Wieso mußten die Wagen von innen nach außen gesichert werden? Daß die Leute nicht auf die Gleise fallen, oder was?«

Der Zeuge wird mit Dank entlassen. Der Saal von behelmten Polizisten gewaltsam geräumt.

Graue steht auf seinem Richterplatz und grinst, als die rausgezerrten Mädchen kreischen. Ich bleibe drin und fahre den Richter Graue schon wieder an: »Hören Sie doch auf zu lachen. Es besteht wirklich kein Anlaß. Sie haben einen sonderbaren Sinn für Humor. Überdenken Sie doch mal, was Sie tun!«

Als er daraufhin auch mich auffordert zu gehen, es sei Pause, lacht er nicht mehr.

Vor dem Saal ein Meer von behelmten und unbehelmten, aber auf jeden Fall schwer bewaffneten Beamten.

In der Pförtnerloge sollte ein neuer Schlüssel zum Pressezimmer für mich bereitliegen. Dorthin wollte ich mich verkriechen. Pförtner Sauer, immer hilfsbereit, verweist auf den Hausschlosser im Keller und zeigt mir den Weg dorthin.

Schon der erste Raum dort unten brechend voll von Polizisten. Wer hätte das gedacht? »Oh, Sie sind hier, ich suche nur den Hausschlosser.« Tür wieder zu. Gleich darauf ging's rund. Vom Voyeur werde ich unfreiwillig zum Akteur. Ein Hüne von Mensch, ich glaube Ristow mit der Nummer 3318, wie aus dem Boden gestampft neben mir, brüllt: »Was suchen Sie hier? Raus!«

Ich versuche noch, meine Anwesenheit zu erklären. Werde zum Dank von allen Seiten angebrüllt, gestoßen und gezerrt. Und mir fällt wieder alptraumartig ein Vorfall bei der Springer-Demonstration ein: Als ich damals sah, wie sechs Polizisten einen am Boden liegenden schmächtigen Brillenträger mit Knüppeln und Tritten bearbeiteten, rief ich ausgerechnet andere Polizisten zu Hilfe. »Geh doch erst mal nach Hause und wasch dich, du Sau«, sagte damals, der sich zuerst fing, feinsinnig zu mir Frischgebadeten.

Jetzt hätte ich auch am liebsten die Polizei zu Hilfe gerufen. Aber welche? Doch was für ein Glück. Als sie mich die Kellertreppen hochstoßen, habe ich plötzlich den obersten Staatsanwalt des Strafjustizgebäudes, Herrn Dose, und den lieben Pförtner vor mir. Land in Sicht. Hilfe in Sicht. Erwarte Verteidigung. Werde noch mal von hinten unsanft angepackt, drehe mich um (stehe jetzt ja höher) und gebe dem aufdringlichen Mann hinter mir eine schallende Ohrfeige.

Das war's.

Wodurch hat sich die Schutzfunktion des Polizisten so unmäßig verschoben? Auch ich möchte mich an die Polizei wenden können, wenn ich Hilfe brauche. Zu ihr gehen können, anstatt mich strafbar zu machen, wenn ich nicht vor ihr herlaufe. Wobei natürlich auch das schnelle Sichentfernen Grund zur Strafe liefern kann. Ist der Mann in Uniform genauso ängstlich wie der Läufer, kommt es häufig zur Todesstrafe. Wobei

man die Angst eines unbewaffneten Staatsdieners auf jeden Fall ernster nimmt als die Angst eines bewaffneten Bürgers.
Nun bin ich dran wegen Körperverletzung. Und weil ich mich nicht gern von Fremden anfassen lasse und das sagte, auch wegen Widerstands und Beleidigung.
An feixenden Polizisten vorbei wurde ich zum Peterwagen geschafft. Unter permanenten Drohungen wie »Sofort freiwillig rein in den Wagen, sonst falt' ich Sie« brachte man mich zur Polizeiwache 14. Die Ausweiskontrolle, um die es zum Schluß angeblich ging, war, wie sich zeigte, Quatsch. Erstens bot ich schon im Gericht an, meine Ausweise aus der großen Schultertasche zu holen. Ohne Erfolg. Zweitens hielt man mir im Peterwagen meine Gerichtsreportagen für KONKRET vor. Mit Anwalt oder Redaktion zu telefonieren wurde mir untersagt. Ein Polizeiarzt wurde mir verweigert. Da ich weder in einer Blutlache stand noch umkippte oder sichtbare Brüche hatte. Nur Prellungen und einen Schock. Ich wollte Anzeige erstatten: »Sie haben nichts anzuzeigen.«
Bei der Vernehmung meinte der sehr nette Kripo-Beamte, der einzige ohne Kasernenton, Ristow sei normalerweise eine Seele von Mensch. Die sich in den KZs abreagierten, waren zu Hause auch häufig Seelen von Menschen. Ihre Ehefrauen haben das durchweg bestätigt. Nur, was habe ich mit der Massenpsychose der Polizei zu tun? Wer macht den Jungs solche Angst, daß sie nur noch um sich schlagen können? Im Schutz ihrer Uniform. Es ist wie bei den Rockern. Jeder für sich durchaus umgänglich.
Zum Abschied bei der Kripo. »Übrigens, Sie fragten anfangs nach meinen Eltern. Die hat man umgebracht. Ich habe nie begriffen, auch als Kind nicht, daß weder sie noch andere den Versuch machten, sich zu wehren.«
Wie betäubt gehe ich zürück ins Gericht. Nicht bereit, mich kaputt machen zu lassen. Doch die Schmerzen werden stärker. Handgelenke schillern grün-blau-braun. Schmerz an Rücken und Schulter wird unterträglich. Mein Kopf ist am Zerspringen. Mir ist so übel.
Wie wird man schuldig? Wenn der Kopf bei einem Schlag wackelt? Wenn man hinfällt? Wenn man versucht, aufzustehen? Wenn man versucht, sein Gesicht vor Schlägen zu schützen? Wenn man versucht, etwas zu sagen? Wenn man schweigt? Wenn es so weiter geht, wie bis jetzt, reicht es, wenn man Gesichtszuckungen hat.
Der kleine Prozeß, zu belanglos für die Justizpresseliste, geht immer

noch weiter. Inzwischen schon sechs Tage. Der Ausgang des Prozesses entscheidet über Strates Zukunft.
Freund Graue weiß, wann und wo es durchzugreifen gilt. In einem Verfahren wegen der gleichen Demonstration beantragte der Staatsanwalt 500 Mark Strafe. Graue, hart, aber dafür ungerecht, entschied sich für 800.
Im Gehen höre ich, wie welche rufen: »Freiheit für Gerd Strate!«, und der berobte Graue aus großer Höhe herab sagt überlegen lächelnd: »Ach wissen Sie, damit können Sie uns nicht beunruhigen.«

März 1975

P. S.
Strate ist seit Jahren ein brillanter Strafverteidiger. Als Künstler der Wiederaufnahme, für viele die letzte Hoffnung. Graue richtet weiter.

Mai 1990

Richter Graue

Mein Hauswirt hat mich verklagt. Es geht um eine deftige Heizungsnachzahlung, die mir der Mietverein riet, auf keinen Fall zu leisten. Ich hätte gar nicht hinzubrauchen, der Anwalt hätte genügt. Aber da ich erst zwei Stunden später im Strafjustizgebäude sein mußte, wollte ich auch den Prozeß gegen mich vorher mitmachen. Das mußte ja in zwei Stunden zu schaffen sein. Ein Freund von mir, der Diplom-Psychologe Wolf Brombach-Sternberg, begleitete mich, als Mutmacher.

Ja, das war 'n Ding. Von wegen in zwei Stunden schaffen. Da steht man im Ziviljustizgebäude unmündig vorm großen Tisch. Merkt, wie man hinter unverständlichen, lähmenden Anträgen verschwindet. Man kennt die Spielrgeln nicht. Drei Experten – der Richter, mein Anwalt, der Gegen-Anwalt – rollen ein paar Formeln über den Tisch. Als ich etwas fragen will, sagt mir mein Anwalt, daß schon der nächste Fall aufgerufen ist. Im Saal und vor der Tür warten weitere zwanzig Fälle auf ihr Recht – bis zur Mittagspause. Geschubse und Gedränge – wie auf dem Bahnsteig. Vorsicht: Alles zurücktreten! Das nächste Urteil fährt gleich ab.!

Wir gehen rüber zum Strafjustizgebäude. Zeit haben wir jetzt genug. Kaum Polizei. Alles friedlich. Als seien meine Erlebnisse dort vor etlichen Wochen nur ein böser Traum gewesen. Der Hausschlosser kommt uns entgegen. Mein neuer Schlüssel zum Pressezimmer, der mir so viel Ärger einbrachte, wartet jetzt schon seit Wochen auf mich in der Pförtnerloge, bei dem freundlichen Herrn Sauer. Dort sammeln sich Saaldiener und andere Angestellte, drücken mir herzlich die Hand. Einige kennen Passagen aus, »Hilfe Polizei« auswendig. »Seit wann lest ihr denn KONKRET?« – »Och, eigentlich nicht. Aber das hat sich wie ein Lauffeuer rumgesprochen.«

»Ach«, lacht einer, »da kommt ja Ihr spezieller Freund.« Er meint Richter Graue, mit dem ich letztes Mal böse aneinander geraten bin. Der geht vorbei, die Treppen hoch. Ohne Robe, zwar immer noch überlang, aber nicht mehr halb so breit. Ja, so ein Richtertisch und die restlichen Requisiten führen leicht zu optischen Täuschungen.

Ich suche das Pressezimmer, in dem ich seit über vier Jahren zu Hause bin. Zimmer 227, 1. Stock. Ich finde es nicht mehr. Ziehe Wolf, herumirrend, hinter mir her. Ein echter Horrortrip. Wie bei Kafka. Bis Wolf sagt: »Die Wand da, Peggy, scheint neu zu sein.« Ja, das ist es. Da sind tatsächlich neue Wände gezogen worden. Wegen künftiger BM-Prozesse, um das Schwurgericht abzuschirmen. Auch zu meinem Schutz. »Nach allem, was passiert ist, muß man ständig das Schlimmste befürchten und Vorsichtsmaßnahmen treffen.« Mag sein. Aber wo bleibt mein Polizeischutz in der Bank, im Supermarkt und auf Spaziergängen durch die Parks? Da soll auch schon so einiges passiert sein. Überfälle, Vergewaltigungen, Geiselnahme. Mich hat zwar bisher noch keiner vergewaltigt. Terroristen haben mir bis jetzt auch noch nichts getan. Ich meine, wenn schon Schutz mit der Knarre, dann doch bitte überall, *nur nicht im Strafjustizgebäude.*

Wir gehen zum Saal 192, in dem Graue der Vorsitzende ist. Derselbe Mann, der zu Gericht saß, als es um den Jurastudenten Strate und seine Demonstration gegen Fahrgelderhöhung ging. Graue hat seine Urteilsschrift danach bereits eine ¾ Stunde nach den Plädoyers, die er wahrscheinlich überhaupt nicht berücksichtigte, parat. 1000 Mark Geldstrafe oder 100 Tage Haft. Mehr als dreimal so viel Hafttage, wie der Staatsanwalt forderte.

Genau wie damas stand auch der heutige Termin nicht auf der Justizpresseliste. Und auf der Presserolle war ein falscher Saal angegeben, nämlich 201 b. Sicher ein böser Zufall! Wie auch die Tatsache, daß die Tür zur Zuhörerbank verschlossen war und blieb, bis wir lange genug auf Öffnung bestanden.

Graues Gegner ist heute Rechtsanwalt Bernt Niese. Er war selbst insgesamt sieben Jahre Richter von 1965 bis 1971. Davon vier Jahre Strafrichter. Er erklärt, warum er seinen Beruf wechselte:

»Es ist wahnsinnig schwer, als Einzelrichter nicht selbstherrlich zu werden. Der innere Vorgang ist nicht nachprüfbar oder angreifbar. Man kann ja jedes Urteil revisionsdicht machen. Dadurch ist, was immer man tut, immer richtig. Mich widert auch die Primadonnenpflege an, die jeder Richter vor sich selbst und im Kollegenkreis zelebriert. Außerdem ein Leben lang, alle neun Monate, von Vorgesetzten aufs neue begutachtet zu werden. Da machen sich alle Sympathien und Antipathien breit. Dazu kommt die Bürokratie. Jeden Kugelschreiber muß man anfordern. Gleichzeitig ist es Vorschrift, jede aufgebrauchte Mine zurückzugeben.«

So verhindert man, daß Richter Kulis klauen.
»Mich stört auch, daß man sich als Richter innerlich nicht echt engagieren darf, weil das zwangsläufig zu Konflikten im Beruf führt. Auch jetzt befinde ich mich ständig im Konflikt, weil mir sowohl die Sicht des Landgerichtspräsidenten als auch die des Strafverteidigers geläufg ist. Mein ehemaliger Kollege, der Amts- und Strafrichter Siekmann zum Beispiel, der gleichzeitig im Vorstand des Hamburger Fürsorgevereins ist, bekam große Schwierigkeiten. Er hatte ein Verfahren wegen Rechtsbeugung am Hals. Denn sein Verständnis für andere führte dazu, daß er eine Frau, die für ihr Baby Wäsche von der Leine geklaut hatte, nicht wegen Diebstahls, sondern nur wegen groben Unfugs verurteilte.«
Na, die Gefahr, wegen Barmherzigkeit gerügt zu werden, läuft Graue nicht.
Die kleine Tür, durch die Häftlinge Einlaß in den Gerichtssaal finden, geht auf. Ein Mann, der eher wie ein Bündel Kleider wirkt, wird mühselig von zwei Krankenpflegern hereingetragen und auf die Anklagebank gesetzt.
»Ich bin ganz wund«, stöhnt er und bittet um ein Kissen. Auch ein Stuhl wird an die Bank rangeschoben, damit er nicht runterfällt.
Dieses Bild des Jammers ist Eric Stieren, 48 Jahre, wegen Körperverletzung und Beleidigung angeklagt. Die Vorfälle sollen in einer Zelle und in der Glocke, der berüchtigten Beruhigungszelle des Hamburger Untersuchungsgefängnisses, stattgefunden haben. Wie hat er das bloß gemacht? Er selbst soll eine Latte von Anzeigen erstattet haben, die weniger ernst genommen werden als die gegen ihn.
Aber was macht dieser Mann überhaupt in einem Gefängnis? Sicher, er ist wegen Betrugs verurteilt, aber er ist ein Pflegefall, den nicht einmal ein Krankenhaus übernehmen will. Dennoch wurde er von Dr. Küper, einem Psychiater und Neurologen des ärztlichen Gerichtsdienstes, für haftfähig erklärt. Rechtsanwalt Niese hat schon dreimal vergeblich eine Haftunterbrechung beantragt. Stieren ist eben kein NS-Täter. Wenn man bedenkt, wer einem alles guter Dinge in der Frühlingssonne auf den Gerichtsstufen entgegenspringt. Wegen eines vielleicht drohenden Infarkts für haft- oder sogar verhandlungsunfähig erklärt.
Stieren ist nur ein Mann, der im Krieg Splitter und einen Kopfschuß abkriegte. Komplizierte Gehirnoperationen blieben offensichtlich ohne Erfolg. Seitdem konnte er nie mehr liegen. Er verbringt Tag und Nacht, wach und schlafend, sitzend in einem Stuhl. Darm- und Blasentätigkeit

sind kaputt, der Hintern durchgesessen. Ihm wird bescheinigt: ständig wachsende Wesensänderung, psychisch schweres Hirnabbausyndrom, Angstpsychosen, pathologische Haftreaktion, Unterschenkelödeme. Sein Zinkleimverband war nach einem Jahr mit der Haut fast verwachsen. Im Knast war trotz zahlloser Anträge kein Arzt bereit, ihn auszuwechseln. Gesichtslähmung links. Trigeminus-Nervenschmerzen rechts. Herzinsuffizienz.

Das müßte langen, meint man.

Bekannt ist auch, daß Stieren, seitdem er vor Jahren Moslem geworden ist, sich statt Wilhelm Eric Saud nennt.

Der jetzige Eric Saud lehnt den ehemaligen Wilhelm so sehr ab, daß er ihn für seinen nicht vorhandenen verhaßten Zwillingsbruder hält. Jeder im Knast weiß, wie man Stieren dazu bringt, durchzudrehen: Man muß ihn nur Wilhelm nennen.

Trotzdem reagiert man auf ihn, als sei er gesund und nur ein Querulant. Stieren haßt den Namen Wilhelm so sehr, daß er sogar, wenn er in seinen Briefen von seinem »Zwillingsbruder« berichtet, Wilhelm immer wieder dick unterstreicht.

Mit all dem hängt auch der Vorfall in der Glocke zusammen. Stieren, der sich damals noch mühsam auf Krücken schleppen konnte, verweigerte am 31. 7. 1973 wie immer die an Wilhelm Stieren gerichtete Post. Die Beamten behaupten, »er versuchte mit dem Tisch nach uns zu werfen« und sei dann ans Fenster gesprungen, um die Scheibe zu zerschlagen.

Weiß der Teufel, wie das vor sich gegangen sein soll, mit dem Heben, Werfen, Springen. Fest steht nur, daß Stieren, mit dem Kopf auf jede Stufe aufschlagend, zur Glocke hinuntergeschleift wurde, daß er sich wie immer übergab, als man ihn zum Liegen zwingen wollte, daß eine 10 bis 15 Zentimeter lange Schnittwunde am Hals im Allgemeinen Krankenhaus Ochsenzoll genäht wurde (obwohl das Gefängnis-Krankenhaus ausgerüstet ist) und daß seine Nase gebrochen war. Er soll eine gehörige Tracht Prügel erhalten haben mit einem harten Gegenstand, nachdem er das Hosenbein eines Beamten vollgekotzt hatte.

All das ist noch nicht geklärt. Fest steht nur, daß Stieren seit dem Vorfall links nichts mehr hört und daß er nicht mal mehr mit Hilfe von Krücken gehen kann. Vielleicht ein Fall von psychogenem Lähmungszustand. Wie dem auch sei. Zwei Glaubensbrüder haben sich schriftlich bereit erklärt, ihn bei sich aufzunehmen und ihn privat zu pflegen.

Zur Zeit liegt sein Fall der Menschenrechtskommission in Straßburg vor.
Graue betritt den Gerichtssaal. Breit lächelnd, fragt er Anwalt Niese: »Ist das meine Akte, die Sie da haben?«
Niese: »Nein, natürlich nicht.«
Graue: »Ich dachte, weil sie rot ist.«
Niese: »Das haben Akten so an sich.«
Graue, guter Dinge: »Die Akte ist weg.«
Und auf das wie, wo, seit wann, in unverschämtem Ton, träge gedehnt: »Weiß ich nicht.«
Niese: »Ich saß früher eine Zeitlang mit Graue in einem Zimmer. Damals verkehrten wir höflich ironisch miteinander. Ich dachte erst, dies jetzt sei so ähnlich.«
Ja, das dachte er: Bis er merkte, daß es Graue, wenn er verhandelt, blutig ernst meint.
Niese: »Sie können mich beiordnen.«
Graue, süffisant, hämisch: »Nee, die Hauptverhandlung ist ja ausgesetzt. Damit müssen Sie sich abfinden.«
Niese: »Ich muß mich ja auch damit abfinden, daß mein Referendar seit heute morgen um neun vergeblich versucht, Herrn Stieren zu sprechen.«
Das macht den Vorsitzenden nur noch fröhlicher. Erst als Niese geht, ruft ihm Graue nach, wo sich die Akte befindet: unterwegs zu oder von jemandem.
Niese beherrscht sich: »Hoffentlich wird mir mitgeteilt, wenn sich die Akte wieder anfindet.«
Graue: »Nicht nur das, auch der neue Termin. Wenn Sie dann noch Interesse an der Akteneinsicht haben sollten.«
Blickduell zwischen Graue und mir. Er wird ernst und trommelt wieder nervös mit den Fingern. Man sollte ihm Kugeln schenken, wie Humphrey Bogart sie in »Die Caine war ihr Schicksal« zur Beruhigung in der Hand hatte. Hätte Graue die Verhandlung für nur 3 Minuten eröffnet, hätte der Pflichtverteidiger Honorar bekommen. Graue hätte auch, weil er ja schon vorher wußte, daß die Akte nicht da war, Niese den Weg zum Gericht ersparen und Stieren im Lazarett lassen können. Graue macht eine Art Bummelstreik. Für Wahl-Pflichtverteidiger Niese, der im *September 1973* den Fall übernahm, nicht gerade lustig. Bis auf 622,– DM, die ein Mitgefangener für Stieren an ihn zahlte, hat er nichts erhalten. Trotz umfangreicher Arbeit.

Es gibt wieder eine Auseinandersetzung, als Graue versucht, mich rauszuschmeißen. Wieder mit einer Handbewegung, als wolle er Dreck vom Tisch wischen. Wieder bin ich aufmüpfig, er verwarnt mich. Da ich seine Rausraus-Bewegung nachmache und sage, daß es mir nicht gefällt, so rausgeschaßt zu werden, verwarnt er mich noch mal.
Ich: »Heißt das, sonst bin ich dran? Und stehe dann vor einem Richter wie Ihnen?«
Graue schneidend: »Das ist meine Art der Rechtsprechung. Es ist nicht mehr öffentlich. Ich kann Sie raussetzen lassen.«
Genauso unhöflich rausgesetzt wird auch der Psychologe Brombach-Sternberg. Es war sein erster Besuch im Strafjustizgebäude. Ein paar Tage später frage ich ihn nach seinen Eindrücken.
Er sagt, immer noch erschüttert: »Weißt Du, da stehe ich nun davor und kann's nicht fassen. Ich hab' nur einen Gedanken – es darf doch nicht wahr sein. *Amtsmißbrauch – jetzt weiß ich, was das ist.* Sollte dieser Richter sagen ›Im Namen des Volkes‹, kann ich mich nicht dazurechnen. Für mich kann der nicht sprechen.«

April 1975

Friede?

30 Jahre seit Ende des Zweiten Weltkrieges. Schon. 30 Jahre Frieden? Nein. Hier nannte man auch damals den 8. Mai nicht den Tag des Friedens, sondern Kapitulation, Zusammenbruch, eine Katastrophe. Dort, wo ich war, in London, hieß der schöne Frühlingstag »V-day« (victory-day – Siegestag). Man jubelte und feierte. *Leicht zu verstehen.* Und ich lernte an dem Tag, als ich mit anderen Kindern bei den Umzügen vor dem Buckingham Palace zuguckte, *wieder mal* fürs Leben. Nach Nationen eingeteilt wie im Olympia-Stadion, die jeweiligen Flaggen schwenkend, defilierte man singend vorbei. Unter anderem auch eine sehr kleine Gruppe Juden. Vielleicht 30 an der Zahl. Natürlich nicht weniger glücklich als alle anderen auch. Bis sie plötzlich von Engländern auseinandergetrieben und vermöbelt wurden.
Folge dieses Anblicks war, daß ich es 5 Jahre später nicht so schlimm fand, nach Deutschland zu kommen, wie ich es wohl sonst gefunden hätte. Es kostete damals Phantasie, sich vorzustellen, daß die vielen geschwächten, schlecht gekleideten, gebrochenen Gestalten noch vor kurzem brutale Herrenmenschen waren.
Hier machte man ja erst mal Pause, was öffentliche Verfolgungen anlangte. Zwangsarbeiter gab es nicht mehr und Gastarbeiter noch nicht. Das ganze deutsche Volk war vorübergehend zu einer Art Randgruppe geworden. *Daher auch vorübergehend sympathisch. Ein Volk von Pazifisten, bei Gott!* Das dem Franz Josef Strauß beipflichtete, als er sagte: »Wer noch einmal ein Gewehr in die Hand nimmt, dem soll die Hand abfallen.«
Ich war bald an der Uni, wo mich viele meiner Kommilitonen begeisterten. Manche zwar körperlich verstümmelt, aber menschlich intakt. Andererseits begriff ich schon damals während der Vorlesungen, daß man nicht viel erwarten kann von einem Volk, das immer nur repetiert und kritikunwillig oder -unfähig ist. Studenten, die das Dargebotene nicht in Frage stellten. Etwas später gab es dann die Hoffnung auf APO und SDS. Inzwischen muß man sich auch da fragen, wie weit die damaligen Protestler wirklich die Gesellschaft verändern oder nur auf die schnelle was für sich selbst rausschlagen wollten. Ein Kurzausbruch aus der Bür-

gerlichkeit, in die sie meistens willig durch Beruf, Frau und Kinder wieder zurückfielen.
Im Suff oder wenn man unter sich zu sein meinte, war es anders. Die Deutlichkeiten, die dann ausgestauscht wurden, ließen nichts zu wünschen übrig. Steigerten sich Jahr für Jahr in dem Maß, in dem die Angst vor Strafe wich. Diese Art Angst stellte sich sowieso ziemlich bald als unbegründet heraus. Da pflichtete man wieder dem Franz Josef Strauß bei, der sagte: »Ein Volk, das diese wirtschaftlichen Leistungen erbracht hat, hat ein Recht darauf, von Auschwitz nichts mehr hören zu wollen.«
Man bejammerte hier die Zweiteilung, also Halbierung Deutschlands. Während ich meinte, daß auch ein halbes Deutschland bald wieder zehnmal zu viel sein würde, was Kraft und Macht anlangt. Immerhin, nachdem die Friedensengel wieder aufrüsteten, entwickelte sich die Bundesrepublik zur viertstärksten Militärmacht der Erde. Bißchen happig, finde ich.
Ich weiß noch, wie wir Jahr für Jahr tagelang als Ostermaschierer über die Dörfer zogen in einem Protest gegen mögliche Atombewaffnung. Gegen konventionelle Waffen hatten viele der Demonstranten nichts. Klar; die konventionellen Waffen sind ja die harmlosen. Durch die man nur stirbt. Wir waren nicht sehr viele, obwohl »ganz Deutschland zusammenströmte!« Zwischen 2000 und 10000. Die uns begleitenden Polizisten schienen immer in der Überzahl. *Der Staat hielt uns trotzdem für so gefährlich, daß Funk und Presse die Anweisungen hatten, uns nach Möglichkeit totzuschweigen.* Ein Ostern spazierten wir über die dänische Grenze. Ganz friedlich, versteht sich. Auf der anderen Seite von skandinavischen Ostermärschlern erwartet. Und später, am gleichen Tag, verweigerte man mir als Schwedin, mit legalen Papieren ausgerüstet und in Hamburg inzwischen seit Jahren ansässig, die Rückkehr nach Deutschland. Erst der massive Druck der dänischen Presse öffnete mir wieder Tür und Tor. Als ich dann hier war, fragte ich mich, wieso ich mir eigentlich dieses fragwürdige Recht erkämpfte.
Ich unterhielt mich mal mit dem zweifachen Nobelpreisträger Linus Pauling (einmal für Frieden, einmal für Physik) über unsere idiotischen, ineffektiven Polit-Wanderungen. Ich sagte ihm, daß wir nur da demonstrieren dürften, wo die Polizei uns hinschleust und wo man sicher sein kann, daß man weder gehört noch gesehen wird. Immer über die uns vorgeschriebenen Kuhdörfer. Pauling: »Man muß sich von dieser Polizei-

hörigkeit frei machen. In Amerika protestiert man. Dann pfeift man auf die Polizei. Oder man gehorcht der Polizei. Dann kann aber nicht mehr die Rede von Protest sein.«
Ein schlechtes Gewissen hatten nur die Kinder. Stellvertretend für ihre unbelehrbaren Eltern und Großeltern, mit denen sie das Pech hatten, weiterleben zu müssen. Oft denke ich, daß ich mit meinen in Auschwitz umgebrachten Eltern weiß Gott besser dran bin als die mit ihren lebenden Familien-Gruselkabinett-Gestalten. Wie die jetzt Alten als Mächtige ausgesehen haben, ist kaum noch vorstellbar. Sie sind ja so verändert. So mickrig geworden, diese Herrenmenschen. *Ich sehe die Jungen, die jetzt so aussehen wie ihre Eltern damals, und mir wird schlecht genug.* Erst nach Jahren hatte ich in diesem Land wieder Angst vor diesem Land. Und mußte mir immer mit Gewalt vor Augen halten, daß doch eine Menge Sozialisten, Kommunisten, Christen und Liberale Widerstandskämpfer waren. Gesundheit, Existenz, ihr Leben investierten. Wenn auch vergeblich.
Auch ich habe hier eigentlich als Jüdin nichts auszustehen. Wohl aber als Fremde. Daß ein Teil meines Fremdseins durch mein Jüdinsein bedingt ist, spielt keine Rolle. Fremdsein an sich macht unruhig. Ich dachte mal, daß die große Reisewelle in alle Länder Toleranz und umsetzbare Erfahrungen bringen würde. Dann fiel mir ein, daß »Kraft durch Freude« ja auch nicht verhinderte, daß man seine früheren Gastgeber um die Ecke brachte. Statt dessen ist es für viele zu einer neuen Art von Boden-Eroberung geworden. Landaufkauf im ganzen Süden. Die Spanier, Jugoslawen und so weiter als Gastarbeiter in ihren eigenen Ländern. »Morgenpost« vom 3. 4. 1975: »Mallorca fest in deutscher Hand«.
Ich überlege, warum mir so mulmig ist, wenn ich an diese 30 Jahre Frieden denke.
Ich komme mir selbst undankbar vor. Denn immerhin fallen keine Bomben. Die meisten von uns sind in relativer Freiheit. Und trotzdem. Da ist die lange, lange Herrschaft der CDU/CSU *mit allem, was das heißt.* Da ist das viele Jahre lange Verbot der KPD, also der Illegalität ihrer Mitglieder. D. h., daß Kommunisten in Deutschland nach dem Krieg genau so wieder ins Gefängnis wanderten wie unter Hitler. Da sind die Notstandsgesetze, die wir nicht verhindern konnten, *obwohl wir so heftig gegen sie ankämpften.*
Da ist der lange kalte Krieg. Da sind die wirtschftlichen Verhältnisse, an denen die Währungsreform überhaupt nichts geändert hat. Da ist das

Braunbuch, in dem man nachschlagen kann, wenn man wissen möchte, in wessen Händen Geld, Macht und Einfluß liegen. Und welche Funktion diese Hände unter Hitler hatten. Da sind Justiz und Verfassungsschutz, die qualifizierte Fachkräfte der Nazi-Zeit übernommen haben. *Genau wie die CIA und sicher auch die Geheimdienste im Osten. Das Unrecht ist immer in den richtigen Händen. Auch das neue Recht sichert wieder nur die Rechten ab. Hat man was dazu gelernt? Z. B., daß Kriege keine Probleme lösen? Sei denn, die Probleme der Waffenhändler. Scheint nicht so.*
Die Verwaltung flutscht nach wie vor. Und wird noch verbessert. Die deutsche Verwaltung war schon immer von erschreckend hoher Qualität. Und machte es möglich, daß man das außerordentlich Entsetzliche ordentlich durchführen konnte.
Dann kamen SPD und FDP ans Ruder. Anlaß zu Hoffnung und Freude. Nach einem Vierteljahrhundert anhaltendem Ringkampf zwischen Befürwortern einer Politik der Entspannung und den Anhängern der kalten Kriege gelang es endlich, die gefährliche Konfrontation abzubauen. Und DDR und BRD waren endlich beide völkerrechtlich anerkannt und in die UNO aufgenommen. Damit wurde ein ständiger Spannungsherd in Mitteleuropa beseitigt und die »Nachkriegszeit« offiziell beendet. Dafür hatten wir jetzt schon wieder einen saftigen Rechtsruckzuck.
Verfassungwidrige Berufsverbote wurden immer häufiger ausgesprochen. So wurde auch der NDR-Sprecher Wolfgang Hahn mit seiner Kündigungsdrohung erpreßt, weil er am 28. 2. 1975 ein Erich-Kästner-Gedicht während einer Musik-Sendung vortrug. Das Gedicht zum § 218 macht nur deutlich, daß die Misere, die zu Kästners Jugendzeiten schon lange nicht neu war, immer weiter besteht.
Das angebliche »Gar-nichts-gewuß-Haben« von Leuten wie Kiesinger und auch sonst jedem, der gefragt wird. Was man hier weiß, so sagt man, weiß man nur vom Hörensagen. *Wenn man mir mit solchen Geschichten kommt, möchte ich immer nur dreinschlagen.* Ich wußte mit 5 Jahren alles. Ich konnte mit 5 auch schon Schilder lesen. Kann mir vorstellen, wie es wäre, wenn ich jetzt nicht unten zum Gemüsemann dürfte, nicht in den Spar-Laden, nicht zum Schlachter, nicht zum Friseur, weder ins Hallen- noch ins Freibad, nicht ins Kino, nicht ins Theater, Ballett, nicht in die Kneipe, nicht ins Restaurant und natürlich nicht zu Leuten. Die äußere Form hat sich geändert. Nicht die

Leute. Ich bin sicher, daß nach wie vor eine Behörde erfolgreich entscheiden könnte, wer bedient werden darf und wer nicht. *Die Existenzangst ist Trumpf.*

Welt ist immer da, wo man sich selbst befindet. Weltkrieg empfindet man auch nur, wenn er sich in der eigenen Welt abspielt. Wir hätten seit 1945 alle paar Monate ein Friedensfest feiern können, denn irgendwo ging immer vorübergehend ein Krieg zuende. Und neue brachen aus. Es brutzelte seit damals fast ohne Pause. In Indochina, Korea, Algerien, Vietnam, Israel und Kambodscha. Rassenkrawalle in Alabama und Südafrika. Diktatoren herrschten in Spanien, Portugal, Griechenland. Terror und Bürgerkriege beleben Mexiko, Brasilien und Irland. Aufstände in Ostblockländern. Revolution ein bißchen hier und da.

Inzwischen hat man auch bei uns wieder was zu verteidigen, Gott sei's geklagt. Und wo es etwas zu verteidigen gibt, weiß man ja, was los ist, wenn's in Frage gestellt wird.

Eines wird auf jeden Fall nie verteidigt, egal, ob hier oder woanders. Das ist das Recht aufs e i g e n e *Leben. Keiner kämpft für sich. Obwohl das jedem kleinen Kämpfer vorgegaukelt wird, um das Sterben schmackhafter zu machen. Jeder kämpft nur für das Kapital seines Landes. Alle zusammen für ein international verschlungenes Kapital. Das dann ja auch immer wieder, wenn von den Kämpfenden nichts mehr übrig ist, sich soweit erholt, daß es eine neue Generation mit Waffen versehen kann.*

Der Zweite Weltkrieg, dem fast 50 Millionen Menschen zum Opfer fielen, war zuende. Ich kann mir kaum 10 000 vorstellen, geschweige 100 000. 1 Million schon gar nicht. 50 Millionen liegen außerhalb der Reichweite meiner Phantasie.

Der 8. 5. 1945 bot die Möglichkeit, die Zukunft des deutschen Volkes demokratisch, friedlich und in einer sozial gerechten Ordnung neu zu gestalten. Eine demokratische Bildungsreform sollte damals die Erziehung der Jugend im Geiste der Demokratie und des Friedens sichern helfen.

Die Schulbücher und der Geschichtsunterricht waren nicht geeignet, viel zu ändern. Die Verlogenheit hier und die Korruption sind nicht anders als in anderen Ländern auch.

Die alten Nazis und das favorisierte Kruppzeug, das sie nach sich zogen. In so gut wie allen Spitzen der Wirtschaft, Politik und Gesellschaft. Gestützt von vielen. Fast widerspruchslos in jede »gute« Gesellschaft aufgenommen.

Alles ganz anders? Das Übel mit den Wurzeln entfernt? Wohl kaum. Wenn man bedenkt, daß die Nazi-Diktatur ohne das fleißige Mitwirken von Großindustrie, Pressekonzernen, Hochfinanz und Intelligenz nicht möglich gewesen wäre. *Natürlich auch nicht ohne Gehorsam, Begeisterung oder Feigheit jedes einzelnen.*
Nichts ist ausgestorben. *Denn die, die der Zahn der Zeit wirklich hinraffte, haben Erben.*

Mai 1975

Heiratsschwindel

Heiratsschwindler haben mich immer interessiert. Ihre Unverfrorenheit. Ihre Rücksichtslosigkeit. Ihre totale Selbstsucht. Vor allem aber ihr Einfallsreichtum.

Die Erfolgreichsten von ihnen waren nicht mal schön. Häufig auch nicht besonders männlich. Groß und stattlich nur in Ausnahmefällen.

Ich sah »Monsieur Verdoux«. Zum Krummlachen gespielt von Charlie Chaplin. Hinreißend, wie penibel und gekonnt er als Bankangestellter a. D. die Geldscheine der von ihm umgebrachten Frauen fingerfertig mischte und in exakte, ansehnliche Haufen aufteilte.

Ich las auch Bücher wie »Sigismund und seine 1000 Bräute«. Und kam auch da aus dem Lachen nicht raus. Und wartete immer darauf, daß so ein fabelhaft witziger Betrugsprozeß ins Strafjustizgebäude käme.

Neulich war auch so was. Die Geschichte fing ganz putzig an. Schon 1969, als der sympathisch aussehende Hochstapler Ehrenfried K. in Bernau im Knast saß. Er, ehemaliger Pferdepfleger, erzählte dem Vollzugsbeamten, er habe das Gut Bredenbeck in Holstein geerbt. Da flippten seine Bewacher so aus, daß sie ihm sogar ein Konto bei der Sparkasse einrichteten. Als er sah, wie gut es einem geht, wenn man durch Erfindungen beeindruckt, machte er nach seiner Entlassung so weiter. Verlobte sich mit einer Millionärstochter, besichtigte ein Rittergut mit ihr und sagte stolz: »Das ist mein Erbe.«

Dann schaffte er sich an eine Arzthelferin ran. Hier stellte er sich als Olympia-Reiter und Stiefbruder des weltberühmten amerikanischen Springreiters William Steinkraus vor. Doch total gewonnenes Spiel hatte er bei ihr erst, als er ihr schluchzend von seiner durch einen Verkehrsunfall getöteten Frau erzählte, um ihr dann den leeren Platz an seiner Seite anzubieten. Kurz darauf lieh sie ihm 23 000,– DM (ihr Erbteil) für seinen angeblichen Rennstall. Und sah Geld und Geliebten nicht wieder.

Noch einmal lief ihm eine Millionärstochter vor die Füße. Wer hätte geahnt, daß es so viele gibt? Diesmal, als US-Geheimdienst-Offizier, beschenkt er abwechslungshalber. Nicht eine Schachtel Pralinen. Noch einen Strauß Vergißmeinnicht. Nein, einen Porsche. Die Rechnung ging allerdings an den Vater der Verlobten. Armer Ehrenfried, immer wieder wird er die Bräute los. Dann passiert dem Profi das, was keinem Profi passieren darf. Er verliebt sich. Ausgerechnet in die Frau eines ehemaligen Mithäftlings, der jetzt in Fuhlsbüttel sitzt. Kaum zu fassen, aber Ehrenfried gelang es, in einer Phantasieuniform ins Gefängnis zu kommen, zu dem Gefangenen vorzudringen und ihn um die Scheidung seiner Frau zu bitten. Er gab sich als Hauptmann Caim des US-Geheimdienstes aus. Und schon war er drin. Erst ein Dorfpolizist bremste seinen Aufstieg. So daß er jetzt größere Schwierigkeiten hat, raus als rein in den Knast zu kommen.

Als neulich wieder so ein Prozeß stattfand, wurde mir klar, wofür die Frauen ihr Errafftes, Erschuftetes, Erspartes oder Ererbtes hingeben. Wenn man sieht, wofür sich die meisten Heiratsschwindler ausgeben, wird klar, daß die Frauen nur mit der Wurst nach dem vermuteten Speck schmeißen. Der eine täuscht Geld oder Einfluß vor, der andere hat es. Sie rechnen damit, daß sich sich ihre Investitionen x- und x-fach ein Leben lang verzinsen. Lassen sich also auf ein Geschäft ein, *das schiefgeht.* Das heißt, sie wollen im Grunde nichts anderes als der Heiratsschwindler: Geld, Sicherheit, vielleicht einen »guten« Namen.

Einige blechen wohl auch, weil sie berauscht sind. In der Hoffnung, diesen speziellen Mann, gekoppelt mit seiner Flut von mühelosen Komplimenten und Beteuerungen, ein Leben lang zu halten.

Mangel an schnellem Sex im allgemeinen wird es wohl nicht sein. Männer gibt es jede Menge, und ausgehungert sind sie fast alle. Oder zumindest neugierig genug, sich fast jeder zu nähern. Frauen gelten ja immer noch, gegen jede Erfahrung, als so außergewöhnlich und schwer erreichbar, daß es dauernd zu Vergewaltigungen kommt. Eine 15- oder 19jährige wird vielleicht von einem Dutzend Männern nacheinander in einer Nacht gewaltsam benutzt. Aber auch Blinde, Lahme und Greise finden rabiate Abnehmer, ganz gegen ihren Willen.

Am 11. 6. 1975 nannte die »Bild«-Zeitung die Vergewaltigung einer 93jährigen achtfachen Mutter und zwanzigfachen Großmutter das scheußlichste Verbrechen der Hamburger Kriminalgeschichte. Da muß dem Schreiber die Hamburger Kriminalgeschichte wohl sehr unbekannt sein.

Doch zurück zu Lieb und Leid. Heiratsschwindel war wieder dran. Nicht spannend. Nicht sehr witzig. Eher traurig. Alles 8 Nummern zu klein für einen schillernden Betrug. Der Friseur Manfred W., 27 Jahre, stand vor Gericht.

Gelbgetönte Brille. Schnurrbart. Wie knapp gestutzter Rasen. Guter Haarschnitt wie auf Fotos von Meisterfriseuren. Kann er ja nicht selbst geschnitten haben.
Braune Lederjacke. Hübsch gestreiftes Hemd. Jeans. Dunkle Pantinen wie ich auch. Der Vorsitzende Hübner bittet ihn, sein Kaugummi rauszunehmen, weil man sonst nichts versteht.
Manfred: »Ich kam ins Kinderheim, wie ich ganz klein war. Bis zum 15. Lebensjahr. Aber Vormund hatte ich bis 21. Ich habe mit Unterbrechnungen immer im Beruf gearbeitet.«
Vorsitzender: »Sind Sie unehelich geboren?«
»Weiß ich nicht.«
»Vorbestraft?«
»Ja.«
»Wann? Wie? Wo?«
»So genau weiß ich das nicht mehr.«
Da werden dann vorgelesen: Diebstahl, Unterschlagungen. Betrug.
Manfred bagatellisiert: »Ja, Hotelrechnungen waren das.«
»Also Zechbetrug?«
»Ja, kann man sagen.«
»Hier noch mal Betrug. Was war das gewesen?«
Wegwerfend: »'ne Sache mit 'nem Mädchen. Schmuck verscheuert.«
Ja, der Manfred hatte immer solchen Klein-Scheiß gemacht. Mädchen, die selber nicht reich waren, übers Ohr gehauen. Einer, während sie sich im Bad hübsch machte, um mit ihm auszugehen, das Geld aus der Tasche geklaut. Und dann mit dem Wagen ab durch die Mitte. Nach 4 Tagen stellte er den immerhin wieder zurück. 'ne andere, die süße Indonesierin Laila, die er im Freibad kennengelernt hatte, verließ nur kurz das Schlafzimmer. Husch, machte Manfred mit ihrem Geld und Recorder einen Satz.
Also, Mädels, immer dran denken: Die Tuchfühlung bei einem Gelegenheitsliebhaber nie aufgeben! Aufs Klo gehen und so was müßt ihr ein anderes Mal.
Das arme Ding, um das es in diesem Prozeß ging, ist Sekretärin.
Manfreds Stimme wird rechthaberisch, energisch: »Ich lernte Fräulein Krüger, also Helga, Ende Oktober 1974 im ›Dreyer's Ahoi‹ beim Tanzen kennen. Wie ich denn mit Zuname hieße. Da fiel mir der Name Wiesner ein. So sieht meine Unterschrift auch aus. Ich sagte, ich bin Co-Pilot bei der Lufthansa. Wir gingen noch in eine andere Bar und

dann auf den Fischmarkt. Dann hat sie mich praktisch eingeladen zum Frühstück.«

Der Vorsitzende erstaunt: »Sie blieben gleich da wohnen?«

Er: »Das war an dem.«

Das kurze »dort wohnen« bekam Manfred nicht schlecht. Nach und nach ergaunerte er sich 16 000,– DM. Das gesamte Ersparte *und noch etwas mehr* der armen Helga.

»Sie sprachen doch von Heirat oder was man für gemeinsame Kinder haben wollte.«

»Nein. Wenn mal was sein sollte. Das ist 'ne ganz normale Redensart.«

»Aber bei der Venehmung sagten Sie doch, daß Sie einen Sohnemann haben wollten.«

Manfred, irritiert, belehrend zum Vorsitzenden: »Ich hab' Ihnen gerade gesagt, daß ich unter Alkoholeinfluß gestanden hab'. Sie wissen doch, wie die Polizei immer alles verdreht.«

Der Vorsitzende zeigt: »Aber da steht doch: selbst gelesen. Und Ihre Unterschrift.«

Manfred: »Ja, Sie wissen doch, wie das geht.«

Ja, das weiß ich auch. Nur, das Wort »Sohnemann« setzt wahrscheinlich kein Kripomann von sich aus in ein Protokoll.

Vorsitzender: »Sie haben sich doch auch Fräulein Krügers Schreibmaschine unter den Nagel gerissen.«

Befremdet: »Das kann man nicht sagen: untern Nagel. Nur in Verwahrung genommen.«

Außerdem ist laufend die Rede von einem Fallschirm, den der Angeklagte preisgünstig für den Bruder seiner Liebsten besorgen wollte. Sein Hang zu Flug-, Flughafen- und Flugpersonal-Erfindungen kommt daher, daß er vorübergehend mal am Flughafen Aushilfs-Friseur war.

Zum Schluß: »Aus der Panik heraus bin ich dann weggefahren. Dachte, nun kommt alles raus. Wußte selbst nicht weiter.«

Der Vorsitzende mit hochgezogenen Augenbrauen: »Weil kein Geld mehr da war?«

Manfred: »Neiiin!!!«

Aber er kam prompt zurück, als Helga ihm am Telefon etwas von neuen 5000,– DM vorkohlte.

Die 30jährige Frau kommt als Zeugin rein.

Rotes T-Shirt. Grüner Rock. BH schnürt ein. Braune Strumpfhosen trotz 32 Grad im Schatten. Korkschuhe. Brille. Ein trauriges Mädchen.

Der weiche Mund und die verletzten Augen machen nachdenklich. Sie setzt sich gegen eingebildete Attacken mit einer unerträglichen zurechtweisenden Vorzimmerdamen-Stimme zur Wehr. Erzählt:
»Die Beziehung wurde dann enger und . . . und . . . und . . . so daß man eventuell zusammenblieb und so weiter. Wir hatten auch Verlobungsringe.« Wer die gekauft hat?
Bitteres, kleines Auflauchen. »Von meinem Geld, mit anderen Worten. Auch für Möbel und so weiter. Ich sollte es ja zurückkriegen und so weiter. Ich wollte ihm ja nur aus der Klemme helfen und so weiter. Außerdem sagte er, er kriegt Möbel billiger. Wir haben Möbel in Geschäften angeguckt und so weiter. Außerdem hat er schöne Möbel genau beschrieben und sie angekündigt. Dann kamen sie natürlich nicht. Er sagte auch, er wäre zu Unrecht in eine Rauschgiftsache verwickelt. Und daß er einen Prozeß in Zürich hat. In allen Einzelheiten hat er das erzählt und daß er fälschlich verdächtigt ist. Er mußte auch angeblich einen Lehrgang in Amerika machen und so weiter.
Dann war mein Konto überzogen. *Immer noch.* Ich habe auch einen Kredit aufgenommen. Mein Bruder ließ mal die Polizei kommen. Zum Personalien-Feststellen, weil er ihm auch Geld schuldete. Als die Polizei weg war, sagte Manfred: ›Ich hol 'ne »Bild«-Zeitung.‹ Dann war er verschwunden. Sang- und klanglos. Als alle seine Sachen dann mal raus waren, habe ich mir ein Steckschloß angeschafft. Irgendwann, als er mich anrief, tat ich, als hätte ich von einer Tante 5000,– DM bekommen. Da kam er sofort und zog mit allen Sachen wieder ein. Er blieb die Nacht. Dann holte mein Bruder wieder die Polizei. Ich hab' denen wohl nicht gesagt, was los war. Nur, daß ich ihn gut kenne. Da gingen die wieder.«
Die junge, hübsche Schöffin mit langem Blondhaar hat Glück. Sitzt oben. Nicht unten. Guckt nachdenklich.
Helga erinnert sich: »Er hat auch oft so getan, als ob er vom Büro aus anruft. Und als ob er mit einer Sekretärin im Hintergrund spricht. Die ersten Wochen hatte er auch eigenes Geld.«
Dann laut und heftig: »Aber von seinem Geld hat er nur sich eingekleidet!«
Plötzlich pöbeln sich Manfred und Helga an. Ein Ehekrach aus dem Stand. Bis dahin hatten sie sich keinen Blick zugeworfen. Dann hört man überrascht, daß Helga ihm auch in den Knast schreibt. Zum Geburtstag und ab und zu auch sonst.

Wie sie mir sagt: »Natürlich bin ich böse. Aber es ist doch alles wegen § 218. Gäb es den Paragraphen nicht, gäbe es auch nicht die Heimkinder. Und gäbe es die Heimkinder nicht, würde man so was nicht erleben müssen. Irgendwo kann er einem ja leid tun. Ich tu das ja auch nur, weil sein Sozialhelfer so darum gebeten hat.«
Na ja. Im Knast kann er den glühenden Kohlen ihres Wohlwollens nicht entgehen.
Das Gericht: »Ein Gebäude, das in sich glaubhaft war. Nur eins stimmte nicht.« Und dann wurden 300 Punkte aufgezählt.
Staatsanwalt Kraemer in seinem Plädoyer: »Hat Strafrecht einen Sinn? Haben Verurteilungen überhaupt einen Sinn? Man fragt sich immer. Zweieinhalb Jahre hat der Angeklagte schon gesessen und sagt, er weiß davon gar nichts mehr. Man fragt sich, was soll es überhaupt? Doch im jetzigen Zustand ist der Angeklagte gefährlich und muß daran gehindert werden, noch mehr Schaden anzurichten. Daß er früher so relativ wenig ergaunerte, lag an den finanziellen Verhältnissen seiner Partnerinnen. Die hatten eben nicht mehr. Er hat immer die Suppe voll ausgelöffelt, so gut es ging. Ich beantrage 3 Jahre Gesamtstrafe.«
Der Verteidiger Schreiber tut *notgedrungen* sein Bestes: »Man muß die schwere Kindheit des Angeklagten berücksichtigen. Der Angeklagte wollte doch nicht wegen der 5000,– DM, sondern um sich auszusprechen zurück.«
Au weia, jetzt guckt sie weich. Der Anwalt ebnet den Weg zurück in ihr Vertrauen. Wenn das nur gut geht.
Urteil: 2,6 Jahre. U-Haft angerechnet.
Wie kriegt das Mädchen ihr Geld wieder? Wenn der Junge sitzt und so gut wie unbezahlt arbeitet, kann er ja den Schaden unmöglich wiedergutmachen. In Schweden ist das besser geregelt.
Da zwingt man die Gefangenn zu normal bezahlter Arbeit. Und zwingt sie außerdem, ihre Schulden zu bezahlen.
Ich frage Helga, ob sie sehr verletzt ist. Ob es noch immer sehr weh tut. »Och, das wär ja nicht so schlimm und so weiter. Wenn nicht die Schande wäre. Und alle sagen: Die ist das und so weiter.«

August 1975

Eigener Herd – Goldes wert

Anklage: passive und aktive Bestechung.
Der Regierungssekretärin Ursula R., 25 Jahre, wird vorgeworfen, in der Zeit vom Januar bis Juni 1971 und im November 1972 in 23 Fällen als Sachbearbeiterin des Bezirksamtes Hamburg-Mitte für die Vergabe von Wohnungen an wohnungssuchende Griechen Geldbeträge in einer Gesamthöhe von ca. 39000,– DM von Sokratis I., 43 Jahre, angenommen zu haben. I. soll als Dolmetscher und Vermittler aufgetreten sein, von seinen Landsleuten Geldbeträge in Höhe von je 2000,– DM bis 2500,– DM verlangt, hiervon jeweils 300,– bis 500,– DM für sich verwendet und die Restbeträge an Frau R. weitergegeben haben.
Wenn man bedenkt, wie schwer es ist, für unsereins, obwohl der deutschen Sprache mächtig und mit Land und Leuten relativ vertraut, eine geeignete Wohnung zu finden, wundert man sich. *Wenn maß weiß, wie groß unsere ständige Angst vor der Willkür der Hausbesitzer ist, die wir ernähren, wundert man sich wieder.*
Wenn man sieht, daß Gastarbeiter aus ganz anderen Breitengraden ohne Sprachkenntnisse und völlig ohne Erfahrung mit den Behörden und dem Leben hier auch nur halbwegs klarkommen, wundert man sich erst recht. Wenn man hört, daß Leute, die durch eine Art Monopolstellung die Wohnungsvergabe in der Hand haben, zu Schiebern werden – in einer Gesellschaft, in der es selbstverständlich ist, sich an der Notlage anderer zu bereichern, wundert's einen gar nicht. Daß in diesem Fall die Rosinen-Pulerei im kleinen geschah, macht die ganze Geschichte nicht hübscher. Wenn sich Deutsche schon mal mit Gastarbeitern zusammentun, dann um zu plündern.
Die Angeklagte war vor einiger Zeit schon einmal vor Gericht. Als Zeugin. Als ihr Kollege, der Abschnittsleiter, Betreuer und Überwacher P., des gleichen Deliktes angeklagt war. Den sie während Urlaub und Krankheit vertrat. Allerdings sagten damals nicht nur der Grieche, sondern auch zwei Türken unter Eid aus, daß sie ihm für jede Vermittlung Geld geben mußten.
In seinem Fall waren die Kapitalverhältnisse freilich anders verteilt als in diesem – P. kriegte nur 200,– DM bis 300,– DM pro Vermittlung. Der

Mitangeklagte sackte den Bärenanteil ein. Trotzdem gab es 5 Monate Gesamtstrafe für P. und für den Griechen nur wegen Ordnungswidrigkeit eine Geldbuße von 300,– DM. Weil seine Landsleute ihn aus Angst deckten. Beschwert haben sich nur die, die bezahlt haben, ohne eine Wohnung zu erhalten. Darum hat man dieses Mal verbindlich zugesagt, daß alle Griechen – egal, was ausgesagt wird und sich ereignet – ihre Wohnung behalten werden. Mehr wollen sie ja auch nicht. In Ruhe gelassen werden und ihr Dach über dem Kopf behalten dürfen. Frau R. sagte damals auch unter Eid aus, daß sie Sokratis I. nur ein paarmal im Amt gesehen habe. Privat nie. Deswegen ist sie außerdem jetzt auch wegen Meineides dran.
Frau R. hat das hübsche, ruhige Gesicht mancher Dicken. Man sieht ihr Lug und Trug nicht an. Mit dem vielen Fleisch in viel zu kurzes Hellblau gezwängt, sieht sie aus wie ein ›Vorher‹-Foto in der »Brigitte«.
Mit klingender, weicher Stimme sagt die junge Frau, die bis dahin – auch vor der Polizei – die Aussage verweigerte, sehr ruhig aus: »Ich verdiene 1200,– DM netto. Mein Mann als beamteter Rangierer bei der Bundesbahn ungefähr das gleiche. Ich bin seit 10 Jahren Behörden-Angestellte. Seit 1970 am Wohnungsamt.«
»Kennen Sie den Angeklagten?«
»Ja. Er begleitete die griechischen Wohnungssuchenden als Kollege, Freund und Dolmetscher.«
»Da gab's kein Geld in bar auf den Tisch des Hauses?«
Natürlich nicht. Was sonst sollte sie sagen?
Über ihre damalige Tätigkeit berichtet sie: »Ich habe die Anmeldungen entgegengenommen, nach polizeilichen Anmeldungen und Pässen gefragt und alles zur Prüfung weitergegeben.« Sie habe sich solche Papiere aber nicht zeigen lassen.
Der Vorsitzende: »Und wenn einer gesagt hätte: ›Ich wohne auf dem Mond.‹ Hätten Sie das auch aufgenommen und gedacht, es prüft ja einer nach?«
Frau R.: »Ja.«
Dann spricht sie nur noch mir verhaßtes Behörden-Deutsch. »Wohnungsvergabe«, »die Prüfung oblag«, »daß Herr Främcke verfügt hat, weil die Zuweisung bereits erfolgt war«, »die Wohnung, die er zur Zeit innehat, kam als Tauschobjekt in Frage« usw.
Sokratis I. wird zur Person befragt. Ein wenig sympathischer Mann. Im Gegensatz zu den griechischen Zeugen, die draußen warten.

Er ist jetzt Mechanker bei Blohm + Voss. Verdient etwa 2000,– DM netto. Hat Frau und 11jähriges Kind.

Er erzählt: »Ich selbst war auch besonders betroffen. 1969/70 nahm ich einen Kredit von 5000,– DM auf. Damit wollte ich den Abstand für eine 2½-Zimmer-Wohnung zahlen, die 320,– DM Miete kostete. Da hieß es plötzlich: Ausländer werden in unseren Wohnblocks nicht aufgenommen. So was ist eine tiefe Wunde für uns Gastarbeiter. Da ging ich zum Wohnungsamt. Erst sagte Frau R.: ›Da ist nichts.‹ Dann sagte sie, vielleicht könnte sie mir doch was beschaffen. Wenn ich ihr 1700,– DM geben würde. So bekam ich meine Wohnung. Sie sagte auch: Für 1700,– DM läuft es so weiter, wenn du mir Freunde und Bekannte bringst.«

Frau R.: »Das stimmt nicht, daß ich ihm angeboten habe, für 1700,– DM auch anderen Leuten eine Wohnung zu verschaffen.«

Hallo! Auf ihr »auch« geht keiner ein. Schließlich streitet sie ja ab, jemals Geld bekommen zu haben. Sodom und Gomorrha. Abgründe tun sich auf.

Der Grieche: »22 Wohnungen hat sie mir zugewiesen. Nur wegen des Geldes. Wir Griechen gehen nicht viel aus. Wir sind immer mit unseren Familien zuhause. Dann kommen alle Freunde und fragen: ›Woher hast du die Wohnung? Wie teuer ist sie?‹ Bei einem machte sie etwas Schwierigkeiten, weil er eigentlich nach Altona gehörte. Da gab ich ihr einfach wieder 1700,– DM. Da sagte sie: ›Ich werde mich bemühen, daß die Sache erledigt wird.‹ Kurz darauf gab sie mir zwei Besichtigungsscheine. Grün und weiß. Adressen am Schlachthof. Ich war die ganze Zeit dabei. Auch beim Vertragsabschluß. Nach einem Feuer in Billstedt in einem Fachwerkhaus waren viele Wohnungen nötig. Die Leute, die darin gewohnt hatten, hatten nur noch das, was sie am Leibe trugen. Das regelte ich dann auch über Frau R.«

Dann riskiert der Angeklagte eine sensationelle Aussage über seine Mitangeklagte: »Sie hat unglücklicherweise die Stellung bekommen, in der schon vom Sachbearbeiter bis zum Pförtner alle bestechlich waren.«

Der junge Vorsitzende Brüggemann bremst die Aussage und die Nachfolgeschilderungen, die sicher einiges erhellt hätten, so ungeschickt es geht. Beruft sich auf Zeitmangel.

Staatsanwalt Sommer schaltet sich klug ein: »Ich hielte es für unglücklich, nicht schildern zu lassen. Da muß man eben länger verhandeln, um volle Klarheit zu bekommen.«

Sokratis I.: »Es war mein Unglück, daß alles so zusammentrifft.«

Damals sicher sein Glück.
Die Tür geht auf. Eine Dame kommt herein.
Der Richter: »Wenn Sie Zeugin sind, müssen Sie bitte draußen warten.«
»Nein«, lächelt die nette Dame *bescheiden,* »ich wollte nur ein bißchen zuhören. Aber die Tür zum Zuschauerraum ist abgeschlossen.«
Betroffenheit. Staatsanwalt Sommer faßt sich als erster: »Mein Gott, dann war ja bis jetzt die Öffentlichkeit ausgeschlossen! Das ist ein absoluter Revisionsgrund. Meine Herren, wir müssen noch einmal von vorne anfangen.«
Die Hintertür wird aufgeschlossen, die Dame hereingelassen und der ganze Prozeß mit Vernehmung zur Person und allem, was bisher gelaufen war, fängt noch mal von vorne an. Als wäre man in der Schule sitzengeblieben. Welch ein Glück für den Steuerzahler, daß die junge Dame nicht erst am späten Nachmittag zuhören wollte.
Der erste Zeuge kommt rein. Ein griechisches Schnellfeuer zwischen Dolmetscher, Zeuge und Angeklagten. Der Dolmetscher Sterghiades leistet Bewundernswertes. Haar buschig, schnurrbärtig, sonnig. Mit Mimik und Händen die Mehrsprachen-Zunge untermalend, ist er eine Augen- und Ohrenweide in der trostlosen Umgebung.
Vorsitzender: »Nachdem Sie vor der Polizei schon ausgesagt hatten, wollten Sie alles wieder zurücknehmen. Hatte der Angeklagte Ihnen vor der Verhandlung gesagt: ›Sag du kennst mich nicht?‹« »Ich weiß nicht mehr, ob er oder sein Rechtsanwalt, Herr Bünsch. Aber er als Volljurist und gebildeter Mann muß ja die Richtlinien festgelegt haben und nicht mein Freund. Im Büro des Anwalts wurde das erst besprochen. Ich wollte von ihm wissen, ob ich bestraft werde oder als unzurechnungsfähig eingestuft. Ich sollte lieber sagen, ich wäre von der Polizei unter Druck gesetzt worden. Und daß ich meinen Freund nicht kenne. Ich sollte als falscher Zeuge dastehen. Ich dachte, daß Herr Bünsch deswegen sein Mandat niederlegte.«
Komisch. Wird nun der Verteidiger wegen Anstiftung zum Meineid angeklagt?
»Sollten Sie nun Ihr Geld zurückbekommen, wenn Sie falsch aussagen?«
»Nein. Ich war ja dankbar, daß er mir die Wohnung gefunden hatte und wollte nicht, daß er dafür auch noch bestraft wird. Er sagte ja: ›Die, die die Papiere ausstellen, bekommen das Geld. Ohne geht das nicht. Keiner riskiert seinen Kopf für nichts. Vor allem nicht die Leute, die unterschreiben. Sonst müssen wir Ausländer für alles ja noch viel mehr bezahlen.‹«
Dann kommt zur Sprache, daß die beiden Angeklagten nicht nur viele

Dutzend Male im Amt miteinander über Wohnungen verhandelten – fast immer in Abwesenheit der Wohnungssuchenden –, sondern sich auch privat sahen. Laut Sokratis I., der voll geständig ist, beabsichtigt und um über Geschäfte zu sprechen. Mal in der Wohnung der Beamtin, mal in seinem damaligen Lokal »Zum Berghof« *an* der Großen Bergstraße in Altona. *Wie der Zeuge Dimitriades unter Eid aussagt: »Wir erwarteten Frau R. Mein Freund versprach, sie würde was für mich tun. Er würde mir über sie eine Wohnung beschaffen.«*

Laut Frau R. völlig unverhoffte Treffen: »Das eine Mal in meiner Wohnung. Da habe ich den Angeklagten sofort gebeten, doch seine Anliegen nur bei mir in der Behörde vorzutragen.«

»Woher hatte denn der Angeklagte Ihre Privat-Adresse?«

»Damals hatten wir Telefon.«

Na, na. Unter dem Namen des Mannes. Und dies ist ein Name, den es im Telefonbuch seitauf, seitab gibt.

Frau R.: »In sein Lokal kamen wir ganz zufällig. Mein Mann wollte den Taxen-Schein machen. Da fiel ihm Altona besonders schwer. Auf gut Glück gingen wir in ein Lokal rein und bestellten nur kurz eine Erfrischung. Ich war sehr überrascht, Herrn I. dort zu sehen.«

Wieder na, na, na! Hotel »Berghof« sieht aus wie eine viertklassige Absteige. Ist nicht als Lokal von außen zu erkennen. Dagegen wimmelt es von Lokalen ringsum.

Ja, so häufen sich die Zufälle. Auch der Beamte P. bestritt erst, mit seinem Mitangeklagten Katranidis in einer Kneipe in der Bremer Reihe zusammengetroffen zu sein. Später gab er es zu.

Auch die Ehepartner der Angeklagten sagen als Zeugen aus. Die Griechin gereift, intelligent, sagt:

»Wir waren mehrfach bei Frau R. Bei ihr habe ich zum ersten Mal im Leben Erdbeeren mit Milch gegessen. Wir haben die Erdbeeren auch zusammen gesäubert. Herr R. fuhr uns hinterher nach Hause. Jetzt in letzter Zeit gab es viel Belastung und viel Unruhe. Herr R. hat mich zusammen mit zwei Männern in Lederjacken bedroht: ›Wehe, wenn Sie was sagen!‹ Ich hatte Angst.«

Dann geht es um die Wohnungsverteilung. Wenn auch sehr knapp. Staatsanwalt Sommers Bitte, genauer zu recherchieren, wird doppelt abgeschmettert.

Verteidiger: »Es ist ja geklärt. Meine Mandantin hat alle 22 Fälle vergeben.«

Sommer: »Das erklärt nicht, warum Akten frisiert wurden. In sämtlichen 22 Vorgängen war es so, daß die Lebensverhältnisse anders lagen als sie in der Akte dargestellt waren. Sie stimmten nicht mit der Realität überein. Die Personenzahl einer Familie wurde verändert, die Kinderzahl erhöht und Absender gefälscht. In mehreren Fällen z. B. erfand Frau R. ein Schrebergartengelände, das schon zwei Jahre vorher geräumt worden war. Von diesen Einzelheiten wußte der Wohnungssuchende überhaupt nichts. Das wurde nur zwischen Sokratis I. und Frau R. geschaukelt.«
Der Vorsitzende: »Stimmt. Das sagt aber nichts über den Empfang von Geld oder nicht aus. Also Frau R., wie kommt es, daß Sie so viel mehr Wohnungen für Gastarbeiter zur Verfügung hatten als für andere?«
Sie: »Es gibt Leute, die ganz spezielle Vorstellungen haben. Größe, Gegend. Einbauten. Andere sind froh, wenn sie überhaupt ein Dach über dem Kopf haben. Hamburg 6 ist für viele unannehmbar. Die sagen: Richtung St. Pauli – da wollen wir nicht hin.«
Studenten schon. Das ganze Karolinen-Viertel ist ja erst durch die vielen kleinen griechischen Lokale attraktiv geworden: »Rigas Ferreos«, »Sokrates«, »Taverna Mikis«, »Z«, »Taverna Knossos«, »Stoa«. Und das »Madhouse« liegt da.
Dann die Frage: »Wär denn mal jemand bei der Geldübergabe dabei?«
Sokratis I.: »Nein. Ihr Mitarbeiter verschwand immer mit einer Akte unter dem Arm, sobald ich kam. Die Tische standen aneinander. Frau R. öffnete ihre Schubladen, und ich legte das Geld rein. Von der anderen Seite hätte man es gesehen. Ich hatte inzwischen Routine. Ich habe mir auch nichts dabei gedacht. Ich fand es billig. Vielleicht mag sie jetzt nicht sagen, daß sie Ölflecke gemacht hat. So sagt man in Griechenland für unerlaubtes Tun. Aber für uns war das gut. Legal kann man nur Montag und Freitag hingehen. Und Formulare muß man gut ausfüllen, auch wenn man kein Deutsch kann. Und alles geht langsam. Sonderkommission bei Dringlichkeit. Das heißt, nach 1 bis 2 Monaten wird die alte Wohnung ausgemessen. Noch 1 Monat, dann erst bekommt man die Dringlichkeitsbescheinigung. Dann muß man noch einen Monat warten und sich trotzdem selbst bemühen. Frau R. hatte schubweise Wohnungen zur Verfügung. Die konnte sie nach Laune und Willkür vergeben. Für mich hatte sie immer welche und hat alles wunderbar organisiert. Frau R. schulte mich im Ausfüllen und Frisieren.«
Der Vorsitzende Brüggemann bremst wieder.

Staatsanwalt Sommer eindringlich: »Bitte, darf Herr I., ohne unterbrochen zu werden, 3 Stunden erzählen, wenn es notwendig sein sollte?«
Er darf nicht.

Die Herren Richter *sollten nicht so eitel sein* und übelnehmen, daß die anderen Beteiligten mitdenken und auch Fragen stellen. Andererseits können sie nicht immer damit rechnen, daß Verteidiger und Staatsanwälte dabei sind, die ihnen die Arbeit abnehmen und ihnen zeigen, wo es eigentlich längsgehen müßte.

In einer Pause spreche ich mit Frau R.: »Ist es nicht schlimm, so völlig allein hier zu stehen?«

»Mein Mann arbeitet heute.«

»Hätte er sich nicht frei nehmen können, um ihnen Mut zu machen?«

Sie, schulterzuckend: »Dienst ist Dienst.«

»Und Ihre Freunde?«

»Das muß sich erst mal zeigen, ob es welche sind. Jeder muß wohl seine schlechten Erfahrungen machen. Ich sehne mich auch nicht gerade nach vielen Zuhörern.«

»Wie ist es denn im Amt?«

»Meine Kollegen reagieren unterschiedlich. Ziehen sich zurück oder halten zu mir.«

Ihr Verteidiger Hahn sagt mir: »Der hat doch alles erfunden.«

»Warum sollte er?«

»Damit ihn seine Landsleute nicht verprügeln. Weil er nur so getan hat, als müßte er die Behörden schmieren und in Wirklichkeit selbst das ganze Geld behalten hat.«

Staatsanwalt Sommer meint: »Man setzt doch als Beamtin nicht für nichts und wieder nichts alles aufs Spiel. Da muß man doch starke Motive haben. Wenn er nun ein glühender Grieche wäre. Aber wenn man die beiden hier so sieht, weiß man, das fällt weg.«

Das Urteil befriedigt nicht mal den Urteilenden.

Ursula R. wird von dem Vorwurf freigesprochen, Geld für die Wohnungsvergabe genommen zu haben. Wegen Meineides erhält sie 8 Monate Freiheitsstrafe mit Bewährung auf 2000,– DM Geldbuße. Weil umfangreiche Privatkontakte zwischen den beiden Angeklagten als erwiesen gelten.

Sokratis I., trotz seiner Selbstbezichtigung in Sachen passiver Bestechung, muß nur wegen Annahme unangemessen hoher Entgelte für Dolmetschen eine Geldbuße von 3400,– DM und 2100,– DM Mehrerlös zahlen. Der Angeklagte hat pro Wohnungsvermittlung von seinen Landsleuten 2000,– DM genommen. Ihm ist nicht zu widerlegen, daß er davon 1700,– DM an Ursula R. weitergab, so daß er pro Fall 300,– DM in seine eigene Tasche steckte. Für seine Dolmetschertätigkeit bei Behörde und Landsleuten sei aber nur 15,– DM angemessen. *Dadurch hat er gegen das Wirtschaftsstrafgesetz verstoßen.*

Ihr ist also nicht zu beweisen, daß sie hat. Und ihm nicht, daß er nicht hat. Es wurde viel zu wenig gefragt in diesem Prozeß, um etwas zu klären. Wenn zu wenig gefragt wird, ist man letztlich aus Mangel an Information auf seinen Glauben angewiesen.

Verteidiger und Staatsanwalt gehen in Berufung vors Landgericht. Das kann noch Jahre dauern.

Der Beamte P. wurde im Januar 1973 verurteilt. Seine Berufung läuft noch.

September 1975

P. S.

Rechtlose sind natürlich nach wie vor gelackmeiert. Jeder kann ihnen Angst einjagen, auf sie Druck ausüben und sich ihrer bedienen.

Gefangene drinnen und draußen

Jedesmal, wenn ich ins Gericht gehe, bin ich heilfroh, zufällig nicht die Angeklagte zu sein. Beim Gedanken, meine Freunde nicht jederzeit sehen, sprechen und anfassen zu können, läuft's mir eiskalt den Rücken rauf und runter. Immer stelle ich mir vor, wie es wäre, eingesperrt zu sein. Bis mir der Gedanke kommt – wie frei ist man draußen, wenn der, den man liebt, für einen auf Jahre hinaus so gut wie unerreichbar, sitzt.

Ich will Frauen fragen. Sofort! Die Männer im Knast um die Adresse ihrer Familien bitten. Ich habe im Handumdrehen zahllose Adressen. Erhalten von x Leuten, die einsehen, daß es höchste Zeit ist, auf die automatische Mitbestrafung der Familie eines jeden Inhaftierten hinzuweisen.

Es sah alles ganz einfach aus. Über 4 Frauen wollte ich schreiben. Doch 32 Frauen mußte ich, jede mindestens 4 Stunden, intensiv sprechen, um jetzt über 4 von ihnen schreiben zu können. Alle Frauen empfingen mich in ihrem jeweiligen Zuhause. Alle Frauen schienen heilfroh zu sein, sich endlich einmal hemmungslos aussprechen zu dürfen. Doch 28 von ihnen mußte ich schwören, kein Wort des mir Anvertrauten zu veröffentlichen. Was sie in bezug auf Presse- und Folgeschäden zu Zeiten der Prozesse ihrer Männer erlebt hatten, nahm ihnen verständlicherweise den Mut. Nur eine bestand nicht auf Namensänderung.

HANNELORE BAUER wäre mit ihren 23 Jahren ein junges, munteres Ding. Hätte sie nicht schon zuviel Schwierigkeiten gehabt. Jetzt wirkt sie, trotz einer gewissen Kindlichkeit, verbraucht. Tiefe Ränder unter den schweren, schwarzen Augen. Sie selbst, ihre karierte Schürzenbluse und der enge Wohnlagerraum sind pieksauber. Nicht einfach. Ohne Küche, ohne Bad. Waschen, Wäschetrocknen, Bügeln, Kochen und Schlafen im gleichen Raum. Wie alle Frauen dort muß sie das Wasser in einer Schüssel aus dem Treppenhaus holen. Auch das Klo ist auf der Treppe. Überall in Kisten und Kästen Kinderspielzeug. Schaukelpferd und Dreirad.

Ich freue mich, daß keine plärrenden Kinder unser Gespräch stören. Sie nicht. Ich schäme mich, als sie sagt: »Ich versuch' ja alles, um meine beiden Kinder wiederzukriegen. Die sind jetzt 2 und 3 Jahre alt. Ich hab' sie nur ins Heim gegeben, weil ich arbeiten gehen muß, um die ganzen Schulden zu zahlen. Wir hatten ja einen Kredit aufgenommen, als wir heirateten. Die kommen ja immer gleich und pfänden, wenn man nicht zahlen kann. Und ich möchte doch, daß alles in Ordnung kommt, wenn Wolfgang wieder rauskommt. Ich finde, da verträgt man sich auch besser, wenn man keine Schulden hat.«

Seit 4 Jahren ist Hannelore verheiratet. Seit 2 Jahren Witwe auf Zeit. Ihr Mann wurde wegen Einbruchs zu 42 Monaten verurteilt.

»Habt Ihr gleich hier gewohnt?«

»Nee, erst hatten wir eine eigene Wohnung für 190,– DM. Und dann sollten wir plötzlich 390,– DM zahlen. Gleich, nachdem wir alles renoviert hatten. Die Küche gekachelt, Toilette hochgezogen und Bad. Weil wir die neue Miete nicht zahlen konnten, sind wir wieder ausgezogen.«

»Konntet Ihr Euch nicht wehren?«

»Haben wir nicht gemacht. Da war alles so schwierig, daß ich mich scheiden lassen wollte. Wir haben uns aber versöhnt, und da wurde ich gleich wieder schwanger. Was er getan hat, war, als wir nicht zusammen waren. Er würde mir jetzt gerne helfen, aber das kann er ja nicht. Im Gefängnis arbeitet er in der Tischlerei. Ganz normal. Aber dafür kriegt er nur 2,– DM am Tag. 1,60 DM für Einkauf und 40 Pfennig für die Entlassung.«

»Wann wird er denn entlassen?«

»Weiß ich nicht. Ich glaub', er muß jetzt länger sitzen, weil er Knasturlaub hatte und dann nicht pünktlich wieder reinging. Er wollte draußen bleiben. Weil er Angst hatte, mich zu verlieren.«

»Das kann ich mir vorstellen. Du bist ja jung und siehst gut aus. Wie schaffst Du's denn so ganz alleine?«

»Nicht so gut. Hier ist immer ordentlich was los. Andauernd Peterwagen und Krankenwagen. Und Krach. Wochenends ist am schlimmsten. Obwohl, die nebenan sind nett zu mir.«

Mann, ist hier alles trostlos – *grau in grau.* Ich sag': »Mensch, ist es kalt hier. Ich kann ja kaum den Schreiber halten.«

Sie zuckt die Schultern: »Ich kann hier nur elektrisch heizen, und das ist wahnsinnig teuer.«

»Willst Du hier nicht wieder raus?«

»Doch, aber es ist schlecht, eine Wohnung zu kriegen, wenn man sagt, man kommt aus dem Lager.«

Sie ist ziemlich hilflos ohne ihren Mann. Hat auch Schulden, weil sie sich von Drückern und ähnlichen übers Ohr hauen läßt.

»Siehst Du denn Deine Kinder ab und zu?«
»*Nur* so oft ich darf. Das ist nur alle 14 Tage. Von halb zwei bis halb sechs darf man. Aber ich kann nur von halb drei bis viertel nach vier. Wegen der schlechten Busverbindung.«
»Dann machst Du also dauernd Deine Besuche im Heim und im Knast?«
Traurig: »Ja. Aber wenn ich die Lütten im Heim besuch', laufen die eher zur Schwester hin. Der Große ist schüchtern geworden.«
»Hältst Du es aus, so lange zu warten?«
»Ja. Mein Mann ist zu mir besser geworden. Und schreibt ganz oft. Ich lerne schon mal andre kennen. Und einer würd' mich gern heiraten. Aber ich möcht' lieber bei meinem Mann bleiben, weil ich doch so gut mit ihm sprechen kann.«
Wenn er irgendwann wieder rauskommt.
Ich war schon mal in diesem fürchterlichen Lager. Vor genau 3 Jahren. Um die völlig gebrochene GERTRUD SAWORRA, deren Mann gerade wegen fahrlässiger Tötung und Mordversuchs zu 15 Jahren verurteilt worden war, zu besuchen. Und zu trösten. Eine Frau, die mich damals schon durch die Heftigkeit ihrer Gefühle stark beeindruckte.
Jetzt sehe ich sie und ihre 3 Söhne zum erstenmal wieder. Alle sehr verändert. Die Jungs 3 Jahre größer. Die rothaarige Gertrud mit den klargrünen Augen 3 Jahre selbstbewußter. In einer modernen 4-Zimmer-Wohnung am Stadtrand. So bürgerlich übersauber wie bei allen Knastwitwen, die ich sah. Die Wände voll mit bunten Bildern und erstaunlich schönen Kupferarbeiten ihres Mannes. Sie strahlt und wird rot, als sie sagt: »Das hat Heinz alles für mich im Gefängnis gemacht«.
Gertrud, jetzt 35, *deren Leben nie ein Honigschlecken war,* brachte 4 Söhne aus erster Ehe mit in die neue Ehe. Sie wohnten mit den Kindern in einem 15 qm großen Gartenhäuschen. Es war die ganz große Liebe. Beide waren zum erstenmal in ihrem Leben glücklich. »Das war sehr, sehr schön, war das. Er liebte alle Kinder. Den kleinsten, Jerry, am meisten.«
Als er wegen Einbruchs und Hehlerei gesucht wurde, floh er mit seiner neuen Familie Hals über Kopf nach Spanien. »Natürlich hatte ich Angst. Aber ich sagte mir, leben kann man überall. Bevor er ins Gefängnis zieht. Dann wurde es ganz schlimm. Erst wurde Jerry in einem Dorf überfahren, als er einer Katze nachlief. Ich mußte deswegen ins Krankenhaus. Und Heinz fühlte sich an allem schuldig. Wir zelteten die

ganze Zeit. Das Geld ging uns aus. An unserer Liebe hat das nichts geändert. Aber wir waren beide nervlich natürlich völlig am Ende. Wir wollten arbeiten. Aber das klappte ohne Papiere*zeigen* nicht. Ich fuhr nach 3 Monaten nach Deutschland zurück. Um für uns alle Geld zu verdienen. Heinz kam nach, um bei mir zu sein. Obwohl es so gefährlich für ihn war.«

Bei seiner Festnahme kurz darauf lösten sich die Schüsse, die zwei Polizisten trafen. Gertrud mit gesenktem Kopf: »Nun war alles plötzlich sinnlos geworden. Ich hatte mein Kind verloren für etwas, was ganz sinnlos war.«

Gertrud wurde verhört. Belästigt. Geriet in Verruf. Verlor eine Arbeit nach der andern. Sogar die als Putzfrau. Weil ständig neue diffamierende Artikel erschienen. Es war ja ein Sensationsprozeß *mit Lynchambitionen. Tod und Tod ist nicht das gleiche. Wäre durch Saworra nicht ein Polizist, sondern egal wer, fahrlässig getötet worden und ein anderer am Bein verletzt, hätte es keine dramatischen Folgen gehabt.*

Gertrud machte mehrere Selbstmordversuche. Als das ihrem eingesperrten Heinz zu Ohren kam, wollte er zu ihr fliehen. Seine daraufhin verschärfte Haft wirkte sich auch auf seine Frau aus. Sie durfte ihn nur selten sehen. »Immer nur 20 Minuten. Mit 5 Bewachern dabei. Kuß und Anfassen verboten. Als ob er ein wildes Tier wäre. Und ich weiß doch, was für ein guter Mensch er ist.«

Im Lager nahm sich eine benachbarte Zigeunerfamilie ihrer an. Sonst würde sie heute nicht mehr leben. Ohne Gegenleistung wurden sie und die Kinder 4 Monate von den Zigeunern ernährt.

»Ich hab' mich dann von Heinz scheiden lassen. Er konnte sich ja nicht wehren. Ich dachte, das wär' nötig, um neu anfangen zu können. Und weil ich mit den Dingen nicht mehr fertig wurde. Er bekam nur 30 Pfennig pro Tag für seine Arbeit. Das reicht ja nicht mal für Briefmarken. Und er wollte Kurse belegen. Um seinen Volksschulabschluß zu machen. Und die Mittlere Reife. Die Jahre früher hat man ihn immer ins Gefängnis gesteckt und genauso dumm wieder rausgelassen. Nun brauchte er Bücher und Material. Und Geld für die Kurse. Das geht ja nur, wenn seine Frau das alles bezahlt. Und ich konnte nicht.«

»Aber ich konnte Heinz nie vergessen. Meine Jungs auch nicht. Er fehlt ihnen so, weil er immer so gut zu ihnen war.«

Die Zigeuner verhalfen ihr später auch zu der jetzigen Sozialwohnung. Und zu ihrem neuen Beruf. Dankbar sagt sie: »Ich war ja nicht vorbe-

straft. Aber durch die Sache vorbelastet. Daß die mich trotzdem angestellt haben, muß ich ihnen hoch anrechnen.« Wer hat sie denn so hochherzig angestellt?? – Ein Altenpflegeheim. Da kriegt man schwer genug Personal. Was sie macht, ist sonst Strafarbeit für Kriegsdienstverweigerer. Gertrud: »Da ist soviel Elend und Leid. Krebskranke, offene Wunden ... Da wird man richtig gebraucht.«
Ich erinnere mich; sie wollte eigentlich als Mädchen Krankenschwester werden. »Ich konnte aber das ganze Leid, das es dort zu sehen gab, nicht verkraften.« Damals ist sie weggelaufen vor dem Leid. Jetzt sucht sie es.
»Hast Du einen langen Arbeitstag?«
»Ja schon. Aber das ist nicht so schlimm. Ich steh' jeden Tag um *4* Uhr auf. Von 4 bis 5 lerne ich, um Stationsschwester zu werden. Von 5 bis 6 bereite ich das Essen für die Kinder vor. Eine Stunde Fußweg hab' ich dann zur Arbeit. Bis abends um 7 arbeite ich. Und dann geh' ich wieder eine Stunde zurück. Um 8 fange ich dann an, die Wohnung sauberzumachen, Geschirr und Wäsche zu waschen und mich mit den Kindern zu unterhalten. An meinem freien Tag kauf' ich für die ganze Woche ein.«
Um Gottes willen! Und darüber ist sie noch froh!
»In einem Jahr, wenn ich Stationsschwester bin, fang' ich mit dem großen Kursus an. Der dauert 2 Jahre. Dann bin ich Oberschwester. Wenn ein Posten frei ist.« »Heinz und ich sind wieder richtig zusammen. Also wir schreiben viele Briefe. Und ich besuch' ihn, so oft ich darf. Seit Dr. Stark, der neue Anstaltsleiter, da ist, wird er auch besser behandelt. Und ist nicht mehr so nervös. Er schreibt in der Gefängniszeitung und lernt viel.«
»Hältst Du es aus, ohne Mann auf ihn zu warten?«
»Ja. Jetzt ist es ja nicht mehr so lange. Wenn er nur zwei Drittel absitzen muß, kommt er vielleicht schon in 6, 7 Jahren raus.« –
Und ich gucke schon dumm, wenn meiner eine Viertelstunde zu spät kommt.

BARBARA SCHNEIDER, 32 Jahre, besuche ich ein paarmal im Studentenwohnheim. Auf Anhieb unterscheidet sich das aparte Mädchen durch nichts von den andern. Wäre sie nicht so scheu. So geduckt. Sie studiert Medizin. Wie schon vor etlichen Jahren, als ihr Michael begegnete. »Weich, schwach, zärtlich, romantisch und sehr schön war er.«
Sensibel waren beide. Sie gab sofort nach der Heirat ihr Studium »vorübergehend« auf. Wurde Arzthilfe, um sein Jurastudium zu finanzieren.

Nach einigen Jahren hörte er an der Uni auf. Um »freier Schriftsteller« zu werden.
»Seine Gedichte waren auch sehr schön. Sie wurden nur nie gedruckt. Ich dachte, daß er mich betrügt, weil er mich so vernachlässigte. Ich lauerte ihm immer öfter auf. Bis ich dahinter kam, daß er sich Kindern näherte. Meistens Jungen. Er bat mich, bei ihm zu bleiben. Geduldig zu sein. Ihm Kraft zu geben, gegen seine Schwäche anzugehen. Ich war glücklich, daß er mich wieder als Mensch, nicht nur zum Geldverdienen brauchte. Bis er festgenommen wurde. Weil er ein Kind aus Angst vor Entdeckung umgebracht hatte. Auch aus Angst vor mir.
Die ganze Stadt half bei der Suche nach dem Täter. Es wirbelte sehr viel Staub auf. Du kannst Dir denken, wie es in einer katholischen Kleinstadt ist. Ich wagte mich nicht mehr zum Einkaufen. Sogar Freunde und Verwandte tuschelten darüber, daß ich als Frau wohl nichts taugen könnte. Sonst wäre es doch nie so weit gekommen. Mein Chef bat mich, zu kündigen. Und meinte, seine Patienten würden meinetwegen wegbleiben. Sogar bei den Besuchen im Gefängnis spürte ich die Verachtung der Gefangenen und Wärter. Mein Schuldgefühl steigerte sich. Bis ich total zusammenbrach. Erst in einer Nervenklinik, nach 2 Selbstmordversuchen, wurde mir geholfen: Ich hab' mich dann auf Anraten der Ärtze scheiden lassen. Und bin aus unserer Stadt weggezogen. Schreiben tu ich ihm trotzdem noch. Weil er niemanden hat. Wie einem Bruder.«
»Hast Du inzwischen wieder Beziehungen zu Männern?«
Barbara entsetzt: »Nein. Oh nein! Das nicht. Aber ich spreche schon mit Leuten.«
INGRID MERTENS, 38 Jahre, besuchte ich in Hannover. Ihr Mann, der von seinen 15 Jahren erst 6 abgesessen hat, bat mich, zu ihr zu fahren. Von ihm wußte ich auch schon, daß ihr jüngstes Kind erst ein halbes Jahr alt ist. Und daß er bereit ist, es als seins anzusehen. Ingrid, schlicht gekleidet, Brillenträgerin, das braune Haar zu einem Pferdeschwanz streng nach hinten gekämmt, wirkt alles andere als frivol. Erst als sie sich mit mir unterhält, merke ich, wie schön Augen und Mund sind. Wie lustig die Grübchen. Und stelle mir vor, wie mädchenhaft weich sie aussehen muß, wenn die langen Haare locker ums Gesicht wallen. Als ich ihr das sage, lacht sie: »Das geht doch nicht! Aber ich hab' mir die Haare färben lassen, weil mein Mann das neulich wollte. Ich bin ja, seitdem er weg ist, ganz grau geworden.«

Die Wohnung ist frisch renoviert. Auch das wußte ich schon vorher. Von ihrem Mann, der mir recht bitter erzählt hatte, daß ihr der andere, der in Freiheit, ja mit all solchen Dingen geholfen habe. Sie druckst herum. Wie auch am Telefon.
Ich sage: »Vor mir mußt Du Dich nicht fremd fühlen. Und Dich erst recht nicht schämen.«
»Wenn man nicht so oft Ablehnung erhält, würde man ja eher alles erzählen.«
»Kein Mensch hat ein Recht, Dich abzulehnen. Du bist sehr viel treuer gewesen als die meisten Eheleute.«
Sie kommt in Fahrt: »Die ersten 3 Jahre war ich ja auch immer ganz allein. Mit den Kindern. Nie hatte ich Erwachsene zur Unterhaltung. Die andern Ehepaare haben sich alle praktisch zurückgezogen. Als Verkäuferin konnte ich ja nicht arbeiten mit den vielen Kindern im Haus. Mit meinem Beruf hätt' ich sie sowieso nicht ernähren können. Nur vernachlässigt wären sie dann gewesen. Das Sozialamt hat uns geholfen. Ich kann sehr gut mit Geld umgehen. Mit meinem Mann war das anders. Der war als Buchhalter und Familienvater Klasse. Nur durch das Spielen kam er so herunter. Und durch Mädchen. Er brauchte wohl die Spannung damals. Ich liebe ihn sehr. Und habe ihn die ganzen Jahre immer besucht. Obwohl er nicht in Hannover sitzt.
Zuerst ist mir das bestimmt sehr schwer gefallen. Gott, wenn man das Gebäude so sieht. *Und weiß, daß das das Gefängnis ist, in dem sie eingeschlossen sind und nicht heraus können.*
Jedesmal war ich fast 6 Stunden unterwegs, nur um eine halbe Stunde bei ihm zu sein. Anfangs war auch immer ein Bewacher dabei. Jetzt ist der Weg zwar genauso lang. Aber ich darf ihn eineinhalb Stunden im Kirchenraum bei Kaffee und Kuchen besuchen. Und das Sozialamt zahlt einmal im Monat die Fahrt. Wegen der Familienzusammenführung. Das ist auch neu. Wenn nicht nach Jahren ein Bekannter meines Mannes gekommen wäre, um nach uns zu sehen, hätt' ich bis zu seiner Entlassung bestimmt wie eine Nonne gelebt. Denn ich ging ja nie aus. Und wollte auch niemanden kennenlernen. Nun half der Bekannte mir aber an allen Ecken und Kanten. Und war sehr gut zu den Kindern. Da ergab sich das so. Er würd' mich gerne heiraten. Aber er weiß, daß ich meinen Mann gern hab' und daß ich auf ihn warte. Mein Mann ist eine sehr starke Persönlichkeit. Auch im Gefängnis hält er Kurse ab. Die Kinder brauchen ihn zu ihrer geistigen Unterstützung.

Ich hab' meinem Mann nie von dem andern erzählt. Um ihn nicht zu beunruhigen. Ich habe ihm auch immer weiter geschrieben. Und ihn besucht. Bis ich im achten Monat war. Ohne daß ihm was auffiel. Ich war ja sehr unglücklich und sehr durcheinander. Mit einer Abtreibung hatte es nicht geklappt. *Und von einer Adoption hätte mein Mann ja sowieso erfahren.«*
»Hat Dir keiner helfen können?«
»Nein. Der Fürsorgerin mochte ich mich auch nicht anvertrauen. Mir war das peinlich. Jetzt weiß mein Mann alles. Und hat mir verziehen. Die Kleine darf ich auch behalten. Nur mit meinem Bekannten darf ich nicht mehr zusammenkommen. Nicht mal am Telefon. Weil mein Mann die nächsten Jahre dann keine ruhige Minute mehr hätte. Jetzt will er ja nur noch mich.«
Schuldbewußt sag' ich zu Ingrid: »Du, ich muß jetzt gehen. Ich bin in Hamburg verabredet.«
Mein Gott, bin ich froh, relativ frei zu sein. Mit meinem relativ freien Freund.
Einer Witwe wünscht jeder, daß sie sich fängt. Daß sie nicht nur in der Vergangenheit lebt. Von der Witwe auf Zeit verlangt man, daß sie aufgrund der Vergangenheit mit einem Mann – egal, wie die Zeit mit ihm war – nur auf die mögliche Zukunft mit ihm hinlebt. Man erwartet von ihr, daß sie ihre Sexualität 5, 10, 15 Jahre oder länger vergißt. Außer acht lassend, daß sie, wenn ihr Mann mit Nachholbedarf rauskommt, welk ist. Man erwartet, daß für sie all die Jahre der weggesperrte Mann, der sie früher vielleicht geschlagen, betrogen, Biergestank und Ängsten ausgesetzt hat, reizvoller ist als alle, die auf der Straße rumlaufen. Die Rechnung geht sogar auf. Denn der Gefangene hat Zeit, seine Frau und ihre Anhänglichkeit schätzen zu lernen. Er ist in der Tat auf Jahre hinaus der einzige Mann der Welt, der keine Gelegenheit hat, sie zu enttäuschen. Sie erhält von ihm, was sie sich früher nicht zu wünschen wagte: Liebesbriefe, Gedichte, Bilder. Mit tausend Zärtlichkeiten Selbstgebasteltes. Versprechungen. Anteilnahme. Und die zwangsläufige Treue.
Die so intensivierte Liebe kann der Frau die Kraft geben, alles alleine durchzusetzen. Sie läßt keinen Besuchstag aus. Doch wenn sie durch seinen Anblick und aufgrund seiner Briefe heißläuft, ist die Besuchszeit um. Schlüssel rasseln. Sie muß gehen. Sie steht wieder allein auf der Straße. Er kann nicht schnell mit ihr ins Bett. Obwohl das das beste wäre. Nein,

er kann sie an diesem Samstag-Feierabend nicht mal ins Kino, ins Theater, zum Tanzen, an den Abendbrottisch begleiten. Sie leidet. Der Man in Haft erst recht. Wehrlos seinem Mißtrauen und seiner Phantasie ausgeliefert. Seine Frau ist jetzt die schönste auf der Welt für ihn. Und er kann ihr nicht folgen. Er läuft mit dem Kopf gegen die Zellenwand. Er dreht durch. Beim Gedanken, daß draußen vorm Gefängnis vielleicht schon jemand seine Frau abholt. Oder mit den Karten vorm Kino auf sie wartet. Daß sonstwer ihren Hunger stillt.

Wenn er dann endlich entlassen wird, finden sich zwei durch auferlegte Abstinenz physisch und psychisch kranke, verbogene, gestörte, zerstörte, geschädigte, verkrüppelte Menschen wieder. Und haben nach all der Sehnsucht ihre zwangsläufige Unzulänglichkeit als einzige Basis für ein gemeinsames Leben. Ist die Frau nicht abstinent geblieben, ist es auch kaum leichter. Da muß sie zuviel ausradieren. Um da wieder anzuknüpfen, wo sie mit ihrem Mann aufgehört hat. Außerdem: Das ist ja so oder so nicht möglich. Beide sind verändert. Sie mußte selbständig sein. Er durfte es nicht.

In Skandinavien versucht man, den Horrorfolgen einer jeden Verurteilung aus dem Weg zu gehen und für eine echte Resozialisierung zu sorgen. Indem man Bungalowdörfer für die Gefangenen und ihre Familien errichtet – ob das die Mitbestrafung der Familie mildert oder nur für neue Gettos sorgt, lohnt sich zu untersuchen.

Dezember 1975

Mord im Männerwohnheim

Hauptverhandlung vor dem Hamburger Schwurgericht gegen den Arbeiter D., dem zur Last gelegt wird, »im Februar 1974 im Wohnlager Sportallee seinen schlafenden Zimmergenossen Egon M., aus Wut über dessen Beschwerde bei der Lagerverwaltung übers Fernsehen, mit zwei Beilhieben erschlagen zu haben. Anschließend soll er sein Opfer zerstückelt und in zwei Koffern verpackt unter seinem Bett versteckt haben.«

Auf der Anklagebank sitzt ein niedlicher Junge mit lustigem Gesicht. Hübsch, blond, weich, schmal in seinem hellen Jeansanzug. Sieht aus wie 18. Ob ich mich in der Tür geirrt habe? Muß wohl. Denn das kann doch nicht der Wohnlager-Frankenstein sein.

Er ist es aber doch.

Gerd D., 26 Jahre, ledig, Arbeiter, ein 4jähriges Kind in der DDR. So jung und schon ein Kind? Ach nein, er ist ja doch nicht 18. Und außerdem ist so was schnell passiert. *Er berlinert stark.*

Vorsitzender: »Tranken Sie Alkohol?«

Gerd: »Wenig. Früher war ick jehemmt. Da har ick eenen zur Brust jenommen. Meechen? Ick konnt nich klagen.«

Vorsitzender: »So? Alles normal auf dem Gebiet?«

»Ick nehme an.«

Sein Elternhaus war harmonisch, der Vater leider schon mit 34 tot, als Gerd 11 war. Ein sechs Jahre jüngerer Bruder war da.

Vorsitzender: »Haben Sie sich gut verstanden?«

Gerd: »Manchmal. Wenn ick mal Mist jemacht hatte und Probleme, kriegte ich den Arsch voll. Verstanden har' ick mich mit keinem von beiden. War mehr allene. Ick bin auch zweemal sitzenjeblieben. Inne 6. Klasse, da bin ick vom Reck abjestürzt. Schädelbasisbruch. 6 Monate Krankenhaus. Wahnsinnige Kopfschmerzen.«

»Hatte das noch andere Folgen?«

»Det weeß ick nich mehr.«

»Wie war es denn bei Ihnen zu Hause?«

»Bei meiner Großmutter konnt' ick machen, was ick wollte. Aber meine Mutter war streng.«

»Ihre Großmutter ist vermutlich inzwischen verstorben.«
»Weeß ick nich.«
»Waren Sie in der Schule der Führende?«
»Ja, ick war sozusagen immer der Älteste in der Klasse.«
Vorsitzender: »Ach ja, natürlich.«
Mit 18 kam Gerd zurück ins Elternhaus.
Vorsitzender: »Sie hatten also eine gesunde Familie?«
Gerd: »Hm. Medizinisch ja. – Ick wollte Kranführer werden. Gut verdienen, har ick mir vorgestellt. Aber det war nich an dem.«
Gerd war mit einer sehr netten Ausbilderin verlobt und bekam ein Kind mit ihr.
»Ich kam innen Knast in der Zeit. Sie hielt zu mir. Aber wo ick raus kam, da lief et nich mehr.«
Es war aber immer selbstverständlich für ihn, Unterhalt zu zahlen. Delikte? Mal fuhr er ein Moped ohne Papiere. Fahrerflucht. Aus Angst vor der Kommission. Später erhielt er fünf Monate U-Haft wegen Überschreitung der Notwehr. 4 Messerstiche.
Gerd: »Da war een Meechen. Auf die har ick so jestanden. Die war janz in Ordnung. Konnte nur nie nee sagen. Und ick war verdammt eifersüchtig. Da har ick ihn mit'm Kabelmesser erwischt. Ick hatte immer Angst vor der Verantwortung. Da har ick mir abjeseilt.«
Man hat ihn im September 1973 hierher abgeschoben.
Gerd voll Heimweh: »Ick wär' lieber drüber jeblieben. Da hat's mir besser jefallen.«
In der Bundesrepublik hat er nur desinteressierte Verwandte. Er suchte dauernd Arbeit, gelegentlich fand er auch welche. Als Dachdecker einige Monate, in einer Imbißstube und einige andere Jobs. Ausreichende Papiere hatte er keine. Alle, die ihn kannten, nannten ihn gut, nicht aggressiv, pünktlich, und die zufriedenen Arbeitgeber sprechen von fleißig, sauber, ordentlich. Zuletzt hatte er ein Zimmerchen im Männerwohnheim Sportallee, Borstel.
Nach einiger Zeit erhielt der ruhige Junge einen Zimmergenossen. Der wurde ihm von einem bösen Schicksal oder reichlich gedankenlosen Heimleitern zugeteilt. Ein 39-jähriger Frührentner, Egon Meggers, bekannt als ewig meckernder Querulant, Nervensäge, mieser Nörgler. Er fiel in allen Heimen und Lagern durch Beschwerden der Mitbewohner auf. In anderen Lagern mußte er schon siebenmal umverlegt werden, weil es keiner mit ihm aushielt. Zum Schluß bekam er ein Einzelzim-

mer. Bis er nach einem Krankenhausaufenthalt in sein letztes Lager, Sportallee, kam. Meggers hatte schon immer Angst davor, umgebracht zu werden.
Vor dem Kleinen hatte er offensichtlich keine Angst, denn seine Schikanen endeten erst durch den Mord. In der tristen Umgebung war das einzige Vergnügen des stillen Jungen, abends fernzusehen.
»Det war grade damals, als die Weltmeisterschaft war.« Aber nie nach zehn. Und nie zu laut.
»Hatten Sie Streit?«
»Nee. Eers ging das.«
Vorsitzender: »War er ein guter Kumpel?«
Gerd darf sich endlich beschweren: »Nee, 'ne Nervensäge. Der ist immer rumscharwenzelt. Da jemeckert und da jemeckert. Der kam immer besoffen nach Haus und ist mir auf'n Wecker jegangen. Und daß er gegen den Apparat trat, det war nich nur an dem Tag, det war öfter, daß er dagegen trat. Und die Geräusche, die er machte, die warn ja nich feierlich. Viel lauter als der Fernseher. 2,3 Wochen warn wir auf eene Bude.«
Betroffen: »Haben Sie denn keine Verlegung beantragt?« Gerd wird als Person sichtbar: »Nee, ick har nicht gern zu tun mit so was. Und 90 Mark Schulden hatt ich auch bei denen. Ick har ja immer Arbeit gesucht, überall. Und dann hat er mich angeschwärzt bei der Lagerleitung. Hinter meinem Rücken, das war das Schlimmste.«
Und obwohl man feststellte, daß er nicht zu laut war und alles in Ordnung, drohte man ihm und nicht Meggers mit Rausschmiß, wenn die Beschwerden kein Ende nähmen.
Vorsitzender: »Aber Sie hätten Meggers doch ohne weiteres loswerden können durch Verletzung. Auszug.«
Gerd, der seine Augen schon seit Stunden nicht mehr hebt und in wahnsinniger Qual dasitzt: »Ging nicht.«
Dieser einfache Weg ging für ihn wirklich nicht. Er hat da Blockierungen, die für ihn, wie auch seine Vorgeschichte zeigt, unaufhebbar sind. Statt dessen geriet er immer mehr ins Grübeln. Ein Gummiknüppel? Er entschloß sich für ein Beil. Das hob er im offenen Kleiderschrank auf. Schon Wahnsinn! Und er wartete am 26. Februar die ganze Nacht auf die Rückkehr seines Zimmergenossen, um sich endlich von ihm zu befreien. Der aber hatte eine Gnadenfrist von 24 Stunden, weil er sich volltrunken in Polizeigewahrsam befand.

Als er dann am nächsten Abend gegen 20.00 Uhr nach Hause kam, moserte er rum wie immer. Laberte besoffen, trampelte schaukelnd gegen den Fernseher und brüllte: »Hast Du Deinen Kasten schon wieder an?« Dann wankte er im Pullover und langen Unterhosen ins Bett. Schnarchte laut wie immer. Gerd wartete in Hochspannung. Gegen 22.00 Uhr stand er dann zitternd mit dem Beil neben Meggers Bett. Vor Angst unfähig zuzuschlagen.
In seinem eigenen Bett zitterte er weiter. Gegen 1 Uhr nachts wieder an die Bettkante des laut schnarchenden Mannes. »Von seinem Tötungsvorsatz beseelt«, wie das Gericht es ausdrückt. Ein wuchtiger Hieb gegen die rechte Kopfseite. So tief rein, daß es ihm nur mit ruckartigen Bewegungen gelingt, das Beil wieder herauszuziehen. Er nimmt ein Brotmesser und zersägt seinem Quälgeist den Hals. Blut quillt. Noch einmal das Beil gegen den Kopf. Er schiebt Dinge zur Seite, hängt den Meggers über einen Plastikeimer. Das Blut fließt weiter, stundenlang, bis nur noch Tropfgeräusche zu hören sind.
Gegen Morgen wollte Gerd die Leiche verpacken. Der große billige Koffer war zu klein. Es ging und ging nicht. Da hackte er dem nicht mehr meckernden Meggers die Beine ab und nahm einen zweiten Koffer zur Hilfe, schnürte das Gepäck zu und schob es unters Bett.
Der Junge, den man für normal genug hält, für seine Tat die volle Verantwortung zu tragen, lebt weiter in dem Zimmer, schläft dort, hofft, daß außer ihm gelegentliche Gerichtsvollzieher und Angestellte den Gestank nicht wahrnehmen würden, und benutzt die Kopfsäge wieder als Brotmesser. Auch das Beil hat er noch im Zimmer:
»Ick wußte ja nich, was ick machen sollte.«
Nach fast zwei Wochen waren die Koffer durch die Leichenflüssigkeit reichlich aufgequollen. Nach mehreren vergeblichen Anläufen, voll Angst, dabei gesehen zu werden, schleppt er die Dinger nacheinander weg. Zu einem 50 Meter entfernten Müllhaufen. Ins Gebüsch. Matratzen drüber. Blut fließt raus. Auch im Zimmer.
Er wischte mehrfach auf.
Mitte April finden spielende Kinder die zerteilte Leiche, am 25. April wurde Gerd festgenommen.
»Niedrige Beweggründe, Heimtücke, Mord.«
Kripozeuge: »Wir hatten ihn erst nicht im Verdacht. Bei der Vernehmung aß er eine Birne. Die wurde aber die ganze Zeit nicht kleiner. Das gab mir zu denken.«

Ein großer, häßlicher verbeulter Koffer wird vom Saaldiener hereingebracht. Und Sachen in Plastiksäcken. Oh mein Gott, das ist ja der Koffer! Es rumort im Magen. Dann soll der Unglückliche Messer und Beil identifizieren.
Kann er nicht, da er nicht die Kraft hat, hinzusehen. In seinem Magen rumort es wohl noch 'n Zacken mehr.
Vorsitzender, vorschriftsmäßig, aber reichlich makaber:
»Sie legen wohl keinen Wert darauf, das Sägemesser und Beil zurückzuerhalten?«
Da schüttelt Gerd lange den Kopf.
Der Vorsitzende drängelt: »Wann, wie, wohin haben Sie mit dem Beil geschlagen?«
Der Junge kann nicht darüber sprechen.
Das Gericht ungeduldig: »Wir verhandeln so etwas doch nicht zum ersten Mal.«
Die nicht. Aber für Gerd ist es eine Premiere.
Es bricht aus ihm heraus: »Kann schon sein. Sie können sich det trotzdem nich vorstellen. Det kann sich keen Außenstehender vorstellen. Da war doch alles egal.«
Der Junge murmelt nur noch und ist so angestrengt und zerquält, als sei er einer Ohnmacht nahe. Er leidet, zittert, schämt sich. Mit einer Mundverzerrung, die von einigen als Lächeln mißverstanden wird.
Ich renne raus. Nicht weil mich die schaurigen Details der Tat umhauen, sondern weil ich es nicht mehr ertrage, 2 Meter von mir entfernt, tatenlos jemanden zerbrechen zu sehen.
Der Junge ist krank. Was sonst? Der Gutachter wird plötzlich wach, als es ihm mühsam gelingt, Gerd etwas über dessen Besitz eines Meerschweinchens und eines Vogels aus der Nase zu ziehen.
Sachverständiger Dr. Müller, irritiert: »Sind Sie nun tierlieb? Sie zögern so.«
Gerd, dem es nicht klar ist, daß Tierliebe vor einem deutschen Gericht ein Pluspunkt ist, würgt hervor: »Ick mag Tiere. Jaa, ick mag Tiere.«
Müller: »Hat Meggers sich auch darüber beschwert?«
Gerd: »Nee, da hatt' ick keene.«
Hätt' er ja nicht gedurft.
Kripozeuge: »Kann sein, daß wir ihm bei der Befragung Angebote machten. Also fragten, ob das sich nicht wie beim Kotelettehacken anhörte. Als er dann so hämisch grinste, er zeigte keine Reue, war eiskalt,

fragten wir, ob ihm die Sache denn Spaß gemacht hat. Das hätte sie nicht.«
Vorsitzender: »Was halten Sie denn jetzt von Ihrer Tat?«
»Ick versuch', gar nich dran zu denken.«
Blöde Frage: »Finden Sie die Tat angemessen?«
Überraschender Aufschrei: »Nein! Det war sie nich!!!« Wieder zusammensackend: »Har ick mir selbst ooch schon oft jenug jefragt. Ick hab' damals alles 'nem Studentenpfarrer erzählt. Ick kam nich mehr klar.«
Der Gerichtsmediziner Brinkmann, völlig unvorbereitet, soll aussagen. Findet nichts. Grübelt. Weiß nichts. Entschuldigt sich. Kommt plötzlich drauf: »Ach, es ist diese Sache mit der Leiche im Koffer.« Huscht weiter zu seiner nächsten Leiche.
Der Verteidiger Laurisch, der leider total vergeblich versuchte, den qualifizierten Psychologen Maisch als Gutachter zu bekommen, in seinem Plädoyer: »Der Angeklagte mag Menschen. Er läßt sich lieber verlachen, als jemanden zu kränken. Beispiel: Eine 60-jährige forderte ihn auf. Er tanzte mit ihr trotz Hohn und Hänseleien seiner Bekannten den Tanz zu Ende.«
Der Sachverständige, Psychiater Dr. Müller, sieht Gerds Blockierungen nicht. Er sieht nur: abnorm ja – krank nein. Eine rein medizinische Sicht.
Fortschrittliche Verteidiger wollen deshalb immer auch einen psychologischen Gutachter haben, der die Persönlichkeit, die Schwierigkeiten, Fähigkeiten und Unfähigkeiten des Angeklagten wichtig genug nimmt. Ein Gutachter allein langt nicht. Solange die Fachleute für menschliche Psyche sich gegenseitig für Idioten halten und abqualifizieren, muß man als Laie wohl davon ausgehen, daß es besser ist, sich 3 oder mehr unterschiedliche, sich widersprechende Idioten anzuhören, als nur einem einzigen zu folgen.
In Fachkreisen faßt man sich an den Kopf, wenn man hört, wen angesehene Gutachter alles für voll verantwortlich halten. Wie sachverständig muß man eigentlich sein, um einen jungen Mann, der einen komplizierten Mord begeht, um nicht um eine Zimmerverlegung bitten zu müssen, für gesund zu halten?
Urteil: Lebenslänglich.

Februar 1976

Eine Moritat

Große Strafkammer 1 als Schwurgericht, Hamburg. Die Arbeiterin P., 34 Jahre, ist angeklagt, im August 1975 im Zustand verminderter Schuldfähigkeit ihre Freundin Ingrid A. im Verlauf eines Streits in der gemeinsamen Wohnung in Hamburg mit einer Bügeleisenschnur erdrosselt zu haben.

Der Fall ist trist. Kollegen meinten: lohnt nicht. So sitze ich allein auf der Pressebank, als die kleine Angeklagte an der Seite ihres fast 2 Meter langen Wahl-Pflichtverteidigers Hans Jürgen Bauer in den Gerichtssaal kommt.

Armes Ding. Glatte Haare. So kurz und gescheitelt wie die penible Frisur des Richters. Kleine Nase. Kleiner fester Mund. Schöne Augen, gut versteckt. Dicke, dicke Brillengläser. Kesse-Vater-Kleidung. Alles sehr unkleidsam. Man möchte sie mitnehmen und neu ausstaffieren. Neu frisieren. Vielleicht Kontaktlinsen?

Meine Überlegungen werden von freundlichen, vorsichtigen Fragen des Vorsitzenden Plambeck zur Person unterbrochen. Ihre Antworten kommen bei jeder Frage wie beidhändige Schläge beim Tennis zurück. Sie weiß alle Daten, Namen, Zahlen, medizinische Fachausdrücke. Wie ein Computer. So was hab ich bisher nur in Quizsendungen erlebt.

»Ilka Paulsen, 1942 geboren. 1947, als mein Vater aus der Gefangenschaft kam, wurde meine Halbschwester geboren. Wir haben gut zusammengelebt. 1958 starb meine Mutter an Krebs. Da hatte ich sie schon zweieinhalb Jahre gepflegt. Ihr Tod war ein großer Schock für mich. 1959 hatte ich den Unfall. Ein Sattelschlepper fuhr mich auf dem Moped an.«

»Welche Schäden haben Sie davongetragen?«

»19 cm offenen Schädelbruch. Hirnquetschung. Verlust von Hirnsubstanz. Stirnknochen gebrochen. Der rechte Oberarm auch. Stauchung der Wirbelsäule. Durch diesen Unfall bin ich jetzt auch fast blind und ganz taub auf der rechten Seite. Starke Kopfschmerzen hab' ich auch seitdem. Immer. Auch jetzt. Bis 1967 eine traumatische Epilepsie. Eine Berufsausbildung habe ich nicht, da ich nach der Schule für den Haushalt sorgen mußte. 1960, als ich 18 war, hat sich mein Vater mir genähert. Ich will das von dir immer wieder haben, sagte er. Sonst kommt deine Schwester ins Heim. Das wollte ich nicht. Zumal ich meiner Mutter versprochen hatte, auf sie aufzupassen. Darum mußte ich nachgeben. 1961 hab' ich meinen Vater angezeigt. Wir kamen bis 1965 ins Heim. Danach wohnte ich in einem Gartenhäuschen.«

Plambeck: »Konnten Sie denn eine Arbeit finden?«

»Ja, immer wieder. Als Hilfsarbeiterin. 1963 mußte ich in der Verlagsbuchbinderei aufhören wegen meiner Anfälle.«

Sie lebte fünfeinhalb Jahre im Frauenheim. Arbeitete als Packerin.

»Die Arbeit hab' ich verloren, weil meine Freundin sich unmöglich benahm. Ich kam immer geschlagen und zerbissen zur Arbeit. Und der Akkord war zu schwer.«

Ilka wiederholt ständig, daß es ihr ansonsten eigentlich gut ging. Doch man erfährt: 1970 Ischias, 1972 schwere Kreislaufstörungen. Nierenbeckenentzündung. Eine Niere hat sich verschoben.

»Viel trinken soll ich.«

Ein halbes Jahr arbeitete sie in einer Kantine, bis sie Sehnenscheidenentzündung bekam.

Plambeck: »Sie haben trotz Ihrer schweren Krankheiten sehr viel gearbeitet?«

»Ich hab' immer hart gearbeitet. Zu hart.«

Plambeck: »Sie haben auch immer geklebt? Warum erhielten Sie denn keine Unterstützung?«

»Ich hab' keine beantragt. Ich hab' nichts gewußt davon.«

»Hat Sie denn keiner darüber aufgeklärt?«

»Nein, keiner.«

»Am 5. 8. 1975 war mein Treppenhaussturz. Viele Brüche am Bein. Arbeitsunfähig.«

»Wie kam es dazu?«

»Das Licht ging aus. Da hab' ich mich erschrocken.«

An die Splitterwäsche mußte der Vorsitzende Ilka erinnern. Damals hatte ihre Freundin ihr eine volle Bierflasche über den Kopf geschlagen.

»Haben Sie Angstgefühle?«

»Jetzt nicht mehr.«

»Seit wann nicht mehr?«

»Seit dem Tattag. Keine Angst vor Schlägen mehr.«

»Tranken Sie häufig?«

»Zwei- bis dreimal die Woche. Bier. Immer 3 bis 4 Flaschen. Weil sie

mich nachts rausschmiß. Mein Vater starb 1974. Ich hatte ihn nie mehr gesehen. Zu meiner Schwester hab' ich keine Verbindung mehr.«
Plambeck: »Sie haben drei uneheliche Kinder?«
Wirklich??? – Das ist doch nicht möglich!
»Ja, 1962 Astrid. Die ist bei Pflegeeltern. Anderthalb Jahre hatte ich sie selbst. Was kann ich ihr denn bieten? Jetzt hat sie Reitunterricht. 1967 Sven. Der wurde mit einem Loch in der Herzscheidewand geboren. Am 10. 10. 1973 Peter. Bei uns in der Wohnung geboren. Bis März 1975 lebte er bei uns.«
»Der Vater ist unbekannt?«
»Nein, nur unauffindbar. Er hatte uns einen falschen Namen gesagt. Ich nehme an, aus Angst vor meiner Freundin. Den ersten und den dritten Mann wollte ich heiraten. Bei Peters Vater wurde eine Heirat durch meine Freundin vereitelt. Weil sie Theater machte. ›Das ist meine Freundin, die faßt kein anderer an!‹«
»Hatte denn Ihre Freundin so einen Einfluß?«
»Ja. In der körperlichen Beziehung war Frau Albers reichlich stark. Ich hätte nie Ruhe vor der Frau bekommen. Wir waren schon seit dem 15. Mai 1968 zusammen.«
»Bis dahin ging sie doch gelegentlich auf den Strich? Und hat ansonsten nie gearbeitet?«
»Nur bis dahin. Danach nicht mehr. Zumindest hab' ich nie was gemerkt. Höchstens wenn ich arbeitete, aber das glaube ich nicht. Anfangs war alles in jeder Beziehung gut. Bis nach einem Jahr dann die Eifersucht aufkam. Ziemlich unbegründet. Außer den 4 Monaten in 1973 mit Peters Vater war ich nie mehr mit einem Mann zusammen. Sie hatte auch Männer. Auch zwei, die bei uns im Haus wohnten. Den Ausländer im Parterre und einen Deutschen. Aber nie andere Frauen.«
»Ihre Freundin hatte 4 Kinder?«
»Ja, 1956, 1958, 1964 geboren.«
»Also insgesamt sieben!!«
Plambeck fragt sehr liebevoll: »Wer führte?«
»Sie.«
»Wer verwaltete das Geld?«
»Sie.«
»Warum schlug sie Sie?«
»Ich bekam meistens nachts Prügel, wenn ich ihr nicht Dormital II aus der Apotheke holte. Und sie nahm 20 Schlaftabletten und mehr am

Tag. Und schlief trotzdem nur 3 bis 4 Stunden. Ich bin meistens weggelaufen, wenn sie anfing zu toben. Wenn es ging. Wenn nicht abgeschlossen war.«
»Sie sollten Ihre gemeinsame Wohnung räumen?«
»Ja. Ich hab' zu spät erfahren, daß sie die 264,– DM Miete, die ich ihr gab, für den Tunesier ausgab, mit dem sie intime Beziehungen hatte. Seit Januar 1975 hatten wir jeden Tag Krach. Sie verplemperte ihr Geld und zwang mich, mein Geld für ihre Tabletten, die ich schwarz kaufen mußte, auszugeben. Die schadeten ihr doch nur bei ihrer Fettschrumpfleber. Sie hielt ihre Diät nie ein. Ein Eierbecher voll Frisko, ein Wasserglas voll Korn. Wenn ich sie vor Tabletten bewahren wollte, schlug sie gleich zu. In der Schlagkraft hat sich das bei ihr nicht ausgewirkt. Am Zahltag hat sie mich grundsätzlich abgeholt und Geld kassiert.«
»Sie haben ihr trotzdem immer weiter geholfen?«
Sie zitiert wie aus der Pistole geschossen die ganzen Anwürfe der Freundin, ohne ›sie sagte, meinte, wollte . . .‹ davor.
Verteidiger Bauer: »Frau Paulsen. Sie sagen, Sie haben keine Angst mehr. Stimmt das wirklich?«
»Nein, so gesehen nicht. Ich sehe immer die Bilder der Tat. Ich trau' mich nie einzuschlafen. Und als ich in U-Haft war, brauchte ich wohl 4 Monate, bis ich keine Angst vor Schlägen mehr hatte, sobald der Schlüssel sich drehte.«
Bauer: »Ich möchte hier einen Brief zur Akte geben. Einen Brief von der Toten an die Angeklagte. 1969 geschrieben. Beweis: geschrieben auf der Rückseite einer von damals datierten Postwurfsendung.«
Der Brief wird verlesen. Ein Liebesdrohbrief. »Mein Mäuschen, meine Frau, jetzt ist der kleine Ingo so richtig glücklich . . .«
»Ingo?«
»So wollte sie genannt werden. Warum klein, weiß ich nicht, sie war ja 1,80 lang und sehr kräftig.«
Plambeck liest weiter: »meine dicke Eka . . .«
Ilka: »98 Pfund.«
». . . bevor du mich verläßt, könnte ich zum Mörder werden.«
»Waren Sie denn sexuell intensiv zusammen?«
»Nur noch so einmal im Monat. Das war ziemlich abgekühlt. Nur noch ein Zusammengehörigkeitsgefühl.«
Der Vorsitzende nickt und seufzt: »Auch wie in manchen Ehen.«
Pause.

Ich sitze mit ihr und dem Verteidiger in der Kantine. Erfahre so einiges. Ihre Haare sind so kurz wegen der Kopfnarbe. Lange Haare würden schmerzen. Im Knast nahm sie 21 Kilo zu durch Dampfessen und Regelmäßigkeit. Sie ulkt: »Vorher gab's nur Schläge mit Nachschlag.«
»Hast du nie an Abtreibung gedacht?«
»Nie! Lieber zehn auf dem Kissen, als eins auf dem Gewissen! Ich hätt' sie gern alle bei mir. Meine Wünsche haben sich noch nie erfüllt.«
»Hast du Angst vor dem Urteil?«
»Ich empfinde es als grausam, wieder rein zu müssen. Der einzige Nutzen, den ich daraus ziehen kann, ist, mich schulisch weiterzubilden. Volksschulabschluß machen. Schreibmaschine und Steno lernen.«
»Wie kam es zu deiner Ehe mit Ingrid? Trotz der Kinder?«
»Ich hatte immer mehr Frauen als Männer.«
»Warst du ihre erste Frau?«
»Nee. Ich war ihre sechzehnte.«
Vernehmung zur Tat:
»Ich stand um 7 Uhr auf. Sie war schon wach. Ich holte immer die Brötchen. Sie stand dann auf, wenn das Frühstück fertig war. Sie sagte: ›Laß uns Abschied feiern.‹ ›Wieso?‹ ›Von der Wohnung.‹ ›Ist doch kein Grund.‹ ›Will ich aber.‹ Sie packte Wein aus. Zweimal wurde nachgekauft. Insgesamt 5 Flaschen.«
Plambeck. »Hier heißt es, Ihre Freundin habe beim Einkaufen schon gelallt.«
»Gelallt? Ist übertrieben. Da war sie noch sehr lebendig.«
»Ich wollte schlafen gehen. Machte mich zurecht. Suchte mein Gebiß im Badezimmerschrank. ›Wo hast du denn meine Zähne gelassen? Die brauch' ich doch.‹ Die Antwort war, ›Sabbel nicht so dämlich, das geht dich nichts an‹, und ein Schlag ins Gesicht. Da wehrte ich mich zum erstenmal. ›Wieso schlägst du mich? Du bist wohl verrückt geworden?‹ ›Da sieh du mal, wie das ist.‹ Meine Nase blutete. Das Bügeleisen stand da. Ich hatte morgens ihre Hose gebügelt. Sie stierte das Eisen an. Ich hatte Angst. Und hab' Schnur und Eisen weggezogen. ›Das hast du nicht umsonst getan, das wirst du bereuen!‹ Wir schlugen uns lange. Sie schlug immer lange, wenn ich nicht weg konnte. Sie war mir immer überlegen, auch jetzt. 15 cm größer. Ich hatte Lebensangst. Aus dem 4. Stock mochte ich nicht springen. Zur Tür konnte ich nicht. Die hatte sie sowieso abgeschlossen, aber das wußte ich da noch nicht. Ich drehte durch. Und hab' ihr die Schnur um den Hals zugezogen.«

Vorhalt: »Dreimal war die Schnur um den Hals geschlungen und geknotet.« Und nachdenklich... »Es ist gar nicht so einfach, eine Schnur um den Hals eines Menschen zu legen, wenn man darin nicht geübt ist.«
Ilka weint verzweifelt, als nun doch plötzlich das Bügeleisen und die Zahnprothesendose aus einer braunen Bürotüte ausgepackt und auf den Richtertisch gestellt werden. Plambeck kombiniert richtig und lockt es aus ihr heraus.
»Die Prothese hat mir 1970 meine Chefin finanziert. Wegen der Kundschaft. Ich bin richtig aufgelebt. Wagte vorher nicht zu lachen. Selbstbewußter dadurch. Das machte meine Freundin wütend. Als sie tot war, hatte ich nur einen Gedanken. Melde dich bei der Polizei. Ich nahm den Schlüssel aus ihrer Gesäßtasche und lief zur Telefonzelle.«
Sie zeigte sich selbst an. Wartete dann im Torweg auf die Polizei, die ihr erst ihre Tat nicht glauben wollte. (»Sie sind ja betrunken. Schlafen Sie erst mal Ihren Rausch aus.«)
Vorsitzender: »Hätten Sie das Eisen nicht 5 bis 6 Meter wegschleudern können?«
Frau aus dem Publikum: »Nee! Liegt nicht drin.«
Vorsitzender: »Wenn wir Ihren Sachverstand brauchen, kommen wir gern darauf zurück.«
Ilka: »Ich bereue heute noch, daß ich mit meinen Händen einen Menschen umgebracht habe.«
Plambeck: »Wie sonst hätten Sie sich verhalten sollen, Ihrer Ansicht nach?«
Resigniert: »Ja, das weiß ich auch nicht.«
Zeugen sagen aus. Die Arbeitgeberin: »Fleißig. Plietsch. Zu Weihnachten war Frau Paulsen wie so oft durch Prügel verunstaltet. Ich bestand trotzdem darauf, daß sie an der Weihnachtsfeier teilnahm. Eine Kollegin hat die Verfärbung überschminkt.«
Mutter und Tochter der Toten, die sich mit Ilka immer gut verstanden, sind völlig erschüttert, als sie erfahren, daß das Freundinnenverhälnis ein lesbisches war. Die Angeklagte wird schweißnaß und zittert bei der Konfrontation. Gutachter Psychiater Dr. Immig, der auch die Getötete mehrfach bei sich in der Klinik hatte: »Die Getötete befand sich in einem affektiven Dämmerzustand. Das sind die gefährlichsten Zustände psychisch Kranker, die man kennt. Wahnideen und ungeheure Aggressionen brechen dann hervor. Sie war dafür bekannt und gefürch-

tet, ohne vorhergehende Warnungen gern zuzuschlagen. Sie war gefährlich krank.«
Überschreitung der Notwehr in begreiflicher Angst.
Der Staatsanwalt beantragt zwei Jahre.
Die Schlußworte der Angeklagten, die äußerst erregt und pitschnaß ist: »Wie das Urteil auch ausfällt, die seelische Belastung, die ich ein Leben lang mit mir herumtragen muß, kann mir niemand abnehmen.«
14.06 Urteil. Plambeck verkündet so, als sei es was ganz Alltägliches: Freispruch!
Begründung: Der neue § 33, der die persönliche Schuld eines Angeklagten in gewissen Fällen der Gemütserregung ausschließt, sei anzuwenden.
Ilka weint.
Hans-Jürgen Bauer steht ihr weiter zur Seite. Es gilt, eine Wohnung zu finden. Und die Dinge, die sie sich für den Knast vorgenommen hatte, in Freiheit zu verwirklichen. Vielleicht noch schwieriger, draußen als drinnen, wenn man sich den zweiten Bildungsweg so ansieht.
Ilka: »Ich will mich bemühen. Siebeneinhalb Jahre Unfallfolgen und siebeneinhalb Jahre mit meiner Freundin. Insgesamt sind das 15 verlorene Jahre. Jetzt kann ich die Entscheidungen selber treffen, ohne daß sie mir von der Verstorbenen aufgezwungen werden. Aber trotz des Freispruchs – leichter ist mir nicht geworden. Obwohl ich lieber frei bin.«
Übrigens – Ilka ist nicht ihr richtiger Name. Ich sagte: »Du kannst dir für den Artikel als Name aussuchen, was du willst, damit dich keiner erkennt. Welches ist dein Lieblingsname?« Langes Nachdenken.
»Ilka.«
»Ilka???« Mein Gott, sie wurde doch Eka genannt, und ihre Freundin Inka.

Juni 1976

Das Ungeheuerliche ist kein Thema

Ich mag kaum noch schreiben. Mein Widerwille gegen politische Prozesse wächst. Die Versuchung, alles hinzuschmeißen, auch. Dabei habe ich diesen Beruf ergriffen gerade aufgrund empörend stattfindender und genauso empörend nicht stattfindender politischer Prozesse – NS-Prozesse.

Ich sammelte Urteile. Schnitt sie mir fast täglich aus, um sie gegeneinander zu halten und zu belegen, daß in Deutschland einfache Kriminalität sehr viel härter bestraft wird als die unglaublichsten NS-Taten. Außer mir schien das nur wenige zu interessieren.

Ich lieh mir einen riesigen Stapel Auschwitz-Prozeßakten und -Berichte von dem Juristen und Journalisten Hans Schueler. Wollte eigentlich was damit anfangen. Doch nach vollendeter Lektüre lag ich erst mal viele Wochen krank im Bett. Nicht das, was sich in Ausschwitz ereignete, warf mich aufs Lager. Das Wissen um Auschwitz hat schon meine Kindheit versaut. Darunter litt ich schon immer. – Aber das, was in den Prozessen lief, aktualisierte deutsche Vergangenheit. Zeugen, die wie Angeklagte behandelt wurden. Angeklagte, die nie aufhören, Respekt einzuflößen. Sogar wenn verurteilt – wer von denen sitzt denn?

Es war für mich immer ein Problem in diesem Land zu leben. Ich versuchte aber fair zu sein und nicht jedem hier anzulasten, was in der Nazizeit passiert ist. Schon gar nicht den Leuten verschiedenster Jahrgänge, mit denen ich, wenn auch vergeblich, intensiv gegen Wiederbewaffnung und Notstandsgesetze kämpfte. Ich machte es mir leicht, indem ich meinen Freundeskreis wie eine Mauer um mich herumzog. Doch die deutsche Justiz ließ meine Schutzmauer rissig werden. Auch fand ich es gar nicht komisch, und es machte mich nachdenklich, daß sich die Bundesrepublik von Pazifisten, Friedenskämpfern und unseren naiven Ostermärschen über die Kuhdörfer bedroht fühlte.

Als Schauspielerin wurde ich sehr häufig interviewt und versuchte jedesmal, Interview und Interviewer umzufunktionieren. Wollte echte Gespräche herstellen und echte Information geben. Es wurde sehr viel über mich veröffentlicht. Aber meine politischen Äußerungen fielen immer untern Tisch.

Ich fing an, Gerichtsreporter anzurufen. *In der Hoffnung, durch die Kontaktaufnahme was bewirken zu können.* Ich bewirkte nichts. Denn die Horrorspiele der Justiz rissen die Profis schon lange nicht mehr vom Stuhl. Ab und zu besuchte ich selber Prozesse. Und kriegte mit, wieviel Langeweile und wie wenig Entsetzen sie bei Reportern und Zuschauern auslösen. *Formalitäten und Aktenberge schütten Fleisch und Blut zu. Alles hat immer in grausigster Weise seine Ordnung. Nur das scheint wichtig. Weint ein Zeuge, ist man unangenehm berührt. Sich ankündigende Gefühlsausbrüche werden im Keim erstickt.*

Ich bot meiner Freundin Ulrike Meinhof meine Unterlagen an und bat immer intensiver Feuilletonschreiber, die sich bei mir die Klinke in die Hand gaben, endlich mal zu schreiben, was Sache ist. Bis Ines Stosch von der »Frankfurter Rundschau« mich animierte, selbst über Prozesse zu schreiben. Das tat ich dann auch *aus dem Stand.* Erst für die »Rundschau« und dann für die alte Konkret. Das war vor genau 6 Jahren.

Mein Optimismus war ungeheuer. Meine Sicherheit, durch unmißverständliche Berichte etwas zu bewirken, groß. Meine Freude an jedem Schritt voran auch. Mein Elan im Kampf gegen längst überholte Gesetze, die zwar gegen den Gesetzgeber, nicht aber gegen den Gesetzesbrecher sprechen, ließ nie nach. Die Paragraphen gegen Kriegsdienstverweigerer, Abtreibung, Homosexualität, Kuppelei etc. wollte ich abschaffen helfen.

Ich sah eine Chance, Gewalt abzubauen. Ich war stolz auf meinen gesunden Menschenverstand und wollte ihn gebrauchen, um Polizei und Staatsanwaltschaft nachdenklich zu stimmen. Denn meine wiedererwachte Angst vor der Staatsgewalt ließ mich seit dem Polizeieinsatz Ostern 1968 vorm Springerhaus nicht mehr los.

Meine Verzweiflung und Rage in NS-Prozessen machten mich immer wieder krank. Ich ertrage nicht, daß fast immer die wenigen Überlebenden Opfer-Zeugen diffamiert, die Täter jedoch auf freiem Fuß gelassen werden. Geschrieben habe ich in diesen ganzen Jahren aber nur über den lebenden Massenmörder Dr. jur. Hahn und den toten Widerstandskämpfer Fiete Schulze. Anstrengend genug. Fiete darf laut Gericht wieder MÖRDER genannt werden. Hahn durfte *wie immer* nach Hause.

Doch im großen und ganzen konnte man frohlocken. Es schien voranzugehen. 1969 kam *endlich* die SPD ans Ruder. Heinemann wurde Präsident. Brandt Kanzler. Zu schön, um wahr zu sein. Ist ja auch längst korrigiert. Aber erst mal Euphorie auf der Linken. Dann Änderung der politischen Landschaft. Über Nacht, im Mai 1970, Ulrikes Steckbrief im ganzen Land. Plötzlich waren die besten Deutschen die kriminellen Deutschen. Und standen vor Richtern, die die Auschwitz-Leute hatten laufen lassen. Amokläufe nach zu vielen vergeblichen Anläufen. Auch Staat und Berichterstatter liefen Amok. Der Staat ist immer in Notwehr. Auch wenn seine Schützen zuerst schießen. Wie auf Ohnesorg. Ohnesorg war wehrlos. Kurras wurde nie verurteilt. Sein Freispruch wurde zum Präzedenzfall. Der Polizist, der den harmlosen nackten Ausländer Jan McLeod erschoß, ist auch frei. Die vielen anderen Putativ-Notwehrtäter auch. Wie gehabt, Leben ist nicht gleich Leben, Tod nicht gleich Tod.

Vereinzelt wehren sich Bürger gegen so eine Sicht. Ich war dabei, als Erich Fried mit Heinrich Böll zur Seite hier in Hamburg deswegen vor Gericht stand. Er hatte den Hinterkopfschuß auf Georg von Rauch in einem Leserbrief Putativ-MORD genannt. Darüber hätte ich gern berichtet. Aber das wollte keiner.

Ich war nicht dabei, als in Köln das stattfand, was für mich der Jahrhundertprozeß gewesen wäre. Die Gegenüberstellung Beate Klarsfeld mit dem in Frankreich zum Tode verurteilten Nazi Kurt Lischka. Man stelle sich vor, Lischka, das *Schwein,* das hier immer noch wohlgelitten herumläuft, als Zeuge gegen Beate Klarsfeld, die ihn notgedrungen mit unkonventionellen Mitteln, spät aber doch, seinen Richtern in Frankreich zuführen wollte. Klarsfeld verurteilt, Lischka immer noch nicht vorbestraft. Da denkt man doch, man spinnt. Aber auch diese Ungeheuerlichkeit war kein Thema: »Ist doch langweilig, diese ewigen Nazigeschichten. Schreib doch mal wieder so was wie ›Sex mit Chef und Chow-Chow‹.«

Meine Arbeit wurde lächerlich. Die Widerstände *gegen eine offene Berichterstattung* wuchsen. Die linke Berührungsangst, die Angst, womöglich mit der RAF identifiziert zu werden, führte dazu, daß man *erst bei KONKRET und dann bei DAS DA* viel lieber Sittenprozesse ins Blatt brachte, als sich mit den wesentlichen politischen Ereignissen auseinanderzusetzen.

Es begannen die neuen Polit-Prozesse. Sie anders zu nennen ist wie DDR mit Tüttelchen.

Ich war z. B. mehr als 30 Tage im Hoppe-Prozeß. Bei Halbzeit wurde mir untersagt zu schreiben. *Aus Angst, daß ich nicht nur Nachteiliges über Hoppe berichten könnte.* Man ließ lieber eine Kollegin berichten, die den Prozeß nur vom Hörensagen kannte. Als der Prozeß gelaufen war und das Urteil auch die bürgerliche Presse schockte, durfte ich wieder ran. Um zwei Drittel gekürzt erschien »Null Beweise – zehn Jahre«. *Die »Kritische Justiz« übernahm meinen Bericht.*

Als Hoppe ein bis zwei Jahre später wegen Ungebührlichkeit wieder vor Gericht stand, durfte ich wieder nicht berichten.

Ich habe im Laufe der letzten Jahre sowieso zahllose Stunden vergeblich im Gericht verbracht. Vergeblich, da ich an die Öffentlichkeit nicht weitergeben sollte, was ich sah. Ich hätte in den meisten Fällen auch nur das Gefühl meiner Ohnmacht schildern können. Und die Ohnmacht der Angeklagten. Häufig die offensichtliche Verlogenheit der Zeugen. Und immer häufiger auch die Ohnmacht der Verteidiger.

Und die unerträgliche Heuchelei. Da lösen eine Handvoll Tote Krisen aus bei Leuten, die mit Gelassenheit über Völkermorde hinweggehen. *Leute, die nie etwas gegen Kriege haben, solange sie in ihrem Interesse geführt werden. Die sollten doch lieber die Schnauze halten.* Dann kam Stammheim. Der Prozeß für einen Gerichtsreporter. Dorthin wurde ich nicht geschickt. Darauf pochte ich auch schon nicht mehr, denn was hätte ich schreiben sollen? Ulrike hat mir immer viel bedeutet. Und dort, in Freiheit auf der Pressebank sitzend, wäre ich mir wie ihr Richter vorgekommen. Ich hätte sie sprechen mögen, um genau zu erfahren, was sich in der Zeit, in der wir uns nicht mehr gesehen haben, in und mit ihr getan hat. Und dann vielleicht berichten. So wie es war, fühlte ich mich in dem Maße ausgesperrt, wie sie eingesperrt war.

Jetzt ist Ulrike tot. Und andere dürfen nicht so berichten, wie sie wollen. Stefan Aust und Lutz Mahlerwein stellten sofort nach ihrem Tod Interviews über sie für eine NDR-Fernsehsendung von 45 Minuten zusammen. Es war sehr fraglich, ob sie sie durchkriegen würden. Die Erstfassung wurde dann auch gekippt. Eine Woche später, nachdem sie wie im Fieber alles umgemodelt hatten, durfte nach viel Hin und Her gesendet werden. Eine gute Sendung. Die u. a. der verblüfften Bevölkerung zeigte, daß Ulrike Meinhof intelligent und charmant war und ganz anders aussah als auf den Abschreckungsfotos.

Die Interviews mit ihrer Schwester, Böll, Augstein, Fried und mir waren rausgeschnitten. Obwohl der Nachruf dadurch sehr entemotionalisiert war, bekam der NDR Schwierigkeiten.

Es wird für Redakteure immer normaler zu kuschen, in der Hoffnung, wenigstens einen Teil ihrer Arbeit an den Mann bringen zu können.

Auch zum Verteidigen gehört inzwischen Mut. *Verteidiger, mit denen ich immer besonders gut zusammenarbeitete, weil sie ihre Aufgabe besonders ernst nahmen, werden abgedrängt.* Anwälte werden durch Ehrengerichtsverfahren gehetzt. Anwälte werden verdächtigt. Anwälte erhalten Berufsverbot. Jeder mißtraut jedem. So was führt zur Verzweiflung, zur Resignation, manchmal auch zum Ausflippen. Liberale, auch rechte Anwälte rücken als Pflichtverteidiger in Polit-Prozessen nach. Verändern sich häufig durch das, was sie dort erfahren. Merken, wie anders als sonst sie in solchen Prozessen behandelt werden. Wie automatisch ihre Anträge abgelehnt werden. Und wie häufig ihnen die absolut notwendige Akteneinsicht verwehrt wird. Wie sie durch eine gewissenhafte Verteidigung ins Abseits geraten. Vom Verfassungsschutz überwacht und von angeblichen Anarchisten bedroht. Angst macht sich breit. *Ein unmöglicher Boden für eine vernünftige Arbeit.*
Scheiße ist das.
Mitte Juni wird ein Brandanschlag auf die Kanzlei von Klaus Langner, Pflichtverteidiger von Margrit Schiller, verübt. Seine Schreibkraft Johanna Keller geht an Verbrennungen elend zugrunde.
Am Morgen nach Frau Kellers Tod gehe ich wieder ins Gericht. Bin viel zu früh da. Mein Taxifahrer wird von zwei schwerbewaffneten Polizisten festgehalten. Weil er es wagt, mich vor dem Strafjustizgebäude abzusetzen. Ich hasse meinen Weg zum Arbeitsplatz. Gerichte sind zwar nie schön. Aber sie werden immer schauriger. Alles starrt vor Uniformen und Waffen.
Ja, ja, ich weiß – nur zu meinem Schutz. Ich fühl mich aber im Strafjustizgebäude wirklich nicht bedrohter als auf der Straße, in Kneipen, auf der Post und zu Hause. Stellt euch mal vor, ihr müßtet ins Büro, in die Fabrik, zur Uni, in die Redaktionen oder wo immer ihr arbeitet, immer an schwerbewaffneten Beamten und auf den Mann dressierten Kötern vorbei! Müßtet euch dauernd abtasten und filzen lassen.
Hinzu kommt, daß ich mich von Waffen nicht beschützt, sondern bedroht fühle. Verliert einer die Nerven, geht so ein Ding putativ los. Und ich hab' dem nichts entgegenzusetzen. *Es kostet mich schon Überwindung, ins Gericht zu gehen!*
Angst hat Folgen. Beseitigt Rückgrat und Anstand.
Ich bin überzeugt davon, daß man schon jetzt jeden Erlaß ohne weiteres befolgen würde. Den an alle Händler z. B., bestimmte Bevölkerungsgruppen auszuschließen. Meinetwegen allen Linken den Besuch

von Lebensmittelläden, Friseuren, Freibädern, Kinos, Theatern, S-Bahnen, Bussen, Restaurants, Kneipen, Taxis, Post, Banken zu verwehren. Jede Übertretung wäre Hausfriedensbruch. Jede Großzügigkeit, jedes Umgehen, Gesetzesbruch. Na, wer wäre da noch mutig?
Meinen Gemüsemann und ein paar andere Händler in der Straße hab' ich gefragt, wie sie sich denn verhalten würden. »Wieso, wenn das Vorschrift ist? Das machen die doch nicht ohne Grund.«
Und ein anderer: »Das würde ich nicht gut finden, aber bevor sie mir den Laden dichtmachen ...«
Nicht zu vergessen: Opfer werden unansehnlich. Es fällt immer leichter, sich nicht mit ihnen zu identifizieren, sie der eigenen Angst zu opfern. Alles wird möglich, wenn man Unrecht gesetzlich verankert. Und wenn man Unrechtsgesetze befolgt. Zum Schluß bleibt nur die Monotonie des Ungeheuerlichen. Nicht mehr erwähnenswert, da Usus.
Ich mag kaum noch schreiben. Aber ich werde, weil ich mich nicht außer Kraft setzen lassen will.

September 1976

P. S.
Inzwischen hab ich noch so manches schreiben wollen und keine Abnehmer gefunden. Sei denn – das war immer die Bedingung –, ich hätte meine Kommentare zum Opportunen hin verändert.
Wenn die politischen Kommentare, die der jeweiligen Stimmungsmache entgegenlaufen, nicht gedruckt werden, kann man schon von Berufsverbot reden. Meine Kolumne gegen den BRD-Machtvollrausch beim Verschlucken der DDR und mein Wunsch nach tabula rasa auch hier – geschrieben für mein Buch SÜCHTIG NACH LEBEN – wurde im Januar 1990 von fünf großen Blättern abgelehnt.

Mai 1990

Prozesse

Häufig werde ich am Wochenende angerufen, von Strafverteidigern, Angeklagten und auch Klägern, die sichergehen wollen, daß ich einen für sie wichtigen Prozeß nicht übersehe. Es sind natürlich auch Leute dabei, die nur auf Publicity aus sind. Aber meistens geht es doch um den Fall selbst. Man hofft, daß wenigstens die Zeitschrift, für die ich schreibe, sich traut, zu drucken, was Sache ist.

Einer, der mich schon oft auf Prozesse aufmerksam machte, ist der Strafverteidiger Uwe Maeffert, 33, verheiratet, 1 Kind. Ein Mann, der es bei seinem Arbeitstag von 14 bis 15 Stunden, und das siebenmal die Woche, auf 1000,– DM netto im Monat bringt. Einer, der häufig Ausländer verteidigt, die unerwünschte Kundschaft in diesem Gewerbe.

Im Frühsommer ging ich in zwei Prozesse, in denen auch Maeffert verteidigte. Erst in das Verfahren gegen Geburtig und Wulf, einem der sogenannten Anarchistenprozesse.

Der Saaldiener will lieb sein und warnt: »Setzen Sie sich bloß nicht da vorn hin! Nachher passiert noch was! Da greifen die Angeklagten Sie an! Alles schon passiert!«

»Was?? Wann??«

»Ja, noch nicht, aber darauf muß man ja gefaßt sein.«

Was für ein Quatsch! Ich bin allein auf der Pressebank. Natürlich ganz vorn. Die Angeklagten gucken nicht mal in meine Richtung.

Erst ist Bernd Geburtig dran. 25 Jahre. Rotblond, mit leuchtend rotem Vollbart. Brille. Grüne Wolljacke. Liest mit zitternder Stimme vor. Vom Mord an Ulrike, an Meins, an Andreas (der noch lebt). Macht seinen Mitangeklagten, Borvin Wulf, 38, noch mehr kaputt, indem er ihn als integriertes Werkzeug bezeichnet. Zitiert Ulrikes vorletzte Worte. Lobt den Führer Andreas.

Was er vorliest, geht an Gericht und Polizei sichtbar vorbei. Ist auch kompliziert. X-mal die gleichen Worte: »Proletariat, Befreiungskrieg, Kapital, revolutionärer Antagonismus, global, internationaler Imperialismus, Guerilla, antizipiert, transzendiert, Repression, Negation.«

Ich hab' ein schlechtes Gewissen, weil ich eine 5:7-Fußballschlagzeile vor mir habe. Darunter Schwedenhochzeit und andere Lächerlichkeiten. Ich kann nicht so recht folgen. Das ist keine Gleichgültigkeit. Alle sind so jung, die Verteidiger, Staatsanwälte, Polizisten und Zuhörer. Nur Borvin Wulf und ich sind uralt und geschlagen. Er mit kurzem Haar und ganz langem grauem Bart. Die Augen tief in den Höhlen. Ausgemergelt.

Nur er hört aufmerksam und gespannt zu. »Parallelismus, substantiell, Erosion, Antagonismus.«

Im Grunde hat Geburtig schon verbittert, unfreiwillig, für Wulfs Freispruch gesorgt: »Wulf hat sich nie aus der Legalität herausbegeben.«

Nach der Pause x-fach weiter: »Reproduzieren, Dialektik, Interaktionsformen, Protagonisten, globale Offensive, homogenisieren, institutionalisieren, Effizienz.«

Es ist der letzte Tag vor den Sommerferien des Gerichts. Auf den wichtigen Anträgen, die heute noch gestellt werden müssen, sitzen die Verteidiger wie auf Kohlen. Zweieinhalb Stunden liest der Junge nun schon vor. Nur 2 hören zu: er selbst und Wulf. Was soll das? Will er Kräfte messen oder wirklich was erklären? Als Verteidiger Uwe Maeffert endlich zu Wort kommt, will Geburtig raus: »Solange ich hier bin, läuft nichts. Anträge interessieren mich nicht.«

Ausschluß.

Maeffert stellt für seinen Mandanten Antrag auf Haftverschonung. Denn Wulf ist ein kranker Mann. Und vier weitere Wochen ohne Behandlung machen ihn kränker. Maeffert hatte zwar schon die Aufhebung der Sonderhaft für seinen Mandanten erreicht. Gestützt vor allem auf ein Gutachten des Medizinaldirektors Naeve, der eine direkte Linie zwischen Isolationshaft und krankhaften Störungen zog und kategorisch forderte, die Sonderhaft für Wulf aufzuheben.

Der Vorsitzende Schenck tut, was man in diesen Prozessen so gut wie nie erlebt: Er schmettert einen Antrag nicht ab. Dafür knüpft er die Erleichterung an eine Bedingung. Wulf darf in der U-Haft nicht »agitieren«.

Maeffert: »Der Beschluß ist in sich widersprüchlich. Die Aufhebung der Isolationshaft ist nicht aufgrund eines Wohlverhaltens des Angeklagten erfolgt, sondern allein aufgrund der Feststellung, daß die lang andauernde Isolation bei Wulf zu erheblichen Gesundheitsschäden geführt hat. Dr. Naeve schrieb: ›Da der Untersuchungsgefangene grundsätzlich als unschuldig gilt, hat er Anspruch darauf, grundsätzlich ärztlich so betreut zu werden, wie eine Person in Freiheit. Selbst wenn dies

der Justizverwaltung bedeutende Kosten und ebensolche Schwierigkeiten verursacht.‹ Der Begriff ›Agitation‹ ist im übrigen zu unbestimmt. Was ist Agitation? Es gibt in diesem Staat, in dem sehr viel verboten ist und immer mehr an politischer Betätigung verboten wird – ich erinnere an den 88a STGB –, kein generelles Verbot für Agitation, was auch darunter zu verstehen sein mag.«
Alles so richtig und wichtig, aber es hinterläßt das Gefühl von Schattenboxen. Es erschöpft.
Am nächsten Tag geht der parallel laufende Prozeß gegen Margrit Schiller, Eckes, Allnach und andere weiter. Zum ersten Mal nach dem Brandanschlag auf das Büro des Pflichtverteidigers Langner, bei dem seine Schreibhilfe Johanna Keller verbrannte. Langner fehlt zum ersten Mal, ein Kollege vertritt ihn.
In diesem Mammutprozeß war ich ganz am Anfang mal. 8 Angeklagte, von denen 7 ihre Verteidiger ablehnten und das auch unmißverständlich zum Ausdruck brachten. Zweck der Übung: Ganz ohne Verteidiger würde der Prozeß platzen. Die Angeklagten müßten freigelassen werden. Oder wieder mal ein neues Gesetz her.
Ich fragte damals die wie Rotz behandelten Pflichtverteidiger, ob es nicht geradezu unmöglich sei, Leute zu verteidigen, von denen man so angefeindet wird. Sie sagten, sie nähmen alle ihre Arbeit sehr ernst. Und fühlten sich durch die Art der Verhandlungsführung zur Verteidigung erst recht aufgerufen. Sie bedachten nur nicht, daß, wer nicht Persönlichkeit und Motivation eines Angeklagten kennt, nicht verteidigen *kann*. Akten verzerren immer. Und zum Kennenlernen bekamen sie bis heute keine Gelegenheit. Meistens sowieso auch kaum Akteneinsicht.
Trotzdem, alle Anwälte sind vollzählig da, von den Angeklagten nur einer. Der Anschlag wird am Rande gestreift. Der Angeklagte Allnach, aufgrund seiner schweren Krankheit als einziger auf freiem Fuß, auch er von Maeffert als Wahlpflichtverteidiger vertreten, sagt:
»Nach dem Anschlag auf das Büro eines Verteidigers dieses Prozesses halte ich mein Erscheinen heute hier für notwendig, um folgendes zu erklären: Ich verurteile diesen Anschlag aufs schärfste. Ich finde es entsetzlich und grauenhaft, daß hier eine Frau, die im Anwaltsbüro ihre Arbeit gemacht hat, ums Leben gekommen ist und daß weitere Menschen in Angst und Schrecken versetzt worden sind. Ich sehe in diesem Anschlag keine progressive Perspektive, keine Befreiung, keinen sozia-

listischen Humanismus. Ich sehe nicht, was dieser Anschlag mit linker Politik mit dem Eintreten vieler Menschen in allen Ländern der Welt für die Befreiung des Menschen von der Unterdrückung durch den Menschen zu tun hat. Obwohl keineswegs feststeht, wer hinter dem Anschlag steht, sehe ich mich zu dieser Erklärung veranlaßt, weil von Anwälten dieses Verfahrens das Gerücht verbreitet worden ist, ich sei der Urheber anonymer Telefondrohungen, die jetzt natürlich mit diesem Anschlag in Verbindung gebracht werden.«

Alle Anwälte beteuern gemeinsam, daß ihn niemand verdächtigt. Auch der Vorsitzende Ziegler sagt, es gebe keinen Hinweis dafür, daß irgendeiner der hier Angeklagten als Quelle des Anschlags in Frage kommt.

Auch hier geht es um Aufhebung der Isolationshaft für alle. Fußend auf der Genehmigung für Wulf.

Ich denke an die Veränderungen in den Knästen. Gefangene streikten. Gefangene meuterten. Gefangene gingen kaputt. Gefangene starben. Isolation und Isolationsfolter wurden zu Begriffen in der Öffentlichkeit. Endlich! Denn Isolation ist ja durchaus nichts Neues im Knast.

Ich hör' wieder hin. Es läuft alles normal. Alle Anträge werden – ruckzuck – abgeschmettert.

Auch hier ist die Irritation groß, die Feindseligkeit spürbar. Es scheint nur Gegner zu geben. Anwälte – Vorsitzende. Anwälte – Staatsanwälte. Zu allem Elend auch noch Anwälte untereinander. Und Angeklagte untereinander, weil im Laufe langer Haft sich immer wieder einer ändert. Und Angeklagte – Anwälte. Jeder hält jeden für einen Idioten. Oder für kriminell. Jeder mißtraut jedem.

Auch hier wieder Unsicherheit, Angst, Verwirrung, Erschöpfung. Auch bei mir. Wenn wir es dabei bewenden lassen, sind wir außer Kraft gesetzt.

Das nächste Mal sehe ich Maeffert am 10. 8. 1976 vor Gericht wieder. Diesmal als Angeklagten, wegen Verleumdung. Mitangeklagt ist sein Referendar Klaus Wegner.

Maeffert hatte im Januar 1975 im Strafjustizgebäude »Ihr seid wohl verrückt geworden« gerufen, und Wegner hatte sich laut darüber beschwert, daß ihn ein Polizist schmerzhaft am Arm »berührte«. Wegner beharrte damals vergeblich darauf, den Dienstausweis eines Polizisten zu sehen. Statt sich mit der genannten Dienstnummer zu begnügen. »Seitdem viele Polizisten 4711 als ihre Dienstnummer angeben, sehen wir uns doch lieber den Ausweis an.«

Das war an jenem Tag, an dem Richter Graue unter Einsatz einiger Hundertschaften Polizei (KONKRET 3/75) gegen den gewaltlosen Roter-Punkt-Demonstranten Strate verhandelte. Der Tag, an dem auch 2 Verfahren gegen mich in Gang kamen: wegen Beleidigung, Widerstand und Körperverletzung.
Jetzt kam also tatsächlich dieses Nichts an Anklage gegen Maeffert nach eineinhalb Jahren zur Verhandlung. Staatsanwalt Goritzka begründet das öffentliche Interesse damit, daß der Saal 201 B brechend voll ist. Fast ausschließlich junge Juristen – Verteidiger, Staatsanwälte, Richter und Referendare – drängen sich auf den Bänken. Da mir dauernd die Verhandlungsweise des Graue ins Gedächtnis gerufen wird, genieße ich die ruhige Art des Vorsitzenden Dr. Tamm über die Maßen.
Die Verhandlung ist recht lustig, wenn man den Ernst vergißt. Es wird darüber beratschlagt, wer was meint, wenn das Wort »angefaßt« fällt oder »körperliche Gewalt«. Da gehen die Vorstellungen von Zivilisten und Polizisten weit auseinander. Ein Sprachwirrwarr. Was ist Behinderung? Verletzt? Abdrängen? Anfassen? Schieben? Leute heißen nur: »die Zivilpersonen«. Dann: ». . . seitlich versetzt standen, weil er in einem Disput gerade tätig war.«
Maeffert macht Zusammenhänge klar. »Der Strate-Prozeß war befremdlich, angreifbar und deshalb logischerweise kritisierbar. Wenn Staatsorgane kritisierbar sind, werden die Kritiker verfolgt. So gerät man aus der Rolle des Verteidigers in die Rolle des Angeklagten.«
Jeder Polizist hatte gegen je 2 Personen Strafanträge unterschrieben, obwohl sie sich nur von einer beleidigt fühlten. Blanko, wie die Verteidigung befürchtet? Oder »in übergroßer Eile und weil ja ein Formular wie das andere aussieht«, wie sie selber meinten?
Ein höherer Polizeibeamter des Einsatzes von damals hat drei verschiedene Versionen auf Lager. Sagt dann: »Ich möchte mit meiner Aussage hier der Rechtsfindung dienen.«
Verteidigerin Petra Rogge fragt höflich: »Mit welcher bitte? Eins, zwei oder drei?«
Die Zeugen haben es nicht leicht im Kreuzverhör von Anwälten und juristisch geschulten Angeklagten. So bleibt dann auch nach 2 Verhandlungstagen von der Anklage nichts übrig.

Oktober 1976

Judy

Judy Andersen will wieder nach Dänemark.
Was für 'ne Andersen? Die kleine Dänin.
Was für 'ne Dänin? Na, die aus dem Mordprozeß, die da mit noch 'ner andern den Mann von der andern umbringen ließ. Ja, richtig, die Lesben.
Ja, jetzt wißt Ihr es wieder. Das lesbische Liebespaar. Und der Gemüsemann Ihns, der durch einen gedungenen Mörder sterben mußte.
Das habe ich mir doch gedacht, daß Ihr den Fall nicht vergessen habt. Hat ja schließlich auch überall genug darüber gestanden vor 2 Jahren. Wie die's miteinander getrieben haben. Und wie doll das war und wie ohnmächtig vor Lust die eine wurde und wie von Sinnen die andere, und außerdem weiß ja jeder seitdem, daß solche Sauereien zum Meuchelmord führen.
Frauengruppen haben sich damals zu Wort gemeldet. Jetzt auch wieder. Man sagt, daß sie sich für die beiden Weiber stark machen, weil sie am liebsten ihre eigenen Kerle auch alle um die Ecke bringen würden.
Außerdem hat ja Marion Ihns ihr Lieben und Leiden der »Quick« und andern in Fortsetzungen erzählt. Weil sie Geld brauchte. Die kleine Judy, die auch Geld brauchte, kriegte auch 'ne Menge Angebote. Sogar verfilmen wollte man ihre Geschichte schon mehrfach. Bis jetzt sagt sie zu allem nein. Damit ihre Beziehung zu Frau Ihns nicht noch mehr durch den Dreck gezogen wird.
Daß hier Filmemacher am Ball bleiben, ist klar. Die meisten sehen den Fall als Porno. Ich kann ihn mir auch als Film vorstellen. Als makabre Tragi-Komödie voll schwarzen Humors. Was gab es für Versuche und Überlegungen, bis Ehemann Ihns nach vielen Anläufen endlich Axt und Messer anheim fällt! Sehr wie in der Delikatesse »Scheidung auf italienisch«. Erst wollte Marion ihm selber Mittelchen ins Essen stampfen oder in die Getränke rühren. Gern hätte sie ihn auch von einer Klippe gestürzt. Aber da war keine. Auch ihr schöner Plan, den Tiefschlafenden mit dem Kopf gegen die Heizungsrohre zu knallen, ging schief! Dann unter Einschaltung von Judy, Gattinnen-Zartheiten bei kleinem Umtrunk, Schlafmittel ins Glas und, schon gut durchdacht, ein durchtränktes Tuch

auf die Stirn des Gemahls. Sie hatten irgendwo gehört, daß das die Spuren auch herber Schläge verwischt.
So weit, so gut. Nur Judy brachte es nicht über sich, mit der Rohrzange zuzuschlagen. Frau Ihns ward grantig und schalt sie zu Recht.
Jetzt machen sich die beiden Laien auf die Socken, einen dritten Laien anzuheuern. In der Hoffnung, daß er sich als Profi entpuppt. Judy spielt Chikago, als sie in Kopenhagener Kneipen murmelt: »Meine Freundin hat 'nen Mann, der ist 'n Kopp zu lang«. Und sie zitiert die Schauermärchen der Ihns, an die sie selber glaubt: täglich Schläge, täglich Vergewaltigungen, Bedrohung mit dem Ballermann. Und den ins Haus stehenden Selbstmord der Ihns und ihrer kleinen Tochter, an der Judy sehr hängt und für die sie sich verantwortlich fühlt.
Da erklärt sich der Saufkopf Palle Aldo bereit, mit Judy nach Hamburg zu fahren, um den Fall zu erledigen. Er sei Boxer und könne einen Menschen mit einem Hieb umbringen. Alles, was dabei herausspringt, ist, daß er unterwegs ein paarmal versucht, Judy, auf deren Kosten er reist und wohnt, zu vergewaltigen, und daß Judy sich überall für den gräßlichen Kerl entschuldigen muß. Und daß Wolfgang Ihns seinen unsympathischen Möchte-gern-Mörder mühelos aus der Wohnung weist.
Nun ist Marion Ihns wirklich böse. Pläne kommen auf, ihren Mann auf dem Heimweg vom Kegelklub von hinten mit einem Strick zu erdrosseln. Oder per Stein auf den Kopf zu schlagen.
Die nächste Pleite gibt's schon an der Grenze Dänemark-Deutschland. Da stellen dänische Beamte fest, daß der Wagen, der den nächsten Killer-Aspiranten nach Schenefeld bringen soll, geklaut ist. Ja ja, der erste Mord ist selten leicht! Die Dinge sind nicht so einfach, wie sie hinterher aussehen. Schließlich hatten die Damen, im Gegensatz zu den meisten Männern, keine Ausbildung im Töten genossen.
Nun, wie wir alle wissen, am 19. 10. 1972 klappt es dann endlich doch. Der junge Däne Denny Svend Pedersen tötet, wenn auch er ungeübt, in Hoffnung auf 5000 Kronen Belohnung, Wolfgang Ihns, der gerade seinen Mittagsschlaf auf einer Liege im Keller hält –, übrigens zusammen mit seiner jungen Frau, die sich rechtzeitig entfernt, um sich auf dem Kinderspielplatz und beim Blumenkauf, (»für meinen Mann«) ein Alibi zu verschaffen.
Aufgeflogen ist das Ganze nur, weil Frau Ihns, einerseits großzügig, dem Jungen im Keller eine Flasche Bier reicht, auf der er Fingerabdrücke hinterläßt, – und ihm andererseits nicht mal genug Geld für die Rückreise

gibt, so daß der Unselige sich um eine Fahrkarte an das dänische Konsulat wenden muß.
Hätte es diese vermeidbaren Pannen nicht gegeben, wäre sicher nie ein Verdacht auf unsere beiden Amateure gefallen. Zumindest nicht, bis sie nicht auch im Gemüseladen in Gegenwart anderer hör-, sichtbar und lautstark ihre Eifersuchtsszenen, möglicherweise mit Anspielungen auf die Tat, ausgetragen hätten.
So ausschließlich ulkig wie es hier klingt war die ganze Vorgeschichte natürlich nicht. Beide Frauen hatten kein beneidenswertes Leben. Nicht nur der Ehemann war ein armes Schwein. Auch die Frauen waren Opfer, wenn auch nicht seine. Besonders Judy, die ihre 10 Jahre ältere Freundin am 5. 1. 1972 in Kopenhagen nach vielen Eifersuchtsszenen und Ängsten, sie zu verlieren, geheiratet hatte. Die Frau, die für sie Geliebte und Mutter in einer Person war. Von der sie sich, ebenso wie von ihren eigenen Verantwortungs- und Treuevorstellungen, in den Mord reintrixen ließ.
Sie sagt: »Herr Ihns war mir egal. Ich dachte, wenn schon einer sterben muß – entweder Marion und das Kind oder der Mann –, dann doch lieber der Mann.«
Dazu kommt, daß Judy, die die Diskrepanz zwischen den Greuelmärchen ihrer Freundin und dem realen Verhalten des Ehemannes immer wieder sieht, nie die Worte der Freundin anzweifelt, sondern den Mann für einen elenden Heuchler und großartigen Schauspieler hält. Sicher gestützt auf ihre Erfahrung mit den Männern, die sie als Kind aus nächster Nähe beobachten konnte. Der Mann z. B., der sie, als sie 4 war, vergewaltigte. Und die vielen saufenden, prügelnden Liebhaber und Ehemänner ihrer so geliebten, vor 10 Jahren an Krebs gestorbenen Mutter.
Daß sie sich später in Männergesellschaft wohl fühlt und wie ihre Arbeitskumpel ihre 15 bis 20 Flaschen Bier am Tag trinkt, hat damit nichts zu tun. Bei denen war sie beliebt. Das waren ja Begegnungen auf einer ganz anderen Ebene. Judys starke Komplexe mußten durch Forschheit und Burschikosität überspielt werden. Sie schämte sich auch ihrer schönen roten Haare. Und 1,53 m Größe sind in Skandinavien wie 1,12 m hier. Doch Judy, die als Krankenführer glücklich war und sich Geltung verschaffte, landete immer wieder bei Arbeiten als Zimmermädchen, Reinemachefrau usw. Einer Geliebten hatte sie wirklich nichts anderes zu bieten als sich selbst.
Das war zwar viel für die Ihns, aber nach einer armseligen Kindheit und

Jugend nicht alles. Schließlich hatte sie sich nicht nur »Besitz«, einen Gemüseladen und eine Eigentumswohnung mit ihrem Mann hart erarbeitet, sondern auch Ansehen in der Nachbarschaft. Schon was anderes als das turbulente, verhuschte Zusammenleben mit Judy in Kopenhagen. Von Unterschlupf zu Unterschlupf, weil Judys hilfsbereite Freunde, immer nach einiger Zeit aufgrund finanzieller Auseinandersetzungen, die Nase voll hatten von ihrer Gastgeberrolle.

Marion Ihns war nicht besser dran als die meisten Frauen. Auch ihre absurden Behauptungen, daß ihr ewig kuschender Mann insgesamt sechsmal, arglistig oder unter Anwendung von Gewalt, fortgeschrittene Schwangerschaften bei ihr unterbrach oder unterbrechen ließ, darf einen nicht blind dafür machen, daß, wenn zwei miteinander schlafen, in erster Hand die Frau jeweils in der Scheiße steckt. Die vielen, von ihr ungewünschten Schwangerschaften sind ja unbestritten. 2 Kinder trug sie aus. Eins, das Ihns auch akzeptierte, bekam sie während der Ehe von seinem Freund.

So verschieden die Lebensläufe, so verschieden die Frauen.

So hoffte wohl die eine, ihre Existenz, die andere ihre Geliebte durch den Mord zu verteidigen. Verloren haben sie beide alles.

In Lübeck-Lauerhof sitzen sie – *alles andere als gemeinsam.*

Judy, erst ganz Gentleman, nimmt fast alle Schuld auf sich. Bis ihr klar wird, daß ihre Haltung von der Geliebten mehr als unterstützt wird. Denn Marion Ihns tut bei den Vernehmungen ihr Bestes, um alles auf Judy abzuwälzen.

Da sitzen sie nun, zwei Häufchen Unglück, 4 Jahre schon.

Seit dem 15. 5. 1976 ist das Lebenslänglich für beide rechtskräftig, die Revision verworfen. Marion bekam Nervenzusammenbrüche.

Ich habe Judy damals im Prozeß erlebt. Koboldhaft, ein Puck mit Lausbubengesicht. Riesenaugen. Hellrotes Haar. Zart, sehr lebendig, eine heisere Jungsstimme. Ihr Charme wird sogar in dieser Situation als überwältigend empfunden. Und es fällt schwer zu begreifen, daß sie in diese Gruselgeschichte reingeraten ist.

Ich habe mich damals gefragt, wie sie wohl ein Leben im Gefängnis verkraften würde.

Brigitte, eine ehemalige Mitgefangene, erzählt: »Die Ihns hat gute Beziehungen zu den höheren Beamten und dadurch allerlei Vorteile. Judy hat gute Beziehungen zu Mitgefangenen und zu unmittelbaren Aufsichtsbeamten. Durch Aufrichtigkeit und Spontaneität. Sie setzt sich für andere ein und ist immer hilfsbereit. Sie will nie andere mit sich belasten. Sogar, daß ihre Revision abgelehnt wurde, hat sie nur ganz beiläufig erwähnt, als ob das nichts Besonderes wäre. Dabei läßt man bei ihr immer die blaue Lampe hängen, weil sie selbstmordgefährdet ist. Nach außen ist sie lustig, nach innen traurig. Viele verlieben sich in Judy, drinnen und draußen. Sie vergleicht immer alle Frauen im Knast mit der Ihns. Dann findet sie die anderen Frauen immer anständiger und ehrlicher. Aber ausgenutzt wurde sie wieder von einer, die genauso aussah wie die Ihns.

Sie hat einen Wellensittich, und mit dem redet sie immer wie ein Vater mit einem Sohn. Als sie den kaufen durfte, das war auch so 'n Ding. Da stand sie vor dem Bus auf der Straße, als die Beamten schon drin waren, und hat gewartet, anstatt wegzulaufen.

Zwischen der Ihns und dem Kellner, der sie heiraten wollte, ist es schon wieder aus. Er hat ihr die ganzen Sachen, die sie für ihn gestrickt hat, zurückgeschickt.

Schon wieder eine Krämerseele.

»Judy spricht nie schlecht über die Ihns. Dabei müßte sie doch wahnsinnig wütend und böse auf sie sein. Aber sie will wohl nichts mehr mit ihr zu tun haben. Trotzdem hört sie sich immer die Kassetten an, die die beiden früher gehört haben. Freddy Quinn, Heintje und die Capri-Fischer. Wir spielten auch oft Tischtennis zusammen. Das heißt nicht auf den Tischen, sondern durch den ganzen Raum, um Aggressionen abzubauen. Judy hat immer Angst, daß wenn sie in 20 bis 25 Jahren rauskommt, danach nichts mehr steht. Daß dann alle Verwandten weg sind. Sie krepiert fast vor Heimweh.«

Judy schreibt: »Meine Heimweh mag mir ganz fertig, ich Sehne mich so nach meine Familie, zum alles in Dänemark wohnt, denn ich habe grösses Angst, als der soll etwas mit die geschehen, denn kurz vorher meine Termin in August 1974, habe ich eine onkel verloren, und ich könnte nicht nach Dänemark kommen, ja ein Jahr danach bin meine Vater gestorben, und dürfte wieder nicht nach Hause fahren, aber blos hierbleiben, und das finde ich sehr hart.«

Brigitte: »Die deutsche Sprache bereitet ihr Schwierigkeiten, obwohl sie viel dazugelernt hat. An das deutsche Essen kann sie sich auch gar nicht gewöhnen.«

»Ja, selbst um ich bald die erste 4 Jahre hinter mich hat, habe ich mich leider aber wahr noch nicht gewöhnt zu das Deutsche essen. Meine

Onkel und Tante sind sehr lieb. Die kann mir nur besuchen jeden 2 bis 3 Monat, denn die Reise kosten auch viel Geld. Aber wenn sie kommen, nehme die essen mit zu mir, ja dann essen ich für eine ganze Woche.«
Judy hat auch immer furchtbare Alpträume. Immer wieder, daß ihre tote Mutter sie besucht, aber sich entzieht, sobald Judy sie zärtlich berühren will. Und der tote Ihns taucht auch immer wieder bei ihr auf. Er ist in den Träumen nett zu ihr, tröstet sie, verzeiht ihr und sagt: »Es ist nicht so schlimm.«
Wahrscheinlich würde Herr Ihns sich, könnte er es noch, wirklich so verhalten. Auch Marion kommt nachts in die Einzelzelle. Hypnotisch bedrohlich.
Judy sitzt alleine. Weil sie lesbisch ist. Sitzt, gebügelt und geschniegelt, in ihrer Vorzeigezelle. Vorzeigezelle für Gäste von außen, »weil man bei ihr vom Fußboden essen kann«.
Judy klammert sich an solche Dinge. Auch ohne Bügelfalte in ihren Hosen ging es nie. Dafür muß es jetzt nicht nur ohne Bügelfalte, sondern ganz ohne Hosen gehen. Mein Gott, es ist wirklich ein deutscher Knast!
Die arme Judy, wie ein Junge aufgewachsen und erzogen, wird jetzt in ein Anstaltskleid reinverkleidet. Für sie so gräßlich wie für den Herrn Anstaltsleiter Greif, würde man ihn plötzlich zwingen, das blaue Kleid mit Schürze zu tragen.
Offensichtlich mangelt es dem Herrn an Phantasie. Sonst würde er wohl nicht unbeirrt immer weiter auf diesem Quatsch bestehen, egal, was geschieht oder nicht.
Der gute Mann beharrt auf seinen überflüssigen Anordnungen. Obwohl Judy inzwischen unter dem Gefühl verlorener Identität zusammengebrochen ist. Mit Wein- und Schreikrämpfen, anfallartigen Kopfschmerzen und in ihrer Zelle mehrmals in Ohnmacht fiel. Und, nach vergeblichen Protesten über ihre Anwältin Petra Rogge, einen Selbstmordversuch verübte.
Während der 4jährigen U-Haft trug sie ihre eigenen Hosen. Es gibt auch Anstaltshosen, aber die sind den Männern vorbehalten.
Greif meint, daß Hosen eine Störung der Anstaltsordnung seien, und »zur Anstaltskleidung gehören keine Hosen. Eine Ausnahmegenehmigung erteile ich nicht.«
Petra Rogge erstattete Strafanzeige wegen Körperverletzung im Amt.
Diese unglaubliche Sturheit und Dummheit! Was ist an einem Kleid ruhiger? Und wieso können nicht Männer und Frauen selbst entscheiden,

was sie tragen? Natürlich auch die Transvestiten, die Herr Greif als Gegenargument anführt. Schlimm genug, daß die Frauen schlabbernde, weite Liebestöter unter der Knastkluft tragen müssen.
Herr Greif, Herr Greif, was haben Sie davon, wenn Sie mit der Gewalt, die Sie ja haben, das letzte bißchen Selbstgefühl auslöschen?
Wäre Judy nicht so aufgewachsen, daß Kraft und Hose identisch sind, könnte sie auch lässiger reagieren. Mein Gott, es gibt Schotten in Rökken, Afrikaner in Gewändern und Orientalen mit langen Hosen unterm Kleid.
Aber was reden wir lange über Hosen und Röcke in einem Land, in dem Türstehern gestattet wird zu entscheiden, ob ein Mann gesellschaftsfähig ist? Zu erkennen einzig und allein an einem 2 Meter langen Stoffstreifen um den Hals, an dem er sich genausogut erhängen könnte.
Doch Judy hat nicht nur Probleme mit Kleidern, sondern auch ohne. Sie ist scheu. Und verklebt seit Jahren das Guckloch, wann immer sie sich wäscht. Sie ist so scheu, daß auch ihre intimsten Freunde und größten Lieben sie nicht nackt sehen durften. Hart, wenn man mit solcher Sensibilität im Knast landet!
Es wäre gar nicht so schwer wie man meint, Judys Heimweh nach Dänemark zu beheben.
Denn Dänemark selbst hat im Juli 1976 ein offizielles Ersuchen an die Bundesregierung gestellt und um eine Überführung Judys nach Dänemark gebeten. Mit der Bereitschaft, auch alle künftigen Kosten für die Strafgefangene zu übernehmen. Kosten und Auseinandersetzungen anderer Art, die dadurch den Deutschen entfallen würden. Noch lange kein Grund für die bundesdeutsche Behörde zuzustimmen.
»Weil das deutsche Recht eine solche Maßnahme nicht zuläßt«, schreibt das AA in Bonn am 15. 10. 1976. Eine Ermessungsentscheidung der BRD, möchte ich meinen. Da hat das deutsche Recht aber schon ganz andere Maßnahmen zugelassen.
Für die Dänen ist die Sache nicht erledigt. Sie haben nicht vor, sich mit dem deutschen ›Nein‹ zufriedenzugeben. Die dänische Öffentlichkeit hat nämlich Judys breitgewalzten Prozeß sehr genau und mit ziemlicher Empörung verfolgt. Dänische Homosexuelle und andere haben für Judy gesammelt. Und bis heute erhält sie sehr viel Post. Judy hat ihre Landsleute im Sturm erobert. Sie möchten was für Judy tun. Z. B. auch dafür sorgen, daß sie eine richtige Ausbildung erhält, eine Sache, die keinem weiblichen Insassen in Lübeck geboten wird.

Judy: »Habe ich niemals etwas gehabt gehegen Arbeit, aber so was hier – das ist für Verrüchte.«

Aus Lübeck wird man als Frau so dumm entlassen, wie man reingeht. Es sei denn, man bildet sich durch Lesen selbst. Aber nicht jede Gefangene hat wie Judy Zugang zu Büchern und Zeitungen. Nur, wer erst mal durch Lesen soweit im Kopf ist, daß er begreift, was er braucht, will 'ne Ausbildung. Was soll er sonst draußen anfangen? Sogar im Männertrakt beanstandet man die Benachteiligung der Frauen, die auch im Knast nicht aufhört.

Mit dem Anstaltsleiter Greif telefonierte ich. Er behauptet, auch seinerseits um Judys Überführung nach Dänemark angehalten zu haben, ein Ersuchen, das abgelehnt worden sei. Zeigen könne er mir die Korrespondenz nicht. Sie sei bei den Akten. Er spricht auch von bestimmten Interessengruppen. Von Hetze von bestimmter Seite. Von einem gewissen Journalismus. Journalisten, die Zeilenhonorar schinden wollen. ›Spiegel‹, ›Stern‹, ›Konkret‹. »Kein Renommee!«

Zu guter Letzt meint er: »Judy Andersen ist ein ganz normaler, fröhlicher Mensch.«

Judy: »Ich fühle es so, als ich noch ein Schlag bekomme zum ganz meine Beine wegnehmen unter mich. Zum auch kann eine Ende auf mein Leben machen.«

Woraufhin auch weiterhin dem ganz normalen fröhlichen Menschen die blaue Selbstmordverhüter-Birne die Nacht erhellt.

Dezember 1976

Auge um Auge

Mir kommt die Galle hoch.
Jahrelang kriech ich um das Thema herum, weich ich Auseinandersetzungen aus. Aus Bammel, es mir mit zu vielen zu verderben. Aus Angst, auch Liebgewonnene zu verprellen. Aber jetzt langt's! Angesichts der wahnsinnigen Heuchelei in Deutschland.
Hier steht ein Mann für viele, SS-Untersturmführer Wilhelm Rosenbaum. 61. Ein Mann in den besten Jahren. Als er in den allerbesten Jahren war, bot ihm der deutsche Staat Gelegenheit, in Polen 148 Juden eigenhändig zu ermorden. Das ist erwiesen. In Anbetracht der vielen Zeugen, die die Begegnung mit dem Kerl nicht überlebt haben, ist die Zahl wohl zu multiplizieren. Seine Sadismen und phantasievollen Sonderquälereien wurden nicht bestraft. Man sagt, er ließ einem lebenden Mann beide Hände abhacken (Honka wartete wenigstens bis hinterher). Er erhängte Männer und Frauen. Machte mit der Pistole Treibjagd auf Menschenwild. Erschoß ein Kind auf dem Arm der Mutter.
Dieser Mann bekam 1968 nach 7 Jahren U-Haft zwar lebenslänglich. Aber immer wieder Haftunterbrechung. Zum Beispiel, als seine Frau krank war. Damit das Geschäft nicht kaputtging. Auch wenn er sich selber nicht ganz wohl fühlte. Immerhin ließ er sich dann ambulant behandeln. Oder 1975 3 Wochen, weil Weihnachten war. Diesmal hat er sogar kurz vor Weihnachten – 1976 – gleich 6 Monate Urlaub vom Knast gekriegt. Angeblich, weil er schwer krank ist. Eine Krankheit, von der Ärzte und Mitgefangene bis jetzt nichts gemerkt haben, wie man hintenherum erfährt.
Ach, was soll's. Es wird ihm sicher nicht schwerfallen, Medizinerkumpel draußen zu finden, die ihm gerne eine Haftunfähigkeit attestieren. Daran hat's bei den Nazis nie gehapert.
Soviel Rücksicht wünscht man mancher Mutter im Knast, die drinsitzt, weil sie für ihre Familie geklaut hat. Manchem Mann, der eine Bank geknackt hat. Doch da werden Gnadengesuche und Hilfe immer wieder abgelehnt.
Ach, zur Information für die, die Eigentum höher schätzen als Leib und Leben. An Eigentumsdelikten hat's bei den Nazis auch nicht gefehlt.

Die »wahnsinnigen Wiedergutmachungssummen«, die Euch die Tränen in die Augen treiben, decken nicht einen Bruchteil von der uns geklauten Habe ab. Doch ich merk', ich werd' kleinlich und komme ab vom Thema.
Ausgerechnet jetzt, da man mir endlich Gelegenheit gibt, mir dies und das von der Seele zu reden.
Ich müßte eigentlich zufrieden sein. Denn die gesamte Springerpresse schreibt genauso empört über Herrn Rosenbaum wie ich. Ich bin aber nicht zufrieden. Woll'n wir doch bei der Wahrheit bleiben: Es ist hier doch jedem völlig egal, ob Sado-Röschen hinterm Ladentisch seiner Gattin rumsteht oder in Fuhlsbüttel das Archiv ordnet wie andere NS-Verbrecher auch. Wie z. B. seit einem Jahr sein Kollege Dr. jur. Hahn, aktiver Mitarbeiter am Tod von 900 000 Juden in Polen.
Wir sind in Deutschland. Und da hat nun mal ein Mann wie Rosenbaum alle auf seiner Seite: die Humanen, weil sie auch solche Subjekte in den Mantel ihrer Menschlichkeit hüllen. Die Inhumanen sowieso. Weil er ja in ihrem Sinne gearbeitet hat.
Rosenbaum an sich kratzt die Hamburger und ihre Presse weder vorne noch hinten. Er kommt nur gerade gelegen, um einem Mann ganz anderer Art um die Ohren geschlagen zu werden. Dem Hamburger Justizsenator Prof. Ulrich Klug. Ein Mann, den ich in Baden-Baden während einer gemeinsamen Fernsehdiskussion über die Funktion von Gerichtsgutachtern kennen- und schätzen lernte. Noch bevor er nach Hamburg kam. Ein Mann, der nie enttäuschte. Ein Radikal-Liberaler, der sich vehement für die Fristenlösung, gegen die stupide Berufsverbotsschnüffelei, gegen eine Vergrößerung des Polizeiapparates und für humanere Vollzugsbedingungen, gegen die Todesstrafe und gegen »lebenslänglich« einsetzt. So konsequent liberal, daß er auch Verständnis für alle Attacken gegen seine eigene Person aufbringt. Der staatliche Zwänge überhaupt nur akzeptiert, wenn sie unumgänglich sind.
Er ist auch der Mann, der verhinderte, daß der Richter am Oberlandesgericht, Günter Schultz, zum Senatspräsidenten gemacht wurde. Schultz, der zu Beginn seiner Karriere als Beisitzer an Rasseschande-Urteilen mitwirkte. Der Präsident des OLG, Dr. Walter Stiebeler, stellte sich vor ihn. Er habe ja schließlich im Rahmen der damals geltenden Gesetze gehandelt. Jaja, das tut er immer, ohne noch zu hinterfragen.
Ich möchte unbedingt, daß dieser Justizsenator, solange er die Kraft

dazu hat, im Amt bleibt. Auch wenn ich ihm im Falle Rosenbaum zwar folgen kann, aber nicht mag. Ach, auch nicht mehr kann.

Klar, daß die Rechten ihn nicht kippen wollen, weil sie meinen, daß er einem Massenmörder Zucker in den Arsch bläst. Sondern weil er gegen ihre eigenen brutalen Praktiken Sturm läuft.

Das klägliche SPD-Blatt, die »Hamburger Morgenpost«, braucht länger, um sich zu empören. Erst fand sie gar nichts dabei, einem weiteren Nazi eine weiße Weihnacht, einen grünen Frühling und einen goldenen Lebensabend zu bescheren. Erst nach tagelanger, lauwarmer Berichterstattung geht den Träg-Köppen auf, wie wenig opportun der Rauslassungszeitpunkt gewählt ist. Ausgerechnet die Woche, in der der Hamburger Bürgermeister Klose, von allen willkommen, Israel besuchte. Die Sache an sich – egal! Aber warum nicht 'ne Woche später? Für wen wird diese Presseposse eigentlich aufgeführt? Gibt es hier noch jemand, der nicht weiß, daß Männer, die während der Hitlerzeit eine führende Rolle gespielt haben, heute nach wie vor respektiert, in richtunggebenden Positionen sitzen? Das gilt für Schul- und Hochschulbehörde, für Ministerien, Bundeswehr, Verfassungsschutz, Wiedergutmachungs- und Rückerstattungsgremien, Justiz und Polizei. Und da, wo einer dem Zahn der Zeit zum Opfer fällt, rückt seine Brut nach.

Mir scheint, meine Empörung wird nur von ehemaligen KZ-Insassen und einigen Mithäftlingen Rosenbaums geteilt. Sie protestieren schon seit Jahren gegen die Bevorzugung der besoldeten Killer. Besonders die angebliche Haftunfähigkeit regt Mitgefangene immer wieder auf. Denis Pécic, Sprecher der Gefangenenvertretung: »Der betrügerische Kaufmann Henry Burmester, 56, starb qualvoll. Er hatte 2 Schlaganfälle hinter sich. Litt an Diabetes und an den Folgen einer Kriegsverwundung am Kopf. Er war teilweise gelähmt und schwer herzkrank. Trotzdem gab es für den zu zweieinhalb Jahren verurteilten Mann keinen Gnadenerweis. Die Ärzte hielten ihn für haftfähig. Burmester starb im Oktober im UG-Lazarett.«

Mitgefangene haben Strafanzeige wegen unterlassener Hilfeleistung und fahrlässiger Tötung erstattet. Der Arme war aber beileibe nicht der einzige Haftfähige, der in den letzten Jahren an etwas anderem als Altersschwäche im Gefängnis starb.

Ein humaner Strafvollzug? Das gleiche Recht für alle? Ein Recht, das dazu führt, daß Serge Klarsfeld und Frau Beate einem Herrn Rosenbaum, einem Dr. jur. Hahn, einem Herrn Lischka und ihren Konsorten

keine runterhauen dürfen. Auch böse Worte müssen sie sich verkneifen. Sonst würden sie bestraft. Ach ja, sind sie ja schon! Vorbestraft, weil sie wollten, daß wenigstens die Gerichte im Ausland sich einiger der Hiesigen annehmen. Die meisten der Nazis haben ein reineres Führungszeugnis.
Häftlinge schrieben: »Offensichtlich sitzen heute noch Gesinnungsgenossen in staatlichen Ämtern. Wie anders ist es zu erklären, daß Rosenbaum dauernd begünstigt wird?«
Das griff der »Arbeiterkampf« auf. Schon kam Rosenbaum mit einer einstweiligen Verfügung durch. Der »Arbeiterkampf« darf die Bevorzugung nicht mehr Bevorzugung nennen. Durch seinen schnellen Erfolg ermuntert, beantragte Rosenbaum jetzt, dem Kampfblatt von Gerichts wegen zu untersagen, »meinen bürgerlichen Namen zu erwähnen, um meine Resozialisierung nicht zu gefährden.«
Das ist es eben. Davon reden auch Freunde und Kollegen von mir: »Resozialisierung und gleiche Praxis muß möglich sein. Wiederholungsgefahr ist doch nicht gegeben, Peggy?« Nee, sei denn, er tritt der Polizei bei. Und kriegt Order, in Brockdorf oder wo immer es nötig sein mag, Gelerntes umzusetzen.
Ich merk' überhaupt, daß hier der Punkt ist, an dem meine Gespräche in Deutschland nicht mehr möglich sind. Ich stoß' nur auf Entsetzen. Nicht etwas über Nazis (»Mein Gott, das weiß man doch. Und mal muß das doch aufhören!«), sondern über meine Rachsucht. »Mensch, so kennt man Dich ja gar nicht. Du bist ja richtig alttestamentarisch. Auge um Auge, Zahn um Zahn.«
Ja, Freunde, gerne, schön wär's! Doch bei aller Rachlust, mit Haß im Herzen, Wut im Bauch und Rasen im Kopf, wird das wohl kaum möglich sein. Wo sollte die Rosensau so 'ne Menge Augen und Zähne herkriegen? Oder irgendeiner der andern? An denen kann man sich leider gar nicht rächen. Aber Ihr habt recht, ich möchte gerne!! Sonst ersticke ich eines Tages an meinem Haß. Ich hab' jahrelang versucht zu vergessen, indem ich mich auf die heute Leidenden konzentrierte. Vielleicht wäre mir auch das Vergessen gelungen, wenn Ihr nicht so vergeßlich wäret.
An Klein-Tätern hätte ich mich schon öfter rächen können. Das heißt, ich konnte es nicht. Ich konnte mir nur vornehmen, »wenn ich groß bin – dann!!« Kam dann der Moment, in dem ich stark, mein Haß-Objekt mickrig war, war ich unfähig zur Rache.

Der Antisemitismus, das weiß man, ist hier nur scheintot. Benimmt ein Jude sich miserabel, das kommt bei Juden natürlich vor, wie bei allen anderen auch, wird das so genüßlich ausgewalzt, wird darauf so wiederkäuerisch rumgeknabbert, daß es alle Zweifel leider beseitigt. Es ist, als würde durch solche Breitmanscherei endlich doch gerechtfertigt, was Herr Hitler mit so vielen Hilfswilligen anrichtete.
Man schämt sich tatsächlich, als überlebender Vorwurf rumzulaufen. Kehrt sein Judesein nicht gern nach außen. Natürlich kann man darüber sprechen. So wie man unter Aufgeklärten darüber sprechen kann, daß man 'ne Syphilis hat.
Sozialist sein, ist mir am wichtigsten. Doch durch Euch fühle ich es wieder sehr stark: Ich bin Jude. Und will es sein.
Warum ich hier lebe? Mich hier für wildfremde Deutsche einsetze? Mir Entwicklungen hier zu Herzen nehme? Ich hab hier einige meiner besten Freunde. Auch Deutsche. Außerdem: Dreht mal den Globus und empfehlt mir was Besseres!

P. S.
Zu dumm, daß meine Empörung fast nur auf antifaschistische Leser trifft. Würde meine Artikel lieber in die »National-Zeitung« und Herrn Frey in die Pfoten schmuggeln.

Januar 1977

Honka

Schwurgericht 227. *Brechend voll. Pressebänke, Zuschauerraum, der ganze Riesensaal scheint überzuquellen. Ich darf auf einem Stuhl neben dem Staatsanwalt sitzen, weil sonst kein Platz mehr frei ist. Aug in Aug mit der Anklagebank. Ein Kollege aus Frankfurt umarmt mich. »Wie schön, Sie wiederzusehen. Das letzte Mal waren wir doch bei Imiela zusammen.« Ein ähnlich festlicher Anlaß. Da ging es auch um 4fachen Mord und die Zerstückelung von Frauen. Wie damals, aufgeregte Premierenstimmung unter der überregionalen Presse-Crème.*
Honka kommt rein. Verblüffung. Weil er klein ist. Weil er schmächtig ist. Weil er adrett ist. Weil er erheblich dezenter aussieht als viele von uns Voyeuren. Nicht weil ein Mann, bei dem man 4 Leichen findet, nicht klein, schmal, adrett und dezent aussehen kann – *das hat uns die Geschichte gelehrt.* Sondern weil Honka seit seiner Festnahme am 17.7.1975, bis man ihn jetzt selbst in Augenschein nehmen kann, von einer achtklassigen Presse ständig wie eine Mischung aus Glöckner von Notre-Dame und Frankenstein beschrieben wurde; *Beschreibungen, die auch Honkas las.*
Ob er weiß, daß sich jetzt eine Elite seiner annimmt? Die Richter Hadenfeldt, Dr. Horstkotte und Rabe, die Staatsanwälte Zöllner und Ehlers. Die Gutachter Prof. Dr. Krause (Sexualpsychiater) und Frau Prof. Müller-Luckmann (langjährige Präsidentin der deutschen Gesellschaft für Sexualforschung). Und Superstar Bossi (Mauz: »Spezialist für Geschnetzeltes von Menschen«) als Verteidiger. *Gefürchtet, beneidet. Viel besser als andere? Oder nur publikumswirksamer?*
Fritz Honka, 1935 in Leipzig geboren, 1,68 m groß, hat einen Lebenslauf. Vater Stadtheizer, Kommunist, KZ, tot 1946. Mutter tot 1956 oder 1966 oder 1964. Fiete weiß das nicht so genau. 11 Geschwister.
»Von meinem Vater hab' ich nur in Erinnerung, wie ich 6 war und er mich im Jähzorn totschlagen wollte. Er hat mich gegen die Decke und an die Wand geschleudert. 1943 bis 1945 war ich dann ins Jugend-KZ verschleppt. Regelrecht eingeschlossen. Alleine. Mit achteinhalb Jahren. Die haben mir den Hintern entblößt und öffentlich ausgepeitscht. Da sind die Eiterblasen aufgeplatzt.«

Nach 1945 kamen er und alle seine Geschwister ins Heim, weil die Mutter es nicht schaffte.
»Ich war sehr klein und unterentwickelt. Damals. Und sollte trotzdem 'ne Maurerlehre machen.«
Der 14jährige Junge kriegt Zementkrätze, einen widerlichen Hautausschlag. Und er haßt die Lehre so sehr, daß er versucht, sich im Geräteschuppen zu erhängen. »Der Polier hat mich abgeschnitten und geohrfeigt.«
Nun wurde er an Bauern verdingt. »Da gab's immer nur Schläge. Ich bin getürmt. Zur Polizei sagten die ›Der lücht‹. Da hab' ich die Flecke an Armen und Rücken gezeigt. Ich bin immer wieder getürmt. Auf'm alten Fahrrad. Da hat mich einer von hinten mit dem Auto angefahren. Ich glaube, der Bauer. Aus Rache. Ich war mehrere Tage bewußtlos mit Schädelbasisbruch und Schnittwunden und Brüche.«
Honka weint. Die Hände unterm Tisch versteckt. Den nackten Hals über dem weißen Hemd wie für den Henker freigemacht. Blick auf die gelben Schuhe. »Die andern, die meideten mich. Ich sah ziemlich entstellt aus. Zähne raus und humpelte. Danach war ich ein gutes Jahr bei anderen Bauern. Da wurde ich das erste Mal menschlich behandelt. Die hatten keine Kinder und nichts. Gut und lieb. Dann fing das auch mit Schläge an. Sogar mit der Mistgabel. Ich hab' hin und wieder das Bett naßgemacht.
Ich war auch zwischendurch 1 Jahr im Krankenhaus wegen Gelenkrheuma und Magen und so weiter. Danach waren alle meine Sachen weg. Einmal, als ich weglief, mit nur 10,– Mark, wurde mir das Geld im Obdachlosenasyl geklaut von einem Mann und 2 Frauen, die mich betrunken machten und sexuell mißbrauchten. Da hab' ich mich denn aus dem Staub gemacht.«
1956 kam er zur jüngsten Schwester nach Hamburg. Nun begannen Honkas Arbeiten im Hafen. Auch eine Liebe fand statt. 1 Kind wurde ihm untergeschoben. »Sie hat mich betrogen. Aber ich mußte dafür aufkommen.«
Bei einem Überfall wurde ihm von 2 Rockern die Nase zerschlagen. »Da konnte ich keinen Kontakt finden. So entstellt. Man merkt ja, daß keiner einen wollte.«
Honka heiratete eine Frau mit 4 Kindern. »Wenn ich ehrlich sein soll, waren die alle von verschiedenen Männern. 1958 kam dann mein Junge. Das war eine Aufgabe für mich, der ein Leben lang getreten war, ein

Sinn. Wir haben gestritten, sie war ziemlich alkolholgewöhnt. Seit 1958 bin ich dann dem Alkohol verfallen. Obwohl ich das nicht abkann.«

Wenn sein Bruder und andere ehemalige Mittrinker meinen, »Alkoholiker würd' ich nicht sagen«, ist es nichts anderes als ein Weglenken von der eigenen Person.

»1963 kam die Scheidung. Und meine Frau kriegte noch 'n Kind mit 'nem andern. Weil der selbst 4 Kinder hatte, heiratete sie mich wieder. Ich kam alleine auch nicht zurecht.«

Honkas Bruder: »Auf'm Strich ging sie nicht unbedingt. Aber in Kneipen. Die hat nichts gemacht. Die Kinder nicht, kein Essen, nichts. ›Fritz, wie hältst Du das aus mit so 'ner Frau?‹ fragte ich. ›Nicht so schlimm, bieg ich mir zurecht‹, sagte er.«

1967 wurden sie zum zweiten Mal geschieden.

Kontakte zu seiner Frau danach: erstens eine Anzeige wegen Lebensmitteldiebstahl im Freihafen. Honka verbittert: »Das hatt' ich doch nur für ihr geklaut. Dann müßte man ja 12000 Hafenarbeiter festnehmen, wenn man so vorgeht. Und dann noch mit Hafenverbot in Aussicht. Und ihre Schulden und Betrügereien haben mich doch arm gemacht!«

Und zweitens vor kurzem die bezahlte Serie: »Mein Mann, der Massenmörder.«

Da war er später mit seiner aufblasbaren Gummipuppe wirklich besser dran. Mit der er, wie so mancher, onanierte.

Der Vorsitzende taktvoll: »Dies ist eine öffentliche Verhandlung. Wollen Sie darüber sprechen, trotzdem?«

»Warum nicht? Die gibt's im Handel. Kann sich jeder kaufen. Ich war einsam.«

Später wurde Honka nicht mehr gefragt, ob es ihm paßte, auch seine allerintimsten Ober- und Unterleibsgeschichten en détail zu verbreiten.

»Ich konnte von Alkohol gar nicht mehr loskommen. Dann sah das Leben anders aus. St. Pauli war so 'ne Sucht. Man braucht ja Menschen. Man muß ja irgend jemand haben. Probleme besprechen. Sorgen. Meistens ging das ja anders aus. Mit Bier ins Gesicht und Flasche über'm Kopf.«

Vorsitzender: »Aber es gibt doch auch andere Stadtteile. Ein anderes Milieu.«

Debütantinnenball vielleicht? Sogar die Fünfmarksnutten, die ihn aufwerten sollten, werteten ihn ab.

Honkas Frauen hatten alle den gleichen Spruch drauf: »Gibste ein aus?« Und weil Honka nicht nur einen ausgab und weil der feste Arbeit hatte, Uniform und Mütze trug und weil er auch eine kleine Dachwohnung in Altona besaß – sein erstes Zuhause, auf das er stolz war –, hatte er so seine Chancen im ›Goldenen Handschuh‹.

Wie sahen seine Chancen aus? Ein Querschnitt:

1. »Sie war ja reichlich verdreckt. Ich hab ihr neue Wäsche und so. Ziemlich heruntergekommen. Strumpfhose kaputt, Mantel verdreckt. Als ich nach 'nem Unfall im Hafen 7 Wochen im Krankenhaus lag, hat sie meine letzten 700,– Mark mit andern in der Wohnung verjubelt.«

2. »Das waren ja alles Trinkerinnen. Die machte auch nie sauber und lag im Bett rum, wenn ich von der Arbeit kam. Da kam es zu Ausschweifungen, Schläge. Die hat mir auch immer wieder beklaut wie die andern. Und gesagt ›Gib mir Geld, ich bin 'ne Nutte', obwohl sie bei mir wohnte. Ich gab ihr Geld und dachte, sie wollte abhauen, bei Nacht und Nebel. Dann fing sie aber das Gegenteil an. Sie blieb da.«

3. »Die lag nur da wie 'n Brett. Sie war ziemlich klein. Bis zu meinem Hals kann man sagen. Ich hab' sie ja nicht abgemessen.«

4. »Die hat auf gleiche Weise gegrölt wie die andern. ›Du Schwein! Du Sau! Du Penner, Scheißer, Hurenbock, und ficken kannst du auch nicht!!‹«

5. »Ich versuchte ja immer, die Frauen zu zwingen, sich zu waschen. Aber diese hat sogar ins Bett gepißt, geschissen und gekotzt. Und sich darin rumgewälzt. Und dann noch dauernd verlangt, daß ich ihr lecken soll.«

6. »Ich wollt' ficken, sie wollt' blasen.«

Dies alles im vollbesetzten Saal. Ganz trocken. Der Knastwärter schüttelt ungläubig grinsend den Kopf. Der so asketisch wirkende Richter Hadenfeldt verzieht keine Miene. Prof. Krause: weist absurderweise daraufhin, daß wir unter »zivilisierten« Menschen den Ausdruck Cunnilingus benutzen. Angewidert: »Aber hier ist das wohl anders.«

Allerdings!: »Da hat sie sich so in meinen Schwengel festgebissen, direkt hinterm Niddel und erst losgelassen, als ich ihr ein Handtuch um den Hals zog.«

7. »Da lachte sie und sagte, ›so, nun haß du 'nen Syph‹. Das ist ja dann möglich, daß ich da zurückgeschlagen hab.«

Seine Frauen hießen alle Mausi, Schnucki. Namen wußte er meistens nicht. Es waren Greisinnen, nicht aufgrund ihrer Jahre, sondern auf-

grund ihrer totalen Verwahrlosung. Arme Luder wie Honka auch. Er gab, immer. Strumpfhosen, Kleider. »Was man im Leben so brauch. Wollte ja ein neues Leben aufbauen.«
Aber immer wieder im Suff Beschimpfungen, Randalieren, Tritte in die Hoden. Lauter Variationen auf ein Thema.
Alle Damen brannten durch. Mit Geld, Schnaps und Männern. Bis auf die 4, die nicht mehr wegkonnten, weil sie zu Tode kamen. Warum nur die? Warum nicht zwanzig, dreißig, vierzig? Er hätte doch Zeit und Anlaß genug für mehr gehabt. Es muß für Honka, der sich so sehr nach einem bürgerlichen, sauberen Zuhause sehnte, besonders übel gewesen sein, daß in seiner kleinen Wohnung nach einiger Zeit nicht mehr zu unterscheiden war, was schlimmer stank: die gelegentlich anwesenden lebenden Frauen oder die ständig in den Abseiten lagernden Toten.
Honka: »Da muß ich wohl die Sachen, die ich ihr abgeschnibbelt hab', weggebracht haben.«
Was für Sachen waren das denn so, die er mit seiner großen Brotsäge abtrennte? Arme, Beine, Füße, Kopf, Zungenspitze, Möse, Schamlippen, Brüste, Ohren, Klitoris. Die großen Teile, um das Transportproblem zu lösen. Den Kleinkram wohl aus Haß und Verzweiflung. »Die Frauen hatten meine Gutmütigkeit ausgenutzt und alles schmutzig gemacht.«
Ortwin Löwa flüstert mir zu: »Hab' die KZ-Protokolle von Mitscherlich gelesen. *›Medizin ohne Menschlichkeit‹*. Dagegen ist das hier harmlos.«
Honka: »Erinnern kann ich das nicht. Man hat mir Einzelheiten ins Gesicht reingeredet. So muß ich das ja folgern.«
Auch auf Erschlagen, Erstechen, Erwürgen, Erdrosseln sagt er: »Es könnte so sein, aber auch anders.«
Prof. Krause: »Sie haben keine Syphilis. Glauben Sie uns das?«
Honka will sich nichts ausreden lassen. »Nein, glaub' ich nicht. Hab' ja die Schmerzen an den Eiern noch.«
Ich halte es mal wieder nicht aus, einen Angeklagten isoliert zu sehen. Angeglotzt, ausgelacht, aussätzig. Am Schandpfahl. Wenig unterscheidet uns von den Schaulustigen früher bei öffentlichen Hinrichtungen. Ich setze mich zu Honka auf die Anklagebank. Schwer, auf die schnelle das Eis zu brechen. Die Hand, die er mir nur zögernd reicht, ist die eines Riesen.
Erst vier- bis fünfmal: »Wenn man sich doch nur erinnern könnte! Man kann mir den Kopp aufmeißeln. Wie 'ne Nebelwand.«

Ich bin so sicher, daß er's im Knast besser hat als draußen.
Honka: »Nein, bin ich nicht gewohnt. Ich war ja noch nie drin. Außer im Kinder-KZ.«
»Hast Du denn Freunde im Knast?«
»Nee, das nicht. Nur Bekannte. Da erzählt man sich dies und jenes. Man muß ja sprechen können. Wenn nur die Schreie nicht wären.«
»Welche Schreie?«
»Von den Gefangenen. Neu eingelieferte. Da sind ja auch Süchtige da.«
»Bist Du nicht auch süchtig?
»Ja, da ist ja nichts. Früher schon. Da hab' ich jeden Tag 'ne Flasche Korn getrunken. Nachts auf der Arbeit nie. Aber am Wochenende 4 bis 5. Das brauch' ich jetzt nicht mehr. Nur einer im Knast nagelt mich. Macht Krach an der Zellendecke. Tag und Nacht. Die müssen mir verlegen, sonst versteh' ich hier doch nichts.«
Ein Riesenproblem, während einer Verhandlung nicht ausgeschlafen sein.
»Herr Bossi hilft Dir sicher. Wie geht es Dir jetzt – ohne Frauen?«
»Das ist nicht einfach. Da kommen oft Träume.«
»Wonach hast Du Sehnsucht?«
»Ja, bald raus hoffentlich. Noch 'ne Familie zu gründen, die zu einem hält. 1, 2 Kinder, wenn das noch geht. 'ne Frau, wo man Vertrauen zu hat. Hübsch sein muß sie nicht. Kamerad müßte sie sein. Das wird jetzt ja schwerer werden zu finden.«
»Warum?«
»Ja, weil die Zeitungen – ist ja teils so furchtbar entstellt. Menschen in 'n Dreck treten, ist schnell getan.«
»Und was fühlst Du jetzt? Hier im Gerichtssaal, wo alle zuhören?«
»Die Leute stören mich nicht. Guck ich gar nich hin.«
Zeugen sagen aus, z.B. ein Kollege:
»Direkt bemuttert haben wir ihn nicht. Aber ich sag' zu meiner Frau, Bratwürste, immer nur Bratwürste. Kann man gar nicht mit ansehen. Da gab sie mir auch für ihn was zu essen mit.«
Die Zeugin Anni Wachtmeister, 54, Prototyp einer Honka-Frau, *die lange mit ihm lebte,* erzählt auch von Würsten, die ihr zuviel wurden. Aber nicht auf dem Teller, sondern im Unterleib. Da, wo der Holzknüppel und die Banane auch reingerammt wurden:
»Dabei hat er mir festgebunden auf'm Sessel. Wenn er besoffen war, war er wie so 'n Tier. Da hat er mir fürchterlich gehauen. Meistens, im-

mer, selten. Und ›Es geht eine Träne auf Reisen‹ hat er immer gespielt, wenn er mir eingeschlossen hat«, heult sie.
Und genau wie Honka bereit war, dem Vorsitzenden seine Wunden und Narben als Beweis für Scharmützel und Unfälle zu zeigen, bietet auch sie Gesicht und Kopf als Beweis für Honkas Schläge an:
»Sie können meinen Kopf ja anfassen, dann wissen Sie, wovon ich rede. Ich höre schlecht auf dem linken Ohr, entschuldigen Sie bitte.«
Und als sie Frauen auf Fotos identifizieren soll, sagt sie:
»Herr Richter, können Sie mir mal Ihre Brille leihen?«
Es ist mir, wie schon so oft, peinlich, im Schwurgericht immer wieder lachen zu müssen. Doch andere lachen auch. Man spricht nur noch vom Vorsitzenden Hodenfeldt und von anwesenden Frauen als Honka-Ver-Schnitt.
Die Frau rotzt hilflos rum. Ich denke, auch Honka weint, aber er krümmt sich vor Lachen. Ich mag ihn nicht mehr. Bei der Vorstellung von Unappetitlichkeiten und Brutalitäten unter Lebenden.
Ich denke an Honkas »Ich steh nicht auf brutal. Daß ich dabei gemordet haben soll, muß ich hier anzweifeln.«
Dann sagt er zu seiner Ex-Geliebten: »Frau Zeugin, Sie wissen, ich kriege von Ihnen noch 1110.– Mark.«
Zu mir dann in der Pause:
»Die hat man mir ja vorgesetzt. Ich wollte ja auf die Zeugin verzichten. Bin mit der Frau schon lange fertig. Wieso streitet die bloß ab, daß ich sie gewaschen hab'? Kann man doch machen. Ist doch nichts dabei.«
Die Gutachterschlacht war doch nicht so erheblich. Die völlig unterschiedlichen Begutachtungen von Honkas Person führten letzlich doch zum gleichen Resultat: § 21, der, wenn man so will, seit fast 2 Jahren den § 51.2 ersetzt = erhebliche Minderung der Handlungssteuerungsfähigkeit.
Prof. Krause: »Die Unterbringung in einem psychiatrischen Krankenhaus ist zumindest erforderlich; eine erfolgversprechende Behandlung dort jedoch nicht zu erwarten.«
Wenn schon ein Leben lang, sollte man ihm lieber den Hamburger Knast wünschen als ein Irrenhaus.
Mein Zeitungsverkäufer ist empört: »Unsereins muß sich doch auch anständig benehmen. Was heißt da krank?«

Januar 1977

Mein Freispruch

Um es vorwegzunehmen: Man hat mich freigesprochen. Ich müßte also *frohlocken*.

Vielleicht wißt Ihr noch, Anfang Januar 1975 bot ich der Staatsanwaltschaft Gelegenheit, mir Beleidigung, Widerstand gegen die Staatsgewalt und Körperverletzung vorzuwerfen.

Damals war ich, wie immer, für Konkret im Gericht. Verhandlungen gegen den Jurastudenten Strate. Der dran war, weil er im Rahmen einer Demonstration gegen Fahrgelderhöhung versuchte, die Polizei davon abzuhalten, seinen körperbehinderten Freund durch Schläge noch weiter zu beschädigen.

Es ging hoch her, da man meinte, im Strafjustizgebäude nicht ohne den Schutz zahlloser schwerbewaffneter Polizisten verhandeln zu können. Die Männer hatten auch keine Veranlassung, sich überflüssig zu fühlen, da der Vorsitzende Graue sie immer wieder zur Räumung in den Gerichtssaal zitierte. Graue war es damals, nicht die Polizisten, der mir eine Gänsehaut den Rücken rauf und runter jagte. Graue war es auch, mit dem ich mich heftig über seine Maßnahmen auseinandersetzte. *Und über Graue beschwerte ich mich damals auch beim obersten Staatsanwalt Dose, dem Hausherrn des Strafjustizgebäudes. Nicht über die gewalttätigen Polizisten, die ich eher als Marionetten betrachtete.*

Ich war sehr aufgeregt, *sehr entsetzt.* Wollte während der Verhandlungsphase im Pressezimmer etwas zur Ruhe kommen. Brauchte dazu den seit einiger Zeit bestellten Schlüssel. Der nette Pförtner Sauer zeigte mir den Weg zum Schlosser im Keller.

Dort traf ich dann, orientierungsunbeholfen wie ich bin, statt auf den Schlosser auf einen Raum voll einsatzbereiter Polizisten. Sagte freundlich, wen ich suche, und machte die Tür wieder zu. Die Polizisten kamen rausgesprungen. Ein unverschämtes Gegröle, Anpöbeln, Geschubse und Rausschmeißer-Abdrängen im St.-Paul-Stil fing an. Ganz einfach widerliche Kerle. Bin unfähig, vor Leuten davonzulaufen, versuche immer alles zu erklären. Muß äußerst lächerlich gewirkt haben in meinem unermüdlichen Versuch, deutlich zu machen, daß ich doch nur den Schlosser für den Schlüssel fürs Pressezimmer suche, daß der Haus-

meister mich runtergeschickt hat, und daß ich hier im Gericht arbeite. Letzteres hätte ich mir sparen können. Denn sie wußten alle, wie sich später rausstellte, wer ich bin. Vor allem der Initiator der Übergriffe. Über ihn hatte ich 1970 einmal unmißverständlich berichtet. Kein Wunder, daß keiner nach meinem Namen fragte.
Ich fühlte mich vergewaltigt vom ersten Angebrülltwerden an. Vom ungebetenen Angefaßtwerden ganz zu schweigen.
Als sie mich die Treppe halb hochgezerrt hatten, glaubte ich Rettung in Sicht. Da standen über mir der Oberstaatsanwalt und der liebe Pförtner. Ich rief: »Helfen Sie mir doch!«
Das wäre ein leichtes gewesen, Dose hätte nur ein Machtwort zu sprechen brauchen. Mich umgehend identifizieren müssen. Es hätte ihn auch nicht überfordern dürfen, die Frage nach dem: Warum? zu stellen. Das Fragen verkniff sich der unentwegt lächende Mann auch noch, als ich, jetzt einen Arm frei, noch mal von hinten geschubst, mich umdrehte und dem erstbesten Polizisten eine schallende Ohrfeige gab. Dose kannte mich nicht als agressiv. Kein sehr neugieriger Mann. Drehte sich um und ging.
Ein Polizist vor Gericht: »Hätte Herr Dose was gesagt, hätten wir sie ziehen lassen. Auch nach der Ohrfeige noch.«
Daß sich auch andere umdrehten und gingen, erfuhr ich erst später. Z.B. mein Kollege Ortwin Löwa vom NDR. Begründung auf meine Frage, warum er mich nicht als Zeuge zur Wache begleitete, nach Ohrfeigen und Festnahme: »Ich dachte, es wird schon nicht so schlimm.« – Und ein junger, befreundeter Richter, der vom Fenster aus beobachtete, wie man mich im Hof in den Peterwagen hineinkomplimentierte: »Rein! Oder soll ich Sie falten?« Auf meine Vorwürfe hilflos: »Runterkommen? Aber Peggy, in welcher Funktion? Ich war doch nicht zuständig.« Auf der Wache wurde es schlimm. Ich durfte weder Anwalt noch Redaktion benachrichtigen. Auf meine Bitte nach einem Arzt, mir war sauübel: »Glauben Sie, daß wir die Kosten tragen?« Hohngelächter. »Eine Kotztüte können Sie haben. Die bekommen Sie bei der Lufthansa auch. Haha! – Setzen!!! Wenn Sie den Betrieb hier auf der Wache stören, kommen Sie in die Zelle!«
Trotzdem erfreche ich mich noch einmal, von der Bank aufzustehen. Mit der Bitte, eine Gegenanzeige erstatten zu dürfen. Antwort: »Nein, wozu? Sie haben nichts anzuzeigen!«
Die Vernehmung bei der Kripo ist für mich eine Erholung. Der erste

Mann, der mich nicht anschreit, mich nicht wie Dreck behandelt, sondern mit mir spricht, wie man mit einem erwachsenen Menschen spricht. Dann meint er allerdings, ich habe doch Glück. Mir sei weder die Nase gebrochen, noch stünde ich in einer Blutlache. Wahrscheinlich hätte ich doch nur Prellungen und einen seelischen Schock davongetragen.
Beides stimmt. Trotzdem gehe ich zurück ins Gericht. Schon um mich nicht unterkriegen zu lassen. Alles tut weh. Wieder lachende Polizisten. Einer sagt: »Mensch Peggy, tu doch nicht so, als hättest Du den Schlosser gesucht. Du bist doch immer da, wo was los ist!«
Jetzt will ich endlich ins Pressezimmer. Mich bei meinen Kollegen ausweinen. Mach' vor der Tür kehrt, weil mir einfällt, daß ich, so gesehen, gar keine Kollegen hab'. Das sind, bis auf den Morgenpost-Mann, alles Springer-Leute. Wer würde mich da schon trösten.
Fahre zu Konkret. Hoffe auf Nestwärme. Krieg' sie auch. Auf die dort einzig bekannte Art und Weise; man versichert mir, daß meine frischen Erlebnisse Stoff für eine besonders gute Geschichte hergäben. Die schreibe ich dann auch.
In Nr. 3, 1975: »Hilfe Polizei!« Erleichtert mich nur in Grenzen. Und zieht tadelnde Kommentare der Kollegen im Gericht nach sich. Sie finden es geschmacklos, über Selbsterlebtes selbst zu schreiben. Fast so peinlich wie meine Unbeherrschtheit. Sie hätten sich natürlich an meiner Stelle anstandslos der Polizei gebeugt, um dann anschließend Anzeige zu erstatten, sagen sie.
Ja, ich ging wieder ins Gericht, aber fragt mich nicht, mit welchen Gefühlen. Mein Horror vor der Arbeit wuchs. Locker zu spielen, und unbefangen, überanstrengte mich so sehr, daß ich die meisten Nächte aus Verfolgungsträumen aufwachte. Meine Kindheitserlebnisse, die ich aus Selbsterhaltungstrieb dauernd verdränge, schwappen pausenlos hoch. Nach wie vor einer Welt ausgesetzt zu sein, die mir alles nahm, was ich brauchte. Eltern, Kindheit, Geborgenheit, Freude, Vertrauen. Fühle mich wieder ausgeliefert und allein wie damals.
Zwischendurch trotzig. Anklage gegen mich? Na bitte, sollen sie doch! Höchste Zeit, daß denen mal jemand klar macht, daß man sich nicht jede Art von Staatsvergewaltigung gefallen lassen kann und darf!
In Erikas Runges Buch »Frauen« habe ich zu unserer Verhaftung geschrieben: »Dann kamen wir in eine Turnhalle. Ich war außer mir vor

Wut, weil die meisten Juden da auf den Knien rumrutschten und zu Gott beteten. Anstatt sich zur Wehr zu setzen! Da hab' ich gewünscht, daß ich erwachsen wäre, und gedacht, daß wir doch reichlich in der Überzahl sind und denen eins in die Fresse hauen könnten, den Bewachern.«
Nun schön, jetzt bin ich erwachsen. Mighty mouse. Mal mit dem Kopf durch die Wand, mal mit dem Kopf unter der Bettdecke. Bis zum Prozeß am 12.5.1977, also über zweieinviertel Jahre, konnte ich jede Art von Vorgefühl auskosten. Erik von Bagge, den ich schon häufig grandios im Gericht erlebt hatte, wünschte ich mir als Pflichtverteidiger. Sein Beistand wurde mir von Staats wegen über 1 Jahr verwehrt. Es bestünde kein Anlaß, mich nicht alleine verteidigen zu können. Bei so einem Bagatellfall. Ärztliche Atteste mußten ran, um die Notwendigkeit einer Beiordnung zu belegen. Trotzdem ging das Gerangel bis zum 20.2.1976 weiter.
Wäre von Bagge leichter zu entmutigen, hätte ich in der Tat alleine gestanden. *Klassenjustiz haben wir ja nicht. Aber ein Angeklagter mit Geld kann sich jederzeit einen Verteidiger kaufen, ohne erst groß um Erlaubnis zu fragen.*
Große Erleichterung, als endlich der Weg zur Akteneinsicht frei ist. Merke: Nur ein Verteidiger darf die Akten einsehen, nicht ein sich selbst Verteidigender. Strafanzeige gegen die Polizisten erstattete Erik von Bagge selbstverständlich auch. Seine Anzeige wurde wenigstens angenommen. Gleich zweimal als unbegründet abgeschmettert. Seine Beschwerde fegte man Mitte März 1976 endgültig vom Tisch. Nicht neu. Neu wäre, sich damit nicht mehr abzufinden. Es ist ein Unding, sich daran zu gewöhnen, daß Gewalt erst beim Knüppel beginnt. Daran, daß das dann auch keine Anzeige wert ist. Daran, daß man sich der Polizei gegenüber nie in Notwehr befindet.
Wenn ich an den Prozeß dachte, fielen mir so Dinge wie Schandpfahl ein, Pranger, Knast und Skandal. Öffentlich gebrandmarkt werden. Durch Bekanntmachung von Alter, Daten, Lebenslauf.
Zwischendurch, im Ausland, fragte ich mich, warum um Himmels willen ich nach Deutschland zurückkehren sollte. Bei dem verschärften Klima. Mit verschiedenen Prozessen am Hals. Auch wegen Beleidigung des Richters Graue war ich dran. Ich hatte geschrieben: »Macht sich die Hände nicht schmutzig. Er ist schmutzig.« Für diesen ungeschickten Kommentar, so was kann man sicher auch anders ausdrücken, bekam

ich ohne Anhörung erst mal einen Strafbefehl über 1500.– DM. Die Sache läuft noch.
Juli 1976 schrieb ich an von Bagge: »Es wäre sehr schön, wenn das Verfahren eingestellt werden könnte. Ursprünglich dachte ich, daß es gut und vernünftig wäre, die Prozesse durchzufechten, inzwischen fühle ich mich immer weniger in der Lage dazu. Die politischen Ereignisse steigern eben meine Angst.«
Ein andermal, erholt und guter Dinge, fand ich, daß der Prozeß ja lustig werden könnte. Wie beim königlich-bayerischen Amtsgericht. Dann sah ich das Ganze wieder als Politikum. Gruselte mich zwar davor. Wollte aber dringend der Öffentlichkeit mitteilen, was Sache ist. Zwischendurch, wenn ich sehr viel zu tun hatte, war die ganze Geschichte für mich nichts als ein störender Zeitaufwand.
Grund zu neuen Ängsten: Ein Gutachter sollte mich auf meinen Geisteszustand untersuchen. Der erste, Maisch, weigerte sich. Durch Freundschaft befangen. Der renommierte Therapeut und Wissenschaftler Dr. Ulrich Ehebald nahm an. Machte allerdings zur Bedingung, daß ihm Gelegenheit verschafft würde, die als Zeugen geladenen drei Polizisten und den Oberstaatsanwalt Dose in den Räumen seines Instituts, genau wie mich, vor dem Prozeß zu sprechen. Ein bisher einmaliges Ansinnen, dem stattgegeben wurde. Was für ein Glück für mich, einen Gutachter zu haben, der in der Lage ist, selbständig zu denken und dementsprechend zu handeln. Trotzdem hatte ich Angst, als Irre eingestuft, zwar ohne Strafe davonzukommen, beruflich aber tot zu sein.
Nach kurzfristigem Ansetzen des Prozeßtermins muß ich meinen Jahresurlaub nach einer Woche im Regen, gerade als die Sonne rauskommt, abbrechen. Mit Lebensmittelvergiftung zurück. Denke, ich krepier vor Schmerzen. Aber wirklich schlimm ist nur die Angst, auch vor Gericht so hilflos gekrümmt, mit Fieber zu stehen. Unfähig. Dem Prozeß nicht gewachsen. Angst, die Stimme zu verlieren und meinen Aussagen kein Gehör verschaffen zu können. Auch wieder Wahnsinnsangst vor Fragen zur Person. Gottseidank, ich stehe nicht allein. Mir wesentliche Kollegen, wie Gerhard Mauz, Schwarberg u.a., drängen darauf, im Prozeß dabei zu sein. Freiberufliche, linke Journalisten, drängeln sich darum, für Konkret zu berichten. Die Redaktion will es selbst machen. Gremliza: »Kommt gar nicht in Frage. Das ist mein Fall!« Schön! Ein Indiz der Solidarität. Fühle mich so leicht außenvor.
Das Gefühl, von Freundschaft getragen zu werden, steigert sich am Tag

des Prozesses zur Euphorie. Als ich ankomme, drängeln sich die Leute vorm Gerichtssaal. Es ist schon voll. Arme umfangen mich. Freunde küssen mich. Werde von Brust zu Brust gedrückt. Warm und herzlich. Bunte Frühlingssträuße von allen Seiten. Meine Freundin Sina Walden, Autorin von »Fernsehgericht« und »Ehen vor Gericht«, ist aus München gekommen. Schenkt mir einen gehäkelten Lampenschirm. Auch weich, warme Farben. Mir wird Angst weggestreichelt. Auch von Strafverteidigern. Über 30 Hamburger Rechtsanwälte solidarisierten sich schriftlich mit mir und meiner Arbeit. Sie, und andere Juristen, nehmen jede eigene Verhandlungspause wahr, um meiner Verhandlung zu folgen. Erzwingen sich den Weg rein. Sitzen alle auf halber Arschbacke.
7 Jahre lang ging ich nie an einer Anklagebank vorbei zur Pressebank, ohne das Gefühl zu haben: »Ich bin noch mal davongekommen.« Nie sah ich einen Angeklagten, ohne zu denken »Reiner Zufall, daß ich nicht auf seinem Platz sitze!«.
Nun endlich bin ich die Angeklagte. Und fühl' mich geborgener als in all den 7 Jahren. Setze mich weiter weg, um dem Vorsitzenden nicht in die Nasenlöcher hineinsprechen zu müssen. Abstand verringert in diesem Fall die Distanz. Meine vielen Blumen werden hinten für mich aufbewahrt; habe nicht den Mut, auch nur eine bei mir zu haben. Keine im Gürtel, keine im Haar. Trotzdem weiß ich, der Gerichtssaal hat an Nüchternheit verloren. Ich muß nicht mal nach hinten gucken, um mich wohl zu fühlen. Der Zuschauerraum ist wegen Überfüllung geschlossen.
Richter Scharberg, der sich vergeblich um Einstellung des Verfahrens bemühte, läßt mich ruhig erzählen. Ich verliere nicht meine Stimme. Habe das Gefühl, in der Beziehung verstanden zu werden.
Mein Widersacher, der POM Ristow, kommt rein. Ich sage: »Sie kommen mir so geschrumpft vor« und weiß im selben Augenblick, daß man das als Beleidigung auffassen wird. Dabei wollte ich den Mann nicht kränken. Will nur meine eigene Wahrnehmung überprüfen, als ich ihn bitte, aufzustehen. Ich frage mich, ob ich einer optischen Täuschung erlegen war. Klar ist, der Mann ist groß. Viel größer als ich. Klar ist auch, daß er viel kleiner ist als in meiner Erinnerung. Waffen und Macht verschieben die Optik. Uniformen, Ärztekittel und Talare auch.
Endlich kann ich fragen, ob dies tatsächlich der Mann ist, über den ich 1970 schrieb. Ja. Er ist es. Man fragt auch mich zum Schluß, ob ich Ristows Vereidigung wünsche. »Wenn er den Mut hat, sich vereidigen zu

lassen.« Mut hätte er gebraucht. Ich weiß, daß er lügt, und er auch, als er frech behauptet, ich hätte mich geweigert, mich auszuweisen. Auch seine Kollegen halten vor Gericht an ihrer erfundenen Version fest. Denn nur die Weigerung auf eine angebliche Aufforderung hin hätte eine Festnahme legitimiert.
Dann sehe ich auch den jungen Mann, den ich geohrfeigt habe. Sieht nett aus. Schade, hätte lieber einen anderen getroffen.
Oberstaatsanwalt Dose lächelt als Zeuge unentwegt. Wie damals auf der Treppe und auch sonst. Sogar als ich ihn heftig attackiere. Denn ihm wollte ich seine Verantwortlichkeit klarmachen. Von ihm wollte ich Erklärungen für sein Verhalten. Man schlägt mir vor, mich doch bei anderer Gelegenheit mit Dose über seine Pflichten zu unterhalten.
Ich: »Warum? Sie sind jetzt hier. Und ich bin hier. Ich möchte das jetzt wissen. Sie haben mir immer gesagt, die schwer bewaffnete Polizei sei zu meinem Schutz da. Sie haben mir aber nie gesagt, wer mich vor der Polizei schützt!«
Dose buckelt und buckelt. *Ich habe keine Ahnung, ob auch nur eins meiner Worte ihn trifft.*
Der Prozeß ist hochinteressant, aber die Gerichtsschreiberin pennt. Vielleicht hat auch sie die Nacht vorher nicht geschlafen.
Dr. Ehebald ist als letzter dran. Da es nun um intim Erlebtes geht, bietet der Vorsitzende mir an, die Öffentlichkeit auszuschließen. Ich sehe mich um und stelle fest: »Nichts als Freunde.« Mit denen ich zwar nie über meine Kindheit geredet hab', vor denen ich aber auch nichts verheimlichen muß. Trotzdem wird mir hundeelend, als ich erzählen soll. Weiß auch nicht, warum ich eigenes Unglück als Schande empfinde.
Dr. Ehebald rettet mich, indem er meine Schwächen, derer ich mich so schäme, zu Stärken macht. Spricht geradezu liebevoll: »Es liegt keine Persönlichkeitsstörung vor. Der Überfall mußte auf sie wirken wie von einer Horde Wilder. Es ist eindeutig; mit ihrer Arbeit begibt sie sich in das Milieu ihrer Kindheit zurück. Stellt sich den Feinden, obwohl das ihrem Seelenfrieden überhaupt nicht bekommt. Ich halte auch mich nicht für krank. Kann aber nicht garantieren, daß ich in der Situation nicht auch so reagiert hätte.« Und er macht klar, daß er von den 4 Zeugen mehr erfahren hat als das Gericht. Genau genommen 4 Tatversionen. Sagt auch: »Frau Parnass kann für sich privat nicht kämpfen. Machte auch keinen Schritt in Richtung Wiedergutmachung nach dem Krieg.«

Dann liest er, zu meiner Überraschung, aus einem alten Brief an meinen Verteidiger vor. »Meine Existenzangst ist erheblich, da immer nur das zählt, was ich in der Lage bin, an Arbeit abzuliefern, da Urlaub, Feiertage und Krankheiten von keinem Arbeitgeber finanziert werden und ich keinen Pfennig Krankengeld erhalte, wenn ich total arbeitsunfähig bin. Außerdem zahlen die Zeitschriften, für die ich arbeite, miserabel. Für meine Recherchen, Schreibkräfte im Büro muß ich selbst aufkommen. Mit Behörden u.ä. bin ich reichlich unbeholfen. Dem liegen wohl traumatische Erlebnisse zugrunde. Das hat zur Folge, daß ich auch da, wo mir etwas zusteht, unfähig bin, die Möglichkeit wahrzunehmen. Der Kontrast zwischen meiner privaten Hilflosigkeit und meiner Unerschrokkenheit in der Ausübung nicht leichter Berufe wirkt absurd. Es fällt mir eben sehr viel leichter, mich für andere einzusetzen als für mich selbst. Leichter, Belange anderer erfolgreich zu vertreten als eigene.«
Und als Indiz meiner geistigen Gesundheit sagt er: »Gucken Sie mal hin, so viele Freunde! Es ist erstaunlich. Da könnte jeder froh und stolz sein.«
Mann, bin ich ihm dankbar!
Dankbar auch meinem Verteidiger. Und sogar dem jungen Staatsanwalt, der lächelnd für Einstellung oder Freispruch plädiert.
Ich hab' schon so oft gespannt auf die Schlußworte Angeklagter gewartet. Jetzt bin ich dran: »Ich wünsch' mir, daß es in Zukunft nicht nötig ist, eine diffizile Vergangenheit nachzuweisen, um auf Unrecht reagieren zu dürfen.« Ich habe nämlich Angst, daß man mir, als lädiertes jüdisches Waisenkind, gerade noch die eine Ohrfeige zubilligt, für die man andere, die genauso zu Recht reagieren, kriminalisiert. Auf dieses unpolitische Gleis wollte ich meine Reaktion nicht abgeschoben wissen. Ich kann meine beschissenen Erlebnisse nicht wegzaubern. Sie schärfen sicher mein Unrechtsbewußtsein. Aber ich möchte nicht, daß sie als Entschuldigung herangezogen werden für etwas, was ich für richtig halte und wofür ich keine Entschuldigung brauche.
Freispruch.
Erleichterung.
Als Freunde und Kollegen fragen, »wieso ist denn keiner von Konkret hier?«, sehe ich, daß man sich auf der Pressebank langlegen könnte. Mir schnürt sich die Kehle zu. Renne, jetzt blumenbeladen, ins Pressezimmer, um in der Redaktion anzurufen. *Erreiche niemanden.* Dafür sitzen meine Dauerkollegen von Bild, Welt, Abendblatt und dpa ge-

mütlich im Raum. Spielen Karten: »Ihr habt einen interessanten Prozeß verpaßt.«
Eine für die andern mit: »Was sollten wir da, wir hätten ja doch nichts drüber bringen können.« Und der Kollege von der MoPo: »Man kann ja nicht mehr als anbieten.«
Ich hätte die alle als verlängerten Arm nötig gehabt. Na, Gottseidank, der NDR war drin.
Ortwin Löwa, der selbst nicht kommen konnte, leitete die Umschau am Abend ein: »Als unermüdliche Kämpferin für das Recht und die Würde des Menschens vor Gericht, hat sich die Hamburger Journalistin Peggy Parnass einen Namen gemacht. Heute stand sie vor Gericht. Cornelie Sonntag berichtet.«
Ja, Gott sei's geklagt! Sie gab sich redlich Mühe, das vor Jahren entstandene Gerücht, sie sei eine Linke, zu entkräften. Wäre nicht schlimm, hätten nicht zahllose Hörer ihr launiges Gelaber als einzige Informationsquelle gehabt. Da begriff ich, daß es möglicherweise äußerste Solidarität der rechten Kollegen mit mir war, überhaupt nicht zu berichten.
Die NDR-Klamotte regte allerlei Leute auf. Vor allem die, die selbst im Prozeß waren und vergleichen konnten. ›Ob ich ihr den Mann ausgespannt hätte?‹ ›Nee.‹ ›Seit wann wir denn verfeindet seien?‹ ›Keine Ahnung.‹ Ich wußte nichts davon.
In der Zeit danach meldeten sich viele angesehene, festbesoldete Kollegen großer Zeitungen und Zeitschriften. Quintessenz: »Wenn ich könnte, wie ich wollte, meinst Du nicht, ich würde . . .? Frag nicht, frag nicht!«
Die Freiberuflichen sagten: »Ich würde unheimlich gerne. Aber wo??«
Ich kenne nicht den Daumen, den andere drauf haben. Ich weiß nur, daß man von mir erwartet, daß ich mich keinem Druck beuge. Und ich weiß auch, daß ich dem Druck auf Dauer im Alleingang nicht standhalten kann. Was immer ich erlebe, erleb' ich stellvertretend für andere mit. Halte den Kopf hin, nicht nur für mich. Jeder kann der nächste sein. Die Eisscholle, auf der wir schreiben, treibt gen Süden. Es wird auch die treffen, die sich dezenter verhalten als ich und ängstlich mit den Wölfen heulen.
Ich hätte die Kollegen auch gebraucht, um den Polizisten in höherer Auflage etwas klar zu machen. Nämlich, daß man wohl Polizei braucht, aber doch nicht so eine. Die einen in Angst und Schrecken versetzt

und die sich nur sicher fühlt, wenn Bürger bei ihrem Anblick zusammenzucken. Das kann doch auch für Polizisten auf Dauer kein gutes Gefühl sein!
Ich möchte zur Polizei gehen können, wenn ich Hilfe brauche, anstatt mich strafbar zu machen, wenn ich nicht vor ihr herlaufe. Wobei auch das Laufen einen Grund für Strafe liefern kann. Ist der Mann in Uniform genauso ängstlich wie der Läufer, kommt es leicht zum Todesschuß. Wobei man die Angst eines bewaffneten Staatsdieners ernster nimmt als die Angst eines unbewaffneten Bürgers.
Wenn meine Kollegen nicht mithelfen, diese kranke Atmosphäre zu verändern, sind sie mitverantwortlich.
Das Wort ist Macht, vorausgesetzt, man macht Gebrauch davon. *Wenn ich daran denke, wer alles nicht drin war, kommen mir die Tränen.*
Ich seh' mich allein gelassen. Das geht mir jeden Tag mehr auf. Tut jeden Tag mehr weh. Baut Krampfkraft ab.
Die Kuschelwärme während meiner Verhandlung, die mich dort so glücklich machte, nährte nur ganz kurz Illusionen. Es ist klar, daß ein kleiner Gerichtssaal, der eigentlich nur 30 Leute faßt, bei fast 60 auseinanderzubrechen scheint.
Da vergißt man leicht, daß es vor der Tür kalt ist.

Juli 1977

PS.
Der Präsident des Amtgerichts Wienbeck zeigte mich wegen Richterbeleidigung zum Schutze seines Untergebenen Graue an.
1. Ohne Anhörung, Strafbefehl, 1500,– Mark.
2. Ich erzwang ein Verfahren vor dem Amtsgericht. Wieder, gegen meinen Protest, ohne mich, als ich in München zu Dreharbeiten war. Urteil: 900,– Mark Geldstrafe oder 30 Tage Haft.
3. 2. Instanz Landgericht. Gleiche Strafe. Das schriftliche Urteil basiert auf einem »Irrtum« des Richters. Seitdem weiß ich, daß man durch Frisieren der Wahrheit jedes Urteil revisionsdicht machen kann.
Der Vorsitzende bedauert mir gegenüber, seinen schriftlichen »Irrtum« nicht mehr rückgängig machen zu können. Was steht, steht. »Das ist doch ein Scheißgesetz, das muß man ändern«.
Er: »Ja, da haben Sie recht. Da ist eine Wiederaufnahme die einzige Möglichkeit«.

Ich: »Das ist doch gar keine echte Möglichkeit«.
Er bedauernd: »Das stimmt.«
Da konnte unser Presseanwalt, der sonst so erfolgreiche Strafverteidiger Helmut Jipp, auch in der Revision nichts anderes als einen guten Eindruck machen und eine Einstellung gegen 600,– Mark Buße erreichen.
7 Jahre im Gericht und noch 'n Trick durchschaut. Den wollt ich noch schnell an Euch alle weitergeben.

März 1979

Von Richtern und anderen Sympathisanten*

Ein Strafrechtsprofessor sagte mir kürzlich, daß kein deutscher Richter nach 1945 in der Bundesrepublik zur Verantwortung gezogen, geschweige verurteilt, ja nicht mal entlassen worden ist. Weil sie als Richter des NS-Staates im Rahmen des damals geltenden Rechts gerichtet hätten und sich darauf beriefen, sie hätten es guten Glaubens getan.
Wer diesen Richtern gegenübersteht, kann sich aussuchen, ob er sie für Kriminelle oder Idioten hält. Leute, die entweder nicht wußten, was sie taten, als sie Rassenschande-Urteile sprachen (von denen auch meine kleine Familie betroffen war: Tante Rosi und Tante Frieda, die eine 20, die andere 22 Jahre alt, die eine hatte ein Baby, die andere 2, wurden nicht in Auschwitz, sondern in Hamburg-Fuhlsbüttel wegen Rassenschande hingerichtet, 2 der 3 kleinen Kinder wurden im KZ Neuengamme umgebracht), oder Leute, die in höherem Auftrag zu jedem Verbrechen bereit sind.
Wir zerbrechen uns den Kopf über die paar Nazis, die wirklich im Knast sitzen, anstatt über die Richterschar, die frei herumläuft. Die nicht ausstirbt, sondern seit 1945 ihre Gesinnung an die junge Richter- und (im Rahmen der Referendarausbildung) auch an die Anwaltsgeneration weitergibt. Und die dann noch ehrenrichterlich darüber wacht, daß kein junger Richter oder Anwalt aus Reih' und Glied tanzt. Fast alle meine Anwaltsfreunde haben ihr Verfahren noch vor oder schon hinter sich – vor Ehrengerichten, die noch nicht einen einzigen Nazi herbeizitierten (soweit er nicht zum Mitrichten gebraucht wurde.) Ich spreche diesen Ehrengerichten die Ehre ab.
Die Begnadigung von NS-Tätern fing 1945 an und hat bis heute nicht aufgehört. Ich habe jahrelang Urteile gesammelt, die deutlich machten, daß diesen Richtern jedes Eigentumsdelikt schwerer wiegt als Massenmord.
In all diesen Jahren habe ich die Fahndung nach Sympathisanten der Nazi-Bande vermißt. Ohne Sympathisanten und Helfershelfer hätte

* Diese Kolumne habe ich in der Redaktion auf Band diktiert. Da ich das Band nicht habe, kann ich nicht sagen, an welchen Stellen mein Text gekürzt oder verändert worden ist. Ich bin mit dem erschienenen Text einverstanden.

keiner der angeblich gesuchten (und manchmal aus Versehen gefundenen) Täter sich so lange in Freiheit und oft sogar in öffentlichen Ämtern halten können: in der Polizei, im Verfassungsschutz, in Wiedergutmachungsgremien, in der Justiz, in der Industrie, in der Politik.
XY-Zimmermann, dessen Sendung so beliebt ist (und der mich so ankotzt), ist noch nicht ein einziges Mal auf die Idee gekommen, nach NS-Tätern zu fahnden. Warum wohl?
Jetzt richtet sich die sogenannte Volkswut gegen neue Polit-Täter. Eine Volkswut, die überzeugend geschürt wird von einer Justiz, die in Wirklichkeit nicht das geringste Gefühl für Menschenleben bewiesen hat. Als Frankreich den NS-Mörder Lischka ausgeliefert haben wollte, reagierte die westdeutsche Justiz bloß damit, dem Ehepaar Klarsfeld, das der Gerechtigkeit im Fall Lischka nachhelfen wollte, eine Vorstrafe zu verpassen. Jetzt plötzlich erfährt man, daß zwischen der Bundesrepublik und Frankreich durchaus funktionierende Auslieferungsverträge bestehen. Es geht nicht um Massenmörder, es geht um Croissant.
Zwischen 1945 und 1963 liefen 12882 Verfahren gegen NS-Täter. Da gab es 5445 Verurteilungen und 7437 Freisprüche. Und die Strafmaße hatten natürlich nicht das geringste zu tun mit denen, die andere Straftäter erwarten. Von 1970 bis 1974 wurden von insgesamt 196 Angeklagten 120 freigesprochen oder trotz Verurteilung von jeder Haft verschont. Überhaupt: Wo man nicht um eine Verurteilung herumkam, wurde hinterher klammheimlich Haftverschonung gewährt oder begnadigt.
Da gab es den bis zu seiner Verhaftung als Polizeiobermeister tätigen Friedrich Rondholz, der Juden und russische Kriegsgefangene erschossen hatte. Er wurde freigesprochen. Begründung: Es sei heute nicht mehr festzustellen, mit »welcher inneren Haltung« Rondholz die Taten begangen hatte. Rondholz erhielt Haftentschädigung.
Ich habe gelesen, der Freispruch für Karl-Heinz Roth sei ein Triumph des Rechtsstaates. Ein Triumph, wenn einer freikommt nach zweieinhalb Jahren unschuldig erlittener Haft, die er als Krüppel abgesessen hat, und dann wegen illegalen Waffenbesitzes 12000.– DM Strafe bekommt, was auf der Reeperbahn mit 150.– DM Bußgeld geahndet wird, damit die Haftentschädigung nicht so hoch ausfällt. Und während ich dies schreibe, muß ich mir auch noch überlegen, ob ich nicht schon deshalb als Sympathisant eingestuft werde, weil ich es wage, Strafmaße, und heimlich sogar Straftaten, miteinander zu vergleichen.

September 1977

P.S.
Einer der Richter, die nicht einsehen, daß die Todesurteile, die ihre Kollegen an Freislers Volksgerichtshof fällten, strafbar sein müßten, ist der Beisitzer im 2. Juni-Prozeß, Egbert Weiss, der Fritz Teufel und viele andere zu beurteilen hat. Er meint, die Kollegen haben sich nicht von sachfremden Erwägungen leiten lassen. Der Rechtsbeugungsvorsatz sei ihnen nicht nachzuweisen.

P.S.
Auf dieser Kolumne basierend, haben Axel Engstfeld und ich den Film »Von Richtern und anderen Sympathisanten« gedreht. Er bekam den Bundesfilmpreis. Das hat aber auch nichts geändert.

Mai 1990

Kling-Klong

»Der Raumpflegerin Marianne B., 47 Jahre, wird zur Last gelegt, im Mai 1976 in Hamburg, gemeinschaftlich mit ihrer 12jährigen Tochter versucht zu haben, ihren angetrunkenen, schlafenden Ehemann mit einer Bratpfanne zu erschlagen.«

Bei Bratpfanne fallen mir abgestandene Nudelholzwitze ein. Aber Mutter, Kind, Saufbold von Vater und Mordversuch sind sicher nicht komisch.

Frau Marianne sitzt auf der Anklagebank des Schwurgerichts, als warte sie nur auf die Straßenbahn. Eine sehr gepflegte, schlanke, kleine Frau, gelassen, geduldig. Die langen Jahre des Putzens sieht man nur ihren auf der Handtasche liegenden Händen an. Schwarz die vollen Haare, schwarz die wachen Augen. Schwarz und weiß ihre Kleidung. Hier in diesem Prozeß sind alle, nicht nur die Gerichts-Pinguine, schwarz-weiß. Gestreift. Gepunktet, Kariert.

Ich frage sie: »Hast Du keine Angst?«

Sie: »Nein, warum? Ich hab' doch nichts getan.«

Dann geht's los. Frau Marianne erzählt von ihrer Kindheit und ihren 5 geschiedenen Ehen. Sie hatte es nie leicht: »Als ich 11 war, bekam ich eine Stiefmutter. Ihre 3 Kinder wurden sehr bevorzugt. Als ich mit der Volksschule fertig war, arbeitete ich erst beim Bauern, dann beim Bäkker und dann in einer Gastwirtschaft. Mein Vater brachte mich immer da unter, wo er sich was zu essen holen konnte. Es war die schlechte Zeit. Meine Stiefmutter war mißtrauisch und anklagend, weil ich mich nach und nach besser anzog. Sie dachte, ich hätte was mit Männern, aber das stimmte gar nicht. Mit 20 erste Ehe, nur 1 Jahr. Ich kann nicht sagen, daß ich meinen ersten Mann, den Landwirt, geliebt habe. Er war aber lieb und gut zu mir. Allerdings wurde unsere Ehe nie vollzogen. Die nächste Ehe, mein Mann war Taxifahrer, hielt 7 Jahre. Obwohl er viele Frauen hatte. Wenn ich eher von der Arbeit kam, lag er mit anderen im Bett. Unsere beiden Söhne sind jetzt 26 und 21. Mit denen hab ich 'ne Menge Sorgen gehabt. Beide waren Rocker. Besonders Fred, der Große, hat immer meine Sachen ins Leihhaus gebracht. Der ist so sehr aufs Geld aus.«

Ach ja, Fred, das ist doch der Sohn, dem sie den Prozeß verdankt. Nicht gerade üblich, auch wenn's Krach in Familien gibt.
Dann kam die dritte Ehe. Mit einem Kraftfahrer und Tochter Simone. Dem vierten Ehemann mußte sie durch ein erbbiologisches Gutachten beweisen, daß sein Kind Peter wirklich von ihm war.
Den fünften, dessen Witwe sie um ein Haar geworden wäre, lernte sie durch ein Heiratsinstitut kennen. Er saß damals im Knast, sah gut aus, trug ein Holzbein, war 9 Jahre jünger als sie und hatte schon 7 Kinder. 2 davon holte Frau Marianne zu sich und sorgte nicht weniger liebevoll für die als für ihre eigenen.
»Er war Tage und Nächte weg mit der Trinkerin, die er auch jetzt geheiratet hat. Er hat damals seinen Führerschein, Geld und Arbeit versoffen. Er hat mir seinen Ring ins Auge geboxt und meine Tochter gewürgt. Und mit dem Holzbein tritt er einen so, daß man umkippt.«
Der Vorsitzende Richter Hadenfeldt: »Uns liegt nicht daran, mit Dreck zu werfen. Ein bißchen nüchterner, sachlicher, wenn's geht.«
Frau Marianne will's versuchen: »Er wollte immer Geld, Geld, Geld. Ich mußte immer alles alleine tragen. Seine Schulden und Strafen. Er hatte den Partykeller sehr schön ausgebaut, und da wurde dann immer gefeiert. Meistens bis 3 Uhr morgens. Und ich mußte um 4 schon wieder auf zur Arbeit. Die Musik war so laut, daß der Boden *in meinem Zimmer* zitterte, und ich mußte sogar noch die Getränke kaufen. ›Kriss was vor die Backen‹, hieß das sonst, *und schärfere Ausdrücke, die man hier nicht wiederholen kann.* Wenn ich ihm 100,– DM zum Einkaufen gab, kriegte ich nie was zurück. Von morgens um 4 bis abends um halb 10 habe ich gearbeitet. Das Haus und die 3 Kinder mußte ich ja auch noch in Ordnung halten. Und warum soll ich für alles arbeiten, was er mir kaputt schlägt?«
Der Vorsitzende, Herr Hadenfeldt, wird wieder ungeduldig – sie entschuldigt sich.
»Ich bin eine Frau, die immer wieder verzeiht, wenn ich den guten Willen sehe. Aber so viel arbeiten und dann immer noch Theater abends. Ich hab' gekocht, und er hat das Essen oft an die Wand geworfen.«
»Das soll auch nicht gut gewesen sein«, sagt der Vorsitzende. Offenbar ein Feinschmecker.
»Ich dachte, meine große Söhne müßten mir doch helfen. Dachte, die gucken zu, wie du behandelt wirst. Nicht nur ich, sondern auch die Kinder. Sagte, wenn ihr zu feige seid, holt ein paar Rocker. Der muß doch

mal Angst kriegen. Wie sollen wir uns denn wehren? Meine Söhne sind 1,80 m groß und breit, die müssen mir doch helfen! Dann feierte er wieder mit Freunden im Keller. Kam nachts besoffen hoch. Wie immer kein Schlafen. Ich hörte seine schweren Schritte. Er schnallte sein Bein ab und zog sich aus. Hat mir seine Schweißsocken ins Gesicht geschmissen und seine anderen Sachen. Dann gab's Streit, er warf sich auf mich, wir haben gerungen, er würgte mich, ich schrie ›Hilfe, Simone!!‹. Es machte ›Klatsch‹ und alles war voll Blut. Ich gab Heidrun 20 Pfennig fürs Telefon, um die Polizei zu holen. Und dann standen wir alle 20 Minuten im Nachthemd auf der Straße und warteten. So lange haben die gebraucht.«

Vorsitzender: »Nun beschimpfen Sie nicht auch noch die Polizei obendrein.«

»Aber so war's doch. Er hätte mich in der Zeit totschlagen können.«

Ich verbringe die Pause mit der unglücklichen Frau in der Kantine.

»Er konnte gut kochen und hatte ja viel Zeit. ›Bin ich denn 'ne Hausfrau‹, sagte er und ließ mich alles machen. Auf dem Fahrrad kam ich morgens bei klirrender Kälte jeden Tag von der ersten Arbeit nach Hause. Mit frischen Brötchen, um acht pünktlich auf die Minute. Wär das nicht schön, wenn da frischer Kaffee geduftet hätte?? ›Mausi, weck mich, wenn der Kaffee fertig ist!‹ sagte er nur.«

Wir gehen zurück in den Saal. Ihr Mann ist als Zeuge dran. »Hoffentlich fallen die nicht auf ihn rein. Der spielt nämlich Theater, das glauben Sie gar nicht!«

Reinhold B., der fast Erschlagene, ist hellblond und genauso gepflegt wie seine Ex-Frau. Spricht sehr verlangsamt und schwer. Ob das eine Folge ist oder schon immer so war, wird nicht erörtert. Er ist auch genauso offen wie die Angeklagte. »Unsere Ehe war gut. Bis ich erfuhr, wie es in ihren anderen Ehen zugegangen ist. Die Kinder habe ich sehr gern. Ich habe nie jemanden geschlagen. Nur in Notwehr. Trinken tu ich nicht.« Sehr stolz: »Meine jetzige Frau und ich sind Antialkoholiker. Ich hab' immer gearbeitet. So 3200.– DM netto im Schnitt verdient.«

Wieso hakt da die Verteidigung nicht nach? Muß also stimmen!

»Nur als ich 3 Tage meine Frau überwachte, weil sie Männerbesuch hatte, verlor ich einen Arbeitsplatz.«

Also auch ausgebeutet, betrogen. *Und dann wird's richtig gruselig.*

»Als ich mal nach Hause kam, wollten meine Frau und Simone mich die Treppe runterstoßen. Es war dunkel. Die beiden standen versteckt hinter

der Treppenbiegung und sprangen mich dann an, als ich hoch ging. Das war das einzige Mal, daß es zu Tätlichkeiten kam.«
HITCHCOCK!!
»Im Partykeller haben wir eine Musikbox und Fußballkicker. Getrunken hab' ich nur am Wochenende. Sonst nie! Und in der Nacht damals fast gar nichts. Ich ging leise hoch, um meine Frau nicht zu wecken, sie hatte ja nicht mitgefeiert. Stellte meine Prothese in die Ecke, zog mich im Dunkeln aus, legte mich schlafen und kam erst nach 7 Tagen wieder zu mir. Von oben bis unten blau. Hatte keine Ahnung, wie alles gekommen war. Kein Streit und nichts! Bis mein Stiefsohn mir alles erzählte. Sie war ja zu ihm gezogen, während ich im Krankenhaus war. Alles hatte sie mitgenommen. Außer meiner Kleidung nichts mehr da. Trotzdem wollte ich, daß sie wieder zurückkommt. Aber sie wollte nicht.«
Zwei Mädchen kommen zwischendurch lachend rein. Die Töchter. Werden wieder rausgeschickt, weil auch sie Zeugen sind. Simone, jetzt 13, übergroß und noch ganz ohne Reiz, verweigert die Aussage. Alles klar – sie war nur Mittäter! Da begreift sie, daß ihr Schweigen die Mutter belastet, und sagt doch aus!! Bestätigt alles, was die Mutter gesagt hat. Wenn er nüchtern war, war er ganz gut. Sonst hat er ausgeholt und mit den Knöcheln geboxt. Er ist immer wie so 'n Tier auf sie losgegangen. Fred hatte Hausverbot, weil er gepetzt hatte, daß mein Stiefvater sich nicht arbeitslos gemeldet hatte.«
Vorsitzender: »Hat Deine Mutter denn welche gelöffelt gekriegt?«
»Ja. Ich war ja fast immer dabei und hab' auf sie aufgepaßt. In der Nacht lag ich auch halb wach. Ich hörte, wie er sagte: ›Morgen rechnen wir ab, da fliegst Du raus.‹ Ich sah, wie er schräg über ihr lag mit der Hand an ihrem Hals. Da lief ich runter, holte die Bratpfanne und hab' sie ihm auf den Kopf gehaun. Meine Mutter saß ganz starr im Bett.«
Die ganze Zeit ist die Rede von gewesenen, jetzigen und künftigen Ehe-Männern, Ehe-Frauen, Schwägern, Halb-Geschwistern, Stief-Geschwistern, Stief- und Pflege-Eltern a.D. und Verwandten in spe. Jetzt ist Simone zusätzlich eine Fast-Mörderin. Im Rausgehen stolzer, liebevoller Blick auf die Mutter. Das Kind ist ihr Beschützer.
Dann kommt die gleichaltrige Heidrun rein. Ist viel kleiner. Wirkt viel jünger. Sehr süß. Sie ist die Tochter des Opfers. Lebt aber trotzdem bei Frau Marianne. Es wird lange untersucht, ob sie als Tochter des geschiedenen Mannes aussagepflichtig ist. Sie ist es nicht. Vor Gericht ist das so 'ne Sache mit Verwandtschaft! Sie will aber aussagen.

»Die beiden Mädchen sind jetzt Freunde«, sagt Frau Marianne, »keine Eifersucht mehr!«
Sie erinnert sich nicht mehr viel an die Tatnacht. »Ich hörte Simone aus dem Oberbett springen. Dachte, sie muß aufs Klo. Nachher haben wir das Blut von der Tür und vom Boden und von der Tapete abgewischt. Wir haben dann nie wieder darüber gesprochen.«
Stimmt. Alle wollten die Kleine schonen.
Auch sie bestätigt die Brutalität des Vaters.
Verteidigerin Gottschalk-Solger: »Du hast ein Brandloch in der Hand. Woher hast Du das?«
»Von meinem Vater. Ich sollte meine Hände nach hinten auf die Schulter legen und dann hat er seine Zigarette ausgedrückt.«
Nun ist klar, Frau Marianne hat doch die Wahrheit gesagt.
Fred tritt auf. Sieht auch nicht brutal, nur gut aus. Hat Charme. Und will in aller Offenheit, auch wenn's seine eigene Mutter trifft, nichts als die Wahrheit sagen. Spricht schnell und flüssig. »Meine Mutter wollte, daß wir Reinhold in den Wald locken. Und ihm das Bein abschnallen, damit er nicht weglaufen kann. Es sollte nicht schmerzlos abgehen. ›Die Hände kann ich nicht ab, die haben mich öfter geschlagen‹, sagte sie. Darum sollten wir Salzsäure drüber gießen und ihn hilflos liegen lassen. Damit hat sie mir immer in den Ohren gelegen. Bis sie eines Tages sagte: ›Du brauchst das nicht mehr. Ich mach' das heute selber. Mit 'ner Bratpfanne. Hinterher hat sie mir erzählt, daß sie die schwere Pfanne unterm Bett versteckt hatte. Simone holte noch 'ne kleine Pfanne. Die haben immer abwechselnd geschlagen. Machte immer kling-klong-kling-klong. Hinterher haben sie die kleine Pfanne von Haut und Haar gereinigt. Da macht sie das nun mal, nimmt sich den Mut, und das geht schief!«
»Warum haben Sie Ihre Mutter nicht sofort angezeigt?«
»Dann wär' ich ja vielleicht der Dumme, wenn die sich wieder vertragen. Viele Leute haun sich mal was vor den Kopf.«
Der 26jährige Fred ist in zweiter Ehe verheiratet. Mit der ehemaligen Braut seines jüngeren Bruders. Der auch verheiratet ist. Freds jetzige Frau hat zwei süße Söhne. Von jedem Bruder einen. Die Babys sorgen durch Schreien für Aufsehen im Gericht.
Freds Frau, 23 Jahre und ausgesprochen sexy, bestätigt seine Horrorgeschichte. »Das mit dem Wald und der ganze Tüdelkram ließ ihr keine Ruhe. *Da wollte sie ihm das Bein abnehmen und die Hände abhacken,*

damit er ja nicht wieder aufsteht. Sie wollte fürs Beseitigen was springen lassen. Auslegware, Kinderzimmer und Bier. Aber dann machte sie das selbst mit der Bratpfanne. Sie hat so 'ne schöne, schwere.«
»Haben Sie ihr denn hinterher keine Vorwürfe gemacht?«
»Nee, warum? War ja passiert. Is ja an und für sich 'ne Ehesache.«
»Haben Sie denn mit der kleinen Simone nicht über die Tatnacht gesprochen?«
»Nich' viel. Sie machte am nächsten Tag bei mir die Wohnung sauber. Sie amüsierte sich bloß über das Blutgematsche im Auge und das Kling-Klong.«
Nach den Aussagen muß doch der Angeklagten endlich der Angstschweiß auf der Stirn stehen. Aber nein, sie scheint immer noch gelassen auf die Bahn zu warten.
Die nächste Zeugin, Freds 19jährige Ehefrau Nummer 1, auch wieder verheiratet, bestätigt wieder Frau Mariannes Schilderungen.
Von den vielen ehrlichen, sich total widersprechenden Aussagen gebeutelt, sagt Richter Hadenfeldt trocken: »Nun ja – dann werden wir das mal wieder über Berufsrisiko abbuchen.«
Es kommen noch eine Reihe Zeugen. Neue Verwandte, alte Nachbarn, Freund und Feind. Beispiel, sein Freund: »Körperliche Auseinandersetzungen? Sah ich nie. Ach so, an die Wand gedrückt – ja, das schon. Wenn ich da war, hat er auch kein Essen an die Wand geschmissen. Nur auf den Fußboden.«
In der Pause erzählen Opfer Reinhold und seine jetzige Frau, wie übel ihnen mitgespielt wird: »Sie kippt uns Müll vors Haus und hat uns beim NDR wegen Schwarzhörens angezeigt, und lauter solche Sachen. Die Mädchen sagen ja nur, was sie sollen. Die Brandwunde hatte die Kleine schon als sie zu mir kam.«
»Warum haben Sie denn nicht laut widersprochen?«
»Ich war in dem Moment doch nicht Zeuge.«
Hier wird nicht schmutzige Wäsche gewaschen, sondern die letzte saubere schmutzig gemacht. Jeder prozessiert gegen jeden. Dabei hat jeder mal mit jedem zusammengehalten – jeder mit jedem was aufbauen wollen. Die vielen Eheschließungen, die vielen Kinder, die uns alle so verwirren, sind nichts als ein Indiz des verzweifelten Versuches, bürgerlichen Idealen nachzueifern. Es hört sich nur soviel an, weil jeder Händedruck gleich legalisiert wird. *Gemessen an diesen blitzsauberen Reihenhausleuten sind wir weiß Gott lockere Vögel.* Sie möchten alle so

gern eine richtige Familie haben, geordnete Verhältnisse, es besser machen als ihre Eltern und haben nie gelernt, wie.

Ich sag' zu Frau Marianne: »Warum sollte der Fred solche Schauermärchen erfinden?«

»Weil er sich ausgerechnet hat, daß er meine Sachen kriegt, wenn ich im Knast bin. Er stand doch mehrfach bei mir vorm Haus und schrie so, daß alle Nachbarn es hören konnten: ›5 Jahre kriegst Du mindestens!‹ Er hat mich auch schon früher mal für 50,– DM so ähnlich vor Gericht gebracht. Ich wurde freigesprochen. Fred sagt immer nur, ich brauch' Asche. Er wollte mich sogar mal an einen alten Herrn verkaufen.«

Verteidigerin Gottschalk-Solger und Staatsanwalt Wegener bemühen sich vergeblich, Ordnung in das Gestrüpp von Aussagen und Gegenaussagen zu bringen. *Zögernd aussagen ist falsch – flüssig stimmt auch bedenklich.*

Wollte sie ihn töten oder sich nur durch eine kräftige Abreibung Ruhe verschaffen? Staatsanwalt Wegener: »Eine Bratpfanne ist nicht gerade ein typisches Mordwerkzeug.«

Bleibt also gefährliche Körperverletzung. Da unbestraft und gute Mutter, verzweifelt und verbittert, plädiert er wegen der Kinder für 1 Jahr mit Bewährung.

Gottschalk-Solger: »Er hat immer auf Kosten seiner Frauen gelebt und sein Geld beim Spielen und mit anderen Weibern durchgebracht. Er sollte verhauen werden, damit er endlich merkt, daß er sich nicht an wehrlosen Frauen vergreifen darf. Frau B. hebt sich ab von anderen Frauen, die in den Kneipen sitzen. Simone ist Klassensprecherin. Ich wäre auch bereit, ihre Aussage auf Wahrheitsgehalt explorieren zu lassen, wenn notwendig. Was Fred anlangt, ich habe 9 Jahre Ehescheidungen in Billstedt gemacht und weiß, da kommt es zu erheblichen Verfehlungen für weniger als Möbel. Wenn man hier die ›Puppenstube‹ der Angeklagten belächelt, ist es wohl, weil man als Milieufremder nicht versteht, wie stolz Frau B. darauf ist, etwas besseres als Sperrmüll zu haben.«

Schlußwort: »Ich hab' das nicht getan. Ich bin sehr froh, daß meine Tochter keinen Mord auf dem Gewissen hat, weil es so schon schlimm genug ist.«

Wie schlimm, wird sich für die Tochter, um die sich bisher kein Psychologe gekümmert hat, erst später zeigen.

FREISPRUCH!

Frau Marianne ist nicht erstaunt. Wir unterhalten uns noch. »Meine

Männer waren ja immer jünger als ich. Jetzt bin ich mit einem gleichaltrigen verlobt. Der hat viel Verständnis, schenkt mir Blumen. Er hat ein schönes schnelles Auto und ein Motorboot und macht jede Woche Ausflüge mit mir und den Kindern. Alle schwärmen für ihn. Im Winter wollen wir zusammenziehen. *Aber heiraten will ich nicht mehr. Wenn's nicht klappt, muß er gehen.«*

Oktober 1977

Wie Menschen behandelt

Die Humanistische Union lud ein: zur Verleihung des Fritz-Bauer-Preises, wie in jedem Jahr seit 1968. In Erinnerung an den hochgeschätzten Reformjuristen Fritz Bauer. Er zeichnet Frauen und Männer aus, die sich unerschrocken und unbequem für die Humanisierung und Liberalisierung des Strafrechts und des Strafvollzugs einsetzen. Unter anderem erhielten den Preis bisher Gustav Heinemann, Birgitta Wolf, Rechtsanwalt Heinrich Hannover, der Rundfunkjournalist Werner Hill und der Richter Helmut Ostermeyer. Alles engagierte Einzelkämpfer im Strafvollzug, auf der politischen Ebene, in der Strafverteidigung und in der Publizistik.

1977 bekommt Heinz-Dietrich Stark den Preis, ein Psychologe, scheu, sehr bescheiden. Er sagt: »Ich habe lange gezögert, den Preis anzunehmen. Ich hab' mich gefragt, ob es nicht makaber, ja geradezu zynisch ist, diesen Preis einem Mann zu verleihen, dessen Aufgabe es ist, Leute einzusperren.« Stark ist der Leiter der Strafvollzugsanstalt Hamburg-Fuhlsbüttel, ist Chef von Santa Fu. Aber er hat den Preis verdient.

Vor 5 Jahren hat er diesen berüchtigten Knast übernommen, nach einer Meuterei der Gefangenen. Nach einer weiß Gott gerechtfertigten Meuterei gegen einen brutalen Vergeltungs-Vollzug.

Heinz-Dietrich Stark ist nicht nur scheu, er ist auch zäh. Es ist ihm gelungen, Sicherheit nach außen und Freiheit nach innen zu schaffen, das heißt: Abschaffung der Schäferhunde und der hausinternen Arreststrafen, Öffnung der Zellen während der Freizeit, Erlaubnis zur individuellen Zellenausstattung und zum Tragen von Privatkleidung, endlich unbewachter und erweiterter Besuchsempfang. Stark hat für die Einrichtung eines anstaltsinternen Fernseh-Systems gesorgt und räumt einer demokratisch gewählten Gefangenenvertretung weitgehende Mitspracherechte ein. Zäh mußte er sein, denn dies alles mußte er erkämpfen. Zwar wird er durch die Hochachtung anerkannter Strafvollzugsexperten aus dem In- und Auslang gestützt, aber er hat sich zu wehren gegen geradezu blindwütige Attacken der CDU-Opposition in der Hamburger Bürgerschaft und der reaktionären Presse. Kein Wort ist dort zu lesen von den Erfolgen von Stark, davon, daß fast alle Gefangenen von Ur-

laubsgängen zurückkehren, was alles andere als selbstverständlich ist. Aber bei Pannen, die natürlich auch mal in Fuhlsbüttel vorkommen, gibt es überdimensionale Hetz-Aufmacher und Balken-Überschriften.
Aber auch selbst in seiner eigenen Behörde kann Stark kaum auf Unterstützung bauen. Die Anstaltsleitung ist total abhängig vom Strafvollzugsamt. Und dort sitzen nicht wenige derer, die sich in der Praxis des Strafvollzugs als untaugliche Versager erwiesen haben. Sie wurden, da leider unkündbar, nicht raus-, sondern in der Bürokratie raufkatapultiert, wo sie sich profilieren, indem sie andere ducken. Und auch die jungen Beamten dort sind korrumpierbar, weil karriereabhängig.
Trostlos ist es immer, wenn man inkompetente Vorgesetzte hat. Wenn aber einer, der 500 von ihm abhängigen Menschen helfen muß, inkompetente Vorgesetzte hat, muß er schon sehr zäh sein. Doch selbst wenn von allen Seiten Hilfe käme, stelle ich mir das Amt eines Knast-Direktors, der mit einem Gewissen geschlagen ist, schwierig genug vor.
Ich habe Langzeithäftlinge getroffen, die mir sagten, daß sie, seit Dr. Stark da ist, zum ersten Mal wie Menschen behandelt werden, daß sie zum ersten Mal in ihrem Leben ein Selbstwertgefühl entwickeln, Selbstvertrauen entwickeln durch das Vertrauen, das ihnen entgegengebracht wird. Sie erzählten, wie sie auch gewisse Begabungen ausleben können, daß sie tatsächlich auf ein Leben in Freiheit vorbereitet werden (zum Beispiel, weil sie im Gefängnis Schulabschlüsse und Berufsausbildung nachholen können).
Heinz-Dietrich Stark: »Ich wünsche mir inneren Mut, äußere Ruhe und geistige Kraft, um den Mächtigen gegenüber stark zu bleiben.«
Was für ein Land, in dem Mut dazu gehört, human zu sein!

November 1977

P. S.
Jetzt, am 5. Juli 1980, bekam ich selbst den Fritz-Bauer-Preis.
Wundere mich: »Bin nicht so lieb, wie die meinen!«
Hartmut Schulze von »Konkret«: »Kriegst ihn ja nicht, weil Du lieb bist, sondern gerade, weil Du *nicht* lieb bist.«
Lese die Namensliste meiner Vorgänger noch mal und weiß: So schön dieser Preis auch ist, so ehrenvoll, eine Schonzeit für den Preisträger leitet er nicht ein.
Pervers, das Ganze. Amnesty, Humanistische Union etc. Wie in Chaplins »The Kid«. Der eine schmeißt die Scheibe ein, der andere folgt als

Glaser auf dem Fuße. Nur Chaplin und sein kid gehören zusammen. Wir sind die sanften Blöden, die immer nur die Wunden, die Sadisten im jeweiligen Staatsinteresse schlagen, heilen wollen. Mein Wunsch wird immer größer, nicht nur Spuren zu beseitigen.

Juli 1980

Martin S.*

Es gibt einen Jungen, Martin S., gerade 20 geworden, Maschinenschlosser-Lehrling, Jugendvertreter in einem Hamburger Montage-Betrieb. Martin S. ist in Schwierigkeiten geraten, 3 Monate vor dem Ende seiner Lehrzeit.

Ein Kollege, 60 Jahre alt, mit dem er sich immer gut verstanden hatte, sprach ihn am Morgen nach der Geiselbefreiung von Mogadischu und den Stammheimer Toten im Vorbeigehen an. »Na, Junge, was meinst du denn dazu?«

Martin S. blieb stehen und gab Auskunft:

»Ich freu' mich, daß die Geiseln unverletzt rausgekommen sind. Aber ich bin sicher, daß die GSG-9-Leute Tote einkalkuliert haben. Mußten sie ja. Tja, die Selbstmorde – ich möchte bloß wissen, woher die die Waffen gehabt haben sollen.«

Und dann sagte Martin S. noch etwas über den anderen Martin S., der sich in der Hand von Terroristen befand. Er nannte ihn »ein Schwein«. Er wollte das mit dem Leben Schleyers, mit seinen SS- und Arbeitgeber-Aktivitäten belegen. Dazu kam es dann nicht mehr. Der Kollege sagte bloß: »Geh man weiter, mein Junge, sonst vergeß ich mich!«

Martin S. hatte 2 Tage Urlaub. Als er in die Firma zurückkehrte, wurde er fristlos gekündigt, mit Zustimmung des Betriebsrats. 3 Monate vor Abschluß der Lehre und ohne Chance, einen anderen Arbeitsplatz zu finden, verurteilt zur Existenz eines ungelernten Arbeitslosen. Beim Bayern-Konzern bewarben sich jüngst für 67 offene Lehrstellen 1200 Abiturienten.

Martin S. klagte vor dem Arbeitsgericht auf Weiterbeschäftigung. Der Vorsitzende sagt: »In der heutigen Zeit eine sehr schwere Entscheidung, vor der wir hier stehen. Dies ist kein Strafgericht. Wir können die Äußerung nicht strafrechtlich beurteilen.«

Um die heutige Zeit geht es die ganze Zeit. Der Anwalt: »Vor 2 Jahren hätte kein Hahn danach gekräht.« Auch damals durfte man das Anden-

* Diese Kolumne habe ich in der Redaktion auf Band diktiert. Da ich das Band nicht habe, kann ich nicht sagen, an welchen Stellen mein Text gekürzt oder verändert worden ist. Ich bin mit dem erschienenen Text einverstanden.

ken Toter nicht verunglimpfen. Martin S. hatte ja von dem lebenden Hanns Martin Schleyer gesprochen. Und über den konnten Gewerkschafter vor 2 Jahren noch manches sagen.
Ein Zeuge wird aufgerufen, der Vorsitzende des Betriebsrats: »Die Belegschaft war zutiefst empört. Sie ist wegen dieser Sache an den Betriebsrat herangetreten.« Der Anwalt: »Die ganze Belegschaft?« »Nein, einer im Namen der Belegschaft. Das ging doch durch den ganzen Betrieb, alle waren im Aufruhr befindlich. Einer sagte mir: ›Wenn das bei uns in der Rohrschlosserei gewesen wäre, dann hätten wir den in die Ecke gestellt und mit Rohren bearbeitet!‹«
Der Betriebsratsvorsitzende hinterher zu mir, in väterlichem Ton: »Er soll sich doch freuen, daß er noch lebt, nach alledem.«
Die Trauer der Gewaltlosen um die Opfer der Terroristen.
»Wenn er sich doch nur entschuldigt hätte«, sagt der Betriebsratsvorsitzende. Ja, bei wem hätte er sich wohl entschuldigen sollen dafür, daß er schlecht von Schleyer dachte? Bei den Arbeitern? Beim Betriebsrat? Bei den Opfern von Schleyers Aussperrungspolitik? Wer von denen konnte sich gemeint, betroffen, beleidigt fühlen? Und das von einem Wort, das täglich in jeder Fabrikhalle zigmal fällt.
Aber sie waren tatsächlich aufgebracht. Und widerstandslos legten sie Tage darauf für 3 Minuten die Arbeit nieder, um schweigend den toten Unternehmerpräsidenten zu ehren. Der ihre Löhne gedrückt, ihr Leben erschwert hatte, der sie in Furcht und Dummheit halten wollte.
Warum? Warum diese plötzliche Pietät von Leuten, die es sonst ertragen müssen (ohne Schweigeminute), wenn einer der Kollegen in ein Walzwerk gerät?
Sie sind wohl schon ihrer eigenen Trauer enterbt, von einem Medienterror, der die Äußerung von Gefühlen längst zur kontrollierbaren staatsbürgerlichen Betätigung erklärt hat. Als neulich 7 Bergarbeiter tödlich verunglückten, brachte das nur eine Kleinstnotiz auf der letzten Seite. Trauer war nicht angesagt. Die 7 mal 3 Trauerminuten blieben den Unternehmern erspart.
Einer der Anführer unserer Arbeiterbewegung, der sozialdemokratische Hamburger Schulsenator Günter Apel, hat die Lehre der Stadt in einem Dekret ermahnt: »Das Aufspüren von dunklen Punkten in der politischen Vergangenheit von Opfern des Terrorismus ist menschlich gesehen geschmacklos, politisch aber abwegig.«
Damit keiner schon in der Schule erfährt, warum die Karrieren von SS-

Männern wie Schleyer in Bundesdeutschland ein Skandal waren und was diese Karrieren mit der Existenz von Terroristen zu tun haben. Oder ist zu fürchten, daß die Stimmung in der Rohrschlosserei dem menschlichen Geschmack und den politischen Wegen des Sozialdemokraten Apel mehr entspricht?

Wären die Politiker und Richter dieser Bundesrepublik mit den Taten der Schleyers so umgegangen wie der Hamburger Montage-Betrieb mit den unvorsichtigen Worten des Martin S., hätten diese Worte nie zu fallen brauchen.

Dezember 1977

1978

Wallraff-Prozeß

In schwedischen Schulen stehen Wallraffs »Unerwünschte Reportagen« auf den Lehrplänen. Bei uns sitzt Wallraff immer öfter auf der Anklagebank. Macht nichts. Wie die Dinge bei uns liegen, ist das schon wieder eine Ehre.
Am 21. 12. 1977 tagt nur die Zivilkammer 24 des Hamburger Landgerichts. Für Springer und den Springer-Redakteur Schindelbeck. Gegen Wallraff. Kein Strafgericht. Es ist ein exklusiver kleiner Laden, dem der Richter Engelschall vorsitzt. Assistiert von den Beisitzern Ficus und Krause, empfängt er hier meist gutgelaunt die Spitzen aus Verlagen und Politik: Nannen, Augstein, Strauß – alle schon mal dagewesen. Auch wir hatten schon öfter die Ehre.
Als eine große Platte mit belegten Brötchen im Gerichtsgang vorbeigetragen wird, denken wir tatsächlich, es ist für uns; so privat ist die Atmosphäre. Geradezu intim. Vielleicht ist es ja gar nicht erlaubt, darüber zu schreiben. Denn das haben die Springer-Anwälte beantragt: die Vorgänge in der »Bild«-Redaktion Hannover zur Intimsphäre zu erklären und Wallraffs Bericht darüber zu verbieten. Es ist ein Antrag, nach dem der ganze Wallraff verboten werden könnte, ob er sich nun als Fließbandarbeiter, Asyl-Penner, Napalm-Dealer, Alkoholiker im Irrenhaus, Abgeordneter, Klosterbruder, Bote oder Waffenlieferant für Spinola verkleidet, als David, »der mit immer wechselnder Tarnkappe ausspäht, was Goliath für seine ›Privatsache‹ hält«. Der schon jetzt, nach nur wenigen Monaten sein Buch »Der Mann, der bei BILD Hans Esser war« 277 000mal verkauft hat. Trotz des relativ hohen Preises von 16 Mark 80. In xter Auflage, nach jeder neuen einstweiligen Verfügung neu gedruckt. Wo? Ach, das würden die Springer-Leute auch so gern wissen! Immerhin, Wallraff hält sich an die Beschlüsse. Untersagtes nimmt er raus, formuliert um und klatscht noch eine neue Enthüllung dazu. Kein Wunder, daß die Springer-Leute wahnsinnig werden.
Wohl um diesem beklagenswerten Zustand Einhalt zu gebieten, läßt der Vorsitzende Engelschall gleich zu Anfang Menschlichkeit walten: »Es ist ja bekannt, daß Richter nicht gerne Urteile schreiben. Wir haben uns deshalb überlegt, wie wir die Sache so vom Tisch kriegen.«

Dann folgt der atemberaubendste Vergleichsvorschlag, den wohl je ein deutscher Zivilrichter gemacht hat: Springer zieht seine Klage zurück, Kiepenheuer und Wallraff verzichten darauf, das Buch weiter zu verbreiten. Da zucken alle Parteien verblüfft in Abwehr zusammen. Nur Wallraff nicht, denn er ist noch gar nicht da. Als er nach eineinhalb Stunden reineilt, sagt ein Freund: »Du kommst noch zum Jüngsten Gericht zu spät!«

Da also von Vergleich keine Rede sein kann, nimmt die Farce ihren Gang. Die Springer-Anwälte, Renate Damm und Sophus Witt, in dem Ruf von Fähigkeit und Kühle stehend, total verunsichert, spielen die Rollen zweier Klageweiber.

Greinend: »Man kann ja nicht erkennen, ob ein Buch alt oder neu ist, wenn die Auflage darin nie verzeichnet ist. Und wer garantiert, daß Wallraff nicht überall auf seinen Vortragsreisen aus seinen Büchern vorliest und Bemerkungen macht, wie: ich grüße die Vertreter der Rechtsabteilung. Obwohl diese nie anwesend sind.« Gelächter, das sich den ganzen Prozeß über kaum legt!

Witt: »Schindlbeck ist am meisten leidgeprüft. Dank des Gefechtslärms auf der Spiegel-Bestsellerliste. Er wird als der Prototyp des miesen, eitlen, diktatorischen, kriegerischen Vorgesetzten geschildert. Der ist fertig für sein ganzes Leben.« Heinrich Senfft, der Kiepenheuer und Wallraff vertritt, muß lachen. Wen hat Schindlbeck wohl alles en passant in seinem Blatt in Millionenauflage mit Namen, Adresse und Foto »fürs ganze Leben fertiggemacht«?

Jetzt popelt er nicht mehr in Hannover herum. Er ist inzwischen Chef-Reporter bei »Bild«-Hamburg. Man braucht ihn für diesen Prozeß, egal, wie sehr man ihm verübelt, daß er nicht genauer hinsah, als er Esser/Wallraff einstellte. Ungerecht. Woher sollte der Mann wissen, daß er ausgerechnet an dem Tag gründlich recherchieren sollte?

Plötzlich, in den Dämmer hinein, den sein Plädoyer verbreitet, ruft Springers Anwalt Witt mit erhobenem Finger: »Wehret den Anfängen!«

»Es ist, als fragte Desdemona: ›Hast du zu Nacht gebetet, Othello?‹« sagt Gremliza.

Richter Ficus wartet auf eine Gelegenheit, den Vergleichsvorschlag nachträglich zu rehabilitieren. Nach kurzem Getuschel mit Engelschall sagt er: »Das Gericht ist falsch verstanden worden. Gemeint war: das Buch nur unter Weglassung der beanstandeten Stellen weiterzuverbreiten.«

Jetzt, da nicht mehr verglichen wird, hat sich das Gericht gerettet.
Frau Damm wird immer bitterer: »Sie«, ruft sie Senfft zu, »haben die ganze Zeit gelacht!«
Senfft: »Wollen Sie mir vielleicht das Lachen auch noch verbieten lassen?« Es war nicht mehr auszumachen, ob Frau Damm die Ironie der Frage verstand.
Witt zu Senfft: »Das Vertrauen der Öffentlichkeit in die einzelnen Redaktionen muß erhalten bleiben. Was würden Sie tun, Herr Kollege, wenn sich Herr Wallraff bei Ihnen einschleichen würde?«
Senfft: »Es wäre mir sicher nicht angenehm. Aber es wäre besser, wir wüßten uns in unserer Arbeit beobachtet.«
Das war kein Anwaltsspruch. Das war sein Standpunkt. Auch Senfft ist in diesem Prozeß nicht »cool«.
Wallraff erklärt seine Methode: »In Amerika ließ ein Weißer sich dunkle Hautfarbe spritzen, um darüber schreiben zu können, wie man als Neger behandelt wird.«
Dann wieder Frau Damm. Erst aggressiv, dann zappelig, zum Schluß kreischig. Sie zieht Kollege Witt, der zum Publikum spricht, am Arm und zischt: »Da ist das Gericht!« Sie erinnert daran, daß auch Wallraff sensibel reagiert, als »Bild« schrieb: »Sein bleiches Fanatikerantlitz durch Höhensonne vermenschlicht ...«
Senfft: »Aber wir haben nichts dagegen unternommen.«
Frau Damm triumphierend: »Natürlich nicht! Weil es stimmt!«
Biermann, der hier bei uns immer mehr mitkriegt, ruft laut von der Zuschauerbank: »Ziemlich keck, das Mädchen!«
Anwalt Witt kämpft für die Pressefreiheit. Für die von »Bild«: für die Freiheit, falsch zu informieren, irre zu führen, Dreck in die Birne zu füllen und ein Lynch-Klima zu schaffen.
Senfft hat recht. Jedem von uns täte es gut, zur Selbstkritik gezwungen zu sein. Die internen Gespräche in fast allen Redaktionen sind reichlich zynisch. Aber ich ziehe es vor, dort zu arbeiten, wo sich der Zynismus nicht in Form von Verlogenheit im Blatt niederschlägt.
Senfft: »Wallraff hat keinen Betrug begangen. Er hat nicht Geld ohne Gegenleistung genommen. Und was heißt Intimsphäre? Eine Redaktion ist kein Schlafzimmer. Er hat nicht durchs Schlüsselloch geguckt.«
Was »Bild« häufig tut, falsch hinsieht und verdreht beschreibt. »Er hat einen Gewerbebetrieb heimgesucht, und er hat ihn kritisiert.«
Wallraff: »Ich habe ganz bewußt nichts Privates geschildert, obwohl es

auch da genug zu sehen gab. Ich sage mir, das sind Fälle für den Psychiater, für den Arzt. Und, glauben Sie mir: Es bröckelt schon! In allen Springer-Filialen sitzen Mitarbeiter, die beobachten. Und mir helfen, mein nächstes Buch vorzubereiten. Ganz legal.«
»Entscheidung wird verkündet am 6. Januar.« Das Gericht geht ab.
Draußen die Frage: ›Wie war ich? Die Damm ist aber ganz schön aufgelaufen, oder? Werden die uns recht geben? Kommt Springer durch?‹
Laien versuchen, juristische Alternativen zu diskutieren. Wie geht's aus? Gremliza sagt jedem, der's hören will: »Zu 80 Prozent für Springer.«
Am 6. Januar ergeht die Entscheidung: Von 27 Passagen des »Bild«-Buchs, die Springer verbieten lassen wollte, werden 22 vom Gericht verboten. 22 von 27 sind 81,84 Prozent. Sage keiner, unsere Justiz sei unberechenbar.

Februar 1978

P. S.
Wallraffs Buch GANZ UNTEN wurde über 3 millionenmal in aller Welt verkauft. Jetzt bereiten Wallraff und sein Team ein neues Projekt vor. Wir sind schon alle gespannt, als wer er jetzt wieder auftaucht.

Mai 1990

Kein Wunschkind

Anklage: Aussetzung
»Der Hausfrau Edeltraut Bergen wird vorgeworfen, am 2. 11. 1976 gegen 4 Uhr in der Straße Grindelhof ihren an diesem Ort soeben geborenen Sohn in unbekleidetem Zustand, ohne Unterlage, hinter das rechte Vorderrad eines dort abgestellten PKWs gelegt und in hilfloser Lage verlassen zu haben.«
Stimmt. Darüber stand damals 'ne Menge in der Tagespresse. So klein, so unterkühlt. Unmenschlich. Entsetzlich das Ganze. Dann Wunder über Wunder: Das Kind blieb am Leben. Obwohl es eine naßkalte Spätherbstnacht war. Eine frierend, zur Arbeit hastende Putzfrau fand den winselnden Jungen unter dem Ford PKW HH–VC 722. Nur ein paar Schritte vom »Abaton«, dem Studentenkino, entfernt. Ganz in der Nähe vom »Arbeiterbuch« und dem kleinen Café und anderen beliebten Treffpunkten. Eine uns allen vertraute Ecke.
Wie kommt es wohl dazu, daß 1977, im Jahrhundert des Fortschritts, jemand sein Kind mitten auf der Straße kriegt? In einer Großstadt voller Frauenkliniken und Notärzte.
Beamte gaben dem Findeljungen den Namen »Dienstag«, dem Fundtag entsprechend. Vor dem Saal 201 B müssen wir warten. Wir haben also Zeit zu überlegen, welche der herumsitzenden, -stehenden und auf und ab gehenden Frauen die angeklagte Mutter sein mag. Die große Dicke? Die schlampige Kleine? Die Halbwüchsige mit dem Wuschelkopf? Die Hübsche ganz hinten? – Die Hübsche ist es.
Zart, mädchenhaft, weiches langes Haar, schönes ungeschminktes Gesicht. Wirkt völlig abwesend. Wegschwimmend. Vielleicht verträumt? Wie sie wohl spricht? Trägt die Schuhe, die ich mir immer schon kaufen wollte, und einen schmiegsamen Pelz. Erinnert an die nie ganz erreichbaren, nie recht begreifbaren, melancholichen Schönheiten der Filme der dreißiger Jahre.
Sie setzt sich auf die Anklagebank und erzählt: »Ich bin jetzt 27. Ich ging in die Schule, bis ich 16 war, und lebte die ganzen Jahre bei meiner Oma im Allgäu. Ich wurde Fotolaborantin.«
Danach zog Edeltraut zu einer Großtante nach Hamburg. Wie es dazu

kam, wird nicht erörtert. Nur, daß sie Bardame auf der Reeperbahn wurde.
»Aber nur im Ausschank«, macht sie deutlich, »bis mein erstes Kind am 2. 11. 1971 geboren wurde.«
Im Juli 1972 heirateten sie und der Vater des Kindes. Sie hatte den 15 Jahre älteren gelernten Kfz-Schlosser Manfred im Milieu kennengelernt. Er arbeitete damals, genau wie jetzt immer noch, als Geschäftsführer in einer Bar. Nacht für Nacht.
Edeltraut: »Er verdient zwischen 2000,– DM und 2500,– DM im Monat. Er gibt mir 130,– DM Haushaltsgeld.«
Verteidiger: »Gibt er Ihnen auch Taschengeld?«
Die junge Frau: »Ich hab' noch nie drum gefragt.«
Ihre Stimme ist angenehm, bebt leicht. Sie denkt lange nach zwischen den Antworten. Oft so lange, daß man meinen könnte, sie habe die Frage nicht gehört, so daß jedes Wort von ihr überrascht.
»Warum beziehen Sie keine Arbeitslosenunterstützung? Das steht Ihnen doch zu.«
Sie: »Weil ich gesundheitlich nicht soweit zusammen bin ... Mein Kreislauf ... Und teils seelisch ... Das mag Sie verwundern. Die Wege würde ich nicht überstehen.«
Sie erzählt von der Schwangerschaft.
»Ich hab' versucht, das zu verdrängen. Hab' mich vollkommen abgekapselt. Täuschte eine Unterleibsgeschichte vor.«
Als sie endlich Ende Oktober zum Arzt ging, war sie schon im neunten Monat. Weil sie's nicht wahrhaben wollte, schlug der Arzt eine Ultraschalluntersuchung in der Uni-Klinik vor. Sie ging nicht hin.
»Ich sagte mir, da ist nichts dran. Wollte nur allein sein.«
»Und dann?«
»Hab's bekommen, hab's dagelassen. Da war nichts wehenähnliches. Ich wollte nur nachts, als ich aufwachte, mit dem Hund spazierengehen. Ich hatte meine lange Hose an.«
»Paßte die denn noch?«
»Ja, natürlich ... Als ich merkte, daß das Fruchtwasser mir die Beine runterlief, ließ ich die Hose runter. Das Kind ist in die Hose gefallen.«
»Sie müssen doch Schmerzen gehabt haben!«
»Nein.« Sie schüttelt den Kopf.
Sonderbar. Ein Bewohner der Straße sagte aus:

»Ich hörte nachts ein gräßliches Stöhnen. Dachte erst, daß eine Frau geschlagen wird. Ging raus und suchte die Straße ab.«
»Hatten Sie einen Weinkrampf vielleicht oder doch Schmerzen?«
Fast trotzig: »Nein, hatte ich nicht!«
Verteidiger: »Gestern sind Sie in meinem Büro auch ganz unvermutet in Tränen ausgebrochen.«
Langsam und zäh, auf 3 Fragen jeweils eine Antwort: »Als ich die Nabelschnur nicht durchreißen konnte, hab' ich sie mit den Zähnen durchgebissen. Zu Hause hab' ich mich ausgezogen, gewaschen und mein Nachthemd angezogen. Mein Mann kam wie immer gegen 6 nach Hause und schlief bis nachmittags. Ich stand morgens wie immer auf. Beim ersten Kind hatte ich auch keine Wehen. Nur ein merkwürdiges Ziehen. Es war eine 5-Minutengeburt ohne Schmerzen. In Kleidung war das auch damals nicht zu bemerken.«
Vorsitzender: »War das nicht äußerst ungewöhnlich?«
Unverhofftes, schrilles Lachen: »Ungewöhnlich? Ich weiß nicht. Ich kann jedenfalls nichts dazu, daß man es mir nicht ansieht. Mein Mann gab sich damit zufrieden, daß das Geschwür genauso plötzlich weg war, wie gekommen.«
Die Staatsanwältin Wolf: »Aber 2 Tage später gingen Sie doch zum Arzt. Doch wohl, weil sie Schmerzen hatten.«
»Nein, da war nur ein kleiner Riß. Der wurde genäht.« (Von wegen klein! Ein Dammriß 3. Grades.)
»Das Kind stammt nicht von Ihrem Mann. Wer ist der Vater?«
Abwehrend: »Wer? Ich glaub', das ist in den Akten vermerkt.«
Ich will mehr wissen. Warum ist sie mit wem fremdgegangen? Will sie ihn decken?
»Unsere Ehe war in einer Krise. Wir hatten auch keinen Sexualkontakt. Haben nicht zur gleichen Zeit im Bett geschlafen. Wir hatten eine Diskussion über den anderen Mann. Haben uns ausgesprochen. Erst lange danach habe ich die Schwangerschaft bemerkt. Meine Regel setzte nie aus. Ich hatte Angst, die gute Entwicklung meiner Ehe zu stören. Und ich hatte Angst, mit dem fremden Kind alleine dazustehen. Ich hab' meinen Mann gern. Es ist nur so schwierig durch den Prozeß für uns alle. Wenn ich jetzt in der gleichen Lage wäre, würde ich versuchen, darüber zu sprechen. Ich hatte vorher keine Kontakte. Keine Freunde und Bekannte. Das Verhältnis zu meinem Kind ist enger als zu meinem Mann.«
»Hatten Sie keine Interessen?«

»Ich hab' viel gelesen. Bücher von Dostojewski und Tolstoi.«
Staatsanwältin Wolf: »Wie dem auch sei, Sie sind doch ganz bewußt nicht zurück nach Hause gegangen, obwohl Sie ganz in der Nähe waren, Sie wollten doch bewußt die Geburt vertuschen.«
Wat 'n Quatsch! Um die Geburt zu verbergen, hätt' sie sich wohl kaum auf offener, beleuchteter Straße mit heruntergelassener Hose hingehockt. Dort gibt's genügend Hinterhöfe und Ascheimer in der Nähe.
Die Staatsanwältin: »Hat er Ihnen das verziehen? Erst die Untreue, dann das mit dem Kind? Verdrängen war doch nicht mehr möglich, als das Kind da war.«
Doch. Wenn's weg war, schon!
Sie: »Ich hörte erst später davon, daß sich so viele bemühten, das Baby am Leben zu erhalten.«
Polizei: »Sie sagte sofort bereitwillig aus. Flehte uns nur an, dem Mann nichts zu sagen.«
Der Arzt: »Eine diskrete Hirnschädigung durch Unterkühlung ist bei dem Kind nicht auszuschließen. Eine Nachuntersuchung würde jetzt, nach über einem Jahr, mehr aussagen.«
Es quält sie offensichtlich, vom Kind, das sie nie mehr gesehen hat, Einzelheiten zu hören. Sie schluckt und wippt nervös mit dem Fuß, die Hände ineinander verkrampft.
Ob sie's wissen möchte?
Ihr Mann kommt als Zeuge rein. Klein, breitschultrig. Kamelhaar. Hamburgert heiser. Ein echter St. Paulianer. Verunsichert. Versteht nicht, wie es zu all dem kommen konnte. Scheint sie zu lieben. Hilflos.
»So bißchen dicken Bauch hab' ich ein paarmal gesehen. Ich hab' das geglaubt, daß das 'ne Geschwulst war. Vom ersten Kind hätt' ich auch nichts gemerkt, wenn sie mir nichts gesagt hätte.
Dann riefen die vom Präsidium an, ich sollte hin. Was ich da soll – ich hab' doch nichts getan!? Ob ich denn auch fremdgegangen war? Ja, Fehler machen wir alle mal.«
Von einer Aussprache über den Mann, bei dem Edeltraut vorübergend Trost suchte, weiß er nichts.
»Es hat gekriselt, ja. Das stimmt. Haben uns wochenlang nur in der Tür gesehen. Natürlich war ich ganz schön aufgeregt, als ich mit ihr sprach. Sie hätte mir doch alles sagen können.«
Edeltrauts Kopf, den sie den ganzen Prozeß hindurch hochgehalten hat, liegt jetzt fast auf ihrer Brust.

»Wie ist denn Ihre Ehe jetzt?«
»Sehr gut! Wir lachen mit dem Kind. Haben uns immer nett unterhalten. Zum Beispiel: so, was machen wir jetzt? Was holen wir ein?«
»Hätten Sie Ihre Frau vielleicht rausgeworfen, wenn sie Ihnen von der Schwangerschaft erzählt hätte?«
»Nein, das hätte ich nicht.«
»Das hat Ihre Frau aber befürchtet. Sind Sie sicher, daß Sie sie mit dem neuen Kind behalten hätten?«
»Ja.«
»Wäre es nicht denkbar, daß Sie sie mit dem Neugeborenen vor die Tür gesetzt hätten?«
»Doch. Das wäre denkbar.«
Als Gutachterin sagt die Oberärztin Gerda Baum, vier Kinder, aus: »Wir Frauen, die geboren haben, wissen, daß da etwas mit uns geschieht, war wir nicht in der Hand haben. Auch wenn wir in Geborgenheit leben, Gymnastik machen, Pflege haben. Aber das hatte Edeltraut ja alles nicht. Sie war mit Sicherheit schuldunfähig.«
Die Staatsanwältin Wolf kämpft: »Edeltraut lebte in gesicherten Verhältnissen. Wie viele haben keine innere Sicherheit heutzutage.«
Kurzum: Wenn das nun jede täte, ihr Kind auf die Straße fallen lassen ... »Es geht um die Tat. Wäre das Kind gestorben, müßten wir über fahrlässige Tötung verhandeln. Schuldunfähig? Wo kämen wir da hin? Das wäre ein Freibrief für jeden.« Freibrief? Wofür?
Eine verdrängte Schwangerschaft, per Sturzgeburt, auf offener Straße, nachts, bei Regen, im Winter, zu beenden? Und auf der eigenen Blutspur nach Hause zu laufen wie Edeltraut? Wünschen wir uns doch alle.
Verhandlungspause: Wir stehen laut debattierend im Gerichtsflur. Die Staatsanwältin, die Gutachterin, meine Kollegin von der WELT und ich. Wir alle haben schon Kinder gekriegt und wohl auch Fehlgeburten gehabt. Muß mir trotzdem sagen lassen, daß ich offensichtlich – wie immer – auf der Seite der Angeklagten bin. Das Kind sei mir wohl egal.
Ich: »Was hat denn das Kind davon, wenn die Mutter verknackt wird?«
Entscheidung: Die Anklage wird von »Aussetzung« auf »versuchte Kindestötung« erweitert und der Fall ans Schwurgericht abgegeben.
Zufrieden, Frau Staatsanwältin?

März 1978

Deutscher Alltag – 1978

Als ich neulich mit Kollegen über unsere Arbeit sprach, sagte ich: »Ich möchte mal wieder öfter ein kleines Alltagsding nehmen. Es muß ja nicht immer ein Sensations- oder Politknüller sein. Wir lassen uns von den großen Prozessen viel zu leicht ablenken, von all dem, was sonst noch so läuft.«

Das sagte ich, obwohl die Justizpresseliste schon seit einiger Zeit immer mehr der Gästeliste einer besonders interessanten Party ähnelt. Eben – besonders interessant. Dadurch übersah ich, daß Polit-Prozesse – nicht spektakuläre –, die gar nicht erst auf der Justizpresseliste vermerkt werden, schon längst zu den kleinen Alltagsdingen geworden sind.

Inge, *eine meiner netten Nachbarinnen* in St. Georg, dem etwas verrotteten, *Quartier Latin ähnlichen* Altbau- und Kleineleuteviertel, in das sich viele reinretten, die kalte Perfektion nicht mehr ertragen können, *erinnerte mich seit Monaten immer wieder an ihren bevorstehenden Prozeß.*

»Auch wenn ich nichts getan hab' und gar kein schlechtes Gewissen haben muß – man weiß ja nie. Laß mich bloß nicht hängen! Der Richter soll ganz besonders scharf sein!«

Obwohl ich nicht vorhatte, darüber zu schreiben, versprach ich zu kommen. Ich weiß ja inzwischen gut genug, wie sich die Angst vor einem Prozeß auswirkt und wie angewiesen man auf Rückhalt von Freunden ist.

Inge – MTA, ein temperamentvolles, engagiertes Mädchen. Schwarzbraun wie die Haselnuß. Immer lustig. *Das beim Sprechen südlich gestikuliert, obwohl sie Hamburgerin ist.* Inge, die man sich ohne ihren schweren Korb voll Bücher und Obst im Arm gar nicht vorstellen kann. Letztes Jahr kam sie mir beim Einholen in der Frühlingssonne entgegen. Verquollen, geschwollen, tomatenrot. Gar nicht lustig.

»Mein Gott, was hast du denn gemacht?«

»Ich nicht! Ein Polizist. Hat mir neulich am Hauptbahnhof chemische Keule ins Gesicht gespritzt.«

»Was? Wieso? Was hast Du denn verbrochen?«

»Gar nichts. Die scheinen auch keinen Grund mehr zu brauchen.«

»Erzähl mal.«

»Da ist ein AKW-Gegner, der am 19. März auch in Grohnde demonstriert hat. Wir waren damals ungefähr 20 000 dort. Bernt wurde festgenommen und sollte sich jetzt, bis zu Beginn seines Prozesses, jede Woche bei der Polizei melden. Abends. So daß ungefähr 100 von uns ihn nach der Arbeit aus Solidarität zur Wache begleiten konnten. Es hätte uns ja genauso treffen können. *Wer Lebensgefahr abwenden will, wird bestraft. Das ist mir unverständlich.*
Insgesamt gingen wir dreimal mit. Beim zweiten Mal, am 12. April, wurden wir schon von der Polizei erwartet, als wir singend und mit der Forderung nach Einstellung aller Straf- und Ermittlungsverfahren zur Wache 18 am Hauptbahnhof abzogen. Ich hörte nur noch ›Verhaftungen vornehmen!‹, bevor die uns mit Schlagstöcken *in der Hand* ziemlich brutal verjagten. Einem Mädchen haben sie dabei einen Finger gebrochen. Und wahllos 7 Leute festgenommen, die im Gedränge gar nicht so schnell weg kamen. Vom Hauptbahnhof riefen wir über die Straße, daß sie die Leute freilassen sollten. Da kam eine Gruppe Polizisten aus dem Fußgängertunnel raus, um zu räumen. Obwohl ich tat, was die anordneten, lief einer hinter mir her, überholte mich und spritzte mir, bevor ich überhaupt begriffen hatte, was los ist, den Kram ins Gesicht. Der und noch einer nahmen mich dann zur Wache mit. Als ich telefonieren wollte, was ja mein Recht ist, sagten sie, ›geh du erst mal in die Zelle‹, und schlossen mich ein. Später wurde ich auch noch erkennungsdienstlich behandelt. Wie ein Verbrecher!«
Kein Wunder, daß Inge das Lachen erst mal vergangen ist. Übrigens, sie hatte noch monatelang ständig starke Beschwerden, und ihre Augen sind noch immer, 1 Jahr später, ganz lichtempfindlich.
Nun ist sie wegen Widerstand dran, *obwohl sie keine Chance hatte zu widerstehen.*
Am 14. 2. 1978 suche ich, trotz Grippe, den Verhandlungssaal 184. Zwänge mich durch eine Horde aufgebrachter Leute. An die 80 Mann, die alle rein wollen. Auch Inges Eltern. Das war wohl nichts. Denn die Miniatur 184, eingequetscht in der Niesche zwischen Fahrstuhl und Wand, *auf Grund der Winzigkeit auch Sprechzelle genannt,* faßt nur 14 Personen. Eine Pressebank gibt es nicht.
Es darf noch keiner rein. *Auch ich habe meine Mühe.* Dafür sind schon 3 Plätze besetzt. Von Leuten, die in *irgendeiner Weise* zum Haus gehören, und sich wohl als Füllmasse mißbrauchen lassen.
Draußen schreit man nach einem größeren Saal. 3 Wachtmeister treten

einander in der Enge auf die Füße. Zu meiner Überraschung hat Richter Graue den Vorsitz. Der Mann, dessen furchtlose Prozeßführung ich schon einige Male beschrieben habe. Bitte nachlesen. KONKRET Nr. 3, 1975, »Hilfe, Polizei!«.
KONKRET Nr. 4, 1975, »Richter Graue«. Auch in dem Buch »Strafjustiz« kommt er vor.
Mit Graue rechnete ich nicht, *da ich ihn nur in dem Saal 192 erlebte.*
Als endlich Einlaß auch für die reduzierte Öffentlichkeit ist, *gebe ich meinen Platz sofort auf, stelle mich neben die Bank ans Fenster. Lehne an der arktisch kalten Heizung.*
BUU-Gabi, eine Zuschauerin, sagt: »Das ist eine Frechheit.«
Graue: »Von wem?«
Gabi: »Ja, vom Gericht. So einen kleinen Saal für den Prozeß zu nehmen!«
Staatsanwalt Dr. Gerhard: »Vortreten! Personalien? Ich beantrage eine Ordnungsstrafe von 300,– DM, ersatzweise 3 Tage Haft!«
Das fängt ja gut an!
Inges Verteidiger, Dieter Magsam, *würde* gern *rationell, zeit- und geldsparend* in einem anständigen Saal verhandeln. *Da seine schriftlich und mündlich gestellten Anträge, die aus der damaligen Spontan-Demo entstandenen 6 Prozesse gleicher Güte zusammenzulegen, vergeblich waren,* sagt er:
»Es wird Politik gemacht mit der Größe der Prozeßsäle. Turnhallen werden sogar angemietet, wenn man will, daß ein Fall publik wird.«
Graue: »Wir haben keinen größeren frei.«
Inge wird befragt und erzählt alles, was sie mir auch erzählt hat.
»Haben Sie mit den Armen gerudert?«
»Konnte ich gar nicht. Ich hatte meinen dicken Mantel an und den großen Korb dabei.«
Wichtige Fragen: »Mitgegangen? Mußten nicht geschleift werden? Ganz normal gegangen? Waren Sie das erste Mal dabei?«
Verteidiger: »Was soll diese Frage?«
Staatsanwalt: »Hier soll niemand über den Löffel barbiert werden.«
Graue: »Traurig, daß man das betonen muß.«
Verteidiger: »Sind Sie Mitglied der Bürgerinitiative?«
Staatsanwalt: »Sind Sie? Können Sie ruhig sagen, darf man ja.«
Ja. Solange man nicht initiativ wird.
Michael Rehag, Polizeibeamter, 23 Jahre, wird als Zeuge vernommen.

Sieht sehr nach Student aus. Blond, lockig, schlacksig, Bart. Graue belehrt ihn: »Sie selbst Belastendes müssen Sie nicht aussagen.«
Graue weist auch sofort hilfreich auf den möglichen Belastungspunkt, die chemische Keule, hin.
Zuhörerin, nicht prozeßkundig, erstaunt: »Das ist ja ein Trick!«
Ja, es gibt schon sonderbare Gesetze! Andere belasten ist nämlich Pflicht!
Rehag: »Da wurden Kräfte zur Wache 18 zusammengezogen. Die Demo sollte Richtung Hauptbahnhof abgedrängt werden. Die, die den Aufforderungen nicht nachkommen, sollten zwecks Personalienfeststellung festgenommen werden. Dort ist es etwas unübersichtlich. Einige wichen zurück. Einige wollten sich die Wand entlang zurückschleichen, oder so. Frau Stille pöbelte furchtbar. Ich kriegte sie zu fassen. Sie ruderte so mit den Armen. Und war schwer zu bändigen. Ihr Korb mit Büchern erschwerte noch die Aufgabe.« Er dreht sich um und lächelte Inge sehr jungenhaft an. Ich denke, unter andern Umständen hätte er den Polizeigriff bei dem hübschen Mädchen sicher gerne anders angewandt.
Staatsanwalt: »Dann kann sie ja höchstens mit einem Arm gerudert haben.«
Graue: »Hatten Sie chemical mace dabei?«
Der Staatsanwalt übersetzt: »Die Chemokeule.«
Rehag: »Ich hatte an dem Tag keine dabei. Sonst hätte ich ja die Keule festhalten müssen und hätte die sich wild gebärdende Stille nicht halten können!«
Staatsanwalt: »War das eine obere, mittlere oder untere Grenze von Widerstandshandlung?«
Rehag: »Hart an der oberen Grenze! Obwohl ich auf Wache 15, auf St. Pauli, schon andere Widerstände erlebt habe. Ich unterscheide zwischen aktivem und passivem Widerstand. Passiv ist, wenn jemand sagt, er kommt nicht mit, aktiv, wenn er um sich schlägt. Ich hatte ja Jacke und Helm an und bin ein gutes Stück größer, und sie war unbewaffnet. Daher bin ich unverletzt.«
Keiner fragt nach Inges Bereitschaft, dem Mann weh zu tun.
Bei so mancher Frage sagt er: »Muß ich das beantworten?« Dann kommt Graues »nein«, kurz, schnell, wie aus der Pistole geschossen. Ja, das Gesetz ist wirklich voller Tricks. Da, wo eine »nicht vorhandene Aussagegenehmigung« einen Beamten nicht rettet, gibt es eben andere Schlupflöcher.
Der Staatsanwalt, der weiter fragt, als sei er der Verteidiger: »Ich will

Sie nicht reinreiten, nur Klarheit bekommen; denn da sind Widersprüche. Sie schrieben damals: Leistete passiven Widerstand, mußte geschleift werden. Ich wurde nicht verletzt.«
Zeuge: »Das hat sie nicht gemacht, boxen ins Gesicht und so, wie manch anderer.«
Staatsanwalt: »Ein an sich harmloser Fall.«
Zeuge: »Ich hätte auch getroffen werden können von Tritten. Sie war völlig hysterisch. So eine ›Rühr-mich-nicht-an‹-Haltung. Wenn einer den Arm wegzieht, kann ich auch getroffen werden. Die anderen Herrschaften liefen weg. Sie blieb.«
Staatsanwalt: »Das ist doch wunderbar!! Da hatten Sie doch nur mit einer Dame zu tun. Kann doch nicht so schwer sein!«
Der junge Zeuge lächelt, als blicke er auf ein Leben bitterster Erfahrung zurück. *Möchte er damit ausdrücken, daß wir Damen keine Blümchen mehr sind?*
Blümchen hin, Blümchen her, ich kann kaum noch stehen. Nach wie vor die eiskalten Heizungsrillen am Po und das offene Fenster mit frischer Winterluft im Kreuz. Und das bei Grippe. Versucht Ihr mal stundenlang stehend, konzentriert, ohne Unterlage, zu schreiben. Schäme mich, weil ich mich nicht traue, den kleinen Zeugentisch zu erobern.
Draußen hebt ein Sprechchor an. Fünfmal kräftig: »Wir wollen rein! Was ist da drin los!«
Graue, der, heute erheblich gemäßigter als sonst, nur gelegentlich laut ist, nur ab und zu auf den Tisch schlägt, schreit: »Wo ist der Hausherr? Wo ist Herr Dose? Er soll räumen lassen, dafür ist er doch da.«
Verteidiger: »Die Öffentlichkeit hat Kontrollfunktion.«
Graue: »Was soll denn das, Herr Verteidiger?«
Der erhebliche Kriminalfall geht weiter.
Staatsanwalt zum jungen Helfer: »Die Demonstranten sollten doch Richtung Biberhaus. Wenn sie nun da war, warum nahmen Sie sie fest? Haben Sie vielleicht einen Fehler gemacht? Rufen ist doch kein Festnahmegrund. Haben Sie Frau Stille überhaupt um die Personalien gebeten??«
Rehag: »Nein, das habe ich nicht. Sie hätte mir sicher auch nicht den Ausweis gezeigt.« – *O ha!*
Staatsanwalt Dr. Gerhard: »Lief sie weg oder hin?«
Rehag: »Das war ein Katz-und-Maus-Spiel, kann man sagen. Ein Hin und Her.«

Auch der Verteidiger versucht jetzt eine Frage zu stellen: »Was halten Sie davon, daß behauptet wird, daß mehrfach aufgefordert worden sein soll ...«
Graue unterbricht: »Nicht, was halten Sie davon, sondern: Wurde mehrfach aufgefordert zu räumen, ja oder nein?«
Diesmal unterbricht Graue zu Recht.
Der Verteidiger, erst 27, bemüht, aber stotternd vor Wut, hat es schwer. Doch auch viele erfahrene Strafverteidiger waren in ihren Prozessen der Häme und der Bevormundung dieser Kammer nicht gewachsen.
Ein alter Herr kommt leise rein. Setzt sich vorsichtig halb hin. Auch das ist nur möglich, weil er so dünn ist. Steht bald wieder auf und geht auf Zehenspitzen zum Verteidiger.
Graue ranzt: »Was machen Sie denn da? Was stehen Sie da rum? Setzen Sie sich wieder hin!«
Leise Stimme: »Es warten doch so viele Leute. Ich wollte nur darauf aufmerksam machen, daß ein größerer Saal frei ist. Der 176.«
Graue kurz: »Das interessiert hier nicht.«
Der alte Herr entfernt sich so leise, wie er kam. *Die Hoffnung im Gesicht erloschen.*
Ich gebe mir einen Ruck. Durchquere mit drei Schritten den Saal und setze mich an den freien Tisch neben dem Wachtmeister. Das tut gut. *Der Holzstuhl kommt mir wie ein Sessel vor.*
Graue: »Das geht nicht! Der muß frei bleiben, für den Fall, daß noch ein Wachtmeister kommt.«
»Ich brauche einen Tisch zum Arbeiten.«
Graue: »Kann ich auch nicht ändern.«
Schnappe mir beherzt einen Zeugenstuhl. Zurück an die kalte Heizung.
Rehag bleibt unvereidigt, soll aber da bleiben.
Graue: »Herr Verteidiger, sorgen Sie doch mal dafür, daß Ihre ›Zuschauer‹, muß man wohl sagen, mal Platz machen für den Zeugen.«
Das heißt, noch einer muß raus.
Staatsanwalt: »Mir schwebt eine Entscheidung nach § 153 vor.« (Einstellung des Verfahrens)
Keiner geht darauf ein. Der nächste Polizeizeuge sagt gerade: »Die Keule haben wir immer dabei. Die gehört zur Ausrüstung. Ob Rehag sie hatte, kann ich nicht sagen«, als Rehag von der Bank aufsteht und zur Seite geht.
Gefragt, warum?: »Ich mag nicht anhören: Ihr habt euch wohl schlecht abgesprochen.«

Die ganze erste Bank wird daraufhin geräumt, obwohl der Kommentar von der zweiten kam. Jetzt sind nur noch 5 von Inges Begleitern drin. Unter anderem ihre Eltern. Schlichte Leute, Vater Arzt.
Staatsanwalt: »Aus Fürsorge den Zeugen gegenüber.«
Verteidiger: »Die Fürsorge der Staatsanwaltschaft hätte dazu führen müssen, dieses Verfahren gar nicht erst in Gang zu setzen. So lange zu bohren und nachzufassen, bis sich endlich was findet, woraufhin man eine Anklage begründen kann.«
Ein Zettel wird hereingereicht. Von einem Staatsanwalt, der Schlimmeres verhüten will.
Graue: »Die erzählen draußen, was drinnen erörtert wird!« Zum Verteidiger: »Sie haben doch Zeugen draußen?«
Verteidiger lakonisch: »In der Kantine, nehme ich an. Schade, das ist die Konsequenz, wenn nicht alle reinkönnen«, und setzt seine Zeugenbefragung fort.
Der Staatsanwalt macht sich weiter lustig über ihn: »Lauter überflüssige Fragen, lauter überflüssige Fragen.«
Verteidiger: »Wie wollen Sie meine Fragen beurteilen können? Sie kennen noch nicht mal die Akte, haben Sie gesagt.«
Staatsanwalt: *»Das ist ein Vorteil! Ich bin als einziger hier unvoreingenommen.* Ich beantrage Einstellung wie schon vorher. Dann kann ich Ihr Bild von mir als bösen Staatsanwalt allerdings nicht aufrechterhalten.«
Als wieder keiner reagiert, Inge nur hilflos guckt: »Oder wollen Sie Ihr kleines politisches Make-up auffrischen?«
Eltern: »Nimm doch an, Inge, nimm doch an!«
Und immer wieder, immer lauter: »Nimm an! Sofort!! Du hast doch nichts Unrechtes getan, Kind. Mach Dich nicht unglücklich!«
Inge: »Seid doch ruhig, seid ruhig, bitte, seid ruhig.«
Graue jubelt: »Was? Werden Sie von denen da hinten belästigt?«
Staatsanwalt, ironisch lächelnd: »Nun lassen Sie das doch nicht an Ihren armen Eltern aus.« Dann wird er sehr deutlich und weist darauf hin, daß, wenn es nicht zur Einstellung kommt, es eben Schuldspruch gibt.
Obwohl er die Akte nicht kennt und bisher keine Entlastungszeugen gehört hat. Und vor allem, das vergißt man, nicht er der Richter ist.
Mittagspause. Ich frage den Verteidiger, warum er nicht auf das *tolle* Angebot des Staatsanwaltes reagiert.
Magsam: »Weil eine Einstellung kein Freispruch ist. Es bleibt immer

was hängen. Die Vorwürfe dürfen zwar nicht offiziell verwertet werden, aber nicht jeder Richter blendet konsequent aus. Und die Vernichtung der erkennungsdienstlichen Unterlagen kann nicht beansprucht werden, wenn kein Freispruch vorliegt. Somit ist das Ziel der Festnahme im Endeffekt doch erreicht. Aber unsere Zeugen können Inges Unschuld beweisen.«

Ich: »Garantiert denn Unschuld einen Freispruch?«

Magsam: »Nein, das nicht. Obwohl, selbst bei Freispruch ist es fraglich, ob man sich an die Strafprozeßordnung oder polizeiliche Vorschrift hält, nach der solche Unterlagen zu vernichten sind, wenn der Grund wegfällt, weswegen sie angefertigt worden sind. Es wird behauptet, daß die Polizei oft Duplikate anfertigt und nur die Asche der Originale vorweist.«

Ich: »Aber das mußt Du doch drinnen deutlich sagen, damit jeder genau weiß, warum Du eine Einstellung des Verfahrens ablehnst. Man sieht ja nur das Zuckerbrot, wenn keiner einen auf die Prise Zyankali aufmerksam macht. Es ist ja nicht so, daß eine Einstellung nicht manchmal etwas Positives sein kann. Man muß nur vorher abwägen. Genau wissend, was es bedeutet.«

Ich verbringe die Pause in einem Parallelprozeß. Als ich zurückkomme, wird Inge schon wieder beackert.

Staatsanwalt: »Also, was nun? Seien Sie doch nicht so bockig. Wir haben Ihnen nicht mal eine Buße auferlegt, 500,– DM, oder so.«

Inge erstaunt: »Wofür denn?«

Staatsanwalt; laut, ungeduldig: »Also jetzt, Einstellung oder nicht? Ich verhandle doch nicht 3 Tage und stelle dann ein. Freispruch kriegen Sie in der Lage von mir nicht!«

Während die Eltern unentwegt weiter auf Inge einreden. Sie hat vor Verwirrung Tränen in den Augen. *Ist auf Null reduziert.* So macht man Leute also klein *und kaputt.* Man gewährt ihr schließlich 3 Minuten mit ihrem Verteidiger.

»Geh nicht raus zu den anderen«, schreit die Mutter, »da wirst Du nur verdorben! Die riskieren nichts, es geht ja um Dich!« – Und mich klagt sie an: »Sie haben schon in der Pause meine Tochter so schlecht beeinflußt!«

Ich gehe zum Staatsanwalt und frage ihn: »Ist eine Einstellung nicht doch ein kleiner Schuldspruch?«

Er: »Nein, ganz und gar nicht.«

Der Vater brüllt mich in seiner Angst die ganze Zeit an: »Setzen Sie sich! Sie haben nicht mit dem Staatsanwalt zu sprechen! Das ist meine Tochter! Setzen Sie sich hin!«, bis ich ihn darauf aufmerksam mache, daß ich nicht seine Tochter bin.

Die Mutter hält es nicht mehr aus, rennt zur Tür und schreit ungebeten: »Komm rein, Inge. Komm schon! Die Zeit ist um!«

Inge wird weiter gebeutelt. »Es ist sehr schwer für mich, das müssen Sie verstehen.«

Staatsanwalt: »Ja oder nein, das kann doch nicht so schwer sein. Jetzt ist keine Zeit mehr für Diskussionen. Nachher kriegen Sie meine Zustimmung für eine Einstellung nicht mehr.«

Inges Vater ruft mir aus unerfindlichen Gründen mehrfach zu: »Haben Sie Kinder? Haben Sie Kinder? Haben Sie Kinder?«

Inge geht es wie jemandem, dem man den Kopf dauernd an die Wand klatscht. Sie gibt auf. Graue, der gerade dabei war, den nächsten Termin festzusetzen, rattert jetzt runter: »Eigene Kosten selbst zu tragen.«

Inge wankt völlig benommen raus. Wehrt die Eltern ab: »Euch will ich nie mehr sehen!«

Soll sie doch froh sein, für ihre versauten Augen und ihr verätztes Gesicht, für Angst und Empörung nicht über 600,– DM ausgeben zu müssen.

Inzwischen sind 5 der mit ihr bei dem Vorfall Festgenommenen freigesprochen worden. Alle nicht bei Graue. Wie lange wird es wohl so weitergehen? Erst Festnahme, dann überlegt man sich den Grund dafür. Kostspielige Verfahren, die völlig überflüssig sind – sieht man von dem Einschüchterungswert ab.

Inge verteidigt ihre Eltern inzwischen: »Du, die sind sonst ganz anders. Wir verstehen uns sehr gut. Die sind nur vor lauter Angst um mich so durchgedreht.«

April 1978

Ein Schwarzer unter Wilden

14. 4. 1977 Hamburg:
Ein Neger schlitzt seinen drei kleinen Kindern – Olaf, zweieinhalb, und den Zwillingen Andrea und Stephani, ein Jahr – mit einem langen Küchenmesser die Kehlen auf – tot –. Der gleiche Neger sticht seiner jungen deutschen Frau Hildegard die Klinge durch Lunge, Hand, Brust und Oberarm. Lebensgefahr. *Nicht genug damit,* der Schwester seiner Frau sticht er auch noch in Hals und Nacken.
Einigen Nachbarn fällt dazu Blutrausch und Kannibalismus ein.
Sein Wahlverteidiger – der angesehene Dr. Karlheinz Neß – sagt:
»Nachdem ich das Mandat übernommen und die Akte eingesehen hatte, mußte ich jene Unbefangenheit gewinnen, die erforderlich ist, um sachgerecht verteidigen zu können. Ich mußte Emotionen zumindest rational kontrollieren. Ich mußte taub sein für Anrufer, die mir den guten diskreten Rat gaben, so einen nicht zu verteiden. Ich mußte ebenso taub sein für Stimmen, die mir abverlangten, ein Tribunal der Verurteilung des Rassismus in der BRD zu machen. Ich mußte versuchen, nachzuempfinden, welche Hilflosigkeit, welche Orientierungslosigkeit, welche mörderische Einsamkeit einen Menschen beherrscht, der aus Ghana in unsere hochindustrielle Gesellschaft katapultiert wird. Und der dann, als er in – zusätzliche – innere und äußere Schwierigkeiten gerät – sich mit seinen Gesprächspartnern noch nicht mal voll verständigen kann. Ob mir die nötige innere Distanz gelungen war, wurde mir zumindest, als die Obduktionsbefunde verlesen wurden, zweifelhaft. Meine Tochter befindet sich in demselben Alter wie die toten Kinder.«
Nun steht David Kwasi Mari als Angeklagter vorm Schwurgericht. Vorsitz: Dr. v. Gerkan, Dr. Platte und Richter Gottschalk. Die Verwaltungsangestellte und die Hausfrau, die hier Schöffinnen sind, wirken sehr mütterlich. Die Gerichtshilfe ist weiblich, die auffallend gute Dolmetscherin auch und eine Sachverständige. 6 Frauen sind wir und viel weibliches Publikum. Irgendwie läßt mich das für den Angeklagten hoffen, obwohl Kindesmord Frauen nicht weicher stimmt als Männer. Der Staatsanwalt ist ein Mann – *Dr. Niehusen* –. Sicher auch ein Glück. – Weibliche Staatsanwälte sind meist knochenhart.

David Mari mit der stolzen Haltung, groß, schlank, *mit edlem Kopf, wirkt besonders sympatisch.* Könnte 20 sein, ist aber zur Verblüffung aller 42. Bärtig, kohlrabenschwarz, ein schöner Othello in häßlicher Umgebung.
Die Dolmetscherin arbeitet fast synchron und übertönt sein Englisch. Davids Eltern waren Bauern in Obu. 10 Geschwister hatte er, 5 sind tot. David: »Mit 12 Jahren kam ich zur Missionsschule, weil ich brav und gehorsam war – von 1948 bis 1957. Danach half ich meinem Bruder in seinem Haushaltsladen, bis er 1959 starb. Ich übernahm das Geschäft und verlobte mich. Das heißt, wir schlossen eine Privatehe. Zwischen 1963 und 1971 bekamen wir 4 Kinder. 2 der Kinder besuchen die ›Internationale Schule‹. Wir wechseln dauernd Regierung, da ist kein Handel möglich. Ein deutscher Freund und Gesprächspartner schlug mir eine Ausbildung in Deutschland vor. 1971 kam ich her, um zu lernen. Erst 6 Monate Sprachenschule, dann fing ich eine Mechanikerlehre in Barmbek an. Meine Frau in Ghana konnte nicht *eineinhalb Jahre* warten. Sie nahm einen neuen Mann. Ich hatte viel Kummer deswegen. Von meinen Eltern habe ich seit 1973 nichts mehr gehört. Ich weiß nicht, ob sie noch am Leben sind.«
1973 passiert etwas, was den lernwilligen, anpassungsfähigen David Kwasi Mari völlig zurückwirft und seinem Glauben an ein »gutes Deutschland« einen Knacks gibt: »Ich saß in der S-Bahn und las. 3 Beamte, 2 in Uniform und einer in Zivil, starrten mich die ganze Zeit an und machten sich lustig über mich. Riefen LUMUMBA, KASAWUBU und so. Ich reagierte nicht und versuchte, weiterzulesen. Dann kamen sie zu mir zurück und verlangten sehr grob meine Fahrkarte. Ich hatte meine Monatskarte in der Tasche, aber fand sie vor Aufregung nicht, *weil sie mich so anschrien.* Da haben sie mich so sehr geschlagen und getreten, daß ich 11 Tage im St. Georg-Krankenhaus liegen mußte. Auch danach war ich noch lange arbeitsunfähig. Mein Chef war böse, wenn ich zum Arzt ging. Es gab einen Prozeß, und die Beamten wurden dazu verurteilt, mir 5000,– DM Schmerzensgeld zu zahlen, das ich aber nie erhielt.
Vorher war ich nie krank und immer bereit, beim Otto-Versand jede Arbeit zu machen. Nur nach den Schlägen hatte ich noch 1 Jahr Schmerzen. Erst dann wurde meine Kniekehle operiert. Da habe ich jetzt eine lange Narbe.«
Die Demütigungen, die Ungerechtigkeit, die Brutalität der 3 Beamten

– und das alles vor Zuschauern, die nicht halfen – haben noch tiefere Narben hinterlassen als die Operation.
1973 hatte er dann Glück im Unglück, d. h. wie sich später herausstellte, Unglück im Glück. Er lernte Hildegard kennen im Partnerschaftsclub. Die damals 31jährige war dort Buchhalterin. 2 hilfsbedürftige Menschen trafen damals aufeinander. »Sie half mir, weil sie Englisch konnte. Wir verabredeten uns sofort, und ich schlief gleich mit ihr. Es war sofort ein festes Verhältnis, obwohl ich nach einer Woche merkte, daß ich durch sie geschlechtskrank geworden war. Weil ich sie nie trinken sah, wußte ich nicht, daß sie schon seit 8 Jahren alkoholkrank war. Sie trank damals 1 bis 3 Flaschen Korn am Tag. Sie schlief ihren Rausch oft 1 bis 2 Tage aus. Ich merkte nichts, weil ihre Mutter sie am Telefon verleugnete, wenn sie betrunken war. Ich durfte sie dort oft besuchen. Hilde war damals, als es mir schlechtging, sehr hilfsbereit. Sie steckte mir öfter 10, 20,– DM zu, als ich in Not war.
Unser Sohn Olaf war ein 7-Monats-Kind, weil Hildegard betrunken die Treppe runterfiel. 1975 zog ich zu ihr. Ich hatte keine Freunde und war sehr glücklich, bei ihr wohnen zu dürfen. Wir heirateten. Ihrer Familie hatte Hilde nichts von unserer Hochzeit erzählt, obwohl wir unsere Wohnung in dem gleichen Haus hatten, in dem ihre Verwandten lebten. Ihre Mutter oben, ihre Schwester mit Mann und Kindern in der Wohnung nebenan. Zu denen kam ich aber nie hin. Die wollten mich nicht in ihren Wohnungen zu Besuch haben.
Ich zwang sie, mit dem Trinken aufzuhören. Ich habe sie damit erpreßt, daß die Fürsorgerin uns sonst Olaf wegnehmen würde, und davor hatte sie große Angst. Olaf war oft krank, er hatte wohl bei seiner Geburt schon Alkohol im Blut. 1976 kamen unsere Zwillinge – Andrea und Stephani. Ich sagte, laß uns umziehen. Deine Mutter mag mich nicht, und das Zimmer ist viel zu klein. Da wollte die Mutter die Scheidung. Es war eine schlechte Beziehung. Die Oma las sogar meine Briefe aus Afrika. *Meine Frau darf meine Post lesen, aber nicht meine Schwiegermutter.* Als ich das merkte, ließ ich meine Post postlagernd kommen. Oma fing an, mich zu hassen, und steigerte die Miete *plötzlich* von 120,– DM auf 370,– DM für Zimmer und Diele. Sie weigerte sich, mit mir zu sprechen, sagte nur – Du bist Untermieter. Die anderen sprachen auch nicht mit mir, und meine Frau war nur ärgerlich auf mich. Als ich ihren Schnaps wegschloß, schlug sie mir den Topf auf den Kopf.«
Er zeigt uns die Narbe. »Sie schlug mich auch sonst, z. B. wenn ich mit

Olaf spazierengehen wollte. *Und sagte – tja, was kannst Du dagegen machen?«* – Er weint.
Die Hölle geht weiter. Ihm, dem körperliche Reinlichkeit wichtiger ist als der deutschen Familie, wird das warme Wasser abgestellt. Weil man Duschen oder Baden mehr als einmal in der Woche für Luxus hält. Die Schikanen jagen sich.
David: »Sie sagten immer, ›das Essen stinkt‹, wenn ich kochte. Und ›zieh nicht, Mutter schläft‹, wenn ich vor der Arbeit auf die Toilette ging.«
Davids Ekelschwelle ist niedriger als die seiner Frau. Er versucht, sie zur Reinlichkeit zu erziehen. Zur körperlichen und im Haushalt.
Mari: »Sie war nicht sauber. Sie spülte das Geschirr nie nach. Sie konnte nicht kochen. Nur Bohnen aus der Dose und andere Konserven. Sie soff. Schlief 3 Tage. Kotzte, soff weiter. Ich ekelte mich. Ich konnte nicht essen, weil sie in alle Töpfe kotzte. Dann ging sie nur noch rauf zur Oma essen, und ich kochte unten für mich selber.«
Nach einer Pause: *»Mir hatte auch keiner gesagt, daß dies schon ihre dritte Ehe war.«*
Vorsitzender« »Warum haben Sie sie geheiratet?«
David: »Hilde tat mir leid. Ich wollte ihr helfen. Ich sah, daß sie krank war. Sie hatte Anfälle mit Schaum vorm Mund. Sie brauchte mich. Ich wollte ihr beibringen, wie ein Fisch unter Fischen im Wasser zu schwimmen.«
Was für ein Mann! Liebevoll, zärtlich, hilfsbereit, leidenschaftlich, geduldig, treu. Nach so was guckt man sich ja als Dame in deutschen Landen vergeblich die Augen wund. Woanders sicher auch.
Vorsitzender: »Warum wehrten Sie sich nicht gegen Ihre Schwiegermutter?«
Mari: »Ich bin in Ghana dazu erzogen, Ältere zu respektieren. Als Hildegard ins Krankenhaus mußte, sagte mir keiner, wo sie liegt. Meine Kinder kamen nach nebenan, zu meiner Schwägerin. Ich durfte sie nur durchs Fenster sehen – acht Tage lang.«
Er erzählt so aufgeregt, so empört, als will er endlich übers Gericht durchsetzen, daß er seine Kinder bei den deutschen Verwandten besuchen darf. Wie sicher häufig bei seinen erstaunlichen Behördengängen. Auch ich ertapp' mich dabei, zwischendurch zu vergessen, daß es die Kinder gar nicht mehr gibt.
Er sagt: »Bei der Arbeit fiel ich in Ohnmacht, weil ich die ganze Zeit vor

lauter Sorge nichts gegessen hatte. Die Betriebsärztin half mir. Ich suchte überall Hilfe, auch bei der Familienberatung. Oft, wenn ich von der Arbeit nach Hause kam, stand die ganze Familie im Garten und unterhielt sich. Wenn ich ›guten Tag‹ sagte, antwortete keiner. Alle drehten sich um und gingen ins Haus. Sie ließen dann nur den bissigen Hund draußen – zwanzig, dreißig Minuten –, sie wußten, daß ich mich nicht an ihm vorbeitraute – bis sie ihn endlich hereinholten. Erst dann konnte ich auch ins Haus.«

Vorsitzender: »Wie war es denn an Feiertagen, bei Familienfesten – Geburtstagen, Weihnachten, Ostern und so?«

Mari: »Dann war ich alleine. Ich durfte nicht dabei sein.«

Vorsitzender: »Weil Sie Farbiger sind?«

Mari: »Ja.«

Es bricht aus ihm heraus auf deutsch, als er davon spricht, daß Olaf seiner Ansicht nach, als Baby schon alkoholgeschädigt, nicht normal war. »Ich kann nichts machen! Ich habe Kinder eben gerne. Ich bin ein Familiensohn. Ich versteh' was von Kindern. Aber fünf Erwachsene, und ich darf nichts sagen! Weil ich aus Ghana bin! Moderne Menschen! Ich wollte Hilde vom Trinken abbringen und das Geld für Omas Miete verdienen.«

David ist sensibel, schreckt zusammen, ist abgelenkt, wenn hinter seinem Rücken im Gerichtssaal Leute kommen und gehen. Etwas, was auch für gerichtsgewohnte Angeklagte unerträglich ist.

Hilde, inzwischen tatsächlich »trocken«, fühlt sich wieder zu ihrer Familie hingezogen. Und von dem schwarzen Mann, den sie im Suff liebte, abgestoßen. Sie wollte von ihm so runter, wie vom Alkohol. Sie erfand Scheidungsgründe. Bezeichnete ihren Mann als Trinker, der sie zum Saufen verführen wollte. Wer weiß? Vielleicht hätte er sie wirklich zwischendurch lieber mal wieder angetrunken und zärtlich erlebt als nüchtern, kalt und abweisend.

Ohne Alkohol war sie sein Gegner. Mit dem Schoß der Familie als Schützengraben.

Ich staune darüber, daß dem David Mari die vielen Behördeninstanzen nicht nur bekannt sind, sondern er auch in der Lage ist, sie zu nutzen. Gezielter, geschickter als die meisten Deutschen. Sehr viel besser als ich selbst.

Er bespricht seine Schwierigkeiten mit Ärzten, Fürsorge, Anwalt und Wohnungsamt, Konsulat, Familienberatung etc. Er denkt, daß seine

Hölle in einer ihm zugeteilten 4-Zimmer-Wohnung ein Ende haben wird. Doch Hilde sagt zum Beamten: »Wir brauchen keine Wohnung. Ich hab' die Scheidung eigereicht.« Sagt der hilfreiche Beamte: »Ja, wenn's so ist, Herr Mari . . .«
Mari: »Aber Hilde, Weihnachten 1977 können die Zwillinge schon laufen.«
Sie lacht: »Wo bist Du dann?«
Er hilflos: »Hier.«
Sie: »Nein, nein, bis dahin bist Du in Ghana oder tot.«
Schon 1974 macht David Mari einen Selbstmordversuch, *weil er nicht nach Ghana zurück will.*
Mit Spannung erwartet, tritt jetzt seine Frau, die Buchhalterin Hilde, als Zeugin auf. 7 Jahre jünger als er, wirkt sie 15 Jahre älter. Brille, Mütze, Knirps, Strichmund, *spießig. Hinter der Brille wirkt sie anders. Sie hält ihre eigene Hand fest. Haß brodelt, auch ohne, daß sie ihn ansieht.*
Hilde: »Ende 1975 hörte ich auf zu trinken, er aber nicht. Meine Familie lehnte ihn ab, weil ich durch ihn trank.«
Vorsitzender: »Waas? Sie waren doch schon vorher in Behandlung!«
Vorsitzender: »Wie war das Verhältnis Ihrer Familie zu Ihrem Mann?«
Hilde: »Wenn er sagt ›Scheiß-Deutsche‹, war meine Mutter nicht sehr erbaut. Er meinte auch, wenn ich das Haus ja doch mal erb', sollten wir weniger Miete zahlen, und ging deswegen zum Anwalt. Von unserer Hochzeit hat meine Mutter erst erfahren, weil er sich Geld für Getränke lieh.«
Komisch, sie erzählt ihrer Mutter jeden Scheiß, aber nicht, daß sie heiratet.
Vorsitzender: »Sie sollen sich des öfteren geschlagen haben.«
Hilde: »Nein. O. K., er hat mich einmal gewürgt. Aber nicht, daß wir damals blaue Flecken hatten.«
Vorsitzender: »Ihr Mann hat uns eine Narbe am Kopf gezeigt.«
Hilde: »Er sagt vieles. Die stammt nicht von mir. Ich hab' keine Töpfe auf dem Herd.«
Keiner hatte gesagt, wie und woher. Niemand hatte Topf oder Herd in ihrer Gegenwart erwähnt. Mari sitzt und guckt verändert. Hat was Herausforderndes. Mein Gott, wie verschieden die sind!
Sie klagt: »Die Afrikaner halten alle zusammen. Er war oft da. Ich wollte nicht mit, denn da wurde getrunken und nicht zuwenig.«

Vorsitzender: »Sie aßen ja nicht einmal zusammen!«
Hilde weicht aus: »Er aß lieber alleine, ich eß lieber deutsch. Wenn ich wirklich was gemacht hatte, ist er nicht gekommen. Er ließ mich immer allein an Feiertagen, er ging lieber zu den Arikanern. Wenn ich allein war, durfte ich keinen Afrikaner hereinlassen, aber sonst kamen seine Freunde oft.«
Der Psychiater, Dr. Frederking, auch *renommierter* Ehepsychologe, sagte mir mal, »ich hab' in 25 Jahren Praxis nie den Eindruck gehabt, daß 2 die gleiche Ehe beschreiben.«
»Die Zwillinge hat er bevorzugt. Auf die war er stolz, weil er der einzige Schwarze in Deutschland ist, der welche hat.«
Vorsitzender: »Ihr Mann hatte angeblich Angst, von Ihnen vergiftet zu werden.«
Hilde scharf: »Soll ich denn ins Zuchthaus oder Gefängnis? Das ist nicht drin.«
Man kommt darauf, daß Hildegard dreimal vergeblich die Scheidung einreichte. Per Gerichtsbeschluß ihren Mann aus dem gemeinsamen Schlafzimmer aussperrte. Ein Beschluß, den David Mari weder verstehen noch akzeptieren konnte, auch nicht, als nachts die herbeigerufene Polizei kam und ihm mit dem Wisch unter der Nase wedelte. Er fühlte sich zutiefst gedemütigt und verließ das Haus. Sie sagt, er war ruhig, nicht aufgeregt. So wenig kannte sie ihn!
Hilde: »Bin nach Omi. Omi sagte: ›Guck mal, er hat die Balkontür offen gelassen‹.« Sie weint.
»Später stand er vor meinem Bett, muß mich wohl schon verletzt haben, aber ich hatte nichts gespürt.«
Ihm wird alles übersetzt. Er wirkt entsetzt. Reibt sein Gesicht mit flachen, schönen Händen.
Vorsitzender: »Wollen Sie Ihrer Frau noch etwas sagen?«
Mari trotzig: »Ja, ich möchte alles wiederhaben, was mir gehört.«
Mein Gott! Ist das alles? Da kommt's leise: »Ich bin glücklich, daß sie noch lebt.«
Hildes Schwester – Kindergärtnerin und Hausfrau – sagt als nächste aus:
»Nein, nein, in die Wohnung sind wir nie gegangen, wieso sollten wir?«
Vorsitzender: »Hatten Sie eine Abneigung, weil er dunkel ist?«
Sie: »Ja, ja. Er war immer höflich, man hat sich ja auch gegrüßt und

alles. Nur mein Mann hat nie ein Wort mit ihm geredet – vom ersten Tag an.«
Vorsitzender: »Er durfte ja nicht einmal zu Ihnen, wenn Sie seine Kinder eine Woche bei sich hatten.«
Die gute Frau: »Warum, er hätte sie doch besuchen können! Vielleicht wollte er das gar nicht?«
Ihr Mann, der Schlosser Heinz, sagt aus. Groß, blond, kräftig, voll Volksempfinden. »Die Oma schrie, ich sah so weiße Augen und so 'n Gebiß, und so 'n Messer kam angeflogen. Da kam er rausgeschossen. Hab' alles verrammelt und nicht mehr geguckt.«
Ein Held!
Vorsitzender: »Was wußten Sie über die Ehe?«
Schwager Heinz: »Gar nix, gar nix. Ich will meine Ruhe. Wollte nicht, daß meine Tochter das sieht. Wenn sich eine so betrinkt, daß sie nicht weiß, was ein Mann ist, und einer sich an so was klammert, kriegt man Hintergedanken. Ich hab' nix gegen Schwarze, aber die wollen doch nur hierblieben. Irgendwie finde ich das immer schon komisch, wenn schwarz und weiß zusammengehen. Kleiner Wilder – so. *Nich durch die Tür, über die Hecken gesprungen.*«
Vorsitzender: »Hätten Sie ihn reingelassen, wenn er Sie gebeten hätte, die Kinder zu sehen?«
Heinz, weit von sich weisend: »Nöö, ich nicht!«
Auch Mari darf ihm, wie jedem Zeugen, eine Frage stellen. Nur eins will er von dem Mann wissen, möchte er endlich begreifen:
»Ich habe' ihn immer gegrüßt. Er hat nie geantwortet. Warum?«
Der gutmütige Heinz: »Warum? Warum? – ich bin doch nicht verpflichtet!«
Mari, so schlau wie vorher, sackt unter dem Hieb zusammen.
Verdammtes deutsches Pack! *Elendes Faschistengesindel.*
Ich schäme mich, hier zu leben! Wie konnte ich bloß vergessen, wie intolerant, bösartig und kleinkariert dies deutsche Gesocks ist, sobald es auf Abweichungen stößt. Bin voll Haß.
Nächste Zeugin, Rentnerin Ilse, die dominante Mutter und Hausbesitzerin. Stützt sich auf ihren Stock, als könne sie auch jederzeit damit zuschlagen. Der gleiche dünne Mund. Oh, was für eine Familie! Kinderlieb (»die Kleinen waren ja niedlich«) und tierlieb (mit ihrem auf den Mann dressierten Köter). Scheißpack!
Mutter: »Ich habe ihn geachtet, wie jeden anderen Menschen. Wenn

wir uns gebissen hätten, hätte ich ihm kein Geld geliehen. Bei mir in die Wohnung kam er nicht. Von Anfang an nicht. Ich muß frei sein, wenn ich raus will, muß ich raus. Besuchen mochte ich die auch nicht. *Ich mag nicht – ›bleib noch einen Augenblick hier‹, oder ›warum gehst Du schon‹ – das geht gegen meinen Strich.«*

Vorsitzender: »Hatten Sie ein Vertrauensverhältnis zu Ihrer Tochter?«

Mutter: »Ja.«

Vorsitzender: »Hat sie sich Ihnen anvertraut?«

Mutter: »Nein, das war nicht ihre Art!«

Vorsitzender: »Mari sagt, daß Sie seine Post gelesen haben.«

Ein resolutes: »Nein, niemals. Ich kann nicht soviel Englisch.«

Vorsitzender: »Wie kam er denn darauf?«

Mutter: »Vielleicht ist er mißtrauisch«, und dann gibt sie zu: Na ja, daß sie einmal, vielleicht auch schon öfter mal, einen Brief geöffnet hat und daß er dann seine Briefe postlagernd empfing.

Nachdrücklich: »Er trank ja auch jede Menge! Ich hab' schließlich die Flaschen gesehen.«

Nachdem sie immer wieder so bedeutungsvoll davon spricht, wird gefragt:

»Wieviel Bierflaschen fanden Sie denn so?«

Mutter triumphierend: »Na, drei waren es sicher!!«

Die Herren Trinker von Justiz und Presse lachen drauflos.

Mir kommt der Gedanke, daß es doch nicht nur schwer für Mari war, sondern, daß es in einem Vorort für alle Beteiligten ein von vornherein zum Scheitern verurteiltes Zusammenleben gewesen sein muß. Man muß sicher nicht schwarz, sondern nur unkonventionell sein, um aus so einem Haus rausgeekelt zu werden.

Es gibt auch Zeugen für Mari. Einmal sein Vorgesetzter beim Otto-Versand, *ein sehr angenehmer Herr.*

»Er war ganz korrekt und normal wie immer. Er erzählte nur, daß er auf dem Flur schlafen müsse. Er war sehr fleißig. Frei nahm er sich nur für Behördengänge und arbeitete auch die Stunden in Überstunden ab. Er wollte umziehen, aber die Frau wollte von daheim nicht weg. Er ist nie aus der Rolle gefallen. Er war ein sehr ausgeglichener Mensch. Wir hatten ihn für eine Festeinstellung vorgeschlagen. *Die letzte Zeit merkte ich nur, daß er nicht mal eine Frühstückspause machte, und fragte ihn, warum, denn er wurde immer dünner. Ich arbeite lieber durch, sagte er.* Wir würden ihn immer wieder gerne nehmen.«

Amokläufe sind was Unfaßbares. Die lebenslange Ruhe vor dem Sturm. Wie unverhoffte Tode.

Die nächste Zeugin ist Frau Markus, Sozialarbeiterin der Firma. *Auch sie eine liebenswerte Person:*

»David Mari wandte sich an mich um Rat. Er wollte von mir wissen, was er tun könnte, um die angeknackste Ehe zu retten. Er sagte, ich habe so viel mit meiner Frau durchgemacht. Jetzt ist sie endlich trokken. Ich liebe die Kinder so sehr. Ich kann das alles nicht aufgeben. Er weinte viel. Seine Frau wollte kein gemeinsames Gespräch, als ich das vorschlug. Unser Mari war sehr sehr sauber. Sehr angesehen. Nachdem das Schreckliche passiert war, meldeten sich viele der Firma, um für ihn auszusagen, denn er war immer hilfsbereit, höflich und korrekt. *Zuhause kam er sich ausgestoßen vor. Schwiegermutter und Schwägerin beeinflußten seine Frau gegen ihn. Er wollte die Kinder selber versorgen und demonstrierte, Kinder müssen mit Wasser gewaschen werden.«*

Auch Frau Markus streicht dem jungen 40jährigen mütterlich übers Haar und bleibt im Saal.

Dann kommt Frau Kalitzky, Lernschwester beim Otto-Versand:

»Er hatte Magenbeschwerden aufgrund seiner Probleme. Fühlte sich in der Familie nicht verstanden. Er durfte nur einmal in der Woche duschen und Wäsche wechseln.«

Die meisten nordischen Männer halten das Wochenbad für mehr als genug und wundern sich, wenn man von ihnen verlangt, daß sie sich nach jedem Klobesuch waschen. *Die angeblich schmuddeligen Südländer und Afrikaner sind da appetitlicher. Deren Reinlichkeit hat nichts mit Waschzwang zu tun.*

Frau Markus: »Er wollte wegen der Kinder bleiben. Liebte sie sehr. Er hielt sie für schlecht versorgt, weil sie öfter kränkelten und in Krankhäuser mußten. *Olaf hatte eine Cerebral-Sklerose (Hirnschaden), und beide Zwillinge mußten nacheinander mit Nabelbrüchen ins Krankenhaus. Er steigerte sich in seine Verzweiflung rein. Er versuchte dauernd, ein gutes Verhältnis zur Familie zu finden, und es gelang nicht.* Als wir von der Tat hörten, brach für uns eine Welt zusammen. Das war doch nicht u n s e r Mari.«

Ich schäme mich. Immer kämpfe ich gegen die Vorurteile anderer an. Jetzt bin ich meiner eigenen Vorurteile überführt. Was knirsche ich die ganze Zeit ›deutsches Scheißpack, Nazis! Da kann man ja nichts anderes erwarten‹. All diese Zeugen, die sich so liebevoll um Maris Ehrenrettung mühen und so sehr versucht haben, ihm, schon bevor es zur Katastrophe kam, zu helfen, die ungebrochen zu ihm halten und alle sagen, wir würden ihn sofort wieder einstellen, sind auch Deutsche. Ja, ich schäme mich und freue mich gleichzeitig, was dazugelernt zu haben.

Frau Tiel, die Wahlkonsulatssekretärin, sagt auch aus:

»Herr Mari war grundsätzlich immer nett, höflich und zuvorkommend. Dann später völlig deprimiert, desolat. Psychisch nicht verstanden. Ich weiß, daß eine Verbindung zwischen Verschiedenrassigen beiden immer viel abverlangt. In Ghana ist der Mann mehr der unumschränkte Herrscher in der Ehe. Und dort ist das Messer seit jeher das Attribut eines Mannes. Sei es, um Zigarren anzuspitzen, zu schnitzen oder Obst zu schneiden. Einem Afrikaner bedeuten seine Kinder besonders viel. Auch am Tattag war er ihm Konsulat. Ich bot ihm an, j e d e r z e i t zu kommen.«

David Mari suchte und fand offensichtlich überall Hilfe bei gütigen, mütterlichen und väterlichen Leuten. Die verhalten sich alle, als könne er ihr Sohn sein, obwohl einige sicher ein gutes Stück jünger sind als er.

Als letzte wird die Sozialarbeiterin gehört, die seit 1975 einen ziemlich guten Einblick in die Familienmisere hatte:

»Die Eltern kümmerten sich sehr um den kranken Olaf und brachten ihn einmal die Woche zum Arzt und zweimal die Woche zur Krankengymnastin. Da der Arzt sich Sorgen machte, weil die Mutter Olaf in angetrunkenem Zustand einlieferte, wurde ihr gesagt, sie bekäme das Kind erst wieder, wenn sie nicht mehr trinkt. Sie kam immer wieder und wollte ihr Kind zurück. Als Frau Mari dann trocken war, wurde sie wieder in den Familienverband aufgenommen, er dagegen immer weiter rausgedrückt. Herr Mari fand immer mehr beunruhigende Dinge, die er seiner Frau in die Schuhe schob. Eine Rasierklinge auf dem Müll, eine Plastiktüte über Olafs Kopf, eine offengelassene Gartenpforte, die Nabelbrüche der Kinder.«

Schöffin: »War er in e c h t e r Sorge?«

»Ich hielt es mehr für einen Kampf der Eheleute. Es störte ihn auch, daß seine Frau nicht baden wollte.«

In der Pause fragte ich, mißtrauisch, wie ich bin, die Angestellten des Otto-Versandes, ob David Mari nicht wenigstens am Arbeitsplatz etwas mehr Amüsement hatte als zu Hause.

Schließlich arbeiten da zahllose Frauen zwischen 16 und aufwärts. Alle sagen, fast im Chor: »Oh nein. Er ließ sich mit niemandem ein, flirtete auch nie. Er sprach immer nur von seiner Frau und den Kindern. Es war, als hätte er Scheuklappen.«

In seinem Plädoyer sagt Dr. Neß, sein Anwalt, der in den Pausen, vor lauter Betroffenheit, in der Kantine keinen Bissen zu sich nehmen konnte:

»Im alten germanischen Recht war es so: Ein Stier, der einen Hüter tötet, ein Baumstamm, der einen Holzfäller erschlug – wurde selbst getötet, aus Strafe. Das Ergebnis des Sachverständigen kennen wir: § 21 (Verminderte Schuldfähigkeit) mit Sicherheit. § 20 (Schuldunfähigkeit) möglich. Nach dem Grundsatz: ›Im Zweifel zugunsten des Angeklagten‹ müssen wir von der Schuldunfähigkeit des David Mari ausgehen. Auch wenn er nicht aus einer Umwelt käme, deren Lebens-, Gedanken- und Empfindungsweise der unseren absolut fremd ist, wäre der Aufbau eines Affektstaus psychisch-logisch. Das Verhältnis zu seiner Ehefrau wurde von zunehmender Enttäuschung geprägt. Sie war zurückhaltend, kalt, abweisend. Schließlich, als sie vom Alkoholismus geheilt war, sagte sie sich ganz von ihm los und wendet sich ihrer Familie wieder zu. Die Familie lehnt ihn ab und behandelt ihn objektiv und subjektiv provozierend. Deren Wohnung darf er nicht betreten. Die Wohnräume waren für ihn auch dann tabu, wenn sich seine Kinder darin befanden. Nicht einmal Familienfeste wurden gemeinsam gefeiert. Die psychologische Wirkung dieses Erlebens wurde potenziert durch sein Fremdsein in dieser, unserer Gesellschaft. Er war nicht Familienoberhaupt, sondern geduldeter Kuli. Sein Selbstwertgefühl wurde ständig verletzt. Alles, was er innerlich nicht verarbeiten konnte, wurde verdrängt. David Mari hat sich nach Kräften bemüht, die äußere Situation zu ändern. *Durch Gespräche mit Frau Markus und Frau Tiel. Durch das Vorhaben, gemeinsam zur Eheberatung zu gehen. Durch die Absicht, eine neue, größere Wohnung zu suchen.* David Mari ist feinsinnig, liebenswürdig, hilfsbereit, in seinem Sozialverhalten überangepaßt. Aber David Mari hat getötet: wie ein Blitz, der einen Menschen erschlägt – wie ein explodierender Kessel, der Umstehende zerreißt – wie ein gebrochener Deich, der das Hochwasser freigibt und Schlafende ertrinken läßt.

Ich wünsche unserem Rechtsstaat, ich wünsche meinem Mandanten, daß das Gericht nicht – unbewußt – auf die Suche nach einem Kompromißurteil geht, das obendrein den Charakter eines Beschwichtigungsurteils für einen Teil der Öffentlichkeit haben müßte. Die Tragödie, die

hier behandelt wird, ist für keinen Beteiligten mit Beendigung des Verfahrens abgeschlossen. *Allemal nicht für David Mari, der mir nach dem letzten Verhandlungstag sagte: ›Ich bin damit bis an das Ende meines Lebens nicht fertig. Ich kann nicht wieder Frau haben und glücklich sein. Ich muß immer denken an meine Kinder und mich vorbereiten. Im Himmel sehe ich sie wieder.‹*
Urteil – wohl doch der unerwünschte Kompromiß: 4 Jahre und 9 Monate Haft.
Es war exakt das vom Anklagevertreter geforderte Strafmaß.
Erst als das Gericht sich zurückzieht, bricht David Mari an der Schulter seines viel kleineren Verteidigers laut weinend zusammen. Nicht nur er weint, auch die Zeuginnen, die seinen Hinterkopf und Rücken streicheln, ohne daß er sie wahrnimmt. Bis der Gefängniswärter, der ihn ins UG zurückzuführen hat, ihn auch scheu berührt und sagt: »Komm man mit, wir gehen zum Doktor und lassen dir was geben. Komm man ruhig mit.«
Daraufhin rasen die Zeugen zur Geschäftsstelle, um sich einen Besuchstermin für David Mari geben zu lassen.
Ich hätte sicher auch eine Geschichte über den Lebensweg der unglücklichen Frau Hildegard Mari schreiben können, doch in diesem Prozeß wurden nur des Mannes Leiden ge- und beklagt.

Mai 1978

P. S.
Eine Bremerin verliebte sich aufgrund von Zeitungsartikeln in David Mari. Die beiden heirateten noch während der Haftzeit. David Mari wurde wieder Vater. Seine Tochter, die kleine Jennifer, kam ohne Augäpfel zur Welt.
Am 16. 6. 1980 wurde David Mari nach Zweidrittel-Verbüßung entlassen. Jetzt kämpft er mit Hilfe des renommierten Stammheim-Verteidigers Dr. Hans Heinz Heldmann schon in 2. Instanz beim Oberverwaltungsgericht um die Aufhebung seiner Ausweisung.

August 1980

Katz

Manfred Katz hat fast zwei Jahre in U-Haft gesessen. Die letzten acht Monate davon stand er vor Gericht.
Ein ungewöhnlicher Aufwand, bedenkt man, daß ihm nur Steuerhinterziehung vorgeworfen wird. Wenn auch von 2,3 Millionen Mark.
Ich kannte ihn lange, wie die meisten, durch die Presse. Einmal lud er mich ins Finnland-Haus – nicht in eins seiner Lokale – zum Essen ein. Ein vitaler, sprudelnder, großzügiger Schlemmer. Hätte mir gern, wie sonst auch, die kostbaren Reste, Lachs und so, für Freunde einpacken lassen. Vergaß es zum ersten Mal.
Als wir uns trennten, sagte Katz: »Wenn Du jemals Hilfe brauchst, sag Bescheid. In mir hast Du einen Freund.« *Das war vor vier Jahren. Machte nie Gebrauch davon, obwohl mir seine Hilfe nicht geschadet hätte.*
Sehe ihn am 8. Dezember 1977, seinem ersten Prozeßtag, wieder. Er wirkt jung und hilflos. Küßt mehrfach eine schöne, blonde Frau mit jüdischem Gesicht – vielleicht die eigene. Wieder im Vordergrund durch sein Leid und Mißgeschick? Nach Jahren des Rumflippens mit Mädchen aller Art, *die sich auch seine Frau in der Boulevardpresse ansehen konnte, tatsächliche und erfundene Liebschaften nachvollziehend. Von denen ist jedenfalls keine anwesend.*
Brechend voll. Foto und Fernsehen lauern vor und im Saal. Katz, der sonst Bilder liebt, wehrt ab. Zeichenkundige bleiben drin. Einige Fotoprofis auch. Jobben wohl unter der Hand mit Miniaturdingern.
Private und berufliche Neider sehen seinen Sturz nicht ungern. *Die Konkurrenz reibt sich die Hände.* Schließlich hat der einfallsreiche, fantasievolle Ausländer jahrelang alle anderen Gastronomen aus dem Feld geschlagen. Hamburg war grau in grau, bis er südamerikanische, italienische, englische und französische Tag- und Nachtlokale – Bistros, Pubs, Drugstores, Spezialitätenrestaurants – eins nach dem anderen – aufmachte, 54 an der Zahl, *davon 36 in Hamburg. Mit seinen 16 bis 18 Stunden Arbeit am Tag allein hätte er es nicht geschafft. Mit tollen Einfällen allein auch nicht. Die Koppelung war es.*
»Ich bin kein Buchhalter. Mache Kasse und Steuer nicht selbst. Ich bin

ein kreativer Typ. Jeder Nagel in der Wand ist mein Einfall. Ich hänge an meinem Werk. Ich mache alles aus Liebe.«
Und in großem Stil. So investierte er fast eine dreiviertel Million in seinen Drugstore, und das La Pampa kostete ihn 500 000 DM. Er hätte Grund, stolz auf sich zu sein, selbst wenn er Betriebswirtschaft, Gastronomie, Kochen und Innenarchitektur studiert hätte. Er hat aber nur von seinem neunten bis zu seinem zwölften Lebensjahr überhaupt eine Schule besucht.
Katz, am 18. 8. 1933 in Deutschland geboren, nur bis zum sechsten Lebensjahr hier, erinnert sich besser als Filbinger. »Man hat uns mit Steinen beworfen. Man hat uns beschimpft. Weil wir einen anderen Glauben hatten. Ich mag nicht über die Kindheit reden.«
1940 floh die jüdische Familie mit den Kindern vor den Nazis. Eine Art Weltreise, die wenig mit Jet-set zu tun hatte. Über Polen, Sibirien, die Mandschurei, Korea, Japan, China und Nordamerika nach Ecuadur in ein 300-Seelen-Dorf. Die neuen Freunde waren Indianer.
Katz, der nie eine Berufsausbildung bekam, boxte sich im wahrsten Sinne des Wortes durch. Das brachte hinter den Kulissen Geld. Mit sechzehn ist der deutsche Junge Boxmeister von Ecuador. Im Federgewicht. Und steigt nebenher zum Radchampion auf. Mit achtzehn sagt er dem Elterhaus ade, kommt über Hawaii nach Frankreich, arbeitet in der Gastronomie. Und stellt dort fest, daß die Filets zu teuer sind. Beschließt, selbst Gastronom zu werden und die Filets billiger zu grillen.
Katz empfand sich als Sozialist, fuhr nach Israel. 1951 war er Delegierter Israels bei den Weltjugend-Festspielen in Ostberlin.
»Ich lebte in einem Kibbuz mit Leuten aus Chile. Ah« – er dreht sich strahlend um –, »da hab ich meine Frau kennengelernt. Das waren noch Zeiten!«
Also doch! Die schöne Chilenin ist seine geschiedene Frau.
»Ich war dann Jahre in der Armee. Ich möchte mich nicht daran erinnern. Nicht darüber sprechen. 1957 haben wir geheiratet und 1960 ein Restaurant gepachtet. Ich hab die italienische Küche nach Israel gebracht. Mit meiner Frau zusammen alles selbst gemacht. Kochen, Einkaufen, Bedienen, Abwaschen. Wir haben zwei Kinder. Sehen Sie mal hier auf dem Foto.«
Katz läuft begeistert von einem Gerichtsbeteiligten zum anderen und zeigt stolz seine achtzehn- und zwanzigjährigen Kinder rum.
»Wir sind seit 1972 geschieden. Da war Eifersucht. Meine Frau besucht

mich, sooft sie darf. Es ist kein richtiger Besuch. Wir müssen deutsch sprechen. Und meine Frau spricht schlecht deutsch. Andere Ausländer dürfen in ihrer Sprache sprechen.
Ich hab schon 600 000 Mark an das Finanzamt gezahlt. Ich bin steuerlich voll verantwortlich. Strafrechtlich nicht! Meine Freunde hatten 1 Million Kaution für mich zusammen. Ich durfte trotzdem nicht raus. Das kränkt mich. Als Jude tut man nicht zweimal aus Deutschland flüchten.«
Nach seinen Eltern befragt, sagt er: »Meine Eltern leben – Gott sei Dank! Meine Mutter ist eine geborene Hamburger. So hießen ihre Eltern. Darum sah ich in Hamburg ein gutes Omen.«
Dann folgt zum ersten Mal, wie danach Tag für Tag, Woche für Woche und Monat um Monat, die Verlesung von Quittungen und Kassenbons. Trostlos, *wenn man Zahlen so haßt wie ich und auch nichts von den Einnahmen hat.* Denke über Katz nach. Den Mann, der morgens schon zwei Steaks ißt, im Auto und überall pausenlos geschäftlich telefonierte, Blondinen bündelte. *Tief beeindruckt von jeder Art Bildung und Halb-Bildung, soll er mit Heiratsanträgen schnell bei der Hand gewesen sein, und mit hochkarätigen Geschenken auch.*
Einige sagen, daß Katz andere Ausländer, solche ohne Papiere, ausbeutete. Hoffentlich stimmt das nicht. Ich kann's mir nicht von einem Juden vorstellen, der fast sein ganzes Leben, wo immer er hinkam, selbst in der Situation des Fremden war. Außerdem hat nur ein einziger seiner 500 Angestellten, einer, der im Krach gegangen war, gegen Katz ausgesagt. Alle anderen für ihn, obwohl der Mann im Knast nichts für sie tun kann. Sie bestätigen, daß für das Finanzielle der nach Israel geflohene Hauptgeschäftsführer Josef Arusi, nicht aber Katz zuständig war. *Der habe sich mehr um die Verwirklichung seiner Ideen, das Auftreiben und individuelle Einrichten neuer Lokale, die Qualität seiner Speisen, die Sauberkeit seiner Gaststätten und das pünktliche Erscheinen des Personals gekümmert.* Arusi selbst beteuert von Israel aus sogar schriftlich seine Alleinschuld an der Fälschung der Lohnbuchlisten und Bilanzen. Katz habe von alledem nichts gewußt. Er sei auch ohne dessen Wissen mit einer Menge Geld nach Israel getürmt.
Der Prozeß bleibt nicht so langweilig wie die Zahlen und das Blättern in Stößen von Quittungen, Rechnungsbelegen und Buchhaltungslisten. *Dafür sorgen Aufregungen übelster Art, auf die man gern verzichtet hätte. Einem Teil von ihnen liegen einfach Inkompetenzen des Gerichts*

zugrunde. Auch für Richter und Staatsanwälte sind die Intimitäten der Finanzämter offensichtlich ein süßes Geheimnis. Beispiel: Haftrichter Erwin Isbarn besteht auf Haft, als noch erörtert wird, »ob dem Beschuldigten Katz eine Steuerhinterziehung vorzuwerfen ist oder nicht«.
Die Verteidiger: »Katz ist ein Schulbeispiel dafür, daß Richter und Staatsanwälte über Dinge entscheiden, von denen sie nichts verstehen. Der Strafrichter fabriziert schließlich selbst falsches und konfuses Zeug.«
Es kommt auch zu einer Dienstaufsichtsbeschwerde gegen Staatsanwalt Henning Haage, der versucht haben soll, einen unabhängigen Gutachter, den Sachverständigen Professor Dr. Wilhelm Strobel, zu beeinflussen. *Katz-Anwalt Dr. Klaus Herdemerten über den Staatsanwalt: »Wie die Kavallerie – schneidig, aber dumm.«*
Das war schon Anfang 1977. Ende 1977, als Katz endlich die Million zusammen hat, gegen die man versprochen hatte, ihn freizulassen, hieß es: »Nicht für alles Geld der Welt würden wir einer Haftverschonung zustimmen.«
Inzwischen bestand ein Vertrag zwischen Katz und dem Finanzamt, nachdem der gesamte Betriebsgewinn der Restaurants zur Befriedigung sämtlicher Gläubiger eingesetzt werden soll. Katz: »Ich werde jeden Pfennig zurückzahlen, sollte sich herausstellen, daß der Vorwurf stimmt.«
Katz begründet das Tragen eines überdimensionalen Davidsterns an der Halskette: »Ich möchte deutlich machen, daß ich Jude bin. Ich glaube, nur darum hält man mich so lange in Haft.«
Am 27.12. 1977 macht er es noch deutlicher. Im Saal 138 der Großen Strafkammer 17 des Hamburger Landgerichts: Erregt, nervlich am Ende, tritt er in KZ-Kleidung vor den Richtertisch. Schwarz-weiß gestreift mit dem gleichfarbigen Käppi und einem gelben Judenstern auf der rechten Brustseite. Nach 15 Monaten Haft, die er bis Heiligabend als vorbildlicher, freundlicher und umgänglicher Gefangener in Zelle B 5/35 des UGs am Holstenglacis abgesessen hat. Bis sein Zellennachbar Wilfried Schulz, Bordellwirt, der King von St. Pauli, aus gleichem Anlaß wie er, seit einigen Wochen einsitzend, gegen eine Kaution von 1,3 Millionen Mark in seine Villa entlassen wird.
Richter Dr. Glage provoziert den durch seine Kleidung provozierenden Katz so weit, daß Pflichtverteidiger Claus Hoermann in größter Erregung ruft: »Diese Art der Verhandlungsführung ist unzulässig!«
Dr. Glage läßt sich nicht beirren. Jedesmal, wenn Katz eine Erklärung

abgeben will, entzieht er ihm das Wort. Bis Katz schließlich durchdreht und ruft: »Das ist seelische Folter, was Sie mit mir machen! Sie sind zwar ein Richter, aber doch nicht der liebe Gott!«

Vielleicht fühlt Katz gar nicht so falsch. Im Januar wird auch der finnische Reeder Rolf Alander nach nur 3 Wochen UG gegen Zahlung einer Kaution von 1 Million Mark auf freien Fuß gesetzt. Bei ihm dreht es sich nicht um nur 2,3 Millionen, nein, er soll den Staat um 32 Millionen Mark betrogen haben. Bei dem Finnen bestand angeblich keine Fluchtgefahr. Allerdings befindet er sich wieder in Helsinki. Schön für ihn. Denn nach einem Abkommen aus dem Jahre 1937 besteht keine Auslieferungspflicht.

Mitte April 1978 sagt Katz, der eigentlich das Bundesverdienstkreuz für seine Belebung der Hamburger Szene mit oder ohne Steuerzahlungen erwartete, indem er die Akten hinschmeißt und seine Anzugjacke von den Schultern reißt: »Sie sind kein gerechter Richter, Herr Dr. Glage. Ich weiß nicht, ob das mit meinem Glauben oder meiner Rasse zu tun hat«, und sinkt keuchend auf der Anklagebank nieder. Der Gerichtsarzt verordnet ihm 2 Stunden Ruhe zur Normalisierung seines Pulsschlages. Anlaß der Aufregung: Glage hatte für eine notwendige Ausführung von Katz in dessen Wohnung angeordnet: »Katz ist zu fesseln und nicht aus den Augen der vier Bewachungspersonen zu lassen – auch nicht zur Verrichtung der Notdurft.«

Ich kann mir vorstellen, welch einen Haß und Neid Katz bei Bürokraten, bei Juristen *(selbst wenn sie von ihm bezahlt werden)* und bei trokken-verklemmten Männern überhaupt auslöst.

Wie kommt er, ein levantinischer Jude, dazu, nicht der Vorstellung vom armseligen Bauchladen, Schnürsenkel, Katzbuckelei und Getto zu entsprechen? Wie kommt er dazu, prall, prassend und sinnenfroh ständig all das auszuleben, *was andere Männer öffentlich ablehnen, vergebens erträumen oder in großen Abständen heimlich tun. Künstler, ohne Hungerleider zu sein, genüßlich essen, ohne Magengeschwüre, schöne Weiber ohne Versteckspiel. Und nicht mal der Trost, daß Frauen ihn nur des Geldes wegen begehren, den glutäugigen, fantasiebegabten, unkonventionellen Mann, da er zu allem Elend auch noch im Ruf unmäßiger Potenz steht.*

Und wohnen tut er, auch wenn es die Hamburger Gesellschaft krank ärgert, in ihrer unmittelbaren Nachbarschaft an der Bellevue, mit Blick auf die Alster.

Staatsanwalt Haage beweist seine Art von Humor. Als Katz bei der Diskussion um sein Vermögen von seiner Tante und seinem Zwillingsbruder Carlos spricht, sagt Haage: »Er hätte uns genausogut einen Fidschi-Insulaner als Entlastungszeugen präsentieren können.«
Er beantragt 6 Jahre für Katz.
Frau Elisheva bangt heute, wie an jedem Verhandlungstag, um ihren Mann. Versucht, um seinetwillen, nicht zu weinen. *Erledigt alles für ihn. Macht ihm Mut und wünscht sich nichts so sehr wie seine Freilassung. Obwohl sie damit rechnet, ihren Mann nie mehr so konzentriert, durch andere Frauen ungestört, zu sehen wie während der langen, entnervenden Prozeß-Tage.* Die harte Zuhörerbank wird ihr von keiner geldgeilen Pißnelke streitig gemacht. Mal sehen, wie lange Katz sich daran erinnern wird.
Bei 30 Grad Hitze, am 27. Verhandlungstag, sind die Verteidiger dran. Gereiztheit bei allen Beteiligten. Unkontrollierte Ausbrüche und Verdächtigungen bestimmen den Verlauf. Die Ankläger geraten immer mehr unter Beschuß. Der Staatsanwalt soll einen Rechtsanwalt in mehr oder weniger informellen Gesprächen auf dem Gerichtsflur als Berufsverbrecher bezeichnet haben.
Absurd unrichtige Ergebnisse wirft Steueranwalt Heinz Kuhlmann den Staatsanwälten vor: »Es ist Pflicht des Richters, eine Steuerverkürzung genau festzustellen. Und nicht Hochrechnungen nach fehlerhaften Ansätzen zu akzeptieren.«
Man war statt von 2, von angeblich 7 Millionen Mark nicht gemeldetem Einkommen ausgegangen. Rechtsanwalt Hajo Wandschneider sieht eine Schuld von Katz bei den Steuerbetrügereien überhaupt nicht als erwiesen an und beantragt Freispruch.
Katz spricht in seinem fast 6 Stunden dauernden Schlußwort auch von einem großen Richter, den sein Volk hervorgebracht hat – den König Salomon. *Der müßte Vorbild für Juristen sein.* Bis jetzt läuft keiner hier Gefahr, mit ihm für verschwägert oder verwandt gehalten zu werden. *Katz wünscht sich, daß dem Staatsanwalt Haage ein Verfahren angehängt wird zum Zwecke späterer Suspendierung. Er vermutet einen Rassenprozeß.*
Es wird beraten.
Hatte der sechsfache Milliardär, Herr Friedrich Flick, eigentlich Steuerschulden, als er starb? Flick machte keine bunten Restaurants auf, sondern produzierte Panzer bei Krauss-Maffei und sperrte bei Mercedes Ar-

beiter aus. Natürlich gesellschaftsfähiger als Katz. Sicher hatte der Asket gewieftere Ratgeber. Und erheblich mehr gemeinsam mit den meisten Richtern als Katz.

Herbst 1977, als Katz schon ein Jahr sitzt, wird der Reisende in Schönheitsmitteln, SS-Obersturmführer Gerhard Maywald, 64 Jahre, zu 4 Jahren verurteilt. Wegen Beihilfe des Mordes an 320 Juden.

4 Jahre bekommt auch Katz. Plus 6 Tage Ordnungsstrafe, weil er den Staatsanwalt kränkte.

Glage, sonst nicht grade leise, nuschelt während der Urteilsbegründung so, daß Zuhörer mehrfach bitten »lauter«. Glage, jetzt laut und deutlich: »Sie sollen ruhig sein!«

Ich: »Sie müssen aber zu verstehen sein!«

Glage schnauzt mich an, wie's nun mal seine Art ist: »Seien Sie still! So ist das üblich hier im Gericht.«

Vor Verblüffung bleibt mir im Hals stecken, daß laut Gesetz Öffentlichkeit nur dann hergestellt ist, wenn Öffentlichkeit mitkriegt, was im Prozeß läuft.

Glage zählt auf, was zu Katz' Gunsten spricht: nicht vorbestraft, strebsam, großes Maß an Verantwortung, wach, schnell, sicherer Instinkt. Daß er Erspartes stets zu Neuinvestionen verwandte, daß er vor Prozeßbeginn 600000 Mark ans Finanzamt gezahlt hat und sich verpflichtet, weiter zu zahlen. Er nennt ihn auch ausgeprägt mißtrauisch, kritisch und vorsichtig.

Alle Ausagen für Katz hält der Richter für Gefälligkeitsaussagen und meint: »Leider kann man ihm kein Geständnis zugute halten. Vielleicht ist er zu stolz dazu.«

Oder unschuldig?

Dann – nach 70 Minuten langer Beratung wegen vorläufiger Haftverschonung mit Staatsanwalt, Verteidiger und Katz hinter verschlossenen Türen, sagt Glage: »Herr Katz, Sie sind frei.«

Das heißt: Frei bis zum späteren Antritt der restlichen 10 Monate Haft, die nach gängiger Praxis die üblichen zwei Drittel Zeit voll machen.

Katz: »Man gab mir zu verstehen, wenn ich das Urteil akzeptiere, keine Revision einlege, darf ich sofort nach Hause. Ich will unbedingt nach Hause. Erst mal in die Badewanne. Mit viel Schaum und baden und dann arbeiten.«

20 Minuten Warten auf die Entlassungspapiere, während Elisheva, viele ehemalige Mitarbeiter und Reporter ihn umarmen. Dann schlägt die

Staatsanwaltschaft unerwartet zu. Nunmehr in Funktion der Vollstreckungsbehörde. Sie besteht darauf: Katz muß zurück in die Zelle, um erst mal die 6 Tage Ordnungsstrafe zu verbüßen, die das Gericht wegen seiner Ausfälle gegen Henning Haage verhängt hatte.
Katz geht fast zu Boden, hilflos, verzweifelt. Seine Frau kann diesmal nicht mehr mit dem Weinen warten, bis sie zu Hause ist. Dr. Wandschneider stellt Strafantrag gegen den Staatsanwalt wegen Freiheitsberaubung. Anwalt Hörmann kommentiert knapp: »Das ist psychische Marter.«
Ist es.
Trotzdem: Um Katz mache ich mir nicht wirklich Sorgen. Ihn und seine Ideen wird man, wann immer er rauskommt, überall auch in Zukunft brauchen.

Sommer 1978

P. S.
Keine Reportage hat man mir so übel genommen wie diese. Linke, Halblinke, Liberale und Rechte pöbelten mich an. Alle finden, daß ich Katz in meiner Schilderung viel zu gut wegkommen lasse. Nur die Jüdische Gemeinde nicht. Die findet zwar auch, daß ich mich schämen sollte. Allerdings nur, weil ich den getretenen Mann noch weiter getreten habe.

Juli 1980

Groenewold

Am 18. Januar begann vor dem politischen Strafsenat des Oberlandesgerichtes Hamburg der Prozeß gegen den Rechtsanwalt Kurt Groenewold. Ein Prozeß, der zu einem Stück Rechtsgeschichte werden kann. Er hat exemplarische Bedeutung und wurde deshalb von der Bundesanwaltschaft vorbereitet. Inzwischen sehen sich noch ca. 80 weitere Rechtsanwälte, die in der BRD in politischen Prozessen verteidigt haben, Strafverfahren oder Disziplinarverfahren ausgesetzt.
Die Bundesanwaltschaft wirft Groenewold keine Beteiligung oder Unterstützung konkreter strafbarer Handlungen vor. Sie erhebt gegen ihn den Vorwurf, er habe dafür gesorgt, daß seine inhaftierten Mandanten ihr *Bewußtsein* als Stadtguerilla und ihr Zusammengehörigkeitsgefühl *ungebrochen* bewahren konnten. Er habe ihnen Informationen zugeleitet und Kommunikation in der Haft ermöglicht...
So lautet auch der noch vom Generalbundesanwalt Siegfried Buback unterschriebene Anklagesatz gegen ihn: Er habe fortgesetzt handelnd in der Zeit vom Februar 1973 bis zum Januar 1976 eine kriminelle Vereinigung unterstützt. Der gleiche Buback, der 1972 zum Verfahren wegen der Pentagon-Papers fragte, ob die Entgegennahme solcher Mandate in dieser Situation nicht standeswidrig sei.
Groenewold war ursprünglich Verteidiger des gesamten RAF-Kerns in Stuttgart-Stammheim. Von Ulrike Meinhof, Andreas Baader, Gudrun Ensslin und Jan-Carl Raspe – alle vier inzwischen tot.
Groenewold: »Solange sie meine Mandanten waren und ich ihre Isolation durch Information durchbrach, waren sie immerhin am Leben.«
Vor Beginn der Stammheim-Hauptverhandlung wurde er allerdings schon ausgeschlossen: »Wegen des dringenden Verdachts, an der Tat, die den Gegenstand dieses Prozesses bildet, beteiligt zu sein.«
In der Öffentlichkeit wurde – unter Mitwirkung staatlicher Organe – über Jahre hinweg der Eindruck erweckt und genährt, Groenewold habe als Kontaktmann zwischen den inhaftierten Gruppenmitgliedern und ihren noch in Freiheit befindlichen Genossen fungiert und somit an der Planung, wenn nicht sogar an der Ausführung weiterer terroristischer Verbrechen mitgewirkt. Noch im Jahresbericht der Bundesan-

waltschaft vom 21. 12. 1977 war von einem »über das Rechtsanwaltbüro Groenewold in Hamburg abgewickelten Informationssystem zwischen inhaftierten Mitgliedern der RAF untereinander sowie im Untergrund arbeitenden Mitgliedern« die Rede.
Doch von Untergrund-Kontakten oder Teilhaben an konkreten Verbrechensplänen steht kein Piep in der Anklageschrift.
Bundeskanzler Schmidt gab am 19. 11. 1977 in »Newsweek« ein Interview, in dem er erklärte, wodurch sich deutsche Terroristen von anderen unterscheiden:
1. Sie seien intelligent.
2. Ihre Verteidiger seien in krimineller Verschwörung mit ihnen.
Es ist wahr, daß sich einige Rechtsanwälte entschieden haben, in den Untergrund zu gehen. Sie sind jetzt im Gefängnis. Aber nicht wegen ihrer Verteidigung, sondern weil ihnen die konkrete Beteilung vorgeworfen wird. Dafür können Groenewold und seine wegen ihrer Verteidigungstätigkeit verfolgten anderen Kollegen nichts. Die Bundesregierung versucht, diese Fakten durcheinander zu bringen, um die neuen Gesetze zur Einschränkung der Verteidiung und Verfolgung der Anwälte auf diese Weise zu rechtfertigen. Kurt Groenewold hat schon sein Fett im voraus weg. Am. 12. 6. 1975 wurde ein vorläufiges Berufsverbot wegen »standeswidrigen Verhaltens« und das Tragen der Kosten des Verfahrens gegen ihn verhängt. Am 15. 6. 1977 aufgehoben. Seit Oktober 1977 wieder in Kraft. Nach dem kürzesten Verfahren, das ich je erlebt habe. Und das, nachdem das Ehrengericht im Juni 1977 sich dem entgegen noch auf ein Grundsatzurteil des Bundesverfassungsgerichtes in Karlsruhe berief, in dem es heißt, daß derart schwerwiegende Vorabmaßnahmen gegen einen Anwalt nur dann zulässig sind, wenn seine weitere Berufsausübung »konkrete Gefahren für wichtige Gemeinschaftsgüter« befürchten läßt.
Seit über 2 Jahren ist Groenewold nicht mehr Anwalt Terrorismusverdächtiger gewesen. Er hat sich auch vorher niemals zu den Mitteln und Zielen seines früheren Klientels bekannt. Er hat nur, so wie er es schon immer tat, seine Möglichkeiten als Verteidiger bis zum äußersten strapaziert. Ausländische Kollegen sagen: »Das ist doch nicht nur sein Recht, sondern seine Pflicht.«
Groenewold ist ein Strafverteidiger, an den man sich seit vielen Jahren sehr gern wendet. Weil er in dem Ruf steht, sich intensiv, unter Aufwand von Zeit, Kraft und Erfahrung für seine Mandanten einzusetzen. Und

jeder, der es nötig hatte, egal, ob bei Kasse oder nicht, konnte sich an ihn wenden und ihm vertrauen. Ich habe auch mitgekriegt, daß er in den Jahren immer sicherer, beeindruckender wurde. Man scheint die Besten wegraffen zu wollen.

Die vielen Doofköppe, die auch Juristen sind, finden sich nie als Angeschuldigte vor Ehrengerichten wieder.

Als sein Prozeß begann, war ich schon 1 Stunde vor Beginn im Strafjustizgebäude. Denn politische Prozesse sind auch für den Berichterstatter umständlich und zeitraubend. Wir brauchen zusätzlich zum Presseausweis eine Extra-Genehmigung, um überhaupt im Prozeß-Saal arbeiten zu dürfen. Die Zeit für die Mehrfach-Kontrollen muß einkalkuliert werden.

Die Prozesse finden in einem extra dafür eingerichteten Riesensaal mit einer riesigen Trennwand aus Glas statt. *Warum Trennwand, weiß kein Mensch.*

Ob man die Angeklagten für so gefährlich hält oder die Prozeßbesucher? Die sich drängelnden Fotografen dürfen nicht mal in den Vorraum. Sogar die Kollegen in Robe, die täglich im Gericht arbeiten und die aus begründetem Berufsinteresse den Prozeß verfolgen wollen, werden schroff zurückgewiesen. »Gehen Sie hinten rum. Sondereingang für Zuhörer!«

Dort stehen sie dann schlotternd im Schneematsch, während tröpfchenweise Öffentlichkeit reingelassen wird. Um sich filzen zu lassen, Ausweise ablichten zu lassen, Handakten und Schreiber loszuwerden und um sich dann hinter die große Trennwand gesperrt wiederzufinden. Auch uns nimmt man Schlüssel und andere Waffen ab. *Die aufgescheuchten Beamten und Beamtinnen, die ihrer absurden Pflicht nachkommen, kommen sich inzwischen selbst sehr blöde vor. Alle werden abgetastet! Allen mißtraut man! Nur Staatsanwälten, Protokollführern, Saaldienern und ähnlich zuverlässigen Leuten nicht.*

Groenewolds Prozeß hat den Duft der großen, weiten Welt. Denn ausländische Beobachter sind zugelassen. Gut beleumdete Strafverteidiger, Richter, Staatsanwälte, aus Frankreich, Italien, Dänemark, England, Holland, Belgien und den USA. Die weder Kosten noch Mühe scheuen, um zu sehen, wie man in Deutschland einen Kollegen behandelt und wie das Recht auf Verteidigung in Deutschland gehandhabt wird. Jeder einzelne Repräsentant einer großen Gruppe. Sie teilen die Pressebank mit uns. Auch »Amnesty International« hat einen Reprä-

sentanten aus Holland *in den gräßlichen Gerichtssaal, der durch eine neue, ganz lebendige Atmosphäre wie verwandelt ist, geschickt. Für mich ein Festessen. Ich fühle mich nicht mehr allein mit meinen Reaktionen. Wir lachen, staunen, sind entsetzt, traurig und empört zusammen.*
Die Gegenwart des Auslandes zwingt alle Anwesenden, vorsichtiger und genauer zu sein, als sie es sonst häufig sind. Man will sich keine Blöße geben. Schade, daß nicht immer solche Beobachter dabei sind.
Überfüllung auf beiden Seiten der Trennscheibe. Und eine Verteidigerriege, die sich sehen lassen kann.
Der honorige Eric von Bagge. Reinhard Zimmermann aus Bochum, Maître Roland Houver, Straßbourg. Rotberobt, ein fremder Anblick, die zugereisten Bundesanwälte aus Karlsruhe, Dr. Morre und Dr. Holland.
Den Vorsitz hat Gerichtspräsident Dr. Helmut Plambeck, der auch über den Massenmörder Dr. jur. Hahn zu richten hatte. Wie er sich in diesem Verfahren wohl vorkommt? Schließlich weiß er, wie wirkliche Verbrecher aussehen. Den Hahn verurteilte er zwar zu 12 Jahren, nahm ihn aber nie in Haft. Da muß er doch Kurt G. freisprechen und sich dafür bei ihm entschuldigen, daß ein Prozeß überhaupt stattfand.
Kurt Groenewold ist klein und zart. In seiner Robe sah er immer wie eine Mischung aus Mönch in Kutte und Tänzer aus. Gläubig, zu jung für seine Jahre. Er ist grau geworden. Das Kindergesicht trotzig, ängstlich, erschöpft. Blaß mit hektisch roten Flecken. Die Stimme mühsam beherrscht. So ein Verfahren ist die Hölle, die langjährigen Schwierigkeiten, die man ihm gemacht hat, sind kaum zu verkraften.
Groenewold ist zur Aussage bereit. Doch erst werden Anträge und juristische Fragen zur Überprüfung gestellt. *Wichtig, spannend, aufregend, faszinierend. In der Tagespresse liest es sich immer, als stelle man Anträge aus purem Schabernack. Um Richter zu ärgern und Prozesse zu verzögern. So daß das permanente Abschmettern der noch so berechtigten und begründeten Vorbringen dem fehlinformierten Leser einleuchtend erscheint. Vielleicht können sich Staatsanwalt und Gericht nur durch Fouls gegen die geballte Ladung Wissen so wacher Jungs zur Wehr setzen. Eine Schande, daß es darum geht, mit Verteidigern fertig zu werden, statt Recht und Wahrheitsfindung in den Vordergrund zu stellen. Eine Olympiade des Schlagabtausches.* Ablehnung wird so begründet, wie dummerhaftige Eltern ihren autoritären Schwachsinn hilflos begründen: Warum? Darum!!

Erster Antrag: Einstellung des Verfahrens. Ein fair trial ist nicht möglich, da das Verfahren unter einem ganz besonderen *öffentlichen, politischen* Druck steht. Da Bundesjustizminister und andere ihre Forderungen deutlich machten, im Interesse der Strafrechtspflege bzw. des Rechtsstaates zu verurteilen. Da Groenewold seit 1972 durch Kampagnen vorverurteilt wird. Von Bagge, durch Eigenverfolgung klug, im internationalen Recht beschlagen, bekannt als korrekt und unerschrokken, stellt den ersten Antrag. Er teilt weder Denken noch Fühlen mit dem Gericht, doch ihm hört man leichter zu, da, wo man anderen Verteidigern schon kein Ohr mehr schenkt, nur abwinkt oder sich abwendet. Er begründet: »Ich beantrage, das Verfahren einzustellen, da ein faires Verfahren nach der jahrelangen Kampagne und den Falschbehauptungen gegen Groenewold nicht mehr möglich ist. Auch ein Richter, der unabhängig sein möchte, ist diesen Einflüssen, wie denen der Werbung, unterworfen. Wie wir alle.«
Rechtsanwalt Zimmermann: »Der Bundesjustizminister hat 6 ausgewählten Journalisten die Anklageschrift heimlich zugestellt. Er ist zwar dazu verurteilt worden, die Namen der Journalisten zu nennen, mußte das aber bisher nicht, da Vogel Berufung eingelegt hat. Die Bundesanwaltschaft, die noch 2 Wochen vor Prozeßbeginn Fehlbehauptungen verbreitete, nahm diese zurück, da Groenewold eine Klage androhte.«
Rechtsanwalt Houver: »Die Gespräche zwischen Groenewold und seinem Verteidiger v. Bagge wurden abgehört.«
Macht nichts. An so was werden wir uns sicher gewöhnen!
Von Bagge zum Gericht: »Das Recht auf Ausspähung ist überschritten. Stellen Sie sich vor, wir würden die Bundesanwaltschaft ausspähen und das auch noch im Prozeß geltend machen. Ich beantrage, einen Sachverständigen für Psychologie und Beeinflußbarkeit zu hören. Ich bitte Sie, sich selbst zu prüfen. Man überschätzt die Fähigkeiten des Richters. Sie haben das Recht, sich selbst abzulehnen.«
Die Bundesstaatsanwälte plappern munter drauf los, während der Verteidiger infame Pressemeldungen verliest. *Die vielen Schreiber sehen sich gerügt. Verwinden sie sicher schnell. Tief deprimierte Gesichter ringsum. Über blütenweiß zu grau, zu rosé. Nur die beiden Rotrobigen sind guter Dinge.* Der Tag geht ohne Vernehmung zur Person zu Ende. Die Richter wollen in sich gehen.
Zweiter Tag.
Dr. Plambeck: »Der Antrag wird abgelehnt. Zwar sind falsche Behaup-

tungen verbreitet worden, aber dieses Gericht ist besonders unabhängig – schon aus richterpsychologischen Gründen.«

Was immer das heißen mag.

Von Bagge beantragt, ausländische Richter als Zeugen für Praxis zu hören und protestiert gegen das Fotokopieren von Ausweisen: »Die berufliche Zukunft z. B. der Referendare ist dadurch gefährdet.«

Verteidiger Zimmermann: »Ich beantrage, das Verfahren auszusetzen, bis die Verfahren von früheren Mandanten von Groenewold abgeschlossen sind. Angeklagt ist sein Mandatsverhältnis. Es gibt standesrechtliche und ethische Bedenken gegen das Brechen der Schweigepflicht. Wenn er jetzt aussagt, kann seine Aussage gegen seine früheren Mandanten verwertet werden. Das ist Parteienverrat und ein großer Gewissenskonflikt. Sogar wenn Groenewold durch Aussagen, die seine früheren Mandanten betreffen, freigesprochen wird, wäre er auf immer verurteilt. D. h. niemand würde sich freiwillig je wieder an einen Anwalt wenden, von dem es sich rumspricht, daß er seine Schweigepflicht bricht, um seine eigene Haut zu retten.«

Ein Dilemma, das alle Verteidiger auf der Anklagebank trifft.

Dritter Tag:

Plambeck: »Ausweise dürfen fotokopiert werden. Das geht das Gericht nichts an. Selbstverständlich sehen wir es gerne, daß auch Referendare sich informieren. Nachteile sind nicht zu erwarten.«

Von Bagge: »Es findet bei uns offene Ohren, da der juristische Nachwuchs sich dieses Verfahren ruhig anhören soll. Ob alle diese Ansicht teilen, daß keine Nachteile dadurch entstehen können, weiß ich nicht.«

Plambeck freundlich: »Ich werde mich beim Oberlandesgericht erkundigen. Das ist zuständig für Einstellung von Referendaren.«

Groenewold muß aussagen, trotz Androhung einer Anzeige ehemaliger Mandanten.

Vierter Tag:

Heute darf ich meine Schlüssel behalten. Abtasten als Flirt. »Oh«, sag' ich albern, »das einzige Vergnügen, das man hat.« Zu den Jungs in Robe sind sie nach wie vor rotzig: »Hier dürfen Sie nicht durch! Ums Haus rum!«

Von Bagge: »Ich habe in einem anderen Regime meine Ausbildung 11 Jahre lang nicht fortsetzen können.«

Die Bundesanwälte bäumen sich auf. Beantragen, von Bagge zu rügen. Das schmutzige Wort »Regime« soll nicht mehr fallen dürfen. Da holt

von Bagge den Brockhaus ran und belehrt: »Regime = Regierungsform, Regierungsweise«. Es darf gelacht werden.
Das italienische Fernsehen ist heute hier. Journalisten fragen die Ausländer: »Sind Sie denn von Groenewolds Unschuld so überzeugt?«
»Wenn sich im Prozeß nicht herausstellt, daß er etwas anderes getan hat, als die Anklage ihm vorwirft, ist er unschuldig.«
Zustimmung aller.
Endlich zur Person. Spannend. Man kennt sich so lange und weiß doch so wenig voneinander.
Groenewold, 40 Jahre, geschieden, 2 Kinder, erzählt:
»Seit 1965 arbeite ich in Hamburg als Anwalt für Zivilrecht, Verwaltungsrecht, Numerus clausus, Scheidungen, Verkehrsrecht, Mord, Rauschgift, Raub und Urheberrecht. Ich hatte meine Kanzlei gemeinsam mit Degenhardt, den ich vorher urheberrechtlich vertrat. Nach den Springer-Demonstrationen hatte ich etwa 150 Mandate von Studenten. Ich erreichte in dem Zusammenhang auch den Freispruch für Ulrike Meinhof.
Mahler war sehr früh mein Mandant. Mit Kaul zusammen verteidigte ich Röhl, der wegen Wehrkraftzersetzung angeklagt worden war. Später war ich der Scheidungsanwalt Ulrike Meinhofs.
Das waren die Jahre, in denen auch Albertz, als Regierender, sagte, daß er erst durch die Studenten alles über Vietnam erfahren habe, und Schütz rief: ›Seht die Typen Euch an!‹
Dadurch, daß meine Schwester, die Fotografin ist, fast 8 Jahre mit Wolfgang Neuss lebte, hatte ich auch immer zu *Künstlern Kontakt und beriet sie. So machte ich auch alle Verträge für Biermann.«*
Übrigens, Groenewold selbst hat auch eine Gesangsausbildung erhalten.
»Ich habe auch 3 Brüder. 2 sind Kaufleute, einer Steuerberater. Unsere Mutter starb 1959, unser Vater 1967.«
Vorsitzender: »Gab es Konflikte in der Familie?«
Groenewold lehnt es ab, das zu beantworten.
Von Bagge schnell: »Es war jedenfalls der Wunsch des Vaters, ihn als Testamentsvollstrecker einzusetzen und die Vermögensverwaltung mit ca. 20 Angestellten zu übernehmen.«
Groenewold: »Ich war seit meiner Schulzeit im kaufmännischen Büro meines Vaters tätig. Schon mit 15 Jahren wollte ich Anwalt werden. Machte die Klassenzeitung und später die Schulzeitung. Engagierte mich für den Europatag.«

Plambeck: »Haben Sie sich beim Eid was gedacht, den Sie als Rechtsanwalt geleistet haben?«
Groenewold: »Nein, er ist die Voraussetzung für die Ausübung meines Berufes. Ich war weder dagegen noch besonders dafür.«
Groenewold hat *nicht nur Verantwortung, sondern auch* viel Geld geerbt. Glück im Unglück, sonst hätte er seine Verteidigung nie so vorbereiten können, wie er es tat. Da man ihm seinen Paß ließ, konnte er in der ganzen Welt befreundete Kollegen und Rechtswissenschaftler aufsuchen und in seiner Sprache sprechen. *So wie er sie in allen Jahren früher aufsuchte, um auf internationaler Ebene einerseits hinzuzulernen, andererseits selber Vortragsreihen abzuhalten und um als Beobachter in politischen Prozessen dabei zu sein: So in Athen bei den Militärgerichtsprozessen und jedes Jahr in den Staaten zur Bürgerrechts- und Anti-Vietnam-Bewegung. Auch die Algerienprozesse haben ihn geprägt. Als Referendar wurde er einer Kammer zugeteilt, die gegen Kommunisten, die sich 1961 zur Wahl stellten, verhandelte. Überall stieß er auf das Verhältnis zwischen Macht und Recht. Groenewold: »Ich gründete den Attika-Verlag, um die in vielen Ländern laufenden Prozesse zu schildern – um Bewußtsein zu erweitern. Ich wollte auch das Verhältnis Wallstreet-Anwälte – Bürgerrechtsanwälte aufzeigen, arbeitete aktiv im Anwaltsverein, in Arbeitsgemeinschaften, an Standespolitik. Ich wollte meinen Beruf nicht kommerzialisieren.«*
Plambeck: »Gab es keinen Konflikt zwischen Ihrem sozialen Engagement und Ihrer Vermögenslage?«
Groenewold: »Nein. Ich gehöre zwar der bürgerlichen Klasse an, nehme aber keine Rede- und Denkverbote an.«
Vorsitzender: »Gibt es Ihrer Ansicht nach denn Klassenjustiz?«
Groenewold: »Ja, natürlich. In der kapitalistischen Gesellschaft schwebt die Justiz nicht im luftleeren Raum, sondern ist ein Teil davon. Justiz definiert sich aus der Gesellschaft, nicht aus der Reinheit des Gedankens.«
Vorsitzender: »Was ist unter einem fortschrittlichen Richter zu sehen?«
Groenewold: »Es ist eine Frage des sozialen Engagements.«
»Was ist ein politischer Prozeß?«
»Wenn die Auseinandersetzung zwischen dem Staat und einzelnen geführt wird. Die Instrumentalisierung der Justiz in der Nazizeit hat mich sehr beschäftigt.«
Fünfter Tag:

Groenewold erzählt von Aktenmanipulationen *(kein Einblick)*. Von Zeugenbeeinflussung, indem man Mandanten für die Zeugen zu Recht verkleidete. Und von den elenden Haftbedingungen.
»Sie hatten ja Freunde, nicht nur Gesinnungsgenossen. Trotzdem wurden alle verdächtigt und durften sie nicht besuchen.«
An den vielen folgenden Tagen werden Briefe verlesen. Auch Briefe von dem zu Unrecht zu 10 Jahren verurteilten Werner Hoppe: »K. G. Du Arschloch! Du hast die Frist für die Einkaufssperre versäumt!«
Und in anderen Briefen: »... Trottel! Schweine! Hannover, die Sau halte ich keine 2 Minuten aus, ohne ihm eins in die Fresse zu haun.«
Groenewold erklärt dazu: »Hoppe ist seit 1970 isoliert und leidet ganz speziell darunter. Er ist kein Intellektueller.«
Plambeck: »Hier steht etwas von einem radikalen Anwalt, was ist das?«
Groenewold: »Ein radikaler Anwalt ist ein Anwalt der Bürgerrechtsbewegung. Es handelt sich dabei nicht nur um sozialistische oder kommunistische Anwälte, sondern um alle Anwälte, die die vorhandenen konstitutionellen Rechte, Menschenrechte, die Grundrechte, radikal für ihre Mandanten einsetzen.«
Plambeck fragt nach Resozialisierungsgedanken. Doch Resozialisierung setzt Schuld im rechtlichen Sinne voraus. Da das Stuttgarter Urteil nicht mehr rechtskräftig geworden ist, sind die Toten Stammheims nicht vorbestraft.
Kurz vor dem Urteilsspruch ist Groenewold wieder zurückverändert. Augen ruhiger, Gesichtsfarbe gesünder, gelassen, fast heiter. *Wahrscheinlich, weil die Prozeß-Atmosphäre sich geändert hat. Es wird sachlich von allen Seiten verhandelt. Es werden endlich Rechtsfragen erörtert. Man schlägt nicht aufeinander ein.*

Juni 1978

P. S.
Presse und Juristen schließen Wetten ab.
Dann, am 10. 7. 1978, wird das mit Spannung erwartete Urteil gesprochen:
Zwei Jahre auf Bewährung. Plus 75 000,– DM Buße an Witwen und Waisen von Polizisten.
Von dem Verdikt über Groenewold hing ab, ob seine beiden Soziusse Petra Rogge und Rainer Köncke auch in gleicher Sache vor Gericht gestellt werden.

Jetzt sind sie als Nächste dran. Und mit ihnen, landauf, landab, andere Strafverteidiger.
Als der Vorsitzende, Gerichtspräsident Dr. Helmut Plambeck, sein Urteil begründet, lobt er Groenewolds Engagement, Einsatzfreude und dessen Bereitschaft, als Strafverteidiger neue Wege zu gehen.
Als wolle er einen Freispruch begründen.

September 1978

Inzwischen haben auch die Anwälte Brigitte Kolb, Ströbele, Heinisch, Hannover und viele andere vor Gericht gestanden.
Zur Zeit wird gegen 63 Berliner Anwälte ermittelt, die vor kurzem einen kritischen Offenen Brief zum Prozeß gegen Fritz Teufel mit unterschrieben.
Auch Richter kommen in Teufels Küche, sobald sie Zivilcourage genug haben, ihre Justiz-Kritik nicht einfach runterzuschlucken, wie z. B. Richter Vultejus und Ostermeyer.

28. August 1980

P. S.
Auch Fritz Teufel ist frei. Nach fünf Jahren Untersuchungshaft. Nix mit Gnade und so. Er hatte ganz einfach ein stichhaltiges Alibi für die sogenannte Tatzeit: einen Arbeitsplatz weit weg vom Schuß. (Durch Stechuhr, Kollegen und Arbeitgeber belegt.) Darum hatte die Bundesanwaltschaft sich nur nicht gekümmert.

Mai 1990

»Für uns sind Sie Herr W.«

Sabine Weinheimer ist groß, blond, kräftig. Hinter der Hornbrille wache intelligente Augen. Perlen an den Ohren. Ringe und Nagellack. Lippenstift. Alles sehr dezent. Weiße bequeme Sommerschuhe. Sommerbluse. Heller Mantel. Weiße Handtasche. Sie spricht rauh und langsam. Und trotz ihrer Angst nicht ohne Energie. Sie stellt mir ihre Ehefrau vor. Das hübsche schlanke Mädchen mit dem langwallenden roten Haar ist ihre gemeinsame 23jährige Tochter Regina. Sabine ist transsexuell. Sie klagt vor dem Sozialgericht. Ihr Verteidiger ist mißmutig – erschöpft durch die Jahre vergeblicher Anläufe. Sabine kämpft um einen Arbeitsplatz, an dem sie als Frau arbeiten kann, ohne Widerstand und Ablehnung befürchten zu müssen. Im Labor, als Tierpflegerin, Personalsachbearbeiterin, Telefonistin oder Trichinenbeschauerin. Und wenn das verweigert wird, um eine Rente.
Sie hat einen Arbeitsvertrag mit der Stadt Hamburg. Da müßte vieles leicht möglich sein, da der Stadt Krankenhäuser, Sozialverwaltungen, Institute, Orts- und Bezirksämter und jede Art von Behörde unterstehen. Aber warum sollte man es Frau Sabine, die man lieber Herr Weinheimer nennt, leicht machen? Man besteht darauf, daß sie als Schauamtsgehilfe laut Dienstvertrag zu erscheinen hat.
Sabine: »Die psychische Belastung halt ich nicht aus. Mit Hunderten von Hafenarbeitern, mit Firmenvertretern und Arbeitern vom Schlachthof, die mich alle von früher als Mann kennen. Gut kennen, da ich seit 1973 sehr aktiv im Personalrat war. Ich bin kein bedauernswerter Einzelfall. Betriebs- und Personalräte, die sich wirklich ernsthaft einsetzen im Rahmen ihrer Aufgabe, haben nun mal nichts zu lachen. Ich weiß auch, daß ich dem Behördentratsch ausgesetzt bin. Und für viele nicht ein Mensch, sondern nur ein schmutziger Witz. Darum möchte ich, wenn man mir keine erträgliche Arbeit zubilligt, nach inzwischen 13 Jahren beim Staat wenigstens meine Versorgung. Wenn ich selbst kündige, verliere ich meine Versorgungsansprüche.«
Sabines Klage wird abgewiesen: »Nicht erwerbsunfähig«.
Ein Rückstoß von Tausenden. Kiloweise Akten hat sie mir gebracht. Und verzweifelte Briefe an Ärzte, Behörden, Abgeordnete und wieder

an Ärzte, Behörden, Abgeordnete und wieder an Ärzte, Behörden, Abgeordnete.
Sie kommt mir vor wie jemand, der Tag und Nacht völlig außer Atem rennt, ohne voranzukommen. Wie in einem Alptraum. Kreist jetzt unentwegt um sich. Obwohl sie eigentlich eine Person ist, die ganz stark und bewußt für andere da ist. Ihr wird kein Raum gelassen für irgend etwas anderes als diesen Existenzkampf. Ihre Vitalität und Unternehmungslust werden völlig aufgebraucht von Widerständen und Unerfreulichkeiten, die alle im Zusammenhang mit der Geschlechtsumwandlung stehen. Die Behörden lassen es sich mehr kosten, dieser Frau ein Bein zu stellen, als ihr auf die Beine zu helfen.
In einer Entscheidung des Großen Senats des Bundessozialgerichts in Kassel heißt es: »Können die Rentenversicherungsträger und das zuständige Arbeitsamt einem Rentenversicherten wegen seines Gesundheitszustandes innerhalb eines Jahres keinen Teilzeitarbeitsplatz anbieten, so hat er Anspruch auf Berufs- oder Erwerbsunfähigkeitsrente.« Das Bundessozialgericht hat in seinem Spruch Transsexuelle nicht ausgeklammert. Sabine hat einen Behindertenausweis, aber dafür kann sie sich nichts kaufen.
Sabine ruft an, verzweifelt. Ich mache einen Sonntagsbesuch. Mittags zum Essen. Kleine Wohnung in einem Neubau. So penibel, sauber, bürgerlich, wie ich es häufig bei an den Rand der Gesellschaft gestoßenen Menschen vorfinde. Eine Art Revolution gegen die eigenen Lebensumstände.
Die beiden Frauen, die so lange Mann und Frau waren, sind sehr liebe Gastgeber. Sabine quillt über. Sie muß sich unentwegt Luft machen. Redet wie ein Wasserfall. Ihre Lebensgefährtin trägt das Essen auf, lächelt still.
Ich lese eine gutachterliche Stellungnahme der Abteilung für Sexualforschung der Uniklinik Hamburg: »Es handelt sich bei Rolf Weinheimer um eine transvestitisch-transsexuelle Entwicklung, die sich nicht mehr verändern lassen wird.«
»Wie hat es sich denn entwickelt? Fühltest du dich schon als Kind wie ein Mädchen?« Sabine: »Nein, aber ich wäre gern ein Mädchen gewesen. Ich spielte lieber mit Mädchen. Ich bin unehelich geboren und bei meinen Großeltern aufgewachsen. Meine Mutter starb ganz jung.
In der Schule, ich war in einer Jungenklasse, bin ich durch nichts aufgefallen. Bescheiden, zurückhaltend, nicht überragend. Mein Freund

Günther war eine Intelligenzbestie. Mit ihm konnte ich diskutieren. Als er die Oberschule besuchte, stellte er mir seine Lehrbücher zur Verfügung, brachte mir Sprachen bei und weckte mein Interesse für Jazz und Swing. Diese Freundschaft hat mich angekurbelt. So wie später in der Gefangenschaft die Begegnung und der Einfluß von Professor Wolfgang Abendroth.
Sexuell erlebte ich wenig. Mädchen waren für mich etwas Heiliges. Ich haßte schmutzige Bemerkungen und so was. Nur beim Onanieren war ich Frau. Mit 19 war ich Soldat. Meine sexuellen Erlebnisse waren kurz, aber beglückend. Später in der Gefangenschaft, als andere bei bunten Abenden als Damenimitatoren auftraten, hätte ich nie gewagt mitzumachen. Aus Angst, ausgelacht zu werden. Als ich zurückkam, hatte ich zwar eine Menge im Kopf, aber nichts Berufliches gelernt.
Ich war ein junger Mann mit Nachholbedarf. Tanzschule. Elisabeth. Da sie gleich schwanger wurde, Hochzeit. Enttäuschung. Scheidung. Ich habe keinen Kontakt zu meinem Sohn, der jetzt Grafiker ist, gehabt, um sein Leben nicht zu komplizieren. Vermeide jede Konfrontationsbelastung.
Dann war ich fünf Jahre allein. Partikulierte. Das heißt, ich trug Damenunterwäsche, aber noch nicht sichtbar für andere. Psychiater deuten das gern als Fetischismus. Unsinn! Ich habe nicht Wäsche von der Leine geklaut. Nicht Wäsche einer Geliebten getragen. Sondern ganz normal in der Wäscheabteilung in Warenhäusern gekauft. Nach einigen Überwindungen. Das war alles zur Zeit Adenauers nicht so einfach wie jetzt. Ich war natürlich nicht offen Gelegenheitspartnern gegenüber. Ein paar Freunde wußten Bescheid. Ich besorgte mir Fachliteratur und hielt mich für einen Transvestiten. Das hat mich weder erschreckt noch erfreut. Nur interessiert als Phänomen. Schuldgefühle und Mulmigkeit kamen nur auf, wenn es als krankhaft bezeichnet wurde. Ich wurde Badewärter und Bademeister. Fühlte mich unterfordert – bis zum heutigen Tag.«
»Renate, wie ist es dir denn ergangen als Sabines Frau?«
»Er war vom ersten Augenblick an gut zu mir. Ich lernte ihn an meinem ersten Tag in Hamburg kennen. Ich war krank, ohne Arbeit, ohne Wohnung, ohne Geld. Er hat mich zu seinem Arzt gebracht, hat mich bei sich aufgenommen.
Ich habe in ihm nicht den Mann oder Geliebten gesehen, sondern Vater und Mutter. Ich fand die Sexualität mit ihm nicht widerlich, aber ich

hatte nichts davon. Unsere Tochter war ein Wunschkind. Danach wurde ich bald jedes Jahr schwanger.
Sieben Abtreibungen und ein Kaiserschnitt. Ich wär fast verrückt geworden.
Daß er Damenunterwäsche trug, habe ich gesehen, aber nicht drüber geredet. Wir waren beide sehr verschlossen und ratlos. Dann wurde es immer schlimmer. Eine Bluse von mir war oben kaputt, weil er sie getragen hatte. Ich war wütend. Und die dünnen Träger seiner Damenunterhemden sah man durch seine Oberhemden durch. Das hat mich belastet. Hatte immer Angst vor den anderen Leuten, wenn wir unterwegs waren.« Renate rutscht, ohne es selbst zu merken, von »meinem Mann« zurück zu »Sabine« und »sie«:
»Sie ist einfach ein guter Mensch. Da wo sie schwierig ist, liegt es an ihrer Persönlichkeitsverdrängung. Unsere Freundschaft ist immer tiefer geworden. Offener.«
»Wie hat denn Regina das alles verkraftet?«
Sabine: »Ich trug Frauenkleider nur, wenn das Kind nicht da war. Erst als sie zwölf war, hat sie mich mal überrascht. Da hab ich ihr alles ganz deutlich erklärt. Sie zeigte weder Erstaunen noch Entsetzen. Sie nennt mich auch Sabine. Sie versteckt mich nicht vor Kollegen und Kommilitonen. Sie ist Krankenschwester und studiert Sozialpädagogik. Sie ist selbst politisch aktiv und ist stolz auf mich und meine politischen Aktivitäten. Das heißt nicht, daß wir keine Debatten haben.«
»Sind deine Brüste echt?«
Sabine: »Ja, 1969 begann die Brustbildung. Ohne Spritzen. Jetzt helfen Östrogene nach. Seit 1975 kämpfe ich um die Operation.«
»Warum? Um Himmels willen! Was ändert das?«
Sabine: »Ja, was meinst du, was los ist. Wenn ich mal ins Krankenhaus muß. Oder nur auf eine öffentliche Toilette. Oder ins Freibad gehe, ohne daß das gemacht ist. Und ich möchte glaubwürdig sein, vor anderen und mir selbst. Erst wenn ich keinen Penis mehr hab, kann ich sagen, ich bin die, die ich bin. Aber man verweigert mir den Eingriff, läßt mich auf halbem Wege stehen. Bin eben kein Akademiker und nicht freiberuflich. Nur ’ne kleine Laus bei der Behörde.«
Ich habe Sabines Arzt gefragt, warum ihr so starr der Eingriff verweigert wird. Dr. Schoff: »Wir können die Verantwortung dafür nicht übernehmen. Wer garantiert uns, daß sie es nicht eines Tages bereut. Ich bin so weit gegangen wie möglich, um ihr zu helfen!«

Wer jahrelang um eine solche Verstümmelung kämpft, um das Gefühl zu haben, ich bin endlich heil, der sollte nicht mehr hinterfragt werden, finde ich.

»Da kannst du Hunderte von Gutachten haben und kriegst nach wie vor zu hören: ›Für uns sind Sie immer noch Herr Weinheimer!‹ Wenn man mich nicht durch Psychoterror gezwungen hätte, mich zu offenbaren, hätte ich mein Männchen zu Ende gespielt, um meine Familie besser schützen zu können.

Ein Freund von mir, der es nicht mehr ertragen konnte, in allen Ausweispapieren immer weiter als Frau zu stehen, hat alle seine Ausweise und Papiere zerrissen und weggeschmissen. Um konsequent zu sein. Das würde ich nie tun. Wer blamiert sich denn eigentlich, der Staat oder ich?«

Der Staat natürlich. Nicht ein Mensch, der seinen Hormonen und seiner Psyche unterworfen ist. Sondern eine dumm-brutale Gesellschaft, die ihm das Leben noch zusätzlich zur Hölle macht. Aber nicht der Staat und nicht die Gesellschaft zerbrechen an diesen schwachsinnigen Gesetzen, sondern die wenigen davon Betroffenen und ihnen Ausgelieferten.

Ein Jahr ist seit dem Prozeß vergangen. Da Sabine trotz allem nicht zu entmutigen war, hat sich 'ne Menge ereignet:

»Stell dir vor, ich arbeite jetzt schon die ganze Zeit in der Administration meiner Behörde. Selbständig im eigenen Zimmer. Unter meinem Namen.«

»Welchem?«

»Sabine natürlich, nicht Rolf. Fast 35 Mitarbeiter stehen hinter mir. Außerdem hab ich das erste amtliche Papier, den Führerschein Klasse 4, auf meinen Namen. Übe auf 'ner Honda, um eine Vespa fahren zu dürfen. Renate hinten drauf. Macht helle Freude. Hab sofort meine sämtlichen Sparkonten und Versicherungspapiere auf meinen Namen geändert. Das vorher war ja 'ne echte Namensverdrängung.«

»Willst du dich immer noch amputieren lassen?«

»Amputation würde ich dazu nicht sagen.

Am 6. September war die Abschlußuntersuchung. Damals hat Dr. Schorsch der Operation mündlich zugestimmt. Die Frauenärztin Dr. Pröscher wird es in ihrer Privatklinik machen. Zu ihr hab ich das größte Vertrauen.«

Vertrauen muß die Arme schon haben. Denn auch sie weiß, wie vielen

bei dem erkämpften Eingriff ganz am Rande auch der Harnleiter zerschnitten wurde. So löst dann ein Leiden das andere ab. Aber ich hab inzwischen den Eindruck, daß es kein Risiko auf der Welt gibt, das einen Transsexuellen schreckt, wenn es darum geht, den Körper der Person anzupassen.
Ein Freund von Sabine, Martin Schlörmann, Taxiunternehmer und Journalist, früher Frau, sagte mir: »Wenn ich nicht endlich durchgekriegt hätte, daß man mir die Brüste abnimmt, hätte ich versucht, mich mit Krebs zu infizieren. Wenn das auch nicht geklappt hätte, hätte ich mich eben umgebracht.«

1978

P. S.
Sabine Weinheimer ist jetzt Rentnerin. Lebt nach allerlei Schicksalsschlägen und schweren Motorradunfällen immer noch mit ihrer ehemaligen Ehefrau Renate zusammen. Sie ist jetzt für alle Frau Weinheimer. Der Taxiunternehmer Martin Schlörmann nahm sich schon vor Jahren das Leben.

Mai 1990

Der Brunnenvergifter

Vor dem Bundesarbeitsgericht in Kassel steht der Vermessungstechniker Malte Vorbeck. Auf der Zuhörerbank sitzt Christiane Ensslin. Beide sind schmalgesichtig, lang, feingliedrig. Beneidenswert, hätte man gesagt, als man noch nicht wußte, daß das Indizien für Politkriminalität sind.

Malte führt hier in dritter Instanz seinen Kündigungsschutz-Prozeß gegen die Gas-, Elektrizitäts- und Wasserwerke der Stadt Köln (GEW). In erster und zweiter Instanz hatte er gewonnen. Aber die GEW gingen in Revision.

Was Christiane Ensslin mit Malte Vorbeck zu tun hat? Sie lebt seit etwa 15 Jahren mit dem gutaussehenden jungen Mann zusammen. Malte dachte: aus Liebe. Doch die GEW weisen ihn geduldig – nun schon seit drei Jahren – darauf hin, daß die Frau ganz anderes mit ihm im Sinn hatte. Ohne sich was anmerken zu lassen, ließ sie ihn heranreifen, gab sie sich ihm hin, jahrein, jahraus, um dann, eines Tages – oh Gott, mir sträubt sich die Feder – mit seiner Hilfe der deutschen Bevölkerung an Darm und Leben zu gehen.

Zumindest ist diese Vermutung vor drei Jahren der Kündigungsgrund gewesen. Und ist es heute noch. Die GEW gehen davon aus, daß Christiane, als Schwester von Gudrun Ensslin, durch Lahmlegung der Wasserversorgung anarchistischen Gruppen gefällig sein wollen könnte.

Und daß Malte, schwach und seiner Geliebten verfallen, durch eine solche Gefälligkeit sich seinerseits bei ihr lieb Kind machen wollen würde. Oder, wenn nicht willentlich, so doch unbewußt, unbeabsichtigt Geheimnisse ausplaudern könnte, die dann weitergegeben würden.

Dramatisch erklären die GEW: »Hunger können Sie leiden, aber nicht Durst. Vergessen Sie nicht, wenn Ihre Frau und Ihre Kinder Wasser trinken, dann deshalb, weil bis jetzt nichts geschehen ist.« »Es gibt«, sagte Maltes Anwältin im ersten Verfahren, »allenfalls einen Kündigungsgrund der Sippenhaftung« und wirft dem Anwalt der Stadtwerke vor: »Ihr Schriftsatz – sechs Seiten vergiftete Brunnen und geborstene U-Bahn-Schächte.«

Was hat Malte Vorbeck beruflich Geheimnisvolles? Er maß Elektro-

kabel ein, die Strom leiten. Entschied, wo die Straße aufgerissen oder wo und wie das Kabel neu verlegt werden sollte. Auf den Zentimeter genau. Mit Hilfe eines Theodoliten. Das ist das Ding, das aussieht wie ein Stativ.
Man wußte nie so genau, wann Malte mit seinen Kabeln dran war. Ihr wißt, wie das ist. Man wundert sich nur, warum die Straße schon wieder aufgerissen wird: einmal für das Wasserrohr, dann wegen der Elektrokabel, dann ist es das Erdgas, und das Ganze fängt von vorne an. Genau das machte den Blaumilchkanal möglich.
Er kann nichts verraten, auch wenn er's noch so gerne möchte. Er unterliegt keinerlei Geheimnisstufe, darf also auch im Schlaf sprechen. Was der Redakteurin Christiane Ensslin auch keine neuen Erkenntnisse bringen würde. Denn, man höre und staune: Sie ist ursprünglich auch Vermessungstechnikerin gewesen. Noch früher als Malte. Genaugenommen: Sie hat ihn vor 16 Jahren mit ausgebildet. Brauchte ihn also eigentlich gar nicht. Zumindest nicht zum Brunnenvergiften.
Ich kann Maltes drei Lehrjahre überspringen und aus dem Stand als Feierabend-Amateur-Saboteur die Trinkwasserversorgung einer Millionenstadt vergiften. Mit Hilfe meiner greisen Nachbarin, Rentnerin und Polizistenwitwe und Polizistenmutter. Denn ihr Sohn ist Klempner.
Dem armen Malte, in dessen Verfahren es immer nur um mögliche Wasser-Katastrophen geht, der aber nur gelernt hat, Stromkabel kurzzuschließen und die Lichter ausgehen zu lassen, brachte ich jetzt das gleiche bei wie meiner Nachbarin: Man nehme einen winzigen Bohrer und bohre damit die Wasserleitung an. Durch das Loch spritze man dann tödliches Gift, das dadurch in das Wasserleitungsnetz gelangt. Dann gibt es keinen Schutz für die trinkende Bevölkerung mehr.
Doch auch auf Maltes Fachgebiet konnte ich ihm einen Tip geben, ohne Elektro-Kenntnisse und ohne Vermessungstechniker zu sein: Man fülle eine Glühbirne mit tödlichem Gas. Werfe diese auf den Gleiskörper eines U-Bahn-Tunnels. Durch den Fahrtwind, den die Züge verursachen, breitet sich das Gas in kürzester Zeit aus. Leider nur 45 Häuserblocks weit. Nicht schlimm. Man kann seine restlichen Glühbirnen ja anschließend in anderen Teilen der Stadt auf andere Gleiskörper werfen. Da sehe ich keine Möglichkeit für die Fahrgäste, sich zu retten.
Diese Geheimnisse habe ich keinem Geliebten entlockt, mußte dafür keinem Mann meine Jugend schenken. Sondern nur Samstag, den 20. September 1975, Seite eins der Tageszeitung lesen. Es dreht sich um

Experimente der US-Geheimdienste. Was weiß ich, wie viele andere seitdem genauso schlau sind.
Soll man lachen, wenn da die GEW immer weiter von Malte als Sicherheitsrisiko sprechen? Gleichzeitig betonen, daß er sich noch nie hat etwas zuschulden kommen lassen, nicht mal in Wort und Schrift. Daß er zur vollen Zufriedenheit gearbeitet hat, die anderthalb Jahre, die er das durfte. Trotzdem sagen, »das Risiko ist nicht ausgeräumt mit: Du hast ja noch nichts getan«.
Bis jetzt haben die alte Frau Tietze und ich auch noch nie was gemacht. Vielleicht tun wir's eines Tages. Weiß man's??
GEW, ein Laden, der nicht nur 3000 Angestellte hat, mit vielleicht nicht ganz überschaubaren Familienverhältnissen, sondern auch »Tage der offenen Tür«. Tage, an denen jedem Besucher von freundlichen, sachkundigen Angestellten alle Fragen beantwortet werden. Noch untersteht der Betrieb auch nicht der NATO.
Nein, zum Lachen ist es nicht. Malte sagt: »Da wurde ein atemberaubendes Klima gegen mich geschaffen. Ein Geschäft mit der Angst, das meine unrechtmäßige Kündigung rechtmäßig aussehen lassen sollte.«
Daß Christiane seit vielen Jahren nicht mehr zur Ruhe kommt, läßt sich denken. Solange es die RAF gibt, wird sie vom Verfassungsschutz observiert. Nach der Verhaftung des Baader-Meinhof-Kerns geriet sie zweimal in die Fahndung nach flüchtigen Terroristen. Einmal, im November 1974, bei einer bundesweiten Polizeiaktion, wurde sie in ihrer Wohnung festgenommen, ohne daß gegen sie, außer ihrer Verwandtschaft zu Gudrun Ensslin, etwas vorlag.
Ein zweites Mal, unmittelbar nach dem Anschlag auf die deutsche Botschaft in Stockholm, im April 1975, war nicht nur sie, sondern auch Malte betroffen. Auf dem belebten Kölner Ebert-Platz sprangen Kriminalisten auf die beiden zu und nahmen sie fest.
Malte: »Die Beamten rissen uns auseinander, drückten uns Pistolen in den Bauch. Wir dachten an einen Überfall. Dann fuhren auch schon Polizeiwagen vor. Wir wurden einzeln abtransportiert und fünf Stunden lang wegen Stockholm vernommen. Dann wurden wir freigelassen.«
Christiane lebt weder im Ober- noch im Untergrund. Sie hat eine ungewöhnlich feste Adresse. Seit 13 Jahren die gleiche Wohnung. Ist natürlich polizeilich gemeldet und, wie gesagt, auch gut beobachtet. Das hindert die Polizei aber nicht, an Maltes Arbeitsstelle zu kommen und ihn nach Christiane Ensslins Aufenthaltsort zu fragen.

Malte: »Die machten in Anwesenheit meiner Kollegen einen geradezu peinlichen Wirbel.«
Die Polizeiaktion wurde auch in der Chefetage registriert und Malte zwar frist-, aber un-gerecht gekündigt. Die Kündigung war erst nicht rechtswirksam, weil der Betriebsrat nicht gehört worden war. Er erhob dann zwar Bedenken, widersprach der Kündigung aber nicht.
Der Betriebsratsvorsitzende Buksch: »In einer solchen Dienststelle wie der unseren muß man eben besonders vorsichtig sein.«
Buksch ist Mitglied der ÖTV und damit einer der Gewerkschafter, von denen es heißt, daß sie die Interessen der Arbeitnehmer in besonderer Weise wahrnehmen. Kurz vorher hatte Malte noch eine Gehaltserhöhung bekommen. Bei seinen Mitarbeitern ist er beliebt. Er mag sie auch gern.
Fiel er politisch aus dem Rahmen? Nicht mal das. Er hatte nur einmal an einer genehmigten Demonstration teilgenommen, bei der gefordert wurde, die rigorosen Haftbedingungen für die politischen Häftlinge zu überprüfen.
Ich frage Direktor Helmut Andres, Vorstandsmitglied der GEW: »Ist Malte Vorbeck für Sie der einzige Bedrohliche Ihrer 3000 Mitarbeiter?«
»Nein! Ich würde ja auch gerne – hätte überhaupt nichts dagegen. Was soll man machen, wenn die Behörden kommen? Hätte es gerne geklärt. Ich weiß ja nicht, welche Erkenntnisse bei denen vorliegen.«
Offensichtlich gar keine. Auch Christiane hat kein Verfahren am Hals. Die Ermittlungen gegen sie wurden Anfang 1977 endlich eingestellt.
Malte: »Ich bin sicher, daß auf dieser Hierarchie-Ebene Konkretes besprochen wird. Er gibt nur die Verantwortung weiter, um sich nicht mangelnde Sorgfaltspflicht von mir als Angestellten vorwerfen lassen zu müssen. Zunächst mal hätte der Betrieb mich gegen nicht belegte Anwürfe in Schutz nehmen müssen. Es ist sehr wichtig, daß man mich wieder einstellt. Ohne Armenrecht kätte ich den Instanzenweg gar nicht gehen können. Was immer mit mir passiert, wird den Maßstab für künftige Urteile setzen. Wenn ich nicht durchkomme, werden künftige Entlassungen vereinfacht.«
Der GEW-Anwalt spricht von gestörtem Vertrauensverhältnis, da Malte die Presse für seinen Fall interessierte. Dabei schrieben die Richter schon vor fast zwei Jahren den GEW sozusagen ins Stammbuch: »Die Beklagte muß es hinnehmen, daß eine von ihr mit Sicherheitsbedenken begründete ordentliche Kündigung in der Öffentlichkeit kri-

tisch beleuchtet wird. Diese Berichterstattung über die Kündigung des Klägers und ihre Bewertung durch die Presse ist Teil der freien Meinungsäußerung, die grundgesetzlich ... garantiert ist.«
Man beanstandet auch, daß Malte von einem Berufsverbot spricht. Doch für ihn kommt es tatsächlich einem Berufsverbot gleich: »Mit dem Etikett ›Sicherheitsrisiko‹ nimmt mich doch kein Mensch mehr.«
Der Vorsitzende Richter Dr. Gröninger ist sehr nett und sympathisch. Anzunehmen ist, daß auch diese dritte und letzte Instanz die Kündigung für unwirksam erklärt. Aber nicht heute.
Ein Kollege meint: »Wohl um die Landtagswahl nicht zu beeinflussen.«
Wir sitzen hinterher im Restaurant. Dem Malte ist ganz schlecht. Die Spannung löst sich nicht: »In Gedanken hab ich seit Monaten alle Möglichkeiten durchgespielt, meine Lieblingsvorstellung war immer, am Tag danach, also am Morgen um 7 Uhr 15 im Morgengrauen, vom Betriebsrat an meinen Arbeitsplatz begleitet zu werden.«
Er lebt nun schon seit Jahren von 800 Mark Arbeitslosenhilfe. Davon kann man große Sprünge nur runter machen. Ausgerechnet gestern abend um 19 Uhr 30 kam mal wieder eine Dame vom Arbeitsamt zu ihm ins Haus. Vielleicht, um sicherzugehen, daß er nicht schwarzarbeitet.
Doch Christiane sagt: »Das ist nicht das Schlimmste. Malte soll mich denunzieren. Er soll sich von mir trennen, mich verleumden und verleugnen. Die drei Jahre haben ihn unendlich mürbe gemacht. Drei Jahre. Eigenlich genügend Zeit, um einem Arbeitnehmer Fehler nachzuweisen.«
Wie wird sie für den Rufmord entschädigt? Selbst die GEW sagen: »Sogar, wenn wir ihn wieder nehmen würden, es bleibt immer was hängen.«
Auch diese Geschichte lehrt uns wieder was. Wer Lust hat, sich mit wem einzulassen, womöglich fürs ganze Leben, überprüfe nicht nur Charakter und Neigungen der erwünschten Person, sondern überzeuge sich davon, daß diese ein Einzelkind ist, am besten auch Vollwaise, besser noch gar keine Verwandten hat.

November 1978

P. S.
Malte, der Menschenfreund, tut nach wie vor nur Gutes, nichts Böses.

Mai 1990

Majdanek

Heute hat Mutti Geburtstag. Sie hätte jetzt wohl weißes Haar, obwohl sie so jung ist. Mir ist, als machte ich ihr ein Geschenk, als ich mich in die Mahnwache vorm Landgericht Düsseldorf einreihe. Wir tragen Fakkeln wie bei der Olympiade. Ich kenne niemanden, freue mich über jeden, Junge, Alte, einen Mann in KZ-Kleidung, einen in Bundeswehruniform. Morgen früh soll nach fünfeinhalb Jahren Verhandlungsdauer und 36 Jahren Augenwischerei das Majdanek-Urteil gesprochen werden. Darum sind wir aus ganz Deutschland und etlichen anderen Ländern angereist.
Eine ältere Frau kriegt 'nen Schreikrampf, reißt sich die Zähne aus dem Mund, ist wie von Sinnen: »1942, die Bomben! Alle tot! Was ist der Mensch!? Was ist Deutschland?«
Endlich! Die ganzen Jahre hatte ich daran gedacht, wie kommt es, daß hier keiner schreit? Daß nicht jeder schreit wie am Spieß, wenn er sein bißchen Leben bedenkt! Wie können Leute ihre Erinnerungen, ihre Angst und alles, was weh tut, dauernd verdrängen?
Durcheinander, aufgeregte Stimmen an der Ecke. Dem Bundeswehrsoldaten hat ein stattlicher junger Mann in schwarzer Lederjacke die Mütze weggenommen, heißt es. Eine Frau ruft erregt: »Der hat auf mich gezielt!« Der mit der Lederjacke sagt mir: »Das stimmt nicht, mir ist nur die Munition rausgefallen, und ich wollte sie aufheben.«
Ich folge all den Leuten zur Wache. »Anzeige gegen unseren Kollegen können Sie hier nicht stellen. Wir sind befangen. Das wird Ihnen auch jeder Kollege auf einer anderen Wache sagen. Sie können ja an den Polizeipräsidenten schreiben.« Häme ergießt sich über die aufgebrachten Leute und die unter Schock stehenden jungen Mütter. »Verstehen Sie doch, ich dreh mich um und seh in die Mündung!« Der Revierleiter: »Eine Polizeiwaffe, die auf jemand gerichtet ist, stellt keine Bedrohung dar.« Auch nicht, wenn der Polizist in Zivil ist und von keinem Gangster zu unterscheiden?
8 Uhr früh, Hochspannung. Wieder Mahnwache. Ich finde vor Aufregung den Raum 111 lange nicht. Werde auch in die Irre geschickt.
Die Verdienstkreuz-Dame, Josefine Jürgens, sitzt auch schon da. Wei-

ßer Regenmantel, Schwestern-Frisur. So ernst und hager wie manche Jünger Jesu, Mutter Theresa und andere Hilfreiche. Inge Meysel hat ihr Bundesverdienstkreuz abgelehnt. Den Zeugenbetreuerinnen wurde keins angeboten.

Ich werde ermahnt, sitzen zu bleiben, weil man sonst bei dem Andrang meinen Platz weggeben würde. Ich kann nicht, muß nach vorne, muß die Leute aus der Nähe sehen, stehe plötzlich, halb geschubst, halb gedrängt, direkt vor Hermine Ryan, ihren Opfern als »Stute« oder »Schindmähre« bekannt. Blaues Kostüm, weißer Kragen, sehr gepflegt. Sie schreibt und schreibt in einen Block, die sehr gepflegten Silberlöckchen verdecken das Gesicht. Ich will die sehen, von Angesicht zu Angesicht! Ich will die sehen!

Diese Frau, von Ehrgeiz zerfressen, dieses Arbeiterkind, das mit seinen eisenbeschlagenen Schaftstiefeln hilflose Frauen tottrampelte. Was trägt sie denn jetzt für Schuhe? Sie hat sich immerhin gut gehalten, sonst hätten sie nicht 47 Zeugen nach so langer Zeit vor Gericht wiedererkennen können. Diese Frau, die, obwohl oft kränkelnd, mal Fleckfieber, mal Mandelentzündung, mal Bronchitis, es zur Oberaufseherin in Ravensbrück schaffte. Damals jung, schön, stark. Streng katholisch, unpolitisch, pflichteifrig. Die durch Schikanieren, Schlagen und Zertrampeln zur gefürchteten Adjutantin und Meisterin wurde. »Ab in die Gaskammer, aber ein bißchen dalli, wenn ich bitten darf«, sagte sie munter.

Ich gehe in die Hocke vor ihr. Nichts. Die Verteidiger sind wachsam. Was befürchten sie? Ich hab keine Kugeln im Kugelschreiber. Leider? Ich weiß, daß ich neben ihr aussehe wie Abschaum. Die sind alle so ordentlich. Darum wohl die Dauerrüge: »So was gab's damals nicht.«

Ich bereue tagelang, ihr nicht in die Locken gegriffen zu haben, Kopf nach hinten, so, wie es oft im Fernsehen zu sehen war, wenn Gesichter freigelegt werden sollten, den Blick ins Auge erzwungen.

Die andere, Hildegard Lächert, als blutige Brygida (Brigitta) allen Überlebenden unvergeßlich. Die kräftige Frau birgt ihr Antlitz in den Händen wie in der Kirchenbank. Kurze Ärmel geben den Blick frei auf die von großen Flecken, Pflastern und Hautkrankheit verunzierten Schwerstarbeiterarme. Die Kollegen machen schöne Fotos einer verzweifelten alten Frau, die es nicht leichthatte im Leben. »Haben Sie Angst?« frage ich, statt sie zu erwürgen. »Nein, da war nichts.«

Wollen wir's mal anders nennen: Da, wo sie ihre Peitsche mit den Metallkugeln dran schwang, war nichts mehr. Es heißt, daß sie mindestens 1196 Leute umgebracht hat. Und das ist wohl reichlich nach unten abgerundet. Zeugen und Zeuginnen erzählten z. B. von zwei Griechinnen, die sie in der Latrinengrube im Kot ertränkte; von denen, die sie nicht zu Tode peitschte, sondern zertrat. An den spitzen Stiefeln hatte sie sich dazu Eisenkappen anbringen lassen. Einmal peitschte und trat sie einen, der im Garten arbeitete, bis sie ihn zerrissen hatte, bis er nur noch ein Fetzen von einem Menschen war, ein Klumpen Fleisch. Dann befahl sie: »Schafft den Dreck da weg.«

Brygida: »Wir haben viel Spaß gehabt, wir haben viel gelacht. Wir hatten ein wirklich herzliches Verhältnis, aber wenn eine aufsässig wurde, dann hat sie was auf den Hintern gekriegt.«

Zeugen ergänzen: »Sie war eine schöne Frau und eine Bestie ... Kleine Kinder wurden wie Mehlsäcke auf Lastwagen geworfen. Die Mütter sahen es, schrien, warfen sich zu Boden. Sie wurden von den Aufseherinnen geschlagen, getreten. Einigen gelang es, sich an ihre Kinder zu klammern, bis sie auseinandergepeitscht wurden. Da waren beide Frauen gemeinsam aktiv ... Wladka, eine hochschwangere Polin, war Stubenmädchen in einer SS-Aufseherbaracke. Brygida war die Geliebte des SS-Mannes, der Wladka durch Vergewaltigung geschwängert hatte. Darum hetzte sie ihren Schäferhund auf Wladka. Der, von der Brygida pausenlos angetrieben, ihr Fleischstücke aus dem Körper riß und aus der offenen Bauchhöhle Därme und das Kind herauszerrte. Als Wladka und ihr Kind tot waren, hetzte sie den Hund auch auf mich. Ich hielt die Arme vor mein Gesicht.« Die Zeugin streift die Ärmel hoch und zeigt die vernarbten Bißwunden.

Wie wurde aus der unterbezahlten Arbeiterin Hildegard, selbst unehelich geboren, Mutter zweier unehelicher Kinder und eines dritten verstorbenen, eine der gefürchtetsten Sadistinnen unserer Zeit? Auch sie unpolitisch, nach eigener Angabe tiefgläubig. Ihre Tollheit fiel sogar den nicht nervenschwachen Vorgesetzten auf. Das Unglaubliche: Sie suchte nur nach neuer Arbeit, um mehr Zeit für ihre Kinder zu haben, als sie von ihrem Schwager zum Arbeiten ins KZ vermittelt wurde.

Nach dem Krieg arbeitete sie erst als Schwester Hildegard bei dem amerikanischen General Tucker. Sie betreute seine Kinder, bis sie entlarvt wurde. Bis 1956 war sie in Haft in Polen. Danach wurde sie Klo-Frau im Scotch-Casino in Heidelberg, später Putzfrau in Bordell-Betrieben. Sie lebt seit 1975 in einer 1000-Seelen-Gemeinde bei Heidelberg, als angesehene Rentnerin in einem 4-Zimmer-Häuschen am Alten Marktplatz.

»Das Dorf weiß über mich Bescheid. Ich bin beliebt, ich habe viele Freunde. Manchmal stellen Nachbarn einen Korb mit Eiern, frischem Gemüse oder Obst vor meine Haustür, wenn ich von der Verhandlung komme. Ich esse nämlich schon lange kein Fleisch mehr. Ich habe einmal gesehen, wie Schweine zum Schlachten getrieben wurden. Die armen Tiere.«

Ich habe über die Jahre gehört, daß Angeklagte und Verteidiger, wenn es um die entsetzlichsten, unvorstellbarsten Dinge ging, im Gericht Kreuzworträtsel lösten, strickten, die »Bild«-Zeitung lasen und gemütlich klönten.

So ein Verhalten, normalerweise undenkbar in einem Gericht, wird geduldet. Wieso und weshalb? Was weiß ich. Aber es ist mir klar, daß jahrelange gemeinsame Reisen des Gerichts und der Anwälte um die Welt, Essen, Trinken, exotische Erlebnisse unter fremdem Himmel für Intimität sorgten. Das ist unvermeidlich.

Ich hab gehört, wie frech und strafwürdig einige der Verteidiger auftraten, denen kein Ehrengericht, bis heute, ihre Zulassung aberkannte: Z. B. Verteidiger Bock, kaum 40, Liebling der Deutschen Volksunion, von der »Nationalzeitung« gefeiert, versuchte in Polen, Zeugen zu bestechen. In Israel gab er sich als Doktorand aus oder als junger Deutscher, der ein Buch über die Leiden der Juden im Dritten Reich schreiben wollte.

Dann Anwalt Stolting. Früher Sondergerichtsankläger mit einem Hang zu Todesurteilen, die in seiner Gegenwart durch das Handbeil vollstreckt wurden. Der in einem ZDF-Interview sagte, er würde seine damals geforderten Todesurteile unter den gleichen Umständen heute noch einmal beantragen. Von 1963 bis 1965 war er Verteidiger im Auschwitz-Prozeß und später im Majdanek-Verfahren. Was macht er noch! Ach ja, er ist Präsident des Deutschen Tierschutzbundes.

Gericht rein, Fotografen raus, schnell auf die Plätze.

»Im Namen des Volkes: 1 × lebenslänglich, 1 × 12, 1 × 10, 1 × 8, 1 × 6, 1 × 4, 1 × 3½, 1 × 3, 1 × 2 Jahre, 1 × frei.«

Die Wahrheit ist gefunden. Totenstille, dann Protestschreie. »In meinem Namen nicht!« »In meinem auch nicht!« »Eine Verhöhnung der Opfer!« »Eine Beleidigung des Volkes.«

Einem Jungen wird übel. Der Vorsitzende, Günter Bogen, bittet um

Ruhe, sonst müsse er ausschließen. Ich zeig auf die Hinterbänke und schreie: »Das ist das Volk, in dessen Namen Sie Ihr Urteil gesprochen haben. Das ist das Volk!«

Ich renne raus, um die Hunderte draußen, für die kein Platz im Saal war, wissen zu lassen, was drinnen läuft. Rufe: »Wir werden den Richter wegen Beleidigung verklagen. Er hat sich nicht geniert, im Namen des Volkes dieses Urteil zu verkünden, und wir sind das Volk!«

Die Urteilsbegründung dauert fast zwölf Stunden, obwohl im Eiltempo runtergerasselt. In der Juristensprache, die dafür sorgt, daß alles zu Papier wird, daß für Fleisch und Blut, für Gefühl kein Platz ist. Trotzdem dringt einiges durch.

HACKMANN, 67, beachtliche SS-Karriere nach schwerer Berufsjugend. Unpolitischer Opportunist. Wegen Eigentumsdelikten, so was wurde nicht gern gesehen, 1944 zum Tode veruteilt. Na ja, er lebt.

STRIPPEL, 3½ Jahre. Auch Arbeiter. Schnelle Karriere bei der SS. Lagerführer, Obersturmführer. Überall da, wo es so einem Spaß machen konnte. Er wütete in Buchenwald, Majdanek, Holland und Hamburg. Ihr wißt, das Kinder-Erhängen in der Schule. Für Auschwitz reichte die Zeit wohl nicht mehr. Er war dankbar für seinen sozialen Aufstieg nach Arbeitslosigkeit. Auch unpolitisch. Wie die Stricher und Halbgaren heute, die von alten Nazis zu Jung-Nazis gemacht werden.

Strippel wurde 1949 wegen des Mordes an 21 Häftlingen im Steinbruch von Buchenwald zu 21mal lebenslänglich verurteilt. Der nächste Richter hielt ihn nur der Beihilfe für überführt und wandelte die Strafe in eine zeitlich begrenzte um. Daraufhin erhielt er 121 300 Deutsche Mark als Haftentschädigung. Das sind etwa 100 000 Mark mehr, als überlebende KZ-Häftlinge erhalten haben. Allerdings ohne erst mühsam morden zu müssen.

Sein Glück ist das Glück vieler der wenigen Nazis, die trotz allem vor Gericht landeten. Seit dem 4. Juli 1969 sagt ein neues Gesetz: Die Strafe für Gehilfen muß gemindert werden. Schon waren sie alle Gehilfen.

Der Sitzungssaal ist modern. Hinter den Richtern hängt unübersehbar ein großes Kreuz aus Zink an der Wand. Wie zur Teufelsaustreibung.

Die Aufseherinnen waren jung, kaum mehr als 20, dienstverpflichtet oder übers Arbeitsamt. Warum sollten die damals mutiger gewesen sein als die jetzt? Warum mitfühlsamer? Warum weniger opportunistisch? Weniger feige? Weniger anpasserisch? Sie übernahmen das Vorbild der

Vorgängerinnen und genossen ihre nie gekannte Macht. Kapos, Hilfsaufseher aus der privilegierten Gruppe deutscher Krimineller und Vorarbeiter mordeten bestialisch wegen vermeintlicher Vorteile. Aus dem Juristendeutsch dringt durch: Minimum an Essen. Keine Heizung. Verhöhnt, mißhandelt. Stundenlanges Stehen zwischen Elektrodraht. Schläge abends auf dem Bock. Regeln befolgen, die vorher nicht bekanntgegeben wurden. Todesangst wurde ständig bewußt geschürt. Öffentliches Aufhängen. Nicht nur Kinder, Greise und unheilbar Kranke wurden ins Gas gejagt. Die Lagerstraßendiagnose wurde nach Gutdünken gestellt. Kräftig und ohne Narben bedeutete eine kleine Chance. Kinder machten sich älter.

Es dringt weiter durch: nackt, Kleidung auf Haufen, Haare in den Bottich, desinfiziert. SS-Wächter suchen in Körperlöchern nach Werten.

Auf Feldern unregelmäßige plötzliche Selektionen. Frauen mußten die Röcke heben. Geschwollene Beine bedeuteten den Tod. Schikane-Wettläufe, nackt der SS entgegen, gaben den Ausschlag über Leben und Tod. Mutti sagte mal traurig, mal lachend: »Ich hab Beine wie Ofenrohre.« Galt das auch als geschwollen? Was hat sie voher erlebt? Wie lange? Wieviel Angst? Wie lange von Pudl getrennt, mit dem sie doch gemeinsam leben und sterben wollte?

Pause.

In der Kantine greift ein Mann, an dessen Tisch ich vorbei muß, nach mir. »Denken Sie endlich an die Opfer!« »Ja, natürlich.« Er läßt nicht los: »Wollen Sie nicht endlich auch mal an die Opfer denken!« Die zwei netten jungen Frauen an seinem Tisch nicken ihm Beifall. »Doch, selbstverständlich.« Was will er? »Na, dann denken Sie doch mal an die armen Ehefrauen, Ehemänner und Kinder dieser Angeklagten. Das sind die wahren Opfer.« Die junge Frau eindringlich: »Die haben doch reichlich gebüßt.«

Das sind junge Leute, die im Namen der kirchlichen Gefangenenfürsorge mißbraucht werden, die all ihre Kraft und all ihren Idealismus in diese Massenmörder stecken.

Es wird weiterbegründet. Die Richter lösen sich ab. Die Stimmen sind angenehm. Was nützt es? Bei fast jedem Angeklagten wird klar, daß er unpolitisch war und kleinbürgerlich, wie das Leben davor und danach beweist.

LAURICH, 59 Jahre, SS-Totenkopf und einer der wenigen überzeugten Nazis in der Riege, auch wegen Diebstahls dran, damals noch hübsch, der Todesengel genannt, weil keiner lebend von einem Verhör bei ihm zurückkam. Zeuge: »Er schlug fürchterlich auf den Kopf, die Peitschenriemen drehten sich um den Kopf. Dann zog er die Peitsche kurz an, um die Augen auszuschlagen.« Er bekam 8 Jahre.

GROFFMANN. Pflegte nach dem Abendappell Lederhandschuhe anzuziehen, zwei SS-Männer als Assistenten mitzunehmen, an den 400 bis 500 angetretenen Häftlingen vorbeizugehen und völlig willkürlich Häftlinge herauszureißen und ihnen mit den Fäusten so lange ins Gesicht zu schlagen, bis sie hinstürzten. »Dann trampelten die Assistenten sie tot.«

Nur 2 Jahre Majdanek, von 1942 bis 1944, was heißt das?

Majdanek heißt: 7711 Kilo Zyklon B zum letzten Einatmen. 730 Kilo Menschenhaar. 820 000 Schuhe. Pässe von Opfern aus 26 Ländern. 6 Gaskammern, die Tag und Nacht in Betrieb waren. Mindestens 200 000 Tote hält das Schwurgericht für sicher. Unschuldige jeden Alters, jeden Geschlechts. 250 000 werden angenommen. So weit kann sowieso keiner zählen. Sowjetische und polnische Schätzungen sprechen von einer Million Toten in Majdanek.

Noch im letzten Moment, einen Tag vor der Lagerbefreiung durch sowjetische Truppen, wurden 800 Gefangene erschossen. Und das »Erntefest«: 18 400 Tote an einem einzigen Tag. Ausziehen, auf den Bauch in die Grube legen, in den Hinterkopf geschossen werden. Die nächsten nackten Juden und Polen flach auf die Toten, auch Genickschuß. Immer weiter, Schicht um Schicht, Lebende auf jeweils Tote. So wurde die Grube schön gleichmäßig bis oben mit nackten Menschen gefüllt. Dann Benzin drauf, angesteckt. Ein Kohlfeld wurde mit ihnen gedüngt. Die Wachmannschaft aß mit Genuß. Auch die Gefangenen kriegten etwas davon ab. Da aßen auch die, die wußten, daß sie bald selbst als Kohl auf den Tisch kommen würden.

PETRICH, SS-Rottenführer, früher arbeitslos. Unpolitischer Liebhaber von Blasmusik und Aufmärschen. Ein phlegmatischer Ordnungsfanatiker, der den Kapos freie Hand ließ. Warum er von den Sowjets, die ihn zu 25 Jahren Zwangsarbeit verurteilten, schon nach 6 Jahren freigelassen wurde, ist mir schleierhaft.

Noch ein paar Namen dringen durch, von Menschen, die alle erst arbeitslos und unpolitisch waren und später eigentlich alle zu armen Kranken wurden, mit Fleckfieber, als Deformation professionelle.

Ja, im KZ tollten Arbeiterkinder, hielten sich schadlos, machten Karriere, übersprangen Ausbildungsbarrieren. Das war ein Angebot wie heute die Bundewehr. Aber die Ausdenker, die Propagandisten, Juristen, Ärzte, Hochschullehrer, Wirtschaftskapitäne waren Intellektuelle, zumeist Akademiker.

Grausam töten? Wie tötet man nicht grausam? Anwalt Strathmann meint: »Wenn die Häftlinge nicht lange auf den Tod warten mußten«; ein anderer als Entschuldigung: »Über den Tod hinaus sind den Opfern keine weiteren Leiden zugefügt worden.«

So abartig es ist, es hat was für sich. Ich hab ja auch immer gehofft, daß Mutti und Pudl ganz schnell und ohne Angst gestorben sind.

Es wird so schnell und tonlos verlesen, daß sogar mein Vorstellungsvermögen abgetötet wird. Wenn Juristen sprechen, wird alles zu Papier. Hackmann 200 bis 400 Schwerkranke umgebracht... weg, wie Dreck. Hörig? Befehlsgläubig? Überzeugt?

Wieder Pause.

Ich halte einer Dame auf Krücken alle Türen bis in die Kantine auf. Sie sagt eifrig: »Ich möchte auch so gerne helfen wie Frau Jürgens. Vielleicht kann ich ihre Nachfolgerin werden.«

Wieder drin.

Auch Frostbeulen bedeuteten den Tod. Strümpfe waren verboten, also Tod so oder so. Meine Tante Flora wurde von einer Frau zu Bruch geschlagen, weil sie im KZ einer kranken Freundin einen Fingerschutz aus Wollresten machen wollte, um ihr das Leben zu retten.

Zu viele Kinder fürs Krematorium. Eine Art Schlangestehen. Der Warteplatz vor dem Krematorium wurde »Rosengarten« genannt. »I beg your pardon, I never promised you a rosegarden...«

Gerade kriegte einer 11½ Jahre für Flugblattverteilung. Die Nazis und ihre Betreuer haben recht. Es kann gar nichts passiert sein, sonst sähen die Urteile anders aus. Der Judenreferent in Brüssel, SS-Mann Kurt Asche, kriegte für etwa 10000 Tote auch gerade sein Urteil: 7 Jahre. »Getötet allein wegen ihres jüdischen Glaubens.« Als ob man jüdische Atheisten verschont hätte!

Was hätte man sich an Arbeit sparen können mit einem kurzen Blick in die Achselhöhle, sicher wie ein Fingerabdruck, der den SS-Mann entlarvt. Wenn man ihn einfach als Angehörigen einer kriminellen Vereinigung verurteilt hätte. § 129 StGB. Das ganze SS-Wachpersonal und deren brainstormer und Auftraggeber sowieso.

Was hätte man mühevolle Reisen um die Welt und Gelder sparen können, wenn man ein wenig in Plakate und Fernseh-Fahndung investiert hätte! Doch in keiner Gerichtshalle, in keiner Behörde, auf keinem Polizeirevier, an keiner Litfaßsäule, bei keinem Friseur und auch sonst nirgends backten Plakate, die der Bevölkerung eine Mit-Suche erleichtert hätte. Wir wurden nie mit den Fressen gesuchter Altnazis und Massenmörder vertraut gemacht.

Auch mit jungen Nazis macht man uns nicht bekannt. Nicht mal der Massenmord und über 200 Verstümmelte auf der Oktoberwiese vor fast einem Jahr boten dafür in der Zwischenzeit einen ausreichenden Anlaß. Wat'n Pech, daß sich einige selbst gestellt haben oder Kumpane verpfiffen. So ist man, ob man will oder nicht, gezwungen, wenigstens in diesen Fällen zu ermitteln. Doch auch da bringt man nur Fotos der schon Gefaßten, nicht derjenigen, die es zu suchen gilt.

Was staun ich da immer noch dumm vor mich hin? Als wüßte ich nicht, wie eins zum anderen paßt, wie eins das andere bedingt.

Ich bin im Zugzwang. Aber ich kann den Vorsitzenden Günter Bogen nicht anzeigen. Ich sehe ein, daß sein Urteil im Grunde doch im Namen des Volkes gesprochen war. Wir 200, 1000, 10000, 20000, ja, vielleicht sogar 100000, wir sind nun mal nicht das Volk.

August 1981

P. S.

Über die blutige Brygida, Liebling ihrer Nachbarn im Dorf und der Aufseher im Knast, gingen rührende Reportagen durch die Gazetten. Mit Fotos in der Zelle, die sie gemütlich hergerichtet hatte, und den vielen Wollpüppchen, die sie dort häkelte. Von diesem ganzen Majdanek-Sado- und -Mörder-Geschmeiß sitzt, glaube ich, keiner mehr.

Mai 1990

Tiere wie du und ich

Wenn von Kindern und Tieren die Rede ist, vergleich ich mich gern mit W. C. Fields. – Obwohl, bei näherer Überlegung, hab ich 'ne ganze Reihe Freunde, die noch im Kindesalter sind – ausgesuchte, versteht sich. Und mit einzelnen Tieren versteh ich mich auch sehr gut. Immer mit denen, die von sich aus auf mich zukommen. Katzen, die in mein Zelt schleichen, um die Nacht dort zu verbringen, süße Mäuse in der Wohnung, schönköpfige Hunde von Freunden oder Streuner auf Ibiza. Ich kann aber keine Tierliebe darin erkennen, daß Leute Hunde in Stadtwohnungen und Autos einsperren.

Ich schwärme nicht für Insekten, quetsch sie aber auch nicht tot. Trage Spinnen und Maikäfer ins Grüne, laß Fliegen, Schmetterlinge und Wespen davonflattern. Mit anderen Worten, ich möchte, daß auch die leben, die nicht zu meinen Lieblingen gehören. Klar, anklagende Fischaugen auf dem Teller hab ich nie ertragen, aber wenn der Kopf ab war, gerne. Julius, das Kaninchen, hab ich nicht mitgegessen, obwohl sein Tod in meine Hungerjahre fiel.

Damit hat sich's dann auch. Ich bin eine Großstadtpflanze mit Sehnsucht nach Grün. Daß wir uns nirgends hinsetzen, geschweige denn hinlegen können, an der Alster und in den schönen Parks nur mit Storchenschritten gehen, weil alles vollgekackt ist, finde ich überhaupt nicht lustig. Nur dafür mach ich nicht die Hunde, sondern ihre rücksichtslosen Inhaber verantwortlich. In Skandinavien schreibt das Gesetz Schaufelchen und Tüte vor, sobald einer einen Hund hat. Da fällt einem Tierliebe nicht schwer.

Als aufgeregte Tierschützer immer häufiger bei mir anriefen und mich baten, ihnen in ihrem Kampf gegen Tierversuche zu helfen, fühlte ich mich wirklich nicht zuständig. Es gibt doch genug *Menschen*, die schlecht dran sind. Dann ließ ich mich von Sina Walden überreden, nach Berlin zu fahren. In einen Prozeß gegen militante Tierschützer.

Vor Gericht stehen Andreas W., Altenpfleger, 26, Axel Sch., Student, 24, Bernd S., Student, 30, und Thomas W., Anstreicher, 27. Zwei Brandanschläge werden verhandelt: der vom 24. 4. 1982 auf das neuerbaute zentrale Tierversuchslabor der Freien Universität, genannt »Mäu-

sebunker«, und der vom Juli 1983 auf das Versuchstierlabor im Oskar-Helene-Heim. Brandstiftung, nicht gerade mein Lieblingsdelikt! Die einzige mit angeklagte Frau, Gudrun Sch., ist nicht anwesend, weil sie in diesen Tagen ein Kind erwartet, und gegen den 15jährigen Peter L. verhängt das Jugendschöffengericht zur selben Zeit eine Jugendstrafe von 6 Monaten mit Bewährung.
Wir müssen lange auf Einlaß warten. Brisant? Hochgeputscht, dämonisiert. Viel Presse, allerlei Verteidiger. Es wird erheblich gefilzt.
Weil es Drohungen gegeben haben soll und eine Frühmorgen-Demo stattfand, wird die Öffentlichkeit wie in Terroristenprozessen, durch den berühmten Sondereingang, eins um eins geschleust. Barbara Rütting, so aktiv wie attraktiv, so überzeugt wie überzeugend, ist dabei. Wie in Mutlangen. Extra aus Österreich angereist, um zu demonstrieren und dem Prozeß zu folgen.
Niemand trägt Pelz. Die teuren Felle hinten im Schrank versteckt? Verkauft? Verschenkt? Weggeworfen sicher nicht. Ich war auch immer traurig, weil ich mir die wunderschönen Doktor-Schiwago-Pelze nicht leisten konnte, auch nicht die herrlichen echten Felle überm Bett. Hab mir nie den Kopf darüber zerbrochen, wer oder was für die Pracht auf der Strecke bleibt.
Der erste Fall ist dran. Beisitzer und Schöffen sind angespannt aufmerksam. Ungewöhnlich.
Andi macht klar, daß sie alle nur ein Signal setzen, für Schlagzeilen sorgen wollten. »Wir wollen Leben retten, nicht Leben gefährden. Wir achteten sehr darauf, daß kein Mensch in der Nähe war. Wenn die Gefahr bestanden hätte, hätten wir die ganze Aktion abgeblasen.« Die Aktion: Molotowcocktails in den Mäusebunker werfen.
Komische Architektur, der Mäusebunker. Unzerstörbar. Eine mittelalterliche Burg. Vorsitzender: »Warum haben Sie das ausgerechnet in Berlin gemacht?« Andi: »Weil ich da wohne.« Vorsitzender: »Bei Möbel-Schlüter und im Heuhaufen darf man keine Zigaretten wegwerfen. Haben Sie denn nie im Fernsehen gesehen, wie gefährlich solche Molotowcocktails sind?«
»Bisher sah ich nur Bombenangriffe im Fernsehen, nicht solche dilettantischen Dinge.«
Diese Antwort verärgert den Staatsanwalt. Andi entschuldigend: »Ich hab die Mollis nicht verniedlichen wollen, nicht verharmlosen. Nur gemessen am täglichen Bombardement . . .«

Im Laufe des Prozeßtages wird klar, daß die Angeklagten in den Augen des Gerichts keine Verbrecher sind. In ihren eigenen schon gar nicht. Sie wollten ein Fanal setzen. Und als ich plötzlich bebilderte Broschüren auf der Pressebank vor mir hab, weiß ich auch, wogegen. Mir wird ganz schlecht. Ein Blick in die Folterkammer der sogenannten Wissenschaft, ins Horrorkabinett. Unter anderem: Menschenaffen mit durchbohrtem Schädel und Elektroden im Gehirn. 2. Schädel zur Hälfte abgesägt. 3. Augen raus, Zunge raus. 4. 128 Operationen in einem Jahr an einem Hund. Schmerzen von unbegrenzter Dauer. Bei vollem Bewußtsein aufgeschlitzt, um Angst zu prüfen. Enthäutet. Katzen mit Bauchfenster. Schädel eingeschlagen. Zerquetscht.
Kein Wunder, daß Andi sagt: »Ich sitze hier lieber auf der Anklagebank, als nicht gegen dieses Unrecht zu protestieren.«
Legalisierte Tierquälerei. In Großbritannien verboten. Auch kein Wunder, daß man in den Laboratorien keine Zeugen wünscht. Alleine in der Bundesrepublik verbrauchen Forschung und Industrie nach Schätzungen von Fachleuten 7 bis 14 Millionen Versuchstiere im Jahr. Vor allem Hunde, Katzen, Kaninchen, Meerschweinchen, Hamster, Mäuse, Ratten, Affen, Schweine, Pferde, Schafe, Ziegen, Frösche, Vögel.
An ihnen werden nicht nur Medikamente, Operationen und andere Behandlungsmethoden erprobt, sondern auch Chemikalien, Kosmetika, Wasch- und Putzmittel, Tabakwaren, Alkohol, Rauschgift, Bakterien, Viren, Strahlen, Gase, Säuren, Kampfstoffe, Waffen und sogar Foltermethoden.
Die Versuchstiere kämpfen oft stundenlang mit dem Tod. Sie winden sich in Krämpfen, zucken vor Schmerzen, erbrechen, haben Durchfall, Fieber, Schüttelfrost, Lähmungen und dauernde Übelkeit, bevor sie sterben oder überleben. Ähnlich brutal wie der LD 50-Test sind die Haut- und Augenirritationsversuche (draize-tests). Dabei werden Chemikalien oder Kosmetika auf die Haut und in die Augen gespritzt oder geträufelt, um Verätzungen zu studieren. Die Augenlider der Tiere werden dabei mit Metall- oder Kunststoffklammern auseinandergehalten, damit sie nicht blinzeln können.
Ich könnte seitauf, seitab weiter aufzählen, was noch alles, angeblich im Interesse der Menschheit, verbrochen wird. Vielleicht kommen sich die Wissenschaftler sogar besonders human vor. Wissen sie doch, daß etliche ihrer Kollegen ähnliche Versuche nicht an Tieren, sondern an Menschen gemacht haben. Auch nicht lange her.

Das Gericht versucht, auf die Notwendigkeit der Tierversuche aufmerksam zu machen. Dazu die Angeklagten: »95 Prozent aller Versuche sind nicht nur überflüssig, sondern auch untauglich. Es gibt eine Unzahl im Tierversuch geprüfter Medikamente, die dennoch zu Siechtum, Verkrüppelung oder Tod führen.«
Stimmt. Auch für Produkte wie Contergan mußten zahllose Tiere sich kaputtmachen lassen, bevor Menschen daran kaputtgingen. Und an diesem Berliner Prozeßtag müssen wieder 65 Schmerz- und Rheumamittel vom Markt genommen werden, weil sogar die profitgeilen Hersteller nicht mehr ableugnen können, daß sie Patienten zugrunde richten. Auch der Mediziner Hackethal sagt: »Tierversuche sind ein Irrweg. Der große Gewinn dieser Forschung ist nur einer – der materielle.« Für die raffgierigen Pharmaindustriellen, für die es um Milliardengewinne geht, natürlich nicht zu verachten. Warum würden auch sonst gegen jedes Zwickerchen nicht ein, zwei Medikamente, sondern Dutzende parallel auf den Markt gebracht? (Jedes Medikament x-fach hergestellt, genau wie Waschpulver und Zahnpastasorten. Also auch x-mal die gleichen Tierversuche). Da steigen selbst Arzt und Apotheker nicht mehr durch. Und wir Konsumenten, die weder die in Pharma-Rotwelsch abgefaßten Gebrauchsanweisungen, Zusammensetzungen noch Gegenindikationen verstehen, erst recht nicht.
Während einer der Mitangeklagten noch davon spricht, wie qualvoll Versuchstiere sterben müssen, höre ich in mein Entsetzen hinein Thomas, den hageren jungen Mann, schreien: »Hört auf, hört auf, ich halte das nicht aus. Ich weiß, was ich gesehen hab!« Wirft sich laut weinend auf seine einsame Bank. Beruhigungspause. Eine Ärztin versucht, ihm zu helfen. Weinend, stockend erzählt er später, wie er zufällig bei den Tierschützern gelandet ist – um dann beim zweiten Brandanschlag die Hauptrolle zu spielen.
»Ich hatte gerade drei Tage durchgesoffen. Bin auf Jugendliche gestoßen, die gaben mir so Flugblätter mit 'ner Adresse. So kam ich zu Andi. Sein Essen war nicht mein Geschmack, bin vegetarisch nicht gewöhnt. Ich hielt auch die Bilder für gestellt und alles für Kokolores. Sagte: ›Tiere befreien? Okay, ich geh da mit. Den ganzen Tierversuchsladen in die Luft jagen. Mir alles egal.‹« Zu dritt fuhren sie los; Andi blieb zu Hause.
Thomas weinend: »Dann sah ich alles. Instrumentenschränke, Operationstisch. Hab ich mir gesagt, daß es das nicht gibt, daß es das nicht

geben darf. Sah kein Tier. Hab 'nen Sack im Kühlschrank aufgemacht, da hab ich 'nen Hammer gekriegt. Da war 'n Karnickel drin. Und Affen. Die schwammen in ihrem Blut. Hab selbst früher Tiere gehabt, auch Affen und Meerschweinchen. Da hab ich den Kanister leer gemacht und angezündet. Stand plötzlich selbst in Flammen. Ich wäre fast bei draufgegangen. Und ich versteh solche Perversitäten nicht. Wenn sie das loswerden wollen, solln sie doch in 'nen Puff rennen. Ich hab dauernd Alpträume. Ich hab immer Tiere geliebt. Das, was ich getan hab, bereue ich nicht. Mein höchstes Gericht ist Gott.«

Thomas weint haltlos. »Ich hasse die Leute, die Tiere quälen. Ich würd sie umbringen, wenn ich Gelegenheit hätte. So ein Scheißgesetz. Ich hab noch immer Haß in mir, viel Haß. Wir werden verurteilt, die werden freigesprochen. Bin seit zehn Monaten in Haft. Seitdem versuche ich zu vergessen. Nicht, was ich getan hab, was ich gesehn hab.«

Richter: »Haben Sie Geld von Herrn W. bekommen?«

»Ja, einen Zehner für Benzin. Ich mußte noch zwei bis drei Mark drauflegen.«

Gott, ist der reingerutscht!

»Bin nicht bei Sinnen gewesen. Hätte sonst alles anders angefangen. Hab mich selbst vollgespritzt mit Benzin. Und ich Idiot mach das Feuerzeug an. Hab in hellen Flammen gestanden. Hab tierische Schmerzen gehabt. Mein Hund, der Fussel, der hat mich beleckt, um meine Schmerzen zu lindern. Ich ging hinterher zu Andi. Wollte nicht wieder gehen. Da gab er mir hundert Mark und Morphium. Gegen die Schmerzen. Damit ich wieder ging. Die Wunden sind noch da. Hände, Nasenrücken, Augenbrauen und die Haare halt.«

Auf Nachfrage hin: »Ich war sofort dafür, alles in Brand zu stecken. Weiß nicht, ob die das wußten.« Und etwas selbstbewußter: »Ich versteh was von Petroleum und Benzin, weil ich Anstreicher bin.«

Ich sehe diesen gebrochenen Jungen. Wie kann man jemanden für seine Aktion benutzen, der so krank ist. Auf meinen Vorhalt hin meint Andi, er habe weder gemerkt, daß Thomas betrunken, noch, daß er sonstwie angeschlagen sei. Mir ist sehr unwohl bei der Sache. Mir ist klar, daß der gutaussehende Andi mit Leichtigkeit zum Aushängeschild und zum Helden der Bewegung hochgetragen wird. Von Mitstreitern und Presse. Das wird er auch sein, wenn von seinen Mitangeklagten in und außerhalb des Knasts schon lange keine Rede mehr ist.

Das Gericht ist in einer Zwickmühle. Was nun? Muß man die Tat als

Brandstiftung oder darf man sie als Sachbeschädigung werten? Das macht einen Riesenunterschied fürs Urteil.
Ich möchte nicht durch diesen Artikel von Folter an Menschen ablenken und hoffe, daß sich auch alle Tierschützer *amnesty international* anschließen. Ansonsten wünsch ich, daß Verzweiflungstaten in dem Zusammenhang überflüssig werden, weil der Stein des Anstoßes durch scharfe öffentliche Kontrollen und, wo nötig, durch das Verbot von Tierversuchen beseitigt wird.
Die Konsequenz für mich selbst? Bin verwirrt. Fleisch schmeckt mir seitdem nicht mehr so recht, genaugenommen gar nicht.
Aber es geht ja noch weiter. Wenn es wahr ist, daß Pflanzen besser wachsen, wenn man freundlich mit ihnen spricht, kann man eigentlich auch kein Gemüse mehr essen.

1983

P. S.
Von Sina Walden gibt es inzwischen das sehr lesenswerte Buch »Endzeit für Tiere« zu dem Thema z. B. Der Kampf der Tierschützer – legal und illegal – geht weiter.

Mai 1990

Schwiegertochter in spe – ade

Damals verkündete die Justizpresseliste Nr. 48: »B., Elfriede (66), Totschlag. Der Beschuldigten B. wird zur Last gelegt, zwischen dem 15. und 17. Januar 1981 die Hausfrau Elisabeth R., die mit dem Sohn der Beschuldigten in einem eheähnlichen Verhältnis lebte, getötet zu haben, um auf diese Weise zu verhindern, daß sie das gemeinschaftlich mit ihrem Sohn bewohnte Haus verlassen müsse.«
Frau B., schon fast ein Jahr in U-Haft, sitzt auf der Anklagebank im Saal 336. Blaß wie der Tod. Sehr einsam. Das zerfurchte Gesicht eine einzige Anklage unter der kurzen Dauerwelle. Dunkler Faltenrock, passende Wolljacke, Schlangenlederschuhe. Eine Hausfrau, wie man sie die Lange Reihe und jede andere Straße rauf und runter sieht.
Ich frage sie: »Sind Sie sehr aufgeregt?«
»Wieso denn? Ich hab doch mit der ganzen Sache gar nichts zu tun. Habe nichts zu befürchten.« Ihre Stimme ist hart.
Sie ist am 18. Oktober 1915 geboren. Also eine friedliche Waage.
Sie lehnt energisch jede Aussage ab. Auch zur Person. Ach du Scheiße! Ich will doch unbedingt wissen, was sie fühlt, denkt, erlebt, durchgemacht hat. Da dringen Staatsanwalt und Anklage bruchstückhaft durch ... um die Ehe des Sohnes mit Frau Elisabeth zu verhindern ... erschlagen ... zersägt ... zerhackt ... ohne Mörder zu sein. Ob sie alles verdrängt hat? Sitzt versunken, verbittert da.
Keiner war auf ihr Schweigen gefaßt. Zeugen müssen nun schnell ran. Also Pause. Die Schließerin, die so bös geguckt hat, wird menschlich. Geht lächelnd zu Frau B., die angeregt mit ihr spricht.
Dann hört man viele Tage Zeugen: Kripo, den Sohn, den Witwer, die Gutachter und ab und zu sogar Frau B., wenn etwas aus ihr rausplatzt. Ihre Tochter, die Beamtin ist, verweigert die Aussage. Mag nicht zwischen Mutter und Bruder stehen.
Als Background des Dramas schält sich heraus: Frau B. lebt alleine mit ihrem Sohn Dieter. In einem eigenen Haus in Volksdorf. Ein Haus, das es nie gegeben hätte, wenn nicht Frau B. seit 1952 jahraus, jahrein mit ihrem Mann zusammen alles getan hätte, um es mit eigenen Händen aufzubauen. Frau B., die schon mit den Eltern immer nur zu Miete ge-

wohnt hatte und dreimal umziehen mußte, schleppte 25000 Steine in Marmeladeeimern hoch. Sie strickte, sie nähte, sie arbeitete in Küchen. Sie brauchte Geld, um sich ihren Lebenstraum erfüllen zu können: ein eigenes Heim. Ein Zuhause, das sie pingelig sauberhielt. Das sie immer weiter verschönerte, weil sie es liebte. Doch eingetragen war das Haus auf ihren Mann.

Auch ihren Sohn liebte sie. Als Witwe unternimmt sie das meiste mit ihm gemeinsam. Auch das nette Ehepaar aus Bayern, das sie 1973 im Urlaub kennenlernen, besuchen sie meistens gemeinsam zu weiteren Urlauben und fröhlichen Bergtouren. Frau B. versteht sich so gut mit der jungen Elisabeth, daß sie, als deren Mann anruft und sagt, daß jetzt das dritte Kind fällig ist, sofort nach Bayern eilt, um sich um die beiden anderen Kinder zu kümmern. Die schöne Freundschaft hält viele Jahre. Bis aus dem 32jährigen Sohn und der 30 Jahre alten Mehrfachmutter Elisabeth ein Liebespaar wird.

Jetzt sagt der Witwer: »Warum gerade der? Der Dieter ist kein Mann. Einer, der noch nie 'ne Frau gehabt hat?? 32 Jahre und noch nie versucht, 'ne Frau rumzukriegen.« Vielleicht gerade deswegen.

»Aber er war ein guter Zuhörer, konnte stundenlang zuhören. Sie hatte Probleme, nicht sexuell, aber so.«

Frau B. war außer sich, als sie merkte, was los war. Nannte ihre Freundin Hure. Schrieb an deren Mutter in etwa: »... die ist so frech, und wenn das nicht aufhört, kriegt sie welche auf ihr loses Maul. Wenn das Loch juckt, ist der Verstand im Arsch.«

Als Elisabeth mit einigen ihrer Kinder sogar in ihr Haus zieht und sie indirekt zwingt, sich auf das Obergeschoß zu beschränken, soll sie laut und heftig getobt haben, angeblich auch mit Sachen geschmissen. Im Laufe der Auseinandersetzungen soll Sohn Dieter ihr sogar blaue Augen gehauen und die Türen zu allen unteren Räumen, auch zum Keller, mit den Werkzeugen vor der Mutter verschlossen gehalten haben.

Als Zeuge sieht der Sohn seine Mutter nicht mal aus Versehen an.

Der Vorsitzende Heinsohn: »Seien Sie mal ganz ruhig, Herr B. Sie brauchen keinen Ton hier zu sagen, aber wenn, dann nur die Wahrheit. Da dürfen Liebe oder Haß zur Mutter keine Rolle spielen.«

Der junge Angestellte, blond, blauäugig, Brille und Lederjacke, erzählt eifrig, was immer seine Mutter belasten kann.

Frau B. hat die Beine elegant übereinandergeschlagen. Nur ihr Fuß bewegt sich leicht. Das tut aber auch der Fuß des Redakteurs der »Bild-

Zeitung«. Der Sohn erzählt: »Erst Oktober letzten Jahres veränderte sich die Freundschaft. Ihr Mann ist das von Elisabeth gewahr geworden. Wir wollten heiraten.« Schwerer Seufzer.
»Meine Mutter hat mich für verrückt erklärt. Ich solle zum Psychiater gehen. Frau mit drei Kindern. Sie wolle sich aber aus allem raushalten. Zog deswegen nach oben. Als ich Elisabeth am 27. 12. abholte, empfing sie sie mit ›Alte Hure, ich laß mich doch nicht vertreiben‹ und schmiß mit Schuhen von oben aus dem Treppenhaus. Der Hauseigentümer bin ich. Das Haus hat mein Vater mir vererbt. Als er starb, war ich im Kinderheim. Jetzt habe ich es verkauft und meine Schwester ausbezahlt.«
Jetzt bewegen sich alle Finger der gefalteten Hände von Frau B.
Vorsitzender: »Gingen Sie nicht mal zu Ihrer Mutter rauf nach der Arbeit?«
»Nein, weil sie schimpfte.«
»Wo sollte Ihre Mutter denn bleiben? Wir haben hier ein Schreiben von Ihnen, in dem Sie Ihrer Mutter die Kündigung in Sie-Form aussprechen.«
»Ja, das sollte meine Bekannte per Einschreiben aufgeben. Dazu ist sie wohl nicht mehr gekommen.«
Vorsitzender Heinsohn liest aus einem Brief von Frau B. vor: »Bin bereit auszuziehen, damit das Haus erhalten bleibt.«
Jetzt verstehe ich den bitteren Zug um Frau B.s Mund.
Der Sohn will erzählen, wie er nach Hause kam, die Freundin weg war, wie er rumtelefonierte, um sie zu finden, wie er die Schlittenspuren sah und das Blut. Der Vorsitzende unterbricht: »So weit sind wir noch nicht.«
Der Brodelnde soll auf Chronologie achten. Ein Wunder, daß er alles noch so genau weiß. Ganze Tagesabläufe. Das geht wohl nur, wenn man in Gedanken tausendmal wiederkäut.
Vorsitzender Heinsohn: »Wußten Sie schon, daß Ihre Mutter verurteilt war wegen eines nicht unerheblichen Verbrechens?«
»Ja.«
Da wird viel gemunkelt, aber was genau hat sie denn getan? »Geklaut wie ein Rabe.« – »Noch 'n Mord . . .«
Jetzt darf er vom Schlitten erzählen und den Blutspuren im Schnee: »Ich konnte mir nicht vorstellen, daß meine Mutter alleine rodeln geht.«
Die Mutter hat jetzt hochrote Flecken im Gesicht. Hamlet, Ödipus –

und wie sie alle heißen. Elisabeths Rache nach dem Tod: Der Sohn liefert seine Mutter ans Messer. Was fühlt sie? Sie sieht ihn ja heute zum erstenmal seit damals.
»Hassen Sie Ihre Mutter?«
»Haß ist nicht der richtige Ausdruck. Ich verachte sie wegen der Tat, die sie wahrscheinlich begangen hat. Unser Verhältnis war nie gut. Als sie aus dem Gefängnis kam, waren wir im Heim. War gar nicht scharf drauf, nach Hause zu kommen. Sie sagt zwar immer, sie hat das Grundstück mit Vater gekauft, aber ich weiß nicht. Sie kochte für mich und hatte wohl 800 bis 900 Mark Rente. Sie legt Wert darauf, daß alles tipptopp in Schuß ist. Neue Fenster, alles selbst gestrichen. Den Garten machten wir gemeinsam.«
Erfüllt sie das mit Sehnsucht? Grün, Blüten, Laub, Düfte?
Der Sohn erzählt weiter. Von seinem Wirbelschleifer, der geliehenen Kettensäge und anderen grauenvollen Werkzeugen. Und davon, wie er im Heizofen im Keller herumstocherte und Knochenreste fand. »Da dachte ich . . .« Er belastet sie, bis Schluß für heute ist. Zwei Tage später, als der Verteidiger Schielzeth, der auch in dem Sohn einen denkbaren Täter sieht, ihn in die Mangel nehmen will, verweigert er, der nicht verpflichtet ist, sich selbst zu belasten, die Aussage.
Frau B. unterhält sich aufgeregt mit ihrem Anwalt.
Der junge Witwer, Verkaufsfahrer, ähnelt seinem Freund Dieter. Seine drei Kinder und er sind Nebenkläger. Er, aus Bayern angereist, ist ständig im Gericht anwesend. Im Gang sagt er zu mir: »Wir haben sehr jung geheiratet. Sie war 16 und ich 23.« – »Was fühlen Sie, wenn Sie Frau B. hier sehen?« – »Sie tut mir leid. Ich glaube nicht, daß sie's gemacht hat. Höchstens zerstückeln geholfen.« Und dann: »Die haben sicher nicht zusammen geschlafen. Er hat doch nie nach Mädchen geguckt. Mein Eindruck war, daß Dieter und seine Mutter sich sehr gut verstanden. 99 Prozent waren die zu zweit.« Er seufzt: »Es war erst sehr schlimm. Den Haushalt mach ich selbst. Kochen nach der Arbeit. Ein Kind holt nach den Schularbeiten ein. Finanziell, das ist das wenigste. Roland ist 13. Gerald 9, der ist behindert, und Alexander ist erst 5.«
Als Zeuge erzählt er von der guten Ehe und der schönen Freundschaft. Und wie er abends von der Arbeit nach Hause kam und den Brief mit »Such mich nicht« fand. Wie er alle Verwandten anrief, nachdem sie sich bei den B.s verleugnen ließ. Wie bald darauf die Mutter B. ihm von den ständigen Krächen erzählte und ihn bat, seine Frau zurückzuholen.

Wie seine Frau irgendwann versprach, zu ihm zurückzukommen. Wie er etliche Male zum Bahnhof fuhr, unruhig wurde, wie sich endlich die beiden Rivalen kurzschlossen: »Ist sie bei dir?« – »Nein, bei dir?« – »Nein.« – »Ich wußte ganz bestimmt, daß sie wiederkommen würde. Ich liebte sie nicht weniger. Sie war genauso groß wie ich, 1,74, 80 Kilo, 'ne Narbe am Hals. Und am Rücken zwei Muttermalwarzen. Und eine Blinddarmnarbe.«
Er muß Fotos begucken, Schmuck identifizieren. Wahrscheinlich Geschenke von ihm an sie bei besonderen Anlässen.
»Tragen Sie Ihren Ehering noch?«
Er murmelt: »Nein, nicht mehr.«
Frau B., leichtfüßig wie ein junges Mädchen, steht dicht neben ihm, um die Bilder auch zu sehen. Schließlich alles Sachen der Toten, die in Frau B.s Zimmer zwischen ihren Sachen gefunden wurden. Sie sagt, weil die Tote ja auch häufig bei ihr oben war und unten wenig Platz hatte.
Mehrere Kripobeamte sagen aus. Damals an den Fall herangelangt dadurch, daß der Sohn die Polizei rief.
»Sie bestritt von Anfang an. Wir versuchten vergeblich, ihr Vertrauen zu gewinnen. Mit dem Schlitten hatte sie angeblich Müll weggefahren. An den Stellen, die sie dafür angab, haben wir aber nichts gefunden. Daß sie rodeln war, sagte sie auch. Für nichts hatte sie eine Erklärung. Nicht für die fremden Eheringe in ihrer Handtasche, nicht für den Ring der Toten, der bei ihrem Schmuck lag, nicht für die Kettensäge am falschen Platz mit Blut dran. Wir hatten ja die beiden Wannen mit Leichenteilen in Frau B.s Kadett in der Garage gefunden. Wir zeigten ihr Lichtbilder von den Wannen, es berührte sie gar nicht. Da kam nicht mal ein ›Um Gottes willen‹.«
Frau B. beugt sich angestrengt vor. Jetzt wach im Gesicht.
»Da war überhaupt keine menschliche Rührung zu spüren. Allerdings der Eindruck manchmal, als ob sie weinen wolle.«
Vorsitzender Heinsohn: »Man kann schon die Nerven verlieren bei solcher Anschuldigung.«
Kripo: »Das war kein Nervenverlieren. Das war doch immerhin die angehende Schwiegertochter. Sie antwortete nur lakonisch: ›Tot ist tot.‹ Der Sohn entdeckte Knochenreste in der Ofenanlage. Wir haben die festen Stücke extra verpackt.«
Vorsitzender: »Das größte Stück in etwa?«
Zeuge: »Nicht länger als so.« Zeigt 15 Zentimeter.

An Frau B. zittert nichts. Weder Hände noch Augenlider.
Verteidiger Schielzeth: »Meinen Sie, daß alles, was da bewerkstelligt worden sein soll, von einer Frau B. bewerkstelligt werden könnte? Das Tranchieren, das ganze Zerlegen?«
Zeuge: »Ich hab noch nie erlebt, in den zwanzig Jahren, daß eine Frau so etwas getan hat, aber sie könnte.« Frau B. mischt sich ein, protestiert. Die Ofenöffnung sei zu klein, sogar für große Scheite. Mit dem drei Pfund schweren Hammer, mit dem Elisabeth wahrscheinlich erschlagen wurde, genau weiß man's nicht, da man ihren Kopf nie fand, hatte sie nichts zu tun. Mit der Flex-Trennschleifmaschine und mit der Kettensäge, blutige Zeugen der Zerstückelung, auch nicht. Mit dem Blut am Kartoffelschälmesser, mit dem vom Aufwischen blutdurchtränkten Papier und anderen Hausfrauen-Möglichkeiten angeblich auch nicht.
Sie mischt sich wieder ein, sie sagt was. Wird von mehreren Seiten angeblafft. *»Seien Sie doch mal ruhig!!«* Anstatt ihr zu erklären, daß sie später drankommt. Frau B., jetzt rot, erregt, nicht zu bremsen, über die Vernehmung im Schnee: »Sagt er, Menschenskind, Sie sind jetzt 65! Geben Sie's doch zu, dann fällt die Strafe viel niedriger aus. *Doch* haben Sie mir das gesagt!!!!«
Die Tage und Zeugen kommen und gehen. Verteidiger Schielzeth kämpft mit dem Rücken gegen die Wand. Frau B. verliert immer häufiger die Nerven. Bewundernswerte Direktattacken, sobald sie raushat, wer was über sie in der Tagespresse geschrieben hat. Pöbelt: »Durch die Scheiße ziehen. Durch die Kacke. Unerhört. Können sich Ihre Zeitungen in den Arsch stecken. Da wird man weit vorher verurteilt.«
Fotos werden ausgebreitet auf dem Richtertisch. Alles in bunt. Gute Porträts von ihr. Hätte sie gern Abzüge? Fotos von ihrem Haus, vom Garten, den gut aufgeräumten Zimmern. Wecken sie Sehnsüchte? Alles, wofür sie Kraft und Herzblut hergegeben hatte, jetzt verloren, liegt vor ihr.
Unter den Zuschauern sitzt, wie jeden Tag, die verhaßte Verwandte, die sich schnell einen Teil der Möbel untern Nagel gerissen hat. Ein Geschrei zwischen den Frauen geht los. »Hetzjule! Da sitzt sie ja!«
»Das ist 'ne Beleidigung!«
»Mit meinen ganzen Sachen übern Deich gegangen.«
Wieder Fotos. Diesmal die Plastikwannen mit Inhalt. Grauenhaft. Der junge Witwer hört mit zusammengepreßten Lippen, daß der Unterleib

seiner Frau 34,5 Kilo wiegt. Er hört es immer wieder, weil es darum geht, ob Frau B. trotz Halswirbelsäulenschaden und chronischen, erheblichen Schmerzen in der Lage war, Wanne und Fleisch ins Auto zu heben. Ja, meinen die Gutachter. Wenn gestoßen, gezogen, getragen, geschoben, irgendwie möglich. Kurz anheben unter Einsatz aller Energien.

Was geht im Witwer vor? Er sitzt da mit gesenktem Kopf, ausgehöhlt. Schwarzer Anzug, Rollkragenpulli. Makaber. Immer wieder hört er von Blut, Schimmel, Resten an Kettensäge, von Leichenteilen, Kopf ab, Arme ab, Beine ab, noch mehr Blut. Die 34,5 Kilo hat er schließlich lange Jahre geliebt und begehrt. Die Geschichte ist widerlich. Ich möchte mich wahllos mit allen prügeln.

Schielzeth vergleicht den Torso mit einer Wanne Naßwäsche. Er hat intensiv recherchiert und in der Wäscherei erfahren, höchstens 15 Kilo.

Pause. Diskussionen unter Experten – meist ältere Leute, die täglich freiwillig ins Gericht gehen. Zarte Frau: »In der Not ist man zu allem fähig. Im Krieg. Wog 72 Pfund. Kind auf dem Arm. Schweren Koffer an der Hand getragen.« – »Mir tut auch alles weh«, sagt eine andere Dame. Krankheiten werden ausgetauscht. »Angst gibt einem Kräfte.« – Was machen die Ollen denn hier?? – »Paß mal auf, min Jung, sonst wirst du auch mal alt. Von wegen soll tu Huus bliben, saubermachen und so.« – »Rentnerkarte für Bus und Bahn heißt: nicht vor neun und nicht nach vier. Muß immer eher weg.« – »Die kriegt sicher sechs bis acht Jahre, anschließend Heil und Pflege.« – »Nee, gleich Ochsenzoll.« – »Ihr Glück, daß der Kopf weg ist. Da weiß man nicht, woran. Ob lebend zersägt.« – »Ich kann die Ruhe dieser Frau nicht ab.« – »Als Zeuge hat man's schlimmer als als Angeklagter. Du wirst total auseinandergenommen.« – »Urteile? Da denkt man drei Jahre, und der kriegt lebenslänglich.« – »Oder umgekehrt.«

Die Gutachter sind dran. Man erfährt nicht viel, aber wenig. Schließlich hat sie sich auch denen nicht anvertraut.

»... anspruchsvolles Selbstbild. Keine geistig-seelischen Altersveränderungen, kein Abbau. Gesundes Mißtrauen. Neigt zu Pseudorationalisierung. Meint, wenn die Zeiten anders gewesen wären, Oberschule, Modegeschäft. Will zeitlos elegant sein. Anders. Besonders.«

Ansehen. Ein Heim. Eigentum haben. Alles nicht ungewöhnlich, wenn eine Frau der Kunst- oder Oberschicht angehört. Auch bei der Mittel-

schicht wirkt der Wunsch nach einem Haus nicht abnorm. So was haben andere, ohne Aufwand, ohne sich dafür krummzulegen.
»Der Sohn hat an ihrem Rockzipfel gehangen. Gegenseitiges Abhängigkeitsverhältnis. Hervorragendes Verhältnis zu Kindern. Immer hilfsbereit. Immer beschäftigt. Alle Kleider selbstgestrickt. Beim Weihnachtsbasar gingen ihre schönen Handarbeiten als erstes weg. Ungemein vitale und kämpferische Frau. Will sich abheben. Mehr haben.«
Wer will das nicht?
Und jetzt erfährt man wenigstens ein klein wenig über die Geschichte von damals. Die sechs Jahre Haft. Wie jetzt ein Indizienprozeß. Ihr Bruder, dem der Giftanschlag mit E 605 gegolten haben soll, überlebte. Allerdings nur, bis Frau B., die bis heute ihre Unschuld beteuert, ihn nach ihrer Entlassung von Behörde zu Behörde schleppte, um mit seiner Hilfe eine Wiederaufnahme zu erreichen. Er sollte zugeben, daß er sie zu Unrecht beschuldigte und nie wirklich verdächtigte.
Der Bruder nahm sich das Leben. Frau B. sagt, daß das schlechte Gewissen ihn dazu trieb. Dann ist das hier ja nur eine Variation auf das Thema. Damals der Bruder als Kronzeuge, jetzt der Sohn. Auch damals war Schielzeth ihr Verteidiger. Dem sie zu Recht vertraut, obwohl er sie vorm Gefängnis nicht bewahren konnte. Er beginnt sein Plädoyer mit: »Die Angst des Torwarts beim Elfmeter ist gleichzusetzen mit der Angst des Verteidigers, nicht alles für die Aufklärung getan zu haben.«
Vorher plädierte Staatsanwalt Hansen: »... Spekulationen will ich nicht anstellen. Doch der Ehemann der Ermordeten *kann* es nicht gewesen sein. Nachts nicht, weil dann Herr B. da war. Tagsüber hat er ein wasserdichtes Alibi am Arbeitsplatz. Es ist nicht unwahrscheinlich, daß die Frau zwischen den Männern seelisch hin- und herpendelte. Ist uns allen schon mal so ergangen. Der Sohn hat die Polizei gerufen. ›Feuer, Feuer‹ rufen und als erster löschen helfen, tut so mancher Brandstifter, um sich einen weißen Fuß zu machen. So war es jedoch hier nicht. Der Sohn ist geschädigt. Er hat seine künftige Frau verloren.«
Der Witwer leidet auch.
Also zwei Witwer.
»Totschlag – Mord, das hieße heimtückisch aus Haß oder Habgier... Es ist unglücklich, daß das Haus nach dem Tode des Mannes an beide Kinder fiel. Sie war dadurch rechtlos. Ihr geschah moralisch ein Unrecht... Das Opfer provoziert sonst oft den Totschlag. In diesem Fall nicht. Nur die bloße Existenz provozierte... Daher nicht minder

schwer ... Haarscharf am Mord vorbei ... Reue wäre ein logischer Bruch ... Die Angeklagte ist wegen versuchten Mordes vorbestraft. Ich beantrage zehn Jahre ...«

Frau F. schreit: »Es wird hier *gerichtet, gerichtet* und *gerichtet*, und ich hab nichts zu sagen. Hat gemacht, gemacht, gemacht. *Stimmt* doch nicht. ›Tot ist tot‹ kam von der Kripo, nicht von mir! Die *Zustände*! Wenn der sagt: Ich kann Sie auch sechs Wochen hierbehalten. Da ist einem doch egal, was die auf ihr Papier schreiben. Ob mein *Sexualleben* in Ordnung ist. Darauf geb ich doch keine Antwort. Wie man durch die Scheiße gezogen wird. Im voraus verurteilt. Schon nach fünf Minuten.«

Minuten vor der Urteilsverkündung sagt Schielzeth: »Mein Gott, hoffentlich schreit sie nicht wieder so. Damals schrie sie derart.«

Urteil: zehn Jahre und Kosten des Verfahrens.

Sie schreit nicht. Die Frau, die so laut keifen kann, atmet kaum. Beruhigungstabletten? Anwaltsbitte? Hört sie noch zu? Ich glaube nicht. Horcht wohl eher hoffnungslos in sich hinein. Wie alt ist sie, wenn sie rauskommt? 76? Oder wegen guter Führung nur 72?

Und nun schreit sie doch. So plötzlich, daß wir mit offenem Mund dastehn. »Gieren Sie einen noch blöde an. Ballerdoktors sind das. Ich hab heute Sommerschuhe an. Blöder Heini. Schreibt jeden Tag, was ich anhab. Ich sag doch nicht, was ich sexuell mach.«

Die begleitende Polizistin sieht mich mal haßerfüllt strafend, mal nur angewidert an. Wie jeden dieser sieben Tage. Was, wenn ich ihr ausgeliefert wäre? Doch Frau B. hat von ihr nichts zu befürchten.

Nachwort

Mir haben Richter heimlich, neidisch gesagt: »Sie können sich jedenfalls Luft machen.« Dazu hätt' ich ihnen auch gern verholfen.

Als linker, dazu noch freier Mitarbeiter nichtbegüterter linker Zeitschriften ist man schwierigsten Arbeitsbedingungen ausgeliefert. Kein Archiv, ewiger Geldmangel, Recherchen auf eigene Faust und eigene Kosten. Keine Reisen.

Glück im Unglück, ich lebe in Hamburg und nicht im Dorf. Das heißt, daß es auch, wenn ich nie die Stadt verlasse, hundertmal mehr Wichtiges zu beschreiben gibt, als ich zu Papier bringen kann.

Ich war ungefähr zweimal im Jahr versucht, alles hinzuschmeißen. Meine Neugier auf neue Ereignisse allein hätte mich bestimmt nicht zum Weiterschreiben bewegt, wenn ich am Boden zerstört war.

Ich glaube, ohne den Zuspruch von Freunden und die vielen Briefe von Lesern hätte ich schon lange aufgegeben. Ich hab ein paar Briefe aus einer Sammlung von Tausenden rausgegriffen – nicht aus Eitelkeit, sondern um zu zeigen, was ich meine.

Ausschnitte aus Leserbriefen

Liebe, sehr geehrte Frau Parnass,
ich weiß, daß es Sie müde und ausgehöhlt macht, glauben zu müssen, daß Sie eigentlich fast allein sind. Sie sind es aber nicht, es ist nur so, daß Sie diese anderen fast nie sehen oder hören.
Unabhängigkeit, die eigene und die der Mitmenschen ist das einzige, womit und wofür es sich lohnt zu leben.
Sie, Peggy Parnass, sind so etwas wie ein Symbol für den Mut zur Unabhängigkeit für mehr Menschen, als Sie wissen.
Dr. Maria Scholten, 5239 Dreifelden, 4. 7. 1977

Liebe Peggy Parnass,
ich verfolge Ihre Berichterstattung seit vier Jahren und stelle immer wieder Ihren ungebrochenen Mut zur Wahrheit fest.
Ihre tiefe gefühlsmäßige und rationale Abneigung gegen den Faschismus begeistert mich, soweit ein derart trauriger Anlaß überhaupt Gegenstand von Begeisterung sein kann.
Machen Sie weiter so, wie Sie's tun. Sie sind eine Wohltat im Sumpf der deutschen Presse.
Philipp Heinisch, 1 Berlin, 29. 8 1977 (Rechtsanwalt)

Liebe Peggy Parnass,
empört, bedrückt und erschüttert las ich Ihren Bericht. Es ist erbärmlich, daß Sie nicht die Unterstützung finden, die für die Sache notwendig wäre. Verlieren Sie nicht die Hoffnung ohne Illusionen.
Rudi Trefil, 4. 7. 1977

Hallo, liebe Peggy,
kann Deine Enttäuschung über all die Feigheit verstehen. Das schleicht so still und kalt, dringt durch alle Ritzen, kriecht unter die Kleider und macht starr. Da hatt ich das Gefühl, ich muß Dir ein bißchen Mut ma-

chen – weil ich selbst Angst davor habe, Leute wie Du könnten auch noch resignieren. Und wen gibt's dann noch, an deren Haltung wir, nicht exponierte, namenlose Leute im Land, die in der eigenen Familie als Sympathisanten verdächtigt werden, weil wir Möglichkeiten jenseits von Anpassung und Terrorismus suchen, uns aufrichten könnten?
Jürgen Kohlert, 8 München, 23. 1. 1978

Betr.: »Hilfe Polizei« von P. Parnass
Liebe Redaktion,
ich habe mich schon lange gefragt, wie lange es dauern würde, bis man versucht, Peggy Parnass mundtot zu machen. Es wundert mich schon seit Jahren, daß diese kleine schmächtige Person, die so viel Freches zu Papier bringt, anscheinend heil durchs Leben kommt.
Doris Trablund, 2054 Geesthacht, 4. 4. 1975

TELEGRAMM, 3. 7. 1977
liebe peggy parnass du bist nicht allein und nicht allein gelassen seit deinem juliartikel lieben dich viele noch mehr deine justizkritik war schon vorher wie karl kraus aber lieber also jedenfalls bist du nicht allein wir passen auf dich auf. gruss
hans heinz heldmann (Strafverteidiger)

EILBRIEF, 4. 7. 1977
Liebe Peggy Parnass,
um es vorwegzunehmen: Seit Jahren les ich KONKRET, indem ich Inhalt auf Parnass betrachte und mit dieser beginne.
1. Du bist nicht allein, weil Deine Berichte nicht zu ersetzen, nicht zu wiederholen sind.
2. Du wirst nicht allein sein, weil begriffen werden wird, daß keiner sein Herz leergeschrieben hat wie Du.
Hans Heinz Heldmann (Strafverteidiger)

An die Redaktion
Betr. Von Richtern und anderen Sympathisanten
Mein Bravo für Peggy Parnass' stets ins Schwarze (d. h. ins Braune) treffende Reportagen! Für ihre aufrechte Haltung gegen eine politische

Justiz die erwiesene Nazimörder fast nur mit lächerlich geringen Strafen belegt.
Parnass ist eine der allzu wenigen, die die Ehre des deutschen Journalismus retten, soweit ein einzelner das noch kann; – dort, wo die anderen schweigen oder sich feige anpassen. Aber in einem Punkte darf Peggy nicht recht haben, nicht recht behalten: wenn sie (KONKRET 7/77) schreibt, sie sehe sich in ihrem Kampf allein gelassen. Dieser bittere, resignierende Satz ist mir nahegegangen. Der Unterzeichnete wagt zu hoffen, daß auch er nicht allein gelassen ist, wenn er Ihrer mutigen Reporterin hiermit seine volle Sympathie und Solidarität erklärt.
Dr. Erhart Löhnberg, 1 Berlin 33, 29. 8. 1977
NS-Verfolgter, fast 75 Jahre alt, Mitglied des VS-Verbandes deutscher Schriftsteller in der I. G. Druck und Papier. Autor von »Das KAPITAL zum Selbststudium«, Frankfurt am Main 1975

Betr.: Peggy Parnass: »Im Namen des Volkes«
Sehr geehrte Herren,
dieser Bericht von Peggy Parnass über den Gestapochef von Warschau, Dr. Ludwig Hahn, ist ein Jahrhundertstück. Vielleicht macht er selbst einem einsichtigen Richter klar, daß die Hahns unter uns immer noch die Oberhand haben.
Denkt doch mal an den großen Frankfurter Auschwitzprozeß vor zehn Jahren, über den Peter Weiss sein berühmtes Stück geschrieben hat. Wer von den Verurteilten sitzt denn heute noch? Solche Leute werden eben schneller begnadigt als »gewöhnliche« Mörder, die nur einen und nicht zehntausend umgebracht haben.
Günther Schwarberg, Redakteur, 2091 Ramelsloh,
18. 6. 1972

Liebe Peggy,
Ich wollte Dir schon lange mal schreiben – seit ich im Trakt bin, komme ich noch weniger dazu als vorher. Heute früh habe ich endlich Dein Prozessebuch ausgelesen – es ist das schönste, lustigste und traurigste und genaueste Buch über die bundesdeutsche Justiz und den Knast, das ich kenne.
Deine Anwesenheit im Prozeß, vielleicht haste das auch gemerkt, der

Artikel in KONKRET und die Interviews in »TAZ« und »Zitty« haben mir sehr gut getan. Und wie Du mich im Prozeß zitiert hast, war das Balsam für meine alte Angeklagtenseele.
Höchste Zeit, daß ich Dir sage, daß ich mich wahnsinnig verwandt und verschwägert mit Dir fühle und Dich unheimlich gern mag. Die Anwälte haben auch dies und das von Dir erzählt, aber lieber hätte ich ja selber mal in Ruhe mit Dir gequatscht.
Mach's gut und sei nicht traurig.
Fritz

Aus Fritz Teufels Brief vom 24. 2. 1980

Vielen Dank!

Ich hab lange überlegt, ob ich die Geschichten aufaktualisieren soll, zumindest da, wo ich weiß, was aus den Leuten geworden ist. Ihre Rückfälle oder das Gegenteil. Selbstmorde. Neue Liebesgeschichten, neue Ehen und so weiter. Auch nach Wahnsinnstaten aus »Liebe«.
Hätte es schon spannend gefunden. Aber dann hätt's wohl noch ein Jahr länger gedauert, bis das Buch rausgekommen wäre. Und das jeweils Aktuelle hätte neuen Aktualitäten weichen müssen.
Denn life goes on.
Allerlei Gesetze haben sich in diesen acht Jahren geändert. Einige sind gelockert – nicht locker genug. Andere verschärft – zu scharf.

Zur Person

Volljüdin. Linke. Schwedin. Vater war Pole. Mutter ein Schuß Portugiesin. Bruder ist Engländer.
Bin überall zu Hause. Bin nirgends zu Hause. Akzeptiere keine Grenzen. Auch nicht meine eigenen.
Übe alle Berufe aus, die mit Sprache zu tun haben. Zur Zeit bin ich am liebsten Schauspieler, Gerichtsreporter und Kolumnist.

Mich bewegt, nein – schüttelt das Leben ständig. Höre nie auf zu staunen und hungrig auf Menschen zu sein. Bewege automatisch andere, indem ich das bei mir ausgelöste Gerüttele weiterreiche. Wechselwirkung nennt man das wohl.
Da dies mein Dauerzustand ist, ist es natürlich auch der Zustand, in dem ich meine Reportagen mache. Anstrengend.
Kraft und Glück, ja Rauschzustände, ziehe ich aus meinen Freundschaften zu ungewöhnlichen Leuten zwischen 11 und 97 Jahren. Sie haben gemeinsam: ihre Lebendigkeit, ihr Gewissen, ihr Verantwortungsbewußtsein und ihre Jugend.
Durch sie bin ich reich.

Register

Inhaltsverzeichnis